El Cancionero de Oñate-Castañeda

Edición de Dorothy Sherman Severin

Introducción de Michel Garcia

Asistente Editorial: Fiona Maguire

Madison, 1990

Copyright ©1990 by
The Hispanic Seminary of
Medieval Studies, Ltd.

Spanish Series No. 36

ISBN 0-942260-92-9

Foreword

We would like to thank Harvard University's Houghton Library for allowing us to use and edit the manuscript of the *Cancionero de Oñate-Catañeda*, and the University of Liverpool for providing a publication grant. Thanks also to the Leverhulme Foundation for the Research Assistant award for the *Cancionero* project.

Finally, we would like to dedicate this volume to the memory of our mentor and friend Keith Whinnom, who is sorely missed.

Índice general

Introducción

1. Historia del manuscrito

Como para la mayoría de los cancioneros poéticos del siglo XV, la historia bibliográfica del cancionero de Oñate-Castañeda es una historia reciente.[1] Fue Francisco R. de Uhagón quien reveló su existencia, a la vez que proporcionó una descripción de su contenido, en el año 1900.[2] Hasta aquella fecha, el manuscrito había permanecido al parecer en el Archivo de los condes de Oñate, para pasar luego a la biblioteca de la condesa de Castañeda, cuando se dividieron los bienes de la familia de Oñate. La nueva propietaria del manuscrito lo comunicó a F.R. Uhagón, y no dudó en regalárselo, como lo demuestra una inscripción de mano de la condesa, que figura en la página de guarda del volumen:

Regala a su amigo en prueba de su buena amistad su agradecida y constante amiga.
La Condesa de Castañeda.

El título "cancionero de Oñate-Castañeda" no es, por lo tanto, muy exacto, puesto que el manuscrito ha pertenecido sólo unos años a los condes de Castañeda. En rigor, más valdría llamarle "cancionero de Oñate." Pero se comprende que F.R. Uhagón, responsable de la designación, haya querido así manifestar su agradecimiento a la generosa señora.[3]

Mientras fue propiedad del ilustre erudito, el manuscrito despertó muy poca curiosidad. Sólo Cecilia Bourland parece haberlo consultado.[4] Verdad es que se hizo pronto inasequible. El mismo Uhagón—o sus herederos—lo vendió, con toda probabilidad por medio del librero Vindel,[5] sin que se sepa quien lo adquirió.

El 7 de diciembre de 1964, el manuscrito volvió a aparecer en una venta de la casa Sotheby de Londres. Fue comprado por un profesor de francés de la Universidad de Harvard por medio de la librería Maggs de Berkeley Square, por una cantidad de 2,800 libras esterlinas.[6] Este cedió a su vez el manuscrito a la Houghton Library de dicha universidad en el año 1967. Allí se conserva desde entonces.

A los pocos meses de su ingreso en la Houghton Library, conseguí un microfilm completo del manuscrito que transcribí durante el verano de 1968. Esa transcripción me sirvió para llevar a cabo diversos trabajos,[7] pero en principio debía desembocar en una edición del cancionero. Ante la dificultad de llevar a cabo semejante proyecto, opté por publicar una descripción más completa que la que se debía a F.R. Uhagón, en los *Mélanges de la Casa de Velázquez*,[8] sin dejar de pensar que sólo una edición del cancionero podría dar cuenta exacta de su contenido.

Desde los ya lejanos años sesenta, el panorama cancioneril se ha despejado notablemente gracias sobre todo a la labor ingente realizada por nuestro colega Brian Dutton en la preparación de su *Catálogo-Índice*.[9] Esta obra inaugura una nueva era en el estudio de la poesía castellana del siglo XV y principios del XVI y ha suscitado diversos proyectos editoriales de gran envergadura. Uno de esos proyectos ha sido el de esta edición del cancionero de Oñate, cuya iniciativa recae en Dorothy Sherman Severin, la cual, al enterarse de mi propio proyecto frustrado, me ofreció generosamente la posibilidad de colaborar con ella.

2. Descripción del códice

El cancionero de Oñate-Castañeda forma un grueso volumen de 437 folios, desprovisto de título. Su caja exterior es de 28cm×20.6cm. La escritura es de finales del siglo XV, gótica con razgos de cortesana, bastante cuidada en su trazo, toda de una misma mano salvo los ocho primeros folios donde intervienen dos manos más, una más decorada y otra más cursiva (véase las notas al texto). El amanuense no ha utilizado tintas de color, si bien se ha tomado el trabajo de adornar un mínimo las letras iniciales de estrofas. Desde el folio 385 hasta el 422, el papel está dañado por la tinta, alteración que hace la lectura difícil y, en algunos casos, imposible.[10] El folio 57 está roto en su parte inferior, lo que afecta los cuatro versos últimos del folio.

El manuscrito fue cortado para la encuadernación; la numeración de los folios está indicado en cursiva romana, pie de la pagina verso, a la izquierda. En el fol. 300 se ven los restos de la numeración original en un ángulo doblado. La foliación figura en cifra romana a pie de página. Se observan algunas lagunas, que conciernen los siguientes folios: 16, 18, 88 (numeración), 218, 239-50, 255-61, 270-71, 282, 394 (numeración), 425.

Las filigranas son de cuatro tipos distintos: mano (extendida) con flor de seis puntos; mano (puño) con aldaba; carro; mano (extendida) con flor de tres puntos.

    mano, flor (6)   1-15; 17
    mano, aldaba   19-82
    mano, flor (6)   83-87; 89-125
    mano, aldaba   126-73
    mano, flor (6)   174-217; 219-38; 251-54
    carro   262-69; 272-81; 283-379
    mano, flor (3)   380-424; 426-37

El papel parece ser francés o italiano de los años ca. 1480. (La filigrana de la mano con flor es parecida a Briquet 10711, Catania 1483, Gênes, 1484-86).

Existen en el margen del códice algunas inscripciones posteriores a la copia, que Uhagón dejó de señalar.[11] Todas, salvo la primera cuya datación ofrece alguna duda, son de finales del siglo XVI:

—folio 19r alto, dos líneas tachadas posteriormente "Diumenge a vii de juliol lo dit Sr Rey stigue tot lo dia en lo dit real de la penya d*e* los enamorados."

—folio 231v bajo, medio borrado "faltan 3 coplas de las 300 q*ue* comiençan/La flaca barquilla de mis pensamientos/ya fin leer daua con gesto aplaziente mas boz de sublime auctoridad y luego sin estas 300 ay otras 20 q*ue* no estan aqui."

—folio 359v alto, en medio de ensayos de pluma, una firma incompleta: "Pedro de ? edma ? . . ."

—folio 361r alto: "en 20 de sep^bre de 1588".

La primera inscripción pertenece sin duda a una crónica catalana de la conquista de Antequera. En efecto, la Peña de los Enamorados domina la ciudad al norte y fue utilizada como punto de apoyo estratégico por el Infante Fernando durante el sitio que duró todo el verano de 1410. La segunda inscripción denota un buen conocimiento de la poesía del siglo XV y especialmente de las *Trescientas* de Juan de Mena. La tercera es mas anecdótica ya que, aun en el caso improbable en que pudiera descifrarse del todo, no designa forzosamente a uno de los dueños del códice, ni menos aún a su compilador. Sin embargo, no se debe descartar rotundamente. En cambio, la cuarta ofrece más interés, por cuanto nos proporciona sin duda la fecha en que aquel lector anónimo revisaba el texto del cancionero. La grafía concuerda con la época. Este resulta ser pues el único dato indiscutible sobre la historia del manuscrito en el período anterior a su descubrimiento por Uhagón. Ese mismo lector del siglo XVI aportó algunas enmiendas y añadió algunos comentarios que están indicados en las notas al texto de la edición.

Las enmiendas y los comentarios están repartidos a lo largo de todo el texto, lo que supone una lectura atenta, como señalaba más arriba. El hecho de haber colmado los blancos existentes en la copia primitiva supone además una comparación con otra versión de los poemas. ¿Con qué finalidad se llevó a cabo ese trabajo? ¿Simplemente con la de mejorar el texto del cancionero de Oñate? A falta de información suplementaria, la duda subsiste, pero parece ser que ese lector tenía más ambición que la de conservar, mejorandolo lo más posible, un volumen de su propiedad.

3. Sumario del cancionero

Al identificar 76 poemas, Uhagón se había quedado corto. Verdad es que una colección de este tamaño ofrece numerosas trampas que sólo una recensión minuciosa permite evitar.[12] La que realizó Brian Dutton para su *Catálogo-Índice* responde a este criterio. Con todo, no está totalmente exenta de errores de detalle, como era también el caso de la que publiqué en la serie de trabajos ya citados. Conviene, pues, para dejar las cosas claras, hacer un nuevo inventario. El lector de esta obra podrá averiguar su exactitud. Además, servirá para el estudio de los poemas enumerados.[13]

*Fernán Pérez de Guzmán

1. Tratado de virtudes & viçios (*Amigo sabio & discreto*): 402 + 17×8,[14] (f. 1r-32v), págs. 1-37.

*Pedro de Escavias

75. (*Por mi triste apartamiento*): 4, 2×8, (f. 426v), pág. 386.

76. Coplas sobre la muerte del conde de mayorga (*Vos señor que tan profundo*): 8×8, 4, (f. 426v-427r), págs. 386-7.

77. Cançion (*Quando viste que party*): 4, 8, (f. 427r), pág. 387.

78. Otra suya (*Dios que tanta fermosura*): 4, 8, (f. 427v), pág. 387.

79. Coplas suyas (*A quien daua triste yo*): 3×8, (f. 427v), págs. 387-8.

80. Cançion suya (*Quanto mas pena sofrir*): 4, 8, (f. 427v), pág. 388.

81. Coplas a vna dama (*Mas fermosa que no dido*): 8×8, 4, (f. 428r-v), págs. 388-9.

82. Cançion (*De poder vos yo jamas*): 4, 2×8, (f. 428v), pág. 389.

83. Sserana (*Llegando cansado yo*): 4, 7×8, (f. 428v-429r), pág. 389.

84. Coplas (*O triste partida mia*): 7×8, (f. 429r-v), págs. 389-90.

85. Cançion (*Vuestra crueldad matar*) 4, 8, (f. 429v), pág. 390.

86. Cançion (*Gentil dama valerosa*): 4, 8, (f. 430r), pág. 390.

87. Coplas suyas (*De uos que puedo llamar*): 7×8, 4, (f. 430r-v), págs. 390-91.

88. Otra (*Depues que party*): 4, 8, (f. 430v), pág. 391.

89. Coplas suyas (*No puedo mi bien pensar*): 4×10, 5, (f. 430v-431r), págs. 391-2.

90. Coplas fechas sobre las deuisiones del rreyno (*Viniendo camino con mucho cuydado*): 18×8, 4, (f. 431v-434r), págs. 392-3.

91. Rromançe al ynfante don enrique (*Yo me so el ynfante enrrique*): 148 versos, (f. 434v-435v), págs. 393-5.

92. Coplas dirigidas al condestable miguel lucas (*Virtuoso condestable*): 4, 8×8 ... con glosas en prosa, (f. 436r-437v...), págs. 395-7.

Esta lista ofrece algunas diferencias con respecto a la establecida por Brian Dutton. La más espectacular es la que concierne el número total de poemas inventariados. Pero es poco significativa en realidad: se debe a que B. Dutton ha dividido la obra 70 entre los salmos allí glosados, siete en total (el séptimo numerado bis). Prefiero considerar ese conjunto como una obra única, ya que viene encabezada por un prólogo en prosa único y que sigue hasta el final un mismo patrón estrófico.

La mayor parte de las variantes concierne la extensión de los poemas. Algunas, muy escasas, se deben a evidentes errores de imprenta.[15] Otras, la mayoría, a un cómputo algo aproximativo: la variación no suele exceder una o dos coplas.[16] En otros casos, la diferencia es notable.[17] Pero la considero más bien significativa de la peculiaridad del cancionero de Oñate, cuyas versiones sorprenden por su originalidad, aun tratándose de poemas harto conocidos.

Por fin, la divergencia se debe a veces a la diferencia de criterios en la separación de poemas, ya que no resulta siempre del todo claro donde empieza uno o donde termina el anterior. Así en 4, B. Dutton excluye de los *Çien trinales* la copla que el copista ha colocado después del título. Prefiero seguir el parecer del copista, a pesar de la anomalía formal que la inclusión de una copla de ocho versos supone en un conjunto compuesto en tercetos. Pero, en una obra estructurada como lo es el cancionero religioso de Fernán Pérez de Guzmán, el poeta puede legítimamente haber colocado estrofas de transición entre las distintas piezas.

Los poemas 57 y 58 ofrecen un caso distinto. B. Dutton los considera como una sola obra. Sin embargo, las cuatro primeras coplas forman una unidad. La cuarta copla, además de comentar lo que antecede, sirve de eco al título, ya que el poeta se ofrece a componer cien coplas semejantes a las anteriores, o sobre el mismo tema: "mi pluma sse fauoreçe / en tanto que vos ofreçe / çien varas daquesta pieça." Las tres coplas y la finida que siguen, si bien de tema parecido, son totalmente independientes. Se trata de imprecaciones formuladas por la muerte a los estados grandes, a la lujuria y a la riqueza, muy probablemente extraídas de una obra desconocida de Fray Iñigo.

En cambio, B. Dutton separa en dos poemas el que hago figurar bajo un número único, el 8: Yno a nuestra señora. Es evidente que las primeras cinco coplas no forman parte del himno propiamente dicho, pero no por eso constituyen una obra aparte, ya que son la dedicatoria del himno dirigido por Fernán Pérez de Guzmán al Prior de Lupiana, Fray Estevan de León. Me parece lícito por tanto unir esas coplas iniciales a las del himno, puesto que separadas de éstas no tienen razón de ser.

Este inventario debería completarse teniendo en cuenta las lagunas del códice. La cosa resulta fácil para algunas de ellas. Faltan los folios 16 y 18 del *Tratado de virtudes y vicios* de Fernán Pérez de Guzmán. En el folio 218 caben 6 coplas de las *Trecientas,* lo que lleva la cuenta final a 297, conforme con la tradición del texto. Las lagunas de los folios 270-71 y 282 corresponden respectivamente a 24 coplas del *Planto de las virtudes* de Gómez Manrique y 6 coplas del *Triunfo* del Marqués de Santillana de Diego de Burgos. Las dos lagunas grandes son más difíciles de colmar. En la versión más larga conocida, la de la Trivulziana, el poema de Costana *Al tiempo que se levanta* consta de 21 coplas antes de la que aparece en el folio 251 de nuestro cancionero, lo que equivale como máximo a dos folios completos, incluyendo el título. Quedan los folios 239-249 o sea diez folios completos, que rellenar. Podemos suponer que las preguntas y respuestas entre Santillana y Mena se prolongarían en los primeros, pero no bastarían para colmar toda la laguna. La de los folios 255-261 ofrece la misma dificultad. Al poema de Juan Alvarez Gato le faltan tres coplas. En cuanto al poema de Gómez Manrique, ha sido amputado de las 7 coplas iniciales, que corresponden a un folio. Queda pues una laguna "definitiva" de 5 folios y medio: 255v-260. Para el folio 425, véase la nota 12.

4. El cancionero de Oñate y la tradición cancioneril.

Tratar de definir la filiación de un cancionero con relación con las demás muestras conservadas del género es tarea difícil. Escasísimos son los casos de cancioneros que no hacen más que copiar una colección anterior. De todos modos presentarían poco interés. La inmensa mayoría encierra obras copiadas de fuentes diversas. La originalidad de cada cancionero reside en la elección realizada por el compilador en las fuentes que ha tenido a mano y también, no lo olvidemos, en la ordenación de su corpus. Esta doble característica impone al crítico no limitarse al estudio de la filiación de cada poema, sino siempre procurar ampliar el estudio al mayor conjunto posible de piezas.

La publicación del *Catálogo-Índice* de B. Dutton permite llevar a cabo ese tipo de pesquisas con un máximo de facilidad. Quizás fuera más exacto decir que la hace realmente posible: así me lo demuestra un intento fracasado realizado en época anterior a su publicación.

La mejor ilustración de la existencia de unidades mayores al interior de un cancionero lo constituyen los poemas 1 a 20 del de Oñate. Suelen estar reproducidos en conjunto. La serie se prolonga a veces con 21 y 22. Las discrepancias posibles entre los cancioneros conciernen sobre todo la ordenación de las piezas poéticas. Entre las colecciones manuscritas, siete se acercan notablemente a la de Oñate. MN6, PN5 y hasta cierto punto ZZ1 forman una rama que se diferencia de nuestro cancionero por la ausencia de 2 y 6 y la colocación de 11 después de 14. La serie se completa con 21. Otra familia la forman MN10, PN6 y SA9b: también carece de 2; 5 y 6 están invertidos; a continuación de 20 aparece 22. Por fin, MM1, el más cercano, reproduce las características de la segunda familia, pero sin carecer de 2.[18] No cabe la menor duda, pues, de que existe una tradición en la conservación del corpus poético religioso de Fernán Pérez de Guzmán, que el cancionero de Oñate participa de esa tradición, la cual se deriva de un modelo único, sin duda establecido por el mismo poeta, a juzgar por el cuidado con que se ha procurado vincular las distintas obras y concluir el conjunto.[19]

Dentro de esa tradición, sin embargo, el cancionero de Oñate ofrece cierta originalidad. Es el único que reproduce todos los poemas,—los 22. Les añade además el 23 que figura aislado en un número muy reducido de colecciones.[20] Hasta cierto punto se puede afirmar que los 77 primeros folios equivalen a un cancionero particular de Fernán Pérez de Guzmán.

El compilador parece adoptar, con las obras de Santillana, el mismo criterio que con las de su antecesor: los doce títulos que siguen cubren un número notable de folios (65), sin ninguna intromisión de obra extraña. Sin embargo, la producción cancioneril no ofrece ningún conjunto que pueda asemejarse a éste. Los poemas reproducidos son muy ampliamente conocidos, pero ningún otro cancionero ofrece el mismo conjunto de obras, colocadas según la misma ordenación. Dos rasgos destacan por su originalidad: la presencia de un poema conservado en esa única versión (*De tu rresplandor o luna*); la atribución a Mena y Santillana de una cuestión y respuesta generalmente atribuidas a Sancho de Rojas y Francisco de Noya.[21] Además el grupo más importante, 24-35, ni los dos pequeños grupos posteriores, 39-41 y 45-48, han sido reproducidos idénticamente en otras colecciones. Por lo tanto, la elección de los poemas parece deberse sólo al compilador.

Casi lo mismo se puede decir de las obras de Juan de Mena contenidas en nuestro cancionero. Si se asocia la continuación de Gómez Manrique (38) al *Debate de la rrazon contra la voluntad*(37) como lo suele hacer la tradición, los poemas van divididos en dos cortas series. Los de la primera (36-38), si bien figuran en otros dos códices, no forman allí una serie. Se trata de dos cancioneros impresos de principios del siglo XVI: 06MO y 09MO.[22] En cuanto a los poemas 43 y 44, han sido copiados seguidamente en los dos únicos cancioneros en que constan juntos (LB2 y ME1),[23] pero no van precedidos por las *Trecientas* como en el de Oñate. Queda pues una pequeña posibilidad de que 43 y 44 hayan sido copiados de un manuscrito en que figuran juntos, pero no se me oculta lo atrevido de tal hipótesis, tratándose de dos obras tan similares.

El contexto lagunario que rodea los poemas de Costana y el de Juan Alvarez Gato exige también gran cautela. LB1,[24] cancionero que ofrece un contenido totalmente diferente del de Oñate, es el único en que consten juntos los dos poemas de Costana, y a mucha distancia uno de otro. El de Alvarez Gato también está en LB1 pero alejado de los anteriores.

Los poemas de Gómez Manrique también forman dos series, como los de Santillana y los de Mena. La primera serie, quizás incompleta ya que el primer poema es acéfalo, consta de 3 obras (52-54), la segunda de cuatro (56-59). Dos cancioneros, aunque misceláneos, merecen el título de "Cancionero de obras de Gómez Manrique." Presentan entre sí además mucho parecido. Son los códices MN24 y MP3.[25] Las siete obras del poeta contenidas en el cancionero de Oñate figuran también en aquéllos, y en ningún otro más. Añádase que están reproducidos no contiguamente sino en tres grupos y que su ordenación es la de Oñate: 52; más lejos una serie con 53, 54, 63, 64; por fin, 65 y 66. Tratándose de dos manuscritos de fecha relativamente temprana—hacia 1475—, no hay que descartar la posibilidad de que el compilador de Oñate se haya valido de uno de ellos o de otro ejemplar de esa familia para copiar los poemas que más le agradaban.

La colocación del *Triunffo del señor marques de ssantyllana* por Diego de Burgos parece anómala. De hecho, no vuelve a aparecer en semejante situación en ningún cancionero. Los cancioneros que lo reproducen con las dos piezas anteriores o cambian la ordenación (MN29, ZZ3) o lo separan de aquéllos (MP3, SA10, MN24).[26]

Numerosos son los cancioneros que nos han conservado las obras de Fray Iñigo, pero muy pocos son en concreto los que asocian los poemas reproducidos aquí. La piedra de toque consiste en averiguar la presencia contigua de 56 y 57-58, más la del poema anómalo 59. Sólo SA4[27] satisface todas esas exigencias. Ese códice contiene varios cancioneros, como lo demuestra la presencia repetida de nuestro poema 56 (fols. 5v-30r y fols. 71r-122r). La segunda versión del poema 56 encabeza una nueva colección que consta justamente de los seis poemas de Fray Iñigo reproducidos en Oñate, según el mismo orden de sucesión.[28] ¿Habrá una relación directa entre los dos cancioneros? Es una mera hipótesis que hace falta averiguar. Una comparación de las versiones de la *Vita Christi* contenidas en ambos debería aportar una información decisiva, teniendo en cuenta la originalidad de la de Oñate. La extensión de los poemas parece diferir también en ciertos casos. Por fin, quedará por resolver la fragmentación en dos series propia de Oñate: ¿hasta qué punto es compatible con el reconocimiento de un modelo único?

Las *Coplas* de Vázquez de Palencia deben considerarse como una de las originalidades del cancionero de Oñate. Aparecen sólo en otro cancionero, el MN19,[29] y de manera totalmente aislada. El compilador de Oñate ha sabido conservarlas y las ha colocado además en el lugar más conveniente: después de las *Coplas de Vita Christi* de las que son una crítica. El que no haya contigüidad entre los dos poemas puede confirmar la hipótesis antes adelantada sobre la posible existencia de un cancionero de Fray Iñigo de Mendoza utilizado como modelo para la transcripción de las obras de ese poeta.

Las *Salmos penitençiales* de Pero Guillén de Segovia, precedidos de su prólogo en prosa, están conservados en otro cancionero conocido, el SA10a. Allí van precedidos del *Triunffo* de Diego de Burgos.

Los dos poemas de Antón Montoro son inéditos y desconocidos fuera del cancionero de Oñate. Casi otro tanto se puede decir de los de Pedro de Escavias: doce de los dieciocho poemas aquí reproducidos (75-81, 86, 88, 90-92) no figuran en ninguna otra colección. De los poemas 83, 84, 85 y 87 se conoce otra versión, a veces muy diferente, en MH1.[30] Por fin, 82 y 89 están atribuidos a otro poeta, Manuel de Guzmán, en el mismo manuscrito MH1.

Las *Coplas a la muerte de su padre* de Jorge Manrique ofrecen una versión bastante original.[31] Pero más significativas para el caso son las *Coplas a la Fortuna* que se conservan tan truncadas en el cancionero que resultan difíciles de identificar.[32] Baste decir que, de todos modos, ésta es la única versión manuscrita del poema y, por consiguiente, la única vez en que está asociado a las *Coplas a la muerte de su padre*.

5. La composición del cancionero

Esa búsqueda de fuentes nos facilita una información interesante sobre la composición del cancionero bajo sus dos aspectos: uno puramente descriptivo, su estructura; otro más dinámico, algo así como la historia de esa composición. Los dos aspectos son indisociables, ya que la estructura propiamente dicha o sea la distribución de los poemas no es más que el resultado de una operación,—la compilación de textos—, que supone una duración por mínima que sea. Ya he señalado que la primera característica de una colección poética resulta de la capacidad que tiene el compilador de elegir entre la producción existente las obras de su preferencia. Esa facultad, la cumple según unos criterios que le son propios,—llamémoslos "gusto personal"—, pero que están sujetos a variación. Primero la de la edad, tanto más fuerte cuanto que presenta en el siglo XV una dimensión indudablemente moral: no conviene a un anciano compartir las aficiones de los jóvenes. Otra limitación al ejercicio sin trabas de la facultad de elegir reside en el difícil acceso a los textos, en una época anterior a la imprenta o demasiada cercana a su invención para que los efectos de una difusión masiva sean perceptibles. Este hecho acarrea dos consecuencias principales: una, que el compilador no dispone de todos los textos que desea transcribir; dos, paradójicamente, puede conceder un lugar a una obra o un conjunto de obras por el mero hecho de disponer de ellas. Debemos tener en cuenta todos esos criterios a la hora de analizar el contenido de nuestro cancionero.

Su primera sección corresponde a un extenso corpus de poesías de Fernán Pérez de Guzmán. La presencia de 21, 22 y sobre todo 23 demuestra que se ha querido reunir el máximo de obras de ese autor. Si se acepta que 2-20 forman un todo, se observa que uno de los criterios seguidos es el de la amplitud de las obras. De los poemas largos de Fernán Pérez, el compilador ha descartado sólo los *Proverbios* y la *Confesión rimada*. En cambio, no reproduce ni un solo *decir* corto, a pesar de que su tonalidad general no contradice la de los poemas reproducidos. No es un detalle sin importancia. Creo, al contrario, que es muy significativo del proyecto inicial del compilador: reunir una colección de obras morales sin concesión a lo anecdótico y mundano.

Los poemas 24 a 48, similares en cuanto a número a los de Fernán Pérez pero de extensión muy superior, forman otra sección claramente delimitada dedicada a Juan de Mena y Santillana. En ella se observa un cambio notable de criterios. Si bien se preserva el intento monográfico en las primeras obras reproducidas de Santillana, éste luego queda sustituido por un alternar de los dos poetas que culmina en un verdadero diálogo, el de las preguntas y respuestas, probablemente truncado por la laguna del códice. La absoluta seriedad inicial deja lugar a una construcción más compleja no desprovista de dimensión lúdica. Lo que hay que subrayar sobre todo es que el compilador rompe la vena exclusivamente moralizante, al incluir, dentro de un conjunto político y alegórico, algunas poesías amorosas (24, 35, 40). Esto no significa un abandono de los criterios anteriores, sino una mayor variedad y, por consiguiente, una mayor personalización de la colección. La presencia simultánea de poemas de Santillana y Mena no corresponde sólo a su contemporaneidad. Es señal de que el compilador los asocia en su mente y en su recuerdo. En cierto modo perdura también su voluntad de exhaustividad, ya que no duda en interrumpir la serie para introducir a Gómez Manrique con su continuación del debate de Juan de Mena *De la rrazon contra la voluntad* (37-38).

En los ciento cincuenta folios siguientes parece dominar cierta confusión. La característica común de todos esos poetas es que son contemporáneos. Pero si se observa más detenidamente la disposición de obras, se constata que otros criterios se sobreponen al de la identidad del autor. Está claro por ejemplo que los poemas 52 y 53-54 no figuran aquí sólo por tratarse de obras de Gómez Manrique, sino porque son obras elegíacas, dedicada la primera a Garcilaso de la Vega y la segunda a Santillana. Y así naturalmente, el compilador ha añadido el *Triunffo* de Diego de Burgos, que presenta la doble característica de ser una elegía a la vez que dedicada al mismo Marqués de Santillana.

La *Vita Christi* de Fray Iñigo de Mendoza (56) inaugura otra serie inspirada por la Pasión, completada con la *Pasión trobada* de Diego de San Pedro y las *Coplas a la Varonica* de Fray Ambrosio Montesino. No debe sorprender, en este contexto, la presencia de 57-58, cortas piezas mal delimitadas que muy bien podían pasar por una prolongación de la *Vita Christi*, ni las *Coplas* de Vázquez de Palencia, cuya única razón de ser es la polémica que su autor entabla allí con el autor de aquéllas. Se observa pues que, aun en caso de diversidad de criterios, se suele imponer uno mayor— aquí la temática—, sólo capaz de justificar esta sub-serie. Cabe preguntarse entonces por qué el compilador no procuró completarla con otros poemas de esa misma vena como son las *Coplas* del Comendador Román. Siempre resulta peligroso conjeturar: ¿será por falta de interés por ese poema? ¿Ilustra este hecho la dificultad ya señalada de acceder a ciertos textos en el momento preciso en que se necesitan?

Del tema de la Pasión se pasa luego al del *Regimiento de Principes*, al que van dedicados los poemas 63-68 de Gómez Manrique y Fray Iñigo. Al tema común se añade una característica suplementaria: tres de esos cuatro poemas están dedicados a los reyes Isabel y Fernando. Podríamos prolongar la serie con los dos poemas de Montoro. Si bien su tratamiento del tema es distinto, también tienen un destinatario real, en este caso Enrique IV.

Tanto más sorprendente resulta la inclusión en ese lugar de los *Salmos penitençiales* de Pero Guillén de Segovia (69-70). No le veo más explicación que la que sugería más arriba: el deseo de conservar un texto de gran valía, fuera de toda preocupación temática, aprovechando la oportunidad de disponer de él. Así cumple el cancionero con otro de sus cometidos, el de antología personal del compilador.

Este aparente anomalía coincide en realidad con un cambio de rumbo total del cancionero. Con los poemas de Montoro se inicia la sección final que se caracteriza con una clara vinculación andaluza de los poetas y de los temas. Montoro es el ropero de Córdoba. Los dos personajes elogiados por él son el condestable Miguel Lucas de Iranzo, que "reinó" hasta su muerte en 1473 en Jaén y el Santo Reino. Fernando de Villafane fue en la misma época corregidor de Baeza y Andújar. De esta misma Andújar, Pedro de Escavias, cuyas poesías cierran el códice, fue durante ese período alcaide y alcalde mayor.[33] También se puede considerar como andaluz a Jorge Manrique. Nació sin duda en Segura, de cuya encomienda era titular su padre, y como Comendador de Montizón, su campo de acción no se hallaba muy alejado de Andalucía donde se sabe que intervino varias veces. Ahora bien, no necesita don Jorge ninguna legitimidad geográfica para figurar en el sumario de cualquier cancionero, porque su fama como poeta alcanzó muy pronto grandes proporciones.

Se podría esquematizar el sumario del cancionero de Oñate del siguiente modo:

1. Cancionero particular de Fernán Pérez de Guzmán (reservado a obras extensas) (1-23).

2. Cancionero colectivo de Santillana y Mena (24-48).

3. Poetas del reinado de Enrique IV y del de los Reyes Católicos

   —poesia elegíaca (52-55)

   —tema de la Pasión (56-62)

   —regimiento de príncipes (63-68)

4. Cancionero andaluz (71-92 o 71-72 y 75-92).

El puñado de poemas que no entran dentro de esta clasificación no la pone realmente en tela de juicio, sobre todo teniendo en cuenta las lagunas del códice que conciernen a algunos de ellos.

En suma, nuestro compilador ha sabido conciliar el rigor exigido por la constitución de una colección temática y la libertad propia del *amateur* que no quiere sacrificar su gusto personal o que sabe sucumbir a la tentación de tomar una fruta sabrosa que le sale al paso.

6. Las versiones del cancionero

La descripción del contenido de un cancionero no puede hacer caso omiso de la calidad de los textos reproducidos. Es uno de los factores esenciales de la originalidad de cada colección y además la contribución más palpable a la historia literaria, por cuanto la edición de textos pasa necesariamente por un cotejo de todos los testimonios de la tradición manuscrita e impresa. Desde este punto de vista, el estudio de un cancionero no es un fin en sí, sino que tiene que desembocar necesariamente en la producción de textos fidedignos. De ahí el enorme interés de esta transcripción y de su publicación.

En esta Introducción, no se llevará a cabo un estudio detallado de las distintas versiones de las obras de Fernán Pérez de Guzmán, Santillana ni Mena. Para estos dos poetas, disponemos ya de un material editado de calidad, al que remito.[34] Desgraciadamente, la obra de Fernán Pérez de Guzmán no ha merecido la misma erudita atención. Sirva esta edición de aliciente para el trabajo de cotejo y de edición que todos esperamos. En mi "Chansonnier d'Oñate y Castañeda," hice todo lo posible, dados los límites que me imponían los textos que tenía a mano. No hice ningún descubrimiento extraordinario: las versiones transcritas en el cancionero de Oñate no son peores ni mejores que las que los editores habían manejado hasta entonces. Esta impresión queda confirmada por el momento por el cotejo realizado por Miguel Angel Pérez Priego para parte de las obras de Santillana. Valga como ilustración del hecho el que la versión al parecer más original de las poesías del Marqués reproducidas en nuestro cancionero, la de *Gentyl dueña tal pareçe*, comparte sus características estructurales con otros tres códices. Lo que sí se puede afirmar, es que existen numerosísimas variantes textuales, con poca repercusión sobre el sentido de los poemas, pero que delatan un lector atento y exigente en cuanto a la calidad de las fuentes que maneja. Por decirlo con una palabra, las versiones del cancionero de Oñate no son nunca vulgares, no achatan el texto poético, procuran, por el contrario, añadirle significado, aun si lo hacen a veces con alguna torpeza.

Las cosas cambian notablemente a partir de las obras de Costana. La primera, acéfala en este cancionero, ofrece versiones muy dispares entre los códices que la han conservado, aun limitándose al final del poema para tener en cuenta la laguna de esta versión. El texto de Oñate es el más regular en lo que concierne la amplitud de las coplas y el más largo: 8 coplas contra 7 en LB1, 3 en MT1, y 1 más una canción como *finida* en 11CG. En cuanto al texto del *Conjuro*, nuestro cancionero proporciona también la versión más larga, al incluir una copla suplementaria después de la 11 del *Cancionero General*.

La versión de las *Coplas al conde de Saldaña* de Alvarez Gato discrepa mucho de la contenida en MH1. Las numerosas variantes que se pueden registrar en tan poco espacio (4 coplas) no son todas muy afortunadas, pero sí respetuosas de la versificación. Podría tratarse de una versión primitiva mejorada más tarde por el poeta. Esta impresión de que el cancionero de Oñate, por lo menos del folio 250 adelante, transcribe versiones originales, tomadas en la misma fuente de donde han manado o muy cerca de ella, será permanente.

Julio Rodríguez Puértolas lo ha demostrado para la *Vita Christi*.[35] El cancionero de Oñate reproduce el texto de la primera redacción, en su versión más completa, si bien mezcla también variantes propias de la segunda. El modelo seguido parece ser una refundición del texto inicial. De todos modos, por sí solo constituye una rama de la tradición. Y en efecto, otra de las características de esas versiones es que no han dado lugar a copias o imitaciones. El cancionero de Oñate forma un territorio independiente dentro del continente de la poesía cancioneril. Las coplas de Vázquez de Palencia ilustran el hecho: esta versión presenta numerosas variantes de interés.

Desde la edición y estudio de Dorothy Severin y Keith Whinnom,[36] se sabe que la versión de la *Pasion trobada* de Diego de San Pedro contenida en nuestro cancionero corresponde al texto original posiblemente ampliado. Hay que subrayar otra vez que es el único testimonio de esa rama de la tradición, la cual se orientará luego hacia una versión revisada y reducida.

Las *Coplas a la Varonica*, generalmente atribuidas a Fray Iñigo en cuyo cancionero particular se han impreso ya a finales del siglo XV, aparecen aquí bajo el nombre de Fray Ambrosio Montesino, como consta tanto en el título como en la copla final.[37] Las diferencias entre esta versión manuscrita y las versiones impresas se manifiestan por un número de coplas más reducido en aquélla, la inversión de algunas coplas, además de numerosas variantes textuales. La atribución a Fray Ambrosio queda autentificada por la inclusión de 10 coplas de este poema en las *Coplas de la Cruz* del mismo autor, colocadas conforme a la ordenación de Oñate, muy distinta de la de los otros cancioneros. Por consiguiente, se puede concluir que el texto retenido en nuestro cancionero es el primitivo.

A esta misma conclusión nos llevará sin duda el que el *Sermon trobado* de Fray Iñigo carezca en esta versión de las tres coplas que, bajo el título de *Vltílogo*, concluyen las otras versiones. Este ultílogo parece haber sido añadido en el momento de la edición del poema.

De todo lo dicho, se deduce que la colección ha sido constituida por alguien muy familiarizado con los círculos literarios de Castilla desde el reinado de Juan II hasta el de los Reyes Católicos. El fenómeno se acentúa a medida de que nos acercamos al último período, pero ya se dejaba notar en la primera época, como lo atestigua la inclusión de la continuación inédita y desconocida del *Doctrinal de privados* de Santillana. Vista así, la aparente banalidad del sumario se desvanece ante la evidencia de un proyecto caracterizado por la exigencia de calidad, subrayada por la coincidencia cronológica de la elaboración de esas obras y su transcripción por nuestro compilador.

Una vez alcanzada esta convicción, nuestro estudio desemboca forzosamente en la identificación de ese compilador. Procuraré conseguirla utilizando ciertos datos proporcionados por el mismo sumario.

7. El compilador

La sucesión de poetas en el sumario del cancionero de Oñate sigue un orden cronológico estricto. Fernán Pérez de Guzmán, el Marqués de Santillana y Juan de Mena pertenecen al reinado de Juan II. La producción de los demás florece en tiempos de Enrique IV y primeros años del reinado de Isabel y Fernando. En ese respecto de la cronología está una de las claves de la identificación del compilador. El lapso de tiempo cubierto por el sumario corresponde a la vida de un hombre, cuyo despertar poético hubiera tenido lugar durante el primer reinado mencionado, que habría alcanzado la madurez bajo Enrique IV y la vejez bajo el reinado de sus sucesores, sin necesidad de sobrepasar los años ochenta del siglo.

Ahora bien, se da el caso curioso de que la parte final del cancionero constituye un eco condensado de ese mismo recorrido histórico. En efecto, las obras de Pedro de Escavias, que concluyen el cancionero, son una producción que cubre desde los años 30 hasta los años 70. El poema 76 está dedicado a un acontecimiento, la muerte del malogrado conde de Mayorga, que ocurrió en 1437. El 90, y sin duda también el 91, están relacionados con la batalla de Olmedo (1445). El 92 ha sido compuesto entre 1464 y 1473, fecha de la muerte del destinatario, el condestable Miguel Lucas de Iranzo. El título general que encabeza el conjunto de obras de Escavias confirma el hecho al precisar: "Coplas y canciones de Pedro dEscavias /, syendo paje de el Rey y harto mochacho." Esta precisión, nada inocente por otra parte, asigna a los primeros poemas del conjunto una fecha de redacción muy anterior a la de los últimos. ¿En qué época pudo ser "paje de el Rey y harto mochacho" el poeta Escavias? Una ojeada a la vida de ese personaje nos permitirá contestar a esta pregunta.

El primer documento en que consta el nombre de Pedro de Escavias corresponde al año 1446, en que nuestro personaje ha sustituido a su padre, sin duda a consecuencia de su muerte, al mando de la ciudad de Andújar. Pero un documento genealógico permite situar su primer matrimonio entre 1427 y 1430.[38] El último documento que menciona a nuestro poeta es una carta del rey don Fernando, fecha 19 de abril de ochenta y dos. Después de esa fecha, no se tiene más noticia del que fuera alcaide de Andújar.[39] En 1482, ya no desempeña ningún cargo oficial, si bien sigue ocupando un lugar preeminente en su ciudad, privilegio reservado a la gente mayor. A tenor de esos documentos, no me parece descabellado suponer que Pedro de Escavias nació hacia el año 1410, que permaneció en la corte a partir de 1425 durante un período de duración indeterminada pero que no sobrepasaría o apenas el año 40, y que murió hacia 1485. Esos datos concuerdan con la trayectoria poética definida más arriba. Hay que añadirles la presencia física del joven en la corte real, que explicaría de sobras la recolección de poemas de los que entonces ocupaban la más alta grada del Parnaso castellano.

De todo lo dicho, resulta a las claras que Pedro de Escavias pudo muy bien haber sido el compilador del cancionero de Oñate-Castañeda. Pero, para que la demostración sea más convincente, conviene aportar más argumentos, no ya sacados de las circunstancias históricas sino de un análisis detenido del texto.

Dado que el sumario sigue el orden cronológico de producción de las obras transcritas, su sección final cobra un significado decisivo, tanto para fechar la recopilación como para su atribución. Esa parte del cancionero llega a ser así como una firma del autor de la colección. Es lo que ocurre en el caso que nos interesa. En un capítulo anterior, subrayaba la vinculación andaluza de la última sección. Es posible precisar aún el concepto: esa Andalucía es la jiennense. No puede haber lugar a dudas al respecto a propósito de Pedro de Escavias. Desde por lo menos los años 40 del siglo, toda su vida transcurrió en Andújar y en el reino de Jaén. Pero es interesante observar que los dos poemas de Antón Montoro están dedicados a dos personajes muy estrechamente relacionados con esa zona y con el propio Escavias. Miguel Lucas fue su protector. El ascendente del condestable sobre el alcaide de Andújar es evidente. No hubo, al parecer, la menor divergencia entre ellos, a pesar de que les tocó vivir el momento más candente de la guerra civil durante la que se enfrentaron tanto con el maestre de Calatrava Pedro Girón como con Alonso de Aguilar, señor de Córdoba. Escavias siente por el antiguo valido de Enrique IV una admiración rayante con la beatería, como lo demuestra el tono exageradamente laudativo que emplea en sus *Coplas dirigidas al condestable Miguel Lucas* o en el último capítulo de su *Reportorio de Principes de España*. Fernando de Villafane ocupa una posición menos preeminente, pero es también un familiar de la corte jiennense. De todos modos, tanto más significativa es la presencia de este poema en el cancionero cuanto que el personaje es más modesto. Sólo un compilador muy próximo a él podía prestar atención a una obra de ese tipo. Se trata a todas luces de obras de circunstancias, de las que el ropero de Córdoba se mostró muy prolijo a lo largo de su vida. No estaban compuestas para salir de un círculo reducido, y así fue el caso para éstas. Se salvaron del olvido porque un poeta quiso conservar ese testimonio de unos amigos ya desaparecidos, debido a la pluma respetada, a pesar de sus excesos, de un ya viejo poeta.

Tampoco se puede dejar de ver cuan anómala es la inclusión, al final de un cancionero compuesto de tan prestigiosas obras como las que encierra, de una colección particular cuyo autor es prácticamente un desconocido, y habría seguido siéndolo sin el sorprendente interés que le manifestó este compilador. Observación no tan sorprendente si el poeta y el compilador son una misma persona. Ciertos hechos dejan suponer que esta hipótesis no es descabellada.

Cuatro de los poemas de Escavias reproducidos en el cancionero de Oñate figuran también en el de Gallardo-San Román, pero siempre con notables diferencias textuales. En todos los casos, se echa de ver que la versión Oñate es la más reciente, resulta de una transformación de la otra. *Vuestra crueldad matar* (85) adquiere una lógica de la que carecía; una canción, compuesta de una cabeza y una copla, se transforma en una serrana (83); las octavas de *O triste partida mia* (84) se cambian en décimas; por fin, la canción *De uos que puedo llamar* (87) sufre unos cambios textuales que sirven para acentuar el carácter juvenil de su autor.[40] Este rasgo es quizás el más significativo, ya que concuerda con el título general ya reproducido, en el que el poeta hace especial hincapié en los pocos años que tenía cuando redactaba su poesía amorosa. Reacción típica de un anciano que, a la hora de asumir su obra anterior, se distancia de ella para no incurrir en el reproche de una condición juvenil fuera de lugar. Reacción interesante por cuanto significa que esas obras están reunidas allí por iniciativa de su autor.

Añadiré otro dato para sostener la hipótesis de que Pedro de Escavias pudo ser el compilador del cancionero. En la copla 308 de su *Tratado de los claros varones dEspaña*,

Fernán Pérez de Guzmán enumera las ciudades que rinden homenaje al rey San Fernando después de la toma de Córdoba y Sevilla. En el cancionero de Ixar la copla reza así:

> Ecija, Vbeda y Baeça
> Jahen y Carmona
> mienbros daquesta cabeça
> y perlas desta corona ...

En el cancionero de Oñate, el segundo verso se lee de la manera siguiente:

> jah*e*n andújar y carmona ...

Un cotejo de las numerosas versiones permitirá descubrir si la mención de Andújar está justificada—lo está desde un punto de vista geográfico—y si la versión Oñate es conforme a la rama de tradición a la que pertenece, o si esa mención corresponde a la voluntad de celebrar una ciudad por un iliturgitano descontento de la poca atención que se le presta.

Se puede afirmar, por consiguiente, que Pedro de Escavias es el posible *recopilador* del cancionero de Oñate.

8. Conclusión

La publicación de este cancionero colma una laguna de la historia de la poesía castellana medieval. Por su volumen, por la calidad de los poetas elegidos, por la originalidad de las versiones transcritas, esta colección merece que se ponga al alcance de los estudiosos de la poesía cancioneril. En ella encontrarán una materia rica, de la que sabrán aprovecharse para profundizar el conocimiento de esos autores, a través de ediciones críticas de sus obras.

Pero la primera virtud del cancionero de Oñate es la de haber sometido a un mismo criterio, el del compilador, una producción que abarca un amplio espacio de tiempo y una temática variada, a pesar de su tonalidad dominante seria. Fernán Pérez de Guzmán y Fray Iñigo de Mendoza, el Marqués de Santillana y Diego de San Pedro, Juan de Mena y Jorge Manrique conviven juntos por voluntad de un lector erudito y sin duda también trobador. Un siglo de producción poética queda así condensado para coincidir con una vida de aficiones literarias. ¡Cuánto habría de suponer, para un caballero alejado de la Corte e inmerso en las inmensas dificultades de la vida política del reinado de Enrique IV y principios del de los Reyes Católicos, esa antología privada! El recuerdo de una época en que un poeta novel copiaba las mejores obras de sus maestros; el arca donde iba encerrando las obras de sus contemporáneos, cuando llegaban a su alcance. De todos modos, una profesión de fe poética.

Valiéndose de las exigencias del conocimiento científico, el editor se dispone a difundir el contenido de esa arca a la que, hasta entonces, muy poca gente ha tenido acceso. Se siente presa de algunos escrúpulos ante la perspectiva de cometer lo que se parece a una violación. Pero le queda un consuelo, es que así lo que fuera memoria privada va a convertirse en monumento literario y bibliográfico, destino común de todo lo escrito, por secreto e íntimo que sea.

9. Normas de transcripción

Para la transcripción de los textos hemos adoptado los siguientes criterios:
- respeto de la grafía original, hasta donde puede alcanzar la tipografía moderna, sólo para la prosa hemos añadido puntuación y mayúsculas;
- resolución de las abreviaturas: las letras añadidas se transcriben en cursiva, incluido ñ = n*n*;
- uso de los corchetes para señalar las lagunas:
    - precididos de asterisco si la laguna se debe a un agujero provocado por tinta corrosiva,
    - reproducción entre los corchetes de las letras descifradas,
    - reconstrucción de los descuidos y omisiones visibles del copista.
- cuando la laguna ha sido colmada por una mano posterior, la intervención posterior se reproduce en nota, quedando los corchetes sin rellenar.
    [*pod]emos = agujero en el manuscrito, laguna colmada por reconstrucción.
    [   ] = laguna del manuscrito. Se indican en nota si hay intervención posterior.
    ma[n]o = descuido del copista; reconstruido.
    //   // = una inserción posterior del escribano en el margen.
- reproducción en el texto de las palabras sobrescritas en el manuscrito. Se señalan en nota las más excepcionales.

Las notas remiten al texto por medio de la numeración del folio, del número de la copla (1 a 9) y del verso (*a* a *j*). Para la prosa referimos primero a la numeración de lineas en el manuscrito, entonces a la numeración en esta edición.

Michel Garcia

Notas

1. Como lo señalo más abajo, he tratado ya del cancionero de Oñate-Castañeda en una serie de artículos publicados bajo el título "Le chansonnier d'Oñate y Castañeda" en *MCV* XIV (1978), 107-42; XV (1979), 207-38; XVI (1980), 141-49. Para redactar esta Introducción, retomo gran parte del material allí publicado, ampliándolo para tener en cuenta las publicaciones recientes, y adaptándolo a las exigencias de esta edición.

2. Francisco R. de Uhagón, "Un cancionero del siglo XV con varias poesías inéditas," *RABM*, IV, 6 (1900), 321-38, 390-403, 516-35.

3. Don Francisco Rafael de Uhagón y Guardamino, primer marqués de Laurencín, nació en Bilbao el 5 de noviembre de 1854 y murió en Madrid el 21 de diciembre de 1927. Fue director interino de la Real Academia de la Historia a partir del 1º de febrero de 1918, y titular desde el 2 de diciembre de 1921 hasta su muerte. Era Doctor en Derecho, Senador del Reino y Primer Secretario de dicha Asamblea, Consejero de Instrucción Pública y Caballero de la Orden de Calatrava. Tantos cargos y tantas distinciones debieron contribuir a abrirle las puertas no sólo de las casas nobles sino también de sus bibliotecas.

4. Cecilia B. Bourland, "La doctrina que dieron a Sarra, poema de Fernán Pérez de Guzmán," *RH* XXII (1910), 648-86. "Este poema también en un manuscrito del siglo XV del señor Don Francisco de Uhagón." Esta fórmula deja suponer que ya entonces el códice era propiedad de Uhagón.

5. Hipótesis adelantada por Eloy Benito Ruano, "Fortuna literaria del Infante D. Enrique de Aragón," *Ar*, XIV (1964), 161- 201.

6. *Ibidem.*

7. La edición crítica de las poesías de Pedro de Escavias en *Repertorio de Príncipes de España y obra poética del Alcaide Pedro de Escavias.* (Jaén: Instituto de Estudios Giennenses del C.S.I.C., 1972); "Le chansonnier d'Oñate y Castañeda", *art. cit.*; "Las *Coplas a la Verónica*," *Ibérica II. Cahiers ibériques et ibéro-americains de l'Université de Paris-Sorbonne* (Paris, 1979, 171-80); una edición de las poesías de Costana en curso de elaboración.

8. *Art. cit.*

9. Brian Dutton, *Catálogo-Índice de la poesía cancioneril del siglo XV*. (Madison: Seminary of Medieval Hispanic Studies, 1982).

10. El códice ha sido objeto de una restauración esmerada por los servicios de la Houghton Library que facilita la lectura del original, si no del microfilm.

11. No señalo aquí las inscripciones que se deben al primer copista. Suele tratarse de comentarios sobre la identificación de alguno que otro personaje mitológico o antiguo. También dos personalidades de la historia de Castilla: *pedro giron* (fol. 324r, frente al título de la copla 118); *el condestable don aluaro de luna maestre de santiago que mando degollar* (fol. 418v, frente al verso 5f).

12. La más patente es la que corresponde a la interrupción de las *Coplas* de Jorge Manrique, que resulta ocultada para un lector poco atento por la presencia de las coplas finales de *A la Fortuna* copiadas a continuación.

13. Coloco los poemas bajo el nombre de su autor. El número que les antecede será el que me servirá de referencia para citarlos de aquí en adelante. Doy el título de la obra, reproduciendo en forma reducida el título que lleva en el cancionero. Cuando éste falta, doy el título habitual entre corchetes y el primer verso cuando es acéfalo. Cito el primer verso en cursiva entre paréntesis. Indico el número de versos y coplas, siguiendo el sistema adoptado por Brian Dutton.

14. El poema 2 se intercala entre la copla 402 del 1 y las 17 coplas siguientes.

15. 80: 4×8 (por 4, 8); 83: 4, 2×8 (por 4, 7×8).

16. 3: 13 (por 12); 19: 6 (por 5); 22: 415 (por 409); 23: 68 (por 5, 69); 32: 2, 50×8, 4 (por 2, 49×8, 4); 38: 158×8 (por 157×8); 41: 74×8, 4 (por 73×8, 4); 42: 289 (por 291); 55: 230 (por 229); 62: 91×10 (por 89×10, 11); 66: 76 (por 78); 67: 52 (por 51); 68: 40 (por 43); 74: 5 (por 4); 90: 19 (por 18); 91: 146 (por 148).

17. 44: 20 (por 10). Son 10 octavas de alejandrinos y 10 de octosílabos; 54: 60×11-10(por 110×10); 56: 313 (por 378); 61: 252×10 (por 266×10). La divergencia más patente concierne el primer poema del cancionero, uno de los más problemáticos de la obra de Fernán Pérez de Gúzman.

18. Designo los cancioneros por las siglas utilizadas por B. Dutton en su *Catálogo-Índice*. MM1: Ms 20-5-6 de la biblioteca de Bartolomé March, primera parte del perdido cancionero de Barrantes. MN6: cancionero de Juan Fernández de Ixar, Madrid, Nacional Ms 2882. MN10: Madrid, Nacional Ms 3686. PN5: París, Nationale Ms Esp. 227. PN6: *ibid*, Ms Esp. 228. SA9b: Salamanca Universitaria Ms 2762. ZZ1: "Cancionero del Conde de Haro".

19. El primer poema de la serie religiosa corresponde a la primera oración del día, a saber maitines. El conjunto concluye con una *oraçion a nuestra señora en ffin de toda la obra* (19) y un *vltílogo* (20).

20. Además de Oñate, MN33, MP2, MP11, SM4, 94RL, O6PO. MN33: Madrid, Nacional Ms 11151, copia parcial del Cancionero de Martinez de Burgos MP2: Madrid, Palacio Ms 617. MP11: Madrid, Palacio Ms 106. SM4: Santander, Menéndez y Pelayo Ms 74. 94RL: Ramón de Llavia: *Cancioneros* (Zaragoza, Juan Hurus ¿1490-1495?). 06PO: Perez de Guzmán, Fernán, *Las sietecientas etc.* (Sevilla, Jacobo Cromberger, 1506.).

21. Así en EM6, LB1, MP2, 83IM y 11CG. En EM6, 83IM y 11CG, se atribuye la *Repuesta* a "un aragonés." EM6: Escorial, Monasterio Ms K-III-7. LB1: Cancionero de Rennert, Londres, British Museum Ms Add. 10431. MP2: Madrid, Palacio Ms 617. 83 IM: Mendoza, Fray Íñigo de *Obras etc.* (¿Zamora, Antonio de Centenera, 1483?). 11CG: Castillo, Hernando del, *Cancionero general*, (Valencia, 1511.).

22. O6MO: Juan de Mena, *Las CCC...* (Zaragoza: Jorge Coci, 1506). O9MO: *Ibid.*, 1509.

23. LB2: Chansonnier d'Herberay des Essarts, Londres, British Museum Add. 33382. ME1: Módena, Estense alpha. R. 8. 9.

24. LB1: Cancionero de Rennert, Londres, British Museum Add. 10431.

25. MN24: Madrid, Nacional Ms 7817. MP3: Madrid, Palacio Ms 1250.

26. MN29: Madrid, Nacional 10047. SA10: Salamanca, Universitaria Ms 2763. ZZ3: Cancionero de Barrantes o de Guadalupe.

27. SA4: Salamanca, Universitaria Ms 2139.

28. A continuación de esos seis poemas vienen las *Coplas* del Comendador Román que concluyen el cancionero.

29. MN19: Madrid, Nacional Ms 4114. Es copia del siglo XVIII.

30. MN1: Cancionero de Gallardo-San Román. Madrid, Real Academia de la Historia, Ms 2-7-2.

31. Esta versión pertenece sin duda a la misma rama de la tradición que los dos *Cancioneros* de Fray Iñigo de Mendoza de 1482-1483. En la descripción incluida en mi "Le chansonnier d'Oñate y Castañeda", XVI (1980), 147, se deslizó un error. En contra de lo que escribo allí, la copla *Si fuese en nuestro poder* está colocada en el lugar que le corresponde, el séptimo, y no en el décimotercero.

32. B. Dutton no lo ha identificado, ya que lo ha colocado como anónimo con el número 4616, mientras que las *Coplas a la Fortuna* aparecen con el número 6159.

33. *Hechos del Condestable don Miguel Lucas de Iranzo*, ed. Juan de Mata Carriazo (Madrid: Espasa Calpe, 1940), Juan Bautista Avalle Arce, *El Cronista Pedro de Escavias, una vida del siglo XV* (Chapel Hill: University of North Carolina Press, 1972), reseñado por mí en *BH*, LXXVI, (1974), 391-402. Michel Garcia, *Repertorio*

de Príncipes de España ..., *op. cit*; *id.*, "A propos de la chronique du Connétable Miguel Lucas de Iranzo," *BH*, LXXV, (1973), 5-39; id., "Otros documentos inéditos sobre Pedro de Escavias: 1477-1480," *BIEG*, XXVIII, (1982), 19-60.

34. Marqués de Santillana, *Poesías completas, I*, ed. Miguel Angel Pérez Priego (Madrid: Alhambra, 1983); Juan de Mena, *Laberinto de Fortuna, poemas menores* (Madrid: Ed. Nacional, 1976); Juan de Mena, *Obra lírica* (Madrid: Alhambra, 1979). También Juan de Mena, *Laberinto de Fortuna*, ed. Louise Vasvari Fainberg (Madrid: Alhambra, 1976). Estas ediciones no se han hecho con el texto de *Oñate* a la vista, y son anteriores además a la publicación del *Catálogo-Índice* de B. Dutton. Se espera que, con ocasión de una reedición, se incorpore el nuevo material.

35. Julio Rodríguez Puértolas, *Fray Iñigo de Mendoza y sus "Coplas de Vita Christi"* (Madrid: Gredos, 1968).

36. Diego de San Pedro, *La pasión trobada*, ed. Dorothy Sherman Severin. (Napoli: Istituto Universitario Orientale, 1973). Id., *Obras completas III, Poesías*, ed. Dorothy S. Severin y Keith Whinnom (Madrid: Castalia, 1979).

37. Michel Garcia, *Las Coplas a la Varonica*, art. cit.

38. Cf. *Libro de las Cassas illustres*, Colección Salazar y Castro de la Real Academia de la Historia, s.v. Escavias. La primera esposa de Pedro de Escavias es una hija de Gómez Mesía, presentado como "Asistente que era en Andújar por el Infante don Enrique de Aragón, señor de la ciudad de Andújar ..." El Infante consiguió el señorío en 1427, como parte de la dote de su esposa y a título de compensación por no haber conseguido el maestrazgo de Santiago, y lo perdió en el año 1430, cuando Alvaro de Luna recuperó su posición.

39. Documento publicado por Avalle Arce, *op. cit.*, 187-88. El rey le manda recoger cierto número de acémilas para proveer Alhama.

40. Se observan las mismas variantes características entre las dos versiones de los poemas 82 y 89. Véase mi "Manuel de Guzmán o Pedro de Escavias" en *Arcadia*. Estudios y textos dedicados a Francisco López Estrada (en prensa).

Bibliografía

Abreviaciones

Ar Archivum
BH Bulletin Hispanique
BIEG Boletin del Instituto de Estudios Giennenses
MCV Mélanges de la Casa de Velázquez
NBAE Nueva Biblioteca de Autores Españoles
PMLA Publications of the Modern Language Association of America
RABM Revista de Archivos, Bibliotecas y Museos
RH Revue Hispanique

Sobre el Cancionero de Oñate-Castañeda

Brian Dutton, *Catálogo-Índice de la poesía cancioneril del siglo XV* (Madison: Hispanic Seminary of Medieval Studies, 1982).

Francisco R. Uhagón, "Un cancionero del siglo XV con varias poesías inéditas," *RABM*, IV (1900), 321-38, 390-403, 516-35.

Eloy Benito Ruano, "Fortuna literaria del Infante D. Enrique de Aragón," *Archivum*, XIV (1964), 161-201.

Michel Garcia, "Le chansonnier d'Oñate y Castañeda," *MCV*, XIV (1978), 107-42; XV (1979), 207-38; XVI (1980), 141- 49.

Sobre poetas y obras del Cancionero de Oñate-Castañeda

R. Foulché-Delbosc, *Cancionero castellano del siglo XV*, vol. 1, *NBAE*, 19 (Madrid: Bailly Ballière, 1912).

Hugo A. Rennert, "Some Unpublished Poems of Fernán Pérez de Guzmán," *PMLA*, XII (1897), 251-97.

Cecilia B. Bourland, "*La doctrina que dieron a Sarra*, poema de Fernán Pérez de Guzmán," *RH*, XXII (1910), 648-86.

Marqués de Santillana, *Poesías completas I*, ed. Miguel Angel Pérez Priego (Madrid: Alhambra, 1983).

————, *Bías contra Fortuna*, ed. Maxim P. A. M. Kerkhof (Madrid: Real Academia Española, 1982).

————, *Comedieta de Ponça; Sonetos 'al itálico modo'*, ed. Maxim P. A. M. Kerkhof (Madrid: Cátedra, 1986).

————, *Comedieta de Ponça*, ed. Maxim P. A. M. Kerkhof, Clásicos Castellanos, Nueva serie: 4 (Madrid: Espasa-Calpe, 1987).

————, *Defunsión de don Enrique de Villena*, ed. Maxim P. A. M. Kerkhof (The Hague: Nijhoff, 1977).

Juan de Mena, *Laberinto de Fortuna*, ed. J. G. Cummins (Madrid: Cátedra, 1979).

————, *Laberinto de Fortuna, poemas menores*, ed. Louise Vasvari Fainberg (Madrid: Alhambra, 1976).

————, *Laberinto de Fortuna*, ed. Miguel Ángel Pérez Priego (Madrid: Editora Nacional, 1976).

————, *Laberinto de Fortuna*, ed. Miguel Ángel Pérez Priego (Madrid: Austral, 1989).

————, *Obra lírica*, ed. Miguel Angel Pérez Priego (Madrid: Alhambra, 1979)

Kenneth R. Scholberg, *Introducción a la poesía de Gómez Manrique* (Madison: Hispanic Seminary of Medieval Studies, 1984).

A. Cossutta, "Il Triunfo del Marqués di Diego de Burgos secondo la redazione del Cancionero de Oñate-Castañeda," *Studi Ispanici*, 1980 (Pisa, Giardini), 273-84.

Diego de San Pedro, *La pasión trobada*, ed. Dorothy Sherman Severin (Napoli: Istituto Universitario Orientale, 1973).

————, *Obras completas III, Poesía*, ed. Dorothy Sherman Severin y Keith Whinnom, Clásicos Castalia 98 (Madrid: Castalia, 1979).

Fray Iñigo de Mendoza, *Cancionero*, ed. Julio Rodríguez Puértolas, Clásicos castellanos 163 (Madrid: Espasa Calpe, 1968).

Julio Rodríguez Puértolas, *Fray Iñigo de Mendoza y sus 'Coplas de la Vita Christi'* (Madrid: Gredos, 1968).

————, "El Cancionero de Oñate y Castañeda," en *De la Edad Media a la Edad Conflictiva* (Madrid: Gredos, 1972), 55-72.

————, "Montesino y Mendoza: un caso de *plagio* en el siglo XV," en *De la Edad Media a la Edad Conflictiva* (Madrid: Gredos, 1972), 137-47.

Marco Massoli, ed. *Fray Iñigo de Mendoza, 'Coplas de Vita Christi'*. (Florence: Casa editrice D'Anna, 1977).

Michel Garcia, "Las Coplas a la Verónica," *Iberica II, Cahiers ibériques et ibéro-americains de l'université de Paris-Sorbonne* (Paris, 1979), 171-80.

Antón de Montoro, *Cancionero*, ed. Francisco Cantera Burgos y Carlos Correte Parrondo (Madrid: Editora Nacional, 1984).

Renate Mai, *Die Dichtung Antón de Montoros, eines Cancionero-Dichters des 15 Jahrhunderts*, Heidelberger Beiträge zur Romanistik, 15 (Frankfurt/M-Bern: Peter Lang, 1983).

Jorge Manrique, *Cancionero y coplas a la muerte de su padre*, ed. Vicente Beltrán Pepio, Bruguera Libro Clásico 1503/153 (Barcelona: Bruguera, 1981).

————, *Coplas de amor y de muerte*, ed. J. M. Aguirre (Zaragoza: Olifante, 1980).

Hechos del Condestable Miguel Lucas de Iranzo, ed. Juan de Mata Carriazo (Madrid: Espasa Calpe, 1940).

Juan Bautista Avalle Arce, *El cronista Pedro de Escavias, una vida del siglo XV* (Chapel Hill: The University of North Carolina Press, 1972).

Michel Garcia, *Repertorio de Príncipes de España y obra poética del alcaide Pedro de Escavias* (Jaén: Instituto de Estudio Giennenses del C.S.I.C., 1972).

————, "Otros documentos inéditos sobre Pedro de Escavias: 1477- 1480," *BIEG*, XXVIII, 112 (1982), 19-60.

Varia

C. M. Briquet, *The New Briquet*, ed. revisada y facsim. de *Les Filigranes*. Ed. general, J. S. G. Simmons, ed. Alan Stevenson (Amsterdam: Paper Publications Society, Labarre Foundation, 1968), 4 tomos.

[fol. 1r]

[ID0072] HH1-1 (1r-32v) (67×8, 4×7, 7×8, 2×7, 322×8; [ID4340 Y 0072] 15×8; 17×8)

¶tratado de virtudes & viçios & ygnos rrymados fecho & conpuesto por fernan perez de gusman sennor de batres y por el enbiado aluar garçia de Santa marya

¶Amigo sabio & discreto
pues la buena condiçion
presçede a la discreçion
en publico y en secreto
mas claro nonbre & mas neto
es bueno que sabidor
del quall muy meresçedor
vos jusgo por mi decreto

¶Avnque bueno solo dios
es dicho por esselençia
& segund esta sentençia
ninguno es bueno entre nos
yo faziendo vberte y clos
llamo a dios suma bondad
y quanto a la vmanidad
oso dezir bueno a vos

¶es asi naturalmente
el coraçon ordenado
que baldio & sosegado
estar nunca se consiente
que algo en el non se asiente
o de virtud o de viçio
tal abto que o benefiçio
o gran pena le acresçiente

¶Aviendo tal presopuesto
es asi mi buen amigo
como el sennor me es testigo
que yo en afliçion puesto
¶por que turbado y molesto
no yncura en algun viçio
ocupo mi tienpo en ofiçio
no famoso mas onesto

¶en esta arte mas graçiosa
que vtil ni onorable
mas gentil & amorosa
que virtuosa & notable
busco que diga y que fable
sino materia profunda
pero la entençion munda
no es a dios poco agradable

¶A vezes como tentando
de las virtudes disputo
arguyo trato & discuto
non pero determinando

pasome despues rrymando
a los divinos loores
a la rrosa entre las flores
con todafeçion loando

¶e Porque sin conpania
no ay alegre posision
pense comunicaçion
aver en esta obra mia
con vusco de quien confia
mi coracon no engannado
que sere çertificado
sy es tibia caliente o frya

[fol. 1v]

¶que si yo no hando errado
gran frruto del amistad
& non poca validad
es ser el onbre avisado
si es dino lo que ha obrado
de loor o rreprension
porque la propia afiçion
tiene el juyzio turbado

¶Rresçibit pues muy buen onbre
las coplas que vos presento
& açebtad este rrenonbre
del qual bien digno vos siento
si vedes que açoto el viento
con bozes desacordadas
luego sean condenadas
al fuego por escarmiento

¶de virtudes defetuosas

¶discreçion sin osadia
es virtud defetuosa
el que sin discreçion osa
es muy loca valentia
gentil mescla y conpannia
donde el seso es rregidor
y el esfuerço esecutor
de tal cosa dios es guia

¶de saber ynvtil

¶el saber que esta ençerrado
sin jamas frutificar
podemos lo conparar
al thessoro soterrado
el seso non platicado
theorica sin obrar
sy no yerra mi pensar
cuerpo syn alma es llamado

¶de costançia yndiscreta

¶la costançia quan preçiosa

joya es asaz paresçe
pues de aquel a quien fallesçe
toda amistad es dudosa
no sea asy porfiosa
q*ue* rrazon non la someta
ca la *vi*rtud yndiscreta
rreputada es por viçiosa

¶de la eloquençia

¶la florida eloquençia
quanto vale verlo as
quando entre el honbre faras
y las bestias differençia
mas guarda con dilige*n*çia
q*ue* deuen bien consonar
las obras con el fablar
el seso con la çiençia

¶de la verdat

¶la verdat ser fundamiento
de las virtudes y dama
pues ihe*su*s *ve*rd*a*t se llama
q*ue* cale otro argumento
con todo yo no*n* consiento
en erro*de*s q*ue* mato
a san jua*n* & asi guardo
su cruel prometimiento

[fol. 2r]

¶de verguença

¶La verguença nos rretiene
de los viçios y es *vi*rtud
q*ue* a la suelta juventud
muy propiamente conviene
mas guardese quien la tiene
no pase justa medida
q*ue* la virtud encojida
de poca coraçon viene

¶de fidalgia o gentileza

¶De la sangre su nobleza
segund que al dante plaze
en buenas costunb*re*s yaze
con antiguada rriqueza
otra opinion se rreza
mas estrecha y mas aguda
q*ue* do la *vi*rtud se muda
no rrremana gentileza

¶de franqueza

¶Es la liberalidat
magnifica muy gras*ç*iosa
y entre las flores rrosa

del *ve*rgel de vmanidat
fija es de caridat
p*er*o sea asy tratada
q*ue* non pueda ser llamada
loca prodigalidad

¶sufro la desordenança
del gastar demasiado
porque de lo asi gastado
a pobres su parte alcança
¶mas tacho la destenprança
si no sabe mesurar
presonas *tien*po y lugar
torçida va la balança

¶de gua*rd*a de la enbidia

¶Preguntas como podras
de la enbidia guardarte
digo q*ue* non se otra arte
syno la q*ue* aqui oyras
de virtud no vsaras
seras pobre y de mal jesto
dios mediante con aq*ue*sto
de la enbidia escaparas

¶de luxuria

¶La luxuria faze escura
la clara y fresca nin*n*ez
de la onorable vejez
no es viçio mas locura
manzilla la fermosura
de la joventud grasçiosa
perturba la gloriosa
hedat perfeta y madura

¶de gra*ç*ioso & liberal don

¶El mas dulçe y mas graçioso
benefiçio es el q*ue* es dado
antes q*ue* sea demandado
por el pobre & vergon*n*oso
o triste don y enojoso
& por la sangre conprado
el q*ue* ante q*ue* sea dado
ffaze el gesto doloroso

[fol. 2v]

¶Nunca de franqueza vera
pro*ç*ede aquel duro don
cuya luenga dilaçion
atormenta al que lo espera
yo digo q*ue* mas valiera
en demandando negar
q*ue* otorgando penar
al pobre por tal man*er*a

¶de virtudes en perfiçion
& perfeta dilesçion

¶Sy yo amo a quien me ama
es vna debda que pago
vedes como sastifago
amando a quien me desama
o flor que en la santa rrama
de jefe feziste el nido
plegate que en mi sentido
el rrigor no faga cama

¶rregistir a los viçios

¶Si el bien a que me enclina
mi natural condiçion
yo fago no es perfiçion
mas la vertud vera y fina
es sy la carne mesquina
me punge naturalmente
que rrisista el açidente
con la cruz santa & divina

¶perfeta penitençia

¶plannir & rreyterar
las culpas muchas vegadas
es como manos lauadas
que se tornan a ensuziar
¶Caer despues leuantar
bispera es de la virtud
mas de fiesta de salud
syno es rrecadiar

¶perfeta virtud

¶yerra quien seguro anda
por solo non fazer mal
no basta la obra tal
al que perfiçion demanda
cantando el ssalmista manda
con suave y dulçe tono
declina a malo & fac bono
esta es presçiosa guirlanda

¶los diuinos mandamientos
miralos y fallaras
que faras y non faras
concluyen sus documentos
avnque en siete & tres cuentos
se distingan & rrepartan
a dos puntos se coartan
mandos y defendimientos

¶Non se lee que rrobo
aquel rrico diliçioso
porque se vistio perçioso
& dulçemente comio
mas porque su pan no dio

a lazaro el plagado
por juyzio condenado
al ynfierno desçendio

¶Pues sy por no dar lo tuyo
a dios tanto as yndinado
por tomar a otro lo suyo
guarda si lo avras pagado
[fol. 3r]
sey liberal ordenado
de la tu propia sustançia
y de peruersa ganançia
sey abstinente y guardado

de ygualdad de viçios

¶yo rreputo por vn par
error y parejo viçio
negar onbre el benefiçio
al que bien puede ayudar
o lo ageno tomar
con arte y fuerça violenta
todo se torrna a vna cuenta
dexar morir o matar

paçiençia en las aduersidades

¶gran virtud es dar loores
onbren ssu prosperidad
a dios cuya carydad
mantyene los pecadores
mas las rrosas y las flores
que dan mas suaue olor
son las graçias al sennor
con paçençia en los dolores

vera paz y justa guerra

¶aver paz con toda gente
guerra con todos los viçios
son aquestos sacriffiçios
a dios olor muy plaziente
dar con el visso rriyente
lymosna es dulçe vocablo
dios ama segund sant pablo
al que da alegremente

tres libertades espeçiales

¶quien es libre de tres cargas
alegre pasa su vida
sufre pasiones amargas
quien las porta sin medida
la conçençia con pecados
y con debdas la fazyenda
manjares demasiados
dan al cuerpo gran contienda

ganar y conseruar

¶por caso muchas vegadas
se alcançan grandes estados
no por sabios avissados
ni por virtudes loadas
pero desque ya alcançadas
segund es mi opinnon
syn yndustria y discreçion
no pueden ser conseruadas

ver y leer

¶quien no sabe lo pasado
çiego va en lo presente
de sinple faze avisado
ver y leer çiertamente
pocas cosas pueden ser
que no se vieron passar
pero mucho es menester
sabellas bien concordar

vera ffortaleza

¶de los onbres el mas fuerte
es el que vençe su ssanna
entre la vmana conpanna
es el de mas flaca suerte
el que su propio ssecreto
en sy no puede tener
deue el tal tenido sser
por flaco y por yndiscreto

[fol. 3v]

discreçion muy enpachada por viçios

¶los mayores enemigos
que tiene la discreçion
viçios naturales son
que no rresçiben castigos
& sus mas duçes amigos
son los bienes que natura
enxiryo en la criatura
asaz ay desto testigos

¶muy difiçil digo yo
diga posible quien osa
vençer la muy poderosa
natura que dios crio
y quallquiera que alcanço
vigor a tal rregistençia
rregraçie la gran clemençia
del sennor que lo esforço

¶Daqui es que los discretos
no son todos virtuosos
daqui es que son viçiosos
muchos en saber perfetos
daqui es que los decretos
que la discreçion ordena

apenas conclusion buena
da por los viçios secretos

¶de las yervas

¶omillmente suplicando
a los rreyes por perdon
de mi loca presunçion
que los quiero yr avisando
pero pues ynspira quando
el espiritu a do quiere
por ventura quien moyere
non se yra de mi burlando

¶yo no tacho ni afeo
antes digo qua[l] es virtud
aquella soliçitud
quen sus mesas fazer veo
permiso es tal desseo
conseruar onbre su vida
ser tal obra defendida
ni lo oygo ni lo creo

¶la salua de los manjares
la lengua del escurpion
yo no niego que amas son
dos rremedios singulares
si a otros particulares
proveen estas conseruas
veamos si entran las yervas
sino por los paladares

¶de algunos bien & oydo
que murieron por la boca
mas es la cantidat poca
de los que ansi an fallesçido
mas morir & aver caydo
por consejos veninosos
de onbres escandalosos
ynfinitos he leydo

¶vna lengua vale y presta
quando suda en la tabla
otra mata quando fabla
si en el oreja es puesta
nobles prinçipes si esta
rregla vos plaze mirar
mas que la boca guardar
las orejas amonesta

¶del que bien manda
& del que bien obedesçe del bueno
& del que ama a los buenos

[fol. 4r]

¶El mayor grado meresçe
el que bien sabe mandar
tienel segundo lugar

luego el que bien obedeçe
si el bueno rresplandesçe
por virtudes como flama
asi el que los buenos ama
luego despues del floresçe

¶del que da & del que lo dado gradesçe

¶El que da aver granado
& faze gran benefiçio
o el que con buen seruiçio
gradesçe lo que les dado
qual deue ser mas loado
mas lo quiero preguntar
que difiniendo juzgar
en pleyto no desputado

¶de eloquençia & discreçion

¶çiençia sin eloquençia
padesçe defeto & mengua
sin saber diserta lengua
no es falta mas demençia
sant isidro por sentençia
faze tal difiniçion
la verbosa discr[e]çion
ser dannosa sin prudençia

¶de nesçios callados

¶muchos se fazen callando
sabios & vsan de arte
tal non fabla nin departe
que seri [sic] torpe fablando
callando & bostezando
son por discretos avidos
que alla sacan sus partidos
los nesçios juga jugando

¶de buena & contraria muger

¶la muger si buena fuere
es gozo continuado
& si al contrario saliere
dolor es perpetuado
el patrimonio eredado
de nuestros padres lo avemos
si buena muger tenemos
de dios nos es otorgado

¶A tomar rrica y fermosa
basta nuestra discriçion
de onesta & virtuosa
no es nuestra la eleçion
la buena es prouision
de la diuina clemençia
la mala es penitençia
de culpas & maldiçion

¶Si bien es esaminada
bien pessada & bien medida
toda joya es conosçida
antes que sea conprada
la muger quando es prouada
ya la ley ha dicho a nos
la junta que fizo dios
por onbre no sea apartada

¶de onor & conçençia

¶la honor & la conçençia
asy son entre si varias
tan discordes y contrarias
para valor y clemençia
que conviene a la prudençia
para que bien las disçierna
que con muy clara luçerna
mire la su diferençia

¶no digo de rreligiosos
ni de rrustica naçion
[fol. 4v]
entre quien jamas quistion
se faze de actos famosos
hablo de los deseossos
de fama y rrenonbre aver
pero de dios offender
biuen syenpre temerosos

¶la honor nunca consyente
vn punto contra su fama
ni cura de aquella flama
del ynfierrno muy ardiente
con gesto alegre y plaziente
la conçençia el rrostro ofreçe
al golpe que asy pareçe
que del primero no syente

¶la honor muy alto clama
ninguno a mi no satreua
quien la fizo que la beua
como fuerte leon brama
la conçençia asy derrama
sus lagrimas y clamores
por los sus perseguidores
como por los que mas ama

¶la primera es criada
del çesar y la segunda
de la casa pobre y munda
de san françisco dotada
biue vida trabajada
el cuerpo en que cada dia
es la tal contrauersia
discutida y disputada

de lenguajes y creençias

¶las mayores diferençias
y prinçipal conffusion
las diuersidades sson
de lenguajes y creençias
dignos son de penitençias
mahomad que eretizo
menbrot que tyranizo
deseando preminençias

del consejo non rreçebido

¶buen consejo no açebtado
pocas vezes gradeçido
pero quando es rreçebido
estonçe es canonizado
la pena que por lo errado
viene aquella da ffe
quel sano consejo ffue
locamente desdennado

de muy fea y muy fermossa muger

¶lo ques de muchos amado
difiçil es de guardar
lo de todos desechado
poseerlo es penar
puedes esto apropiar
a muy fermosa y muy fea
muger aqui se prouea
el que se quiere cassar

de graçia ynfusa y libre aluedrio

[fol. 5r]

¶la graçia de dios peruiene
ved aqui el creer mio
pero del libre aluedrio
rreçebida ser conuiene
el sennor que nos mantiene
plazele que merezcamos
por que mereçiendo ayamos
parten los gozos quel tiene

¶que la graçia anteçeda
el arbitrio es cosa çierta
non solo que le preçeda
mas que le mueue y despierta
y dexa asi puerta abierta
al albitrio que podra
elegir qual mas querra
a via dubdosa o çierta

¶preuino el angel graçioso
diziendo ave graçia plena
la virgen dulçe y serena
con franco arbitrio amoroso
rrespondiole muy gr[a]çioso
ecçe domini ançila

conçebtus fuyt yn yla
el fijo de dios preçiosso

¶sy graçia no es neçesaria
por que rrogamos a dios
sy arbitrio no es en nos
como virtud voluntaria
es de merito plenaria
por graçia nos leuantamos
con albitrio la abraçamos
esta es conclusion sumaria

¶la graçia preuiniente
yo no dubdo que rrepara
al arbritrio y lo prepara
por que mas presto consyente
esto sea omillmente
dicho sola obidiençia
daquella sacra çiença
que de dios muy rrecto siente

como no esta el seso en mucho
hablar ni avn en bien hablar

¶sy el seso estouiese en mucho habl[*ar]
los tordos serian discretos llamados
ni avn esta digo en bien rrazonar
que a muchos liuianos vi bien rrazonado[*s]
pues a los que plaze el seso fallar
no curen de flores ni versos orrnados
miren las obras dexen el chillar
a los papagayos del nilo criados

¶no dixo el apostol sed bien fabladores
segund la rretorica de quintiliano
mas dixo carysimi estote fatores
non ymitatores ques acto liuiano
mejor es ser cato que virgiliano
la vida del vno nos edifico
mas el delectable que frutifico
el fermoso estilo del gran mantuano

[fol. 5v]

¶de lymosna & rrestituçion
de abstinençia & co[n]tenençia

¶gran bien es limosna dar
alegre y lyberalmente
mejor las debdas pagar
& trabajos de syruiente
bueno es ser abstinente
de çibos demasyados
mas de viçios y pecados
mas vale ser continente

¶que por tres maneras se
danan las costunbres

¶dexando las demasyas
por las quales son dan*n*adas
las costunbres y malvadas
yo las rrestrin*n*o a tres vias
por t*i*erra muy dileçiosa
y por vida muy oçiosa
y por malas conpanias

¶la p*ri*mera pruevo yo
con anibal africano
cuyas fuerças q*ue*branto
el deleyte capuano
los deleytes y dulçor
vençier*on* al vençedor
del gran ynperio rromano

¶sy lucano no me miente
delan*te* mis ojos veo
trabajando al gra*n* ponpeo
conquistar la mas de orien*te*
vilo despues rreposado
perezoso y maltratado
daquel çesar muy ardien*te*

¶pruevase el terçero tanto
por estos syguien*tes* v*er*sos
con los santos seras *s*anto
perverso con los perv*er*sos
non cabe enxenplificar
sus casos ni esplicar
tantos son y tan div*er*sos

¶de dos prinçipales man*er*as de seruidunbre

¶entre diversas man*er*as
& modos de seruidunbr*e*
de q*ue* ay gra*n* m*u*chedu*n*bre
yo nonbro dos por primeras
no digo q*ue* son sen*n*eras
el q*ue* es syeruo del pecado
y el torpe d*e*l avisado
abramos mas las carreras

¶de la primera no cale
arguyr ni desputar
ca san pablo basta y vale
p*ar*a lo abtorizar
syeruo es no ay q*ue* dudar
del pecado el q*ue* lo faz
pues pasemos sy vos plaz
a la segu*n*da prouar

¶ni mas justo poderio
no lo ay ni mas perfeto
q*ue* sobrel torpel discreto
y el sabio sobre el sandio
ni*n* mas falso sen*n*orio
mas yntruso y mas tirano

q*ue*l nesçio cal pueblo vmano
gouierna por su alvedrio

[fol. 6r]

¶avn salua paz cuydo yo
de la escritura santa
q*ue* de ally do ella canta
q*ue* dios al onbre otorgo
poder [   ] ystituyo
sobre brutos animal*es*
q*ue* a los onbres bestiales
taçite ally los metio

¶a los onbres saluar
y a las bestias el sen*n*or
dauid el santo cantor
asy lo q*ui*so ditar
cuydo yo yntrepet*r*ar
salua paz de los dotores
q*ue* por torpes labradores
aqui se puede tomar

¶como sea magnifiesto
q*ue* a las bestias no*n* co*n*dena
dios ni da gloria ni*n* pena
yo fablo quanto al testo
digo mi culpa y p*ro*testo
de çessar desta porfia
y es a la thologia [sic]
mi dezyr graue y molesto

¶la p*ri*nçipal diferença
del onbre al bruto animal
es q*ue*l vno es rraçional
con discreçion y eloq*ue*nçia
la bestia de espirença
y de çiença caresçe
a qual destos pertenesçe
al torpe pido sen*ten*çia

¶de quatro eleçiones
en el matrimoni*o*

¶en el matrimonio son
quatro cosas desscoger
la primera deve ser
la noble generaçion
la segu*n*da grand rriq*ue*za
fermosura y gentileza
es luego terçero don

¶la quarta eleçion rresta
syn la quall las tres co*n*tadas
no*n* deue*n* ser açebtadas
nin dellas fecho gra*n* fiesta
la mug*er* onesta y casta
esta syn las otras basta

y todas tres no syn esta

¶de tres cosas nesçeçarias
al onbre estudioso

¶al onbre muy deseoso
y amador de saber
non le basta asaz leer
ni ser muy estudioso
mas seyendo engennoso
entienda lo que leyere
gran memoria se rrequiere
para estudio frutuoso

¶la terçera quen la eleçion
es de mayor esselençia
que aya en la çiençia
clara y pura perfiçion
estas tres dan discreçion
en toda çiençia y arte
al que falta la vna parte
de todas ha defeçion

[fol. 6v]

¶puedese aqui prouar
quel saber donde dios es
ca la vna & todas tres
dios solo las puede dar
dentender y memorar
y de discreta çiençia
quien quiere tal ynfluençia
a dios la de demandar

¶de cobdiçia & vanagloria

¶asy tiene la covdiçia
sus diferençias y grados
en mas y menos maliçia
como los otros pecados
vnos son della tocados
por solo onor & gloria
por que sea su memoria
en syglos perpetuados

¶a este fin solo entienden
sy conquistan y sy ganan
quanto rroban tanto espenden
tanto esparzen quanto apanan
asy como la mar manan
dando a sus valedores
solamente ser sennores
esto desean y aman

¶sy quinto curçio no miente
alexandrel maçedonio
destos fue & sy svetonio
de julio çesar byen syente
el primero en oriente

en oçidente el segundo
rreportaron deste mundo
onor y fama eçelente

¶de la segunda avariçia
otros son asy plagados
que su gozo y su letiçia
es aver multiplicados
los thesoros yençerrados
syn esperança ninguna
de jamas ver sol ni luna
temiendoles ser tirados

¶del evangelio tomamos
tal rregla y avtoridat
que amigos no nos fagamos
de mamona de maldad
mal es a dezyr verdad
rrobar para despender
mas tomar para esconder
es estrema yniquidad

¶esta misma orden tiene
el ynfierno obseruada
rresçibe quanto le viene
no consyente salyr nada
o persona maculada
de viles y suzios viçios
cuyos vnbrales & quiçios
syn salir tienen entrada

¶daquesta vil hermandad
fue craso tragador doro
y mida que en gran thesoro
puso su felesçidad
no es la presente edad
de tales fijos menguada
ni espanna bien purgada
es de aquesta suzyedad

[fol. 7r]

¶de senblantes disformes

¶los onbres malfaçionados
diformes y mal conpuestos
sy mirays los mas daquestos
veres mal condiçionados
asy como son priuados
de la comun proporçion
asy son en condiçion
de la virtud apartados

¶no digo de onbres feos
ca destos tan virtuosos
he visto y menos rreos
como de los muy fermosos
vnos casy mostruosos

son los que yo fablo aqui
de los qualles sienpre vi
la mayor parte viçiosos

¶tres domiçilios de virtudes

¶la cabeça es morada
del seso y descriçion
el estomago posada
de salud y abitaçion
proçeden del coraçon
el vigor y la virtud
seso esfuerco [sic] y salud
en estas tres cosas son

quatro muestras espeçiales del onbre

¶la primera muestra es
del onbre gentil presençia
la graçiosa eloquençia
luego por segunda avres
por terçera rreçibres
la muy noble discreçion
mas la buena condiçion
por quarta y mejor terrnes

misterios de nuestro sennor

¶o secretos escondidos
de dios mas justificados
quantos estan encogidos
virtuosos maltratados
por ser pobres y menguados
y quantos defectuossos
por ser rricos son famosos
no loables mas loados

¶cuantos mal condiçionados
y de poca discreçion
syn fe y syn deboçion
biuen bienafortunados
quantos sabios y tenplados
devotos nobles onestos
de lo que desechan estos
desean ser abonados

¶es quistion muy antiguada
fecha por claros varones
con grandes esclamaçiones
del santo job querellada
el nuestro rrey castellano
don sancho el deseado
por dias moço es llamado
pero por virtudes cano

¶de buen rrey & de buena ley

¶buen rrey mas que buena ley
es nesçeçario al rreynado

que al enxenplo del rrey
es todo el rreyno rreglado
proverbio es asaz grosero
pero su sentençia es vera
quen casa de aboguero
la gente es todalboguera

[fol. 7v]

¶La ley sy no es despertada
ella syenpre dormyra
y sy no es esecutada
poco frutificara
buen rrey la despertara
y do ella fuere escura
a la parte mas segura
buen rrey la ynterpetrara

¶los casos mas que las leyes
ser desto quien dudara
proueen discretos rreyes
do nuevo caso verna
sabio rrey dispensara
las çircustançias catando
a vezes rrigor tenplando
a vezes lo ençendera

¶la ley loada sera
temido sera el buen rrey
avra efeto la ley
do buen rrey mano porna
puedese mudar las leyes
sy el tienpo lo adebdara
discreçion de sabios rreyes
en toda sazon valdra

¶por buen açuela que sea
sano quedara el madero
sy no lo manda y menea
el braço del carpintero
buena digo ser la ley
& gran bien se sygue della
mas ella es obra del rrey
y no el rrey obra de aquella

¶de justa ley vsaran
sus ministros çertamente
del rrey sabio y diligente
sus rreglas se obseruaran
muchas glosas sofriran
las leyes y los decretos
que los prinçipes discretos
bien las esaminaran

¶yo do esta eçelençia
al rrey sobre los derechos
sy el por notables fechos
meresçe tal preminençia

no por syngular potençia
ni por sangre generosa
menos por aver fermosa
graçiosa gentil presençia

¶la mi rrazon se dirige
a la rreal presidençia
que manda gouierna & rrije
con discreçion y prudençia
y con justiçia y clemençia
queriendo consejo aver
y que sepa asy escojer
que en el quede la sentençia

¶de çiençia syn buena vida

¶çiençia syn vida santa
dubdo que su predicar
puede bien frutificar
nin flores lleuar su planta
lucas en sus cantos canta
que ihesus primero obro
y despues nos ensenno
vsar su dotrina tanta

[fol. 8r]

de fe y de esperança

¶do no ay mengua de ffe
alli es çierta esperança
y syn dubda esperare
sy de fe tengo abundançia
el que nos manda creer
aquel nos mando esperar
gozo es nuestra fe tener
ynjuria nuestra dubdar

de personas vagamundas y baldias

¶la mi pobre discreçion
dos errores aborresçe
porque damos se rrecresçe
al mundo gran confusyon
onbres seglar sin ofiçio
& syn claostra [sic] el rrelisioso
mas paresçe mostruoso
este que natural viçio

¶por tres rrazones difiere
& aluenga nuestro sennor
su misericordia a los tribulados

¶si lagrimas y gemidos
sospiros y oraçiones
tan presto no son oydos
en nuestras tribulaçiones
del sennor ni rrespondidos
somos a las petiçiones

sy no faltan mis sentidos
esto es por tres rrazones

¶por que la graçia alcançada
con grande trabajo y pena
sea avida por mas buena
por mas cara y mas preçiada
otra por que sea provada
la firme ffe y esperança
ca la gran perseuerança
nunca de graçia es priuada

¶terçia por que la paçiençia
en las grandes afliçiones
de culpa ffaze ynoçençia
y penas tornan perdones
quanto es mas la sufrençia
mas cresçen las rremisiones
gran parte de penitencia
es sofrir persecuçiones

¶dos rremedios o medios
a las muertes o perdidas

¶dos perdidas prinçipales
ay en dones de fortuna
perder parientes la vna
otra bienes tenporales
contra los dolores tales
yo cuydo dar dos rremedios
sy no enteros seran medios
a mitigar grandes males

¶vno es si se prouee
onbre por que descuydado
no le venga arrebatado
el danno nin le saltee
lo quall sera sy el cree
que todo biuo es mortal
y todo bien tenporal
la fortuna lo posee

[fol. 8v]

¶vale mucho aquesta cuenta
porquel onbre aperçibido
esta medio conbatido
que el mal que ha sobreuienta
viene mucho desatienta
sy onbre lo que perdio
nunca perderlo penso
conviene que pena sienta

¶si onbre su diligencia
faze por lo conseruar
por que no le puedan dar
gran cargo de nigligençia
escusalo su ynpotençia

pues en perder y en morir
ynposible es rregistir
a la diuina senten*ç*ia

¶este rremedio segundo
o medio es aliuiamie*n*to
a los males deste mu*n*do
pues no por su fallimi*ento*
mas por el ordenamiento
del sen*n*or muy justo y fuerte
viene perdida o muerte
ved aqui mi sentimie*n*to

¶es verdad q*ue* el *t*ie*n*po ffaze
los pesares oluidar
mas esto no sastiface
p*ar*a el onbre sescusar
ni de v*i*rtud se loar
ca no ay dolor q*ue* no*n* ca*n*se
y quel *t*ie*n*po non lo ama*n*se
y no lo faga cesar

¶de singulares man*er*as
de peniten*ç*ia

¶muchas son y muy div*er*sas
las vias de penite*n*çia
q*ue* de las culpas perversas
nos p*r*ocuran yndulge*n*çia
sera graue dar senten*ç*ia
y no chica presunçion
qualles son en perfiçion
las de mayor primine*n*çia

¶digo mi maginaçion
no como quien determyna
mas como quie*n* sienp*r*e ynclina
su juyzyo a correçion
plenaria rrestituçion
& los dan*n*os rresçibidos
perdonados rremitidos
syn ficta simulaçion

¶esto muevo a dezyr
porq*ue* es gran dificultad
a la flaca vmanidad
en perfiçion las conplir
graues son de rresystir
todos viçios sin dub*d*ar
mas pagar y perdonar
no son juegos de rreyr

¶como no deue*n* juzgar los
moços en la nueva edad

¶yerra quien cuyda p*r*eçiar
por las flores los frutales
creyendo q*ue* seran tales

al cojer y desfrutar
el q*ue* bien quiere estimar
de frutos & trigo & mosto
[fol. 9r]
¶fasta setienbre & agosto
no se deue arrebatar

¶vnas flores q*ue*ma el yelo
otras el viento derrama
sy mucho seçie*n*de el çielo
el sol las arde y enflama
espiga sarmiento y rrama
quien las loa en p*r*imavera
si a la oton*n*ada espera
por otro nonbre las llama

¶conparaçion

¶a mi ver asi va errado
y lexos de la verdad
el q*ue* en la tierna edat
quiere al moço av*er* juzgado
el qual propio es conparado
a la nave por la mar
y a la ave en el bolar
//que// ningun rrastro an dexado

¶tantas son las mutaçiones
de la hedat & yncostantes
no solo en los senblantes
ni solo en la[s] conplisiones
mas avn en las condiçio*n*es
faze avtos tan diuersos
la hedat q*ue* de peruersos
rresultan nobles varones

¶vimos de muy v*i*rtuosos
prinçipes en nueva edat
con la gran prosperidad
consegir fines viçiosos
no quisieron ser mintrosos
n*uestr*os versyficador*es*
q*ue* onores muta*n* mores
ca*n*tan en versos graçiosos

¶qual fue en vmana naçion
mas virtuoso y vmano
quel muy claro çipion
por sobrenonbre africano
pero valerio el rromano
cuenta en su libro sesto
q*ue* fue moço malco*n*puesto
y disuluto y liviano

¶seneca en su clemen*ç*ia
alaba la juventud
orrnada de gran v*i*rtud
de enero [sic] por eçelençia

mas de concordia y sentençia
de todos los ditadores
de malos y de peores
a el dan la preminençia

¶en el viçio ynfançil
me plaze aver esperança
y consiento av*er* mudança
en error de edad pueril
y sufro vno entre mill
q*ue* sea en la adoleçen*çi*a
mas no quiero aver paçiençia
del q*ue* a treyntan*n*os es vil

¶tengamos estrecho el freno
y silençio en el juzgar
por mal prynçi[pi]o ni bueno
no luego determinar
[fol. 9v]
¶tanto quisiero*n* dubdar
los filosofos sobresto
q*ue* de torpe y de onesto
la muerte ha de setençiar

¶de los suen*n*os

¶entre muchas abusiones
diversos yerros y varios
a la fe asaz contrarios
por muy falsas opinion*es*
q*ue* turvan los coraçones
es vna q*ue* aqui dire
quien da a los suen*n*os fe
como a las rrevelaçiones

¶como sea con[o]sçido
q*ue* por la gra*n*d demasya
del beuer del mesmo dia
suen*n*a desq*ue* ha dormido
desuarios y avn sabido
es q*ue* lo q*ue* onbre trato
aquel dia lo son*n*o
asi le quedo ynprimido

¶viene avn este error vano
por asçucia del antiguo
adversario y henemigo
de todol pueblo c*hristi*ano
si falla seso liviano
y en fee no bien firmado
no dubda q*ue* lo son*n*ado
fue mas diuino q*ue* vmano

¶E por q*ue* su faseldad [sic]
no vaya sola yn desnuda
¶fauoresçela y ayuda
con enxenplos de v*er*dad
onbres de gra*n* santidad

dize el av*er* son*n*ado
el quall son*n*ar rrevelado
fue por la diui*n*dad

¶josep no fue engan*n*ado
quando son[n]o q*ue* seria
de honze ermanos q*ue* avia
por rreverençia adorado
pues menos se fallo errado
quando el seso ynterpetro
de los presos q*ue* jusgo
vno suelto otro enforcado

¶los tres rreyes de oriente
en suen*n*os amonestados
fueron p*ar*a ser librados
del rrey crudo y dilige*n*te
lo q*ue* es mas eçelente
josep otro santo padre
por suen*n*os al nin*n*o y madre
guardo del tirano ardiente

¶seria superflua cura
mas estorias alegar
porq*ue* para lo provar
llena es la escritura
basta q*ue* do ay locura
& poca fe la maldad
junta con la vmanidad
faze*n* muy falsa mestura

[fol. 10r]

¶pero al q*ue* dios acorre
con fe y con debuçion
y no*n* se mueve ni corre
syn pesada discreçio*n*
faze muy grand discrecio*n*
de los santos q*ue* son*n*aron
a los beudos que bosaro*n*
el vino con la vision

¶considera el bien beuir
& las obras q*ue* trataro*n*
qualles obras platicaro*n*
tal fue su suen*n*o y dormir
ni el diablo ynxiryr
jamas puede sus ynxertos
durmiendo en los q*ue* despiertos
la virtud suelen seguir

¶mira los maravillosos
misterios q*ue* se siguiero*n*
daquellas q*ue* en suen*n*os viero*n*
los varones v*ir*tuosos
mira de los maliçiosos
onbres y mal hordenados
los frutos q*ue* rresultados

son de sus suen*n*os vençidos

¶*para* fazer diferençia
entre tales dos estremos
nesçeçario es q*ue* vsemos
de discreçion y prudençia
ca ynflusyo*n* & ynflue*n*çia
de la çiençia diuina
a la santidad se ynclina
no a dan*n*ada conçiençia

¶de quatro man*er*as de amor
laçitas [sic] & onestas

¶quatro maneras damor
son de seguir & obseruar
de rrigir al fazedor
a los prosymos amar
la propia fama y onor
con virtudes ensalçar
la fazienda sy*n* errar
creçer y multiplicar

¶preçebtos son diuinales
el segundo y el primero
el quarto con el terçero
son deseos naturales
los q*ue* son de otros metales
ni el dialogo los falla
ni son puestos en la tabla
de los dotores morales

¶que las virtudes so*n* buenas
de no*n*brar & g*r*aues de platica*r*

¶las virtudes son g*r*açiosas
& muy duçes de nonbrar
pero son de praticar
asperas y trabajosas
no quier*en* camas de rrosas
con muy suaves olores
ni mesas llenas de flores
con viandas muy preçiosas

¶verdes prados ni vergeles
ni cantos de rruysen*n*ores
ni sonbra de los lavreles
ni chançonetas damores
ni acordes ni thenores
ni contras ni fabordon
menos la dissuluçion
de motes de trufadores

[fol. 10v]

¶no buscan rricos brocados
ni rropa de fina seda
no gran suma de moneda
ni joyeles muy preçiados

no palaçios arreados
ni baxillas esmaltadas
ni loar enamoradas
en versos metrificados

¶la virtuosa onestad
forma trae de rrelision
& en la rrenunçiaçion
de la propia voluntad
ama la atversidad
sabiendo que la salud
& perfiçion de virtud
esta en la enfermedad

¶No se muestra la paçiençia
sino en gran tribulaçion
ni la osada rresestençia
sino en fuerte tentaçion
lealtad en perfiçion
quien la vio sino a pobreza
nin se falla fortaleza
sino en gran persecuçion

¶el varon muy esforçado
q*ue* la fortuna conbate
oy vn xaq*ue* cras vn mate
como piedras a tablado
firme esta avnq*ue* demudado
turbado mas no vençido
meneado sacudido
pero nunca derribado

¶en el fuego rresplandeçe
el oro puro y çendrado
el grano linpio paresçe
del trigo qua*n*do es trillado
el suen*n*o que es q*ue*bra*n*tado
por fuerça de la tro*n*peta
no por flauta ni museta
aquel deue ser loado

¶v*i*rtud e deletaçion
nunca entra so vn techo
poca partiçipaçion
an honestad & p*r*ouecho
tenperança & anbiçio*n*
nunca yazen en vn lecho
la voluntad & rrazon
no caben en poco trecho

¶el braço q*ue* el golpe erro
& despues ardio en la flama
la su çibdad deçerco
dexando loable fama
la sangre q*ue* derramo
la mano muy delicada
fizo a rroma libertada

& la castidad onrro

¶por muchas tribulaçio*n*es
diz el apostol q*ue*ntramos
en el rreyno q*ue* esperamos
no digo deleytaçiones
suma en fin de rrazo*n*es
estrecha via es aquella
& pocos entra*n* por ella
do se dan los rricos dones

[fol. 11r]

¶yo loo el oçio & abraço el rreposo
& la discresçion & abtos mundanos
& prinçipalmente de los cortesanos
cuyo exerçiçio es muy peligroso
cuydando q*ue* fablo verdad dezyroso
quel alma fazienda persona*s* & fama
todo peligra en tal fuego & llama
por ende avsentarse es muy p*r*ouechoso

¶pero algunas vezes he ya conosçido
q*ue* quiryendo onbre fuyr v*n* gr*a*n dan*n*o
va caer en otro mayor o taman*n*o
v*n* sotil profeta asi lo ha escreuido
por ende quien ha el oçio elegido
por aver rreposo & vida quieta
pues es avisado daqueste p*r*ofeta
devese ordenar sera aperçibido

¶la buena materia por la forma errada
valer mucho menos quie*n* dudara desto
pues q*ue* vale el oçio si no es onesto
ni vida quiera y mal hordenada
fuyr de la corte confusa turbada
vsando de oçio laçivo & viçioso
gula luxuria & suen*n*o tal rreposo
por vida polida no es açebtada

¶aquellos q*ue* todo su seso exerçiçio
es deleytaçiones & plazer carnal
& seruir al uientre es todo su viçio
aquel adorando por dios tenporal
syn se dar a otro virtuoso ofiçio
de paz o de guerra o espiritual
sobre la su puerta o mas alto q*ui*çio
deue ser escrito v*n* titulo tal

¶No aqui mora ni es posentado
como por los o*n*bres se suele esc*r*iuir
mas so esta tunba esta sepultado
aquel cuyo nonbre no es de dezir
porq*ue* no fue onbre mas mostruo en[*couado]
& contra natura e*n* su mal rregir
no*n* biuo ni muerto mas mortificado
sin fama & rrenonbre ni del bie*n* senti[*r]

¶como sera escrito tal dia murio
tal mes & tal era an*n*o & nasçimie*n*to
aquel q*ue* sabemos q*ue* nunca biuio
ca muerte sin vida no*n* ha fundamie*n*to
aquel q*ue* jamas de v*i*rtud vso
la quall es del ome prueva argume*n*to
como diremos q*ue* el tal nasçio
ni q*ue* de la muerte vuo sentimie*n*to

¶No puede om*n*e aver allegado
no poder en oçio aver bie*n* obra*r*
puede aver concordias pasos t*r*atado
avisando al sinple al triste alegra*r*
diz q*ue* non puede esto aver [   ]
podra buenas cossas & onestas dita*r*
& avn si mestiendo aq*ue*sto ha negado
aya buen deseo onesto pensar

¶nunca fallesçiero*n* jamas nuevas art[*es]
al varo*n* discreto & estudioso
sy mira en torno de si a todas p*a*rtes
& exer[çi]çio fuerte & viguroso
& sea ocupado o sea en rreposo
en fechos de paz o avtos de g*ue*rra
porq*ue* la virtud jamas puerta çierra
saluo al q*ue* della no es deseoso

¶algunas vezes natura sigue
a la maginaçion

[fol. 11v]

¶v*n*a avtoridad se canta
en la fisica & se rreza
de q*ue* mi gruesa rrudeza
poco menos se espanta
si la confiança es tanta
del enfermo en el dotor
mas en breue & mejor
convaleçe & se levanta

¶aquel fisico mas curas
faze en mas perfiçion
en quien an las criaturas
mayo*r* fe & mas debuçion
no es pequen*n*a admiraçio*n*
ni palabra es poco escura
obedeçer la natura
a la ymaginaçion

¶q*ue* por las obras visibles
ha om*n*e conosçimie*n*to de las
ynvisibles obras de dios

¶yo tomo por fundamie*n*to
daquesta propusiçio*n*
lo quel vaso de elecion
da por rregla & docume*n*to

puede aver conosçimiento
el omne de lo ynvisible
por la obra aca visible
armo sobre este çimiento

¶mira bien con diligençia
la muy noble conpostura
que la vmana natura
nos da pura ynteligencia
de la gran manifiçençia
daquel sumo criador
aviendo del obrador
por sus obras conoçençia

¶Si el çielo esmaltado
las estrellas argentadas
de la luna ylluminadas
si el sol claro y dorado
tanto nos an agradado
con su paresçer fermoso
cuanto sera mas famoso
el que todo lo ha criado

¶si la virtud & potençia
de los quatro elementos
agua fuego tierra & vientos
se rreguardan con emençia
paresçera la eçelençia
que de todos quatro tiene
quien los fizo & los sostiene
en concordia & abenençia

¶si los prados purpurados
de muy diuersas colores
& de guarniçion de flores
en la primavera orrnados
si tantos armonizados
mellifluos & suaves
quen las florestas las aves
cantan son de nos amados

¶si tanto dulçe y amable
la vmana fermosura
& nos estan deleytable
su linda & gentil figura
considera & mesura
discreto & sabio letor
que tal sera el criador
que crio tal criatura

[fol. 12r]

¶Si los mançebos & sanos
an en si gran fortaleza
si tanta es la sotileza
de los yngenios vmanos
pensemos por dios ermanos
cuanta mas sabieza abra

& mas valiente sera
quien los obro por sus manos

¶tu sennor me deleytaste
en las tus obras muy bellas
porque tu potençia en ellas
& bondat me declaraste
a ti sennor me mostraste
dixo el salmista cantor
quando en las obras sennor
de tus manos me alegraste

¶de franqueza graçiosa
o forçada

¶El que da con triste cara
pierde las graçias del don
aquel lieva el gualardon
que da con senblança clara
el que niega no teniendo
consiento su triste gesto
ca de coraçon onesto
sale el no que va gimiendo

¶de estrema avariçia

¶aquel que cuanto mas ha
menos se siente abastado
& cuanto mas dios le da
mas avariento es tornado
que pena avra tal maliçia
de san pablo lo sabres
pues de los ydolos es
seruidora el avariçia

¶desimular & fengir

¶simular por maestria
es avido & por arte
mas yo especia & parte
de falsedat le diria
si la llamo yprocresia
no do fuera del terrero
no me llame conpannero
ni quiero su conpannia

¶si la tacho en todonbre
por arte defetuosa
en gran sennor le do nonbre
de obra vil & viçiosa
la virtud de la potençia
clara va & sin çelada
arte seruil es llamada
perfiçion que no prudençia

¶Rremedio a la fresca yra
& sanna¶¶

¶la fresca yra & sanna

no es luego amonestar
mas dexarla amansar
despues con buen tiento & manna
a vezes con el sannoso
otorgando & consintiendo
a vezes contradiziendo
le faras aver rreposo

¶el que en si no tiene tiento
con la nueva turbaçion
de la tu ynsulutaçion
avra doble sentimiento
dexa pasar el furor
si el peligro no es çercano
despues con manso dulçor
del enfermo faras sano

[fol. 12v]

¶de çinco abusiones

¶El moço ques avariento
y el rrico mal pagador
y el covarde sin sabor
y el viejo de poco tiento
vieja que faz casamiento
no esperando engendrar
cual ley consiente pasar
tal burla sin escarmiento

¶de quatro vtiles petiçiones

¶pide buenos tenporales
al pueblo salud y paz
& sin dubda son asaz
vtiles a los mortales
yo pongo entre estos tales
el quarto por delantero
rrey discreto justiçiero
como oro entre metales

¶¶de la fisica & de los fisicos

¶yo no niego la virtud
del arte de medeçina
antes digo que salud
nos conserua su dotrina
quien la cuyda aver tachada
contradize a salamon
& va contra la rrazon
por espirençia provada

¶loo & apruevo a ella
mas tacho sus ofiçiales
que los mas dellos son tales
de quien muchos an querella
digo que algunos son buenos
mas por la propfundidad
della o por la torpedad

dellos los sabios son menos

¶en esta çiençia & arte
dos cosas son menester
con las qualles su saber
creçe en grandisima parte
pratica & discreçion
las qualles alcançan pocos
fisicos nuevos & locos
es terrible confusion

¶de las grandes rriquezas

¶las rriquezas son avidas
con trabajo & con pecado
& con temor poseydas
& ynportable cuydado
son con dolor obtenidas
& muchas con desonores
& a vezes sus sennores
por ellas pierden las vidas

¶quien deve rregir & quien seruir

¶aquel rreyno es bien rreglado
donde los discretos mandan
& los yndiscretos andan
seruiendo en lo ques mandado
mas do los viles ordenan
& syruen los sabidores
ally los muy nobles penan
e los syeruos son sennores

¶de padesçer & aver conpasion

[fol. 13r]

¶Padesçiendo con paciençia
& aviendo conpasyon
de ajena tribulaçion
con caridad & clemencia
atienprase la sentençia
de la justiçia divyna
a tales avtos se ynclina
la deyfica potençia

¶suben por tales escalas
las almas a parayso
buelan con senblantes alas
antel trino yndeuiso
la preçiosa flor de liso
por tales sabe rrogar
& a tales ynpetrar
la gloria con gozo & rriso

¶de peligrosas & vanas porfias

¶muchas son las ocasiones
que cavsan enemistades

& turban las igualdad*es*
entre los nobles varones
p*ero* vna es las porfias
no digo sobr*e* gra*n* peso
mas lo q*ue* es mengua de seso
sobr*e* quistiones baldias

¶qual fue mejor cauall*ero*
archiles o etor troyano
ved q*ue* p*ri*mo o q*ue* ermano
sobre quien porfio & muero
¶q*ue* pro & onor espero
si yo venço la quistio*n*
q*ue* fue mijor çipio*n*
q*ue* anibal & mas g[u]errero

¶si fue mas fermosa elena
o lucresçia mas modesta
sy mas linda poliçena
sy cornelia mas onesta
paresçervos ha ser esta
obra liviana & baldia
yo vi sobre tal porfia
alguna vez gra*n* rrequ*e*sta

¶En mala cabeça cabe
buen seso alguna sazon
açierta alguna rrazon
a vezes quien poco sabe
sobre gran p*r*o o onor
digo q*ue* es bien porfiar
mas sobre poco valor
digo q*ue* es desuariar

¶v*ir*tud tan duçe y p*r*eçiada
& de tanta vtilidad
como la buena amistad
mucho deue ser guardada
con diligençia evitada
toda causa o ocasion
q*ue* pueden dar division
en la vnion vinclada

¶de buen tiento en buen*a*
fortuna

[fol. 13v]

¶buen seso y buena fortuna
a pocos es otorgada
poca tenperança o ninguna
tiene el bienafortunado
poderio muy tenprado
quien lo vio ese lo alabe
en pocos logares cabe
gran poder bien enfrenado

¶de la grand prosperidad

syn aversydad

¶do la gran prosperidad
asi es continuada
q*ue* jamas de adversidad
la presona no es tocada
syno es de ser dan*n*ada
por quanto dos paraysos
no son oydos ni visos
cuydo q*ue* es rrazo*n* fundada

¶de fiar secretos peligrosos

¶asy fia de tu amigo
secretos q*ue* pensaras
q*ue* podra bien ser q*ue* cras
se te tornara enemigo
quiebranse las amistad*es*
por diversas ocasiones
mudanse los coraçon*es*
canbianse las voluntad*es*

v*ir*tud de la oraçio*n*

¶contra toda aduersydad
angustia & tribulaçion
gran vigor ha la oraçion
atenta & con vmilldad
la clemençia & piedad
de n*ue*st*r*a santa sen*n*ora
fauoresçe al q*ue* ora
con devota voluntad

¶Aquella oracion alcança
efeto del q*ue* la ofresçe
cuya entinçio*n* caresçe
de rrencor & de vengança
quiere fe quiere esperança
quiere pura contriçion
quiere continuaçion
quiere firme confiança

¶no quiere petiçion loca
& quiere tal atençion
q*ue* lo q*ue* dize la boca
eso piense el coraçon
guardese de presunçion
por la quall no fue rreçebta
la farisea & açepta
la publicana oraçion

¶deseo de fama

¶ynclinaçion natural
es desear q*ua*llquier onbre
buen fijo en quien su no*n*bre
quede en la vida mortal
quien ha el deseo tal
no diforma de natura

ni la ley ni la escritura
lo rreprueva ni ha por mal

¶pero si queda mijor
el nonbre en avtos famosos
digo avtos virtuosos
sin tirano & mal rrigor
tales que a nuestro sennor
plugeron & al mundo no
qualles godofre obro
e carlos enperador

¶actos del gran costantino
& de theodosio yspano
[fol. 14r]
¶por san grigorio me ynclino
ha loar al grand trajano
al rrey que con fuerte mano
& con devota porfia
conquisto el andaluzia
vençiendo al pueblo pagano

¶yo fablo de fuertes avtos
mesclados con gran nobleza
vmanidad & franqueza
& linpio de linpios tratos
syn fiçion & syn venganza
con la fe & linda estança
& convenençias & pactos
de vil avariçia intratos

¶sea çesar perdonado
sea felipo maria
amando liberal via
& cobdiçia desechando
non craso oro tragando
ni çiro sangre beuiendo
tal nonbre dexo biuiendo
no muchos fijos dexando

¶de consejo ynvtil & ynfrutuoso

¶El que de la agricultura
buen maestro quiere ser
de las plantas escojer
& symientes ha gran cura
mas sy desteril natura
la tierra es mucho lo espanta
porque lo que sienpre planta
ni prende ni da verdura

¶oye la conparaçion
tu que quieres consejar
ca non te abasta fablar
bien ni con buena entençion
si al malo consejaste
pierdes tu propusiçion
si al viejo castigaste

espulgas tu çamarron

¶de la vana & errada
opinion del pueblo

¶la opinion vulgar
o del pueblo por mas claro
pocas vezes & muy rraro
sabe derecho juzgar
no me enoja su denuesto
no me plaze su loor
lo quel pueblo ha por mejor
he yo por mas desonesto

¶ama yndiscretamente
& sin rrazon aborresçe
lo que le danna consiente
& busca lo que le enpeçe
syenpre mira al presente
nunca al fin considerando
mata no deliberando
& sin tienpo se arrepiente

¶Desterro con gran furor
a çipion africano
obedesçio con temor
a luçio syla el tyrano
quien al vulgo fuere vmano
sealo por carydad
no ya porque lealtad
espere del pueblo vano

[fol. 14v]

¶como deve onbre vsar
de la buena fortuna
temiendo la cayda

¶discreta perparaçion [sic]
es tenprar la gran potençia
sin crueza con clemençia
syn argullo & anbiçion
muy prudente avisaçion
es pensar en la salida
pues no ay en esta vida
perpetua aministraçion

¶El deçender no se escusa
al que muy alto subio
la fortuna sienpre vsa
tomar lo que nos presto
quien de lo prestado vso
duçemente conversando
& las gentes bien tratando
deçiende mas non cayo

¶El que en su potençia quiere
ser mas temido que amado
fallarse a quando saliere

mas solo q*ue* aconpanado
cojera lo mal senbrado
& non venga ni a dios plega
el çelemin con fanega
por quel mal sie[n]pre es doblado

¶El q*ue* en juyzio contiende
plazele buenos testigos
gozase en fallar amygos
quien de gran poder deçie*n*de
engan*n*ase quien atiende
¶buen fruto de mala planta
al q*ue* la fortuna espanta
el bien obrar le defiende

¶asi como es nesçesario
fallar mal quien lo busco
es ygual por el contrario
cojer bien quien lo senbro
digo que no lo cogio
vengamos a lo peor
menos sentira el dolor
q*uie*n sin culpa padesçio

¶el fuego menos se mata
quanto mas es ençe*n*dido
vera el q*ue* bien lo cata
ser el mal co*n* bie*n* ve*n*çido
el quall mal pone en oluido
& del bie*n* faze memoria
contenpla con alta gl*or*ia
de loores guarnesçido

¶algunas vezes co*n*teçe
el bie*n* no ser gradesçido
mas ser mal por mal rre*n*dido
continua*m*ente acaeçe
devo segu[n]d me paresçe
faze*r* muy gra*n* difere*n*çia
entrel q*ue* por ynoçença
o por su culpa padesçe

¶ca la rrazon nos ense*n*na
ser muy grande la ve*n*taja
caer en cama de paja
o en dura y fuerte pe*n*na
difere*n*çia y no peque*n*na
es entre caer tunbando
[fol. 15r]
o la cabeça ynclinando
como quie*n* se due*r*me y sue*n*na

¶alixandre conquistando
el mundo fue pregu*n*tado
como fue tan prosperado
a tan poca edad llega*n*do
rrespondio q*ue* perdona*n*do

los yerros q*ue* le ffiziero*n*
& a los q*ue* le siruieron
magnificos dones dando

¶de esfuerço & ardideza

¶del esfuerço & ardideza
son muchas las opinio*n*es
enpero a dos conclusiones
las rreduze mi sinpleza
vna no mostrar flaqueza
si subito es cometido
otra si guarda el sentido
quando esta en la tal graveza

¶la p*r*imera es mejor
digo mijor si es posible
la segunda es mas creyble
y digna de asaz loor
al q*ue* con miedo & pavor
no ha el seso turbado
yo le juzgo desforçado
ser dino & meresçedor

¶q*ue*l dia se deve partyr en tres
ofiçios & actos

¶deue el dia ser terçiado
segu*n*d es mi opinion
¶el vn terçio en devoçion
por aver a dios pagado
sea el segundo enpleado
en justa vtilidad
rrecrear la vmanidad
sea el terçero tratado

¶El p*r*imero es mandamie*n*to
el segundo es neçeçario
el terçero es voluntario
onesto rrecreamie*n*to
baculo & sustentamie*n*to
es de lo espiritual
rrecreaçion corporal
nesçeçario nudrimie*n*to

¶de dos ma*n*eras floreçe*n* &
permaneçe*n* las v*i*rtudes

¶yo digo q*ue* en dos ma*n*eras
las v*i*rtudes rresplandeçe*n*
el bueno entre gentes fieras
q*ue* virtudes aborresçe*n*
otra es quando fenesçe*n*
& muere*n* los virtuosos
si les suçeden viçiosos
los muertos biuos floreçe*n*

¶El lirio entre las espinas
vmano entre maliçiosos

sson como las clavellinas
entre cardos espinosos
si los rreyes gloriosos
han viçiosos suçeçores
permaneçen sus loores
biuen sus actos famosos

¶de la torpe y enojosa neçedad

[fol. 15v]

¶dolençia mas yncurable
nin morbo mas ynsanable
viçio mas yntolerable
condiçion mas ynportable
danno mas ynrreparable
mostruo mas espantable
quel neçio yndeçipinable [sic]
en el mundo no sse fable

preguntas y[n]diretas

¶preguntar es çierta via
para saber lo dubdado
o ser el onbre auisado
de lo que saber querria
mas yo digo que deuria
pensar el que preguntare
que cuan façil es el care
tan difiçil es el quia

¶el prouerbio castellano
en este lugar ynxero
porque a mi pensar es vero
avnque vulgo grueso llano
el onbre loco y liuiano
tantas preguntas faria
que caton no bastaria
a le dar consejo ssano

¶El preguntar es loado
de quistiones que &difiquen
no que solo mitrifiquen
subiendo al çielo estrellado
el filosofo ha dado
esta determinaçion
que sino de discreçion
no es preguntar ordenado

¶preguntar discretamente
quistiones mas neçessarias
vtiles que voluntarias
de materia ynteligente
non se alçe nin se avsente
a la otra contenplando
vea lo que dotrinando
salamon sobre esto siente

¶por que el çierço es mas corriente

en ynvierno que en estio
por que faze mayor frio
en el avstro que en poniente
por que el sol es mas ardiente
en tunes que en alemanna
que aprouecha o que danna
ser çierto o no ser çiente

¶puede ser que vaya errada
en esto mi opynion
mas toda ynvtyl quistion
deue ser muy ebytada
pregunta es demasiada
si ay çentavros o serenas
o si biuen las vallenas
de sola espuma delgada

(¶preguntar con quall virtud
la fama sera ganada
con quall rregla la salud
sera mejor conseruada)

[falta un folio]

[fol. 17r]

¶miente en el modo terçero
la fe los pactos rronpiendo
& avn miente el lisongero
falsos loores diziendo
a quatro las vo cunpliendo
pero que tress promety
y concluyese de aqui
quel mal sienpre va creçiendo

¶el viçio tan copiosso
que va por diuersos modos
tocando a todas y a todos
syn exerçitar viçioso
qualquier biue temeroso
del golpe desta ssaeta
por algo dixo el profeta
que todonbre es mentiroso

¶quel fablar deue ser costrennido de
neçesidat o quando alguno es preguntado

¶el fablar dulçe ordenado
es de grande vtilydad
sy es con neçesidad
o quando es preguntado
no solo demassyado
es lo que pasa daquessto
mas lyuiano y desonesto
ynportuno y destenprado

¶que por diuersas maneras se vençe
la aduersa fortuna

¶toda fortuna se vençe sufriendo
digo sufriendo en esta manera
con la paçençia que mas plazentera
es al ssennor no contradiziendo
sus justos juyzios y firme creyendo
que lo mal obrado con rrazon padeçe
o si dios le tyenta sufriendo mereçe
asy de fortuna trihunfo vençiendo

¶avn sera vençida por otra carrera
la dura fortuna a dios suplicando
cuyo poderio absoluto y mando
los çielos gouierna y la tierra ynpera
vençerla podra quien no desespera
buscando rremedios por diuersas vias
que contra fortuna bien valen porfias
y en los peligros el fuerte sesmera

de auariçia

¶todo viçio vmano por tienpo enflaqueçe
& con la edad adelgaza & cansa
luxuria sesfria soberuia se amansa
asi de los viçios senblante acaeçe
sola avariçia rrenueva & floreçe
ni es de rriqueza ni de vejez vençida
mas teme el oro perder que la vida
& quanto mas traga mas fanbre le creçe

¶que mas virtud da la buena criança
que la buena generaçion

¶yo digo ansi que la buena criança
da mas virtud que la naturaleza
mas non lo digo con vltra cuydança
que yo non someta mi gruesa rrudeza
a correçion daquel sabio que alcança
filosofia & la pedrica & rreza
fablo opinando determine el que avança
& de çiençia tiene el colmo & alteza

¶a los muy sabios rremito la sentençia
a mi opinando basta rrelatar
aquellos sabios quan liçito juzgar
y con estudio alcançan la çiençia
[fol. 17v]
¶mas yo me guio por la esperençia
sabia maestra de omnes ynorantes
que aqui me tiran como piedras ymantes
tiran al fierro con toda su graueza

¶fijos de omnes rrusticos seruiles
vi venir ninnos a las cortes rreales
& conversando con gentes curiales
ser avisados discretos sotiles
fijos de nobles & de sangre gentiles
por desanparo ocura nigligente
de sus mayores venir entre gente

que rresultaron torpes & viles

¶fija de madre liuiana & desonesta
de buena abuela & tia vi criada
onesta clara vergonçosa modesta
vi al contrario de madre asaz loada
& de virtudes & costunbres orrnada
fija quedar huerfana & donzella
& no aviendo quien curase della
tomar la via syniestra y errada

¶si de la sangre la virtud deçendiese
esto bastaua a ser buena la gente
& menester no serie que escriuiese
el moral seneca sabio & continente
todo vn linaje serie rresplandesçiente
o por lucresçia o breçayda malo
cual fue trajano cual sardanapalo
a tal seria su linna deçendiente

¶pero yo fago este superlatiuo
que onestad & virtuosas costunbres
todas deçienden del padre de las lunbres
so cuyos pies ynclino quanto escriuo
si duermo o velo si muero o biuo
yo rremanesco en esta conclusyon
que del nos viene todo obtimo don
si yo al he dicho rretratolo & pruevo

¶de firme & vera amistad

¶vnidad de condiçiones
procuran gran amistança
concordia de coraçones
causan no poca ygualança
pariedad de conpliesones
guyan parte destandança
mas porque estas conpasiones
no dan firme concordança

¶entre onbres virtuosos
justos buenos & onestos
vmanos rretos modestos
de bien obrar deseosos
cavsase por çierto entrestos
vna tan santa amiçiçia
que ni los parte codiçia
ni a division son prestos

¶rremedio a estremos

¶llaga que por benefiçio
duçe blando no es curada
del maestro del ofiçio
con fierro sea cortada
si en los fechos es tentada
toda manera graçiosa
& no vale mano armada

yntervenga rrigurosa

¶con aguja sale espyna
que non con algodon blando
tal a rruegos no se ynclina
que los dientes le mostrando
faze blanda la harina
viene de las enpulgeras
pero son tales maneras
de condiçion muy mesquina

[falta un folio]

[fol. 19r]

¶obra sin dubda asaz feroçidad
el cruel mares sangriento rriguroso
pero quien duda aver mas postestad
ynconparable el sennor glorioso
alçe las manos el soberuio orgulloso
& el coraçon a los çielos con ellas
al que gouierna çielo y estrellas
que le fara dulçe manso y graçioso

¶de saber lo pasado

¶saber los fechos pasados
nos dan tres vtilidades
deleyta las voluntades
& fazenos avisados
a fuyr de los errados
viçios contrarios ha honor
& la virtud & valor
a seguir nos faze osados

¶de saber lo porvenir

¶saber lo que es por venir
de muchos es des[e]ado
si por dios no es rreuelado
es engannar & mentir
mas fe quiero atribuyr
al sabio espirymentado
que jusga por lo pasado
lo que se puede seguir

¶dannos de conbites

¶los conbites frequentados
nos dan tres disoluçiones
dannase las conplisiones
los yngenios son turbados
fazense en los gasajados
las lenguas desenfrenadas
palabras multiplicadas
non careçen de pecados

de duçe & blanda palabra

¶joya que tan poco cuesta

dudo si se fallara
que tanto vale y presta
al que bien della vsara
como palabra amorosa
duçe cortes y onesta
ni tan mala & tan dannosa
como la contraria desta

¶que ayudandose onbre en quanto
en el es avra efeto la oraçion
quel justo por el fiziere asi como
vale al enfermo la cura del fisico
si el se rrije bien

¶quien padeçe gran dolençia
su primera rregla & cura
consiste en gran abstinençia
& mas fanbre que fartura
[fol. 19v]
despues venga la escritura
de rrasis & de auiçena
al que come a boca llena
ypocras no lo asegura

¶no niego la vtilidad
que rrelisiosos varones
fazen con sus oraçiones
a toda la christiandad
pero nuestra voluntad
plaze a dios que yntervenga
& de mal obrar se abstenga
confesando su maldad

¶si se estorua la presona
como sera el justo oydo
jamas el sennor perdona
al malo no arrepentido
por ende siga el gemido
del rrio al yntersecor
luego el benino sennor
la sanna porna en olvido

¶de vera amistad

¶nuestro seneca moral
& otros sabios antiguos
dizen los buenos amigos
ser vn don çelestial
no prouision terrenal
ni bienes de la fortuna
que de mas alta tribuna
deçiende la virtud tal

¶o santa & clara amistad
no solo duçe y graçiosa
mas vtil & frutuosa
& llena de caridad
tu a la prosperidad

no sigues por anbiçion
ni niegas tu dileçion
al que esta en aversidad

¶avnque en muchas sennales
se paresçe el buen amigo
a mi paresçer yo digo
que son dos las prinçipales
en los peligros & males
no negar el amiçiçia
ni le seguir por codiçia
de los bienes tenporales

¶daquestas dos opinnones
yo saco esta terçera
que no ay amistad vera
sino entre buenos varones
concordia de coraçones
no cabe entre maliçiosos
mas entre los virtuosos
son veras las diliçiones

¶deue ser esaminado
con gran deliberaçion
ante de la rreçebçion
el amigo & muy prouado
[fol. 20r]
pero depues que ya açebtado
el vinaculo [sic] sea tan fuerte
que solo la triste muerte
lo pueda aver apartado

¶sirac dize en su escritura
que tener amigo viejo
& beuer el vino annejo
es muy suaue duçura
el primero nos procura
onor & consolaçion
letifica el coraçon
el vino que es con mesura

¶amigo esperimentado
en fortuna aversa & dura
el vino bien asentado
purgado de toda orrura
paresçe ynpropia mistura
el beuer con la amistad
pero tanta actoridad
algu[n]d misterio figura

¶de quatro consideraçiones
para començar gran
fecho

¶todo onbre que algun fecho
nuevo quiere començar
deue primero pensar
si lo faze con derecho

piense en el segundo trecho
si lo sufre la rrazon
ca sin tienpo es la sazon
ynvtil & sin prouecho

¶avn le queda de pensar
otro paso asaz estrecho
porque el dicho del fecho
se suele mucho ayudar
su poder considerar
deue porque la justiçia
contra cobdiçia & maliçia
se quiere mucho esforçar

¶el quarto punto le rresta
que es aver buena yntençion
sin la qual toda acçion
poco vale y menos presta
consiento que en la rrequesta
aya parte el ynterese
todavia si con ese
va junta la obra onesta

¶de rreyes & juezes

¶amad sienpre la justiçia
los que la tierra jusgays
quel sabio si vos nenbrays
en vn libro asi lo yniçia
aborresçed la codiçia
& aya verdad en vos
que moysen sieruo de dios
vos da tal rregla & notiçia

¶temed a nuestro sennor
& sed onbres poderosos
no por rricos orgullosos
lo dixo este dotor
mas porquel malfechor
ha temor del gran poder
[fol. 20v]
saluo si quiso entender
potente por sabidor

¶porque la vera potençia
justa fuerte & vigorosa
es plantada como rrosa
en el jardin de prudençia
es gran plaga & pestilençia
en toda la vmanidad
grand poder sin vmildad
rregidor sin sapiençia

¶no presumo dar dotrina
ca yo no soy çufiçiente
mas do al tienpo presente
rrep[r]ension & diçiplina
que si algu[n]d rrey determina

de enbiar corregidores
no por bien de pecadores
a la tal obra se ynclina

¶No por que los afigidos [sic]
ayan rremedio a sus males
por que sean proueydos
& rricos los ofiçiales
de aqui se sigue que quales
son aquestas prouisyones
tales son nuestras pasiones
los tienpos & tenporales

¶si al rrey es açebtable
alguno que le siruio
por rregidor le enbio
a vna çibdad notable
no va por quel miserable
pueblo sea rremediado
mas por que rremunerado
sea el que a el es amable

¶No solamente en ofiçios
se yerran las prouisyones
dignidades benefiçios
& premios & gualardones
toda va por afiçiones
no solo entre nuestra gente
mas digo generalmente
o casi en todas naçiones

¶paresçe que an oluidado
los rreyes la petiçion
quel salmista en la oraçion
ha por ellos demandado
dizyendo sennor sea dado
tu juyzio al rrey primero
sea su fijo heredero
de tu justiçia dotado

de vida actiua & contenplatiua

¶no con loca presunçion
ni temeraria osadia
mas con omill sujeçion
de la sacra teologia
presento la opinion mia
grosera & material
al colegio magistral
daquella sacra sofia

[fol. 21r]

¶digo que la vida actiua
si no es tanto gloriosa
pero es mas frutuosa
que no la contenplatiua
rrachel avnque se escriua

fermosa pero mannera
lia avnque fea era
frutifera como oliua

¶maria al sennor oyendo
& la su faz contenplando
marta a todos proueyendo
siruiendo & aministrando
acordavase que cuando
a los pobres mantenia
al mismo sennor seruia
el evangelio guardando

¶El nuestro sennor loo
la debuçion que ella avia
cuando dixo ave maria
muy buena parte escojo
pero no la aventajo
la mejor parte nonbrando
ni creçiendo ni menguando
so silençio lo paso

¶En obras de vmanidad
todas sus fuerças enplea
el actiuo se menea
en obras de piedad
pues que dios es caridad
¶el que a los proximos ama
digo yo que mas se ynflama
de su lunbre & claridad

¶la actiua es escalera
& gradas para pujar
& subir & contenplar
la luz clara y verdadera
pues digo que la carrera
que lieva al omne do desea
puesto que mijor no sea
a lo menos es primera

¶El que sin la vida activa
&xeçer & platicar
sin por el medio pasar
quiere a la contenplatiua
de su deseo se priva
ca virtudes praticando
& viçios mortificando
cunple que primero biua

¶paresçe segun aquesto
quel vero contenplatiuo
no vale sin ser activo
no se si bien gloso & testo
al sennor no sea molesto
mas yo dirya el obrar
mas vtil quel contenplar
mas a correçion soy presto

¶pero cuando va obra*n*do
el actiuo bie*n* alguno
[fol. 21v]
en el sen*n*or trino & vno
lo creo ser contenpla*n*do
asi mesmo creo q*ua*ndo
el contenplatiuo adora
por los sus *p*roximos ora
siruiendo & sospira*n*do

¶pues segu*n*d esto maria
no puede beuir sin marta
ni conviene q*ue* se parta
madalena del mexia
no vale rrachel sin lia
si la vna clara & mu*n*da
fertil la otra & fecunda
ved aqui la opinio*n* mia

¶de cie*n*ça & caualleria

¶çie*n*çia & caualleria
cuanto a la vmana gl*or*ia
esclaresçen la memorya
con singular no*n*bradia
esta noble conpan*n*ia
es muy grave de ju*n*tar
pero junta no ha par
ni preçio su grand valia

¶ser grave dificultad
no yerra quien lo dixere
mas errara quie*n* creyere
ser ynposibilidad
tanta es la *p*rofundidad
destas notables dos art*es*
q*ue*n rraras & pocas partes
faze*n* su dulçe herma*n*dad

¶mas quando ellas denaro*n*
en algunos se juntar
no se podria estimar
cuanto aquellos se esmeraro*n*
creçiero*n* & aventajaron
de los prinçipes famosos
& por actos gloriosos
sobre todos rrelu*n*braro*n*

¶dauid santo & loable
sabio & cavalleroso
cuanto noble & glorioso
fue no cale q*ue* se fable
aquel çesar tan notable
de clarisima eçelençia
con el esfuerço la çiençia
fue en *e*l ynseparable

¶biuiendo otaviano

del ynperio & las artes
no declino en estas partes
dellas el n*ues*tro trajano
tito q*ue* del mundo vmano
fue duçura & alegria
abraço esta conpan*n*ia
con diestra & siniestra mano

¶alixandre el muy g[u]errero
q*ue* la tierra conquisto
asi amores amo
q*ue* no*n* aborresçio a omero
[fol. 22r]
aquel rrey baruaro & fiero
metridantes batalla*n*do
*p*ero sienpre estudiando
fasta el punto postrim*er*o

¶cual fue mas sabio ni fuer*te*
q*ue* caton el çensorino
desta misma orden & suerte
ffue çipion numa*n*tyno
tal fue el gra*n*d costantino
tal carlos tal graçiano
tal el electo rromano
& despan*n*a rrey muy digno

¶sisebuto eçelente
rrey despan*n*oles & godos
en amos aquestos modos
triunfo notableme*n*te
en armas rresplandesçie*n*te
por çiençia & glorioso
tal banba el mas virtuoso
rrey daquesta misma ge*n*te

¶tal fue nero enperador
& por naçio*n* africano
& tal alixandre valor
& prez del no*n*bre rromano
tal silla mag[u]er tirano
por gr*a*çia de breuedad
& fuyr prolixidad
con estos çierro la mano

¶de fortuna

¶es la opinio*n* comuna
& avn de algunos sabid*or*es
no pero de los mejor*es*
q*ue* en el mundo ay fortun*a*
q*ue* so el çielo de la luna
rrige estos bienes mouibl*es*
tra*n*sitorios & caybles
yo tengo q*ue* no*n* ay alguna

¶del ave q*ue* va bolando
por el ayre a alta sierra

fasta rrebtilia q*ue*n t*ie*rra
sobrel vientre va rrastra*n*do
de la foja q*ue* tenblando
en el arbol alto esta
fasta el junco q*ue* se va
con poco ayre menea*n*do

¶todas las cosas vmanas
de espiritu & alma biuas
sensibles vejetativas
siluestres & ynvmanas
asi altas como llanas
por aquel dios son rregidas
q*ue* da muertes & da vidas
faze noches & man*n*anas

¶No ay caso ni ventura
menos fortuna ni fados
todos somos governados
por la providen*ç*ia escura
[fol. 22v]
¶avnq*ue* justa & santa & pura
del su diuino secreto
vn ynscrutable decreto
a la vmana natura

¶aq*ue*llo q*ue* no alcan*ç*amos
por defecto & ynora*n*çia
& por la muy gran dista*n*çia
quentre dios & nos fallamos
ligerament*e* juzgamos
ser errada la senten*ç*ia
daqui es q*ue* tal pote*n*çia
a la fortuna otorgamos

¶si los juyzios divinos
altos & ynvestigables
como de n*uest*ros vezinos
nos fuesen claros palpab*le*s
no seriemos sa*ç*iables
a n*uest*ra mortalidad
mas con la diuinidad
seriemos comunicab*le*s

¶sentir de dios en bondad
no negar su prouide*n*çia
& con su justa sente*n*çia
conformar la volu*n*tad
toda posibilidad
sea al sen*n*or otorgada
ni vn punto sospechada
su justisima ygualdad

¶de rriquezas

¶grandes sabios q*ue* ditaro*n*
catolicos & gentiles
por no*ç*ibles & por viles

las rryquezas condenaro*n*
contra lo q*ue* ellos trataro*n*
yo no arguyo ni disputo
mas no creo q*ue* absoluto
& sin discre*ç*ion fablaro*n*

¶las rryquezas mal ganadas
poseydas con mal arte
como por la mayor parte
mal pecado son vsadas
no digo q*ue* condenadas
solamente deven ser
mas dinas de aborres*ç*er
como cosas enconadas

¶pero si como ya fueron
de algunos pocos avidas
justamente poseydas
& bien las distribuyero*n*
digo q*ue* rresplandes*ç*iero*n*
los buenos asi co*n* ellas
como el sol y las estrellas
los *ç*ielos esclares*ç*iero*n*

¶si es justa su entrada
& liberal ssu salida
[fol. 23r]
No digo vltra medida
mas discreta & ordenada
& q*ue* sea asi guardada
del salmista la senten*ç*ia
q*ue* no tenga la y*n*flven*ç*ia
la voluntad sojuzgada

¶grandes v*ir*tudes podemos
exe[r]çer con la rriqueza
la magnifica franq*ue*za
con ella exer*ç*itaremos
con ella a dios seruiremos
en tenplos y ospitales
a grandes cuytas & mal*e*s
de pobres socorreremos

¶magnificos &defi*ç*ios
arreos & guarni*ç*iones
gra*ç*iosos o por serui*ç*ios
daremos notables don*e*s
libraremos de prision*e*s
muchos cativos co*n* ellas
casando nobles donzellas
de nobles genera*ç*iones

¶sy nos dixo el gran*d* maestro
en su &vangelio santo
ih*es*u ch*ri*sto sen*n*or nuestro
vn dezir de gran*d* espa*n*to
no entra el camello tanto

por vn forado muy chico
pues menos entrara el rrico
en el parayso ssanto

¶Por el rryco avariento
puede ser ynterpetrado
que cargado y corcobado
va de pecados sin cuento
mas do ay buen sentimiento
de rriquezas bien ganadas
discretamente gastadas
otro es el entendimiento

¶abrahan no fuera entrado
en el santo parayso
ni dauid rrey del cual quiso
ihesus ser fijo llamado
ni josep adelantado
de egibto mariscal
nin job el oriental
de rriquezas abundado

¶rriquezas en conclusion
alcançadas sin maliçia
poseydas sin cobdiçia
gastadas con discreçion
sy mi pobre opynion
tanta avtoridad oviere
a quallquier que las toviere
yo dare dispensaçion

¶del yngrato

¶çierra el desconoçido
la puerta del bien ffazer
ffaze el desgradeçer
al liberal encojido
o maluado o mal naçido
el que con yngratitud
[fol. 23v]
tan santa & clara virtud
ha gastado & consumido

¶yo seria muy gozoso
si la pena no alcançase
a otros & non pasase
del yngrato maliçioso
mas como triste y quexoso
porque cuando vno yerra
a todos la mano çierra
el liberal & graçioso

¶rretraer el bienfechor
de benefiçios la mano
por el viçio ynvmano
del yngrato rreçebtor
sin caridad & amor
que bien queda entre la gente

& padeçer el ynoçente
por culpa del pecador

¶los varones virtuosos
ni por eso se rretrayan
por dar pena a los viçiosos
ellos en error no cayan
seneca manda que vayan
los benefiçios errando
que no puede ser que andando
su justo preçio no ayan

¶segu[n]d tulio deue ser
tal honbre virtuoso
¶en los bienes gradeçer
como el canpo frutoso
fertil & muy abundoso
que multiplica & avança
el trigo que en el se lança
en numero muy preçioso

de paçença

¶tres maneras de paçiençia
son ante dios muy graçiosas
las obras ynjuriosas
toleradas con sufrençia
conportar grave dolençia
& si los bienes perdio
al que los dio & tiro
loar su justa sentençia

¶sabemos que dios se ynclina
a aver daquel conpasion
que conforma su entençion
con la voluntad diuina
sabemos quando le yndina
el duro blasfemador
myra discreto letor
cual es mas vtil dotrina

de esperança demasiada

¶no tengas gran esperança
de lo que mucho deseas
[fol. 24r]
mejor es que te proueas
tenprandola con dudança
si tan lleno no se alcança
penaras mas que gozaste
si viene mas quesperaste
rreçibras doble alegrança

de amor tenprado

¶si pones muy gran amor
con lo que ha de fallesçer
avras por poco plazer
ynestimable dolor

todo mundano dulçor
no dura ni permaneçe
& lo amado peresçe
o fallesçe el amador

¶de la salida y entrada
por la boca

¶la salida & entrada
por la puerta de la boca
son del cuerpo salud poca
& el alma tiene dannada
vianda demasiada
& de mala distystion
dannara la conplision
avnque sea bien maxcada

¶las palabras maliçiosas
que salen del paladar
& las torpes & viçiosas
suelen el alma dannar
esta en nuestro tragar
lo mas de nuestra salud
grand parte de la virtud
consiste en nuestro fablar

¶en la discreta abstinençia
esta nuestra sanidad
la paz & tranquilidad
en el callar con prudençia
asaz avemos liçençia
de dar rreglas & ordenar
mas para las praticar
dios ha de dar la potençia

¶del vigor & potençia de natura

¶El mas sabio y esforçado
es el que los naturales
apetitos & carnales
ha vençido & sobrado
este es prinçipal grado
de saber & fortaleza
porque a la naturaleza
es gran poder otorgado

¶tanto poder ha natura
que yo soy de opinion
todavia a correçion
de la santa escritura
que en toda criatura
faze tanta operaçion
que virtud o defension
naçiendo nos la procura

[fol. 24v]

¶No niego antes conçedo
quel sennor que nos formo

libre alvedrio nos dio
a elegir duçe o azedo
contra los viçios que puedo
su graçia me da potençia
& fuerça a la rresistençia
esto creo como el credo

¶pero tanto dezir oso
que meresçe vn abstinente
menos por ayunar veynte
dias que tres vn goloso
& ganar vn luxurioso
mas por poca continençia
que por luenga rresistençia
vn frio poco amoroso

¶si vn vanaglorioso
& anbiçioso de onor
menospreçia el rresplandor
daqueste mundo engannoso
ante dios es mas graçioso
que el que naturalmente
es quieto & continiente
& amador de rreposo

¶bien guarda çilençio el mudo
mejor el sordo secreto
contra fe & su decreto
nunca arguye el tor&pe [sic] & rrudo
el que desfuerço es desnudo
ha mano ha la sufrençia
sin trabajo ha paçiençia
si su mal sabe el corrnudo

¶del sabio & del torpe

¶el discreto & sabidor
sienpre biue temeroso
biue el torpe e perezoso
alegre y a su sabor
salamon sabio dotor
lo declaro en su sentençia
quien annade en la çiençia
acreçienta en el dolor

¶con sospiros & gemidos
siente el discreto los dannos
semanas meses y annos
antes que sean venidos
si los çielos son caydos
& la tierra estremeçida
dormira a pierna tendida
el torpe dando rronquidos

¶si el rrey o enperador
concuerda con su buen nonbre
en el mundo no avra onbre
con mas trabajo e dolor

[fol. 25r]
la rremision da dulçor
mas faze amarga la fama
salamon muy duçe llama
al suenno del labrador

¶todo onbre naturalmente
desea saber & oyr
pero mas lo porvenir
que pasado ni presente
daqui viene que la gente
vulgar por la mayor parte
se dan a toda vil arte
que a dios es desplaziente

¶daqui es la estrologia
ynçierta & variable
de aqui la obominable [sic]
& cruel nigromençia
puntos de giometria
daqui las ynvocaçiones
de espiritus & furçiones
daqui falsa proffeçia

¶estorrnudos & cornejas
daqui suertes consultorias
daqui artes yrusorias
de escantos & de viejas
daqui frescas & annejas
diversas suprestiçiones
daqui suennos & visiones
de lobos so piel de ovejas

¶estultiçia & demençia
de los malaventurados
polutos contaminados
de tal plaga & pestilençia
o fijos de defidençia
sobre quien verna la yra
del sennor que a todos mira
& jusga por su sentençia

¶o fe santa & gloriosa
toda sinple clara & pura
tu testo no sufre glosa
enrregistad mistura
no cae en tu fermosura
jamas manzilla de error
al tu claro rresplandor
no cubre noche escura

¶contra la maldad propuesta
yo fago aquel argumento
del sennor que a su convento
enfreno con tal rrespuesta
no vos es demanda onesta
saber tienpos & momentos

& del padre asi contentos
çesaron de su rrequesta

¶sufro que presupongamos
que sea lo ynposible
posible çierto & creyble
que es lo que aqui ganamos
non al sino que penamos
viendo el mal antes que venga
ca fazer que se detenga
en balde nos trabajamos

[fol. 25v]
¶si es bien lo que verna
que val antes ser sabido
que despues quando venido
menos gozo nos fara
mas nos letificara
a golpe & sin ser pensado
lo que es ya predestinado
sin dubda se conplira

¶si puede ser rreuocada
la tal predestinanaçion [sic]
creo ser por correçion
de culpa & vida emendada
lavada & purificada
por lagrimas & oraçiones
a tales suplicaçiones
la clemençia es ynclinada

¶de misericordia & justiçia

¶la misericordia fuerte
& la duçe piedad
si son amas de igual suerte
& de vna quantidad
o si ay diversidad
de mayor o menor grado
el saber es rreseruado
de la santa trenidad

¶pero yo muy pecador
para mis tribulaçiones
aver rremedio & fauor
de algunas consolaçiones
vo buscando opiniones
beninas dulçes graçiosas
tenprando las rrigurosas
justas de dios prouisiones

¶creo que dios da a los buenos
mas que ellos le meresçen
& segund sus culpas menos
penas los malos padeçen
si los buenos rresplandeçen
por virtudes el las dio

la graçia & los alunbro
por cuan buenas obras creçe*n*

¶se q*ue* a los malos espera
sienpre los amonestando
por vna & otra carrera
a penitençia llamando
vna vez los açotando
con pyadosas pasion*es*
otras vezes con sus don*es*
dulçemente consolando

¶avn la que pena paresçe
digolo por la afliçion
pues se da por correbçion
misericordia meresçe
ser llamada ca aborreçe
el padre al fijo q*ue* oviere
si le no*n* castiga & ffiere
cuando en la ve*r*dad falleçe

[fol. 26r]

¶daqui cuydo yo fundar
misercordia & cleme*n*çia
ser de mayor eçelençia
q*ue* la justiçia & p*r*ouar
lo pienso y avn afirma*r*
por la escritura santa
q*ue* lo rreza escriue y ca*n*ta
ved como y en q*ue* lugar

¶a la divina cleme*n*çia
plaze la ynportunidad
& padeçe violençia
la çelestial çibdad
la evangelica ve*r*dad
por tan peq*ue*nna cuantia
como vn vaso de agua fria
nos vende su piedad

¶de misericordia es llena
del sen*n*or toda la tierra
en mayor suma lo ençierra
otro verso q*ue* asi suena
sobre toda obra buena
q*ue* n*ue*st*r*o sen*n*or crio
misericordia nos dio
en agilando y estrena

¶dios rrequiere la maldad
en quartas generaçion*es*
& visita la bondad
en millares de naçion*es*
creçen pues los gala*r*don*es*
& las penas son delgadas
ved aq*ui* rretas o erradas
las mis sinples opinion*es*

¶si la fe no lo consiente
dexome de la porfia
suplicando vmillme*n*te
por venir a la tologia
si es la ynvinçio*n* mia
mas devota q*ue* çiente
la p*r*otestaçio*n* presente
la tornara a rreta via

¶presto al bie*n* & tardio al
mal

¶alegre presto y osado
al bien fazer andaras
& a dar penas yras
tardio triste y pesado
con curso muy festinado
fue maria a la mo*n*tan*n*a
& con vagarosa san*n*a
dios a sodoma ha juzgado

¶ella corrio a visitar
a la madre d*e*l bautista
el vagaroso y por vista
q*ui*so a sodoma juzgar
vaya el onb*r*e a bien ob*r*ar
ligero como saeta
pesando como carreta
se mueva la pena a dar

[fol. 26v]

¶de los pensamie*n*tos

¶todo onbre sus pe*n*samie*n*tos
guarde q*ue* sean onestos
creyendo q*ue* son aquestos
prinçipios & fundamie*n*tos
fuertes casas & çimie*n*tos
del bien dezir & obrar
ca quall es n*ue*st*r*o pensar
tales n*ue*st*r*os mouimie*n*tos

¶jamas nunca preçedio
al pensar d*i*cho nin facto
el pensar ordeno el trato
la lengua lo publico
despues la mano lo obro
por ende el juez muy s*a*nto
no q*ue* fazemos ni q*ua*nto
mas quall voluntad miro

¶En *e*l molino la rrueda
jamas nunca çesara
de andar ni estara queda
mientra el agua le dara
en q*ua*nto onbre biuira
jamas nunca el coraçon

sera sin cogitaçion
que bien o mal pensara

¶quall çivera el molinero
entre las rruedas porna
tal farina fallara
coxida en el farinero
yo tales obras espero
que cuallquier onbre fara
qualles el platicara
en su coraçon prymero

¶La praua cogitaçion
parte al omne del sennor
no dixo este dotor
las obras ni el sermon
dandonos por conclusion
que obras rretas o erradas
en la yunque son forjadas
primero del coraçon

¶con estudio & vigilançia
por dios todo onbre se alunbre
y luego en su tierna yfançia
a bien obrar se acostunbre
ca entresta muchedunbre
de virtudes & de viçios
de dannos & benefiçios
el pensar tiene la cunbre

¶de ffe y esperança & caridad

¶No es ffe sana ni entera
do no ay çierta esperança
ni lo esperado se alcança
sin fe pura y verdadera
la segunda & la primera
no valen sin caridad
aquesta trina ermandad
no salen de vna carrera

¶todas siguen vna via
digo en esta vida vmana
quen la alta & soberana
partese esta conpannia
vee fe lo que querria
çesa de esperar quien tiene
sola caridad mantiene
su amorosa porfia

[fol. 27r]

¶abrahan ffue rreputado
justo porque bien creyo
el mismo justificado
fue por lo que bien obro
pues de aqui concluyo yo
con los apostoles amos

que obremos & creamos
no vn sy & otro no

¶de la ffe

¶ffe es sustançia de cosa esperada
& çierto argumento de lo que non vee
es la vida eterna a quien la ffe cree
por el evangelio sermon otorgada
sera esta promesa mas corroborada
cuando se juntare con la fe la obra
quien a rroma tiene si a galisia cobra
no dude en el çielo ffazer su morada

¶la ffe ante omnia conviene al christiano
asi lo predica el grand vaso eleto
sin fe conplazer al sennor perfeto
serie ynposible & correr en vano
pero ved que dize el patron yspano
ques muerta sin obras & yo asi lo creo
pues luego pablo ni el zebedeo
ni obra gallega sin fe de rromano

¶de bien beuir

¶curemos de bien beuir
en quanto tienpo tenemos
a la muerte no esperemos
a doler & arrenpentyr [sic]
con la priesa del partir
muchos el seso perdieron
& de los que mal biuieron
pocos suelen bien morir

¶quien oluida a dios biuiendo
dizelo santo agostin
asimesmo en la ffin
oluida el seso perdiendo
a mi solo rreprendiendo
& a todos amonesto
que con temor deste testo
nos vamos arrepintiendo

¶de çinco maneras
para conosçer el
onbre

¶El onbre en çinco maneras
se nos da a conoçer
las dos son asaz ligeras
& muy prestas de saber
las tres no se pueden ver
sin luengo tienpo & gran prueva
que por conversaçion nueva
no se pueden entender

¶las dos tanto esteriores
que a prima faz rresplandeçen
las tres asi ynteriores

q*ue* a gra*nd* pena se ofreçe*n*
a la vida & no*n* paresçe*n*
sin pruevas & espire*n*çias
por esto n*uest*ras sente*n*çias
muchas vegadas falleçe*n*

[fol. 27v]

¶la linda & gentil p*re*sençia
ella dize aqui estoy yo
la duçe & clara &loq*ue*nçia
fablando dize yo so
quie*n* al esfuerço alabo
las condiçiones y el seso
alto q*ue* balança y peso
p*r*ime*r*o las ensayo

¶q*ue* no ay en esta vida
cosa en perfiçion
buena ni mala

¶No ay cosa tan p*r*ouechosa
q*ue* alguna vez no da*nn*o
ni tan mala & ta*n* da*nn*osa
q*ue* a vezes no aprouecho
& desto concluyo yo
que ni cosa toda fina
ni cosa toda malyna
en el mundo no se vio

¶muchas bestias veninosas
por si solas mataran
muchas yervas ponço*nn*osas
causa de muerte seran
si las confaçionaran
con otras cosas mesclando
sus maliçias mitigando
sanidad p*r*ocuraran

¶Al contrario la vmildad
con yprocresia mesclada
o si es con crueldad
la justiçia aconpa*nn*ada
si la prude*n*çia loada
con maliçia se juntare
bien vera quie*n* las mirare
tal v*i*rtud ser enconada

¶de filosofia natural & moral

¶la moral filosofia
o porq*ue* es asy verdad
o porq*ue* a mi voluntad
agrada su conpa*nn*ia
yo mas vtil la dyria
cuanto a esta vida mo*r*tal
q*ue* no a la natural
con su gran sabiduria

¶la vna alto bolando
contenpla los mouimie*nt*os
del çielo & los elementos
sus virtudes praticando
los cursos ynvestiga*n*do
destrellas y de planetas
el rrigor de las cometas
& su fuerça especula*n*do

¶del çielo su gra*nd* altura
mide por la geometria
por cuentos la estrologia
entiende mag[u]er escura
[fol. 28r]
de saber planeta se cura
de las mineras ynq*ui*ere
finalmente ella rreq*ui*ere
los secretos de natura

¶los efectos de la luna
la gra*n* fuerça de los vie*n*tos
del mundo los mudamie*nt*os
q*ue* nos llamamos fortuna
en las yervas no es alg*una*
propiedad a ella escura
de las bestias su natura
no se le encubre ning*una*

¶toda la dispusiçion
de la t*ier*ra le es notoria
su deleytaçio*n* & gloria
es en tal ynq*ui*siçion
ella nos da avisaçio*n*
de secretos q*ue* encubrio
la natura & crio
a la vmana naçion

¶la otra se*nn*ora mia
& syn tan alto no buela
la dotrina de su escuela
es orden de poliçia
su arte & su maestria
es rregla de bie*n* beuir
emendar & corregir
la vida floxa & baldia

¶ella sienpre nos p*r*edica
la franqueza & cortesia
en los buenos multiplica
v*i*rtudes de cada dia
& a los viçios enbia
camino de correçion
toda su amonestaçio*n*
es seguir la rreta via

¶ella mando a toda ge*n*te
vsar bien de sus ofiçios

deuota & solenemente
çelebrar sus sacrifiçios
rremunerar los seruiçios
vsar justiçia & clemençia
& sobre toda eçelençia
rregraçiar los benefiçios

¶afirma ser lo onesto
mas que lo vtil preciado
el ynterese pospuesto
por lo onesto dexado
manda en estremo grado
onrrar sienpre la verdad
amar la comunidad
mucho mas que el bien priuado

¶en suma rrecoligendo
sus actos & dilygençias
la vna nos va çiençias
& secretos descubriendo
la segunda conponiendo
nuestras costunbres & ornando
aquella nos ynformando
aquesta nos ynstruyendo

[fol. 28v]

¶o porque he asaz fablado
o si no se mas dezir
aqui quiero concluyr
este presente tratado
del proçeso rrelatado
queda abierta la quistion
a la determinaçion
del gran maestro tostado

¶cobdiçia de ganar & temor de perder

¶amor de ganar & temor de perder
estas son dos causas de grandes errores
estas la verguença fazen posponer
por ellas se oluidan de dios los temores
aquestas son causa de se cometer
ynfinitos males grandes & menores
en aqueste cuento pueden bien caber
desde pobres gentes fasta enperadores

¶dos cosas prinçipalmente
dan en el mundo rreposo
& fazen muy glorioso
todo rreyno eçelente
concordia entre la gente
justiçia ygual & discreta
tal rrepublica es quieta
frutuosa & floreçiente

¶çeçan donde ay amor
artes engannos maliçias

cruezas rrobos cobdiçias
de la justiçia an temor
el primero rresplandor
es en la comunidad
el segundo en potestad
de buen rrey o enperador

¶todo rreyno en si deviso
sera estruydo & gastado
asi lo dixo & lo quiso
el santo verbo encarnado
el rreyno es paçificado
donde ay derecho asaz
dauid dixo que la paz
& justiçia se han besado

¶espanna biue gozosa
bate las palmas & canta
pues desta simiente santa
eres fertil & abundosa
duerme a buen suenno y rreposa
sin temor de turbaçiones
si son veros mis sermones
tu fama es luego mintrosa

¶o prouinçia ynfortunada
muy dina de rreprension
tu mas que otra naçion
daquestos viçios tocada
eres & contaminada
discordia en sus naturales
& de prinçipes rreales
sin justiçia aministrada

[fol. 29r]

¶a tal punto es venido
tu fecho que por cobdiçia
se peruierte la justiçia
& el derecho es pereçido
cada vno es defendido
tanto cuanto el se defiende
que si a la justiçia atiende
antes muerto que acorrido

¶tanta es tu osadia
& tu rrauia por ganar
avnque al propio fablar
perder mejor se diria
que tal ay que consintria
la muerte de su pariente
sabiendo que el rremanente
de su patrimonio avria

¶dezyr si & dar la mano
de tal ffe era contento
el noble & antigo ispano
syn solene juramento

oy del santo sacramento
no rresultan sino engannos
con dolor cuento tus dannos
sy puedes dime que myento

¶a ti gran prouinçia yspana
aquel prouerbio conviene
que dize quall es yllana
otra tal casa mantiene
mas justo que vn jubon viene
a tus obras tal dezir
que cual es el tu beuir
tal enfermedad te tiene

En tu cuerpo parte sana
de la cabeça a los pies
no la se saluo si es
la tu çibdad toledana
esta ua carrera llana
mas por no la lisonjar
no la quiero asi loar
que le ponga gloria vana

¶las cavsas & ocasiones
por que sienpre mal oviste
fueron prouinçia muy triste
segun las mis opiniones
yntrinsicas divisiones
& nigligençia de rreyes
que no vsan de las leyes
en penas ni en gualardones

¶quien tu fortuna pasada
leyere y esaminare
cuantas vegadas fallare
que tu fuste sojuzgada
tantas vera ser prouada
my rrazon que dize asy
jamas nunca tu sin ty
pudiste ser conquistada

[fol. 29v]

¶del rrey virtuoso & pueblo
obidiente

¶cuando el rrey es virtuoso
& los pueblos obidientes
tales plantas & simientes
fazen rreyno frutuoso
la primera dezir oso
basta si la otra fallesçe
que nunca el pueblo obedeçe
al rrey que es defetuoso

¶de liberalidad perfeta

¶es la liberalidad
magnifica & muy famosa

si la llamo gloriosa
no desvio de la verdad
digo mas si avtoridad
tengo para dar sentencia
que son ella y la clemençia
flores de la vmanidad

¶pero virtud tan loada
no la ay que no rrequiera
modo orden & manera
para ser exerçitada
asi puede ser tratada
que se tornara viçiosa
aquella es virtud graçiosa
que es por discreçion rreglada

¶la materia avnque preçiada
sea & muy escogida
cunple ser fauoreçida
de la forma & ayudada
que vale rropa brocada
rrica & de muy gran preçio
si por sastre torpe y neçio
la fechura fuere errada

¶digo a mas abondamiento
que sea fino el brocado
& por sastre de buen tiento
bien cosido & bien cortado
si es mal proporçionado
& mal fecho el que lo viste
paresçe el abito triste
cuando el molde es desdonado

¶la conpariçion querria
yo poder bien apropyar
porque el bien conparar
mucho vale en poesia
entonçes yo afirmaria
que a la liberalydad
es vtil la soledad
dannosa la conpannia

¶No es virtud que mas quiera
ser neta mera & pura
sinple sin otra mixtura
que liberalidad vera
[fol. 30r]
Es a dios muy plazentera
que llarem datorem ama
& procura onor y fama
al que va por su carrera

¶sy por sola vmanidad
es a bien fazer mouida
no que sea costrennida
por fuerça y neçeçidad

ca ella de libertad
es llamada liberal
pues como seria tal
si no es de voluntad

¶No sea por ynterese
ni gualardon esperando
que el bien que asi se fiziese
troque se puede yr llamando
avn mas propio fablando
arte de mercadantia
ni creo que pecarya
nueva vsura la nonbrando

¶sea fecha en perfeçion
no corta ni rremendada
no vinclada & limitada
esenta de obligaçion
mas le liga a buen varon
el benefiçio ques fecho
libremente & sin coecho
que grillos ni otra prision

¶o prinçipe muy loado
duque felipo maria
¶tu prez & loor serya
fasta los çielos alçado
si como es exerçitado
tal virtud en perfiçion
en tal forma & proporçion
de todas fuerças tocado

[ID4340 Y 0072] HH1-1Y (30r-31r) (15×8)

De loores divinos
a los maytines

¶como al prinçipio del dia
el sol muy rresplandeçiente
es gozo del oriente
asi es la melodia
suave & duçe armonia
en la ora matutina
a la majestad divina
sacrefiçio dalegrya

¶como las rrosas y flores
del avrora rroçiadas
& del ayre meneadas
dan muy suaves olores
& como a los rresplandores
del alua clara & serena
la calandria & filumena
fazen sus duçes clamores

¶Tales son los oradores
deuotos a los maytines
senblando a los serafines

en sus cantos & tenores
dando a dios dinos loores
& glorificando aquella
[fol. 30v]
sacratisima donzella
rrefugio de pecadores

¶yo dudo si ay seruiçio
mas agradable al sennor
que loar su gran valor
con coraçon no fetiçio
deste santo sacrifiçio
vsan los çelestiales
& coros angelicales
sin çesar de tal ofiçio

¶dios mio dios mio a ti
de la luz esto velando
por nosotros & por si
el salmista fue clamando
despues en el meditando
en los maytines le adora
no veo mas propia ora
para al sennor yr loando

¶la ymajen rrepresenta
de la çelestial gente
el que ofreçe y presenta
devota & omillmente
al sennor omipotente
& a la rreyna gloriosa
loores en metro y prosa
con debuçion muy ardiente

¶dauid bienaventurados
llama a los moradores
quen tu casa abituados
dan a ti sennor loores
//ya// pues de qualles onores
son dinos los terrenales
que con los çelestiales
son a dios linpios cantores

¶levitas & saçerdotes
clerigos & rrelisiosos
ved estos rrusticos motes
ni polidos ni fermosos
pero seran frutuosos
si vos pueden despertar
asi que en vuestro cantar
seades a dios graçiosos

¶todonbre que cante & fable
puede dar a dios loor
pero no es açebtable
de toda boca al sennor
dauid glorioso cantor

de todo loor no saçio
rrectos deçet colavdaçio
dixo pues todo orador

¶este pueblo me onora
de boca dixo el profeta
mas la voluntad perfeta
lonje de mi esta y mora
aqui mire el que adora
a dios & le da loor
con coraçon pecador
si le agrada y enamora

[fol. 31r]

¶si a nos es neçesario
dar a dios linpios loores
a vosotros mys sennores
es vn cargo muy plenario
por grandisimo salario
que levades por orar
& vos puede aprouechar
mucho vuestro breuiario

¶aborresçed la luxuria
& la cobdiçia tenprad
vengança rrencor & furia
por dios de vos apartad
luego sin temor cantad
ave rregina çelorum
ave domina angelorum
seg[u]id & continuad

¶dezid ave rradix santa
de qua mundi lux estorta
virgo felix çeli porta
enxerid en esta planta
bolued luego alli do canta
vale o valde decora
pro nobis christum exora
pues que tu potençia es tanta

¶a la preçiosa maria
los loores presentados
& de viçios segredados
pasad con buena osadia
a cantar con alegria
ynos al fijo de dios
ynterçidiendo por nos
a la fresca alua del dia

¶sume deus clemençia
oyga tu beninidad
nuestras preçes con piedad
çeli deus santisima
magne deus potençia
purga nuestras disoluçiones
alunbra nuestros coraçones

o christe sol justiçia

[ID0072] (continuación)

¶de dos testigos del seso

¶la fazienda & la fama
son dos testigos del seso
en tal toque y en tal peso
se apura como oro en flama
el que con bien obrar llama
la gente a le loar
no deue onbre dudar
quel seso ally fizo cama

¶la fazienda bien rreglada
& con buena diligençia
todavia la conçençia
no pospuesta nin oluidada
& que sea sojuzgada
& sujeta no sennora
quel seso en tal casa mora
es sennal çierta & provada

[fol. 31v]

¶sin virtudes ser famoso
asaz paresçe ynposible
& no menos yncreyble
sin seso ser virtuoso
onbre liviano & viçioso
puede fazienda alcançar
mas de la bien ordenar
solo el seso es poderoso

¶de arrepentimiento & proposito

¶dolor & arrepentimiento
del pecado & mal obrar
& de nunca alli tornar
muy firme proponimiento
estas dos son fundamiento
de la vera penitençia
segura va la conçençia
sobre tal casa y cimiento

¶vengan luego despues destos
limosna & sastiffaçion
diçiplinas & oraçion
por el conffesor ynpuestos
meritos son aquestos
con ayunos & çiliçio
mas derrayga el viçio
sin los dichos presupuestos

¶conoçerse por errado
no le basta al pecador
ni dezir al confesor
los males que ha perpetrado

mas son de tres mal pecado
que sin pura contriçion
& firme propusiçion
han sus culpas confesado

¶que aquel asaz bueno cuyas virtudes
son mas que sus viçios

¶aquel es muy bueno cuyas bondades
son mas que sus tachas viçios & defetos
son muy verdaderos los que a las verdades
son mas ynclinados que a morir sujetos
aquellos que fazen menos neçedades
que no avisaçiones asaz son discretos
los quen los onbres perfeçion buscades
mucho van errados vuestros ynteletos

¶la virtud perfeta al çielo es sobida
maldixo su vida pues nunca aca estouo
ca yo nunca vi jamas quien la tovo
en esta mundana & presente vida
mejor dixe luego que no es deçendida
ni avn deçendera si a mi creyere
ca le çertefico que si deçendiere
no ay quien le diga seas bienvenida

¶contra luxuria & cobdiçia de
los rreyes

¶de dos muy grandes pecados
rreyes vos quiero avisar
en que pueden peligrar
vuestras personas y estados
vedes los aqui espresados
de luxuria maluada
& de la desordenada
cobdiçia sed apartados

[fol. 32r]

¶si de los viçios tachados
son medianos & menores
sodes vosotros sennores
prinçipalmente culpados
porque vuestros prinçipados
vos dan muy ancha liçençia
& la grand ynobedençia
de vuestros pueblos cuytados

¶si vuestra propia conçiençia
con virtud no vos enfrena
no se temiendo de pena
vuestra eçesiua potençia
mienbrese vuestra eçelençia
de dos rreyes de ysrrael
dauid & despues con el
acab cual fue su sentençia

¶jamas nunca en sus dias

de dauid se partio espada
por la luxuria enconada
& cruel muerte de vrias
al rrey acab dixo elias
dize el sennor occçidisti
in super & posedisti
tu veras con quien porfias

¶el fue muerto & lamieron
los canes la sangre del
el cuerpo de jezabel
cauallos lo desfisieron
setenta fijos murieron
suyos por crueles manos
sus parientes & cormanos
esta misma ffin ovieron

¶si a los rreyes paganos
desto les cunple guardar
pertenesçe en singular
a vos los rreyes christianos
ved los actos julianos
por culpa del rrey rrodrigo
la pena desto que digo
avn la teneys entre manos

¶de perdonar ynjurias

¶quien rremite & perdona
sus ynjurias por conçençia
digno es de aver corona
de la diuinal clemençia
mas si es por ynpotençia
de coraçon & flaqueza
mas ha parte con vileza
que no con magnifiçencia

¶dauid el mas glorioso
de los rreyes el mas santo
bastole cortar el manto
a saul rrey orgulloso
no fue menos piadoso
en otro singular caso
levando la lança & vaso
del que dormia en rreposo

¶çesar el fuerte rromano
desta virtud fue dotado
[fol. 32v]
asaz fue dello loado
el noble vaspasiano
pero entiendase ser sano
mi dezir & sin maliçia
que si acto es de justiçia
virtuoso es & no vano

[ID0073 S 0072] HH1-2 (32v-33v) (13×8)

De loores a la virgen maria

¶virgen que fueste criada
ab iniçio et eterno
del rrey diuino & superno
elegida & consagrada
daquel viçio conseruada
comun & original
de que la gente vmanal
toda fue contaminada

¶la tu generaçion vino
de rreyes tan gloriosa
cual convenia a la esposa
del espiritu diuino
tu eres el verde espyno
que del fuego quedo sano
de ser saluo el pueblo vmano
tu sola fuestel camino

¶bendita porque creyste
porque obedeçiste madre
del muy altisimo padre
es fijo el que conçibiste
sin pena & dolor pariste
mas como farie dolor
el que fue consolador
del mundo lloroso triste

¶con los pastores gozosa
que lo claman las sus greyes
alegre con los tres rreyes
que la estrella gloriosa
con simeon gaudiosa
por las palabras primeras
pero con las postrimeras
no dudo que temerosa

¶duçe te fue la partida
al tu josep rreuelada
porque serie rreseruada
al santo ninno la vida
deleytable la venida
pues era el tirano muerto
que las naves en el puerto
quemo con rrauia ençendida

¶los sus milagros mirando
& sus palabras oyendo
entre ti las conferiendo
en tu coraçon seruando
quanto duçor fue gustando
tu alma yo la contenplo
avnque despues en el tenplo
te dolies no lo ffallando

[fol. 33r]

¶yo rredugo a tu memoria
actos duçes & graçiosos
no los tristes & llorosos
avnque dinos de gran gloria
paso por la vera estoria
de la muy santa pasion
que de nuestra rredençion
rreporto clara vitoria

¶vengo con todo deseo
a onor & gloria tuya
cantando con aleluya
gloria in eçelsis deo
no solo a la que yo leo
rrelatan con debuçion
mas a la que syn ficçion
& sin toda duda creo

¶digolo por la sagrada
rresurreçion que dudaron
los que lo desanpararon
mas de ti sienpre esperada
como sseria çelada
tal obra madre muy santa
pues la madalena canta
ser a ella demostrada

¶El que te quiso dar parte
de su injuriosa prision
de su cruz & su pasion
como querria apartarte
de su gloria & çelarte
acto de tanta alegria
diremos que mas querria
aflexirte que alegrarte

¶Como quier que muy bien veo
ser el loor ynperfeto
en boca de onbre rreto
cuall yo so y tal me creo
pero si oygo & leo
tu amor y caridad
se tanto que la maldad
supliras de quallquier rreo

¶asaz me pone temor
aquello que dixo el çiego
lo quall agostin niego
dios no oye al pecador
mas creo quel tu valor
es tanto virgen maria
que la pobre obra mia
faras digna antel sennor

ssigense los çien trinales
a loor de nuestra ssennora

¶A la tu clara eçelençia

que todo defeto sobra
suplico que esta mi obra
yndina de tu persona
[fol. 33v]
en estilo y eloquençia
material & grosera
sea duçe y plazentera
a la tu magnifiçençia

[ID0103 S 0072] HH1-3 (33v-35r) (100×3)

¶alma mia
noche y dia
loa la virgen maria

¶esta adora
esta onora
desta su fauor ynplora

¶esta llama
esta ama
que sobre todos derrama

¶benefiçios
sin seruiçios
e nobleza de los viçios

¶esta estrella
es aquella
la quall virgen & donzella

¶conçibio
& pario & crio
al gran rrey que nos saluo

¶conçebida
no tannida
de culpa mas esimida

¶del maluado
& gran pecado
que el mundo ha contaminado

¶asi junta
desque defunta
en cuerpo y alma disjunta

¶fue al çielo
con tal buelo
que en lo pensar me consuelo

¶no se lee
ni se cree
ni jamas se vio ni vee

¶que quien llama
a esta dama
con devoto amor y flama

¶su gemido

non oydo
fues mas bien rrespondido

¶esta rrosa
gloriosa
& clara piedra preçiosa

¶con su viso
gozo & rriso
da ha todo el parayso

¶quien se ynclina
a la muy fina
duçe flor de clavellina

¶sin fallaçia
avra la graçia
daquel rrey quel çielo espaçia

[fol. 34r]

¶loemos
glorifiquemos
esta rreyna & no dudemos

¶quel fauor
de su valor
nos dara salud & onor

¶oradores
& dotores
sotiles & conponedores

¶armonia
salmodia
toda duçe melodia

¶vos cantando
vos rresando
nunca çeseys predicando

¶prosando
metrificando
ditando versificando

¶los loores
& onores
de la rrosa entre las flores

¶el que sabe
nunca acabe
de loar mas sienpre alabe

¶a la santa
de quien tanta
gloria se lee y canta

¶çierto sea
el que desea
loar su virtud & crea

¶q*ue* aplaze
q*ue* sastifaze
al rrey q*ue* a todos nos faze

¶mucho yerra
el q*ue* çierra
su boca & la pone en t*ie*rra

¶callando
en p*re*dica*n*do
los loor*es* & ca*n*tando

¶por q*ua*ll via
yo podria
fallar la saluaçio*n* mia

¶tan presta
como por esta
v*ir*gen p*re*çioosa [sic] y onesta

¶no por santos
avnq*ue* cua*n*tos
son & si fuesen diez tantos

esta su gloria
& su vitoria
eçede toda memoria

¶antes creo
q*ue* si veo
& oygo dezir y leo

¶ser obrados
& mostrados
milagros ta*n* sen*n*alados

¶a loor*es*
de dotor*es*
martir*es* & confesor*es*

¶de sagradas
coronadas
v*ir*gines purificadas

¶por fauor
v*ir*tud vigor
son desta p*re*çiosa flor

¶si gozamos
prosperamos
¶si de v*ir*tudes vsamos

¶sy salud
gra*ç*ia & v*ir*tud
en vejez y en juve*n*tud

¶gran onor
fama y dolor
rriquezas q*ue*s bie*n* meno*r*

¶sy tenemos

no dudemos
q*ue* desta v*irge*n lo avemos

¶ca orando
& obsecra*n*do
ella nos lo ynpetra*n*do

¶sienpre exora
esta sen*n*ora
al gra*n* rrey q*ue* al çielo adora

¶por fieles
por cruel*es*
obidientes & rrebel*es*

¶por diverso
av[n]q*ue* vniverso
el rruego vaya & disp*er*so

¶o beata
yntemerata
deo et angelis grata

¶cua*n*ta cura
v*irge*n pura
as de toda criatura

[fol. 34v]

¶bien lo vee
el q*ue* cree
los tus milagros q*ue* lee

¶debuçion
& contriçion
& eficaz oraçion

¶abstine*n*çia
contine*n*çia
vmilldad & obide*n*çia

¶por tu rruego
les das luego
espiritual fuego

¶a ti amo
a ti llamo
porq*ue* eres el v*er*de rramo

¶do la flor
del n*uest*ro amor
fritifico [sic] syn vmor

¶a ti miro
a ti sospiro
ca sy me rrebueluo & giro

¶no vere
ni fallare
de quie*n* tanto bien avre

¶a ti quiero
en ti espero
por*que* del malino & fiero

¶muy antiguo
enemigo
eres defensa y abrigo

¶si padesco
a ti gradesco
por*que* es menos *que* meresco

¶sy bien he
a ti dare
gr*racias* & loor por*que*

¶mas de pena
que de estrena
soy dino sen*n*ora buena

¶q*uien* vio ta*n*ta
bondad q*u*a*n*ta
es la tuya vi*r*gen s*an*ta

¶q*ue* vigor
salud & onor
procuras al pecador

¶o benina
tanto dina
de lor q*u*a*n*to malina

¶es la escura
criatura
de quie*n* tu as tanta cura

¶bastaria
luz d*e*l dia
consumir la maldad mia

¶bie*n* rredudir
al mal beuir
quie*n* podra esto seruir

¶agradable
& amable
du*ç*e & muy deleytable

¶es loar
glorificar
tus v*ir*tud*e*s & ditar

¶q*uien* el mar
puede agotar
& las estrellas co*n*tar

¶aquel cue*n*te
si se siente
a ellos sufi*ç*iente

¶en memoria

o estoria
la tu e*ç*elen*t*e gloria

¶si tentado
o turbado
soy del henemigo maluado

¶al tu acorro
me rrecorro
& sin toda duda corro

¶si penado
atribulado
aflegido molestado

¶probedad
enfermedad
& de toda ave*r*sidad

¶sy yo siento
su tormento
a ti v*ir*gen me p*r*esento

¶so tu manto
todo espanto
pierdo & co*n* dul*ç*e ca*n*to

¶loo a ti
condeno a mi
por*que* nu*n*ca te serui

¶so tus alas
por*que* valas
a mi & a mis obras malas

[fol. 35r]

¶tu rrepares
cuando ora*r*es
al tu fijo & suplica*r*es

¶busco abrigo
pues contigo
no temo al mal enemigo

¶muy loados
& famados
vos poetas lavreados

¶a maria
toda via
v*uest*ra alta fantasia

¶sienpre alabe
& nunca acabe
ca mas *que* vos direys cabe

¶perdido
mal espendido
es v*uest*ro dezir polido

¶en loores
de sennores
ternales & de amores

¶lisonjar
mas que loar
se puede el vuestro llamar

¶quien se vee
sabio & cree
su çiençia aqui la enplee

¶o sennora
a quien adora
de cuya virtud se ynplora

¶el jardin
donde sin fin
cherubin & serafin

¶a ti loando
& no çesando
santa sacra estan cantando

¶çerrada
& guardada
fueste & puerta sin entrada

¶que no vio
jamas ni entro
sino el rrey que nos saluo

¶graçiosa
en jerico rrosa
o loada espeçiosa

¶de cades
palma & çipres
que en el monte sion es

¶clara avrora
mas decora
que la luna por mi ora

¶al divino
vno y trino
cuyo espiritu en ti vino

¶& tu guya
el alma mia
a la çelestial via

[ID0074 S 0072] HH1-4 (35r-36r) (10×8)

a la singularydad
virginal de nuestra sennora

¶si yo mi ynsufiçiençia
& baxa yndinidad
[fol. 35v]
miro & tu santidad

& gloriosa &çelençia
sennora en cuya presençia
el çielo todo se ynclina
& en quien virtud divina
ençerro su sapiençia

¶cuall sera mi presunçion
& cuanto mi atrevimiento
aviendo conoçimiento
de mi pobre condiçion
& de tu gran perfeçion
si te cuydo dar loor
o sera sobra de amor
o mengua de discreçion

¶mas porquel amor perfeto
desecha todo temor
& plaze a nuestro sennor
sano & devoto ynteleto
& sobre rreto & non rreto
llueve & su sol ynflama
cataras del que a ti ama
mas su fe que a su defeto

¶la tu gran beninidad
muy duçe virgen maria
me da devota osadia
para con toda vmildad
loar tu virginidad
en alto & sublimo grado
no segund el v[u]lgo errado
virgen en comunidad

¶de virgines y donzellas
llenos son los calendarios
ni bastan los breuiarios
a las liçiones daquellas
afirmo con todas ellas
de obrar fueron guardadas
& por tales colocadas
mas alto que las estrellas

¶pero de las tentaçiones
& subitos movimientos
palabras que lievan vientos
& noturnas ylusyones
los vmanos coraçones
nunca fueron atreguados
mas rremotos & apartados
de ti por diuinos dones

¶tu fueste virgen obrando
virgen en tus pensamientos
virgen en tus sentimientos
virgen durmiendo y velando
departiendo & rrazonando
sienpre la virginidad

en nueva & madura &dad
la fueste continuando

¶de virgines se pagaron
los çelarados varones
& con promesas & dones
tu santa onestad tentaron
virgen los que a ti miraron
asi fue el carnal fuego
[fol. 36r]
en ellos muerto que luego
en ningu[n]d mal no pensaron

¶en la ley a moysen dada
tu diste prinçipio santo
a esta virtud que tanto
es en el çielo preçiada
si de virgines amada
& seg[u]ida fue despues
& agora asi lo es
por tu puerta fue su entrada

¶sabes tu sennora mia
sabelo aquel en que creo
cual fue sienpre mi deseo
a te loar todavia
no digo quanto devria
que a esto quien bastara
mas si a ti agradara
esto poco que sabia

[ID0104 S 0072] HH1-5 (36r) (4, 4×8)

Ino a la virtud de nuestra sennora

¶o maria luz del dia
& rresplandor
quien tu virtud loaria
& gran valor

¶sennora pulcra & decora
& mansueta
de los çielos rregidora
muy descreta
cual balada & cançioneta
bastaria
a te loar con perfeta
melodia

¶cual prosa tan copiosa
es o sera
que tu virtud gloriosa
loara
cual musica cantara
virgen maria
tus loores ni podra
ni sabia

¶virgen santa de quien canta

salamon
de cuyo viso se espanta
el dragon
angelica profesion
& gerarchia
a loar tu perfiçion
fallesçeria

¶contenplo diuino tenplo
el tu dulçor
con que aplaze sin enxenplo
al saluador
o santa y preçiosa flor
acorre & guia
al tu pobre seruidor
que en ti confia

[ID0075 S 0072] HH1-6 (36r-v) (4×8)

Oras [sic] a nuestra sennora

[fol. 36v]

¶o secra esposa del espiritu santo
de quien naçio el sol de justiçia
o rresplandor & gaudiosa letiçia
del parayso & del ynfierno espanto
o protecçion conseruaçion y manto
& de pecadores caxa gloriosa
de aquella joya joculenta & preçiosa
a quien alaba el serafico canto

¶como podra toda la vmanidad
rrendirte graçias ni fazer tal seruicio
que digno sea a todo benefiçio
quando se acuerda que por tu humildat
tanto agradaste a la diuinidad
que en ti se fizo nuestro dios nuestro hermano
o eçelente gloria del pueblo vmano
o ynefable & duçe caridad

¶De tanta graçia sennora no contenta
la qual clemençia & amor ynfinito
por las nuestras culpas continua & atenta
oraçion fazes a tu fijo bendito
qual pensamiento qual lengua o escrito
sennora mia lo podra rregraçiar
qual eloquençia qual discriçion loar
al tu berrnaldo lo dexo & rremito

¶yo creo ser conclusion vera & clara
sin rrequerir otra ynterpetraçion
que tu fauor & santa obsecraçion
sostiene al mundo conserua y anpara
las criaturas que en esta vida amara
jamas no çesan al sennor ofendiendo
ni tu sennora çesas ynterçediendo
al fijo tuyo que por ti nos rrepara

[ID0076 S 0072] HH1-7 (36v-37r) (5×8)

yno a nuestra sennora enbiado
al pryor de lupiana
frey esteuan de leon

¶la flor que de eterna lavde
es mas digna non que vna
mas que cuantas so la luna
naçieron & mas aplaude
al sennor que sienpre avde
por nosotros suplicar
en esto y en dios loar
se letifica & congavde

¶la gentil perla que esmalta
todo el çielo & lo esclaresçe
mas que los angeles alta
rrefulge & rresplandeçe
magnifica avmenta & creçe
los divinales loores
& por nos muy pecadores
orando nunca feneçe

¶el çafir que faze ornado
el çielo con las estrellas
sus virtudes digo aquellas
con que paresçe argentado
el su primero tratado
es sienpre loar a dios
en ynterçeder por nos
es el segundo ditado

¶la discreta ynterçesora
con yndustria ynestimable
primero faze aplacable
al sennor & lo enamora
& por consiguiente ynplora
rremision de nuestros viçios
quien podra los benefiçios
rregraçiar desta sennora

[fol. 37r]

¶rreçebid padre onorable
de la duçe rrelisyon
que segun mi opinion
es de todas mas amable
este loor venerable
de la çelestial rrosa
cuya virtud gloriosa
vos faga a dios agradable

[ID0077 S 0072] HH1-8 (37r-v) (11×8)

mostrate ese matrem

¶muestrate virgen ser madre
vmillmente suplicando

al diuino eterno padre
su graçia nos ynpetrando
muestrate virgen mandando
al tu fijo que mando
onrrar los padres & dio
luenga vida enaguilando

¶muestrate virgen maria
ser madre osadamente
mandando al fijo obidiente
pusa [sic] ynsiste y porfia
muestrate sennora mia
madre & sey ynportuna
& fara sin duda alguna
gran fruto tu osadia

¶pues a nos gentes maluadas
dio liçençia & libertad
& a la ynportunidad
ser atreuidas & osadas
muestrate virgen aosadas
ser madre & tu veras
que en pedir mas tardaras
quen las graçias ser ganadas

¶toma aquel dulçe ave
de boca del grauiel
ecçe ançilla & con el
verbo omill & suave
abriras con esta llave
las puertas de la clemençia
considera tu potençia
no te sera el osar grave

¶pues aquella porfiada
soliçita cananea
pero que ynfiel y rrea
no se fallo desdennada
demas de serle otorgada
la ynportuna petiçion
la su fe & debuçion
del sennor fue muy loada

¶tu rreyna glorificada
fuente de virginidad
corona de vmildad
tanto mas seras osada
cuanto mas aventajada
eres desta mugerçilla
seyendo tenplo trono & silla
de la palabra encarnada

¶quien cree ser desdennada
virgen tu suplicaçion
creera sin discreçion
ser tu de madre negada
[fol. 37v]

abssid [sic] prinçesa sagrada
falso es el anteçedente
falsisimo el consequente
madre eres yndubitada

¶mienbrate virgen preçiosa
que por tu vmildad el padre
te eligio por dina madre
del su fijo & gloriosa
esfuerçate santa rrosa
nunca canses ni tenojes
que dudas porque te encojes
manda atrevete y osa

¶el tu bernaldo devoto
& sieruo muy singular
como yo aqui lo noto
nos anima a te rrogar
a ti nos manda llamar
en nuestras tribulaciones
& manda en las tentaçiones
a ti estrella mirar

¶en la ora peligrosa
en quallquier triste açidente
mira syenpre & para miente
a la rreyna gloriosa
de tu boca aquella prosa
no se parta ave maria
su memoria dalegria
& al coraçon rreposa

¶no yerres siguiendo a ella
tan justas son sus carreras
confiando en esta estrella
ni temes ni desesperas
las avtoridades veras
& duçes de san bernaldo
mençienden pero que ardo
en flamas muy plazenteras

[ID0078 S 0072] HH1-9 (37v-38r) (7×8)

¶yno a santa ysabel de vngria

¶graçias a santa maria
por cuyas suplicaçiones
meritos & ynterseçiones
el nuestro sennor enbia
en sus syeruos cada dia
deseos & debuçiones
devotas contenplaçiones
o santa rreyna de vngria

¶elisabed muy preçiosa
la quall sin par sin exenplo
entre las rreynas contenplo
mas santa & mas virtuosa

muy adorifera [sic] rrosa
entre las flores de aquella
huerta que la gran donzella
planto tan maravillosa

¶de las santas conjugadas
dexando a sant ana aparte
tu lyevas el estandarte
& de las canonizadas
rreynas bienaventuradas
dinas de clara memoria
avnque elena ovo gran gloria
de las rreliquias fallada [sic]

[fol. 38r]

¶qual exerçiçio & elegançia
ay tan florida que baste
a contar como ayunstaste
en tu nueva & tierna ynfançia
tan copiosa abundançia
de virtud & santidad
ynoçençia & castidad
vmildad con gran costançia

¶sy yo no soy engannado
mas perfeçion es dexar
rrenunçiar desanparar
lo poseydo y ganado
que lo que no es alcançado
avnque se pueda alcançar
menospreçiar desdennar
pero es avto asaz loado

¶en la dinidad rreal
de ofiçio seruil vsaste
en el matrimonial
la continençia guardaste
asy al sennor amaste
que por tu graçia se leen
doze muertos & se creen
que a vida rreçuçitaste

¶a ti miren las prinçesas
rreales & en ti guarden
las que con cobdiçia arden
& deste mundo son presas
si quieren sanas & llesas
de las penas escapar
cunple les seg[u]ir y amar
las tus devotas enpresas

[ID0079 S 0072] HH1-10 (38r) (4×8)

¶a san evgenio

¶de las espannas luzero
& santisimo primado
de toledo el primero

& glorioso perlado
diçiplo del muy loado
dionisio santo & rreto
que fue por el vaso eleto
en nuestra fe yluminado

¶dionisio por clemente
a las galias destinado
tu a convertir la gente
toledano ordenado
la flor del verbo encarnado
por ti padre seminada
çentunplun frutificada
es en vos dios sea loado

¶los talentos a ti dados
del sennor no los metiste
so tierra ni los toviste
en el su[d]ario lygados
rrendistegelos doblados
& oyste luego del
ven sieruo bueno & fiel
a los gosos deseados

¶tu eres el santo canto
que el evangelio canta
que diste simiente tanta
sufriendo martirio tanto
el fruto fue cual & quanto
es el pueblo toledano
que de ydolatro & pagano
confiesa a dios sin espanto

[fol. 38v]

[ID0083 S 0072] HH1-11 (38v-39r) (8×8)

¶yno al algel [sic] san migel

¶prinçipe muy eçelente
de la sacra gerarchia
& de aquella monarchia
çelestial presidente
del sennor omipotente
siervo costante leal
enemigo capital
de la luçifera gente

¶cuando aquella criatura
que muy clara fue criada
& despues por su maluada
presunçion tornada escura
con orgullo & desmesura
dixo en aquilon porne
mi silla &gual sere
daquel cuyo soy fechura

¶muchas criaturas bellas
de la angelica natura

sig[u]ieron esta locura
por lo quall se dize dellas
quel terçio de las estrellas
cayeron con su dotor
a do nunca mengua ardor
fuego fumo & centellas

¶tu arcangel muy preçioso
& premio de lealtad
de costançia fe y verdad
vn espejo muy lunbroso
con zelo muy viguroso
todo ardiente ynflamado
contra el colegio maluado
fueste fuerte y rreguroso

¶la estrella muy malina
con todo su cruel vando
cayo rrelanpag[u]eando
al suelo de la çetyna
donde sufre & rrezyna
los que mas sin piedad
blasfemando su maldad
de la justiçia divina

¶el sennor que al maliçioso
no dexa sin puniçion
ni sin rremuneraçion
al leal & virtuoso
punido el escandaloso
fizo a ti su alferez santo
& del su colegio tanto
prinçipe muy glorioso

¶porque los sus benefiçios
son de tanta eçelençia
que con gran magnifiçençia
sobran todos los seruiçios
annadiendo mas ofiçios
de ti fio la balança
donde por virtud se alcança
gloria & pena por viçios

¶vençedor de los maluados
capitan de los leales
juyzyos justos & yguales
son en tu peso afinados
los ynojos ynclinados
yo te rruego noche dia
[fol. 39r]
que a la sennora mia
supliques por mis pecados

[ID0080 S 0072] HH1-12 (39r-v) (8×8)

yno a san gil

¶hatenas mas glorioso

titulo te dio el sen*n*or
por solo su *con*fesor
egidio santo & pre*ç*ioso
q*ue* por el coro famoso
filosofico a ti grato
avnq*ue* socrates y plato
te den non*b*re espa*ç*ioso

¶asaz es filosofia
& metafisica onor
y muy claro rrespla*n*dor
q*ue* arristotiles te enbia
mas pues la sacra sofia
e*ç*ede toda *ç*ien*ç*ia
co*n* egidio tu e*ç*elen*ç*ia
aya gozo y alegrya

¶nas*ç*io porq*ue* asi lo fable
esta perla oriental
de genera*ç*io*n* rreal
en el ynperyo notable
de gra*ç*ia & lo mas loable
& digno de ser notado
de c*hristi*anos fue enge*n*drado
q*ue* es vn pre*ç*io ynestimable

¶tan claro & tan elegan*te*
fue su yngenio sotil
que de la edad pueril
su defeto no obstan*te*
o llego o paso avan*te*
de los presentes doto*res*
loando los sabido*res*
tanto estudioso ynfan*te*

¶cuanta fue su caridad
digalo aquel me*n*diga*n*te
espeluznado y te*n*blante
por frio y desnudedad
q*ue* con dul*ç*e piedad
le proveo de su ma*n*to
negando el nin*n*o muy s*an*to
al maestro la verdad

¶cuanto fuero*n* agradab*les*
al sen*n*or sus ora*ç*iones
muestranlo las cura*ç*io*nes*
& dolen*ç*ias yncurab*les*
muestranlo ynumerab*les*
del henemigo tocados
q*ue* por el fuero*n* lan*ç*ados
dando bozes espantab*les*

¶si perdon de algu*n* pecado
gano algun pecador
sabelo el enperador
carrlomano muy loado

quallquier lo vera notado
a su gloria & onor
en aquel libro q*ue* flor
de los santos es llamado

¶pues a ti padre muy s*an*to
amoroso & muy benigno
yo tu sieruo pobre y dino
en vmill & bajo canto
[fol. 39v]
suplico q*ue* veas quanto
padesco en lo tenporal
cuanto en lo esp*iritu*tual [sic]
& proveas al mal tanto

[ID0081 S 0072] HH1-13 (39v) (5×8)

yno a san lucas

¶animal del quall nos canta
la vision de ezechiel
sabio di*ç*iplo de aquel
ypocras de fama tanta
& de la gente muy s*an*ta
en sus actos coronista
pintor de la du*ç*e vista
q*ue* los diablos espanta

¶fueste del santo portero
plenariamente y*n*struydo
para ser costituydo
evangelista ter*ç*ero
despues fiel conpan*n*ero
del gran vaso de ele*ç*io*n*
q*ue* de tu fe y debu*ç*ion
es notable pregonero

¶fe tan copiosa y plena
es dada a lo q*ue* escriuiste
no de uista mas q*ue* oyste
& por rrela*ç*io*n* ajena
como aquel q*ue*n la gran pena
de la cruz no se partio
del sen*n*or & rre*ç*ibio
en guarda su mad*re* buena

¶lo cual es gran argume*n*to
de tu vida virtuosa
pues tu evangelica prosa
aprovo el santo co*n*vento
avn es rregla & docume*n*to
p*ara* q*ue* sea creydo
el justo en lo q*ue* no vido
pues fama le faz esento

¶o lucas por na*ç*io*n* *ç*iro
& medico por ofi*ç*io
rrelator del sacrifi*ç*io

del deyficado viro
del vulto preçioso & miro
virginal & sotil pintor
ora por mi pecador
que mal biuiendo deliro

[ID0082 S 0072] HH1-14 (39v-40v) (16×8)

yno a santa leocadia

¶defensora & patrona
de la ynperial çibdat
que fue de la magestad
gotica trono y corona
mi nigligençia perdona
si tan presto & diligente
no loe ni dinamente
tu santisima persona

¶desden dulçe madre mia
no fue ni mengua de amor
esto sabe aquel sennor
quel mundo rrige y lo guia
[fol. 40r]
mas creçiendo cada dia
copia de tribulaçiones
que son grandes turbaçiones
del que en este mundo fia

¶dizese que el ynteleto
creçe con la vexaçion
creo lo si en su ynfeçion
no pasa el termino rreto
mas quando el flaco sujeto
en estremo es conbatido
de neçeçario el sentido
padeçe mengua e defeto

¶afligido & molestado
de la contraria fortuna
sy fortuna ay alguna
o por pena de pecado
fue tu loor rretardado
o virgen clara y serena
que ni bien dita ni ordena
el yngenio maltratado

¶No porque vayan çesando
vn punto las afliçiones
mas por tus ynterçesiones
algun quanto rrespirando
de la flaqueza sacando
fuerça si plaze al sennor
de todos bienes actor
va tus loores cantando

¶naçiste virgen muy santa
en el rreyno castellano

& del vergel toledano
eres muy preçiosa planta
en el tienpo que fue tanta
la rrauia de daçiano
contra el pueblo christiano
que la fama nos espanta

¶de generaçion muy noble
virgen santa deçendiste
& lo que vale al tres doble
en la santa fe naçyste
no te turbo quando oyste
que venia el çelarado
mas con gesto muy pagado
al martiryo te ofreçyste

¶El maestro maliçioso
vsando de su astuçia
diabolica vil suçia
mostrose manso amoroso
loando el tu generoso
linaje & tierna &dad
finjiendo vmanidad
en coraçon engannoso

¶enpero porque dudo
valer tanto sus engannos
luego con terribles dannos
& penas te amenazo
dixiste no açebto yo
mal onbre tus piedades
ni temo tus crueldades
amo al que me rredimio

¶gran linaje no es virtud
mas sonbra vana y menguada
fermosura & juventud
flores son del alvorada
[fol. 40v]
frescas con la rroçiada
marchitas con el sol fuerte
tus tormentos no dan muerte
mas vida glorificada

¶que demandas pues mal onbre
dexa tu braveza y arte
jamas aquel dulçe nonbre
ihesus de mi no se parte
su cruz en mi estandarte
sus clauos mi proteçion
su lança mi coraçon
traspaso de parte a parte

¶su corona espinada
de mi frente es diadema
perrla ni preçiosa gema
a ella no es conparada

mi sed farta & çaçiada
es con su vinagre & fiel
la mi gloria es el vergel
do su carne fue ençerrada

¶viendo aquel tu ffe costante
de artes desespero
por fuerça no presumio
quebrantar tal diamante
tiro via & paso avante
dexando a ti encarçelada
creyendo que en su tornada
te farie mudar senblante

¶quando a tu notiçia vino
ser avila rroçiada
de la sangre purpurada
daquel terno santo & dino
& de aquel mismo camyno
santa julia en la batalla
triunfar con santa olalla
confesando al rrey diuino

¶no es martirio temiendo
mas el çielo deseando
e la tierra desdenando
deuota oraçion faziendo
las manos a dios tendiendo
el espiritu enbiaste
al sennor que tanto amaste
con el quall rreynas biuiendo

¶mienbrate virgen la ora
que dixiste al gran perlado
santo de espanna primado
por ti biue mi sennora
el y tu orad agora
por que por mi ore aquella
al su fijo de quien ella
tanto ynpetra cuanto ynplora

[ID0084 S 0072] HH1-15 (40v-41r) (4×8)

ffin de loores de santos

[fol. 41r]

¶como fizo bonifaçio
del panteon todos santos
faziendo fiesta de tantos
en vn dia & poco espaçio
yo asy avnque no ssaçio
fago fin a los loores
de vos muy dulçes sennores
con este breue lavdaçio

¶quien a vos a mi onora
a mi esperne quien a vos
son estas palabras dos

del rrey a que el çielo adora
flores de quien se enamora
todo el santo parayso
dad loor no ynterçiso
a la muy santa sennora

¶floresçed preçiosas flores
rredoled lirios muy santos
suenen vuestros duçes cantos
calandrias & rruysennores
martires & confesores
& virgines son las aves
cuyos cantos muy suaves
dan a dios sienpre loores

¶rresplandeçientes estrellas
fazed claro & luminoso
este mundo tenebroso
con vuestras virtudes bellas
claras & biuas çentellas
del diuino fuego açensas
orad con manos estensas
a la flor de las donzellas

[ID0085 S 0072] HH1-16 (41r-42r) (16×8)

te deum laudamus

¶a ti alabamos dios
a ti sennor confesamos
a ti padre eterno nos
& toda la tierra onrramos
quando bien consyderamos
tu gloria & magnifiçençia
tu justiçia & tu clemençia
sienpre te glorificamos

tibi omnes angeli

¶la natura angelical
el çielo y las potestades
de concordes voluntades
te loan dios eternal
o padre çelestial
a loar tu eçelençia
tu grande gloria y potençia
no basta lengua vmanal

tibi cherubyn et serafyn

¶a ti loan cherubines
& con grande ardor te aman
& los santos serafines
nunca çesando proclaman
santo santo santo llaman
dios de las guestes sennor
de cuya gloria y valor
çielos y tierra se ynflaman

[fol. 41v]

te gl*oriosus* ap*ostol*or*um* choru*s* etc

¶a ti el coro glorioso
de apostoles notable
del numero venerable
de *p*rofetas muy gra*ç*ioso
el numero muy gozoso
tu venida anun*ç*iando
el coro q*ue* triunfando
te vido vitorioso

te martirii ca*n*didatus

¶a ti clara mili*ç*ia
de martires dan loor
porq*ue* contra la mali*ç*ia
del cruel perseg[u]idor
diste costan*ç*ia & vigor
a sofrir grande crueza
ca la vmana flaq*ue*za
q*ue* vale sin tu fauor

te per orbe*m* terraru*m*

¶a ti la igl*esi*a santa
confiesa en toda la t*i*erra
q*ue* medida no en*ç*ierra
padre tu majestad ta*n*ta
onora pedrica & canta
tu fijo con dul*ç*e canto
& con el esp*iritu* ssanto
ynflamada se levanta

tv *semper* gl*orie* chr*iste*

¶tu chr*isto* rrey de la gl*oria*
tu fijo del padre eterno
a ti sea en se[n]piterno
onor v*i*rtud & vitoria
sen*n*or tu du*ç*e memoria
ynfunde en los cora*ç*on*es*
de los fieles varones
& *ç*ese toda otra estoria

tu ad liberandu*m*

¶tu sen*n*or tanto q*ue*siste
librarnos de dan*n*o & mal
q*ue*l vtero virginal
& santo no aborre*ç*iste
por nos saluar de*ç*e*n*diste
del tu trono glorioso
quie*n* podra ih*es*us pre*ç*ioso
rregra*ç*iar q*ua*nto feziste

tu de vita mortis

¶tu a la muerte ven*ç*iste

& a los q*ue* en ti creyero*n*
& tu ley obede*ç*ieron
el rreyno del *ç*ielo abriste
sen*n*or tu nos rredimiste
sin n*uest*ro mere*ç*imie*n*to
tu pasion cruz & torme*n*to
fue gozo del pueblo triste

tu ad desteram dey sedens

¶tu a la diestra asentado
del eterno padre estas
& creese q*ue* vernas
[fol. 42r]
a juzgar de lo pasado
condenando al culpado
& al justo dando gloria
apartando la estoria
del oro puro & *ç*endrado

Tu ergo q*uae* sum*us*

¶pues sen*n*or du*ç*e y gra*ç*ioso
tus sieruos porq*ue* esparsiste
tu sangre santo y pre*ç*iosso
acorre como acorriste
acuerdate q*ue* dixiste
llamad & abrirvos he
demandad yo vos dare
cunple lo q*ue* prometiste

Ete[r]na*m* fac cui *s*anct*us*

¶e sean rremunerados
en la eterna alegrya
con la santa conpan*n*ia
de tus eletos amados
& sera*n* n*uest*ros pecados
ven*ç*idos por tu clemen*ç*ia
pues no basta peniten*ç*ia
tanto somos *ç*elerados

ssalu*um* fac populu*m* tu*um* d*omi*ne

¶salua tu pueblo sen*n*or
& bendize tu eredad
rrigelos con piedad
ensal*ç*alos co*n* amor
pues eterno es tu valor
eterna sea tu gra*ç*ia
ca bie*n* breue nunca sa*ç*ia
ni el finito loor

Per singulos dies benedi*ç*imus te

¶todos dias bende*ç*imos
tu nonbre & lo al[a]babamos
todo aq*ue*l t*i*e*n*po perdimos
q*ue*n esto no enpleamos

solamente aquel ganamos
que ganamos la tu gloria
& a ti rrey de vitoria
nuestras culpas confesamos

Dignare domine die isto

¶denna sennor este dia
de pecados nos guardar
plaziendote de contar
vn dia por todavia
pues continua tu porfia
el dia & su maldad
tu sennor por tu bondad
sey nuestra continua gia

ffiad misericordia tua super nos

¶tu misericordia santa
sennor sea sobre nos
ca en ti muy santo dios
es nuestra esperança tanta
toda la iglesia canta
& te suplica vmillmente
por la pobre vmana gente
a quien tu justiçia espanta

[ID0086 S 0072] HH1-17 (42r-v) (6×8)

Pater noster qui es yn çelis
sanctiffiçetur nomen tuum

[fol. 42v]

¶padre nuestro que estas
en los çielos ençalsado
tu nonbre santificado
ssea por sienpre jamas
por la gran gloria que as
& por quantos benefiçios
sin meritos ni seruiçios
a las criaturas das

atveniat rregnum tuum

¶venga el tu rreyno santo
a nos con paz y con graçia
que nos consuela y espaçia
e libra de todo espanto
ca nuestro vigor no es tanto
que podamos a el yr
sin tu graçia yntervenir
a nos con su dulçe canto

ffiad voluntas tua

¶fagase tu voluntad
en la tierra bien obrando
seyendo y espirando
amando con caridad

asi que la vmanidad
faga como el çielo faze
que sienpre sirue y conplaze
a tu santa magesstad

panem nostrum cotidianum

¶nuestro pan cotidiano
nos da oy por tu clemençia
ca sin la tu prouidençia
que vale el trabajo vmano
tu sennor abres la mano
& fartas todo animal
de tu bendiçion la quall
prouee al pueblo mundano

et dimite nobis debita nostra

¶& como nos perdamos [sic]
a quien nos fiere y baldona
asy tu sennor perdona
a nosotros quando erramos
o como nos condenamos
con esta suplicaçion
cuando nuestra ofension
cruelmente la bengamos

Et ne nos ynducas in tentaçionem

¶no traygas en tentaçion
sennor la nuestra flaqueza
pues conoçes la crueza
daquel rrugiente leon
que nuestra condenaçion
busca con rrauia ynfernal
libranos de todo mal
sennor nuestra rredençion

[ID0087 S 0072] HH1-18 (42v-43r) (6×8)

Aue maria

¶ave preçiosa maria
que se deue ynterpetrar
trasmontana de la mar
que los mareantes guia
[fol. 43r]
ave tu sennora mia
esenta de aquel pecado
quel mundo ha contaminado
ave rresplandor del dia

graçia plena

¶ave tu plena de graçia
ave preçioso sagrario
ave santo rrelicario
lleno daquel pan que saçia
todo el mundo y lo espaçia

en esta angustiosa vida
& nos llama y nos conbida
a sus gozos sin ffalaçia

dominus tecum

¶ave quel santo sennor
de los çielos es contigo
no contigo solo digo
mas en ti preçiosa flor
tenplo del diuino amor
ave pues la trinidad
acatando tu omildat
magnifico tu valor

benedita tu ynter mulier*es*

¶ave rreyna gloriosa
bendita entre las mugeres
deste nonbre sola eres
digna tu virgen preçiosa
porque la madre golosa
de la fruta devedada
toda muger obfuscada
dexo con pena dannosa

bened*itus* frut*us* bentris tuy

¶ave quel fruto bendito
sennora del vientre tuyo
no basta al loor suyo
lengua ni pluma nin escrito
ave porque el mundo aflito
por el pecado primero
trivnfando en el madero
el lo saluo libre y quito

santa maria ora pro nobis

¶por esta salutaçion
muy santisima sennora
fauoreçe aquel que ora
por la christiana naçion
ca la tu obsecraçion
nunca desden rreçibio
ni sin efecto quedo
tu santa suplicaçion

[ID0088 S 0072] HH1-19 (43r-v) (5×8)

oraçion a nuestra sennora
en ffin de toda la obra

¶virgen preçiosa cuyo duçe aspecto
o debuxado o ymaginativo
en aqueste cuerpo mortal en que biuo
a grandes pecados & viçios subgecto
tanto me alegra y en el me delecto
que figurado en la mi fantasia

la contenplaçion de la virgen maria
nunca de mi se parte el dilecto

¶rreyna del çielo en cuyo amor ardo
en quien es toda mi firme esperança
en cuyo begnino y dulçe rreguardo
mana y deçiende toda mi confiança
en ti mi sennora por tu gran omildança
fue ennobleçida la vmana natura
quando el factor se fizo factura
como el graçioso poeta rromança

[fol. 43v]

¶en el tu vientre sençendio el amor
que consolo la natura vmana
fue germinada en ti aquella flor
que desçendio de la luz soberana
eres del çielo luz merediana
de caridad y de la mortal gente
en esta vida transitoria y presente
desperança eres muy clara fontana

¶tanto magnifica y de tanto valor
eres sennora que el que graçia demanda
sin te rrequerir y llamar tu fauor
yerra la via sin saber do anda
la tu potençia que todo lo manda
no solo quando es llamada acorre
mas al demandante muchas vezes precorre
asi rresplandeçe tu lynda guirrnanda

¶misericordia piedad & clemençia
en ti mi sennora asi son juntadas
que todas juntas las personas criadas
no son yguales a tu magnifiçençia
o virgen digna de yneflable eselençia
yo te suplico devota omilmente
que tal graçia des a la obra presente
que de buen fruto aya sufiçiençia

[ID0089 S 0072] HH1-20 (43v) (1×8)

Vltilogo

¶de la gruesa ynvençion mya
& ssinple ymaginaçion
ved aqui la rrelaçion
muy buen onbre aluar garcia
plega a la virgen maria
que san juan & san benito
al gozo dulçe ynfinito
vos lleuen con alegria

Deo graçias

[fol. 44r]

[ID0090] HH1-21 (44r-48r) (64×8)

Tratado ordenado por el d*i*cho ferna*n* p*erez* de gusma*n* de
las quatro v*i*rtudes cardinales dirygido al muy magnifico y
v*i*rtuoso sen*n*or don yn*n*igo lopez de me*n*doça marques de
santillana conde del rreal

prologo

¶si no menga*nn*a el afeto
o mas propio mal pecado
si el t*ien*po malo y dan*n*ado
no da en *e*l seso defeto
mas si con sano ynteleto
vos conosco sen*n*or mio
seguramente confio
q*ue* vo por camino rreto

¶quiriendo en esta escritura
presentar segu*n* veres
a vos muy noble marq*ues*
la eçelençia muy pura
rresplandor y fermosura
destas claras quatro estrellas
porq*uen* cada vna dellas
vos dio gran par*te* natura

¶si quiero en particular
dezir quanta parte aves
loar en presençia es
espeçia de lisonjar
creo dever vos bastar
no solo la noble ge*n*te
mas q*ue*l pueblo grueso si*en*te
ser vos digno de loar

¶al p*r*oposito torna*n*do
ved aqui quatro do*n*zellas
o mas de verdad çentellas
q*ue*l mundo va*n* alu*n*bra*n*do
la vna justificando
la otra fuerte animosa
la prudençia gloriosa
la quarta modificando

¶sepa v*uest*ra rreuerençia
quie*n* de la vna careçe
en las otras tres falleçe
y ved otra diferençia
q*ue*l q*ue* en su obidençia
la vna sola posee
en las otras tres se vee
aver singular pote*n*çia

¶pu*es* marq*ues* muy onorable
& de clarifica fama
rresçebid del q*ue* vos ama
no mi*en*to avnq*ue* asi lo fable
el prese*n*te venerable
daquestas quatro p*r*inçesas

& sig[u]iendo sus enpresas
al doble sereys notable

[fol. 44v]

¶tu fueste prinçipiada
en *e*l çielo justame*n*te
y en el ynfierno ardie*n*te
eres oy continuada
por preçebto eres amada
de los q*ue* la t*ie*rra ordena*n*
huerfanos y biudas pena*n*
do no alcança tu espada

¶es el tu p*r*opio ofiçio
dar a cada vno lo suyo
perteneçe al poder tuyo
dar pena por malefiçio
rremunerar el seruiçio
la v*i*rtud fauoresçer
los viçios aborresçer
el me*n*tir aver por viçio

¶afecçio*n* de las personas
no*n* turba tu ygualança
por çebtros ni por coronas
no se tuerçe tu valança
no*n* pierden su esperança
los pob*r*es por ser me*n*guados
nin se fazen mas osados
los rricos por su abu*n*dançia [sic]

¶en la t*ie*rra do tu eres
noble rreyna apoderada
biue*n* onb*r*es y muger*es*
vida bie*n*aventurada
do tu rregla es obseruada
mas paresçe rreligion
q*ue* rrepublica o naçion
asi es aministrada

¶jamas alli es violado
algun santo matrimonio
ni el justo patrimonio
al su posesor tirado
seguro de ser rrobado
va su via al mercada*n*te
ni el pob*r*e camina*n*te
rreçela ser despojado

¶nunca osa el abogado
vsar mal de su çiençia
por dones ni es ynclinado
el juez a dar sentençia
tu temor no su conçençia
los faze andar rrecta via
toda cruel tirania
desvaneçe en tu presençia

¶de los senos de las madres
las fijas no son rrobadas
ni de los ançianos padres
son las canas desonrradas
las ygl[es]ias profanadas
no son como el verso canta
de gente mala y no santa
polutas contaminadas

¶sy es falso el ystrumento
tu esamen lo apura
so tu rregimiento & cura
no se dan çinco por çiento
andan por tu escarmiento
pesos y varas yguales
no se falsan los metales
del oro ni del argento

[fol. 45r]

¶fuera va toda ydolatria
fechizos superstiçiones
purgada & linpia es la patria
de fuertes & abusiones
nunca osan los lenones
su vil ofiçio exerçir
ni ypocritas fengir
suennos y falsas visiones

¶exerçita el pueblo llano
quando por ti ssasegura
su vtil agricultura
en ynvierno y en verano
sin temor ua el veneçiano
por la mar de los cusarios
pues todos los adversarios
tienblan so tu justa mano

¶por ti fue la violençia
de tarquino castigada
por ti fue asaz bengada
de virginea su ynoçençia
& con muerte la sentençia
de apio claudio rrevocada
la perfeta continençia
de lucreçia predicada

¶es la tierra sin ventura
triste y desconsolada
que caresçe y es menguada
de ti santa criatura
digo quen la selua escura
entre sierpes y leones
biuen los buenos varones
vida mas dulçe y segura

¶virtud de buenos amiga
madrastra de malas gentes

de los rreyes nigligentes
& tiranos enemiga
aquel sennor te bendiga
a quien los santos bendizen
a los que te contradizen
la su yra los maldiga

¶fueron tus sabios actores
ligurgio mino solon
de castilla y de leon
tus fuertes esecutores
[   ]
tito alixandre trajano
todos tres del gran rromano
prinçipado enperadores

[una estrofa en blanco]

¶por mi es llamado onbre
el que de mi es doctado
yndino es de tal nonbre
quien de mi graçia es priuado
este es su prinçipal grado
del animal rrazonable
porque sepa entienda & fable
es de bestias segredado

[fol. 45v]

¶yo soy muy sabia ynventora
de las artes & çiençias
& de las espirençias
discreta esaminadora
en quanto fuy rregidora
del nonble [sic] ynperio rromano
todol mundo fue en su mano
oy sin mi siruiendo llora

¶los decretos & las leyes
de mi an su fundamiento
los prinçipes & los rreyes
que gouiernan con buen tiento
sy yo no soy su çimiento
en balde escriuen dotores
por demas enperadores
vsan de su rregimiento

¶al rrey salamon mando
el sennor que demandase
cual graçia mas le agradase
cuando el tenplo edifico
rriquezas no demando
ni poder ni fortaleza
mas a mi sola sabieza
con quel pueblo gouerno

¶al que considerar plaze
los abtos del batallar

vera bien quel pelear
no solo los fechos faze
en la ordenança yaze
gran parte de la vitoria
no ay memoria ni estoria
que desta rred no senlaze

¶es vn dezir de vejeçio
en el su rre militar
el quall yo abraço & preçio
por ques digno de notar
no se tema exerçitar
ninguno el offiçio y arte
en que estudio le dio parte
& luengo continuar

¶yndustria & avisamiento
mas le valio a anibal
que no fuerça corporal
esfuerço ni ardimiento
donde discreçion no siento
luenne mora la virtud
do ay consejo ay salud
dize el sabio en su comento

¶quien afirma que varones
son los fuertes sin prudençia
yo salua su rreuerençia
les digo osos o leones
en cuerpos & coraçones
yndiscreta fortaleza
es vna bruta fiereza
dannosa a todas naçiones

¶divertiendo a otras partes
poco vale sotileza
en las mecanicas artes
si mi liçion no se rreza
la muy sotil agudeza
digo que puede ynvenir
mas mediar ni difinir
nunca syn mi madureza

[fol. 46r]

¶consiento a los carpinteros
su madero bien labrar
& otorgo a los pedreros
esculpir y entallar
mas ordenar conpasar
rretretes quadras y salas
fenestrajes y escalas
a mi va el considerar

¶Subiendo a la eçelençia
de las alturas diuinas
ayunos & diçiplinas
çiliçios & abstinençia

& ssilençio & obedençia
terminos tienen y modos
o por mi açiertan todos
o yerran sin mi çiençia

¶de dios solo soy criada
no ove otro fazedor
ni algun sabio ynventor
se lee averme fallada
es verdad que exerçitada
fuy por el rrey salamon
de sirac & de filon
con ardiente amor amada

¶socraticos & platones
& despues el prinçipal
aristotiles que tal
se mostro en sus sermones
pitagoricos & zenones
& seneca el de tu espanna
que se deleyta & se vanna
en las morales quistiones

[una estrofa en blanco]

¶muy diversas opiniones
son de ti alta prinçesa
mas yo pese a quien le pesa
tanto que tu me perdones
son tus propias condiçiones
rresistençia contra viçios
por justiçia o por ofiçios
padeçer persecuçiones

¶aquella grand fortaleza
que se llama corporal
por quen su cabo es bestial
el proçeso non la rreza
la que naçe de ardideza
con discreta osadia
segun la opinnon mia
es flor de la gentileza

¶esta su onor defiende
esta busca gloria y fama
no asi la gloria ama
que sin causa a otro ofende
sienpre puna & contiende
contra rrigor & offensa
deleytase en la defensa
del que su acorro atiende

[fol. 46v]

¶no quiere nonbre de fuerte
mesclado con la crueza
espera & sufre la muerte
por virtud & por proeza

rresçibe con fortaleza
los peligros neçesarios
no busca los voluntarios
por soberuia nin rriqueza

¶el coraçon virtuoso
nunca puede contener
ençerrar ni encojer
pasando tienpo oçioso
deseando ser famoso
sale de entre sus estrechos
escuros y angostos pechos
ynflamado viguroso

¶sy fabla siente y vee
todos guarda con conçiençia
busca con gran diligençia
en que su virtud enplee
vsando magnifiçençia
yndustria y fermosas artes
por que en diversas partes
se pedrique su eçelençia

¶mas porque animosidad
tiene su voluntad presa
si no falta justa enpresa
dispensa con la onestad
no por sola vtilidad
busca guerra gloriosa
mas de onor deseosa
que de oro ni crueldad

¶tanto justo cuanto fuerte
es el notable varon
no da ni rreçibe muerte
sin colorada ocasion
contra los viçios leon
espada para tiranos
escudo de los christianos
de aflitos defension

¶por su ley por su sennor
por su patria & amigos
quien no duda enemigos
es vn fuerte defensor
cual destas es la mijor
si mi juyzio no yerra
digo la ley y la tierra
cuydo que no digo error

¶los maçabeos [sic] murieron
por su ley como varones
los deçios fabios catones
por la patria feneçieron
todos estos meresçyeron
digno nonbre de esforçados
no asi marios maluados

ni los que al çesar siguieron

¶carlo magno & orrlando
el gran duque de bullon
de castilla & de leon
el santo rrey don fernando
tales me plaze yr loando
porque son de aquella suerte
que de tal manera es fuerte
de crueza no vsando

[fol. 47r]

¶ercoles deyficando [sic]
fue por la pagana gente
porque gloriosamente
tales guerras vuo vsado
alixandre el muy loado
de clarisima memoria
so la cobdiçia de gloria
lo triunfa lavreado

¶de los del tienpo pasado
dexando otros asaz
con los dos fagamos paz
postrimeros del tratado
pues en la fin es tratado
todo loor verdadero
darles emos vn terçero
en su tienpo y en su estado

¶sy justiçia te negare
que le cunple tu osadia
si prudençia se pensare
valer syn tu conpannia
perdoneme todavia
estas tres con la tenprança
mas errada yra su dança
si tu no eres la guia

[una estrofa en blanco]

¶yo meso la rrigurosa
justiçia con la clemençia
enfreno la ynpetuosa
fortaleza con sufrençia
amonesto a la prudençia
con aquella actoridad
saber a sobriedad
con vltra convenençia

¶y do medio entre avariçia
& la prodigalidad
entre el que onor anbiçia
& la corta voluntad
de soberuia & vmildad
boluiendo açibar y arrope
yo preparo vn tal xarope

q*ue* faze gran ygualdad

¶del caluroso estio
yo tienpro los sus ardor*es*
con nuves & con vapor*es*
co*n* ayr*es* & con rroçio
al rrigor del çierco [sic] frio
ayunto el abrego vmano
en novienbre do verano
si co*n* san m*ar*tin porfio

¶con el zelo ardient*e* lucho
bie*n* lo sabe salamon
no q*ui*ero ser justa mucho
mas con modo & co*n* rrazo*n*
de v*ir*tud faze pasion
el zelo si mucho creçe
tres mata si vno guaresçe
la muy dura rreprehe*n*sio*n*

[fol. 47v]

¶la esençia potençia
de los prinçip*es* y rrey*es*
el gran rrigor de las ley*es*
& su aspera sente*n*çia
a la vna con cleme*n*çia
amanso & le po*n*go freno
esclaresco & sereno
a la otra la conçençia

¶de creer con poco tiento
& dudar lo rrazonable
obstina*n*do ser estable
& moverse a q*ua*llq*ui*er vye*n*to
los estremos no consie*n*to
dando medios tan graçiosos
q*ue* muevo los porfiosos
& los mouibles asie*n*to

¶la soberuia & abrroga*n*çia
de la gran prosperidad
co*n* alguna adversidad
abaxo su vltra cuyda*n*ça
do no causa*n* vmilda*n*ça
la v*ir*tud ni discreçion
la dura tribulaçion
faze ynclinar su bala*n*ça

¶al vino fuer*te* y fumoso
q*ue* al seso y a la salud
en vejez y en juve*n*tud
suele ser muy peligroso
vtil & muy p*ro*uechoso
lo fago con agua fria
avn al agua conpa*n*nia
cu*n*ple del vino amoroso

¶yo mando a la golondrina
tenprar su parlera le*n*gua
por q*ue* tal defeto & me*n*gua
co*n* poco sesso confina
fago clara & paladina
a la lengua perezosa
orinienta & mohosa
de estar syenpre en la vayna

¶lo superfluo desecho
a lo menos do de mano
por mi el difuso derecho
rreduzyo justiniano
a termi*n*o breue y llano
dexando el menos y el mas
pereza es q*ue*dar atras
locura correr en vano

¶a la te*n*prança me ynclino
de fisicrato el tirano
al padr*e* de costantino
costançio çesa*r* rromano
al noble vaspasiano
q*ue* no toma*n*do el siniestro
ni declina*n*do del diestro
siguiero*n* camino llano

¶mis tres ermanas famosas
graçias a su cortesia
q*ue* sin la mi conpan*n*ia
se synte*n* defetuosas
si llamadas son viçiosas
todas las estremidades
los medios dan ygualdad*es*
dando a los testos glosas

[fol. 48r]

¶en lengua materna & llana
no muy ornada de flor*es*
metaforas ni*n* colores
de eloque*n*çia tuliana
mas rrustica y aldeana
q*ue* çeuil ni curial
noble co*n*de del rreal
& marques de santillana

¶ved aq*ui* la ynvençio*n* mia
ni sotil ni elevada
como en batres fabricada
asi grosera & fria
si salio tal poesia
datenas o de bolonia
sy de paris o de vxonia
q*ue*de a v*ues*t*r*a cortesya

¶sy de desyertos fauor*es*
es desnuda y enxuta

arboles ay q*ue* dan fruta
a menos de levar flor*es*
mas frutifico en los mor*es*
seneca con obra llana
q*ue* no la virgiliana
eneyda con sus dulç*or*es

¶abasta q*ue* sea escura
o clara duçe o salobre
esta obra rrica o pobre
pase a dios & a ve*n*tura
entre aq*ue*lla fermosura
de las *vu*est*ra*s clavellinas
ya vimos naçer espinas
entre lirios & *v*e*r*dura

¶con tanto me despidiendo
*vu*est*ra* persona notable
& la sen*n*ora onorable
q*ue* por la marq*ue*sa e*n*tiendo
los nobles fijos q*ue* atie*n*do
q*ue* gozareys ella y vos
a la *v*i*r*gen & a dios
a todos vos encomie*n*do

deo gr*a*ç*i*as

[fol. 48v]

[ID0105] HH1-22 (48v-73r) (409 × 8)

Tratado ordenado por el ya d*i*cho fern*an* per*ez* de guzman
en loor*es* de los claros varones despan*n*a dirigido al noble
cauall*er*o don fernan gomez de guzm*an* comendador mayor
de calatrava su sobrino

prologo

¶del poeta es rregla rrecta
q*ue* el q*ue* bien començo
a la meytad ya llego
de obra buena y perfecta
tanto magrada y dilecta
*vu*est*r*o bue*n* pri*n*çipiar
q*ue* vos presumo loar
ant*es* de la hedad pr*o*uecta

¶bien me nie*n*bra q*ue*l loor
en la fin se ha de cantar
y de justo o pecador
la mu*er*te ha de sente*n*çiar
& sy el bien començar
algunas vezes cansso
p*er*o q*ui*en no començo
jamas no pudo acabar

¶no me*n*gan*n*a la affeçion
ni debdo me turba el seso
ni avn va torçido el peso

de mi poca discreçion
*vu*est*ra* dulçe condiçion
y discreta jouentud
muestra*n* en vos la *v*i*r*tud
de *vu*est*ra* generaçion

¶no*n* se joya mas preçiada
q*ue*l bue*n* moço virtuosso
ni*n* bestia mas enconada
q*ue*l viejo malo y viçiosso
por q*ue*l tie*n*po es peligrosso
ta*n*to de la nueva hedad
q*ue*l moço vsar de onestad
es acto marauillosso

¶la hedad exerçitada
por lue*n*gas esperie*n*çias
co*n* trabajos y dole*n*çias
la persona q*ue*brantada
y con todo no domada
la soberuia y la maliçia
la luxuria y la cobdiçia
diabolica es llamada

¶aq*ue*sto expeculado
sen*n*or sobrino sabed
q*ue* yo estando en la rred
de pe*n*samie*n*tos trauado
afligido y molestado
de trabajos cordiales
q*ue* suelen aver causado

[fol. 49r]

¶E por mi conssolaçion
los loor*es* he dictado
co*n*puesto metrifficado
de n*ue*st*ra* patria y naçio*n*
sotil es la ynvençion
mas gruesame*n*te la esc*r*iuo
entre labrador*es* biuo
no te*n*go otra escusaçion

¶q*ui*en no puede platicar
la virtud y la bondad
porq*ue* a la oportunidad
el tie*n*po no da lugar
p*er*o algu*n*d bie*n* es loar
los pri*n*çipes gloriosos
y los sabios *v*i*r*tuossos
y sus obras publicar

¶esto asy consyderado
yo creo bien enplear
en a vos adereçar
este siguiente *t*ratado
pu*es* sobrino muy amado

rreçebid este presente
poco y de buena mente
segund el prouerbio vsado

introduçion

¶loemos los muy famosos
prinçipes de nuestra esspanna
segund que syrac se banna
en loar los gloriossos
varones y virtuossos
prinçipes del pueblo ebreo
pues de nuestros muchos leo
nobles y vytoriossos

¶no quedo espanna callada
y muda en las estorias
por defecto de vitorias
nin de virtudes menguada
mas porque no fue doctada
de tan alto pregonero
como fue greçia de omero
en la famosa ylyada

¶tanto mas son enxalçados
los varones exçelentes
quanto de los diligentes
sabios fueron mas notados
y tanto mas obligados
somos a los coronisstas
quanto de las sus conquistas
nos fazen mas avisados

¶espanna non careçyo
de quien virtudes vssase
mas menguo y falleçio
en ella quien las notasse
para que bien se ygualasse
deuien ser los caualleros
despanna y los omeros
de greçia que los loasse

¶por amor y affecçion
de la patria a que tanto
natura me obliga y quanto
deuo a mi generaçion
dexada la yntroduçion
vengo a poner la mano
en loor del pueblo yspano
dando dios su bendiçion

[fol. 49v]

¶aquel rrey que los poetas
de tres cabeças fingieron
porque le fueron sujetas
tres prouinçias lo dixeron
velforte porque en el vieron

esfuerço y sabiduria
& justiçia que es guia
daquellos que bien rrygeron

¶aqueste fue giryon
despanna el primer rreynante
concurrio en esta sazon
con el caco el gran gigante
morador & abitante
en aquella alta montana
quentre vna & otra espanna
es termino limitante

de çamora

¶de numançia que loada
es en todas las estorias
por fazannas & vitorias
por aspera & porfiada
esta palabra notada
del su çipion se ffalla
con numançia aver batalla
asaz es cosa pesada

¶tal ardor de libertad
ovo esta çibdad famosa
tanto fuerte & animosa
fue la su comunidad
que en toda estremidad
aborresçio el seruir
menospreçiando el beuir
que es contra vmanidad

¶movidos & esortados
por el fuerte teogenes
despues de joyas y bienes
en vn gran fuego quemados
por nunca ser sojuzgados
daquellos a quien vençieron
& so el yugo pusieron
por cuchillo son librados

¶por esta ynvmanidad
porfiosa & obstinada
a cartago es ygualada
& a corintio gran çibdad
o noble animosydad
o singular fortaleza
por fuego ganar franqueza
& por fierro libertad

¶espanna nunca da oro
con que los suyos se rriendan
fierro & fuego es el tesoro
que da con que se defiendan
sus enemigos no entiendan
dellos despojos lleuar
o ser muertos o matar

otras joyas no*n* atienda*n*

¶vn rrey çeltiberiano
por çipio*n* preguntado
como el pueblo çamorano
fue vençido & conq*u*istado
siendo tan fuer*te* & osado
rrespondio este rrey tiraso
vn dezir de muy gra*n* paso
& digno de ser notado

[fol. 50r]

¶por concordia las menor*es*
cosas floreçe*n* y creçe*n*
& sin ella las mayor*es*
puestas por t*i*erra peresçe*n*
no poco se fauoresçe*n*
de la pratica dagora
las palabras q*u*e*n* çamora
deste sabio rrey paresçe*n*

¶abaxe la rrueda rroma
q*u*e faze como pauon
por la gran gloria q*u*e toma
por la muerte de caton
mire aq*u*el grand*e* monton
de los fuer*tes* numa*n*tinos
& feroçes seguntinos
fechos çeniza y carvo*n*

¶vea los calaorranos
comer sus fijos p*r*imero
vea aquel pueblo fiero
de caparra con sus manos
matar sus pad*res* ançianos
& fijos de poca hedad
por morir en libertad
no siruiendo a los rromanos

¶aya v*er*guença lucano
natural desta naçio*n*
q*u*e tan singular mençio*n*
fizo del cato*n* rromano
& ansi encojo la mano
q*u*e cuando alli escriuio
de libertad oluido
la v*ir*tud del rreyno yspano

¶aq*u*esta feroçidad
calahorra & çigue*n*ça
çaparra çerca plasençia
syguiero*n* & crueldad
jusgando la libertad
ser mas dulç*e* q*u*e la vida
& quando aq*u*ella es perdida
beuir en catividad

¶de uirato lusitano

¶vieneme çerca la mano
vn varo*n* fuer*te* notable
de fortuna variable
viriato lussytano
pastor rrustico & villano
de caminos rrobador
pero despu*es* vençedor
del gran ynperio rromano

¶por co*n*tinuos doze an*n*os
el a rroma sojuzgo
faziendoles grand*es* dan*n*os
tantas vezes los vençio
tantos consules mato
q*u*e sy no anibal yo digo
q*u*e tan cruel henemigo
dudo si rroma fallo

¶A la fin segu*n*d se falla
no por los ytalianos
fue vençido en batalla
mas sus mismos lusitanos
co*n* muy desleales manos
cruelmente lo mataro*n*
de lo q*u*al no trivnfaron
con gran gl*or*ia los rromanos

[fol. 50v]

de trajano

¶no solo el rreyno yspano
se alegra & letifica
ni solo se glorifica
el alto ynperio rromano
mas lo q*u*e a todo o*n*bre vmano
es estran*n*o & metrifica
q*u*e san gregorio pedrica
las v*ir*tu*des* del trajano

¶tanto son ya praticadas
por plutarco sus fasan*n*as
sus obras clar*as* estran*n*as
son tanto ystoriadas
q*u*e serie*n* demasyadas
las q*u*e yo dezyr sabre
por lo q*u*all solas dire
dos cosas del muy notadas

¶las mayor*es* bendiçion*es*
q*u*e en aquel t*ien*po dauan
los pad*res* q*u*e mucho amava*n*
a los sus fijos varon*es*
era*n* dos en conclusion*es*
de dos prinçipes notabl*es*
egregios y venerables

ved aqui sus petiçiones

¶tanto seas venturoso
como agusto otauiano
tanto noble y virtuoso
seas como fue trajano
o loor muy soberano
o ynpropio a mortal onbre
o clarisimo rrenonbre
& mas divino que vmano

¶algunos con voluntad
no con seso especulando
& menos consyderando
su discreta vmanidad
por la virtud de vmildad
que en el tanto abundava
dixeron que ynjuriava
la ynperial majestad

¶el con gesto sosegado
manso begnino y onesto
grosero sinple modesto
ni punto escandalizado
dixo por yo ser tenprado
no crea vuestra amistad
sser lesa la magestad
ni el ynperio lazerado

¶mas cuan franco y amoroso
cuanto tratable & vrbano
tanto amigable y graçioso
cuan poco altivo y vfano
yo quisiera ygual y llano
para mi al enperador
tal quiero yo sser sennor
dulçe benigno y vmano

¶dezidme que mas mando
a nos la ley de escritura
que mas virtud enxirio
en nos la ley de natura
que lo que la criatura
para si mesmo querra
aquello a otro dara
esta es justiçia pura

[fol. 51r]

¶daqueste arbol yspano
naçio otra gentil planta
su sobrino adriano
de quien gran loor se canta
de amos fue padre ançiano
nerba el que adobto
por fijo & le suçedio
al virtuoso trajano

¶de theodosio

¶dexando el çesar trajano
salido de purgatorio
a preçes de san grigorio
dotor & papa rromano
bueluo a poner la mano
en vn su gran suçesor
espannol y enperador
& catolico christiano

¶por graçiano elegido
fue al fausto ynperial
de la purpura vestido
theodosio natural
despanna oriental
enperador promovido
tal que despues del no vido
el ynperio su ygual

¶fasta su tienpo no fue
algu[n]d prinçipe rromano
tan catolico en la ffe
ni verisimo christiano
testigo el pueblo pagano
pues sy fue muy esforçado
no lo puede aver negado
el ynperio persiano

¶fue discreto & justiçiero
en sus dones muy granado
tanto çiente y letrado
cuanto basta a cauallero
suçedio & fue eredero
a trajano por naçion
avn se dize quen façion
& virtudes conpannero

¶deste prinçipe onorable
vn dicho egregio se escrive
que fasta oy dura & biue
por memoria venerable
la guerra mes agradable
sy viene sin la llamar
mas sy duerme despertar
non es acto memorable

¶de sabios de espanna

¶proberbio vulgar despanna
es que diz que la espada
del arte & de la manna
quiere ser aconpanada
pues si va la lança errada
sin la yndustria & arte
conviene que en esta parte
la çiençia sea notada

¶de filosofos & actores
vno fue seneca yspano
no desdennan a lucano
poetas & ystoriadores
es entre los oradores
ynsine quintiliano
espanna nunca da flores
mas fruto vtil & sano

[fol. 51v]

¶vaya virgilio cantando
su arma virumque cano
proçeso ynvtil & vano
a eneas magnificando
al çesar deyficando
con singular elegançia
la poca & pobre sustançia
con verbosidad orrnando

¶ovidio poetisando
el caso de filomena
& como enganno a almena
jupiter se trasformando
vaya sus trufas contando
orrnando materias viles
con ynvençiones sotiles
su alto estilo elevando

¶aquestas obras baldias
paresçen al que sonnando
falla oro & despertando
siente sus manos vazias
asaz enplea sus dias
en ofiçio ynfrutoso
quien solo en fablar fermoso
muestra sus filosofias

¶de los ylustres varones
san geronimo tratando
no lo veo çiçerones
ni ovidios memorando
antes se quexa que cuando
fue puesto antel tribunal
del juez çelestial
dixo su culpa llorando

¶mas acuerdome que leo
en el tratado presente
seneca luzio agneo
de vida muy continente
entre la muy santa gente
dixo el no lo pusiera
si las letras no leyera
del a pablo estando absente

¶fuerça de teodossio
vn sabio & claro avtor

fue su nonbre pablo orosio
diçiplo del gran dotor
glorioso & sabidor
sant agostin africano
que con santa & sabia mano
fue de la ley defensor

¶cuando la obra eçelente
san agostin començo
muy &legante y çiente
que çibdad de dios llamo
que orosio se ynformo
de muchas cosas pasadas
las qualles muy bien ditadas
en vn volumen le dio

¶del menor theodosio

¶theodosio el menor
digo menor por edad
que por virtud y bondad
yguall de quallquier mayor
fue terçero enperador
de theodosio el primero
& su nieto y eredero
en el ynperio y onor

[fol. 52r]

¶el que de la fama y gloria
deste noble enperador
desea ser sabidor
yo lo rremito a la estoria
tripartirta que notoria
es a los estudiosos
ally sus actos famosos
fallara & clara memoria

¶como fuese rrequerido
este noble enperador
que matase vn mal fechor
dixo con triste gemido
o cuanto me avrie plazido
diez muertos rrecuçitar
antes que vn biuo matar
avnque lo aya meresçido

¶la justiçia exerçitar
es vn acto virtuoso
pero con gesto lloroso
syn se en ello deleytar
la fforma suele dannar
la materia y por esto
condenar con ledo gesto
por crueza es de contar

¶la crueldad apartada
de la senpblança rreal

en su sylla ynperial
estable y perpetuada
la *v*irtud mas apropiada
a la rreal p*r*esyden*ç*ia
es la benina clemen*ç*ia
discreta y bie*n* ordenada

¶yo seria muy culpado
sy a rroma le negase
q*u*en estremo no abu*n*dase
de nobl*es* su p*r*in*ç*ipado
p*er*o sera el su senado
yngrato a tantos ono*r*es
si me niega los mijo*r*es
despan*n*a ave*r*los tomado

¶si dize de fortaleza
de sabieza y ardimi*ent*o
darme pares yo co*n*sie*n*to
mas de la vera nobleza
piedad v*er*dad franqu*ez*a
tenpran*ç*a & vmanidad
no de *ç*esar en v*er*dad
ni de otaviano se rreza

del rrey alaryco

¶a mi conviene yr salta*n*do
no junto ni su*ç*esive
pu*es* por orden no sescrive
dias ni a*n*nos contando
mas como ave bola*n*do
de teodosio partiendo
veo a rroma estar gimie*n*do
an*te* alarico y llorando

¶porq*ue* deste fue ven*ç*ida
la q*u*e al mundo sojuzgo
a este fue sometida
la q*u*e a todos conq*ui*sto
el q*u*e ven*ç*e a q*ui*en ven*ç*io
a todos si yo bien sie*n*to
es logical argume*n*to
q*u*e de todos trivnfo

[fol. 52v]

¶los godos ya ven*ç*edo*r*es
& la *ç*ibdad asi entrada
vn godo de los mayo*r*es
fallo vna *v*irgen sagrada
a q*ui*en era encomendada
la guarda du*n* rrelycario
de la ygl*es*ia y sagrario
a sant pedro ediffi*c*ada

¶aviendo en rreueren*ç*ia
su hedad y rreligion

con onessta pety*ç*ion
obmisa la vyolen*ç*ia
rrogole q*u*en su presen*ç*ia
fuese las joyas mostrando
la *v*irg*en* triste llorando
le dixo en mi con*ç*ien*ç*ia

¶este sagrario pre*ç*ioso
a mi es encomendado
de tales vasos orrnado
del apostol gloriosso
osa tu q*u*e yo no*n* osso
dartelos mas tu los toma
mas mira q*u*e mas q*u*e rroma
es el te*n*plo virtuosso

¶turbado de tal rrepuesta
el godo p*er*o avyssado
temie*n*do aver errado
fizo al rrey dello rrequ*es*ta
el cual co*n* man*er*a onesta
deuoto y venerable
esta palabra notable
rrespo*n*dio fasta oy rresta

¶a los rromanos conq*ui*sto
yo y fago dan*n*os ta*n*tos
no vo contra ih*es*u chr*ist*o
ni sus apostoles santos
luego co*n* ygnos y ca*n*tos
fue la *v*irgen co*n*solada
co*n* sus joyas y librada
de los sus lloros y pla*n*tos

¶es la vera ffortaleza
syn crueza y sin cobdi*ç*ia
co*n* te*n*pran*ç*a y sin mali*ç*ia
co*n* vrbana gentyleza
pocos rreyes tal nobleza
faz*en* oy ni tal fazan*n*a
como este rrey despan*n*a
gotyco q*u*e aq*ui* sse rreza

de *t*rogo ponpeo ystoriog*r*afo

¶de espan*n*a natural
fijo de trogo po*n*peo
q*u*e escriuio segu*n*d leo
la ystoria oriental
avnq*u*e gran estorial
yo le rrepre*n*do y acuso
porq*u*e en sus obras pospuso
la su parte o*ç*idental

¶no poco fue*r*o*n* tachados
desto los sabios despan*n*a
y avn no con poca san*n*a
yo los tengo condenados

por quanto en sus tratados
apenas ay tal q*ue* fable
desta pro*u*inçia notable
ni de sus actos loados

[fol. 53r]

¶al p*ro*posito tornando
vengo a la gotica ge*n*te
tanto clara y eçelente
q*ue* çesar los fue duda*n*do
el rrey pirro rreçelando
& alixandre temiendo
di*v*ersas gen*te*s vençie*n*do
& provinçias sojuzga*n*do

¶deste eçesivo loor
de gen*te* tan onorable
yo traygo en mi fauor
vn dotor *s*anto y notable
aq*ue*l p*ad*re venerable
cuyas palabras dudar
no solo seria errar
mas pecar porq*ue* asi fable

¶san ysidro rrelatando
el orige*n* de los godos
por di*u*ersas vias modos
al muy noble rrey çisna*n*do
de sus loor*e*s tratando
fizo tan largo p*ro*çeso
q*ue* lo menos aq*ui* espreso
por lo yr abreuia*n*do

¶de la estirpe de los q*u*al*e*s
& clara generaçion
rreynaro*n* tantos & tal*e*s
rrey*e*s en esta naçion
q*ue* serie la narraçion
prolixa & tediosa
& de gen*te* maliçiosa
notada de p*re*sunçio*n*

¶pero negar y encobrir
las *v*irtudes de los buenos
tanto es o poco menos
como dellos mal dezir
pues quie*n* se podra sofrir
de loar al q*ue* loaron
los santos & no dudaro*n*
sus loor*e*s escreuir

¶digolo por aq*ue*l rrey
cristianisimo & clemente
grand zelador de la ley
& amador de su ge*n*te
perseg[u]idor muy ardie*n*te
fue del herror arriano

el conçilio toledano
da testimonio pate*n*te

¶tanto discreto y benino
ta*n*to franco y amoroso
q*ue* mereçedor & digno
fue del no*n*bre glorioso
ques mas duze y mas g*r*açioso
q*ue* no rrey ni enperador
este es p*ad*r*e* amador
del pueblo & muy piadoso

¶aq*ue*ste p*r*inçipe fue
rrecaredo yspano y godo
en q*u*ie*n* cabe aq*ue*sto todo
& mas q*ue* dezir sabre
no sea a mi dada fe
mas aq*ue*l santo dotor
ysidro q*ue* rrelator
es de quanto aq*ui* dire

[fol. 53v]

¶aq*ue*ste nos ha dexado
aquel dezir muy notable
egregio y venerable
& de todos muy notado
quel rreyno le fuera dado
no p*ar*a del se syruir
mas p*ar*a lo bie*n* rregir
& tener bie*n* ordenado

¶o dezyr noble y loado
digno de eterna memoria
tanto mas en toda estoria
deuia ser memorado
cuanto menos praticado
es de los ch*ri*st*ia*nos rreyes
q*ue* mas q*ue* a los de otras leyes
la *v*irtud los ha obligado

del rrey sisebuto godo

¶sysebuto suçedio
& fue el p*r*inçipe quarto
deste rrey de q*u*ien me parto
el quall segu[n]d rrelato
san ysidro & lo dito
de *v*irtudes cardinal*e*s
& de las teologales
n*ue*st*r*o sen*n*or lo doto

¶las armas con la çiençia
q*ue* en pocos suele morar
gran esfuerço con cleme*n*çia
q*ue* son graves de juntar
bue*n* seso & bie*n* rrazonar
*v*irtud*e*s syn vanagloria

ved si de clara memoria
tal prinçipe es de llamar

¶a la vi*r*ge*n* venerable
leocadia gloriosa
edefico vna pre*ç*iosa
egl*e*sia muy onorable
so aq*ue*ste rrey notable
los sus godos trivnfaro*n*
en la mar q*ue* nunca vsaro*n*
ni viero*n* ancla ni cable

¶sysebuto ya pasado
daq*ue*sta vida presente
creese piadosame*n*te
q*ue*s a gloria trasladado
al fausto del pr*i*nçipado
çintila le suçedio
que no menos le syguio
en vi*r*tudes q*ue* en estado

¶rrecaredo enge*n*drado
fue del rrey sisebuto
en las vi*r*tud*e*s inbuto
ynstruto & informado
sy yo no soy engan*n*ado
cuando costu*n*bre y natura
guia*n* a la criatura
no yra camino errado

¶piadoso & vmano
justo sabio sin cobdiçia
tanto claro en la miliçia
cuanto lo fue rrey ch*rist*iano
el lanço el poder rromano
de n*uestr*os terminos todos
lo q*ua*ll nu*n*ca a los godos
fasta alli basto la mano

[fol. 54r]

¶si el loor ve*r*dadero
en *e*l cabo & fin se ca*n*ta
si no ay santo ni sa*n*ta
fasta el dia postrim*e*ro
este rrey noble y guerrero
q*ue* de sugeçion rromana
saco la naçio*n* yspana
digno es de loor entero

¶so el justo pr*i*nçipado
deste muy notable rrey
aq*ue*l pastor de la grey
ch*rist*iano & sa*n*to perlado
ysidro tanto letrado
tan eçelen*te* dotor
q*ue* ninguno fue mayor
a la gloria fue levado

de rreçisu*n*do rrey

¶el muy noble rreçisu*n*do
q*ue* fue de çintila sesto
discreto franco modesto
bueno a dios & bueno al mu*n*do
tanto q*ui*eto & jocundo
tovo el rreyno y lo rrig[i]o
q*ue* muy poco le passo
banba q*ue* ffue d*e*l ssegu*n*do

¶ninguno contra la ley
en su ti*en*po sse mouio
ninguno rrebelde al rrey
en su ti*en*po se ffallo
porq*ue* assi aborresçio
todo error de la ffe
tanto justiçiero ffue
q*ue* a todos los espa*n*to

¶de la virtud del rrey pende
la paz & tranq*ui*lidad
bue*n* rrey sostiene y defie*n*de
la ffe en su yntreguedad
de concordia & ygualdad
es el pr*i*nçipe actor
biue so el bue*n* rregidor
le da la comunidad

¶ante este rrey vi*r*tuoso
fue visto y publicado
aq*ue*l muy maravilloso
digno de ser çelebrado
miraglo tan sen*n*alado
cuando leocadia muy sa*n*ta
pressen*te* la gen*te* tanta
se mostro al sa*n*to perlado

¶rrigio la igl*e*sia santa
de toledo & pr*i*maçia
el q*ue* de santa maria
el domina mea ca*n*ta
sant alifonso q*ue*spanta
los contrarios de la ley
sso este notable rrey
de vi*r*tud & bondad ta*n*ta

¶cuanto de bue*n* rrey dotada
es la provinçia yspana
& de bue*n* perlado ornada
la gl*e*sia toledana
a mi ve*r* segura y llana
va la paz y la concordia
porq*ue* prinçipia &xordia
del la vi*r*tud y emana

del rrey banba

[fol. 54v]

¶rreçisundo ya partido
daquesta vida mortal
en concordia fue elegido
al trono & silla rreal
banba que no vuo ygual
en los que le suçedieron
de los que le preçedieron
baste al mejor ser tal

¶suele el rrey que es elegido
a vezes por tirania
rreynar o por symonia
mas este fue costrenido
apremiado & vençido
diziendole rreynaras
o a mi espada moriras
vn godo muy atrevido

¶por amenazas con acto
açebto la eleçion
con tal convençion & pacto
que la sagrada vnçion
con muy omill devoçion
rriçibiese del primado
en toledo que es el grado
& trono desta naçion

¶a la ora que fue vngido
dos ssennales proçedieron
que todas las gentes vieron
que alli avien concurrido
la vna que fue salido
de la vnçion vn vapor
que con muy suave olor
a los çielos fue subido

¶la segunda que salio
de su cabeça bolando
vn abeja & fuese alçando
tanto que no paresçio
el que bien especulo
conosçio en estas sennales
las virtudes trivnfales
en que este rrey subio

¶conosçio segundamente
que como en la primavera
el abeja ffaze çera
& miel asi de su gente
serie este rrey clemente
dulçura & dilecçion
& clara yluminaçion
en esta vida presente

¶quien duda que la salud
de la patria sale y mana

del rrey & de su virtud
como de biua fontana
cuando la cabeça es sana
todo el cuerpo convaleçe
con el contrario adoleçe
esta rregla es la clara y llana

¶no solo caualleroso
ni solo franco y clemente
mas letrado y muy çiente
fue este rrey glorioso
& como vn canpo abundoso
fertil de diversas plantas
asi de virtudes tantas
fue orrnado & copioso

[fol. 55r]

¶la rrebelion pavlina
ynorme y abominable
con aspera diçiplina
la punio este rrey notable
& con trivnfo loable
torno vençedor a espanna
que de tan clara fazanna
sienpre convien que se fable

¶eçedio a la puniçion
de los que le dessiruieron
la gran rremuneraçion
de los que leales fueron
los rreyes que esto fizieron
tenpradamente penar
& mucho galadornar
como el ssol rresplandeçieron

¶querer yo aqui espremir
sus virtudes por ysstenso
seria trabajo ynmenso
& grave de concluyr
mas tanto puedo dezir
que de los notables godos
el postrimero de todos
y mejor puedo escreuir

¶con coraçon muy turbado
& la mano me tenblando
me conviene yr ditando
el caso muy deastrado
de que fue asaz difamado
el nuestro yspano ynperio
& no pequenno ynproperio
de los que lo an perpetrado

¶pero como rrelatar
los buenos fechos aplaze
a los nobles & los ffaze
a virtudes animar

assi mismo memorar
los fechos malos & viles
los coraçones gentiles
faze de yerros guardar

¶estando este rrey ffamoso
en tanta prosperydad
moviose con gran maldad
vn griego muy anbiçioso
de rreynar y escandaloso
que seruigio fue llamado
con beuer enponçonado
le dio vn suenno enojoso

¶pero desque en si tornado
conoçiendo el peligroso
ofiçio de aver rreynado
de su alma temeroso
abito de rreligioso
tomo & murio en planpliga
nuestro sennor le bendiga
& le de santo rreposo

¶porque aqueste rrey loado
ningun buen rrey suçedio
fasta el malaventurado
rrodrigo en quien feneçio
nuestra gloria & se acabo
asi como plogo a dios
que de tanjar fasta el rros
por pecados se perdio

[fol. 55v]

¶es materia lutuosa
la trayçion juliana
& la perdiçion ispana
estoria triste y llorosa
yndigna de metro y prossa
por ende asi como rrayo
me paso fasta pelayo
de memoria gloriosa

¶nuestro sennor que consuela
a los que estan en dolor
& quiere quel pecador
no muera mas que se duela
dexo biua esta candela
en tanta desolaçion
para yluminaçion
de la triste espanna & vela

¶de noble generaçion
de los godos deçendio
fafila que lo engendro
fue cantabrio por naçion
de la gran destruyçion
despanna fue rreseruado

por dios & predestinado
para su rreparaçion

¶sennor tu fieres y sanas
tu adoleçes y curas
tu das las claras mannanas
despues de noches escuras
tu en el gran fuego apuras
los metales muy preçiados
& purgas nuestros pecados
con tribulaçiones duras

¶por las culpas del tirano
vitiza [   ]
yndinado y enemigo
te sintio el rreyno yspano
pero tu piadosa mano
del todo no la rredraste
feriste mas no mataste
dexando a pelayo sano

¶tu sennor que eligiste
los mas flacos y menores
& con ellos los mayores
& mas fuertes confondiste
por pelayo quescogiste
con mill onbres desarmados
de tantos moros çercados
a espanna rresurgiste

¶desta pequenna çentella
gotica se ençendio
tanta lunbre que alunbro
a toda espan[n]a y de aquella
pequenuela y chica estrella
salio tanta rresplandor
porque gracias al sennor
los moros an gran querella

¶este otro macabeo
de la fe gran zelador
su confiança y deseo
toda fue en el sennor
bendito el enperador
ihesus que asi rrespondio
a su fe & fauoresçio
su devoto seruidor

[fol. 56r]

¶toda la gloria despanna
que de çebta alcançava
fasta nemes y avn pasava
por la justa de dios sanna
en vna cueva tamanna
que a mill onbres no basto
ally toda se ençerro
ved tribulaçion estranna

¶como ally fuese çercado
como el sennor lo libro
como despues que salyo
persiguio al pueblo maluado
como el monte trastornado
fue con los moros no digo
pues lo dize don rrodrigo
notable sabio & primado

¶asaz fue obra estranna
la queste rrey començo
que a los que toda espanna
con armas no rresistio
no solo se defendio
mas conquistar y vençer
bien se puede aqui entender
quel poder de dios lo obro

¶sy fuere bien conparada
esta obra eçelente
con la del tienpo presente
es vna gran bofetada
a nosotros pues granada
no digo que se defiende
despanna mas que la ofende
& la tiene trabajada

¶el rrey pelayo partido
desta vida atribulada
& su fijo asi perdido
en obra mal enpleada
la silla rreal pasada
fue en alfonso rrey terçero
de los alfonsos primero
gente bienaventurada

¶deçendio del onorable
rrecaredo santo rrey
por el zelo de la ley
& por virtudes loable
este prinçipe notable
de dios & del mundo amado
catolico fue llamado
vn rrenonbre venerable

¶vn rrey fue casto llamado
otro magno por valor
otro fue el enperador
otro fue sabio nonbrado
si la fe el mas alto grado
tiene segun nuestra ley
luego posee este rrey
el titulo mas preçiado

¶todos los rreyes despanna
que alfonsos fueron llamados
ved graçia de dios estranna

que todos fueron dotados
de virtudes & ornados
de syngulares onores
& de diversos loores
fasta el çielo sublimados

[fol. 56v]

¶No digo syngularmente
que en castilla y en leon
fue este nonbre eçelente
mas portogal y aragon
rreynos de aquesta naçion
cuantos alfonsos ovieron
por virtudes floresçieron
& floresçen los que oy son

¶sy del gran çesar llamados
çesares son los rromanos
por que los rreyes yspanos
no seran yntitulados
alfonsos & ayuntados
al numero glorioso
deste nonbre tan famoso
por diez rreyes ya pasados

¶salio esta noble planta
daquel arbol frutuosso
rrecaredo de quien canta
vn loor marauilloso
san ysidro gloriosso
a quien deve ser conplida
fe dada y atribuyda
tanto fue santo y famoso

¶la corona açebtada
ni vtil ni deleytable
mas por çierto onorable
en la vida exerçitada
en virtudes enpleada
no en deleytes ni en viçio
mas por dios y en su seruiçio
mucha sangre derramada

¶quien serie que presumiesse
deste rrey santo y notable
contar porque asy lo fable
sus loores ni escriuiesse
las sus obras sy no fuese
tyto libio o su senblante
que non fue despues ni ante
rrey que mas bienes fiziesse

¶quantas gentes rreuocadas
del catyuerio ssabydas
cuantas batallas vençidas
quantas çibdades ganadas
las yglesias profanadas

a la ffe rrestituydas
las escripturas perdidas
con diligençia falladas

¶ssu fin bienaventurada
y muerte ante dios preçiosa
de su vida gloryossa
es sennal çierta y prouada
quando su alma leuada
fue de la presente vida
la siguiente prossa oyda
en el ayre fue cantada

¶ved quel justo es leuado
de la faz de la maldad
cuya virtud y bondad
ninguno ha considerado
de entre nos es tyrado
y puesto en la santa gloria
do sera en paz su memoria
por tienpo perpetuado

[fol. 57r]

¶aqui deue sser notada
y rrelatada en estoria
por muy digna de memoria
esta rrazon sennalada
que sangre mas antiguada
de rreal generaçion
syn otra ynterposiçion
en espanna no es fallada

¶ocho çientos y çinquanta
annos de la encarnaçion
avemos por çierta cuenta
de rreyes desta naçion
en cuya generaçion
son sesenta menos dos
rreyes por graçia de dios
por contynua subçesion

rrey don alfonso casto

¶ffue cuarto en el prinçipado
y segundo en el nonbre
deste el qual por rrenonbre
fue el casto alfonso llamado
franco discreto esforçado
deuoto muy buen christiano
cuya fuerte y justa mano
grandes actos ha obrado

¶sy no mienten las estorias
sy no nos han engannado
nuestras antyguas memorias
deste rrey casto llamado
carlos magno muy loado

de muchas gentes [*temido]
en rronçasvalles [*vençido]
fue confuso y [*maltratado]

¶mereçio este rrey notable
por estas virtudes tales
de manos angelicales
aver la cruz venerable
elena ssanta loable
ffue por la cruz triunfal
mas la cruz angelical
non es menos memorable

¶bendezimos y loamos
al sennor con grandes cantos
por estos miraglos tantos
pero sy conssideramos
deste rrey de que tratamos
su justiçia y su clemençia
castidad & ynocençia
por que nos marauillamos

¶miren los rreyes y vean
este rrey como vn espejo
y auido buen conssejo
sy tal fama aver dessean
en tal forma se prouean
que de cobdiçia y crueza
de luxuria y su vileza
linpios y guardados sean

¶sserya trabajo ynmenso
los sus actos gloriosos
que por contar por ystensso
tantos y tan virtuossos
[*fueron e marauillosos
que en cinquenta e dos annos
que reyno fechos estrannos
se fallan del e famosos]

[fol. 57v]

¶vençio en lides canpales
muchas vezes a los moros
labro con los sus thesoros
tenplos y casas rreales
monesterios & ospitales
a la forma que en toledo
al tienpo de rrecaredo
fueron pero que no tales

¶por çierto quando el rrey
es magnifico y clemente
& segu[n]d dios y la ley
bive virtuosamente
gran prouecho es de la gente
si luengamente biuiere
es al contrario si ffuere

maliçioso & nigligente

¶bernaldo el muy famoso
gran zelador de la ley
milito so este rrey
eçelente y glorioso
tanto fue caualleroso
tanto noble y esforçado
que entre los rreyes contado
deve ser por virtuoso

del primero rrey rramiro

¶suçedio a este rrey santo
don rramiro el primero
de los tiranos espanto
[*contra los moros guerrero
tanto ardido cauallero
tanto esforzado e valiente
quanto la pagana gente
lo sentio en su danno entero]

¶vna tan gruesa batalla
este noble rrey vençio
de los moros que se falla
que setenta mill mato
porque al santo apostol vio
con vna espada desnuda
santiago & dios ayuda
esa vez se començo

¶fueron los moyos dotados
al apostol ese dia
que con gozo y alegria
le deuian ser pagados
mas por los nuestros pecados
qualles son nuestros seruiçios
asy son los benefiçios
de dios de nos alongados

¶avnque biuio pocos dias
fizo actos muy famosos
asi en cavellerias
como en fechos virtuosos
los prinçipes poderosos
pueden su vida alongar
si en poco tienpo obrar
quieren actos gloriosos

¶no se dize luenga vida
por muchos annos y edades
mas por la que de bondades
& virtudes es conplida
[*la] que quando es feneçida
[*su no]nbre y fama pereçe
[*es breue] y aquella creçe
[*que es de virt]udes guarnida

del rrey don alfonso terçero

¶don alfonso el terçero
que por actos de gran fama
el magno o grande se llama
fijo de ordonno el primero
este muy gran cauallero
fue tan bueno y tan notable
que conviene que se ffable
del en todo el mundo entero

¶pues que la espiritual
obra deue preçeder
escreuir y anteponer
a la vmana y tenporal
la yglesia catredal
edifico segund leo
al fijo del zebedeo
varon apostolical

¶aquel tenplo venerable
de facundo y primitiuo
porque lo ley lo escriuo
fundo este rrey notable
avn me conuiene que fable
de numançia desolada
en çamora rrestaurada
que fue obra asaz loable

¶quanto a la yglesia onrro
y quanto della fue onrrado
asaz nos lo han mostrado
las letras que le enbyo
y graçias que le otorgo
el muy ssanto papa juan
segund en el libro estan
que don rrodrigo escriuio

¶ssy las lydes quel vençio
yo quisiesse rrelatar
las tierras que conquisto
sy las quisiesse contar
no serie syn ocupar
las diligentes memorias
quanto mas quen las estorias
qualquier las podra fallar

¶este rrey tan gloriosso
en vida y caualleria
quando en su postremeria
le cunpliera aver rreposso
de su fijo escandalosso
y de su muger peruerssa
por fortuna triste aduersa
ovo fin muy enojosso

¶mas por que el mal varon
sus dias no demedio
poco el tal fijo biuio
nin logro la suçesyon
alegre satisffaçion
es por çierto a mi deseo
quando en los tales veo
ser fecha gran puniçion

¶puesto en tal persecuçion
del mal fijo perseguido
este rrey fue costrennido
a fazer rrenunçiaçion
del rreyno con condiçion
que vna hueste le diesse
con que vna vez corriesse
a la morisca naçion

[fol. 58v]

¶o deseo virtuosso
o acto muy aspectable
o pacto noble y loable
no de oro desseosso
a su fijo maliçiosso
no demando que le diese
synon con que bien pudiese
seruir a dios glorioso

del conde fernan gonzalez

¶dexando a los leoneses
gallegos y esturianos
pasome a los castellanos
vizcaynos y alauesses
que como altos cipresses
del libano asy creçieron
muchos dellos floreçieron
con virtuosos arrneses

¶aflitos y molesstados
de los rreyes de leon
y de ser en sujebçion
tan largamente enojados
como toros mal domados
sacudieron de sy el yugo
tanto libertad les plugo
que vnidos y concordados

¶no de los mas poderosos
ni mas altos eligieron
mas de los mas virtuosos
dos prinçipes escogieron
los quales cosstituyeron
por consules ssoberanos
asi como los rromanos
contra tarquino fizieron

¶del vno destos prefectos
consules o dictadores
al tal prinçipado electos
de la patria defensores
asy como entre las flores
la rrosa nunca sesconde
don fernan gonçalez conde
floreçio entre los mejores

¶este liberto a casstilla
de la cruel seruidunbre
que es amarga costunbre
y lo ques a marauilla
que con pequenna quadrilla
pero con pessada mano
del muy gran pueblo pagano
trihunfo en alta ssilla

¶a nauarros y a moros
en muchas lydes vençio
y de sus grandes tessoros
a castilla enrriqueçio
conquisto y rreparo
tantas villas y çibdades
porquen todas las edades
su nonbre rressplandeçio

¶paso asy por aduersas
como prosperas fortunas
porque sienpre no son vnas
en el mundo ni vniuersas
fue presso vezes diuersas
en nauarra y en leon
por armas por çierto non
mas por maliçias peruersas

[fol. 59r]

¶yo he por mas venturoso
al que perdiendo y ganando
y no sienpre prosperando
pasa tienpo trabajosso
ca el ques vitoriosso
syn aver ningund rreues
el su nonbre bueno es
y mas propio venturoso

¶saber de bien y de mal
es comer miel y manteca
a vezes quien mucho peca
es mas bruto que animal
a mi mas plaze anibal
cayendo y leuantando
que alixandre triunfando
de la parte oriental

¶boluiendo a la quistion
deste conde castellano

gran sennor de su naçion
gloria del pueblo christiano
enemigo del pagano
lleno de fe y esperança
sepultado esta en arrlança
mas por fama biuo y sano

¶dexo ffijo a don garçia
esforçado cauallero
fue su dia postrimero
acto de caualleria
o noble postremeria
el que es pastor de grey
por su patria y por su ley
morir con buena ossadia

¶morir el buen rreligioso
en ayunos y çilyçio
el varon cauallerosso
morir faziendo seruiçio
a dios ques su propio ofiçio
en defension de la ley
por su patria y por su rrey
es vn justo sacrifiçio

¶del conde don sancho

¶don sancho le ssuçedio
prinçipe gregio y notable
el terçero muy loable
que a castilla gouerrno
virtudes exerçito
memorables y eçelentes
enpero los perminentes
son dos que nonbrare yo

¶bengo esforçadamente
a su padre en esse anno
a gran desonor y danno
de la agarena gente
con coraçon eççelente
magnifico y liberal
fizo vna obra cual
diral proçesso ssiguiente

¶fasta su tienpo los nobles
castellanos padeçian
males terribles y dobles
porquen las guerras seruian
syn sueldo y contribuyan
en pechos & ynpusiciones
tanto las tribulaçiones
de guerras los costrennian

[fol. 59v]

¶este conde muy notable
fauor de sangre gentyl

daqueste ofiçio sseruil
a los nobles ynportable
tanto les fue fauorable
que mando que no pechasen
ni syn sueldo milytasen
ved obra tan agradable

¶sy contiene en sy verdad
vna palabra antyguada
que no es la libertad
por ningund preçio conprada
ved sy deue ser loada
tal obra de los gentyles
que de rrusticos y vyles
los fizo gentesmerada

¶en onna hediffico
aquel tenplo suntuosso
do el ofiçio gloriosso
fasta oy se çelebro
es verdad que lo fundo
emendando algun pecado
pero de viçios guardado
vno solo sse fallo

don ynnigo arysta

¶por quen toda espanna fable
nuestro proçeso y la corra
de las partes de bigorra
salyo vn varon notable
de memoria rrecordable
llamado ynnigo arissta
cuya virtud y conquissta
por sienpre sera loable

¶de las obras el rrenonbre
tomo este cauallero
porque fue aspero onbre
duro y fuerte guerrero
arysta y syn dubda vero
le fue este tal vocablo
a este de quien yo fablo
y tanto loo y esmero

¶este don ynnigo arysta
nuevo prinçipe nauarro
de quien yo rrelato y narro
de quien todo coronissta
deue con alegre vyssta
loar sus actos y artes
por quanto en aquellas partes
primero fizo conquissta

¶no pequenna fama cobra
el bueno en su prinçipiar
la meytad va de la obra
en el buen comienço dar

daq*ui* pie*n*so yo fundar
ser muy digno de loor
arysta q*ue* fue ynuentor
de nauarra conqu*i*sstar

¶ot*r*os rreyes le siguieron
a este noble varon
de la su generaçion
q*ue* gra*n*des fechos fizier*on*
y conqu*i*sta*n*do creçieron
a nauarra y su comarca
vno fue do*n* sancho auarca
de los q*ue* mas floreçieron

[fol. 60r]

¶como este rrey supiese
q*ue* planpona era çercada
de moros muy aq*ue*xada
temie*n*do q*ue* se perdiesse
no*n* se curo avnq*ue* viesse
la t*i*e*r*ra toda neuada
y de yelos esmaltada
tanto q*ue* la ssocorriese

¶de cueros duros y crudos
ma*n*dando fazer auarcas
traspaso grand*es* coma*r*cas
co*n* los monta*nn*eses rrudos
gasco*n*gados medio mudos
p*er*o ardides y ffuertes
fazie*n*do terribles mue*r*tes
en armados y desnudos

¶los p*r*inçipes delycados
y blandos y deliçiossos
y de vngue*n*tos olorossos
vngidos y rroçiados
y de rrosas coronados
y de purpura vestidos
no de v*i*rtudes g*u*arnidos
ni de bondades orrnados

¶miren al rrey monta*nn*es
de cueros crudos calçado
y de frio espeluznado
syn polydo y saldo arrnes
llenos de nieue los pies
p*er*o deçerco a panplona
por q*ue* dino es de corona
de laurel y de çipres

¶aq*ue*l ynfeliz y vil
rrod*r*igo ynfortunado
en vn lecho de marfil
y de perrlas coronado
perdio todo el p*r*inçipado
despa*nn*a y sancho aba*r*ca

q*ue* por çendrado se ma*r*ca
t*r*ihu*n*fo mal arropado

don *s*ancho el mayor

¶don sancho q*ue* fue llamado
por sus actos el mayor
p*r*inçipe de gran valor
justo noble y esforçado
q*ue* cantabria y su ducado
gano por su ardimie*n*to
y ovo por cassamiento
a castilla y ssu condado

¶de nauarra ssuçedier*on*
a castilla los q*ue* oy son
nobles rreyes & aragon
desta lyn*n*a deçendiero*n*
los castellanos oviero*n*
a su fijo don ferna*n*do
el q*ue* aragon rreynando
don rramiro le dixer*on*

¶gra*n*d rrazon es q*ue* se lea
y rrelate por faza*nn*a
q*ue* sy en los rreynos despa*nn*a
el menor nauarra sea
esle gran glo*r*ya q*ue* vea
qu*i*en de su generaçion
a castilla & aragon
los ynpere y los possea

[fol. 60v]

¶y tu bellen de juda
en los p*r*inçipes menor
p*er*o de ty el rregidor
de toda y[s]rrael saldra
con rrazo*n* se gozara
nauarra y avralegria
pu*e*s aq*ue*ssta proffeçia
a ella sse adotara

del rrey do*n* fe*r*na*n*do el magno

¶don ferna*n*do el muy loado
q*ue* por ssu manifiçençia
v*i*rtud y mucha çiençia
el rrey magno fue llamado
deste no*n*bre y del rreynado
de castilla fuel p*r*imero
de leo*n* ffue heredero
y fue todo en el juntado

¶aq*ue*ste rrey don ferna*n*do
gano mucho en portogal
y dexo por mayoral
de la t*i*erra a don çisnando
y boluiosse guerreando

a las partes de castilla
asy que fasta seuilla
llego vençiendo y matando

¶dos rreyes sus comarcanos
de nauarra y de leon
del y de sus casstellanos
fueron en vna ssazon
vençidos y por que non
fue bienfecho entre christianos
mucho menos entre ermanos
fago ffin a la quisstion

¶serya largo proçesso
rrelatar las sus vitorias
y conquistas y por esso
lo rremito a las estorias
pero que de las sus glorias
y catolicas deuoçiones
algunas ynformaçiones
rrelatare a las memorias

¶el cuerpo santo y preçiosso
del muy ssanto conffessor
ysydoro rressplandor
despannna muy gloriosso
este rrey muy desseosso
de nobleçer a casstilla
costrinnio al rrey de sseuilla
avnque brauo y orgulloso

¶a le dar parias y dones
sennorio conoçiendo
entre otras condiçiones
el santo cuerpo pidiendo
mas llorando que rriyendo
el rrey barbaro y moro
dio el preçiosso tessoro
al buen rrey obedeçiendo

¶el noble rrey muy gozosso
dando graçias al sennor
con aquel que gloriosso
es despanna rresplandor
truxola con grande onor
a leon do oy quiessçe
y corrusca y rresplandeçe
de miraglos obrador

[fol. 61r]

¶los sus triunfos dexando
en las armas desste rrey
mas quanto ffue de la ley
deuoto a esto tornando
las yglesias fabricando
dotando y enrriqueçiendo
a los pobres proueyendo

la justiçia administrando

¶aquel dia ya llegado
ques comun a los mortales
vestido en pannos rreales
y de perrlas coronado
en el ssanto tenplo entrado
con ssingular deuoçion
fizo a dios esta oraçion
ante la cruz ynclinado

¶sennor tuya es la potençia
tu eres rrey ssoberano
es en la tu obediençia
todo lo alto y lo llano
el rreyno que de tu mano
sennor mio rreçeby
yo lo rrestituyo a ty
como tu fiel christiano

¶solamente ssuplicar
te vengo con dulçe canto
que te plega a mi librar
el dia del grandespanto
cubriendome de tu manto
tu me quieras anparar
y en la paz colocar
en el tu conuento santo

¶fecha essta petyçion
de los sus ojos llorando
y las ynsinias dexando
del rreyno y la vnçion
rreçebida y confesion
segund la ley de christianos
dio el anima en las manos
del ssennor con deuoçion

¶porque jamas ffue alguno
syn error y ssyn pecado
y solo el sennor fue vno
de crimines eçebtado
este rrey mal consejado
fizo la ssu partiçion
del rreyno en deuision
que dios ovo en el juntado

del rrey don alfonso
que gano a toledo

¶suçedio al rrey fernando
don alfonso el muy loado
que a toledo conquistando
fue della yntytulado
el setenno fue llamado
los alfonsos numerando
otros le llaman chufando
de la mano horadado

¶su prinçipio fue turbado
syn sosegar en partido
ffue vençedor y vençido
fue presso y deliberado
fue monge y seglar tornado
a su ermano temiendo
fue desterrado ffuyendo
del destierro rreuocado

[fol. 61v]

¶don sancho como a dios plugo
partido de aquesta vyda
el tornando pressto lugo
la prouinçia rremouida
fue en el la qual partyda
avie sydo por seys annos
padeçiendo grandes dannos
la tierra toda estroyda

¶los terminos limitados
que fasta ally no pasauan
del duero tanto estauan
los christianos coartados
estrechos & arrinconados
este rrey los alargo
fasta tanto que conquisto
tierra de çinco obispados

¶este rrey de gran valor
leo tres vezes vençido
en batalla y no he leydo
mas de vna vençedor
leole conquisstador
de conquistas y çibdades
lo qual quiero que ssepades
ques a mi gran estupor

¶porque segund me pareçe
ser vençido y ganar
y fuyendo conquisstar
esto non se conpadeçe
con lo que otro pereçe
este rrey va floreçiendo
aqueste creçe perdiendo
otro perdiendo descreçe

¶sy no fuel rrey don fernando
que gano el andaluzia
quien tanto fue conquistando
no lo ay fasta este dia
su trabajo y su porffia
fue grande segund entiendo
en las batallas perdiendo
y ganando todavya

¶rrey fue de gran discreçion
esforçado y animosso

liberal justo y graçioso
y de noble condiçion
de tanta aministraçion
de tal yndustria y arte
quel fue por la mayor parte
onor de nuestra naçion

¶desque poco mas o menos
rrigio el rreyno quarentannos
aviendo terribles dannos
fecho a los agarenos
vsando de actos buenos
en sus postrimeros dias
no ya de caualleryas
ni de virtudes agenos

¶murio al otauo dya
del gloriosso bautista
en la çibdat que conquista
fue por su grand osadia
donde la virgen maria
dio el alual pontifical
do es el çebtro rreal
despanna y la primaçia

[fol. 62r]

¶fue vn dia doloroso
para la su triste espanna
dia de yra y de ssanna
dia escuro y nubloso
vn signo marauilloso
fue en leon este dia
asaz propia profeçia
de acto muy lutuoso

¶delantel bendito altar
de piedras fuertes y duras
no digo de las junturas
vieron el agua manar
que quiso sygnifficar
esto syno que en castilla
deuia con gran manzylla
la tal perdida llorar

del çid canpeador

¶sso estos rreyes çercanos
padre y fijo ffloreçio
el noble çid que vençio
tantas lydes de paganos
con algunas de christianos
que de laurel coronado
pudiera aver trihunfado
en tienpo de los rromanos

¶asaz con poca potençia
y andando dessterrado

gano con su prinçipado
la gran çibdad de valençia
porque yo non di lyçençia
a mi mano no escriuio
los rreyes que ally vençio
que se me fizo conçençia

¶sy la estoria no miente
de gil diaz su escriuano
el gran soldan persiano
prinçipe y sennor de oriente
lenbio vn su pariente
con tantas joyas y tales
que rroma en ssus annales
rregistrara tal pressente

¶este varon tan notable
en rrio de ovierrna naçio
y en valençia ffeneçio
ovo fin tan comendable
tanto clara y aspectable
que lleno de dias y gloria
paso desta transytoria
vida a la perdurable

¶dexando bien colocadas
sus fijas amas y doss
que por la graçia de dios
fueron rreynas coronadas
con los ynfantes casadas
de nauarra y aragon
fueron las deste varon
fortunas muy prosperadas

de los rreyes de aragon

¶la orden de las esstorias
me manda fazer minçion
de los rreyes de aragon
de clarisimas memorias
que por diuersas vitorias
muchas vezes trihunfaron
de moros y rreportaron
muy grandes famas y glorias

[fol. 62v]

¶alfonso que rrey terçero
fue del rreyno daragon
muy maniffico varon
y por rrenonbre guerrero
por su muger eredero
de castilla y de leon
me dize que gran mençion
faga del y asy lo quiero

¶el rrey bien afortunado
que ygual de enperador

lo llama el ysstoriador
don alfonso fue llamado
de toledo yntitulado
por quel conquisto a ella
que de los godos fuestrella
y trono muy sublimado

¶sabiendo la vyrtuossa
vida queste rrey ffazia
vna fija mas fermosa
que onesta que el avya
creyendo quel defendria
lo quel ovo conquistado
diogela con el rreynado
despanna quel posseya

¶aqueste rrey daragon
por erençia y naçimiento
y despues por casamiento
de castilla y de leon
alfonso en la condiçion
vso de tal exerçiçio
que faziendo a dios seruiçio
fue honor de su naçion

¶a castilla gouerrno
con discreçion y sabieza
con esfuerço y ardideza
la conseruo y defendio
sy despues rrepudio
la su lyuiana muger
fue por ella mereçer
como despues pareçio

¶confirma mi opinnon
esta rreyna mal conpuesta
que todo el bien del varon
es muger sabia y onesta
sy me dizen do la essta
digo que fueron y sson
muchas y a esta quisstion
yo tengo la cuenta presta

¶syguiendo lo proçesado
que tengo entre las manos
el rrey con los castellanos
por ella dessacordado
vino el fecho a tal estado
que dos batallas ovieron
las quales cual fin fizieron
cuentolo mal de mi grado

¶mas sy amigo es platon
la verdad es mas amiga
a mi conviene que diga
verdad syn otra ficçion
en sepulueda y leon

segund lo cuenta la estoria
de doble y clara vitoria
triunfo el rrey daragon

[fol. 63r]

¶y porquen la buenandança
tanto es mas neçessaria
como en fortuna contraria
la virtud de la tenprança
ca quien gran vitoria alcança
sienpre queda orgullosso
este rrey victoriosso
no touo ygual la balança

¶o menguado de tessoros
o conplido de cobdiçia
apenas vsaran moros
de tan cruel avariçia
el y toda ssu milyçia
los monesterios rrobaron
y los tenplos violaron
oyd estranna maliçia

¶este rrey asy obrando
no leo como yo leo
en gerusalen ponpeo
el su tenplo violando
el que vençio triunfando
fastally fue gloriosso
fuydizo y medroso
sienpre fue despues llorando

¶aquel tragador de oro
craso prinçipe rromano
que en este mesmo coro
y tenplo puso la mano
leuando todo el tessoro
de los partos fue vençido
y tragado oro rretydo
feneçio su vida en lloro

¶este rrey asy ossado
segund rrelata la estoria
torrnandose con gran gloria
fallo su rreyno ocupado
por los moros y esforçado
ovo con ellos batalla
de la qual nunca se falla
sy murio o sy fue librado

¶rreyes por tales enxenplos
por dios bien vos avisad
defended los santos tenplos
y sus ministros onrrad
sy ellos su onesstidad
no guardan ni rreligion
su castigo y correbçion

al papa lo encomendad

del enperador don alfonso

¶los bolliçios sosegados
y las guerras de castilla
las quales por marauilla
çesan por nuestros pecados
& a su rreyno torrnados
todos los aragoneses
castellanos leonesses
en cortes fueron juntados

¶ally fue delyberado
de comun opinnon
quel fijo de don rremon
que don alfonso es llamado
nieto del bien fortunado
don alfonso que gano
a toledo y la poblo
ssuçediese en el rreynado

[fol. 63v]

¶ssu madre que non fue dina
de tan buen fijo engendrar
que como dize el vulgar
naçio rrosa de la espina
pues non se supo ordenar
ni rregir como cunplia
vieron que menos deuia
a espanna gouerrnar

¶este rrey asy electo
como vero suçessor
tanto fue de gran valor
tanto claro y çircunspecto
tanto justo tanto rrecto
y digno de tanto onor
que nonbre denperador
le surtyo de tanto efecto

¶ovo en su tienpo espanna
caualleros muy notables
con cuya virtud estranna
el fizo actos loables
vtyles y comendables
conquistando muchas tierras
asy en llanos como en sierras
con loores perdurables

¶el fizo ssu feaudatario
en parte al rrey daragon
a castilla y a leon
fizo sieruo y tributario
al rrey moro su aduersario
y a el obedeçio
portogal y le siruio

avnq*ue* diga lo contrario

¶por esta causa llamado
fue despu*es* enperador
porq*ue* fue rrey y sen*n*or
en p*ar*te en cada rreynado
al fin mal consejado
dio leo*n* a don ferna*n*do
toda castilla dexando
a do*n* sancho el deseado

¶rreyes sed bie*n* auisados
en partyr y diuidir
es me*n*gua diminuyr
los rreynos y p*r*i*n*çipados
son peq*ue*n*n*os los estados
del chico y menudo ynp*er*io
por denuesto & ynproperio
rreyezillos son llamados

¶pued*en* poco conquistar
en breue son conq*u*istados
nu*n*ca pued*en* sojudgar
y sienp*re* so*n* sojuzgados
q*u*i*e*n fallo grandes venados
en pequen*n*o monte y bren*n*a
en agua baxa y pequen*n*a
no muere*n* gra*n*des pescados

¶don sancho suso no*n*brado
no mas du*n* an*n*o rreyno
por v*ir*tud asaz biuio
mas por dias mal logrado
fue plan*n*ido y llorado
co*n* lagrimas y solloço
porq*ue* flores de tal moço
a bue*n* fruto no ha*n* llegado

[fol. 64r]

¶por pecados de la gente
el noble rrey biue poco
el cruel tyrano y loco
biue prolongadame*n*te
no por culpa del rrigie*n*te
ni por defecto del rrey
mas por yerros de la grey
muerel pastor diligente

don *alfonso* el noble

¶dexo un fijo en la cuna
do*n* *alfonso* el muy notable
al q*u*al rrey fue la fortuna
muy ynçierta y variab*le*
aspera & yntolerable
a vezes triste y gimie*n*do
otras alegre y rriendo

aspera y muy agradable

¶en nin*n*ez fue p*er*seguido
del rrey de leo*n* ssu tyo
de su rreyno y sen*n*orio
la mayor p*ar*testruydo
despu*es* fue ta*n* bie*n* s*er*uido
de sus fidalgos leales
y de los sus naturales
por do cobro lo perdido

¶despues sy por los pecados
y culpa de los ch*r*isstianos
o porq*ue*staua*n* q*ue*xados
deste rrey los castellanos
lançolos dios en las manos
de los moros en alarcos
do fuero*n* rrios y charcos
llenos de cue*r*pos vmanos

¶nobles p*r*i*n*çipes y rreyes
ante de todas obrad
segu*n*d las diuinas leyes
a dios sseruid y amad
despues co*n* vmanidad
tratad v*ue*stros naturales
q*ue*n vos va fazer leales
este pu*n*to me mirad

¶esta obra lutuossa
treze an*n*os menos nada
tardo fasta ser vengada
en las nauas de tolosa
q*ue* co*n* la cruz gloriosa
y co*n* la v*ir*gen maria
ovo este rrey v*n* dia
vitoria muy fazan*n*osa

¶porq*ue* asy lo dictaro*n*
do*n* lucas y do*n* rrodrigo
los moros mue*r*tos yo digo
de dozie*n*tas mill pasaro*n*
ta*n* q*ue*brantados q*ue*daro*n*
destencue*n*tro los matines
q*ue* jamas n*ue*stros conffines
nu*n*ca co*n* armas tentaro*n*

¶conoçer el beneffiçio
es acto noble y polido
es abominable ofiçio
negar el bie*n* rreçebido
pues no pase por oluido
q*ue* nauarra y aragon
y sus nobles rreyes so*n*
gran causa del bie*n* avido

[fol. 64v]

¶de culpas y de pecados
este rrey arrepentido
de los trabajos pasados
y aviendo a dios ge[ ]
la gloria que rreçebido
ovo en la batalla santa
diose a vsar de virtud tanta
de que dios fue muy seruido

¶administrando justiçia
con zelo bueno y discreto
con coraçon claro y neto
de toda vil avariçia
aborreçiendo maliçia
como virtud y onestad
la franqueza y la verdad
fue su tesoro y diuiçia

¶el monesterio rreal
en burgos fizo fundar
çerca de vn ospital
muy notable edificar
los que suelen visitar
al fijo del zebedeo
daran fe segund yo creo
como lo mando dotar

¶otros doze monesterios
fizo este rrey ecçelente
donde salmos y salterios
se cantan deuotamente
poblolos daquella gente
tan alua como chrisstal
de que fue en claro val
sant ysidro presidente

¶a çinquanta annos conplidos
y tress de ssu naçimiento
aviendo en buen rregimiento
los pueblos constituydos
y los pobres mantenidos
dio su alma syn manzylla
a dios dexando a casstilla
con lagrimas y gemidos

¶de la rreyna donna berengela

¶deste sol rresplandeçiente
nos naçio la clara estrella
rreyna donna berenguela
en virtudes ffloreçiente
quien de la feminea gente
cuyda dar muchas yguales
ni despanna otras tres tales
saluante su honor miente

¶essta tomo de lucreçia
la forma de casstidad

glorificasse y preçia
en seguir la onestidad
de corrnelia y la bondad
en su naçion bien querer
tomo de la rreyna ester
de judit la claridad

¶el rreyno de su padre
del rrey noble heredo
la dulçe y benina madre
al fijo lo rrenunçio
y despues le procuro
con yndustria y discreçion
el rreynado de leon
quando ssu padre murio

[fol. 65r]

¶las donaçiones notables
al buen fijo enrriqueçieron
pero mas le noblecieron
las virtudes muy loables
benignas y amigables
en que lo ella ynfformo
diçiplino & ynstruyo
dignas de ser memorables

¶dexando en el paraysso
esta rreyna ecçelente
del qual segund me aviso
fue bien digna y mereçiente
bueluo con alegre frente
al santo rrey don fernando
que triunfa laureando
con la gloriosa gente

¶del rrey don ffernando

¶sy nuestro quintiliano
con toda su oratoria
sy tulio que fue la gloria
del alto estilo rromano
sy estaçio tolossano
que trato de los tebanos
ynfortunados hermanos
dudarien poner la mano

¶a rrelatar la esstoria
daqueste rrey gloriosso
que diran de mi sy osso
y cuydo fazer memoria
de la ecçelente gloria
de tanto rrey & sennor
queriendo ser rrelator
de su virtud y vitoria

¶el amor y afecçion
no tyenen modo tenprado

yo soy tan afiçionado
a la patria y naçion
que no temo rrepreension
pues de buena entençion viene
que fago como el que tyene
con buena ffe possesion

¶este bienaventurado
rrey de quien fago mençion
fijo del rrey de leon
don alfonso el muy loado
en aqueste se han juntado
los rreynos que por pecados
por dos vezes apartados
grandes dannos han causado

¶sy los rreynos se juntaron
en este rrey gloriosso
otro acto mas preçioso
fue quando se conligaron
en el y se concordaron
tantas virtudes y tales
el rresplandor de las quales
a toda espanna alunbraron

¶y porque el suçedio
a don alfonso el primero
fue legitimo eredero
del rrey casto que amo
casstidad y la guardo
ffue casto como el terçero
del sesto fue conpannero
porque tanto conquisto

[fol. 65v]

¶con el noble enperador
concurrio en la justiçia
en los actos de miliçia
fue vn vero ssuçessor
del muy noble vençedor
de las nauas de tolossa
y por virtud gloriossa
eredo su gran valor

¶sy todo rrey deste nonbre
alfonso rresplandeçio
que tal sera el gentilonbre
que a todos suçedio
en virtudes y obro
lo quellos todos obraron
ca ellos particularon
el en general vsso

¶la çibdat muy antiguada
grande y muy populosa
fertil y muy abondosa
que cordoua es llamada

sso este rrey esscalada
fue por los onbres seruiles
que son dichos adalyles
y a la santa ley torrnada

¶verdad es que fue atreuida
esta gente al escalar
y no se puede negar
ser obra muy escogida
pero perdieran la vida
y çesara la rrequessta
sy con venida tan presta
del rrey no fueracorrida

¶llegaron a benauente
al rrey estas grandes nueuas
no esperando mas proeuas
este prinçipe exçelente
partio luego yncontynente
con yntolerables ffrios
pasando montes y rrios
a gran peligro euidente

¶de pocos aconpannado
pero con grand confiança
abastado dessperança
avnque de gentes menguado
llego asaz trabajado
a la puente de alcolea
pues domingo munnoz crea
que su pleyto es acabado

¶benito de vannos quando
su fecho tan atreuido
vee assy ffauoreçido
del santo rrey don fernando
bata las manos cantando
y aluaro colodro syenta
que no ay de que sarrepienta
mas con que biua gozando

¶la çibdat fallo ganada
y ganada el axerquia
pero era todavya
de los moros porfiada
la conquista y avn dudada
mas el noble rrey llegando
las cabeças ynclynando
fue cordoua sojuzgada

¶salio fuera la espuriçia
de mahomad el maluado
entro con gozo y letyçia
la fe del cruçifficado
su tono muy desdonado
los almuedanos callaron
quando los prestes cantaron

tu eres dios alabado

[fol. 66r]

¶el pendon rreal pareçe
el misterio de la cruz
con marauillossa luz
rrefulge y rresplandeçe
obfuscando entenebreçe
el cor[a]çon suzio y vil
del profeta mugeryl
su nonbre sse escureçe

¶las gentes conpostelanas
den gracias al rredentor
que cobraron sus canpanas
rrobadas por almançor
el muy sabio ystoriador
arçobispo don rrodrigo
fasta el punto que aqui digo
fue muy vero rrelator

¶en nauarra fue naçido
y en castilla criado
en paris fue ynstruydo
en las çiençias ynformado
de toledo fue perlado
su muerte fue çerca el rros
enbiando el alma dios
esta en huerta sepultado

¶saluo los santos no touo
toledo mejor perlado
ni espanna jamas ovo
coronista mas loado
su estilo han rremedado
don lucas y frey juan gil
no tan dulçe ni ssotyl
avnque asaz bien han fablado

¶con vn buelo açelerado
y por venia suplicando
bueluo al rrey don fernando
santo y bienaventurado
ca sy del fuy apartado
a el cuydo aver seruido
por no poner en oluido
los que a el tanto han loado

¶non solo entre las muy buenas
çibdades es de contar
cordoua mas otra atenas
es bien digna de llamar
sy de seneca nonbrar
nos deleyta y de lucano
y de aben rruyz pagano
nos plaze su comentar

¶sy del sabio egibçiano
rrabi moysen quel more
escriuio contra el bore
se rrecuerda el rreyno yspano
bien vera que no en vano
otra atenas la llame
a cordoua y ffunde
sobre çimiento muy llano

¶mouio las sus legiones
& hueste victoriossa
contra la çibdat famosa
en las gentes y naçiones
de nuestras espannas. rrossa
flor de leon y castilla
yspalis despues seuilla
magnifica y deliçiossa

¶ercoles vatiçinada
ouo la su fundaçion
y por larga ssuçesion
de tienpos edificada
del çesar y decorada
por dos muy santos dotores
ermanos y confesores
en la ffe fue yluminada

[fol. 66v]

¶leandre ffue el primero
& yssidro el segundo
el vno sol muy jocundo
el otro claro luzero
suçessor y eredero
assy en la ssantydad
como en la dignidad
ffue el santo postrimero

¶esta çibdad tan notable
y tanto cauallerossa
tan fertil tanto abundosa
tanto dulçe y deleytable
de vn pueblo ynumerable
llena y de la marina
rribera tanto vezina
que apenas le toca el sable

¶deste rrey fue sitiada
no con gran caualleria
pero era todavya
valiente muy esforçada
escogida y esmerada
de lo qual bien se pareçe
que la virtud rresplandeçe
no gente multiplicada

¶la yndocta muchedunbre
y poco exerçitada

en armas y sin costu*n*bre
de *gu*erras ni avissada
de gente bie*n* ordenada
avnq*ue* poca y bie*n* rregida
ligerame*n*te es ve*n*çida
es obra espirime*n*tada

¶el maestre muy notable
de vcles don pay correa
aq*ue*l de vargas de olea
garçi perez onorable
consye*n*to q*ue* rralle y fable
don lorenço gallinato
pues q*ua*ndo sus obras cato
es digno de ser loable

¶tress maneras de fablar
me pareçe aver fallado
vna avie*n*do bie*n* obrado
nu*n*ca dello se alabar
otra fazer y parlar
ser su *p*ropio pregonero
terçia co*n* q*ue* desespero
dezir mucho y nada obrar

¶v*i*rtuosa es la *p*rimera
y en muy pocos fallada
la segu*n*da avnq*ue* mezclada
tolerable y ssofridera
rreniego de la terçera
y de su *v*ergue*n*ça poca
q*ua*l presona sy no loca
vsa de tan vil manera

¶bueluo al *p*roçeso santo
del rrey bienaventurado
santo le digo por q*ua*nto
ha *n*uest*r*a fe enxalçado
estruydo y estirpado
la abominable sseta
del torpe y suzio *p*rofeta
de mill vilezas tocado

¶sy el coronista no yerra
y avn la fresca memoria
por la mar y por la t*i*erra
fue doble esta vitoria
no agena dalta gloria
ni syn muy gran marauilla
[fol. 67r]
ssalyo de moros seuilla
como oro de e*n*tre escoria

¶q*ua*nta sangre derramada
de personas muy notables
q*ua*nta gente otra gastada
espensas ynumerables

trabajos ynestimables
q*ua*ntos miedos se sufriero*n*
por q*ua*ntos los moros fuero*n*
costant*es* firmes estables

¶la çibdad rrestituyda
a la glorios*s*a ffe
la gente della no fue
numerada a la salyda
*p*ero fue cosa sabyda
los q*ue* a africa pasaro*n*
ser çien mill y avn q*ue*daro*n*
muchos mas desta *p*artida

¶esta çibdad tan famosa
sy la paso a pie sseco
no q*ui*ero dezir q*ue* peco
pu*es* no toca a la fe en cosa
mas dire q*ue*s vergonçossa
a todo varo*n* ysspano
fazer *p*roçeso lyuiano
de çibdad ta*n* gloriossa

¶la su prouin*ç*ia possee
al gran oçeano mar
al medioterreano vee
por sus rriberas pasar
entre çebta y gibraltar
y por toda europa suena
el puerto de cartagena
por obra muy singular

¶tress çibdades *p*rin*ç*ipal*es*
son en q*ue* rresplandeçiero*n*
tronos y çebtros rreales
lue*n*go tie*n*po y floreciero*n*
las otras seys prouin*ç*iales
sy de rreynos careçiero*n*
algunas q*ue* rreynos fuero*n*
desea*n* ser sus yguales

¶sesenta leguas y alle*n*de
contyene la su longura
no*n* fallara tress aq*ue*nde
q*ui*en contare su anchura
sy dize*n* por aventura
q*ue*s esteryl y ma*n*nera
abril en la *p*rimavera
rrelatan su fermosura

¶es fertil y populos*s*a
graçiossa y delectable
llena de naues su sable
pu*es* sy es cauallerosa
ta*n* notoria es esta cosa
q*ue* ella fabla sy yo callo
seys mill onb*r*es a cauallo

la fazen tan orgullosa

¶azeyte y vino y grana
pan y carrne y saluagina
de aves de la marina
de seda cueros y llana
no que cria mas que mana
frutas y rrosas y flores
y de suaues olores
es biua y salda fontana

[fol. 67v]

¶tanta es la abundançia
de los deleytes y viçios
que conuiene a los nouiçios
abstener y aver tenprança
quien syn freno ally se alança
durantes las jouentudes
de las morales virtudes
dudo que guie la dança

¶murçia ques rreal çibdad
y xerez notable villa
viendo ganada seuilla
dispuesta feroçidad
con sujebçion y humildad
se dieron al santo rrey
defensor de nuestra ley
ofensor de la maldad

¶eçija vbeda y baeça
jahen andujar y carmona
mienbros daquesta cabeça
y perlas desta corona
vyendo mansa tal leona
y siguiendo sus pisadas
vinieron manos juntadas
diziendo sennor perdona

¶el rrey de clara memoria
ganada el andalozia
llamandolo a su gloria
el sennor a quien seruia
ynterçediendo maria
de quien el fue amorosso
vençido el victoriosso
entro por la comun vya

¶el doctor sant agostin
dize que la buena vida
es causa de buena fin
y de segura ssalyda
esta actoridad oyda
de tan gloriosso actor
veamos deste sennor
que tal fue la su partyda

¶avido conoçimiento
de su postrimero dia
demando el sacramento
ques manjar de aquella via
que a los christianos guia
camino de ssaluaçion
aviendo la confision
fecha segund que deuia

¶como el cuerpo preçioso
del sennor vido llegar
no lo quiso essperar
en la cama ni en rreposo
todo contrito y lloroso
el noble rrey sse leuanta
vna soga a la garganta
ynclinado y humildoso

¶tu me diste sennorio
y rreyno que no tenia
bien conozco sennor mio
que yo non lo mereçia
disteme la vida mia
quanto a ty plugo sennor
de que gracias y loor
te fago con alegria

¶en el qual rreyno sennor
sy yo creçi algun tanto
en tu virtud sennor santo
fue con el tu ffauor
non por mi fuerça y vigor
a ty lo torrno y lo rriendo
y mi alma tencomiendo
de que fuesste rredentor

[fol. 68r]

¶sennor desnudo naçi
del vientre que mengendro
desnudo me torrno ally
qual mi madre me pario
solamente rruego yo
sennor que al alma mia
pongas en la conpannia
del pueblo que a ty siruio

¶deste mundo ya partida
aquel anima graçiossa
clarisima y gloriosa
bolo a la santa vida
fue su muerte muy plannida
en espanna y segund creo
con gloria in exçelsys deo
en el çielo rreçebida

¶del rrey don jaymes daragon

¶en seuilla sepultado
con su cuerda a la garganta
y la su anima santa
puesta en el çiello estrellado
alegre y de muy buen grado
bueluo al rrey de aragon
porque de la ssu naçion
syenpre fuy afiçionado

¶yo digo del gloriosso
don jaymes rrey ecçelente
que fue tanto virtuoso
cuanto rrey en oçidente
conquisto primeramente
la villa de burriana
con sus confines y plana
despues como fuego ardiente

¶con esfuerço y diligençia
conquisto la muy famosa
y avn puedo dezir fermosa
y gran çibdad de valençia
con toda ssu adiçençia
prouinçia tierra y comarca
que muchas villas abarca
y tiene en su pertenençia

¶es esta çibdad notable
non solo muy populossa
nin solo muy deliçiossa
mas egregia y aspectable
por colegio honorable
de muy nobles militantes
y de rricos mercadantes
decorada y venerable

¶administrada y rregida
en tanta auilydad
como jamas fue çibdad
bien ordenada y polida
de justiçia proueyda
quanto çibdad se fallo
biua el rrey que la gano
gozoso en la eterrna vida

¶este rrey tan animosso
con su gran manificençia
no contento de valençia
que fue harto gloriosso
de conquistas deseosso
non le creo abasstar
la tierra sy por la mar
no fiziese acto famoso

¶las yslas que antiguamente
valearas eran llamadas
y mallorcas son nonbradas

y menorcas al presente
[fol. 68v]
¶no syn perdida de gente
ni syn sangres derramadas
con yuiça sson ganadas
deste rrey tan ecçelente

¶en vn tienpo concurrieron
don jayme y don fernando
pareçe que porffiando
de virtudes contendieron
en vn tienpo floreçieron
faziendo grandes conquistas
en vn tienpo seran vistas
sus almas do mereçieron

del rrey don alfonso el sabio

¶aquel rrey mas virtuosso
que no bienafortunado
sabio liberal graçioso
mas que bienaventurado
magnifico y esforçado
de su fijo se quexando
el me mando que rreynando
no le dexase oluidado

¶este fue el rrey noueno
daquella noble conpanna
de los alfonsos despanna
entre los muy buenos bueno
de buena fortuna ageno
porque tal fijo engendro
que pareçe que metyo
vna culebra en el seno

¶el fue primero engendrado
del santo rrey don fernando
nadie no le constrastando
en su trono assentado
en gran gloria sublimado
por exçesiua potençia
desfuerço y de çiençia
y de franqueza loado

¶destas virtudes doctado
con vn pregon muy jocundo
fasta los fines del mundo
fue su loor pedricado
tanto que fue visytado
por letras y enbaxadores
de rreyes y enperadores
que a el han enbiado

¶murçia que se rrebello
contra su obidiençia
con muy presta diligençia
por armas la conquisto

medina y alcala gano
y bejar niebla y xerez
con lo qual su fama y prez
con gran loor ensalço

¶filadelfo egebçiano
no amo mas el saber
ni en leyes conponer
sopo mas justiniano
tyto enperador rromano
que juzgaua que perdio
el dia que algo no dio
no fue de mas franca mano

¶venida la vacaçion
del ynperio de alemanna
deste noble rrey despanna
sabida su condiçion
virtudes y discreçion
fue electo con gran gloria
[fol. 69r]
asaz notable memoria
en loor dessta naçion

¶guarrnido y adornado
de las virtudes morales
y de las theologales
non fallido nin me[n]guado
sienpre biuio trabajado
por muy varias y diuersas
fortunas tristes aduersas
y al fin deseredado

¶las causas por que acaeçen
dios es el sabidor dellas
y los juyzios daquellas
a el solo perteneçen
quien sabe por que floreçen
los malos & yndiscretos
y por escuros secretos
buenos y justos padeçen

¶exçeder y traspassar
de las virtudes es tanto
o muy poco menos quanto
aquende dellas quedar
no se sopo bien tenplar
este rrey en la franqueza
non menos en la sabieza
erro en vltra cuydar

¶o maluada presunçion
adonde fueste criada
dexo el rrey ssalamon
esta palabra notada
la franqueza es loada
de la propia ffacultad

mas la prodigalidad
de rrobos es sustentada

¶quien presume del saber
y de sy mesmo conffia
errada le ua la vida
y çerca esta del caer
quien mas quiere espender
que su rrenta lo rrequiere
de tomar quanto pudiere
non se podra contener

¶deuen ser con discreçion
las virtudes y tenprança
ygual es la defension
del que pasa o no alcança
tan bien tuerçe la balança
lo menos como lo mas
sy mengua quien queda atras
sobra quien mucho sauança

¶van a las vezes mezclados
con las virtudes los viçios
juntanse a buenos ofiçios
actos malos y maluados
por ende bien auisados
vos cunple sser y guardar
que no se pueden mezclar
con virtudes los pecados

¶sy las causas estas fueron
de la su triste ffortuna
o otras ssi proçedieron
de la diuina tribuna
porque escura y sin luna
es al saber vmanal
la prouision diuinal
yo no do sentençia alguna

¶en su vegez fue lançado
de su alto trono y ssilla
[fol. 69v]
y por ssu fijo en sseuilla
con gran rrigor desterrado
afligido y molesstado
non le valiendo çiençia
franqueza esfuerço y potençia
de que tanto ffue doctado

¶dos sanchos brauos tyranos
yngratos y anbiçiossos
diez alfonsos venturosos
fuertes y nobles vmanos
dos fernandos muy christianos
virtuosos essfforçados
vedes aqui figurados
los rreyes nuestros yspanos

¶biue por caualleria
este rrey avnq*ue* es mue*r*to
y avnq*ue* due*r*me esta despie*r*to
por tablas de astrologia
ordena rrige y guia
co*n* leyes n*ue*st*r*as memorias
deleytanos co*n* ystorias
orrna con ffilosoffia

de la rreyna do*n*na m*aria*

¶no pequen*n*o error seria
sy a espan*n*a loando
syn loor fuese dexa*n*do
la rreyna don*n*a maria
q*ue*n la fresca alua del dia
fue otra estrella diana
de la çibdad toledana
q*ue* buenos y buenas c*r*ia

¶fue esta sen*n*ora onessta
de la gente de menesses
como palma ent*r*e çipreses
entre noble*s* rreyes puesta
porq*ue*n la rreal floresta
naçio esta ge*n*til rrossa
de v*ir*tudes gloriossa
g*ua*rnida ornada y co*n*puesta

¶por virtudes elegida
fue al rrey por mat*r*imonio
no ya por gran pat*r*imonio
ni de tessoros guarnida
mas por honestad deuida
del rrey sancho dema*n*dada
por ve*n*tura mas loada
obra del no es ssabida

¶co*n* discreçio*n* muy graçiosa
y de tal platica vsso
con el rrey & asy tenplo
ssu co*n*diçion rrigurosa
esta rreyna virtuossa
q*ue* a el guardo de errar
a muchos de peligrar
ved obra ta*n* frutuosa

¶de dias no demediado
este rrey q*ue* atribulo
a su padre y lo afligio
como el salmo ha co*n*tado
porq*ue* no ovo onrrado
al padre q*ue* lo enge*n*dro
en la t*i*erra no biuio
longeuo ni antig*ua*do

[fol. 70r]

¶dizese q*ue* ynfiçionado
de paterrnal maldiçion
a el y le conprehe*n*dio
su q*ua*rta generaçion
sy fue verdad o fiçio*n*
sobresto no*n* me*n*quieto
p*er*o sse q*ue* su visnieto
no logro la suçesion

¶a su fijo do*n* fernando
dexo nin*n*o en tutorias
en las q*ua*les en sus dias
enpleo mas q*ue* rreyna*n*do
esta rreyna aministra*n*do
y supliendo sus defetos
a tutore*s* ynperfetos
las cobdiçias enfrena*n*do

¶esta muy noble pri*n*çesa
asy guardo la p*er*sona
del rrey & la su corona
de todo peligro ylessa
q*ue* çesando aq*ue*lla enpresa
de la çerda sy mouiero*n*
ot*r*os ynsultos salyero*n*
dellos co*n* pequen*n*a pressa

¶yo paso ligeramente
por sus actos v*ir*tuosos
p*er*o son ta*n* copiossos
q*ue* yo no*n* soy sufiçiente
a ello ni*n* diligente
a los todos esplicar
p*er*o en la estoria fallar
los podra el letor prude*n*te

¶p*er*o creo esto basstar
q*ue* demas de ser onesta
casta discreta modesta
asy supo gouerrnar
el rreyno y aministrar
dos vezes q*ue* fue tutora
q*ue* desto*n*çes fastagora
ni*n*guna no*n* fue su par

¶esta fue daq*ue*lla suerte
q*ue* trato el rrey salamo*n*
qu*i*en fallara muger fue*r*te
ni p*r*eçio a su estimaçio*n*
co*n*fia el coraçon
de su marido en ella
bie*n* se puede desta estrella
fazer tal conparaçio*n*

del rrey do*n* alfo*n*so dezeno

¶pues me plaze de la gl*or*ia
de n*ue*st*r*a espan*n*a tratar

conuieneme a la memoria
de los alfonsos tornar
porque quien quiere loar
a espanna metrificando
de alfonso o de fernando
no sse deue desviar

¶fablare de aquel muy noble
prinçipe y muy guerrero
dotado de virtud doble
buen rrey y buen cauallero
rreyno en el anno primero
que naçio pocos mas dias
no sufrio las tutorias
todo el catorzeno entero

[fol. 70v]

¶peruino con breuedad
al termino de las leyes
lo que fazen pocos rreyes
salua su rreal magestad
vsso de çelerydad
en rregir como en rreynar
en vençer y conquisstar
ovo gran felyçidad

¶fue de gloroso [sic] nonbre
de los alfonsos dezeno
tanto fuerte y tanto onbre
como el mejor y tan bueno
en toda virtud sereno
y claro en toda bondad
exçebto la casstidad
de que fue vn poco ageno

¶el rreyno ya rreçebido
y de sueltas y cabestros
de tutores y maestros
a lybertad rreduzido
como ave que del nido
sale deseando el çeuo
començo el ofiçio nuevo
de que nunca fue partido

¶a santiago ynvocando
començo guerra con moros
derramando sus tesoros
su persona aventurando
asy sse fue concordando
el ssennor con su deseo
que syenpre jamas le leo
o vençiendo o conquistando

¶el gano de los paganos
castillos y villas fuertes
no syn sangre y sin muertes
de moros y de chrisstianos

alcala leuo en sus manos
vna perla muy preçiosa
y gano la muy famossa
algezira de africanos

¶la batalla gloriossa
ovo con albuhaçen
rrey de fez y tremeçen
en todo el mundo famosa
orando la muy preçiosa
virgen por la gente yspana
quedo la naçion chrisstiana
deo graçias vitoriosa

¶en esta batalla el muy noble rrey
de los portugueses con zelo y feruor
como macabeo de la santa ley
y con singular afecçion y amor
al rrey don alfonso dio muy gran fauor
con muy noble gente a esta vitoria
porque yn eterno su dulçe memoria
sera en espanna digna de loor

¶segund en la estoria fallo
la gente vençida ffue
sesenta mill de cauallo
y quatroçientos mill a pie
podeys pensar qual sserie
el despojo y la desferra
sy la estoria non yerra
y quanta gente morrie

¶trabajos exteriores
asaz ovo con paganos
non menos ynteriores
con sus propios castellanos
para todos touo manos
a los vnos conquisstando
[fol. 71r]
a los otros castigando
a todos los fizo llanos

¶sy de la prouinçia yspana
su fortuna variable
con cruel muerte y tenprana
non leuara al rrey notable
quien dubda que lo fincable
de moros y el rremaniente
non nos fuera al presente
tienpo tan yntolerable

¶teniendo a gibraltar
este noble rrey çercada
por la muerte açelerada
que syn lagrimas contar
non puedo nin rrelatar
en el vierrnes de la cruz

paso a la clara luz
deste amargo y turvio mar

¶quarentannos fue su vida
y quarenta annos rreyno
pocos menos enpleo
en guerras y fue conplida
mas orrnada y guarnida
de gloria que no de annos
de los suyos y destrannos
fue su muerte muy plannida

¶del noble rey don enrique

¶sseneca marauillosso
filossoffo y sabidor
dize que todo sabor
en la fin es mas sabroso
a mi muy dulçe y graçioso
mes deste ssennor tratar
en quien comienço a fablar
y fago fin y rreposso

¶digo que en el vo afinando
de rreyes quiero dezir
que avn me queda descreuir
del eclesiastico vando
dos nobles personas quando
deste rrey me partire
con ellos me desspidre
la su bendiçion tomando

¶del muy noble preçedente
fue fijo el rrey don enrrique
de quien sienpre se pedrique
vn loor muy ecçelente
su fama rresplandeçiente
y sus v[i]rtudes morales
por merito de las cuales
fue en el rreyno ssuçediente

¶por virtudes fue electo
en castilla y en leon
mas notable suçesion
segund mi grueso yntelecto
que no aquel avnque directo
ques por paternal erençia
la propia sufiçiençia
esta da honor perfecto

¶digo que la gloria ynnata
y de los padres trayda
no es tal nin tan beata
como la que es adquerida
y por virtud mereçida
nin por nuestros padres quiso
darnos dios el parayso
mas por buena y santa vida

¶duna sennora notable
de la cassa de guzman
este rrey a quien daran
por sienpre fama loable
[fol. 71v]
naçio y si es agradable
a guzman tal conjunçion
a rreal generaçion
no le ssea yncorpo[r]table

¶que quando la rrealeza
es con la sangre juntada
de nobleza y gentyleza
y della es aconpannada
mas vmana y mas tenprada
se faze y tal confaçion
si creçe en la discreçion
no mengua desfuerço nada

¶la fortuna y ynfortuna
aduersa y prosperada
como no es sienpre vna
en este ffue platicada
a vezes atribulada
con destierros y temores
otras vezes con onores
y vitorias sublimada

¶en najara fue vençido
en montiel vençedor
pareçe en aver seguido
este rrey de gran valor
al çesar triunffador
ca fuyendo en duraçio
fue dende en poco espaçio
en thessalia vençedor

¶syn dubda es acto famoso
y digno de ser notado
oy vençido y quebrantado
cras vençedor orgulloso
sienpre ser vitoriosso
es don del alta tribuna
mas punar contra fortuna
exerçiçio es virtuoso

¶premio a los estrangeros
de grandes dones y onores
fizo de los caualleros
marqueses grandes sennores
sy medianos y mayores
syntieron ssu rrealeza
no fueron de su franqueza
muy agenos los menores

¶de su vyrtuossa vyda
su fin no dessacordo

que la yglesia fuese vnida
a su fijo encomendo
y despues amonesto
que sienpre buen amistança
oviese y firme liança
con françia quel tanto amo

¶no se que mas perfeçion
la ley nos manda guardar
que de la fe la vnion
y los proximos amar
yo no lo quiero escusar
quen algo no erraria
quanto mas en mançebia
que tan pronta es a pecar

¶aviendo este rrey propuesto
de granada conquisstar
ques ynproperio y denuesto
despanna de mar a mar
plogo a dios de lo leuar
por su juyzio diuino
basta que despues no vino
quien finchiese su lugar

del papa benedito

¶en coplas materiales
y rretorica comuna
de los prinçipes rreales
rrelatada su fortuna
[fol. 72r]
con sant pedro en la tribuna
y peligrando en la nave
con la vna y otra llaue
vi al gran pastor de luna

¶su magnifica presençia
y su alta dignidad
su virtuossa honesstad
su discricion y çiença
en virtud de obidiençia
me mandaron que de ynojos
& yn[c]linados los ojos
le fiziesse rreuerençia

¶el viso vn poco alçado
le dixe muy santo padre
de la yglesia nuestra madre
vn vicario yndubitado
nienbrome avervos mirado
yo muy ninno en avinnon
en aquella turbaçion
que fue çisma en el papado

¶quanto mi pequenna edad
me pudo dar discreçion
mirar vuestra ssantydad

me fue gran delectaçion
y despues por rrelaçion
de muy onestos varones
vuestras nobles condiçiones
me son en admiraçion

¶padre bienaventurado
quando fuestes perseguido
en avinnon conbatydo
de françeses y çercado
con quanta costançia osado
fuestes contra su maliçia
confiando en la jusstiçia
no ya danbiçion dotado

¶non solo me viene a grado
por todas estas rrazones
entre los claros varones
despanna avervos nonbrado
mas creo no aver criado
nuestra hedad senblante onbre
que fuese por graçia y nonbre
benedito yntitulado

¶con aquella mansedunbre
vrbana dulçe y modesta
qual fue sienpre su costunbre
y con vna rrissa onesta
me dixo fijo aquesta
afecçion que a mi oviste
no creas que la perdiste
como quien lançagua en çesta

¶ni he por gran marauilla
tu singular affecçion
pues tanto amo a castilla
sienpre mi generaçion
y desta noble naçion
tyene yllueca tres sennoras
sy tu la terçera ygnoras
has poca rrecordaçion

¶aquel rrey de gran valor
por virtudes elegido
ni syn luna fue vençido
ni syn luna vençedor
yo le fuy buen rreçebtor
quando de najara vino
y despues por el camino
fasta foy buen guiador

¶doy mas fijo te leuanta
y no plangas mi fortuna
que nunca eclipso mi luna
por la persecuçion tanta
[fol. 72v]
que lo quen la tyerra espanta

el sennor lo gualardona
en el çielo y da corona
faziendo el anima ssanta

¶padre beatyfficado
oy es harta mi codiçia
oy se dobla mi letiçia
pues vos puedo aver nonbrado
no solo en el alto grado
de los muy claros varones
mas entre las proçesiones
de los santos colocados

de don gil de abornoz cardenal despanna

¶asy como me party
del padre spiritual
luego vy delante mi
al valiente cardenal
legado apostolycal
que me dixo en mansa boz
yo soy don gil dalbornoz
y de cuenca natural

¶bien se que nunca me viste
por quanto yo fuy desfecho
antes que tu fueses fecho
digo antes que naçiste
mas pregunto sy moyste
que no dubdo que la estoria
que de mi faze memoria
alguna vez la leysste

¶sennor mio venerable
dixe yo en boz paladina
toda la lengua latyna
ha memoria rrecordable
de vuestro nonbre loable
pues yo como avre negado
a vos mi padre y prelado
y cardenal muy notable

¶cada dia sepultado
vos veo en el santo tenplo
donde la virgen contenplo
deçender y aver orrnado
del alua a su amado
gloriosso conffessor
cuya capilla a su onor
vos aveys hedifficado

¶la conteperanea ystoria
vuestra asaz me ynformo
de vos y despues me dio
notiçia clara y notoria
la gloriossa memoria
de la batalla marina
en que la virtud diuina

vos dio gran parte de gloria

¶ytalia da tesstimonio
que por vuestra legaçya
aquel muy gran patrimonio
que la yglessia tenia
perdido gran tienpo avia
fue rreduzido a sus manos
truinfando de tyranos
con muy discreta ossadia

¶ved buen padre quanto obrastes
que apenas puede oy el papa
con ssus llaues y ssu capa
sostener lo que cobrastes
en bolonna hedifficastes
vn colegio de obra estranna
por loor y onor despanna
a ella lo yntitulasstes

¶poniendo el dedo en la boca
me dixo buen ffijo taçe
que yo rrequiesço yn paçe
y tengo cobdiçia poca
del loor que al mundo toca
mas dy a mis suçesores
que sean tales passtores
que su grey no ande loca

[fol. 73r]

¶suplica por mi a los rreyes
que por rruegos ni ynpresiones
no violenten las leyes
ni turben las elecçiones
ni procuren prouisiones
a los papas ssuplicando
o mejor dire mandando
pues los pedros son simones

¶di a la notable gente
de la yglesia toledana
que sy van carera llana
algo dello aca se syente
todonbre se fiera el diente
yo digotelo en ssecreto
que me dizen quel decreto
non se guarda linpiamente

de los poetas espannoles

¶pues ssomos a las cunpletas
dessta pobre obrezilla
fablemos de la quadrilla
de los ssotyles poetas
inuento quen sus tabletas
con grauio verssiffico
los euangelios y dio

metros a los quatro ateletas

¶prudençia [sic] quen versos puso
el vtroque tesstamento
viejo y nuevo y avn conpuso
otras obras quel convento
christiano y su documento
non solo las aprouo
mas loo y comento
tanto fue dellas contento

¶a mi conviene que fable
de per alfonso vn dotor
que contra el judyaco error
fizo vn volumen notable
fue este varon loable
de los ebreos naçido
y despues que convertido
christiano muy venerable

¶osyo fue sabio perlado
de cordoua y tanto bueno
que en el conçilio niçeno
fue de todos muy loado
quienquerra lo avra fallado
en la tripartita ystoria
y lo que a el es mas gloria
en el decreto es notado

¶valerio linçiniano
de merida natural
y dellos terçio & ygual
el poeta daçiano
otro doctor castellano
que en estilo asaz polido
yo me nienbro aver leydo
vn volumen de su mano

¶diego de canpos se llama
este doctor que yo digo
en tienpo de don rrodrigo
gran perlado y de gran fama
mi muy ecçelente dama
espanna sea contenta
que quien esto le presenta
sennal es que mucho lama

vltilogo

¶singularmente amado
mi sobrino y ssennor
buen comendador mayor
por virtudes comendado
rreçebid este tractado
y agora y todavia
sed a la virgen maria
y a dios encomendado

deo graçias

[fol. 73v]

[ID1938] HH1-23 (73v-78r) (69×8)

¶Rrelaçion a las sennoras de qualquier estado
çerca de la dotrina que fue dada a sara por su padre
y madre cuando la enbiaron con tobias su marido
fecha por el dicho fernan perez de guzman

¶onra a tus suegros
¶ama a tu marido
¶ordena tu cassa
¶rrige tu ffamilia
¶biue ssin rrepreenssion

¶muy nobles sennoras a vos se dirige
aqueste proçeso por mi rrelatado
aquel trino y vno quel gran mundo rrige
le plega que ssea asy ordenado
que pues como creo no es decorado
de clara facundia ni dulçe eloquençia
por su graçia aya tal sufiçiençia
que pueda syn flores buen fruto aver dado

¶no piense sennoras vuestra discreçion
que en tanto grado es mi liuiandad
que yo presumiese dar auisaçion
nin regla o forma a vuestra onestad
pero ocurriome vn actoridad
que dize que creçe la virtud loada
y de dulçe gloria no es eçebtada
por grande que sea ninguna omildad

¶asy que presuma de yo dar consejo
a tales sennoras y tan virtuossas
ni quen tan escuro y tan turuio espejo
se miren prinçesas y duennas famosas
nin que tales perlas y piedras preçiosas
deuiesen de mi ser clarificadas
ca dios y natura fazen purpuradas
y no onbre vmano las flores y rrosas

¶bien me rrecuerdo no ha muchos dias
que ove leydo vn noble tractado
yntitulado al noble tobias
en la santa briuia muy bien declarado
si de los ebreos no es bien açebtado
de los santos conçilios es bien rreçebido
do cuenta las penas que ovo sofrido
y de quales premios fue rremunerado

¶entre otros dezires claros notables
en lo contenido me plogo tratar
dalgunos muy dinos que son de nonbrar
a esta obra asaz fauorables
quando los padres muy onorables
a la nouia sarra en la su partida

le dieron tal rregla çeuil y polida
en çinco versetes que son memorables

[fol. 74r]

introduçion

¶a tus viejos suegros mi fija onrraras
y los trataras con gran rreuerençia
a tu buen marido como a ty amaras
ordena tu casa con gran diligençia
la familia rrige con toda prudençia
y rruega al padre de las claras lunbres
que asy te prouea de onestas costunbres
que sin rreprension ssea tu conçençia

¶abrid vuestros ojos vos sennoras mias
del entendimiento y atento mirad
ca el mayor dote que leuo tobias
con la nueua esposa fue su gran bondad
la qual se fundo en lactorydad
de los çinco motes que si breues fueron
tan grandes sentençias en sy contouieron
que basta a forma de toda onestad

¶siguiendo la orden destactoridad
que manda a los suegros fazer grand onor
en rrepreension del comun error
de mugeres moças que por voluntad
mouidas sin causa y por liuiandad
dessaman las suegras por rregla ordinaria
y desta yndiscreta obra voluntaria
rresulta a las vezes poca vtilidad

¶quando la orden matrimonial
constituyo nuestro ssennor dios
dixo en vn carne seran juntos doss
y depues el testo euangelycal
lo corroboro con vn dezir tal
aquellos que ovo el sennor ayuntados
ni pueden ni deuen ser apartados
por ningu[n]d juyzio de onbre mortal

¶de aqui me pareçe a mi rresultar
pues son vna carne muger y varon
que los vuestros suegros vuestros padres son
y el que los padres nos manda onorar
los suegros nos manda asi mesmonrrar
y asy concluyo yo sennoras mias
que aquella sarra no ama a tobias
que aquesta rregla non quiere obseruar

¶aquel vulgo rrudo y material
que de luengo tienpo en castilla suena
que diz que la suegra ni daçucar buena
palabra yndiscreta sin gracia y sin sal
pues no es de poeta ni filosofal
mas de onbre neçio o de muger vana

no puedo pensar de qual parte mana
deçiende o proçede este dezir tal

¶o essta muger tyene desamor
a su buen marido y desto acaeçe
que lo que a el toca lo todo aborreçe
ca quien de beltran fuere amador
sienpre a su can avra buen amor
la segunda causa sy ella mal vsa
terna que su suegra sus yerros acusa
y a su fijo dellos fara ssabidor

¶estos argumentos sy no son polidos
fallarlos ha çiertos quien bien los mirare
que las que bien aman a los sus maridos
amaran todo aquello que a ellos tocare
y veran muy çierto que sy mal vsare
tienen la suegra grand acusador
porque de su fijo la fama y onor
peligra quando ella sus yerros callare

[fol. 74v]

¶Aquella muger bienaventurada
la qual llamo asy por la bendiçion
de que fue dotada su gener[a]çion
yo fablo de rrut quera atribulada
de marido biuda de fijos priuada
a su suegra amo con tanta afecçion
que dexo su tierra gente y naçion
porque noemi fuese consolada

¶su deuota estoria nos da testimonio
que tanto esta obra a dios agrado
que no solo ovo vn gran matrimonio
mas fue visauuela del rrey que canto
los salmos diuinos y del floreçio
aquella clarisima & ylustre rrossa
en que tomo carne muy gloriosa
el verbo diuino que nos rredimio

¶yo no leo desta muger tan famosa
nin puedo fallar en toda su estoria
que fiziese obra tan virtuossa
porque rreportase tan clara vitoria
y pues pareçe quanto es meritoria
digo muy nobles y sennoras mias
que onrren los padres del su buen tobias
las que dexar quieren de si gran memoria

castidad

¶pasando sennoras del primero mienbro
de aquesta dotrina conviene tratar
tanbien del segundo si bien me rremienbro
mandal marido diligir y amar
y por sus palabras formales vsar
dize a tu marido amaras fija mia

aqui se nos abre vna lengua via
sy bien por ella sabemos andar

¶esta santa orden no fue estableçida
por san benito nin santo agustino
nin por san françisco mas del rrey diuino
en el parayso fue ynstituyda
el qual dixo adan por esta soluida
el padre y la madre cuna carne son
la que gozar quiere de tan rrico don
vea como deue ordenar su vida

¶non creo sentiende al marido amar
por le agr[a]dar ni andar bien guarnida
nin le falagar con lengua polyda
nin con rreuerençia a el se ynclynar
plegaos sennoras de me perdonar
ca el justo zelo me faze atreuido
mas no satisfaze amor de marido
los muchos afeytes ni el perfumar

¶ni avn satisfaze en ser muy çelosa
que y algunas vimos vsar de tal arte
& ha conteçido en alguna parte
mostrando gran çelo ser poco amorosa
y alguna quisso ser tan poderossa
que su marido guardando onestad
ella quedase en ssu libertad
syendo galana gallarda y briosa

¶yo llamo perfeta a la casstidad
que no se contenta con guardar la obra
ca con el fablar a vezes sse cobra
tal fama que ofende la clara onestad
dios solo conoçe qual es la verdad
porque a el es claro lo ynterior
el vulgo que mira lo essterior
notal mal sosiego y la lyuiandad

[fol. 75r]

¶no es castidad ygual ni derecha
la que da lugar a los mal fablantes
con liuianas rrisas y locos senblantes
que para enfamar basta la sospecha
y por rrigurosa guardada y estrecha
que la castidad esten la entençion
pues la gran soltura cabsa sospiçion
sy para dios vale a lo al no aprouecha

¶no ayan de ssy tanta conffiança
ninguna muger que osse dezir
yo puedo mirar fablar y rreyr
con alegre gesto y suelta senblança
mas mi coraçon non fara mudança
que es peligrossa ymaginaçion
ca en la muy suelta conversaçion
dar no se puede çierta segurança

¶yo digo que pueda por gracia diuina
llegandose al fuego no ser escalfada
no haze verano vna golondrina
nin por comun rregla deue ser tomada
por tanto no sea la muger osada
de ser mucho suelta y tal tentaçion
rroguemos a dios en nuestra oraçion
que sienpre sea de nos alongada

¶avn digo que sea muy bien ordenada
sinçera y clara la su voluntad
lo qual es gran duda pero la onestad
de falsa sospecha sera manzillada
la qual cabsa sser esscandalizada
la voluntad de su buen marido
al qual asaz basta aver algo oydo
pues nunca tal obra por vista es prouada

¶de tal calidad son çiertos ofiçios
que claro se pueden por vista prouar
en estos atales han mucho lugar
las congeturas sennales yndiçios
por ende sennoras prinçipios judiçios
y orden y forma se deuen mirar
ca los veniales sse pueden tornar
por mala guarda criminales viçios

¶entre otras rreglas de la castidad
buenas conpannias deuen ser tomadas
onorables duennas espirimentadas
en grandes virtudes por antiguedad
y si es posible avnque dudo en verdad
que sean las sieruas en la casa onestas
mas se que rresulta de los yerros destas
a las buenas duennas poca vtilidad

¶el rremedio desto es ser castigadas
las tales mugeres mas es de mirar
que nunca sus sieruas pueden castigar
las quen si mismas no son bien guardadas
con buena osadia da diez bofetadas
la onesta duenna a la loca moça
mas sy la sennora a vezes rretoça
tiene lengua muda y manos ligadas

¶por mas desuiar las cabsas y vias
de que se podrian dezires cabsar
yo digo sennoras que son descusar
las pedricaçiones y las rromerias
por las muchas digo que algunos dias
bien es los tenplos santos visitar
mas rroer altares y calles trotar
dexadlo a las viejas vanas baldias

[fol. 75v]

¶la que fue ecçelençia de virginidad
origo primiçia y forma daquella

antes del parto y depues donzella
estando en su casa con toda onestad
la visito el angel con grand omildad
pues sy muchas vezes va la vejezuela
a los maytines con su toronjuela
fallar puede vn nido con nada en verdad

¶sy la duenna siente que es sospechada
por aver con alguno gran conuersaçion
sy quiere que çese tal disfamacion
sea a la ora del tal apartada
avnque con el sea en debdo invocada
y muy çercano pariente le ssea
nunca de los ojos le mire ni vea
tal salua en el mundo jamas fue fallada

¶no ay juramento ni ay fierro ardiente
ni otro testigo tan digno de ffe
que asy desaga lo que dicho ffue
ni que asi desmienta al ques maldiziente
pues çese la cabsa y por consiguiente
çesara el efecto que sin duda luego
desuaneçel fumo quando es muerto el fuego
esta es la proeua muy clara y patente

¶mas la que porfia la fama sabiendo
y dize no quiero fazerme fechora
o se faze sorda a essta ssennora
entiendala dios que yo no la entiendo
pero yo macuerdo vn libro leyendo
que dize vn sabio deuemos guardar
que no demos cabsa a mal sospechar
ques muy poco menos quel fecho faziendo

¶asy concluyendo conçilio onorable
de las nobles duennas aquesto pensad
quan grandes el preçio de la castidad
que çircu[n]stançias la fazen loable
avnque la prinçesa o duenna notable
sea de virtudes guarnida y ornada
sy desta corona no es coronada
no avra poeta que bien della fable

de la obidiençia

¶esto sea dicho con gran rreuerençia
quanto al articulo de la casstidad
al verso segundo con toda omildad
vo proçediendo con vuestra liçençia
porque la gloria y gran preminençia
de la castidad podria engendrar
orgullo y soberuia se deue tenplar
con yugo suaue de grand obidiençia

¶aquel dios que dixo tu seras amada
del tu varon tanto que seran dexados
por ty los sus padres y desanparados
te dixo al marido seras sujudgada

el qual luego dio esta sofrenada
por quel orgullo de la dilecçion
fuese abaxado con la sujebçion
y la vanagloria con premia omillada

¶la tal sugebçion segund mi creençia
consiste en tres votos de la rreligion
destos conuienen los dos al varon
que son castidad y la obidiençia
porque la pobreza mas es penitençia
que no sugebçion que con pobre vida
ni puede la casa ser bien proueyda
ni la duenna vssar de su diligençia

[fol. 76r]

¶vna actoridad es no muy polida
y vulgar despanna rrudo y grossero
pero todavia abtentico y vero
que dize la duenna en visa y ardida
muy poco aprouecha en casa barrida
y de aqui concluyo que el voto terçero
no es neçesario ni avn conplidero
para que la casa ssea bien rregida

¶si es verdadera la rrazon propuesta
que el matrimonio pobreza non quiere
porque a la familia sustançia rrequiere
para ser mandada y a seruir bien presta
luego solo queda rremaneçe y rresta
que de los tres votos de la obseruaçion
los dos perteneçen a esta rreligion
castidad vera y obidiençia presta

¶pues que cosa es ser sugebtal varon
sino obedeçer y serle mandada
en todas cosas saluo vna eçebtada
que toca en la fe de contradiçion
con el conformar toda su entençion
que sy lo querreys sennoras mirar
del obedeçer rresulta el mandar
con arte y con manna se doma el leon

¶todos quieren oportunidad
y cosa no es fecha bien a sinrrazon
si algo en plaça mandarel varon
con gesto sereno y gran voluntad
rresponda la duenna sennor vos mandad
que asy sera fecho como vos querres
maguera que a ella parezcal rreues
convierta en virtud la neçesidad

¶acaeçe a las vezes quel onbres ayrado
non sufre consejo ni contradiçion
por quanto la yra turba la rrazon
tanto la sanna lo tiene alterado
de ella lugar fasta ser pasado
aquel peligroso tienpo de ffuror

y con omildad le diga ssennor
fagase aquello que aveys ordenado

¶despues en secreto la sanna pasada
quedando el seso en su libertad
con la osadia mezclando omildad
la muger discreta sea auisada
y diga sennor por dios bien mirad
quanto en plaça vos desordenastes
y con la grand yra tal fecho mandastes
que mucho ofende vuestra actoridad

¶çierto es sennor que soy obligada
a seguir en todo vuestra voluntad
pero en estremo sin otra ygualdad
so a vuestra fama y onor adebdada
y a vuestra vida que alli va mez[c]lada
por lo qual vos pido co[n] gran rreuerençia
que la discreçion tenplança y sufrençia
non sea pospuesta por vos ni oluidada

¶las nobles sennoras sabias discretas
guardada esta forma pueden alargar
quanto quisieren en este lugar
tendiendo su arco lançando saetas
no cale oradores buscar ni poetas
que sy asy querran vsar de la manna
como aves saben sofrir con la sanna
sabranlo que saben dezir los profetas

[fol. 76v]

¶no cunple mucho dezir al discreto
y basta al sabio ponello en la via
no es pequenna mas grand osadia
querer yo alargar mas este decreto
pero concluyendo digo todavia
que la obediente sera obedeçida
biura penada y amarga vida
la que mucho quiere seguir su porfia

¶a grandes sennoras vi ser maltratadas
por ser obstinadas duras porfiosas
otras por mansas beninas graçiosas
de sus maridos muy apoderadas
a baxas mugeres vi descalabradas
sin mitra y anillo pareçer cardenales
y sin confesar pecados mortales
vy otras mugeres bien deçiplinadas

¶la casstidad y la obidiençia
son llaues que abren el coraçon
del fuerte discreto y sabio varon
asy que a ellas no ay rregistençia
pues vea sennoras la vuestra prudençia
que dobedeçer rresulta el mandar
y de la soberuia y del porfiar
rresulta discordia y desabenençia

¶no fablo de loco dino de cadena
ni digo de onbre diabolical
que no ay ningun freno ni llaue tal
que al vno çierra ni al otro enfrena
mas donde ay seso y condiçion buena
yo do sin miedo aquesta sentençia
que con castidad y con obidiençia
se doma elefante leon y vallena

¶la obidiençia y la castidad
son dos virtudes de tanta eçelençia
de tanto vigor valor y potençia
que dan a la duenna tal actoridad
que si no es estrema la peruersidad
del su marido & yndiscreçion
muger mal casada yo soy dopinnon
que es por su culpa y su liuiandad

¶de la castidad y de la obidiençia
no he asy tratado bien quanto deuia
mas como la poca discreçion mia
desnuda de buen saber ni çiençia
me presto vigor fauor y potençia
del terçero mienbro entiendo tratar
como la muger deue aministrar
la casa con cura y gran diligençia

¶quando dios ovo al onbre formado
vio que no bastaua para se proueer
y quera neçesario de dalle muger
y dixo que dello seria ayudado
ca si cayese no serie leuantado
el por sy solo segund salamon
asi queda firme esta conclusion
que conuino adan ser aconpannado

¶a ques neçesario esta conpannia
o que fruto della se puede seguir
o en que seruicios o artes seruir
podra la muger yo esto diria
que no en armas ni en caualleria
porque la flaqueza de su coraçon
non sofrira miedo nin la conplision
los fuertes trabajos conportar podria

[fol. 77r]

¶ni es conuenible a ellas çiençia
por el gran trabajo del estudiar
ni a ellas seria onesta presençia
la de los escolares ni su conversar
segund esto solo deue rrestar
que lo quel varon troxieren la nave
ella lo guarde so secreta llaue
porque poco vale ganar sin guardar

¶asi como es propio al varon ganar
por arte o çiençia o caualleria

por agricultura o mercaderia
fuera de casa por tierra o por mar
asi las mugeres rregir y guardar
de la puertadentro es muy grand ayuda
que por muchagua que trayga el açuda
en aluerca rrota non puede durar

¶nin puede el varon asi ser presente
a todas las cosas como ella sera
y seria verguença ser tan diligente
el como ella en cosas avra
y si ella fuere avara o teniente
todonbre a virtud gelo notara
con buena paçençia el varon consiente
la grande avariçia que en ella vera

¶oyda su misa y dados loores
diuinos la duenna se deue ocupar
en lino y en lana fazer sus lauores
segund salamon lo quisso dictar
de la muger fuerte graue de fablar
por lino y lana pueden entender
todas lauores que son menester
para bien la casa guarneçer y onrrar

¶non deue la duenna por si misma obrar
sy no ordenar mandar y rregir
yncunbe a las sieruas conplir y seruir
y a las sennoras mirar y mandar
que su propiofiçio es ver y ordenar
sentyr cada vna como lo fiziere
que sy en al ella ocuparse quisiere
no podra las faltas de las sieruas mirar

¶rreçebir las cuentas de los sus factores
de los mayordomos de los despenseros
ver faltas que fazen collaços quinteros
en las eredades vinnas lauores
conoçer tachas de los seruidores
porque a ellas plazel rrepreguntar
que siendo presentes pueden mas mirar
que no los maridos demas los sennores

¶tener la casa gentil y polido
segund facultad guarnida y ornada
no ha tan chica joya que pueda perdida
ser en la casa por muger rreglada
por la cuerda digo y bien avisada
lo quen manos donbre durare vn anno
durara treynta enteros sin danno
si es por muger discreta tratada

¶la quarta parte aqui concluyendo
dexando el rrestante a quien mas sabra
dezir que no dudo que asaz fallara
que digal rrespecto de lo que yo entiendo
digo que la obra va rresplandeçiendo

asi como el sol y la duenna buena
como la luna luçida y serena
la muger guardando el varon trayendo

[fol. 77v]

¶el quarto preçebto que a sarra fue dado
rregir la familia y bien proueer
pero sinplemente lo quiso entender
no poniendo pena a esto mandado
y en estremo grado so marauillado
del santo apostol que dixo peor
es que ynfiel y deterior
quien de su familia no ha buen cuydado

¶mas porquel santo vaso de la elecçion
en el terçio çielo espirimentado
no es de dezir nin fazer minçion
que fablase ynpropio o demasiado
yo cuydo quel aya tan mal nonbre dado
al que a su familia no ha vmanidad
porques vna parte de la caridad
de la qual nuestro dios es yntitulado

¶segund la escritura dios es caridad
y quien esta en dios dios esta en el
quien en dios no esta ni dios esta en el
y no estar en dios es ynfieldad
quien de su familia no ha piedad
este argumento yo fago opinando
sy al los dotores van determinando
yo les obedezco con toda omildad

¶la caridad quando es ordenada
en sy misma deue comienço fazer
pues los seruidores son de proueer
antes que otra limosna sea dada
que serie la orden de rrazon turbada
sy fuese a la debda la graçia antepuesta
por ende la duenna discreta y onesta
conuiene que sea daquesto avisada

¶quando la familia es bien proueyda
bien vista curada en su dolençias
non solo sin carga seran las conçençias
de los sennores mas muy bien seruida
es sienpre la casa y obedeçida
sera la sennora que la rregira
con buena osadia sienpre mandara
aquella que tiene su paga conplida

¶a las duennas esto muy propio conviene
porque piadosas sson naturalmente
y porque cuydado de la pobre gente
con otros cuydados el sennor no tiene
ni tan libremente el seruidor viene
a dar su querella al sennor por quanto
sus duras rrepuestas le ponen espanto

y con la sennora muy mejor se abiene

conclussion

la duenna ynformada como deue onrrar
los suegros y como amar al marido
y como y en que le avra obedeçido
y como la casa sabra gouernar
como la familia rregir y ordenar
avn rresta la quinta amonestaçion
que no ssea tocada de rrepreension
en esta las quatro pudieran entrar

¶mas tanta perfeçion muy graue seria
avn digo ynposible fallarse entre nos
saluo de los onbres el fijo de dios
y de las mugeres la virgen maria
toda otra carne corronpio su via
mas de las virtudes quien mas mas touiere
[fol. 78r]
y de los viçios menos oviere
syn rrepreenssion dezir se podria

deo graçias

[fol. 78v]

[ID0028] HH1-24 (78v-82v) (67 × 8,4)

[   ]atado ordenado por el muy magnifico
sennor don ynnigo lopez de mendoça marques de
santillana conde del rreal sennor de la vega
el cual tratado se llama ynfierno de amadores

¶la ffortuna que non çessa
siguiendo el curso fadado
por vna montanna espesa
separada de poblado
me leuo como rrobado
fuera de mi poderio
asy quel franco aluedrio
del todo me fue priuado

¶o vos musas quen pernaso [sic]
ffazedes abitaçion
ally do fizo pagasso [sic]
la fuente de perfecçion
en la fin y conclusion
en el medio y començando
vuestro subsidio demando
en esta propusiçion

¶por quanto dezir qual era
el saluage peligrosso
y rrecontar su manera
es acto marauilloso
que yo non pinto nin gloso
silogismos de poetas
mas siguiendo linnas rretas

fablare non ynfintoso

¶del su modo ynconsolable
non escriue tal lucano
de la selua ynabitable
que talo el brauo rromano
sy por metros non esplano
mi proposito o menguare
el que defectos ffallare
tome la pluma en la mano

¶sus fondas comunicauan
con el çielo de diana
y tan lexos sse mostrauan
quen naturaleza vmana
non se falla nin esplana
por actores en letura
selua de tan grande altura
nin olynpo el de toscana

¶do muy fieros animales
se mostrauan y leones
serpientas muy desiguales
grandes tygres y dragones
de sus diformes fayçiones
non rrelato por ystensso
por quanto fablar ynmenso
va contra las conclusiones

¶vengamos a la corona
que ya non rressplandeçia
de aquel fijo de latona
mas del todo ssescondia
[fol. 79r]
y como yo no ssabia
de mi sino que ventura
contra rrazon y mesura
me leuo do non queria

¶como naue conbatida
de los aduersarios vientos
que dubda de su partida
por los muchos mouimientos
era con mis pensamientos
que yo mismo no ssabia
qual camino sseguiria
de menos costrastamientos

¶y como el falcon que mira
la tierra mas despolada [sic]
y la fanbre alli lo tyra
por fazer çierta bolada
yo començe mi jornada
contra lo mas açesible
auiendo por ynposible
mi cuyta ser rreparada

¶pero non andoue tanto

quanto andar me cunplia
por la noche con espanto
que mi camino ynpedia
y el proposito que avia
por esto fue contrastado
asy que finque cansado
del suenno que me vençia

¶y dormi maguer con pena
fasta aquella ssazon
que comiença ffilomena
la triste lamentaçion
de tereo y pandeon
quando ya demuestra el polo
la gentil cara de apolo
y diurrna ynflamaçion

¶asi prisse mi camino
por vereda que ygnoraua
esperando en el diuino
mistero a quien ynvocaua
socorro yo que miraua
en torno por el boscaje
vi venir por el sseluaje
vn puerco que se ladraua

¶quien es que metrificando
por coplas & destinçiones
en prosa ni consonando
tales difo[r]mes vissiones
syn moltitud de rrenglones
el su fecho dezir puede
ya mi sesso rretroçede
pensando en tantas rrazones

¶o ssabia thessalyana
sy la virgen atalante
a nuestra vida mundana
puede ser que sse leuante
querria ser demandante
guardando su çirimonia
[fol. 79v]
sy el puerco de calidonia
se mostro tan admirante

¶pero tornando al vestiglo
de su diforme fechura
digna de ser en el siglo
para sienpren escritura
digo que la su figura
maguer que de puerco fuese
que non es quien jamas viese
tal braueza en catadura

¶bien como la flama ardiente
que sus çentellas enbia
en torrno de continente

de sus ojos pareçia
que los rrayos desparzia
a doquier que rreguardaua
y fuertemente turbaua
a qualquier que lo sseguia

¶y como quando ha tirado
la lonbarda en derredor
finca el corro despoblado
del su gran fumo y negror
bien daquel mismo color
vna niebla le ssalia
por la boca ado boluia
demostrando su furor

¶y bien como la ssaeta
que por fuerça y maestria
sale por su linna rreta
do la vallesta la enbia
bien de aquel modo ffazia
a do sus puas lançaua
asi que mucho espantaua
a quien menos le temia

¶estando como espantado
del animal mostruoso
vi venir açelerado
por el valle fonduoso
vn onbre que tan fermoso
los biuientes nunca vieron
nin aquellos quescriuieron
de narçiso el amorosso

¶vn palafren caualgaua
muy rricamente guarnido
y la silla demostraua
ser de fino oro bronnido
vn capirote vestido
sobre vna rropa bien fecha
traya de manga estrecha
a guisa donbre entendido

¶traya en su mano diestra
vn venablo de montero
vn alano a la siniestra
fermoso y mucho ligero
y bien como cauallero
animoso y de corage
venia por el boscaje
siguiendo el vestiglo fiero

¶nunca demostro cadino
el deseo tan feruiente
de ferir al serpentyno
de la vmana simiente
[fol. 80r]
ni perseo tan valiente

se mostro quando conquiso
las tres ermanas que priso
con el escudo euidente

¶y desque vido el venado
que los canes le fferia
solto muy apresurado
el alano que traya
el qual con grande osadia
brauamente lo firio
asi que luego cayo
con la muerte que sentia

¶y como el que tal ofiçio
lo mas del tienpo seguia
siruiendo daquel seruiçio
que a su deesa plazia
acabo su monterya
y falagando sus canes
oluidaua sus afanes
cansaçio y malenconia

¶por saber mas de su fecho
delibre de lo ffablar
y fueme luego derecho
para el sin mas tardar
y maguera que auisar
yo me quisiera primero
antes se quito el sonbrero
que le pudiese saluar

¶y con alegre presençia
me dixo muy bien vengades
yo con mucha rreuerençia
rrespondi de la que amades
vos de dios si desseades
plazer y buen gualardon
segund que fizo a jasson
pues tan bien vos rrazonades

¶rreplico amigo non curo
de amar nin ser amado
y por jupiter vos juro
que non fuy enamorado
bien quel amor de grado
asayo mi ffantassia
pero viendo ssu falssya
me guarde de ser burlado

¶yo le rrespondi ssennor
ques la causa que vos faze
tan rrotamente de amor
dezir esto que vos plaze
es que non vos satisfaze
seruiçio sy le ffezistes
o por qual rrazon dexistes
que su fecho vos desplaze

¶dixo amigo non querades
saber mas de lo que digo
que si bien consyderades
mas es obra de enemigo
apurar mucho el testigo
que de amigo verdadero
//mass// pues que queres yo quiero
dezir por que no lo sigo

¶yo soy nieto de egeo
fijo del duque de atenas
aquel que vengo a tydeo
ganando tierras agenas
[fol. 80v]
soy el que las cadenas
de cupido quebrante
y mi naue leuante
sobre sus fuertes entenas

¶ypolito fuy nonbrado
y mori segund murieron
otros non por su pecado
que por fenbras padeçieron
mas los dioses que supieron
como non fuese culpable
me dan siglo delectable
como a los que dinos fueron

¶y diana me depara
en todo tienpo venados
y fuentes con agua clara
en los valles apartados
y arcos amaestrados
con que fago çiertos tyros
yn çentauros y satiros
que me muestra en los collados

¶mas pues me vos he contado
el mi fecho enteramente
querria ser ynformado
sennor si vos soys plaziente
que por qual ynconviniente
venistes o que ffortuna
vos troxo syn cabsalguna
a este siglo presente

¶do no es onbre del mundo
que entre nin sea ossado
en este çentro profundo
de gentes sseparado
sinon el afortunado
çefalo que non rrio
al qual diana trayo
en el su monte sagrado

¶y otros que ovo en greçia
que la tal vida siguieron

y segund fizo lucreçia
por castidad pereçieron
los quales todos vinieron
en este lugar que vedes
y con sus canes y rredes
fazen lo que alla fizieron

¶rrespondi de la partida
soy donde naçio trajano
y venus que non oluida
el nuestro siglo mundano
me dio sennora tenprano
en mi jouenil hedad
do perdi mi libertad
y me fize sufragano

¶y fortuna que trasmuda
a todonbre sin tardança
y lo lieua do non cuda
desque buelue su balança
quiere que faga mudança
trayendome donde vea
[fol. 81r]
este lugar porque crea
que amar es desesperança

¶pero en esto es engannada
en pensar en tal rrazon
que yo faga mi morada
do no es mi entençion
ca de cuerpo y coraçon
me soy dado por seruiente
a quien dixe que non syente
mi cuydado y perdiçion

¶vna gran pieça cuydando
estouo en lo que dezia
y despues como dubdando
ay dixo que bien sseria
que siguiesedes mi via
por ver en que trabajades
y la gloria que esperades
en vuestra postremeria

¶y maguera que dudase
el camino ynusitado
pense sy lo rrefussasse
que me fuese rreprouado
asy que dixe pagado
soy sennor de vos seguir
no çesando de seruir
amor a quien me soy dado

¶començamos de consuno
el camino peligroso
por vn valle como enbruno
espesso y mucho fragoso

y sin punto de rreposso
aquel dia non çesamos
fasta tanto que llegamos
a vn castillo espantoso

¶al qual vn fuego çercaua
en torno como fonsado
y por bien que rremiraua
de que guisa era labrado
el fumo dessordenado
del todo me rregisstia
asy que non diçerrnia
cosa de lo ffabricado

¶y como el que rretrayendo
afuera se va del muro
y del targon cubriendo
temiendo el conbate duro
desquel fumo tan escuro
yo vi fize tal senblante
fasta quel fermoso infante
me dixo mirad seguro

¶y toda vil couardia
conuiene que desechemos
ca yo sere vuestra guia
fasta tanto que lleguemos
al lugar do fallaremos
la desconsolada gente
do su deseo firuiente
los puso en tales estremos

¶ca no es flama quemante
comoquier que lo parezca
esta que vedes delante
nin ardor que vos enpezca
[fol. 81v]
esfuerço no vos ffalleza [sic]
y seguidme diligente
pasemos luego la puente
antes que mas danno crezca

¶entramos por la barrera
del alcaçar bien murado
fasta la puerta primera
donde vi entretallado
vn titulo bien obrado
de letras que concluya
el que por venus se guia
entre a penar lo pasado

¶ypolito me guardaua
la cara quando leya
vyendo que la mudaua
con temor que me pungia
ca por çierto presomia
que yo fuese atribulado

sintiendome por culpado
de lo que alli ssentendia

¶dixome non rreçeledes
de penar maguer veades
en las letras que leedes
estrannas contrariedades
quel titulo que mirades
al anima se dirige
tanto quel cuerpo la rrige
de sus penas non temades

¶y bien como el que por yerro
de crimen es condenado
a muerte de cruel fierro
y por su ventura y fado
de lo tal es rreleuado
y rretorna en su salud
asi fizo mi virtud
en el su primero estado

¶entramos por la escureza
del triste lugar eterno
a do vi tanta graueza
bien asi como en ynfierno
dedalo quel gran cauerno
obro por su jumetria
por çierto aqui çessaria
su saber sy bien diçierno

¶o planeta diaffano
que con tu çerco luziente
fazes el çentro mundano
clarifico y prepotente
en este casso presente
tu menfluye poessia
porque narre syn falsia
lo que vi en modo eloquente

¶nos vimos al can çeruero
a minus y a platon
y las tres fadas del fiero
estantes en confussion
a felis y demoffon
y canaçe y macareo
euridiçe con orfeo
vimos en vna mansion

¶vimos pirrus con tesena
vimos a eneas & dido
y con la fermosa elena
al su segundo marido
y mas en el dolorido
tormento vimos a ero
con el su buen conpannero
en el lago pereçido

[fol. 82r]

¶archiles y poliçena
& ypromesta con lino
y la duenna de rreuena
de quien fabla el florentino
vimos con su amante dino
de ser en tal pena puesto
y vimos estando en esto
a simiramis con nino

¶olinpas de maçedonia
madre del gran batallante
vlixes con ansiona
ercoles & yolante
feliz con su buen amante
vimos en aquel tormento
y otros que non rrecuento
que fueron despues y ante

¶y por el siniestro lado
cada qual era ferido
en el pecho y muy llagado
de gran golpe dolorido
por el qual fuego ençendido
salia que los quemaua
presomid quien tal pasaua
sy deuiera ser naçido

¶y con la pena del ffuego
tristemente lamentauan
pero que tornauan luego
y muy mansa rrazonauan
y por ver de que tratauan
mi paso me fuy llegando
a dos que vy rrazonando
que nuestra lengua fablauan

¶las quales desque me oyeron
y sintieron mis pisadas
vna a otra se boluieron
bien como marauilladas
o animas affanadas
yo les dixe quen espanna
naçistes si no menganna
la fabla o fuestes criadas

¶dezidme de que materia
tratades depues del lloro
en este linbo y miseria
do amor faze su tesoro
asi mesmo vos ynploro
que sepa yo do naçisstes
y porque o como venistes
en el miserable coro

¶y bien como la sserena
quando planne en la marina
començo ssu cantilena

la vn anima mezquina
diziendo persona dina
que por el fuego pasaste
escucha pues preguntaste
sy piedad algo tenclina

¶la mayor cuyta que aver
puede ningun amador
es nenbrarse del plazer
en el tienpo del dolor
y maguera quel ardor
del fuego nos atormenta
mucho mas nos lo avmenta
esta tristeza y langor

[fol. 82v]

¶y ssabe que nos tratamos
de los bienes que perdimos
y del gozo que pasamos
mientra en el mundo beuimos
fasta tanto que venimos
a arder en esta fflama
a do non curan de ffama
nin de las glorias que ovimos

¶y si por ventura quieres
saber por que soy penado
plazeme porque si fueres
al tu siglo trasportado
digas que fuy condenado
por seguir damor sus vias
y finalmente maçias
en espanna fuy nonbrado

¶desque vi su con[c]lussyon
y la pena abominable
sin fazer larga rrazon
rrespondi tan espantable
es el fecho perdurable
maçias que me rrecuentas
que tus terribles tormentas
me fazen llaga yncurable

¶pero como el soberano
solo puede rreparar
en tales fechos ermano
plegate de perdonar
que ya non me da lugar
el tienpo que mas me tarde
rrespondiome dios te guarde
y te quiera bien guiar

¶y boluime por do fuera
como quien no se confia
buscando quien me troxiera
en su guarda y conpannia
y maguer en torno via

las animas que rrecuento
no lo vy ni fuy contento
ni ssupe que me ffaria

¶y bien como ganimedes
al çielo ffue rrebatado
del aguila que leedes
segund vos es demostrado
bien asy fue yo leuado
que non supe de mi parte
nin por qual manera o arte
fuy daquel çentro librado

ffin

¶Asy que lo proçessado
de todo amor me desparte
ni se tal que no se aparte
sy no es loco prouado

deo graçias

[fol. 83r]

[ID0053] HH1-25 (83r-104r) (120×8)

Tratado llamado Comedita [sic] de ponça
ordenado por el dicho sennor marques
de santillana sobre la prisyon del rrey
don alonso de aragon & del rrey don juan
de Navarra e ynfante don enrrique
sus ermanos quando ffueron
desbaratados & presos en la batalla que
ovieron sobre mar con los genoveses

¶O vos dubitantes creed las esstorias
y los ynfortunos de los humanales
y ved sy las onrras onores y glorias
y grandes poderes sson perpetuales
mirad los ynperios y casas rreales
y como fortuna es ssuperyora
rrebuelue lo alto en baxo a dessora
y ffaze a los rricos y pobres yguales

ynvocaçion

¶O luçido jossue la mi mano guia
despierta el yngenio abiuadamente
el rrustico modo aparta y dessuia
y torna mi lengua de rruda eloquente
y vos las ermanas que çerca la fuente
delicon ffazedes continua morada
ssed todas comigo en esta jornada
porquel triste caso denunçie y rrecuente

[fol. 83v]

discreçion del tienpo

¶los canpos y myeses ya descolorauan

y los desseados tributos rrendian
los vientos pluuyosos las nubes bogauan
y las verdes frondes del ayre tremian
dexando el estilo de los que ffengian
metaforas //vanas// con dulçe loquella
dire lo que priso mi vltyma çella
anarrmicos oyan si bien lo[s] oyan

¶al tienpo que salen al pasto y guarida
las fieras siluestres y vmanidad
descansa y rreposa y la fenbrardida
libro doliferne la sacra çibdad
forçada de suenno la mi libertad
dialogo triste y fabla llorossa
firio mis orejas y tan pauorosa
que solo en pensarlo me vençe piedad

¶asy rrecordando mire do sonaua
el clamoso duelo y vi quatro donas
cuyo aspecto y fabla bien denotaua
ser casy deesas o magnas personas
vestidas de duelo las tres con coronas
llamando a la muerte con tantas querellas
que dubdo sy fueron tan grandes aquellas
que ouidio toca de las tres gorgonas

[fol. 84r]

blason de armas

¶tenian las manos siniestras firmadas
sobre sendas tarjas de rrica valya
en las quales eran armas entalladas
do bien se mostraua su gran nonbradia
la vna de perla ell canpo traya
con vna lisonja de claro rruby
de fina estopasa asi messmo vy
en ella esculpido con gran maestria

¶vn fuerte castillo y su fenestraje
y puertas obrado de maçoneria
de çafir de oriente que a todo visaje
por biuo que fuese rretroçederia
y quatro leones en torrno diria
do neta matisa fieros rranpentes
pues letor discreto si desto algo sientes
rrecordar te deue su genalossia

¶la segunda tarja dun balaxo ardiente
era damarilla gema pomelada
cuyo nonbre dixe taçitemiente
y cada qual poma con nudos ligada
de verde carbunculo al medio esmaltada
la terçera y quarta castillo y leon
eran a quarteles y dexo el blason
ca nuestra materia no es mençionada

[fol. 84v]

ynvocaçion

¶pues fabla tu çirrie y visa rressponda
en el rrudo pecho exortando a pleno
disuelua polimia la cuerda a la sonda
que fondo es el lago y baxo el tereno
nin se tal sentydo quen vmano geno
en sy tal susidio pudo collegir
tan alta materia nin la discriuir
seruando el estilo con tenprado freno

miçer juan vocaçio de çertaldo poeta florentino

¶apres de las quales [*v]y mas vn varon
en abito onesto mas bien arreado
y no se ynoraua la su perffeçion
ca de verde lauro era coronado
atento escuchaua cortes ynclinado
a la mas antigua que aquella fablaua
quien vio las sus quexas y sospiros que daua
de como ya biue ssoy marauillado

fabla la rreyna de aragon

¶aquella muy manso fablaua diziendo
eres tu vocaçio aquel que tracto
de tantas materias que yo non entiendo
que otro poeta a ty sse ygyalo
eres tu vocaçio el que acopilo
los casos peruerso[s] del curso mundano
sennor sy tu eres apresta la mano
que no fue ninguna senblante que yo

[fol. 85r]

fabla la rreyna de nauarra

¶al modo que cuentan los nuestros actores
que la triste nuera del rrey laomedon
narraua su casso de açeruos dolores
fablo la segunda con gran turbaçion
diziendo poeta no es opinion
de gentes que puedan pensar ni creer
el nuestro ynfortunio ni menos saber
las cabsas de nuestra total perdiçion

la rreyna de aragon rreynante

¶con tanta ynoçençia como fue trayda
la fermossa virgen de quien fabla guido
al trisste olocausto del puerto dolida
fablo la terçera turbada el sentido
el qual con la fabla le era ffuydo
diziendo vocaçio la nuestra misseria
si fablar quisieres mas dina materia
te ofreçe de quantas tu has escreuido

la ynfante donna catalina

¶non menos fermosa y mas dolorida

que la tiriana quando al desspedir
de los elyones y vio rrecogida
la gente a las naues en son de partir
con lengua despierta la quarta a dezir
començo poeta mi mala fortuna
non pienses dagora mas desde la cuna
jamas ha çesado de me perseguir

[fol. 85v]

¶vmanas son tygres y fieras leonas
con nuevos cabdillos y pirgo piadosa
aquella elenesa que las amazonas
penso fazer libres por lid sanguinosa
tratable es caribdi y non esspantossa
segund me contrasta estaduersa rrueda
a quien no sse fuerça ni sabio que pueda
ffuyr el su cursso y sanna rrauiossa

¶benditos aquellos que con el açada
sustentan sus vidas y biuen contentos
y de quando en quando conoçen morada
y sufren plazientes las pluvias y vientos
ca estos non temen los sus mouimientos
nin saben las cosas del tienpo passado
nin de las presentes se fazen cuydado
nin las venideras do han naçimientos

¶benditos aquellos que siguen las fieras
con las gruesas rredes y canes ardidos
y ssaben las trochas y las delanteras
y fieren del arco en tienpos deuidos
ca estos por sanna no son comouidos
nin vana cobdiçia los tiene sujebtos
nin quieren tesoros nin sienten defectos
nin turba fortuna sus libres sentidos

[fol. 86r]

¶benditos aquellos que quando las flores
se muestran al mundo deçiben las aves
fuyen las ponpas y vanos onores
y ledos escuchan sus cantos suaues
benditos aquellos quen pequennas naves
siguen los pescados con pobres traynas
ca estos non temen las lides marinas
nin çierra sobrellos fortuna sus llaues

rresponde juan vocaçio a las
sennoras rreynas & ynfante

¶ylustre rregina de abun el aspecto
y demostra gran ssacho y manifiçençia
io vengo dal loco que ha el delecto
eterno la gloria y suma potençia
vengo chimato de vostra exçelençia
ca vostro plannire y rremaritare
ma fato sy tosto partire y quitare

lesiato lo çelo a vostra obidençia

¶jo vide li vostro senblante totali
che ben dimostrate y ser molestate
di que la rregina que ynfra li mortaly
rregi & judica de jure y de fate
vei amo ly casy & jo che narrate
che vestri ynfortuni con tanto peruersi
cha presto sarrano prose rrimen versy
a vostro piaçiri y puisi mandate

[fol. 86v]

Narraçion que faze la sennora
rreyna donna leonor madre de
los rreyes & ynfante a juan vocaçio

¶y como varones de noble ssenado
sse onrran y rruegan queriendo fablar
asy sse miraron y de grado en grado
no poco tardaron en sse conbidar
mas las tres callaron y dieron lugar
a la mas antigua que aquella fablasse
y su fuerte caso por orden contasse
la qual açebta[n]do començo a narrar

¶a mi non conuienen aquellos ffauores
de los vanos dioses nin los ynvocar
que vos los poetas y los oradores
llamades al tienpo del vuestro exortar
ca la justa causa me presta lugar
y maternal rrauia me fara eloquente
porque a ty preclaro y varon çiente
esplique tal fecho que puedas contar

¶de gotica sangre yo fuy produzida
al mundo de linna bienaventurada
de rreyes y rreynas criada y nudrida
y de nobles gentes seruida y onrrada
y de la fortuna asi contrastada
que rrey de ynfançia me dio por marido
catolico sabio discreto y ssentydo
de quien amadora me fizo y amada

[fol. 87r]

¶de nuestra simiente y generaçion
conuiene que sepas y sus cantidades
ca fijos y fijas de gran perffeçion
ovimos y amigos de todas bondades
dotolos fortuna en nueuas edades
asy de sus dones que por justas leyes
en muy poco tienpo vi los quatro rreyes
y dos titulados de asaz dinidades

del rrey don alfonso de aragon

¶pues que te dire del fijo primero
cruel aduersario de torpe avariçia

ca este se puede rrey & cauallero
llamar y luzero de bello y miliçia
en este prudençia tenprança y justiçia
con gran fortaleza abitan y moran
a este las otras virtudes adoran
bien como a diana las duennas de siçia

¶este desdel tienpo de su pueriçia
amo las virtudes y amaron a el
vençio la pereza con esta codiçia
y vio los preçebtos del dios manuel
sintio las visiones de ezechiel
despues supo tanto de lengua latina
con toda la ley de sacra dotrina
que dubdo si mario yguala con el

[fol. 87v]

¶las silauas cuenta y guarda el açento
produto y correbto pues en geumetria
ecluydes non ovo tan gran sentimiento
nin ffizo atalante en astrologia
oyo los ssecretos de filossoffia
y los fuertes pasos de naturaleza
obtuuo el yntento de la su pureza
y profundamente vio la poessya

¶las sonantes cuerdas daquel anfion
que fueron de tebas muralla y arreo
jamas non ovieron tanta perffeçion
como sus cursos melifos yo creo
pues de los masabios alguno no leo
ni jamas he visto quien asi lo entienda
de su gran loquela rreçiben emienda
los que se coronan del arbol laureo

¶este deseoso de la duradera
o perpetua fama non dudo elegir
el alto exerçiçio de vida guerrera
que a los militantes avn faze beuir
la espada deste ha fecho ssentir
al grand africano con tanta virtud
que los pies pequennos le fueron ssalud
dexando los litos fuyendo morir

[falta un folio en la numeración]

[fol. 89r]

¶por que me detengo agora en fablar
y dexo mill otras vitorias primeras
ca este forçando las ondas del mar
obtuuo de ytalia muy grandes rriberas
este manifiestas puso sus vanderas
por todos los muros de los marselanos
este fue cometa de napoletanos
y sobro sus artes y cabtas maneras

del rrey don juan de nauarra

¶en quanto al primero aqui fago pausa
non porque faltan loores que cuente
mas por quanto veo prolixa la causa
y pro trabajossa a mi no çiente
y vengo al segundo que no tan valiente
en armas fue sena nin fizo domiçio
sy marco lo viera dexando a fabriçio
el lo escriuiera con pluma eloquente

¶archiles armado no fue tan ligero
nin ffue alixandre tal caualgador
jamas es fallado syno verdadero
ygual amoroso cabto ssofridor
mas quiere ser dicho que onrrado onrrador
y muy mas que fiero benino piadosso
este de clemençia es silla y rreposso
y de los aflitos muro defenssor

[fol. 89v]

¶este los seluares siguio de dardania
y sabe los coles del monte erissteo
corrio las plaçenas de toda espartania
y los fondos valles del gran perineo
la sselua nonbrada do vençio thesseo
el minotauro terror de las gentes
este la follo con pies diligentes
y sofra [sic] en trabajos al grand eristeo

del ynfante don enrrique

¶asy degradando me paso al terçero
en gran fermosura ygual de absalon
graçioso plaziente de sentir ssynçero
ardid rrepossado sujebto a rrazon
non me pienso orfeo tanta perfeçion
obtuvo del canto ni tal ssentimiento
este de dios solo ha fecho çimiento
y sigue la via del justo varon

del ynfante don pedro

¶vengamos al quarto ssegundo magon
estremo valiente fiero valiosso
magnifico franco de gran coraçon
gentil de persona en fablar muy graçioso
su dulçe ssenblante es tan amorosso
ca no es bastante ninguna gran rrenta
a suplir defectos segund el contenta
al militar vulgo pero trabajosso

[fol. 90r]

de la rreyna de castilla donna maria

¶quanto a los varones aqui sobresseo
y paso a la ynsigne mi fija primera
de las vmanales corona y arreo
y de las espannas claror y lunbrera

esta se muestra como primavera
entre todo el anno çerca las mas bellas
es febea lunbre entre las estrellas
apres de fontanas facunda rribera

¶esta de los dioses pareçengendrada
y con las çeliculas formas contiende
en ygual belleza no punto sobrada
ca non es fallado que en ella semiende
si gerarachia en esto sse offende
a mi non yncrepen pues soy ynculpable
que rrazon me fuerça y faze que fable
y de todo blasmo mi fabla defiende

¶esta de ssebila de su naçimiento
fue jamas nudrida fasta la sazon
que como deesa por mereçimiento
es ya del colegio del monte elicon
esta como fija ssuçede a caton
y sientel secreto de sus ynforismos
esta de los çielos fasta los abismos
conprehende las cosas y ssabe que son

[fol. 90v]

¶a esta consiguen las syete donzellas
que suso he contado en otro lugar
y le van en torrno bien como çentellas
que salen de flama o rrios de mar
las tres son aquellas que fazen lugar
en el parayso al anima digna
y las quatro aquellas a quien la dotrina
de caton nos manda jamas obseruar

¶yo non fago dubda que sy de catulio
oviese la lengua o virgiliana
o me socorriesen proporçio y tulio
que libre escriuio la gesta rromana
atarde podria ni ovidio quesplana
y çendra los cursos del gentil fablar
con pluma abondosa dezir y notar
quanto de virtudes es fija çercana

de la rreyna donna leonor de portogal

¶la vltima fija non pienso la prea
o griega rrapinna fuese mas fermosa
nin la fugitiua y casta penea
tan lexos de viçios nin mas virtuosa
la su clara fama es tan gloriosa
que bien es difiçil en tan nueua edad
vençer las pasiones de vmanidad
y ser en bondades tanto copiossa

[fol. 91r]

¶estos poseyendo las grandes espannas
con muchas rregiones que son al poniente
del fin de la tierra fasta las montannas

que parten los gaulos de la nuestra gente
el curso çeleste que de contynente
faze y desfaze abaxa y prospera
bien como aduersario con buelta ligera
firio sus poderes con plaga nuziente

rrecuenta la rreyna madre de
los rreyes a juan vocaçio algunas
sennales que ovo de ssu
ynfortunio y gran desastre

¶non pienses poeta que çiertas sennales
y suennos diuersos no me demostraron
los dannos futuros y vinientes males
de la rreal casa segund que passaron
que las tristes bozes del buho sonaron
por todas las torres de nuestra morada
do fue vista yris deesa yndinada
de la qual tereçieron los que la miraron

¶asy fatigada turbada y cuydossa
temiendo los fados y ssu poderio
a vn arboleda de frondas sabrossa
la qual çircundaua vn fermoso rrio
me fue por deporte con gran conpannio
de muchas sennoras y duennas notables
y como entre aquellas oviese de afables
por dar qualque venia al animo mio

[fol. 91v]

¶fablauan nouelas y plazientes cuentos
y no oluidauan las antiguas gestas
do son contenidos los avenimientos
de mares y venus de triunfos y fiestas
ally las batallas eran manifiestas
de troya y de tebas segund las contaron
aquellos que apolo sse rrecomendaron
y dieron sus plumas a fablas onestas

¶ally sse fablaua de protesalao
y como tomara el puerto primero
ally del oprobio del rrey menalao
ally de tydeo el buen cauallero
ally de medea ally del carrnero
ally de latona ally de ffiton
ally de diana ally de anteon
ally de mercurio sotil mensajero

¶ally se fablaua del monte pernaso
y de la famosa fuente de gorgon
y del alto buelo que fizo pegasso
contando por orden toda su rrazon
ally del enganno que fizo symon
ally se dezia como por enxenplo
de las serpientes vinientes al tenplo
y como fue preso el grande elyon

[fol. 92r]

¶alli se contaua del gentyl narçisso
ally de medusa ally de persseo
ally maltratauan la fija de niso
ally memorauan la lucha danteo
alli de la muerte del ninno andogreo
alli de pasife el testo y la glossa
alli rrecontauan la sanna rrauiosa
y la comouida yra de panteo

¶ya de los temores çesaua el conbate
del animo aflito & yo rrepposaua
segura y quieta de ningu[n]d rrebate
nin otro ynfortunio ya matemoraua
y como la lunbre febal se acostaua
leuanteme leda con mi conpannia
y por la floresta fezimos la via
del rreal palaçio do yo abitaua

¶mostrado se avia el carro estrellado
y la mi conduyta licençia obtenida
el duçe rreposo buscaua de grado
& yo rretrayme faza la manida
en la qual sobrada de suenno y vençida
no se si la nonbre fantasma o vision
me fue demostrada tal rreuelaçion
qual nunca fue vista nin pienso fengida

[fol. 92v]

Rrecuenta el suenno la dicha
sennora rreyna madre de los rreyes

¶vi de macobrio de guido y valerio
escriptos los suennos que algunos sonnaron
los quales denotan ynsigne misterio
segund los efectos que de sy mostraron
pues oyan atentos los que se admiraron
y de tales casos fizieron minçion
ca non sera menos la mi narraçion
mediante las causas que a ello guiaron

¶obscura tiniebla tenia aquedada
la gente del tienpo que a mi pareçia
quen pequenna nave me vya çercada
de lago espantoso que me conbatia
no creo las ondas del santo gulya
ninguna otra naue asi conbatieron
ni ygual tormenta los tenosos sintieron
al tienpo que juno mas los perseguia

¶no vi yo a neptuno en carro dorado
andar por el agua como se rrecuenta
quando de la madre damor ynplorado
la flota dardania libro de tormenta
mas tetis deesa no punto contenta
fendia la fusta y sus oquedades

y junto con ella las diuinidades
el mar avmentaua la mi sobrevienta

[fol. 93r]

¶alli fueron sueltos los fijos dechina
y de sus entrannas salian ayrados
çercauan en torno toda la marina
y la nauezilla dentramos los lados
cobrian las bocas sus baxos colados
y çifero ynoto su grande ssequela
quebrauan el arbol rronpian la vela
y dauan mis carrnes a todos pescados

¶pues sienta quien siente si sentido basta
despues del tal suenno yo qual ffincaria
por çierto non creo quen tebas jocassta
por bien que rrecuente su triste alegria
la su dolor fuese ygual de la mia
nin de la troyana por mucho que omero
descriua el su caso y suenno mas fiero
como ssoberano de la poessya

¶ya los corredores de apolo rrobauan
del nuestro orizonte las escuridades
y las sus fermosas batallas llegauan
por los altos montes a las vmidades
bien como el tenofo y los eneades
firieron las haçes y sennas de turno
rronpio la tiniebra y ayre noturno
y ffizo patentes las sus claridades

[fol. 93v]

¶las nobles siruientas las rricas cortinas
corrieron del lecho y me demostrauan
como ya las lunbres al alua confinas
los cultiuadores del canpo llamauan
y senti conpannas que murmureauan
por todo el palaçio en son de tristeza
& yo sospechosa pospuesta pereza
temiendo ynquieta de lo que tratauan

como fue presentada la carta
de las rreynas de castilla
y de portugal a la rreyna
su madre en que se faze mençion
de la batalla y prision de los
rreyes & ynfante don enrrique

¶y como fiometa con la trisste nueua
que del pelegrino le fue rreportada
segund la tu mano rregistra y aproeua
la mas fiel dellas non poco turbada
la ynfata carta de luto ssellada
con vmido visso me rrepressento
qual era su forma y en que concluyo
quiero que te ssea por mi rrelatada

[fol. 94r]

Comiença la carta

¶los altos corages rreyna venerable
mayormente aquellos que naturaleza
formo del comienço de sangre notable
no deue sobrarlos ninguna aspereza
ca los que paçientes ssostienen graueza
han de la fortuna loable vitoria
y destos fizieron los sabios memoria
a quien no sojudga dolor ni trissteza

¶lo qual proçedientes rrecomendaçiones
las omildes fijas a ty rrecordamos
por quanto las graues estimulaçiones
non somos siluestres que non las sintamos
mas quando en aquellas constantes llamamos
la graçia de aquel que fizo a laban
mudar el yntento y tovo el jordan
a todas estrellas y fados sobramos

¶dexando el exordio la triste materia
o muy cara madre conuiene tocar
ca nuebas çircundan las planas diberia
y son confirmadas por fama vulgar
que naves son bueltas en el fondo mar
de los espannoles contra genoueses
de tarentinos contra milanesses
pues fablen poetas que bien han lugar

[fol. 94v]

¶çese la pluma ssotil de lucano
de punico bello y non fable omero
ca por bien que cuentel sitio troyano
y pynte el dia de vmançia mas fiero
sy dexan las fablas y tocan el vero
por çierto non creo poderse ffallar
tan cruda batalla en tierra ni en mar
sy el rreportante non fuere grosero

Comiença la batalla

¶y seras tu ponça jamas memorada
por essta lid ffiera cruel sanguinossa
y avra tu nonbre perpetua nonbrada
y de todas yslas seras mas famosa
en ty ffue cridada con boz pauorossa
en los doss estoles batalla batalla
veril fue la vista que pudo miralla
sin temor de muerte y mas que animosa

¶no con tan grand yra çierto provoco
la muerte del çieruo al pueblo latino
nin la de la tigre en sanna ynfflamo
a los suçesores del triste cadino
nin creo rresollo libial viperino
mas contaminase ninguna ferida

que fizo a la gente la espantosa crida
por donde el efecto fadado preuino

[fol. 95r]

¶aqui las ensennas fueron desplegadas
asi de los rreyes como de varones
y todas las naves de fecho entoldadas
y vistos en pronto diuersos pendones
en vnos las cruzes en otros bastones
en los otros pomas lirios calderas
en otros las jarras en otros veneras
en otros castillos y brauos leones

¶en la parte aduersa bien como ssennora
o rreyna de todas era la vandera
la qual contenia la deuoradora
bixa milanessa fiera y temedera
y luego çercana como conpannera
era la cruel ssennal genouessa
aguilas flores en la grandenpresa
onrrauan las proas y las delanteras

¶las gruesas bonbardas truenos bodoquines
de nieblas y fumos el ayre enllenauan
asi que las yslas y puertos confines
apenas se vyan y sse deuisauan
jupiter non se cree quando rrecontauan
que vino a la ninna tebana tronando
viniese tan fiero el çielo ynflamando
como quando aquellas fustas se llegauan

[fol. 95v]

¶y como el granizo que fiere en limera
traydo del viento Aquilonar
ynmensas ssaetas de aquella manera
feryan los nuestros por cada lugar
ally todas gentes cuytauan llamar
san jorge con furia como quien desea
traer en efecto la crua pelea
jamas no cuydando poderse fartar

¶y quien contaria los muchos linajes
alcunnas y rreynos que alli se nonbraron
de diuersos nonbres asi los lenguajes
quando los estoles en vno aferraron
ca dubda es aquellos que mas sesforçaron
a saber del cuento podellos contar
pues solos aquellos a quien da lugar
el tienpo diremos y nos rrecontaron

¶la gente despanna llamauaragon
y todos nauarra los de su quadrilla
y los que guardauan el noble pendon
do era pintada la fogossa sylla
llamauan mallorca çerdenna y seçilla
corçega y sesa salerrne y taranto

y todos ferian pospuesto el espanto
asy virilmente quera marauilla

[fol. 96r]

¶alli se nonbrauan los de lurias y vrrea
yxar y castro eredia alagon
liori moncayo vrias gurrea
con otros lynajes de noble naçion
pues vamos aquellos que allende monçon
abitan y moran y no se detenga
el nuestro proçeso mas presto deuenga
por sus rretos cursos en la conclusion

¶alli se nonbrauan maças boyles
pinoses çentellas soleres moncadas
y los areneses mançebos gentiles
y muy muchas otras progenies onrradas
y como las flamas son mas abiuadas
fferidas del viento asi se abiuauan
quando sus linnas y alcunnas llamauan
a fazer ningunas las lides pasadas

¶ally se nonbrauan los de barçelona
y los lobregantes y de rrosellon
ally los de prades y los de cardona
y los perelloses y de çeruellon
alli muchos otros que mi locuçion
a contar no basta de perpinnaneses
y del prinçipado de anburdaneses
y muchos que dexo aquende avinnon

[fol. 96v]

¶ally se nonbrauan los de ssandoual
los dauellaneda y ssotomayor
castro y mendoça con sanna mortal
mostrauan quien eran en la gran furor
fajardos y angulos pungidos donor
buscauan las preas a gran diligençia
daualos puelles con toda femençia
non menos fazian pospuesto temor

¶las gentes contrarias llamauan milan
y genoua muchos con asaz vigor
pues crean aquellos que creer querran
tanbien el poeta como el orador
ca dubda es de rreyes ni denperador
fallarse en los mares tal flota jamas
tan bien ordenada nin por tal conpas
nin tan deseosa de ganar honor

¶alli se llamauan grimaldos y dolia
asiascos catanios neg[r]os y damar
ally desyre de ynsigne memoria
espindolas çibos y paris dabar
gentiles grimaldos marbotes bercar
çiagolos fragolos y justinianos

çibus çenturios & ytalianos
y otros que dexo por no dilatar

[fol. 97r]

¶no son los martillos en el armeria
de milan tan prestos ni tan abiuados
como la batalla ally sse fferia
con animos duros y muy denodados
ca vnos cayan en la mar llagados
y otros en pronto las vidas perdian
y otros ssin braços y piernas venian
asi fieramente eran affincados

¶el pesso de mares no punto mostraua
fauor a ningunos ni sse conoçia
asy que la brega jamas non çesaua
y de todas partes la furor ardia
mas los sabios janos con artelleria
rronpian las fustas y las foracauan
y todas cabtelas y artes buscauan
para aver del fecho final mejoria

¶en el filo estaua la lid esspantossa
asi como el febo en el medio dia
tocando el efecto dexando la glossa
asaz trabajada la caualleria
la prinçipal nave de la ssennoria
rreal se anegaua rronpidos los rrobres
en ssy rreçebtaua las aguas salobres
ca era miraglo que no se fundia

[fol. 97v]

¶los grandes naucheles sintiendo aquel danno
vniuersalmente como sse syntya
por toda la flota y cruel enganno
cuytauan el trato y la pleytessia
mas quien vos diria la estrema porfia
que se sostenia por no sse rrendyr
ca tulio dubdara poderla escreuir
vista la defensa que ally se fazia

¶y como del fuego la yerua curada
veloçe ssaprende vniversalmente
por toda la flota fue boz divulgada
quel rrey se anegaua y de continente
los nobles ermanos con toda la gente
sintieron aquella tristeza y dolor
que los de cartago por su enperador
la vez postrimera que fue padeçiente

prision de los rreyes & ynfante

¶asy concluyendo la flota fue presa
con todos los rreyes duques varones
y puesta en saona la notable pressa
en lo qual se acuerdan las mas opinnones
pues rreyna leydos los tristes rrenglones

biue y esspera q*ue* dios es aquel
q*ue* puede librarlos como a daniel
y fizo a dauid de sus ynp*re*siones

[fol. 98r]

la muerte de la sen*n*ora rreyna
mad*re de* los rreyes & inf*ante*

¶la letra leyda o carta cayo
en t*ie*rra priuada de le*n*gua y se*n*tido
y de todo pu*n*to el anima dyo
no*n* menos llagada q*ue* la t*r*iste dido
y luego las otras el mas dolorido
duelo fiziero*n* q*ue* jamas se falla
ser fecho en *e*l mu*n*do ni*n* por la batalla
do lu*ç*io fue muerto y varro ve*n*çido

¶aq*ui* caliope molpenome y [c]lyo
y las ot*r*as musas pu*e*s vo comendado
dad rremos y vela al flaco navio
en *e*l fondo lago do*n*dentro dubda*n*do
q*ue* yo no*n* soy marçia ni*n* so de su va*n*do
ni*n* loo las fijas del rrey perineo
mas v*ue*st*r*os fauores ynvoco y deseo
aq*ue*l sacro apolo me vaya guiando

Como la fortuna en forma
femenil vino a co*n*solar
a las sen*n*oras rreynas [&] ynf*ante*

¶la madre daleto las n*ue*st*r*as rregio*nes*
dexara ya claras el alua lu*n*brossa
asy q*ue* pate*n*tes era*n* las visiones
y no*n* eralguna q*ue* fuesse dubdossa
[fol. 98v]
q*ua*ndo en presse*n*çia la muy poderossa
deesa rredonda me fue demostrada
co*n* gran co*n*pan*n*ia rricame*n*te ordenada
en forma de duen*n*a duçe piadossa

¶Asy como nieue por q*ui*en pasa yelo
despu*e*s comouida d*e*l voltoso viento
era su ymage*n* y forma del çielo
y todos sus actos y su mouimie*n*to
asy de miralla estaua contento
q*ue* jamas q*ui*siera de ally se alexara
pu*e*s voy al arreo y baste su cara
sser mas q*ue* la luna f*er*mosa sin cue*n*to

¶vesstia vna cota de damasco vys
de muy fina seda y rricas lauores
de color de neta guma de tarssis
senbrada destrellas de muchas colores
ca vnas mostraua*n* los gra*n*des calores
y otras causaua*n* v*e*ntura me*n*guada
y otras el t*ie*npo de fria ynverrnada
otras los bienes y gra*n*d*e*s fauores

¶çen*n*ia vna gruesa çinta de caderas
co*n* doze morlanes rricame*n*te obrados
de oro co*n* piedras de muchas man*e*ras
segu*n*d q*ue* por orde*n* seran rrecontados
[fol. 99r]
era en el p*ri*mero de cuernos dorados
y po*r* el vn carrnero y luego siguie*n*te
vn toro enpla*n*tado fermoso valie*n*te
como si corriese los pies leua*n*tados

¶era en *e*l terçero geminis grauado
en el q*ua*rto cançer en el q*ui*nto leo
en el sesto visto segu*n*d es pintado
el gran magesto del rrey tolomeo
escrito venia siguie*n*do lo apreo
apres dello libra con *e*l sagitaryo
capra el dezeno despu*e*s d*e*l acuario
el vltimo piçis d*e*l notable asseo

¶color de la piedra de topasa fina
era*n* sus cabellos dorados ygual*e*s
y q*ua*l es el febo q*ua*ndo mas senpina
y muestra y dep*ar*te sus rrayos diurnal*e*s
fermosa guirla*n*da de rricos metal*e*s
aq*ue*llos premia y de perlas neta
co*n* siete firmalles de las planetas
mostraua*n* sus fuerças y çiertas sen*n*ales

¶era en el p*ri*mero tenie*n*ten la diestra
la hoz encoruada el gran cultiua*n*te
el drago ynprimia su mano diestra
y luego segu*n*do el fijo trona*n*te
la terçera ymage*n* era el batalla*n*te
sentado en vn carro armado feroçe
pu*e*s basta lo dicho al q*ue* los conoçe
y q*ui*en no apre*n*da d*e*l rrey atala*n*te

[fol. 99v]

¶el q*ua*rto firmalle mostraua p*er*ssona
de varo*n* mançebo muy claro lu*n*broso
y tres pies tenia preçiosa corona
y alto estorme*n*to do te*n*praua curoso
era en el q*ui*nto de gesto amorosso
fermosa donzella en *e*l mar anda*n*te
el sesto adormia co*n* flauta sona*n*te
al pastor de dexo de suen*n*o engan*n*oso

¶era en el seteno donzella e*n* vn barco
o luto arbolado siguie*n*do las fieras
co*n* flecha te*n*dida enbraçaua el arco
seguda*n*do aq*ue*llas fasta las rriberas
a esta las ni[n]fas era*n* co*n*pan*n*eras
te*n*diendo las rredes fazie*n*do sus tyros
era*n* asymesmo fauros [sic] ssatyros
ally figurados co*n*pan*n*as ligeras

ynvocaçion

¶o mussas mostradme las ge*n*tes y*n*sines
q*u*en este co*n*claue viniero*n* presentes
de toda la t*i*erra fasta los sus fines
ca no*n* fallo algu*n*os q*u*e fuese*n* absentes
alli pareçiero*n* los q*u*at*r*o potentes
primero de todos q*u*e por monarchia
ouiero*n* del mu*n*do total sen*n*oria
co*n* muy rricas t*i*erras y rresplandeçie*n*tes

[fol. 100r]

Rrecuenta los prinçipes q*u*e
aconpanaua*n* a la fortuna

¶alli vi yo a bello y nino y ssardana
y vi argilao y al otro nino
vy a ffialty y aq*u*el q*u*e la vana
creençia antepuso al poder diuino
alli vino caco de mo*n*te aventino
asuy el ponposo y vi mas anteo
co*n* ynsignes ot*r*os q*u*e fuero*n* a rreo
pasado el diluvio en error malino

¶alli vi yo adastro y vy a tyden
ligurgio y anfaro ypomedon
ca*n*paneo el soberuio y *p*artinopen
y vi poliniçes fermoso varon
tohach*es* tebano drias y giron
cadino el ma*n*çebo a*n*teo el fermoso
toante de lenos el muy valeroso
yspe*n* arçenisse lydas y varon

¶alli vi de greçia los nobles ermanos
co*n* todas las ge*n*tes q*u*e asi promouiero*n*
q*u*a*n*do las monta*n*nas las sierras los planos
asi la enllenaro*n* y la destruyeron
alli sin ta*r*da*n*ça los frigios viniero*n*
co*n* toda la casa d*e*l rrey laomedon
alli pareçiero*n* esso*n* y jason
co*n* los de tesalia q*u*e los co*n*siguiero*n*

[fol. 100v]

¶alli vi yo a eneas y con el pala*n*te
vrialo y niso y vi alenor
a çillas q*u*eneo a escanio el infa*n*te
co*n* ot*r*os varones del mesmo fauor
y vi los q*u*e fizo la mad*r*e damor
pintar en la tarja co*n* toda la ytalia
y los q*u*e rregaro*n* la naua farsalia
co*n* sangre rromana co*n* loco fauor

¶vi a latino co*n* muchos latinos
y co*n* laure*n*tino a los de lure*n*çia
vi a miçe*n*çio y a los tibuytinos
vi muchos ot*r*os daq*u*ella vale*n*çia
a lauso y a biruio de noble p*re*se*n*çia
mesafo y buybro y vi los sabinos

vi los semutas de memoria dinos
co*n* otros q*u*e oviero*n* de alli depe*n*de*n*çia

¶vi los felipos y los faraones
co*n* los maçedonios y ge*n*tes degito
y vi d*e* los tribus sus gener[a]çiones
segu*n*d q*u*e moyse*n* los puso en esc*r*ito
vi los juezes de q*u*ien no rrepito
sus no*n*bres y actos y vi de yrrael
todos los rreyes q*u*e fuero*n* en el
fasta la venida de ih*es*u bendito

[fol. 101r]

ynvocaçion

¶otros muchos dexo por q*u*el femineo
linaje del todo no*n* q*u*ede oluidado
pues vos q*u*e most*r*astes fablar a maneo
otorgadme musas q*u*en met*r*o eleuado
rrecue*n*te las rreyn*a*s y donas desstado
q*u*en este co*n*çilio ffuero*n* ayu*n*tadas
de q*u*ien ya la tela cortaro*n* las fadas
porq*u*el mi p*r*oçeso no*n* q*u*ede me*n*guado

rrecuenta las sen*n*oras

¶alli vi de pimalio*n* el hermana
y vi simiramis y pantasselea
tamaris ma*n*pasa ypolita y ana
y la muy fermossa sebila erytea
vi a casandra y vy almathea
y la fetoniza y vy a medussa
ypromesta oenone laudonia y crusa
cato y çirce amato y medea

¶vi licomedia y vy euridiçia
emilia y tisbe pasife adriana
atala*n*te y fedra y vi corrnifiçia
y vi a semele fermosa tebana
y vi a europa ge*n*til diafana
y vi a çenobia y a filomena
prone y gresida y a la mad*r*e almena
y las q*u*e altercaro*n* sobre la ma*n*çana

[fol. 101v]

¶vi a camila y a penolope
y a mas las g*r*iegas fermosas erman*a*s
vy a daymira y a la de rrodope
y la triste ecuba co*n* muchas t*r*oyanas
y las de tebas y las argianas
jocasta y argia ysme antigona
vi poliçena breçayda anssiona
y muchas ynsign*es* mat*r*onas rroman*a*s

¶alli vi a rrea muger de tarquino
marçia y lucreçia ortensia y paulina
senpronia y supliçia mug*er* de agratino

ponçia y cornelia _tr_iara y fasstina
vi mas antonia jullia agrapina
ypon virginea breuia çenturya
proba ma_n_julia yspurata y curia
y mas fetunisa de memoria dina

¶pues q_ue_ me dire de aq_ue_stos abarca
varones y duen_n_as q_ue_ so_n_ memorados
en el volume_n_ trihu_n_fo petrarca
alli fuero_n_ todos vistos ju_n_tados
los v_n_os vestidos los ot_r_os armados
segu_n_d los pintaro_n_ las plum_a_s discretas
de los laureados escuros poetas
en sus estorias y sso_n_ rreco_n_tados

[fol. 102r]

como las rreynas & ynfante
se y_n_clinaron a la ffortuna

¶las rreynas & ynfa_n_te la clara deesa
vista no_n_ tardaro_n_ ca presto syntiero_n_
q_ue_ fuese del çielo rreal maestressa
y co_n_ rreuere_n_çias a ella saliero_n_
y todas las otras desq_ue_ la asy viero_n_
fiziero_n_le salua ca no_n_ denegaua_n_
la venusta sangre y asi lo mostraua_n_
y generalmente callaro_n_ y oyero_n_

rrazonamiento que fizo la fortuna
a las rreynas & infante

¶qual tro_n_pa çeleste o boz diuinal
començo fortuna tal rrazonamie_n_to
dios vos salue rreyn_a_s d_e_l siglo vmanal
sujebtas al n_ue_st_r_o fatal mouimiento
yo soy aq_ue_lla q_ue_ por ma_n_damiento
del dios vno y t_r_ino el gran mu_n_do rrije
y todas las cosas estando colyje
rrebueluo las rrie_n_das d_e_l gra_n_ firmamie_n_to

¶yo p_ar_to los rreynos coronas honor_es_
t_i_er_r_as ynperios a vos los biuientes
traygo en baxeza los ssuperiores
y sus bien_es_ paso a muy pobres gent_es_
y fago los v_n_os a t_i_e_n_pos plazientes
y t_r_istes a otros ssegu_n_d la rrazon
y sus naçimie_n_tos y cosstelaçion
y todos estados me son obidie_n_t_es_

[fol. 102v]

¶de lo q_ue_ senge_n_dra yo ssoy el actora
y q_u_ien lo corro_n_pe no_n_ es syno_n_ yo
de los q_ue_ mas valen yo soy la sse_n_nora
y de mi rreçiben los dan_n_os o pro
la nobl_e_ dardania q_u_ien la fabrico
desde los solar_es_ fasta los merlotas
y puse en _e_l agua las armas y flotas

de la gente griega q_ue_ la desstruyo

¶yo fize los pueblos de tebas y atenas
y las sus murallas leua_n_te del suelo
de mi rreçibiero_n_ folga_n_ças & penas
y prosperas fize las lydes de belo
la naue co_n_pli de gran duelo
y puse discordia e_n_t_r_e los ermanos
todas las cosas viene_n_ a mis manos
si prosperas sube_n_ asy las asuelo

¶de otra manera los v_n_os serian
monarcas del mu_n_do y gra_n_des sen_n_or_es_
y ot_r_os lange_n_do de fanbre morria_n_
y sin espera_n_ça las gent_es_ menores
mas bie_n_ como bueluo los gra_n_des calor_es_
por t_i_e_n_pos en aguas y en nieues y frios
asi mudo estados y los sen_n_or[i]os
y presto por t_i_e_n_po mis dulçes fauores

[fol. 103r]

¶ni_n_ son las mis graçias y mis donadios
de v_n_a manera q_u_iero q_ue_ ssepades
ca bie_n_ q_ue_ los parto como p_r_opios mios
tanbie_n_ sen_n_orios como dinidades
a v_n_os porogo las prosperidades
de padres a fijos y mas adelante
a otros el çebtro y silla t_r_iu_n_fante
en ta_n_to q_ue_ dura_n_ sus mesmas edades

¶p_er_o ni por ta_n_to los tales pe_n_sad
no_n_ biue_n_ del todo asy rrepossados
q_ue_ tal fue la rregla de vmanidad
despues q_ue_ a mis leyes fustes sojudgados
q_ue_ a t_i_e_n_po sse falla_n_ bie_n_aventurados
sojudga_n_ y vençe_n_ las t_i_er_r_as y mar_es_
en otro les bueluo la cara de mar_es_
y los domina_n_tes q_ue_da_n_ dominados

¶ca rreynas muy clar_as_ si yo p_er_mitiera
y diera las rry_e_ndas a v_ue_st_r_os maridos
qual es el mu_n_do q_ue_ oy sostuuiera
sus altos corajes feroçes ardidos
por çierto leua_n_te ya daua gemidos
y todas las galias y ge_n_tes du_n_gria
y se me q_ue_xaua_n_ los del mediodia
asi como pueblos del todo vençidos

[fol. 103v]

¶por ta_n_to en efecto la su dete_n_çio_n_
q_ue_ fuese convino y fue desstinado
mas no_n_ vos temad_es_ de larga p_r_ision
como del q_ue_ puede sea denegado
aved espera_n_ça fuyd el cuydado
q_ue_ asy vos fatiga torme_n_ta y molesta
ca_n_tad aleluya q_ue_ ya vos es presta

y non memoredes el *tien*po pasado

¶ca non solamente seran delibrados
y rrestaurados en sus ssennorias
mas grandes ynperios les son dedicados
rregiones prouinçias que todas son mias
y deste linaje ynfinitos dias
verna quien posea gran parte del mundo
aved buen esfuerço que en esto me fundo
y çesen los plantos y las elegias

¶los quales demas de toda la espanna
avran por eredo diuersas partidas
del orbe terreno y por gran fazanna
seran en el mundo sus obras avidas
al su yugo y mando seran sometidas
las gentes que beuen del flumen jordan
deufrates de ganjes del nilo y seran
vençientes sus sennas y nunca vençidas

[fol. 104r]

ffin del rrazonamiento que la
fortuna fizo a las rreynas

¶con tales palabras dio fin al sermon
aquella ynperante sobre los biuientes
y no punto lata ffue la essecuçion
ca luego delante me fueron presentes
los quatro sennores libres y plazientes
de quien mi comedita y proçeso canta
pues note quien nota marauilla tanta
y vos admiradvos discretos oyentes

ffeneçe el tratado llamado Comedita de ponça

¶con candidos rrayos forçaua el aurora
la espessa tyniebla y la conpelya
a dexar la espanna asi que a dessora
la magna prinçesa y su conpania
me fueron absentes pues quien dubdaria
sy fuy desplaziente o muy consolado
vissto tal casso y tan desastrado
depues convertido en tanta alegria

deo graçias

[fol. 104v]

[ID0091 P 0050] HH1-26 (104v-107r) (Prosa)

Tratado de proberuios ordenado por
el dicho ssennor marques por mandamiento
del sennor rrey don juan dirigido al sennor
prinçipe don enrrique su fijo el quarto

proemio

Serenisimo & bienaventurado prinçipe; dize el maestro de
aquellos que saben su libro primero & capitulo de las
eticas: toda arte dotrina deliberaçion es a fin de alguna
cosa se aprende; el qual testo pense de traer a la vuestra
noble memoria por mostrar e notificar a la vuestra alteza
las presentes çien moralidades dirigidas o diferidas non sin
fin; cavsa aya sido como algunas vezes por el muy ilustre
poderoso magnifico e muy virtuoso sennor rrey don juan
segundo padre vuestro me fue mandado las acabase & de
parte suya a la vuestra eçelençia los presentase & avn esto
non es negado por ellas como todavia su dotrina & castigos
sean asy como fablando padre con fijo & de averlo asi
fecho salamon mafiniesto [sic] paresçe en el su libro de
los proverbios la yntençion del qual me plogo seg[u]ir &
creo que esto fuese por quanto sy los buenos consejos e
amonestamientos se deuen a los proximos mas & mas a los
fijos que la caridad ordena de si mesma, porquel fijo antes
deva rreçibir el consejo del padre que de otro ninguno; e por
quanto esta pequenuela obra [fol. 105r] me cuydo contenga
en sy algunos prouechosos metros aconpanados de algunos
buenos dexenplos de los qualles non dubdo que la vuestra
eçelençia & alto engenio non caresçera, pero dubdando que
por aventura algunos dellos vos fuesen ynotos como fuesen
escriptos en muchos & diuersos libros & la terneza de vuestra
hedad no aya dado lugar al estudio de aquellos, pense de
fazer algunas breues glosas o docomentos sennalandovos los
dichos libros y avn capitulos porque asi como dixo leonardo
de arenço en vna &pistola suya al muy magnifico ya dicho
sennor rrey en la quall le rrecuenta los muy altos & grandes
fechos de los enperadores de rroma naturales de la vuestra
espanna & diziendogelos traya a la memoria o rreduzya
porque si a la su alteza eran conoçidos los queria conplazer
si no de aquellos por enxenplo dellos a alteza de virtud & a
deseo de muy grandes cosas lo amonestasen; e por aventura
yllustrisimo e bienaventurado prynçipe tales podrian ser ante
la vuestra eçelençia a la presentaçion dellos que podrian dezir
o dixesen que baste solamente al prinçipe o al cauallero
entender en governar e rregir bien sus tierras e quando al
caso verna defenderlas o por gloria suya conquerir e ganar
otras & ser las tales cosas superfluas & vanas, a los qualles
salamon ha rrespondido en el libro antedicho de los sus
proberbios onde dize: la çiença e la dotrina los locos la
menospreçiaron, pero a mas abondamiento digo como puede
rregir a otros aquel que a si mesmo non rrige, nin como se
rregira & governara aquel [fol. 105v] que non sabe ni ha
visto las governaçiones & rregimientos de los bien rregidos
& governados, ca para quallquier platica mucho es menester
la teorica e para la teorica la platica, que asi como dize tulio
en el mismo libro: poco valen las armas de fuera si non han
consejo en casa, e por çierto de los tienpos avn non cuydo
que sea el peor despedido aquel en que se buscan o ynquieren
las vidas o muertes de los virtuosos varones, asi como de los
catones, de los çipiones, de los macabeos, de los godos e
de los doze pares, y avn si a la vuestra eselençia plaze que
tanto non nos alexemos de las vuestras rregiones o tierras el
çid rruy diaz del conde fernan gonçales e de la vuestra clara
progenie el rrey don alfonso el magno, el rrey don fernando

el qual gano la mayor parte de la vuestra andaluzia, el rrey
don alfonsso vuestro quinto avuelo, el quall despues de otros
muy grandes fechos vençio la batalla del salado e gano las
algeziras e a gibraltar, nin cale que oluidemos al rrey de
buena memoria don enrrique vuestro quarto avuelo como las
ymagines de aquellos o de los tales asi como dize seneca en
vna epistola suya a loçilo e sienpre deva ser ante nuestros
ojos; ca çiertamente, ynclito e bienaventurado prynçipe, asi
como yo este otro dia escrivia a vn amigo mio, la ciença non
enbota el fierro de la lança nin faze floxa la espada en la mano
del cauallero, nin si queremos pasar por la segunda decada
de tito libio fallaremos Anibal dexase la pasada de los alpes
que son entre las gallias e exponia, nin la del rruedano que
es el rros, nin despues las cercas de cada vna de taranto, de
nola, nin el sitio de los paulares de rroma por fuyr e anpararse
de los trabajos corporales, tanpoco de las luvias e nieves e
vientos como de follar las trabajosas sirtes de libia que se
llaman ethiopya o mar arenoso por los grandes calores, ni
los ynçendyos asperios nonbrados sepesparosas çorastas, nin
todos los otros linajes de serpientes contrastauan & rregistia
la su posada en ytalya, e nin las rroncas & soberuiosas
[fol. 106r] ondas del mar ayrado, ni las pernusticaçion[e]s
vistas asi de la garça bolar en alto como de la corneja pasarse
presurossamente por el arena, ni despues en las sennales que
eran vistas en la luna las qualles todas eran amonestaçiones
del probezillo barquero, ni ynpidieron la posada del çesar, nin
al mismo çesar enpacharon el paso las fuertes avenidas del
rrio rrubico[n], e ni ffizo ay temer la fondura del rrio & paso
contra [   ]. Mas antes creeria bienaventurado prinçipe que
las tales cosas provoquen a los omnes a toda virtud & esfuerço
& fortaleza & a jusgar que el dolor non sea el soberano
mal nin el deleyte mayor bien, asi como tulio lo dize, mas
todas estas cosas creeria & determino ser como vn onoroso
estimulo & espuelas atrayentes yentes & prouocantes a los
omnes a toda virtud, ylustrisimo e bienaventurado prinçipe,
sera por ventura que algunos los quales se fallan mas prestos
a las rreprensiones a rredarguyr que ha enmendar ni fazer ni
ordenar, dixesen yo aver tomado toda o la mayor parte destos
proberuios de las dotrinas & amonestamientos de otros, asi
como de platon e arristoteles e socrates e virgilio e ovidio, de
torençio e de los otros ffilosoffos morales e satirros poetas a
los qualles yo non contradiria. Antes me plaze que asi se crea
e sea entendido, pero estos que he dicho de otros lo tomaron &
los otros de otros & los otros de aquellos que por luenga vida
e sotil ynquisiçion alcançaron las yspirençias e causas de las
cosas, e asy mismo podrian dezir aver en esta obra algunos
consonantes rrepetidos, assi como ssi pasassen por falta de
conoçimiento o ynadvertençia, los qualles creeria non aver
leydo las rreglas del trobar e escritas e ordenadas por rremon
vidal de vensa duque [sic], omne asaz [fol. 106v] entendido
en las artes liberales e gran trabajador en la continuaçion
del trobar fecha por yufre da fragia monge negro, nin del
mallorcun llamado verenguel de moya, ni creo que aya visto
las leyes del consistorio de la gaya dotrina que por los luengos
tienpos se touo en el colegio de tolosa por abtoridad &

permision del rrey de françia, lo quall todo non costrinne ni
apremia a ningund ditador o conponedor que en rrimico estilo
despues de veynte coplas dexe rrepetiçion de consonantes,
antes e en los lugares do bien le viniere o el caso o la rrazon lo
neçeçitare, como ya lo tal puede ser dicho mas libro o tratado
que dezir nin cançion balada rrondel virolay nin soneto
guardando el cuento de las silabas e de las pemeltinas e en
algunos lugares las antepenultimas o los yerros de diotongos e
las bocales en aquellos lugares donde se perten[e]sçen. Pues
bienaventurado prinçipe tornando al nuestro proposito çipion
africano el quall ovo este nonbre por quanto conquisto a toda
la mayor parte de africa solia dezir asy como tulio lo testifica
en el dicho libro de ofiçios que nunca era menos oçioso
que quando estaua oçioso ni menos solo que quando estaua
solo; la quall rrazon demuestra que en el oçio pensaua en los
negoçios e en la soledad se ynformava de las cosas pasadas, e
asi de las malas para las aborresçer e foyr dellas como de las
buenas para se aplicar a ellas o las fazer; asi de çessar se falla
que todas las cosas que de dia pensaua que de notar fuesen
las escreuia de noche con tanta eloquençia afincado lestilo de
su vida que hapenas los muy entendidos las entendian; pues
dauid, salamon rreyes de ysrrael, quanta fue su eçelençia
en sabiduria byen es notorio e non poco magnifiesto, e ansi
diuidiendo a los rreyes presentes quall seria tan alta çiençia
[fol. 107r] de claudio, de quintyliano, de tulio, de seneca
que esconder se pudiese a los muy serenisimos prinçipes e
de muy clara memoria; el sennor rrey padre vuestro e la
sennora rreyna vuestra madre & el sennor rrey de aragon
vuestro tio en los quales mirando e acatando asy como
en vn claro espejo e diafiano seruible en los convinientes
tienpos la vuestra eçelençia deve entender e darse ha oyr e
leer las buenas dotrinas los prouechosos enxenplos e vtiles
narraçiones; e en conclusyon, bienaventurado prinçipe con
quanta devoçion yo puedo suplico aquella que las corruçiones
e defetos de la presente e ynfimia e pequenuella obra la
quall asi como mandado de aquel que mandarme puede el
christianisimo sennor rrey vuestro padre e como sudito sieruo
e fiel vasallo de parte suya vos pressento, quiera tolerar e ssi
algo yo desfallesco de lo quall non dubdo lo quiera suplir
e conportar cuya magnifiçença e persona e rreal estado en
vno con los muy bienaventurados prinçipes e sennores ya
desuso nonbrados padre e madre vuestros, la santa trenidat
por luengos tienpos prospere e bienaventurados vos dexe
beuir e prinçipar e despues de la luenga e gloriosa vida suya
rreynar e ynperar asi como el amor paternal de aquellos lo
desean e la vuestra magnifiçença lo meresçe.

[ID0050] HH1-27 (107r-115r) (100×8)

de amor y temor

¶fijo mio muy amado
para mientes
no contrastes a las gentes
mal su grado
ama y seras amado

y podras
fazer lo que no ffaras
dessamado

¶quien rreseruar al temido
de temer
si discriçion y ssaber
no ha perdido
sy querras seras querido
ca temor
es vna mortal dolor
al sentido

[fol. 107v]

¶çessar segund es leydo
padeçio
y del todo sse ffallo
deçebido
quien se piensa tan ardido
pueda sser
que solo baste ffazer
gran ssonido

¶quantos vi ser avmentados
po[r] amor
y muchos mas por temor
abaxados
ca los buenos sujudgados
non tardaron
de buscar como libraron
sus estados

¶o fijo ssey amorosso
non esquiuo
ca dios desamall altiuo
desdennoso
del ynico y malicioso
non aprendas
ca sus obras son contiendas
ssyn rreposso

¶y sea la tu rrepuesta
muy graçiossa
non terca ni soberuiosa
mas onesta
o fijo cuan poco cuesta
bien ffablar
que sobrado amenazar
jamas pressta

¶nin te plegan altiuezes
yndeuidas
como ssean abatidas
muchas vezes
nin digo que te rrahezes
por tal via
que seas en conpannia

de rraezes

¶rrefuye los novelleros
dezidores
como a lobos dannadores
los corderos
ca sus linnas y senderos
non atraen
ssyno lazos en que caen
los grosseros

[fol. 108r]

¶asuero sy non oyera
non vsara
justamente de la vara
y cayera
en error que non quisiera
yncontinente
y de fecho el ynoçente
padeçiera

¶Ca muy atarde al absente
fallan justo
y por consiguiente injusto
al pressente
oyen y de continente
jamas libres
pero guarda que delibres
sabiamente

¶ca de fecho delibrado
non sse atiende
que segunda vez semiende
por errado
faz que seas ynclinado
a consejo
y non escludas al viejo
de tu lado

¶tanto tienpo los rromanos
prosperaron
quanto creyeron y onrraron
los ançianos
mas despues que los tyranos
consiguieron
muy pocos pueblos vinieron
a sus manos

de prudençia y sabiduria

¶ynquiere con gran cuydado
la çiençia
con estudio y diligençia
rrepossado
non cobdiçies ser letrado
por loor
mas çiente rreprenssor

de pecado

¶ca por ella ffallaras
quanto dios
ha fecho y faze por nos
y demas
[fol. 108v]
por que modo le amaras
oluidado
el suenno que açelerado
dexaras

¶a los libres perteneçe
el aprender
donde se muestra el saber
y floreçe
çiertamente bien mereçe
preminençia
quien de dotrina y prudençia
se guarneçe

¶el comienço de salud
es el saber
distinguir y conoçer
qual es virtud
quien comiença en jouentud
a bien obrar
ssennal es de no errar
en ssenetud

¶ssalamon ssabiduria
procuro
con la qual administro
la sennoria
del mundo y la monarchia
vniuerssal
syn contienda nin egual
conpannia

¶sy fueres grand eloquente
bien sera
pero mas te converrna
ser prudente
quel prudente es eloquente
todavia
a moral filossofia
& siruiente

¶rroboan no consiguiendo
tales obras
mas del todo las çoçobras
ynprimiendo
molestando y ofendiendo
torpemente
fue menguado de su gente
no syntiendo

¶fijo sey a dios seruiente

ca ssu yra
rrebuelue trasto[r]na y gira
encontynente
faze pobre del potente
y acreçienta
bienes onores y rrenta
al temiente

¶al tienpo y a la sazon
sey conforme
[fol. 109r]
ca lo cont[ra]rio es ynorme
perdiçion
aborreçe pressunçion
ques aduersaria
de la clara luminaria
coniçion

¶ca tienpo faze las cosas
y desfaze
y quando a fortuna plaze
las dannosas
se nos tornan prouechosas
y plazientes
y las vtiles nuzientes
contrariosas

¶fijo sigue al entendido
y ssu ley
no blasfemes de tu rrey
en escondido
fuya tu lengua y sentido
tales rredes
quen tal caso las paredes
han oydo

de justiçia

¶non discrepes del ofiçio
de justiçia
por temor o amiçiçia
ni sseruiçio
no gradezcas benefiçio
en çessar
de punir y castigar
maleffiçio

¶ca esta es linna rreta
que nos guia
y muestra la justa via
y perfeta
esta fue por dios eleta
y del çielo
confirma que fue su buelo
el profeta

¶pues que me diras de lento
senador

ca pospuesto todo amor
y sentimie*n*to
con *e*l fijo fue contento
syn pecado
cruelmente *ser* pasado
por torme*n*to

¶fro*n*dino dio por *ser*uar
lo q*u*e ordeno
prestame*n*te sse peno
sin dilatar
p*u*es deuemonos esforçar
a bie*n* ffazer
si q*u*eremos rrepreender
o castigar

[fol. 109v]

de paçiençia y onesta corecçion

¶no*n* seas açelerecado [sic]
furiosso
mas corrige con rreposso
al culpado
el castigo moderado
es onesto
y q*u*a*n*do sobra denuesto
rreprouado

¶no*n* rrefuses rreçebir
al aflito
ni*n* te plega al con*tr*ito
afligir
ca flaq*u*eza es p*er*seguir
al q*u*e ffuye
y animo al q*u*e destruye
rregistir

¶toda la magnifiçe*n*çia
es perdonar
y sofrir y tolerar
co*n* paçiençia
la mesurada cleme*n*çia
es virtud
rreparo vida y ssalud
de falle*n*çia

¶q*u*al es en vmanidad
ta*n* pecador
q*u*e judgando co*n* amor
y caridad
se falle la su maldad
yntolerable
ca las armas del culpabl*e*
sson piedad

¶sienpre me plogo loar
al q*u*e perdona

como sea gran corona
sin dubdar
y no*n* menos rreprouar
pena de fierro
q*u*e si pasa no*n* es yerro
demendar

¶no sentyenda p*er*donar
los torpes fechos
ni*n* las leyes y derechos
vsurpar
ca no es de tolerar
al q*u*e mato
sy de lexos contrayo
danifficar

¶ca sseria crueldad
el tal perdon
[fol. 110r]
y contrario a la rrazon
de vmanidad
ni*n* se no*n*bra piedad
mal permetir
mas dan*n*ar y des*tr*oyr
actoridad

de ssobriedad

¶q*u*a*n*to es bueno el comer
por medida
q*u*e sostiene n*u*es*tr*a vida
de caer
ta*n*to es de aborreçer
el gloton
q*u*e cuyda ser p*er*ffeçion
tal plazer

¶mucho es dina de onor
sobriedad
como so vna bondad
de gran loor
ca mitiga la furor
co*n* onesstad
y rregiste en moçedad
el loco amor

¶mucho ta*r*de vi probeza
conoçida
en p*er*sona bie*n* rregida
ni*n* torpeza
mas la gula y la pereza
do asentaro*n*
poco fallo q*u*e miraron
a nobleza

¶*tien*po sse deue otorgar
al aprender
q*u*e no*n* se adq*u*ierel ssaber

ssin trabajar
asy deues ordenar
el tu beuir
que pospongas mal dormir
por bien velar

de castidad

¶ssolo por aumentaçion
de vmanidad
ve contra la castidad
con discriçion
que la tal delectaçion
fizo caer
del altisimo saber
a salamon

¶por este mismo pecado
fue dauid
en estrecha y fiera lid
molestado
y punido y desterrado
como yndino
el soberuioso tarquino
non domado

[fol. 110v]

¶non menos fue çipion
la gran bondad
que mostro de castidad
en perfeçion
que la viril narraçion
del rrecontada
la qual faze muy loada
su naçion

¶fuye de la oçiossidad
con exerçiçios
onestos por que los viçios
potestad
non ayan ni facultad
de te prender
ca no es poco vençer
vmanidad

¶que non solo del errar
es de fuyr
mas avn del presomir
nin lo pensar
quanto se deuescussar
mal pensamiento
como aquel sea el çimiento
del errar

¶gran corona del varon
es la muger
quando quiere obedeçer

a la rrazon
non consiguas opinnon
en casamiento
mas elige con gran tiento
y discreçion

¶ca los que buscan fazienda
non curando
de virtudes van buscando
su contienda
sin rreparo nin emienda
es tal danno
fijo guarda tal enganno
non te prenda

¶la beldad y fermosura
loaria
si las viese en conpannia
de cordura
mas atarde o por ventura
se acordaron
nin alexos se ffallaron
de ssoltura

[fol. 111r]

¶non te digo quel esstado
femenil
sea por tanto ynvtil
nin menguado
ca por muchos fue loado
altamente
y con pluma diligente
memorado

¶ca dexando aquella rrosa
que preçede
y bien como rrayo eçede
vigurossa
fija de dios y su esposa
verdadera
de la vmanidad lunbrera
rradiossa

¶muchas otras onorables
son fermossas
castas y muy virtuosas
y notables
de las santas venerables
fallaras
asaz en este conpas
muy loables

¶que dire de caterina
ynoçente
de las virgines oliente
clauellina
bien es de memoria dina

su bondad
y non menos por verdad
su dotrina

¶non se falla de belleza
careçer
nin de fermosura ester
y nobleza
de judit muy bien se rreza
ser fermossa
y viril y virtuossa
ssyn torpeza

¶la gentil naçion notable
non consiento
sea fuera deste cuento
rrecordable
ca bien es ynestimable
ssu valor
y digna de gran loor
memorable

[fol. 111v]

¶atenesas y tebanas
muchas sson
desta misma condiçion
y troyanas
y ssenesas arguianas
y ssabinas
amazonas laurentinas
y rromanas

¶fermosas con gran sentido
fueron vagnes
dido lucreçia y daness
ana y dido
nin se pase por oluido
virginea
como su gran fecho ssea
conoçido

¶de fortaleza

¶antepon la libertad
batallossa
a seruitud vergonçossa
que maldad
es ser en cabtiuidad
por ffuyr
el gloriosso morir
por bondad

¶o quan bien murio caton
sy permitiese
nuestra ley y consintiese
tal rrazon
y no menos la opinnon

loo de nunçio
del qual fazen libi y luçio
gran minçion

¶Ca fijo sy mucho amares
tu persona
non esperes la corona
que de mares
obternias sy forçares
el temor
ni careçeras de honor
sy la buscares

¶aborreçe mal beuir
con denuessto
y sienpre te falla presto
a bien morir
ca non se puede adquerir
vida enprestada
ni la ora limitada
rreffuyr

[fol. 112r]

¶codro quisso mas vençer
que non beuir
y non rrefuso morir
y padeçer
por ganar y non perder
noble conpanna
bien morir es por fazanna
de ffazer

¶non te plega sser loado
en pressençia
como ssea de prudençia
rreprouado
pues sy fueres denostado
por oyr
non seras por lo dezir
alabado

¶porque la misma loor
en tu boca
non ensalça mas apoca
tu valor
pues buscar la desonor
por ser onrrado
ya pareçe averiguado
sser error

¶los casos de admiraçion
no los cuentes
ca non saben todas gentes
como sson
ca non es la perffeçion
mucho fablar
mas obrando denegar

largo ssermo*n*

¶de libertad o franq*ue*za

¶vssa lyberalidad
y da presto
q*ue* del dar lo mas onesto
es breuiedad
mesura la calidad
de aq*ue*l q*ue* daras
y vista no*n* erraras
en cantydad

¶alixa*n*dre co*n* franq*ue*za
conq*ui*ssto
la t*ie*rra y ssojudgo
su rredo*n*deza
pu*e*s de tyto su la*r*gueza
valerossa
le da fama gloriossa
de nobleza

[fol. 112v]

¶ca los tessoros de mida
rreprouados
son y no*n* pu*n*to loados
ni*n* su vida
la rrepuesta no*n* deuida
de antigono
ve*r*guença faze al su t*r*ono
conoçida

¶el prodigo no*n* me plaze
q*ue* sse alabe
ni*n* pu*n*to se menoscabe
qu*i*en bie*n* ffaze
ve*r*dad es q*ue* me desplaze
la pobreza
y mucho mas escaseza
donde yaze

¶mas p*r*essto fue dest*r*oydo
el rrey dario
del poderoso adue*r*sario
y vençido
q*ue* fabriçio comouido
a cobdiçia
ni*n* a la torpe avariçia
ssometido

¶socorrer al miserable
es offiçio
y no lo fazer es viçio
detesstable
ca de animo notable
no*n* sse piensa
ni*n* sespera tal ofensa

rretratable

de verdad

¶ama y onrra la ve*r*dad
non desuiando
mas aq*ue*lla conforma*n*do
tu amisstad
fija es de ssantydad
fiel ermana
de la v*i*rtud ssoberana
onesstad

¶marco actilio no dubda*n*do
q*ue* muriesse
sy a cartagena boluiesse
obsserua*n*do
la ve*r*dad no*n* dilatando
sse boluio
donde luego padeçio
rretorna*n*do

[fol. 113r]

de continença çerca de la cobdiça

¶de los bienes de ffortuna
tantos toma
q*ue* conse*r*ues de carcoma
tu colupna
tal copiedad rrepuna
ca de ffecho
no*n* se turable prouecho
sso la luna

¶q*ue* q*u*a*n*tos mas adq*ui*rieres
mas q*ue*rras
pu*e*s piensa q*u*al vale mas
si bien syntie*r*es
posseer gra*n*des averes
co*n* torme*n*to
q*ue* pocos ledo y contento
sin aferes

¶las rriq*ue*zas te*n*porales
pressto fuyen
y creçe*n* y deminuyen
los caudales
busca los biene*s* morale*s*
q*ue* son muros
firmes fue*r*tes y seguros
ynmortales

¶en maluada tyrania
no*n* entiendas
mas de sus a[r]voles se*n*das
te dessuia
elige la mediania
de la gente

la qual es vida plaziente
sin porffia

¶ca non pienses quel esstado
& açenssion
avmente la perffeçion
en mayor grado
mas acreçienta cuydado
ansia y pena
al libre pone cadena
de ssu grado

¶quiere aquello que pudieres
y non mas
ca vemos de oy a cras
sy lo entendieres
grandes triunfos y poderes
derribados
y los muy desconsolados
ver plazeres

¶non confies en açenso
ssyn medida
[fol. 113v]
mas espera ssu cayda
y mal ynmenso
nin te pienses que non piensso
que maluado
permanezca afortunado
syn disçenso

¶sy quieres ser abondado
sey contento
solo de tu pensamiento
mesurado
non se onbre trabajado
por beuir
mas vy muchos por sobir
en esstado

¶pues fablemos la verdad
sy as o tienes
muy gran copia destos bienes
de maldad
qual es la sseguridad
que tassegura
que no veas por ventura
pobredad

¶quantos rricos son venidos
en pobreza
y de soberanalteza
deçendidos
quantos fueron escarnidos
confiando
deste loco y poco mando
y perdidos

¶por tanto si bien arguyo
con maneras
non tesorizes nin quieras
lo non tuyo
pues sy preguntares cuyo
es dire
de fortuna y callare
pues concluyo

de ynbidia

¶los pasos del enbidioso
non consiguas
nin sus vias enemigas
han rreposso
ca non es del virtuosso
tal error
nin acto de gentyl cor
valerosso

¶enbidia jamas procura
syno dannos
muertes liuores engannos
y rrotura
[fol. 114r]
prueuase por escritura
que la ffin
basteçio de abel cayn
syn ventura

de gratitud

¶ssienpre te sea delante
el bien fecho
y quando ffallaras trecho
ssu senblante
pagalo con buen talante
liberando
bien plaziente no pensa[n]do
el rresstante

¶o quanto fue rreprouado
tolomeo
por la muerte de ponpeo
y menguado
por yngrato fue penado
ezechias
quando dios tento sus dias
yndignado

de amiçiçia

¶a quien puedas corregir
o conssejar
o te pueda amonestar
deues sseguir
piensa mucho en elegir
tal amisstad

q*ue* te rrecuerde onestad
a bie*n* beuir

¶al amigo te rreq*ui*ero
y casstigo
q*ue* lo g*u*ardes como amigo
verdadero
no*n* te digo al lisonjero
q*ue*n dulçura
da p*re*sente damargura
ffalaguero

¶ssy touie*re*s tu secreto
escondido
pie*n*sa q*ue* seras avido
por discreto
yo me soy visto sujeto
por ffablar
y nu*n*ca por el callar
fuy correto

¶p*er*o no pie*n*ses q*ue* digo
q*ue* te çeles
ni*n* te rreg*u*ardes ni*n* veles
de tu amigo
ca seria tal casstigo
desonesto
y tornallo p*r*onto y p*re*sto
enemigo

[fol. 114v]

¶mas en tales cosas pie*n*sa
q*ue* mostrar
las puedas y rreuelar
syn ofensa
de tu fama y deffensa
tu sentido
de q*ue*rer lo no*n* deuido
q*ue* te ofenssa

¶de rreuere*n*çia paternal

¶a lo*s* padr*es* es deuida
rreuerençia
filial y obidiençia
conoçida
del sen*n*or es p*ro*metida
çiertamente
al fijo q*ue*s obidiente
lue*n*ga vida

¶las plegarias de ve*n*turia
amanssaro*n*
al rromano y apagaro*n*
la ssu ffuria
mas la nefanda luxuria
del tyrano

muerte le troxo de llano
co*n* ynjuria

¶no*n* conviene q*ue* oluidemos
abssalon
mas su loca perdiçion
rrecordemos
nu*n*ca vimos ni*n* veremos
q*ue*l yngrato
a dios ssea pu*n*to grato
pues notemos

de ssenetud

¶no*n* te desplega la edad
postrimera
como sea la carrera
de verdad
buena es la vejedad
la q*ual* rresfria
los viçios de ma*n*çebia
y moçedad

¶esta faze actoridad
al buen varo*n*
cu*n*plelo de onestidad
y perfeçion
q*ui*en se pie*n*sa en poca edad
pueda elegir
el politico beuir
en ygualdad

¶esta fizo a los cato*n*es
ssapientes
[fol. 115r]
milytantes y valientes
los çipiones
esta rrige las legiones
con destreza
y judga co*n* sabieza
las rregiones

de la muerte

¶Sy dixeres por ventura
q*ue* la vmana
muerte le ssea çercana
gran locura
es pensar la criatura
sser naçida
p*ar*a sienpre en esta vida
de amargura

¶Ca sy fuese en tal man*er*a
no*n* sseria
esperada el alegria
q*ue* ssespera
ni*n* la gloria verdadera

del ssen*n*or
i*h*e*s*u ch*r*i*sto* rredentor
duradera

¶pues dy por q*ue* temeremos
essta muerte
como ssea buena ssuerte
ssy creemos
q*ue* pasandola sseremos
en rreposso
en el te*n*plo gloriosso
q*ue* atendemos

¶concluyendo en fin te digo
q*ue*l rremedio
de todos viços es medio
sser contigo
ssy tomares tal amigo
vida ynme*n*ssa
beuiras y syn offenssa
ni*n* casstigo

deo graçias

[fol. 115v]

[ID0154 P 0148] HH1-28 (115v-117r) (Prosa)

carta co*n*solatoria con el tratado siguie*n*te
q*ue*l sen*n*or marqu*e*s de santilla e*n*bio
al sen*n*or conde de alua su p*r*imo estando
preso por mandado del sen*n*or rrey don
jua*n* en poder del sen*n*or p*r*inçipe su ffijo

[   ]uando yo dema*n*do a los ferreras tus criados y mios y
avn a otros muchos, ssen*n*or y mas q*ue* ermano mio, de tu
ssalud y de q*ua*l es agora tu vida, y q*ue* es lo q*ue* fazes o
dizes, y me rrespond*e*n y çerteffica*n* con q*ua*nto esfuerço,
co*n* q*ua*nta paçiençia, co*n* q*ua*nto despreçio y buena cara tu
padeçes, consientes y sufres tu detençion y todas las otras
congoxas molesstias y vexaçiones q*ue*l mu*n*do ha traydo,
y co*n* q*ua*nta liberalidad y fra*n*queza partes y destribuyes
aquellas cossas q*ue* a tus sueltas manos viene*n*, rrefirie*n*do
a dios muchas graçias, me rrecuerda de aquello q*ue* omero
escriue en la vlixea, co*n*uiene a saber q*ue* como por naufragio
o fortuna de mar vlixes rrey de los çefalenos desbaratado
viniesse en las rriberas del mar y desnudo y maltratado fuese
traydo ante la rreyna de aq*ue*lla t*i*erra y de los grandes del
rreyno q*ue* con ella estaua*n* en vn festiual y gran conbite, y
como aq*ue*lla lo viesse y acatase y despu*e*s todos los otros
con gran rreuere*n*çia tanto lo estimaro*n* q*ue* dexada la çena
todos estaua*n* conte*n*plando en *e*l, asy q*ue* apenas era ally
algu*n*o q*ue* mas deseasse cossa alca*n*çar de los dioses q*ue* ser
vlixes en aq*ue*l esstado, donde a gra*n*des bozes y muchas
vezes este soberano poeta clama dizie*n*do: ǫ o*n*bres aved
en gran cura la v*i*rtud, la q*ua*l con el naufragio nada y
al q*ue* esta desnudo y desechado en los marinos lytos ha
mostrado co*n* ta*n*ta actoridad y asy venerable a las gent*e*s;

la v*i*rtud, asy como el filosofo dize, sienpre cayo de pies
y como a[fol. 116r]brojo, y çiertamente sen*n*or mas q*ue*
ermano mio, a los amigos tuyos y a mi asi como vno de
aq*ue*llos es o deue s*e*r de los tus trabajos el dolor y la me*n*gua
& falta, asi como lelio dezia de çipio*n*, ca la tu v*i*rtud sienpre
sera agora libre o detenido, rrico o pobre, armado o syn
armas, biuo o muerto, co*n* vna loable y marauillossa eternidad
de fama con estos ferreras; me escreuiste q*ue* algu*n*os de
mis tratados te enbiase p*ara* consolaçio*n* tuya desde ally co*n*
aquella atençio*n* q*ue* furtar se puede de los mayores negoçios,
y despues de los familiares pense ynvestigar alguna manera
asy como rremedios o meditaçio*n* co*n*tra fortuna tal q*ue*
sy ser pudiese en esta vexaçio*n* a la tu nobleza gratificase
como no*n* syn asaz justas y aparent*e*s causas a lo tal y a
mayores cosas yo sea tenido. Ca p*r*inçipalmente ovimos vnos
mismos avuelos y las n*ue*st*r*as casas sienpre syn ynteruçio*n*
alguna se miraro*n* co*n* leales ojos sinçeros y co*n* amoroso
acatamie*n*to y lo mas del t*i*e*n*po de n*ue*stra criança casy vna
y en vno fue, asy q*ue* ju*n*tamente co*n* las p*er*sonas creçio y se
avmento n*ue*stra v*er*dadera amistad; sienpre me pluguiero*n*
y fuero*n* gratas las cosas q*ue* a ty de lo q*ua*l me toue y
te*n*go por co*n*tento por q*ua*nto aquellos a q*ui*en las obras de
los v*i*rtuosos plaze*n*, asy como librea o alguna sen*n*al trae*n*
de v*i*rtud; vna co*n*tynuame*n*te fue n*ue*stra messa, vn mismo
vsso en todas las cosas de paz y de guerra; ninguna de las
n*ue*st*r*as camaras y despensas se pudo dezir me*n*guada sy la
otra abastada fuese; nunca yo te dema*n*de cosa q*ue* tu no*n*
cunplieses, ni*n* me la denegases, lo q*ua*l me faze creer q*ue*
las mis dema*n*das ffuesen rrectas y onestas y co*n*formes a
rrazo*n*, como ssea q*ue* a los buenos y dotos varones jamas
les plega ni*n* deua*n* otorgar sy no buenas y liçitas cossas,
[fol. 116v] y sea agora por ynformaçion*e*s de aquellos q*ue*
mas han visto y pareçe q*ue* v*er*daderamente ayan q*ue*rido
fablar de las costu*n*br*e*s y calidades de todos los sen*n*or*e*s y
mayores o*n*bres deste n*ue*st*r*o rreyno, o de aquellos q*ue* de
treynta an*n*os o poco mas q*ue* yo come*n*çe la navegaçio*n* en
este vexado y trabajoso golfo he avido notiçia y conoçimie*n*to,
y de algu*n*os conpa*n*nia o familiaridad loando a todos, tu
eres el q*ue* a mi mucho pluguiste y plazes, ca la v*i*rtud no*n*
espero a la mediana ma*n*çebia ni*n* a los post*r*imeros dias
de la vejez, ca en hedad nueua y avn puedo dezir moço
come*n*ço el rresplandor de la tu v*i*rtud y nobleza, ni es
q*ui*en pueda negar q*ue* fechas las treguas co*n* los rreyes de
aragon y de nauarrra, y leua*n*tadas las huest*e*s del garray y
del majano, çesadas las gu*e*rras en las q*ua*l*e*s viril y muy
v*i*rtuosamente te oviste, y por ty obtenidas las expunables
las fuerças de xala*n*çe y teressa zahara y xarafuel en el
rreyno de valençia, aver tu seydo de los p*r*imeros q*ue* co*n*tra
granada la fro*n*tera enpre*n*diste çiertamente, estando ella en
otro estado y mayor prosperidad q*ue* la tu dexaste al t*i*e*n*po
q*ue* triunfal y gloriosamente por ma*n*do de n*ue*st*r*o rrey de
las fro*n*teras de cordoua y de jahe*n* te partisste, avie*n*do
ganado ta*n*tas y mas villas y castillos, asy guerrea*n*dolas como
co*n*batie*n*dolas & entra*n*dolas forçosame*n*te q*ue* ninguno otro
y comoquiera q*ue*l p*r*inçipal rremedio y libertad a la tu

detençion & ynfortunios despues de aquel que vniuersalmente a los vexados rreposa y a los aflytos rremedia, a los tristes alegra, espero yo ssea que en algunos dias traera a memoria a los muy ecçelentes y claros nuestro rrey & prinçipe como en la mano suya sean los coraçones de los rreyes todas las cosas que ya de los tus seruiçios yo he dicho y muchos otros a la rreal casa de castilla por los tuyos y por ty fechos y por me llegar a la rribera y puerto de mi obra, rrecuerdome aver leydo en aquel libro donde la vida del rrey asuero se escriue que de ester sse llama como en aquel [fol. 117r] tyenpo la costunbre de los prinçipes fuesse en los rretraymientos y rrepossos suyos mandar leer las gestas y actos que los naturales de sus rreynos oviesen fecho en seruiçio de los rreyes de la patria y del bien publico que mordocheo prosperamente y con glorioso trihunffo de la muerte fue librado, pues lee nuestro rrey & mira los seruiçios, rregraçialos, satisfazelos y si se aluenga non se tyra nin tanto lugar avra el yraçible apetito nin la çiega ssanna que tales y tan grandes aldabadas y bozes de seruiçios las sus orejas non despierten, ca no son los nuestros sennores diomedes de traçia que de vmana carrne ffazia manjar a sus cauallos, nin busires de egibto matador de los huespedes, non perilo siracussano que nueuos modos de penas buscaua a los tristes culpados onbres, non dionisio desta misma siracussa, non atila flagelun dey, nin de otros muchos tales mas beniuolos clementes vmanos, lo qual todo faze a mi firmemente esperar la tu libertad, la qual con ssalud tuya y de tu noble muger y de tus fijos dignos de ty nuestro ssennor adereçe como yo desseo, y desde aqui daremos la pluma a lo profferido y por que ante de todas cosas ssepas quien ffue bias, porque este es la prinçipalidad del mi tema ssegund adelante mas claro pareçera, delibre de escreuir quien aya sseydo y de donde, y algunos de sus nobles actos loables y comendables ssentençias, porque me pareçe fazer mucho al nuestro ffecho y casso.

[ID0147 P 0148] HH1-29 (117r-119r) (Prosa)

yntroduçion

//f//ue bias, ssegund plaze a valerio y a laerçio que mas lata y ystenssamente escriuio de las vidas y costunbres de los filosoffos, assiano de la çibdad de yprimen, de noble prossapia o linaje, bien ynformado o ynstruydo en todas las liberales artes y en la natural y moral ffilosofia, de vulto ffermosso y persona honorable, graue y de grande actoridad en sus fechos y de claro y sotil yngenio; asy por mar como [fol. 117v] por las tierras andouo toda la mayor parte del mundo; quanto tienpo durase en este loable exerçiçio non se escriue, pero baste que tornando en la prouinçia y çibdad de yprimen fallo a los vezinos de aquella en grandes guerras asy nauales como terrestes con los megarenses, gentes poderosas, aspertos en armas, a quien con grande atençion fue rrogado, vista la disspusiçion y abilidad suya, la cura de la guerra asy como capitan enprendiese, y como despues de muchos rruegos y grandes afincamientos la açebtase en muy pocos

tienpos, asi de los amigos como de enemigos ffue conoçida la ssu virtud y viril estrenuydad [sic]; leemos del entre otras cossas de vmanidad que como caualleros del su exerçito prendiessen en vna çibdad o villa gran copia de virgines juntamente con otras cosas, tanto que a bias llegaron las nueuas, mando que con gran diligençia fuesen puestas y depositadas en poder de onestas matronas de ssu çibdad, y fazyendoles graçias y dones de muy valiosas joyas a los padres maridos y parientes suyos las rrestituyo enbiandolas con muy fieles guardas, blasmando y denostando todo el linaje de crueldad, diziendo que avn los enemigos baruaros non deuian con tal ynpiedad ser dapnificados; y como lo tal a las orejas de los megarenses llegase y el fermoso acto ysstensamente rrecontado les ffuese, syn dilaçion alguna, loando aquel enbiaronle sus legados rrefiriendole graçias con muy rricos dones, demandandole paz con muy omildes y mansos coraçones; despues pasados algunos tienpos como de rraro la fortuna en ningunas cosas largo tienpo rreposse, y aliato prinçipe sitiasse a los yprimenses essforçandose de aver la çibdad por fanbre, como fuese çierto de los beuires y prinçipalmente de pan careçiesse, bias con tal cautela o arte de guerra asayo encobrir la su defectuosa neçesidad, ca ffizo algunos dias durante el canpo engrossar çiertos cauallos y que se mosstrassen contra voluntad de las guardas salyr fuera de la [fol. 118r] çibdad, y como luego fuesen tomados puso en grande duda aliato y a los que con el eran de la fanbre de los yprimensses; asy que luego se tomo consejo que a bias y a ellos fuese mouida y demandada fabla, por el qual açebtado diziendo quel non sse fiaua de fablar fuera de los muros de su çibdad mas que aliato o qualesquier otros suyos podrian entrar seguros a fablar de qualesquier pacçiones o otras cosas que les ploguiese; açebtado lo tal segund que este mismo laerçio discriue muy mayor y mas vtil cabtela les ffizo, ca mando poner grandes montones de arena en las maestras calles y plaças por donde los mensajeros avian de pasar, y esparziendo y cubriendo aquellas de todas maneras de pan, asy que verdaderamente creyeron ser la opinnon suya errada y los yprimenses en gran copia de mantenimientos abundados, y asy non solamente treguas a tienpo mas paz perpetua fue entrellos con grandes certenidades fecha y jurada y firmada; testifica asi mismo valerio que dimitidas y dexadas las armas por este bias, tanto sse dio a la çiençia moral que todas las otras cosas aborreçio y ovo asy como en odio, por tal que no syn causa vno de los syete sabios fue llamado, y vno asy mismo de aquellos que rrenunçiada la tabla o messa de oro la ofreçieron con grande liberalidad al oraculo de apolo; deste bias asi mismo se cuenta que como aquella missma çibdad agora por los megarenses agora por otros enemigos se tomase y pusiese a rrobo todos aquellos que pudieron escapar de las ostiles manos, cargando las cosas suyas de mayor preçio, fuyeron con ellas y como el solo con gran rreposo pasease por los exidos fuera de la çibdad, fingiese que la fortuna le viniese al encuentro y le preguntase como el non seguia la opinnon de los otros vezinos de yprimen, y este ffue el que rrespondio: omnia bona mecun porto, que quiere dezyr todos mis bienes

comigo los lyeuo; dize*n* ot*r*os de los q*u*ales sseneca es vno
q*u*e esste [fol. 118v] fuese estilbon, *p*ero diga*n* lo q*u*e les
plazera y sea q*u*alquiera ta*n*to q*u*e sea, ca de los no*n*b*r*es vana
e syn p*r*ouecho es la disputa, y en co*n*clusion este sera n*uest*ro
tema; esc*r*iuio bias estas cosas q*u*e se sygue*n*: esstudia de
conplazer a los honestos varones; la ossada manera muchas
vezes pare enpeçible lysion; sser fuerte fermoso obra es de
natura; abu*n*dar en rriq*u*ezas obra es de la fortuna; saber y
poder fablar cosas conuenibles y congruas esto es propio del
anima y de la sabiduria; enfermedad es del animo cobdiçiar
las cosas ynpossibles; no*n* es de rrepetir el ajeno mal; mas
t*r*iste cosa de judgar es entre dos amigos q*u*e entre dos
enemigos, ca judga*n*do entre los amigos el vno sera fecho
enemigo y judga*n*do entre los enemigos el vno sera amigo;
dezia q*u*e asi auia de ser medida la vida de los onb*r*es como sy
mucho t*ien*po oviesen de beuir; co*n*viene a los onb*r*es averse
asy en el vso de amistad como sy se ne*n*brasen, q*u*e podia ser
convertida en graue enemistad; q*u*alquier cosa q*u*e pusieres
perseuera en la gu*ar*dar; no*n* fables arrebatado ca demuestra
vanidad; ama la p*r*ude*n*çia y fabla de los dioses como sson;
no*n* alabes al onbre indigno por sus rriq*u*ezas; lo q*u*e toma*r*es
rreçibelo dema*n*dandolo y no*n* forçandolo; q*u*alquier cosa q*u*e
fizye*r*es buena dios entie*n*de q*u*e la faze; la ssabiduria mas
çierta cossa es y mas segura q*u*e todas las otras posesiones;
esscoje los amigos y delibra gran t*ien*po en los elegir y tenlos
en vna afecçion mas no en v*n* merito; tales amigos sigue
q*u*e no*n* te faga*n* v*er*gue*n*ca averlos escogido; ffaz q*u*e los
amigos a gran gloria rrepute*n* tu vida; dos cossas sson muy
contrarias en los consejos yra y arrebatamie*n*to; la yra faze
pereçer el dia y el arrebatamiento traspasarlo; las prestezas
mas graçioso faze ser el benefffiçio; p*r*egu*n*tado bias q*u*e cosa
fuese en esta vida buena dixo tener la conçiençia abraçada
co*n* lo q*u*e fuesse derecho e [fol. 119r] ygualeza; p*r*egu*n*tado
q*u*ien fuese entre los onb*r*es mal afortunado rrespondio el
q*u*e no*n* puede padeçer y sofrir mala fortuna; nauega*n*do bias
en co*n*pannia de vnos malos onb*r*es y corrie*n*do fortuna y
anda*n*do la nave p*ar*a se perder, aq*u*ellos a grandes bozes
llamaua*n* a los dioses por q*u*e los librasen, a los q*u*ales el dixo
callad por q*u*e los dioses no nos syenta*n*; p*r*egu*n*tando q*u*e
cosa fuese difiçil al onb*r*e rrespondio sofrir gr[a]çiosamente
la mudança en las penas; rressplandeçio bias en los t*ien*pos de
ezechias rrey de judea; esscriuio estas y otras muchas cossas
en doss mill versos a q*u*ien despues de muerto los yprimenses
hedificaron tenplo y ffiziero*n* esstatua.

[ID0148] HH1-30 (119r-132r) (180×8)

debate entre bias y la ffortuna

bias

¶ques lo q*u*e pie*n*sas ffortuna
tu me cuydas molesstar
o me pie*n*ssas espantar
bie*n* como a nin*n*o de cuna
[fortuna] como y pie*n*sas tu q*u*e non
verlo as

[bias] faz lo q*u*e ffazer podras
ca yo biuo por rrazon

[f] ¶como entie*n*des en defensa
o puedeslo pressomir
o me cuydas rregistir
[b] sy ca no*n* te fago ofensa
[f] sojudgados soys a mi
los vmanos
[b] no son los varon*es* manos
ni cura*n* punto de ty

[fol. 119v]

[f] ¶puedes tu ser eximido
de la mi juridiçion
[b] sy q*u*e no*n* he deuoçion
a ningu*n*d bie*n* ynfingido
gloria t*r*iu*n*ffo mu*n*dano
no lo atye*n*do
en sola v*ir*tud entye*n*do
la q*u*al es bie*n* soberano

[f] ¶tu çibdad ffare rrobar
y sera puesta so mano
de mal p*r*inçipe tyrano
[b] poco me puedes dan*n*ar
mis bien*es* lieuo comigo
no*n* me curo
asy q*u*e yo voy sseguro
syn temor del enemigo

[f] ¶tu casa sera tomada
no*n* dudes de llano e*n* llano
y metida a sacomano
[b] tome*n* q*u*e no me da nada
mas sera de cobdiçioso
q*u*ien tomare
rropa do no*n* la fallare
pobredad es gran rreposo

[f] ¶conuienete de buscar
casa nueva do*n*de biuas
[b] tales cosas son esq*u*iuas
a q*u*ien las q*u*iere estimar
y tener en mayor grado
que no sson
ca toda casa o meson
presto lo avremos dexado

¶dezyrmas a q*u*ien falleçe
o me*n*gua morada pob*r*e
sea de nudoso rrobre
o de can*n*as ssy acaeçe
o sea la de amiclate
do arribo
el çessar q*u*ando loo
la su vida sin debate

¶y demas naturales
nos dio las concauidades
de las pennas y oquedades
do pasemos la braueza
en tienpo de la ynvernada
de los frios
los soles de los estios
en esta breue jornada

[f] ¶huespeda muy enojosa
es la continua pobreza
[b] sy yo non busco rriqueza
no me sera trabajosa
[f] façil es de lo dezir
y avn de fazer
a quien se quiere abstener
y le plaze bien beuir

[fol. 120r]

[f] los rricos mucho bien fazen
y aquellos que mucho tienen
a muchos pobres sostienen
dan y prestan y conplazen
ca sy juntas sson rriqueza
y caridad
dan perfeçion a bondad
y rresplandor a franqueza

¶Ca non se puedestimar
por rrazon nin escreuir
que dolor es rreçebyr
y quanto plazer el dar
sienpre son aconpannados
los que tienen
quando van y quando vienen
asy no son los menguados

[b] ¶como non pueden beuir
los onbres sin demandar
esto es querer ffablar
y voluntad de yncarir
las cosas mas que no son
y altercar
ca non se puede negar
nin constrastar mi rrazon

¶pitagoras non pidio
en publico nin oculto
nin avergonço su vulto
antes es çierto que dio
mas biue su actoridad
y buen enxenplo
como glorioso tenplo
de clara moralidad

¶todonbre puede bien dar
sy le plaze su ffazyenda

syn debate y sin contienda
syn rrennir nin altercar
pero de tales vi pocos
y muy rraros
liberales ni avaros
y sy lo fazen son locos

[f] ¶las rriquezas sson de amar
ca sin ellas grandes cosas
magnificas nin famosas
non se pueden alcançar
por ellas son enxalçados
los sennores
prinçipes enperadores
y sus fechos memorados

¶y por ellas ffabricados
son los tenplos venerables
y las moradas notables
a los pueblos son murados
los solepnes ssacrifiçios
çessarian
nin syn ellas se ffarian
larguezas nin benefiçios

[fol. 120v]

[b] ¶esas hedifycaçiones
rricos tenplos torres muros
seran o fueron seguros
de las tus perssecuçiones
[f] sy faran y quien lo dubda
[b] yo que veo
el contrario y non lo creo
nin es sabio quien tal cuda

¶ques de niniue ffortuna
ques de tebas ques de atenas
do sus murallas y menas
que non pareçe ninguna
ques de tyro y de sydon
y bauilonia
que fue de la maçedonia
ca sy fueron ya no son

¶dime qual paraste a rroma
a corintio y a cartago
o golfo cruel y lago
sorda y viçeral carcoma
son ynperios o rregiones
o çibdades
coronas nin dignidades
que no fieres o baldonas

¶agora por enemigos
y conbate y mano armada
y si dexas el espada
desacuerdas los amigos

y por tal modo lo fazes
que por c
o sy queremos por b
quanto fezyste desfazes

[f] ¶dexa ya los generales
antiguos y ajenos dannos
que pasaron ha mill annos
y llora tus propios males
[b] lloren los que procuraron
los honores
y sientan los sus dolores
pues tyenen lo que buscaron

¶ca yo non he ssentimiento
de las cosas que tu piensas
que las vitorias y ofensas
vnas son al ques contento
de lo que naturaleza
nos ha dado
a este no vio cuydado
nin lo conoçe tristeza

¶yo soy fecho bien andante
ca de poco soy contento
el qual he por fundamiento
çimiento firme y costante
pues se ya que lo que basta
es asaz
yo quiero comigo paz
pues quien mas tiene mas gasta

[fol. 121r]

¶yo soy amigo de todos
y todos son mis amigos
y fuy de los enemigos
amado por tales modos
faziendo como querria
que me fagan
ca los que desto se pagan
siguen la derecha via

[f] ¶estos tus amigos tantos
di no los puedes perder
todos son en mi poder
y puestos so los mis mandos
y no mas te seguiran
que yo querre
y quando les mandare
como vinieron se yran

[b] ¶ssy la machina del mundo
pereçera por fiton
o verna de calydon
otro diluvio segundo
yo me dudo pueda ser
por tales vias

de buenos amigos bias
falleçido y careçer

¶o bias non me conoçes
çiertamente asy lo creo
non cuydas ser deuaneo
dar a las espuelas coçes
non miras como se quema
tu çibdad
[b] la segura pobredad
masegura que non tema

¶que pro me tienen a mi
fortuna rricas moradas
con marmoreas portadas
por que me sojudgue a ty
ardan estas demasias
que fizieron
nuestros padres y creyeron
nunca feneçer sus dias

[f] ¶o bruta feroçidad
no has fijos o muger
como puedes sostener
tan grand ynumanidad
asayar de los guarir
es por demas
la vida tiene conpas
que non se puede ffuyr

¶nin todos los otros males
si ellos son destinados
non pueden ser rrestaurados
por rrecursos vmanales
sy ellos han de morir
o padeçer
pensar de los guareçer
es vn vano presomir

[fol. 121v]

¶como destas solas penas
cuydas deuo ser contenta
mayor mal sse tacreçienta
ca por las tierras agenas
andaras y desterrado
[b] toda tierra
es sy mi sseso no yerra
daquel que no ha cuydado

¶en todas partes se falla
lo poco con poca pena
yo soy fuera de cadena
y no temo de batalla
por ageno ni por mio
no la espero
yo me fallo cauallero
orgulloso con gran brio

¶do me forçaras que vaya
que yo non vaya de grado
con animo rrepossado
y non como quien asaya
de nueuo tus amenazas
ca prouadas
las he no pocas vegadas
nin so yo de los quenlazas

¶tanto que de la rrazon
fortuna tu no me tires
nin me rrebuelas nin gires
a no deuida opinnon
no me vaniras jamas
ni lo creo
virtud rraçional posseo
pues veamos que faras

¶sea assia sea europa
o africa sy quisieres
donde tu por bien touieres
ca todo me vienen popa
quieres donde apolo naçe
muy de grado
yre contento y pagado
o sy te plaze do taçe

¶quieres do la siçia fria
donde el viento boreal
faze del agua christal
o quieres al medio dia
do los ynçendios solares
denegreçen
los onbres y los podreçen
o mas lexos si mandares

[f] ¶mis secaçes son onrrados
y biuen a su plazer
[b]verdad es si pueden ser
fasta el fin asegurados
[f] muchos murieron en onrra
[b] no lo dudo
y non pocos segund cudo
abatidos con desonrra

[fol. 122r]

¶di fortuna quien son estos
tanto bienaventurados
comiença por los pasados
[f] como asi los tengo prestos
nunca fue tan llena pluma
que bastasse
ni p[i]enso nin lo pensasse
ser narable tan gran suma

¶pero por satisffazer
a tus opinnones bias

argumentos y porfias
yo te quiero rresponder
que dizes dotauiano
[b] muy ayna
que es vna golondrina
la qual no faze verano

[f] ¶fablare de los rromanos
pues que destos començe
y primero contare
al mayor de los ermanos
rromulo quiero dezyr
[b] di de rremo
ca con estos yo non temo
que me puedas concluyr

¶seran triaras coronas
consules y senadores
sean electos pretores
pontifiçes o perssonas
sean ediles perfetos
o tribunos
ca todos los fazes vnos
quantos son a ty sujetos

¶sean flamines vestales
saçerdotes o legados
mensarios o magistrados
profanos o diuinales
proconsules ditadores
ca por todos
pasan tus crueles modos
ofensas y desonores

[f] ¶desos todos que narraste
o quantos te mostrare
que prosperos ature
todos tienpos sin contraste
y destos fue numa rrey
docto dotor
y muy vtil preçebtor
de la su rromana grey

¶y como a numa ponpilio
en rreposo prospere
por batallas ensalçe
y lides a tulio ostilio
[b] verdad sea lo triunffaste
no lo niego
mas bien fue su gloria juego
quen breue lo fulminaste

[fol. 122v]

¶anco marco poderoso
rrey lo fize muchos annos
ledo sin ningunos dannos
dominante vitorioso

fabla pues desos que sabes
[b] ssoy contento
y darte por vno çiento
por que desta no talabes

¶diras de los suçesores
dese marco que fablaste
y como los engannaste
[f] di careçieron de onores
[b] ciertamente mejor fuera
[f] di las causas
[b] sus fines y tristes pausas
fazen mi conclusion vera

¶no te digo yo que seas
tan solamente cruel
por tarquino y tanaquel
nin por seruio asi lo creas
mas a todos ynvmana
general
enemiga capital
de la gente fabiana

¶a vnos por cobdiçiosos
aparejas la cayda
sea por enxenplo mida
a otros por dadiuosos
prouarte quiero sin glosa
lo que digo
espurio sea tesstigo
y su muerte dolorosa

¶a otros por non ossados
abaxas y diminuyes
y muchos otros destruyes
por gran sobra desforçados
o miçipsas ssosternedes
el contrario
marco galio gayo mario
negadmelo si podedes

¶quantas caras simuladas
fazes a los tristes onbres
avmentandoles rrenonbres
con fitas onrras ynfladas
quantas rredes quantas minas
por sus dannos
pareçieron tus engannos
quando las forcas gaudinas

¶tu de aquellas mismas glorias
que rrepartes enbidiossa
torrnas en pronto sannosa
y rreuocas las vitorias
sy te plazen otras prueuas
de tus fechos
si son buenos o derechos

postumio diga las nueuas

[fol. 123r]

¶nin oluidas segund creo
que non es fabla fengida
la muerte con la cayda
del poderoso ponpeo
quiero yo mayor testigo
de tus leyes
triunfos de veyntydos rreyes
no le valieron contigo

[f] ¶los çessares quien an sydo
bias y lo que fizieron
los que de rroma escriuieron
non los ponen en oluido
las zonas ynabitables
solas ffueron
aquellas que no syntieron
las sus huestes espantables

¶estos asi ffauoridos
de las mis claras esperas
dessplegaron sus vanderas
y tanto fueron temidos
que sy los oviera mares
engendrado
non ovieran sojudgado
mas presto tierras y mares

[b] pues tanto loas sus vidas
quiero yo llorar sus muertes
dolorosas tristes fuertes
sus desastres sus caydas
ca jamas faras yguales
sus altezas
de sus tunbos y baxezas
nin sus bienes de sus males

¶dese çessar el mayor
y prinçipal en el mundo
el qual no ovo segundo
en sus tienpos ni mejor
que dizes de tanto mal
ca de luto
enfuscaron caso y bruto
el su trono ynperial

[f] ¶vno solo no son todos
[b] por muchos es vno avido
mas dexa lo proferido
y dexa senblantes modos
de porfias y argume[n]tos
logicales
anzuelo de los mortales
lazo de los mas contentos

¶los claudios no*n* te rrepito
q*ue* si fueron desastrados
mas q*ue* bie*n*aventurados
a ty misma lo rremito
[f] a tyto y vaspasiano
do los dexas
[b] no menos fuero*n* sus q*ue*xas
q*ue* fue su gozo mu*n*dano

[fol. 123v]

¶de vitelio q*ue* diremos
de octo y domiçiano
y de galba q*ue* de llano
si ve*r*dad proseg*ui*remos
todos muriero*n* a fierro
no dubdando
de tus fauo*r*es y ma*n*do
rredar*g*uyeme si yerro

¶sy desta bie*n* has salido
di de las ot*r*as naçio*n*es
ca las sus t*r*ibulaçio*n*es
no*n* creas q*ue* las oluido
asi p*ar*a demostrar
tus enga*n*nos
como por fuyr tus da*n*nos
façil es de contrastar

[f] ¶muchos rreyes asianos
bias se loan de mi
[b] y mas se q*ue*xan de ty
testigos so*n* los t*r*oyanos
[f] no*n* sera dardanio desos
[b] bie*n* lo se
mas ot*r*os q*ue* dire
t*r*ist*es* aflitos y opresos

[f] ¶sera*n* lelio y atross
desos p*r*inçipes alg*un*os
[b] mas dime fuero*n* ni*n*g*un*os
sy no*n* solos esos doss
de los frigios desta vida
q*ue* pasasen
sy subiero*n* syn cayda
sy rriero*n* no*n* llorase*n*

¶pues desos dos tus amigos
fablaste por tu descargo
por tus culpas y mas cargo
dire yo tus enemigos
mas no todos q*ue* seria
narraçion
sin fin y syn co*n*clusion
ni*n* dayres lo contaria

¶fortuna sy q*ue*xo y clamo
o q*ue*rello co*n* rrazon

los casos de laomedo*n*
y de su fijo periamo
a los tragicos dexemos
el juyzio
y no a ty perjuyzio
de q*u*antos buenos leemos

¶p*ue*s ya tal caualle*r*ia
de ector y sus e*r*manos
dolor es a los vmanos
en pe*n*ssar la t*r*isste via
q*ue* fezyste q*ue* ffiziese*n*
ta*n* en pronto
bie*n* lo sabe asia y po*n*to
sy fablase*n* o podiese*n*

[fol. 124r]

¶ay q*u*antas cabsas buscaste
a troya p*ar*a sus da*n*nos
asy q*ue*n bien pocos an*n*os
subuertie*n*do lassolaste
q*ui*en oyo de tal ofe*n*ssa
q*ue* no tema
la tu crueldad est*r*ema
y no menos la defensa

¶do*n*de todos los mayor*es*
de g*r*iegos y de t*r*oyanos
por g*ue*rra de crudas manos
muriero*n* y los mejores
tales bregas y barajas
e*n*çendiste
cav*n* a los dignos t*r*ayste
en fogueras y mortajas

¶no*n* bastaro*n* los clamor*es*
de casandra profetiza
ni*n* las q*ue*rellas sin guisa
de elena ya no menor*es*
ni el gran rrazonami*ento*
de penteo
a constrastar tu deseo
de ta*n*to desfazimie*n*to

¶ya p*ue*s ta*n*to p*er*seguiste
a los frigios y t*r*oyanos
dexaras a los greçianos
en las onrras q*ue* les diste
mas fortuna las tus obras
no so*n* tales
mas angustias generales
p*r*estas y negras çoçobras

¶ca dexo los q*ue* muriero*n*
en las lides batallando
del general no*n* conta*n*do
los sus no*n*bres ta*n*tos fuero*n*

los rreyes y los sen*n*ores
esstos son
dioses la tal narraçion
oyd y los sus clamores

[f] ¶fue visto mas general
onor t*r*iunfo ni*n* gloria
ni*n* ta*n* exçelsa vitoria
rreal ni*n* ynperial
q*ue* yo fize a los atridas
y a los suyos
[b] esos todos sean tuyos
y sus mue*r*tes y sus vidas

¶ese q*ue* tanto enssalço
en su clara t*r*onpa omero
ardid bellicoso y ffiero
ya sabes q*ua*nto duro
ca sy los casos rreales
a las aves
dio no torrnaron sus naves
aleg*r*es ni*n* ffestinales

[fol. 124v]

[f] ¶pirro bie*n* busco ssu dan*n*o
[b] no lo niego mas tu çieg*as*
a los onb*r*es y los llegas
a la muerte co*n* engan*n*o
o los fuerças a ffazer
lo q*ue* q*ui*eres
grand*es* so*n* los tus pode*r*es
cont*r*a q*ui*en no*n* ha saber

¶ni avn conte*n*ta de la vida
de v*r*lixes vexada y triste
poco a poco lo truxisste
en manos d*e*l parriçida
thelagono no culpado
q*ua*l dolor
fue senbla*n*te ni mayor
ni rrey mas afortunado

¶por ot*r*o modo a theseo
ordenaste la cayda
porroga*n*dole la vida
por engan*n*oso rrodeo
despues q*ue* lo deçebiste
co*n* gran dan*n*o
sy fedra fizo el engan*n*o
digno guala*r*do*n* le diste

¶la nouedad erculyna
q*ue* buscaste de su muerte
q*ua*nto ffue me*n*guada sue*r*te
y costelaçio*n* malyna
el q*ue* ta*n*tos biene*s* fizo
yo no*n* se

tu lo sabes di por q*ue*
tal ynçe*n*dio lo desfizo

¶las culebras en la cuna
afogo pues el leon
el camino del dragon
fizo sabeslo fortuna
los arcadios lo llamaro*n*
los egibçios
por sus claros exe*r*çiçios
es çie*r*to q*ue* lo adoraro*n*

¶los çentauros debello
en fauor de periteo
las arpias q*ue* a fineo
rrobaua*n* assaeto
ya de la t*r*oyana prea
muchos son
q*ue* fazen la narraçion
y de la sye*r*pe llernea

¶bie*n* me dexara de greçia
farto de sus muchos mal*es*
cuytas co*n*goxas mortales
mas q*ue*xarase boeçia
ca fue la peor tratada
de tus manos
q*ue* rregio*n* d*e* los vmanos
ni*n* mas desaue*n*tu*r*ada

[fol. 125r]

¶yo digo de los tebanos
y de cadino el p*r*imero
layo y edipo el terçero
y de los t*r*istes ermanos
no te pareçe q*ue* basta
q*ue* rreynaro*n*
[b] sy mas di como acabaro*n*
y no*n* dexes a jocasta

¶pues si de cartagineses
o affetos fablaremos
ya tu sabes y sabemos
sus contrastes y rreueses
[f] q*ue*rras dezyr de anibal
[b] y como no*n*
del y del p*r*inçipe amon
y de su ermano asdrubal

[f] ¶esos fize vitoriosos
en joue*n* y nueua hedad
[b] sy mas a la vejedad
q*ua*les fuero*n* sus rreposos
ca si yo bie*n* he sentido
de sus genos
a estos feniçes penos
sienp*r*e buscaste rroydo

¶a los fines de la tierra
avn llegaron tus enbidias
con todas las gentes lidias
y les fazes mala guerra
destos fueron arcaxerçes
çiro y poro
abundante rrey en oro
astiages dario y xerçes

¶de sardanopolo y nero
que quieres dezyr fortuna
[f] que non he culpa ninguna
al segundo nin primero
oprobio de los vmanos
es ffablar
conferir nin platycar
de tan malos dos tiranos

¶mas di tiestes y atreo
y clamare de sus dannos
onbres de tantos engannos
y si quieres de tereo
yo los fize generosos
y rreales
ellos buscaron sus males
y sus casos lacrimosos

¶esos que asy deçendieron
de los culmines rreales
y tronos ynperiales
por verdad antes subieron
pues no es de vmanidad
el poseer
todos tienpos en vn sser
y eterna prosperidad

[fol. 125v]

¶nin por tanto las deuidas
gracias de ssus vitorias
loables famas y glorias
a mi di seran perdidas
ca la muerte natural
es a todos
nin son conformes los modos
de vuestra vida vmanal

¶nin seria yo ffortuna
nin prinçesa de planetas
sy las touiesse quietas
& yo todos tienpos vna
mas de sus bienes y males
platyquemos
ca dubdo que los fallemos
en el pesso ser yguales

¶ca las cosas son judgadas
por mas y mayores partes

asy lo quieren las artes
y çiençias aprouadas
fago fin a mi sermon
y sepas bias
que yo quiero que tus dias
se fenezcan en prision

[b] ¶bien quisiera me dexaras
contrastar las tus escusas
mas veo que lo rreffussas
y del efecto dissparas
con menazas de prisiones
que me ffazes
yo temo poco tus façes
y tus huestes y legiones

¶ca sy tu me prenderas
busca en otro la desferra
yo soy ya fuera de guerra
ni pido lo que tu das
ca son bienes a viçendas
y thesoros
lutos miserias y lloros
disensiones y contiendas

¶ni creas me rrobaras
las letras de mis pasados
nin sus libros y tratados
por bien que fagas jamas
y con tanto maguer preso
en cadenas
gloria me seran las penas
y comer el çibo a pesso

¶ca mi non plazen los premios
ni otros gozos mundanos
sy non los esstoçianos
en conpanna de academios
y los sus justos preçebtos
diuinales
que son bienes inmortales
y por los dioses electos

¶do se fallan los enxenplos
de las quatro santas lunbres
[fol. 126r]
y todas nobles costunbres
y seruiçios de los tenplos
y las sentençias de tales
y chilon
de pitaco y de zenon
y sus dotrinas morales

¶a los dichos de cleobolo
comendando la justiçia
y teofrasco de amiçiçia
y quanto blasmo del solo

y quanto plogo verdad
a periandro
el fablar de anixamandro
ques de grande actoridad

¶y los estudios y vidas
de anaxagoras y socrates
sueltos de todos debates
de tus rriquezas fingidas
y las leyes que dexo
el espartano
ca no son decreto vano
quando fue do no boluio

¶y muchas de las sentençias
de pitagoras el qual
fue de todos prinçipal
ynventor de las çiençias
de los cantos y los cuentos
y sus actos
y famosos enigmactos
y fermosos documentos

¶y la clara vejedad
del muy ançiano gorgias
y como tan largos dias
paso con tanta honesstad
y las rreglas destilbon
mi verdadero
fiel amigo y conpannero
y de mi misma opinnon

¶y las obras de platon
prinçipe del academia
que sin vexaçion nin premia
eligio tal baniçion
y las leyes çelestiales
que trayo
aquel que las coloco
en las mentes vmanales

¶y muy muchas otras cosas
despues de las abssolutas
prosas que son como frutas
de duçe gusto y sabrosas
de filosofos diuersos
y poetas
fabulas sotiles netas
texidas en primos versos

[fol. 126v]

¶donde se falla el proçeso
de la materia primera
y como y por qual manera
por orden y mando espreso
aquel globo de natura
o caos

fue diuidido por dios
con tan diligente cura

¶que antes que sapartasen
las tierras del occeano
ayre y fuego soberano
y con forma se formasen
vn vulto y ayuntamiento
era todo
y congregaçion sin modo
syn ordenança nin cuento

¶y juntos no discordantes
todos los quatro elementos
en vno mas descontentos
de sus obras non obrantes
eran y syn arte alguna
ni vno solo
rrayo demostraua apolo
nin su claridad la luna

¶mas natura naturante
syn rremor y sin rrebate
desboluio tan gran debate
y mando como ynperante
que los çielos sus lunbreras
demostrasen
y por cursos ordenasen
las otras baxas esperas

¶y que la rrueda del ffuego
la del ayre rreçebtase
la qual el agua abraçase
y aquella la tierra luego
o muy vtil conjunçion
y concordança
donde rresulto folgança
y mundana perfeçion

¶y fizo los animales
terrestes poseedores
y los peçes moradores
de las aguas generales
y quel ayre rreçibiese
las bolantes
aves y asy concordantes
toda espeçia produxiese

¶y solto los quatro vientos
que se dizen prinçipales
[fol. 127r]
de los lazos cauernales
y todos ynpedimientos
auro consiguio la vya
nabatea
y la de siçia borea
austro la de medio dia

¶zefiro la de occeano
y asi todos esparzydos
y por actos diuididos
cruzan el çerco mundano
ca vnos tienplan la çera
de la pella
por otros se pinta y sella
y traen la primavera

¶capaz y santo animal
sobre todos convenia
que touiese mayoria
y poder vniuerssal
quiso queste fuesel onbre
rraçional
a los çelestes ygual
al qual fizo y puso nonbre

¶y la biblioteca mia
ally se desplegara
ally me consolara
la moral maestra mia
y muchos de mis amigos
mal tu grado
seran juntos a mi lado
que fueron tus enemigos

¶y asy sere yo atento
de todo en todo al estudio
y fuera deste tripudio
del vulgo ques gran tormento
pues sy tal catiuidad
contenplaçion
trae non sera prission
mas calma feliçidad

[f] ¶sy tu carçel fuese bias
como tu pides por cierto
con mayor rrazon liberto
que preso te llamarias
libros ni letras algunas
non essperes
pues estudia sy quisieres
las sus fojas y colunas

¶y muchos otros enojos
te ffare por te apartar
del gozo del esstudiar
dime leeras sin ojos
[b] demotrico se çego
deseoso
desta vida de rreposo
y omero çiego canto

[fol. 127v]

¶los bienes que te dezya
que yo leuaua comigo

estos son verdad te digo
y joyeles que traya
ca sy mucho no mengganno
todos estos
actores y los sus testos
entran comigo en el vanno

¶por todos otros dolores
dolençias enfermedades
y de quantas calidades
descriuieron los actores
en toda la medeçina
pasaras
[b] morire [f] non moriras
[b] faz lo ya [f] non tan ayna

[b] ¶pues luego no seran tantos
sy se podran conportar
que no den qualque lugar
sin temer los tus espantos
a las mis contenplaçiones
y las tales
me seran a todos males
suaues medicaçiones

¶nin pienses tan mal armado
tu me falles de pacençia
a toda graue dolençia
que venga en qualquier estado
nin me fallaria dino
de mi nonbre
sy no me fallases onbre
y batallador contygo

[f] ¶morir morir te conuiene
pues bia a las manos bias
[b] cuydaua que me dirias
tal cossa que tarde viene
y contingente de rraro
ca la muerte
es vna general suerte
syn defensa nin rreparo

¶o fortuna tu me quieres
con muerte fazer temor
ques vn tan lieue dolor
que ya vimos de mugeres
fartas de ty la quisieron
por partido
mira lo que fizo dido
y otras que la siguieron

¶non fue caso pelegrino
que ya porçia patrizo
y sin culpa se mato
la muger de colatino
bien asy fizo daymira

y jocasta
ca çierto quien la contrasta
corta y debilmente mira

[fol. 128r]

¶pues si la tal eligieron
por mejor los femeniles
animos di los viriles
que faran lo que ffizieron
muchos otros rreçebilla
con paçençia
sin punto de rregistençia
y avn oso dezir pedilla

¶asi lo ffizo caton
asi lo ffizo anibal
ca la ponçonna mortal
ovo por singular don
çeuola non fizo menos
que a la pena
antevino de porsena
ca fin es loor de buenos

¶y con este mismo zelo
se dieron por sacriffiçio
el animoso domiçio
y el continente metelo
sy çessar l[os] rreçibiera
al esspada
pues de mi non dubdes nada
mas rrehuse la carrera

¶ca sy mal partido fuera
yo non te lo demandara
nin creas buelua la cara
porque digas muera muera
mas sea muy bien venida
tal sennora
ca quien su venida llora
poco sabe dessta vida

¶ya sea que los loores
en propia lengua ensordescan
y por ventura menpescan
en ojos de los lectores
muy lexos de vanagloria
en estremo
te dire porque non temo
pena mas espero gloria

¶yo fuy bien prinçipiado
en las liberales artes
y senty todas sus partes
y depues de grado en grado
oy de filossoffia
natural
y la ethica moral

ques duquesa que nos guia

¶y vi la ymagen mundana
las sus rregiones buscando
muy gran parte nauegando
y vezes por tierra llana
y llegue fasta caucasso
el qual çierra
tan gran parte de la tierra
ques admiratiuo casso

[fol. 128v]

¶a donde muestra lyarca
el su diuinal thesoro
en cadira o trono doro
donde rreçibio mi arca
vtil y muy salda prea
contra ty
y partyme desdally
a la fuerte cantalea

¶y vi las alexandrinas
colupnas que son a oriente
y las gades del poniente
que llamamos erculinas
las prouinçias boreales
vy del todo
y por ese mismo modo
fize las tierras australes

¶y quando ya rretorrne
en yprimen patria mia
segund la genealogia
donde yo prinçipie
a las armas me dispuse
guerreando
y dire como abreuiando
porque dilaçion ssescuse

¶debelle los megarenses
muy feroçes enemigos
y despues los fize amigos
de los nuestros yprimenses
mezclando con el espada
beneffiçios
que son loables offiçios
y obra muy comendada

¶en la guerra diligente
fuy quanto se conuenia
çibo y ssuenno perdia
por fazella sabiamente
bien vse maneras ffitas
por vençer
que loando mi preueer
se leen y son esscritas

¶pero solamente basste
fuese por mar o por tierra
que yo nunca fize guerra
fortuna si bien miraste
nin las sennas de mi haz
sse mouieron
nin batallas me ploguieron
ssy non por obtener paz

¶pues asy paçificada
plogo a la nuestra çibdad
en vna conformidad
fuese por mi gouernada
prinçipe de los togados
me ffizieron
y total cura me dieron
de todos los tres estados

[fol. 129r]

¶syn punto de rregistençia
acebte la sennoria
plogome la mayoria
plogome la preminençia
non creas por anbiçion
nin dominar
mas por rregir y judgar
pareçio por la rrazon

¶con amor y diligençia
honor y solepnidades
contrate las deydades
y deuida rreuerençia
a los conscritos padres
acate
mantoue verdad y ffe
onrre las antiguas madres

¶a mi ver fize justiçia
a todos generalmente
non me cure del potente
nin fize del amiçiçia
fuy las subornaçiones
como ffuego
nunca fize mal por rruego
nin dilacte las acçiones

¶non puse espaçio ninguno
entre mis fechos y ajenos
nin los mire punto menos
que sy fuesen de conssuno
y quando los çibdadanos
debatieron
digan sy jamas me vieron
torrnar ni por mis ermanos

¶a los huerfanos ssostuve
a las bibdas deffendi

non macuerdo que ofendi
nin denegue lo que tuve
y si sobre mio y tuyo
altercaron
y delante mi llegaron
a todonbre di lo ssuyo

¶ffuy los ayuntamientos
de las gentes que no saben
non me curo que malaben
y pospuse sentimientos
de las cosas non bien fechas
que me ffazen
plazeme sy las desfazen
por no ser obras derechas

¶asy andando y leyendo
y por discurso de edad
vista la tu calidad
a tus obras conoçiendo
dexe las glorias mundanas
y sus ponpas
que son como son de tronpas
y las sus rriquezas vanas

[fol. 129v]

¶asy rrecobre a mi
que non fue poco rrecado
y lloro el tienpo pasado
que por mi culpa perdi
ca yo non se tal ninguno
que mandando
biua syno trabajando
ni de cuydados ayuno

¶despues que me rrecobre
obtuve generalmente
el amor de toda gente
mira quanto bien gane
non quise grande alcauela
nin estremos
en tienpo leuante rremos
y cale manso mi vela

¶nin te pienses que ya miro
a los que me van delante
nin les faga mal senblante
antes sy querras me giro
porque pase quien quisiere
quel honor
es pressa del onrrador
errara quien al dixere

¶ca tu nunca fazes mal
a los malos por sus males
nin derribas mas los tales
mas a todos por ygual

los q*ue* vees prossperados
o subidos
aq*ue*llos so*n* ynpremidos
destroydos y assolados

[f] ¶bias tu vsas daq*ue*llas
platicas q*ue* los culpados
q*u*ando ya so*n* condenados
por aparent*es* q*ue*rellas
ca detyene*n* el verdugo
por ffuyr
el doloroso morir
q*ues* abominable yugo

[b] ¶gozase la vmanidad
desq*ue* tr*i*u*n*fa el triu*n*fante
y pues no*n* eres basta*n*te
dexerçer tu crueldad
muestro porq*ue* no lo fazes
ni*n* jamas
lo fezyste ni*n* ffaras
pues no*n* cale q*ue* amenazes

[f] ¶di no*n* temes las escuras
grutas y bocas de averno
no*n* terreçes el ynfierrno
y sus lobregas fo*n*duras
no*n* terreçes los terrores
terreçientes
no*n* terreçes los temient*es*
y temerosos temores

[fol. 130r]

¶di no*n* temes los bramidos
de la entrada temerossa
ni*n* de la selua espantosa
los sus canes y ladridos
[b] temer se deue*n* las cossas
q*ue* han poder
de nuzyr o mal ffazer
otras no so*n* pauorosas

[f] ¶ya las terreçio theseo
y dubdolas el alçides
duq*ues* espiertos e*n* lid*es*
y temiolas peryteo
[b] dizes q*u*ando prose*r*pina
fue rrobada
no*n* gozo desa vegada
la congregaçio*n* malina

[f] ¶de los dioses çelestial*es*
las estregias so*n* temidas
no*n* temes las eumenidas
ni*n* los mostruos infer*n*al*es*
ni*n* los ojos ynflamados
de caron

[b] no*n* ni toda la rregion
do se pena*n* los culpados

¶ca sy las fablas vigor
han asi como lo muestras
a las animas siniestras
es tal terror o themor
no*n* a mi q*ue* yo no*n* temo
sus torme*n*tos
mas pasar co*n* los ese*n*tos
a vela tendida o rremo

[f] ¶en *e*l profu*n*do del huerco [sic]
ado no tu cuydas bias
asi como bozerias
ynpide*n* el paso al puerco [sic]
te fare penar çient an*n*os
denegado
q*ue* no seas sepultado
por q*ue* no q*ue*de*n* tus dan*n*os

[b] ¶o q*u*anto ligerame*n*te
co*n* la buena confiança
pasa q*u*alq*u*ier tr*i*bula*n*ça
y casi de contine*n*te
p*ue*s ya pr*u*eu*a* si pudi*e*r*es*
de nuzirme
q*ue* no*n* creas rreduzyrme
a tus friuolos q*ue*rer*es*

¶sea la perturbaçion
enpachos o detene*n*çia
constrast*es* o rresiste*n*çia
como tu dizes o no*n*
ca disuelto de las ligas
corporales
no*n* temo ni*n*gu*n*os males
contrarios ni*n* enemigas

[fol. 130v]

¶mas dexada la ssiniestra
carrera do los culpados
cruelme*n*te sso*n* cruçiados
y prosiguiendo la diestra
mirara co*n* ojo ffixo
el ardor
del q*ue* syn ni*n*gu*n*d temor
ha fecho mal o lo dixo

¶y la ssuelta mançebez
de los titanos giga*n*t*es*
ynpremidos o pena*n*tes
de la nozia vejez
porq*ue* soberuios te*n*taro*n*
offender
al tronante jupiter
lo q*u*al de fecho asayaron

¶y los aloydas que ffueron
de tan estrema grandeza
que por su gran fortaleza
sse cuydaron y creyeron
las çestiales alturas
corronper
muy dignos de posseer
las tartareas fonduras

¶y punido ssalamona
de la misma puniçion
porque la veneraçion
deyfica se rrazona
vsurpar quiso tronando
en el yda
donde le tajo la vida
el alto fulgureando

¶y las entrannas de siçio
que por el bueytre rroydas
son y nunca despendidas
pena de su maleffiçio
y los lafitas tenientes
la gran penna
quen somo se les despenna
al creer de todas gentes

¶nin seran a mi vedadas
por mis deliçias nin males
de las furias ynfernales
las mesas muy abastadas
nin asy mesmo los lechos
bien orrnados
ca non fueron quebrantados
por mi los santos derechos

¶nin las bozes de flegias
me faran algund espanto
en aquel orrible llanto
que todas noches y dias
fazen los que corronpieron
ssus deodos
y por otros tales modos
a los dioses offendieron

[fol. 131r]

¶y los çicoples [sic] dexados
en los sus ardientes forrnos
salyre por los adorrnos
verdes y fertiles prados
do son los canpos rrosados
elysseos
do todos buenos deseos
dizen que son acabados

¶do cantando tanne orfeo
el saçerdote de traçia

la lira con tanta graçia
ca se cuenta su desseo
ya se obtuvo de çeruero
libertando
erudiçe como y quando
bien es cuento plazentero

¶desta tierra su aparençia
segund que se çertefica
por muchos y testifica
es de tan grand eselençia
y pintura tan fermosa
que bien muestra
ser fabrica de la diestra
sabia mano poderossa

¶ally las diuersidades
son tantas de las colores
rrecontado por actores
de grandes actoridades
questas de nuestras pinturas
çerca dellas
son como lunbre destrellas
antel sol en sus alturas

¶y en aquellas praderias
y planiçes purpuradas
dizen que son colocadas
a perpetuales dias
las personas que fueron
los delitos
y los rretisimos rritos
guardaron y mantouieron

¶estas gentes eximidas
son de las enfermedades
han prorrogadas edades
sobre las nuestras y vidas
son de mas biuos sentidos
y ssaber
mas prestos en diçerner
en sus fablas mas polidos

¶seluas en essta rregion
son y florestas fermosas
de frutales abundossas
frondeçen toda ssazon
aguas de todas maneras
perenales
fuentes y rrios cabdales
y muy fertiles rriberas

[fol. 131v]

¶eridano mansamente
rriega toda la montanna
ssin rriguridad nin sanna
mas con vn curso plaziente

cuyas ondas muy suaues
fazen son
y dulçe medulaçion
con los cantos de las aves

¶y aquellos mismos ofiçios
que en esta vida siguieron
y quales mas les ploguieron
son alli sus exerçiçios
los vnos con estormentes
y cantares
cantan loores solares
otros se muestran çientes

¶y todas las nobles artes
y por metropologia
las rrezan con alegria
todas juntas y por partes
y con largas vestiduras
grauedad
muestran con grand onestad
las sus comendables curas

¶hanse ally piadosamente
todos los tienpos del anno
frio no les faze danno
nin calor por consiguiente
de guisa que los frutales
que ally biuen
segund cuentan y discriuen
son por verdor ynmortales

¶otros siguen los venados
paseando las veredas
so las frescas arboledas
y por los altos collados
con diuersidad de canes
su querer
satisfazen a plazer
syn congoxas nin afanes

¶y sy fueron caçadores
alli de todas maneras
fallan caças plazenteras
nobles falcones y açores
otros corren a tablados
otros dançan
y todas cossas alcançan
syn astuçia nin cuydados

¶avn son alli fabricados
tenplos de mucha eselençia
y dioses con gran femençia
destas gentes adorados
[fol. 132r]
vnos con otros confieren
las rrepuestas

muy çiertas y manifiestas
daquello que les rrequieren

¶qual el febo y diana
en la ynsola del hos
naçieron amos a doss
y la su lunbre diafana
dizen ser vistos alli
actualmente
vitoriosos del serpiente
y de antheon assy

¶mas a la nuestra morada
do las animas benditas
tienen sillas conscritas
mas lexos es la jornada
que son los çelestes senos
gloriossos
do triunfan los virtuosos
y buenos en todos genos

¶este camino sera
aquel que fare yo bias
en mis postrimeros dias
si te plaze o pesara
a las bienaventuranças
do cantando
beuire sienpre gozando
do çesan todas mudanças

¶yo me cuydo con rrazon
mera justiçia y derecho
averte bien satisfecho
y asi fago conclussion
y sin verguença ninguna
torrnare
al nuestro tema y dire
ques lo que piensas fortuna

deo graçias

[fol. 132v]

[ID0106] HH1-31 (132v-136r) (53×8) Año 1453.

dotrinal de priuados ordenado
por el dicho sennor marques sobre
la prision y muerte de don aluaro
de luna maestre de ssantiago y
condesstable de casstilla

¶vy tesoros ayuntados
por gran danno de su duenno
asi como sonbra o ssuenno
son nuestros dias contados
y ssi fueron prorrogados
por sus lagrimas alguno
destos ya non vemos vno
por nuestros muchos pecados

¶abrid abrid v*ue*st*r*os ojos
gentios mirad a mi
q*u*a*n*to viste q*u*a*n*to vy
fantasmas fuero*n* y antojos
co*n* trabajos con enojos
vsurpe tal sen*n*oria
ca sy ffue no*n* era mia
mas yndeuidos despojos

¶casa a cassa guay de mi
y ca*n*po a ca*n*po allegue
cosa ajena non dexe
ta*n*to q*u*ise quanto vy
agora pues ved aqui
q*u*a*n*to valen mis rriq*ue*zas
ti*er*ras villas ffortalezas
tras q*u*ien mi ti*e*npo perdi

¶o hanbre doro rrauiosa
quales son los coraçones
vmanos que tu perdones
en esta vida enga*n*nossa
avnq*ue* harta querellossa
eres en todos esstados
no menos q*ue* a los pasados
a los presentes dan*n*ossa

¶q*ue* sse ffizo la moneda
q*ue* guarde p*ar*a mis dan*n*os
ta*n*tos ti*e*npos tantos an*n*os
plata joyas oro y sseda
ca de todo no*n* me queda
ni avn lo deste cadahalsso
mu*n*do malo mu*n*do ffalso
no*n* es q*u*ien co*n*tygo pueda

[fol. 133r]

¶a dios no*n* rreferi grado
de los bienes y merçedes
q*ue* me fizo q*u*antas vedes
y me ssostouo en estado
mayor y mas p*r*osperado
q*ue* jamas nu*n*ca sse vio
en espan*n*a ni*n* se oyo
de ni*n*gu*n*d otro p*r*iuado

¶pues vosot*r*os q*ue* corred*es*
al gusto deste dulçor
temed a n*ue*st*r*o sen*n*or
sy por ventura q*ue*red*es*
fabricar v*ue*st*r*as pared*es*
sobre bue*n* çimiento a osad*as*
y sera*n* v*ue*st*r*as moradas
fuert*es* firmes no*n* dudedes

¶g*u*a*r*dadvos de mal beuir
pues canes a noche mala

no ladra*n* ni es q*u*ien vala
sy dios nos q*u*iere punir
q*ue* nos presta rreffuyr
ni*n* contrastar a su yra
si se alue*n*ga no*n* sse tyra
ni*n* se puede rressistir

¶Ca sy fuey desenartado
o q*u*isiera proueer
bie*n* se me deue*n*tender
mas constrastar lo fadado
o forçar lo q*ue*s forçado
a dios solo perteneçe
pu*es* q*u*ien no gelo mereçe
pase por lo destinado

¶deste fauor cortessano
lo q*ue* nu*n*ca supe se
no aduerty ni*n* pe*n*se
q*u*a*n*to es caduco y vano
asy q*ue* de llano en llano
syn ni*n*gund temor ni*n* miedo
q*u*a*n*do me dieron el dedo
abraçe toda la mano

¶mal jugar faze q*u*ie*n* juega
co*n* q*u*ien siente magu*er* calle
de lo que fizo en la calle
q*u*ien es el q*ue* se desniega
anbiçion es cossa çiega
poder y ma*n*do absoluto
y rreçelo dissoluto
fi de madre es q*u*ien lo niega

¶lo q*ue* no*n* fize ffazed
fauoridos y p*r*iuados
sy q*ue*redes sser amados
no*n* vos tema*n* mas temed
te*n*prad la cupida ssed
consejad rrectos juyzios
esq*u*iuad los perjuyzios
la rrazon obedeçed

[fol. 133v]

¶ca si fueredes medidos
en rreçebir no*n* dubded*es*
co*n* mucha rrazo*n* fared*es*
a los otros comedidos
los discretos y se*n*tidos
pedira*n* q*u*a*n*do siruieren
los ot*r*os q*u*a*n*do pidieren
de poco les son tenidos

¶por tanto lo q*ue* dire
ge*n*te de la n*ue*st*r*a esperia
açerca desta materia
avedlo como por ffe

de todos mensennore
en tanto que mi sennor
cuydaua ser el mayor
fasta que non lo cuyde

¶aristotiles non creo
syntio de filosofia
euclides de geumetria
nin del çielo tolomeo
quanto deste deuaneo
si queredes bien mirar
yo vos puedo demostrar
nin de la musica orfeo

¶priuado touo abrahan
avnque santo patriarca
priuado touo el monarca
asuero que fue haman
y joab ssu capitan
priuado fue de dauid
mas de todos me dezid
quales se me ygualaran

¶ca todos los que priuaron
con sennores y con rreyes
non vsaron tales leyes
como yo ni dominaron
por tal guisa ni mandaron
en çeuil y criminal
a todos en general
nin pienso que lo pensaron

¶todonbre sea contento
de ser como fue su padre
la muger quanto su madre
y sera deuido cuento
bien permito si buen viento
le viniere de priuança
la rreçiba con tenprança
con seso mesura y tiento

¶y quiera la mediania
de las gentes y asegure
non le plega nin procure
estrema soberania
ca pase por albaquia
o ssea contado luego
de rraro pasa tal juego
syn pagar la demasia

[fol. 134r]

¶que dire si non temedes
tan grand eclipsi de luna
qual ha fecho la fortuna
por tal que vos avisedes
fize gracias y merçedes
no comi solo mi gallo

mas ensillo mi cauallo
solo como todos vedes

¶pero bien lo mereçi
pues a quien tanto me fizo
fize porque me desfizo
tanto mensoberueçi
pues sy yo non rreferi
las gracias que me fizieron
sy no me las rrefirieron
non pida lo que non dy

¶esta es ygual messura
pero no dina querella
la rrazon asi lo sella
y lo afirma la escritura
cuyde toda criatura
que segund en esta vida
midiere sera medida
de lo qual este segura

¶ffuy de la caridad
y caridad me fuyo
quien es que maseguro
en tanta neçesidad
buscades amor amad
si buenas obras fazedlas
y si malas atendedlas
de çierta çertenidad

¶ca sy lo ageno tome
lo mio me tomaran
sy mate non tardaran
de matarme ya lo sse
si prendi por tal pase
maltray so maltraydo
andoue a buscar rroydo
basta asaz que lo falle

¶pues el sotil palançiano
quanto mas y mas priuare
por tal yerro non desuare
y sera consejo ssano
exçesso luçifferano
ya vedes como se paga
que quien tal bocado traga
pagalo tarde o tenprano

¶avn a vuestros conpanneros
amigos o sseruidores
quanto mas a los sennores
sed domesticos non fieros
ca nuestros viejos primeros
dizen sufrense las cargas
pero no las sobrecargas
ni los pesos postrimeros

[fol. 134v]

¶son diuersas calydades
no menos en los mayores
q*ue*n medianos y menores
y grandes contrariedad*es*
pues p*r*iuados q*ue* p*r*iuades
estudiad en los sseguir
ca no*n* se pueden sseruir
mejor q*ue* a sus voluntades

¶vnos q*ui*eren rrepossar
a ot*r*os plaze*n* la g*ue*rras
a ot*r*os canpos y sierras
los venados y caçar
justas otros torrnear
juegos deleytosas da*n*ças
ot*r*os t*ie*npos de bona*n*ças
sacrifiçios conte*n*plar

¶dexad v*uest*ra voluntad
y fazed sus volu*n*tad*es*
aquellos q*ue* desseades
fauores prosperidad
onores vtilidad
mas g*ua*rdad y no q*ue*rad*es*
est*r*emas estremidades
mas sienpre vos moderad

¶ca sy vos plaze rrazo*n*
de lo tal sereys co*n*tentos
q*ua*nto nuze*n* los avme*n*tos
tomados por opi*n*no*n*
rrefrenevos discriçion
apartadvos de tal fa*n*ga
q*ue* sy entra por la ma*n*ga
ssale por el cabeço*n*

¶los v*uest*ros rrazonamie*n*tos
sean en loor de todos
ca son muy vtil*es* modos
fazer los rreyes co*n*tentos
de los suyos y çimie*n*tos
de amor y lealtad
cassa de sseguridad
firme cont*r*a todos vie*n*tos

¶q*ua*nto la benifiçe*n*çia
sea digna de loar
en los q*ue* tiene*n* lugar
prueuolo co*n* espire*n*çia
es ot*r*a mayor çie*n*çia
q*ue* solo por bie*n* fablar
obtener aver cobrar
general beniuole[n]çia

¶mal fazer ni mal dezyr
no so*n* onestos seruiçios
ni*n* los q*ue* llama*n* ofiçios

los q*ue* muestra*n* mal beuir
osadlos rredarguyr
en los co*n*sejos estrechos
todos fechos no bie*n* fechos
y dinos de corregir

[fol. 135r]

¶y g*ua*rdad q*ue* los seruiçios
sea*n* bie*n* rremunerados
punidos y castigados
los yerros y malefiçios
tales obras son seruicios
de los q*ue* sirue*n* senn*or*es
a mayores y menores
abreuiad los benefiçios

¶consejad q*ue* los judgados
sea*n* por gra*n*d elecçion
no se den por g*ua*lardo*n*
de seruiçios ni*n* rrogados
sea*n* legos o letrados
mas tales q*ue* la rrazo*n*
no*n* tuerça*n* por afeçio*n*
por miedo ni*n* sobornados

¶aq*ui* se me descubriero*n*
erradas y todas me*n*guas
tened lo q*ue* v*uest*ras lenguas
juraro*n* y prometiero*n*
ya vedes si me nuziero*n*
pasat*ie*npos dilaçiones
todas gentes y naçion*es*
obra q*ui*ere*n* y quisieron

¶mas vale no p*r*estamente
q*ue* si co*n* mucha pereza
pierde gusto de fra*n*queza
y muestra q*ue* sarrepiente
el liberal no*n* consyente
ni*n* la tarda*n*ça le plaze
ca desfaze lo q*ue* ffaze
y desplaze a toda ge*n*te

¶contratar y conferir
co*n* v*uest*ros y con ajenos
elegid sienp*r*e los buenos
donde se deue seguir
bie*n* fazer y bie*n* dezyr
ca sean moços o viejos
tales so*n* los sus co*n*sejos
q*ua*l*es* dellos el beuir

¶fasta aq*ui* vos he contado
como ma*n* puesto y traydo
en ta*n* estrecho partido
q*ua*l vedes q*ue* soy llegado
agora pues es forçado

de fazer nueva carrera
mudaremos la manera
del proçeso proçesado

¶ca sy de los curiales
yerros tanto me rreprendo
que fare sy bien lo entyendo
de mis pecados mortales
que fueron tantos y tales
que syn mas detenimiento
no dubdo mi perdimiento
ssennor sy tu no me vales

[fol. 135v]

¶pues yo pecador errado
mas que los mas pecadores
mis delitos mis errores
mis graues culpas culpado
confieso muy ynclinado
a ty dios eterno padre
y a la tu bendita madre
y despues de grado en grado

¶a todos los çelesstiales
por orden de theologia
a la sacra gerarchia
y coros angelicales
en espeçie y generales
los ynojos ynclinados
vos confiesso mis pecados
mortales y veniales

¶y a los que las vmanales
vestiduras rreçebisstes
y velando conseguistes
las sensiones eternales
mis obras torpes y males
confieso triste gimiendo
y los mis pechos firiendo
dire quantos son y quales

¶de los tus diez mandamientos
sennor no guarde ninguno
nin limosnas nin ayuno
quaresmales nin avientos
nin de tales documentos
puestos so christiano yugo
no los fize nin me plugo
mas todos sus vedamientos

¶a qualquiera pecador
o que mas o menos yerra
vn pecado le da guerra
o se le ffaze mayor
a mi qual sea menor
de los ssiete non lo sse
porque de todos peque

ygualmente sin temor

¶no ministro de justiçia
eres tu dios solamente
mas perdonador potente
del mundo por amiçiçia
mi soberuia mi codiçia
yra y gula non te niego
pereza laçiuo ffuego
enbidia y toda maliçia

¶los menguados non farte
alguno sy me pidio
de vestir non lo ffallo
nin los pobres rreçebte
catiuos non los ssaque
nin los enfermos cuytados
fueron por mi visitados
nin los muertos sepulte

[fol. 136r]

¶çiertamente tantos males
fize que solo en penssallos
muero que sera penallos
generales y espeçiales
pasos puentes espitales
donde fuera menester
sy quedaron por ffazer
pareçe por las sennales

¶cay con los que pecaron
pues leuantame sennor
con los que por gran dolor
asueltos sse leuantaron
que misericordia ffallaron
aquellos que a ty vinieron
y sus culpas te dixeron
y gimiendo las lloraron

¶grandes fueron mis pecados
gran misericordia pido
a ty mi dios ynffinido
que perdonas los culpados
quantos son canonizados
y bueltos de perdiçion
solo por la contriçion
en santos ssantifficados

¶non desesspero de ty
mas espero penitençia
ca mayor es tu clemençia
que lo que te mereçy
en maldad envejeçi
pues demandote perdon
no quieras mi dannaçion
pues para pecar naçi

¶mas sea la conclusion
que de todos mis pecados
confessados oluidados
quantos fueron quantos son
sennor te pido perdon
y a vos maestro despina
onesta presona dina
de su parte abssoluçion

ffin

¶caualleros y perlados
sabed y sepa todonbre
queste mi sermon ha nonbre
dotrinal de los priuados
mis dias son ya llegados
y me dexan desde aqui
pues rrogad a dios por mi
gentes de todos esstados

deo graçias

[fol. 136v]

[ID2904] HH1-32 (136v-140r) (2,49×8,4) Año 1453.

otras coplas del dicho ssennor
marques sobrel mesmo casso

de tu rresplandor o luna
te ha priuado la fortuna

¶o luna mas luminossa
que la luz merediana
clareçiente rradiossa
prepotente ssoberana
tu claror vniuersal
por el mundo era sonado
vn ser atan prosperado
non vio onbre terrenal

¶o luna quen toda espanna
los tus rrayos traçendian
de tu mirable ffazanna
ynfinitos departian
tu prolongado durar
non se falla por estoria
nin por antigua memoria
se podria memorar

¶o luna en quanto grado
tus prinçipios son sabidos
y tu pobre y baxo estado
por notorios son avidos
pues mira quan eleuada
de ynmensa prosperidad
te subio la magestad
con costançia prolongada

¶diote castillos y villas
muchas tierras y çibdades
grandes gentes y quadrillas
onores y dinidades
y tesoros ynffinitos
y el vniuerso mando
de su corona tirando
por modos muy esquisitos

¶o luna en conclusion
de toda su gran potençia
alta sin conparaçion
se priuo sin rreuerençia
de todo enteramente
a ty solo envisstio
sola pluma le quedo
a firmar lo a ty plaziente

[fol. 137r]

¶o largueza ynestimable
del mananimo sennor
o yngrata muy dannable
condiçion del sseruidor
o ynefable costançia
y virtud del dominante
o siruiente arrogante
çircundado de jatançia

¶o del mal rreconoçer
de tan grandes benefiçios
y peor rregradeçer
con rreseruados seruiçios
comoquier que sea notorio
todo lo que aqui dire
pero a largo tratare
por mi breue rreportorio

¶por nueue versos y modos
te plogo regradeçer
estos benefiçios todos
los quales quiero poner
por que ssea conoçida
la soberana justiçia
ayan los buenos letiçia
y los malos mala vida

primero

¶la su alma virtuossa
le feziste encargar
la carga muy onerosa
non dubdaua su pensar
juramentos cada dia
por varias cabsas prestando
aquellos no bien guardando
soberano de tu porfia

ssegundo

¶la su fama gloriossa
por el mundo rresonante
a los malos pauorosa
a los buenos gratulante
por ti fuera dinigrada
por miserable manera
tanto que con rrazon era
su presona murmurada

terçero

¶el su esstado rreal
exçelso marauilloso
mucho mas que ynperial
prefulgente poderoso
de todo lo desfeziste
por sobrado en ti fazer
y quan mal satisfazer
en aquesto presomiste

[fol. 137v]

quarto

¶El su patrimonio estenso
de mar a mar dilatado
y su poderio ynmensso
rrico lleno y abastado
le feziste enajenar
y partir de su corona
su ylustrisima persona
costrenniste a mendigar

¶quinto

¶los dones que la natura
otorga a todo animal
en que toda criatura
rreçibe gozo espeçial
solaz de muger y fijos
le fezyste aborreçer
por sobrado engrandeçer
y fazer condes tus fijos

ssessto

¶tanbien el franco aluedrio
que dios a todos conçede
de que con su poderio
a ninguno rretroçede
tu daqueste le priuaste
negando la libertad
y de liberalydad
del todo lo despojaste

sseteno

¶a sus subditos leales

alongar de sy cabsaste
parientes y naturales
de sus rreynos desterraste
por tragar sus posesiones
con garganta ynsaçiable
pues quiero me ser callable
de las muertes y prisiones

otauo

¶por esto non perdonaste
a los pueblos fatigar
todas gentes abaxaste
syn te nunca saçiar
por ty çierto dezir quiero
agora de llano en llano
lo quel antiguo rromano
oso esclamar primero

noueno

¶desterraste lealtad
de los lymistes yspanos
rroca de seguridad
de los rreyes castellanos
[fol. 138r]
fidelidat yncrepando
y en preçio vil teniendo
la delectaçion queriendo
y aquella apremiando

¶detestable yngratitud
condigna de puniçion
madrasta de la virtud
carrera de perdiçion
o rrayz de todos viçios
de dios mucho aborreçida
causaste la gran cayda
çelebrada en los juyzios

¶luçifer soberuioso
quisso conquerir su sylla
al trono muy glorioso
del que por gran marauilla
lo fizo mas exçelente
de todas las criaturas
porque fue de las alturas
al profundo deçendiente

¶los solloços y gemidos
de los queran sepultados
miserables abatidos
y de tus pies conculcados
subieron al consistorio
diuinal pedir vengança
y de tanta destenprança
cuchillo vindicatorio

¶la fortuna que ayudo
a este sobir tan alto
la su rrueda rreuesso
y le fizo dar gran salto
creo que nunca pensaste
que tal cosa avrie lugar
sy no pienso moderar
pensaras tu gran contraste

¶pues pensaras quera rrueda
la fortuna ante dicha
y si rrueda nunca queda
deuia estar segun dicha
fezyste vana fiança
esperando en lo mouible
enfermo flaco y fallible
todo puesto en la balança

¶por medida que medias
çiertamente eres medido
aquellos que abatyas
ya te traen abatido
abaxauas ya te abaxan
aquexauas ya te aquexan
tu tajauas ya te tajan
y jamas nunca te dexan

¶o luna eclibssada
y llena doscuridad
tenebrosa y fuscada
conplida de çeguedad
toda negra ya pareçes
de clareza careçiente
gualardon equiualente
rreçibes segund mereçes

[fol. 138v]

ynvocaçion a dios

¶o exçelsso triunffante
geju[chri]ssto ynffinido
y paçifico esperante
muy fuerte de gran sonido
ssy dilatas no perdonas
ssaluo al pecador contrito
al malinante preçito
terribles penas le donas

¶con manifica pacençia
esperas al pecador
llamandole a penitençia
con ynçesable clamor
al penitente conuersso
rreçibes a piedad
dannas con seueridad
al obstinado peruerso

¶tus juyzios ynefables
y tu justo executar
y las tus obras mirables
quien las podria espresar
o sennor omipotente
buelue tu bulto graçioso
a mirar este animoso
tu sieruo por ty rrigiente

¶acata su ynoçençia
y sinçera caridad
su sana justa conçençia
atan bien su vmanidad
pues que tienes en tu mano
su coracon ynoçente
tu sennor sey dirigente
deste tu rrey castellano

¶esfuerça ihesu benigno
su diestra con fortaleza
tu que en el santo ligno
vençiste nuestra fflaqueza
a que sus ynobidientes
y rrebeldes yndomados
derribe de sus estados
de que son mal mereçientes

¶ylustra su discriçion
abiua su buen desseo
conforma su entençion
ques derecha segund creo
porque tu sennor donante
las cosas a ty plazibles
se demuestre rrepunante
a las personas nuçibles

¶conozca ffidelidad
de sus pueblos espannoles
condene deslealtad
de los traydores avoles
sus leales numerando
los peruersos expeliendo
los pressos desagrauiando
y a opresos opremiendo

[fol. 139r]

¶ssu estado prepotente
magnifica y engrandeçe
su corona prepolente
gloriffica y enobleçe
prestale costançia firme
corrobora ssu ffirmeza
a que su rreal grandeza
consolidando confirme

¶ffazle rredoler la fama
de los sus progenitores

abiue*n* la gra*n*de llama
las fuelles de sus loores
o alta genoalogia
o lynaje descogido
sobre q*u*antos he leydo
en toda la vida mia

¶fazle conoçer los dan*n*os
de sus pueblos fatigados
y muestralen pocos an*n*os
por do sean rreparados
a ellos presta obidie*n*çia
y desseo muy feruiente
co*n* q*u*el sirua*n* lealmente
co*n* deuida rreuere*n*çia

a la rreyna

¶a vos la muy generossa
exçelsa rreyna ssen*n*ora
preclara espeçiossa
la q*u*a*r*ta liberadora
enxe*n*plo y disscreçio*n*
y rroca de gran costa*n*çia [sic]
talamo de tenpera*n*ça
y tenplo de perffeçio*n*

¶la p*r*imera q*u*e conterno
ossar prestar libertad
fue judit con*tra* oloferno
espejo de casstidad
o braço de gran vigor
deste cuerpo mugeril
animo mas q*u*e viril
q*u*al nu*n*ca lo oy mejor

¶la diestra verecu*n*da
ester rreyna muy serena
leo ser muge*r* segu*n*da
q*u*e libro pueblo de pena
contra la tiranidad
de hama*n* el mal p*r*iuado
a q*u*ie*n* fue g*u*alardonado
muy co*n*forme a su maldad

¶q*u*e dire de la terçera
esposa de dios y madre
del çielo escala vera
co*n*çibiente a su padre
de q*u*e al linaje vmano
proçedio liberaçion
del pode*r* de*l* gran drago*n*
peruerso malo tyrano

¶el sen*n*or dios rreseruo
p*ar*a vos la q*u*arta graçia
[fol. 139v]
la q*u*al en vos ynfundio

co*n* vna te*n*pradaudaçia
omillme*n*te como ester
conbidastes al leon
a la dulçe colaçion
y muy sabroso comer

¶co*n* audaçia muy te*n*prada
ossastes manifestar
la ve*r*dad q*u*e ocultada
largos tie*n*pos solie estar
rreseruaste*s* el lazerio
de la no*n*brada castilla
y su gloriosa silla
ser metida en catiuerio

¶el q*u*e vos presto ynflue*n*çia
sen*n*ora p*a*ra dezir
ese mesmo p*r*esto audie*n*çia
al leon p*a*ra oyr
el espiritu diuino
q*u*e do*n*de le plazespira
traspaso co*n* fuerte vira
el su coraço*n* muy dino

¶rrugie*n*do muy espa*n*tabl*e*
el gran leo*n* despertado
del dormir ta*n*to durabl*e*
y suen*n*o ta*n* prolo*n*gado
co*n* muy rrigurosos braços
rro*n*pio todas las p*r*isiones
ligaduras opresiones
enbargos y enbaraços

¶rremetio co*n* fue*r*te brio
de la pressa afferro
del diuino donadio
g*u*arneçido se syntio
co*n* yngenio eleuado
començo de ymaginar
y profu*n*do conte*n*plar
en el gran dan*n*o pasado

al p*r*inçipe

¶a vos el muy v*i*rtuosso
p*r*imogenito ynfante
p*r*inçipe muy viguroso
exçelente ylustra*n*te
la boca puesta en *e*l suelo
fablare co*n* rreuere*n*çia
co*n*fiando en la cleme*n*çia
de v*u*est*r*o animoso zelo

¶lo p*r*imero sen*n*or nobl*e*
cu*n*pliendo aq*u*el ma*n*damie*n*to
diuino q*u*arto q*u*e doble
promete premiamie*n*to
pues la niebla es q*u*itada

del sol claro rrutilante
venid luego festina*n*te
a co*n*plir esta jornada

¶convocad los t*r*es estados
q*u*ered tomar la vandera
y todas co*n* vos ju*n*tados
v*ues*t*r*a sen*n*oria q*u*iera
[fol. 140r]
muy presto vos apliq*u*edes
a este g*r*an capitan
preçedente rrey don jua*n*
de q*u*ien ta*n*to bie*n* avedes

¶las v*ir*tudes y noblezas
vos mueua*n* p*r*i*n*çipalme*n*te
y ta*n*bien naturalezas
q*u*e del soys proçedie*n*te
mueuavos conoçimie*n*to
de merçedes ta*n* granadas
a vos por su alteza dadas
a v*ues*t*r*o conte*n*tamiento

¶mueuavos sy al q*u*e no
q*u*el ynteresse total
es v*ues*t*r*o segu*n*d q*u*e yo
conte*n*plo de bie*n* y mal
gloriosa no*n*bradia
q*u*e falle en vos morada
vos mueua a esta jo*r*nada
y deuota rromeria

¶ju*n*to co*n* su exçelençia
lo q*u*es v*ues*t*r*o rrecobrad
dado co*n*t*r*a su conçençia
y su propia volu*n*tad
los contritos desterrados
q*u*ered rreconçiliar
y cruelmente dan*n*ad
los peruersos obstinados

ffin

¶el mando a su sen*n*oria
y la execuçion a vos
por co*n*plir lo q*u*e pedia
el santo dauid a dios

deo graçias

[fol. 140v]

[ID2905] HH1-33 (140v-141r) (6 × 10,6)

loores a la v*ir*ge*n* m*ari*a *n*uest*r*a ssen*n*ora
ordenados por el sen*n*or marq*u*es

¶v[i]rgen eternal espossa
del padre q*u*e dab iniçio

te crio por beneffiçio
desta vida congoxossa
del jardin sagrada rrossa
y preçiosa margarita
fontana dagua be*n*dita
lu*n*bre de graçia ynfinita
por mano de dios escrita
o domina gloriossa

¶ynefable mas fe*r*mosa
q*u*e todas las mas fe*r*mosas
thesoro de santas cossas
flor de bla*n*co lirio y rrossa
abundante frutuosa
de perfecta caridad
palma de gra*n*d omildad
esfuerço de vmanidad
armas de la ch*r*istiandad
en q*u*alq*u*ier ora espa*n*tosa

¶fertil oliua esspeçiossa
en los ca*n*pos de ssyon
cantyca de ssalamon
de prosapia generosa
oriental piedra p*r*eciosa
tu [   ] de rreal mina
electa por santa y dina
en la p*r*ese*n*çia diuina
a q*u*ien el çielo senclyna
como a rreyna poderosa

¶la tu caridad piadossa
y vmana begninidad
serena serenidad
vida onesta rreligiosa
la sente*n*çia rrigurosa
cabsada por la muger
en fauor de luçiffer
torrno de ser a no sser
q*u*al otra pudo ffazer
obra tan marauillosa

¶de los rreyes rradiossa
estrella su rrecta via
fiesta de la epiffania
biblioteca copiossa
testos dadmirabl*e* g[l]osa
estoria de los p*r*ofetas
paues de *n*uest*r*as saetas
perfeçio*n* de las cu*n*pletas
y de todas las electas
enperatriz valerosa

[fol. 141r]

¶çelestial lu*n*bre lu*n*brossa
nueuo sol en guadalupe

perdonad sy mas no*n* supe
co*n* lengua defectuosa
ni*n*guna ffue ta*n* beruossa
de los n*uest*ros preçebtores
ssantos y sabios dotores
q*u*en loar los tus loores
no*n* terreçiessen errores
fuese rrimo fuesse prosa

ffin

¶ynvençible virtuossa
de n*uest*ros perseguidores
pausa de todos dolor*es*
rreffugio de pecador*es*
pon tu fin a mis l*an*gores
madre misericordiosa

[fol. 141v]

[ID0173] HH1-34 (141v-142r) (8 × 8,4)

al sen*n*or rrey do*n* *alfon*so de portogal
por el dicho ssen*n*or marq*ue*s

¶rrey alffon*so* cuyo no*n*bre
es y ffue de rreyes buenos
lea si quiere todonbre
y vera de todos genos
asi v*uest*ros como agenos
sienp*re* fuero*n* v*i*rtuossos
q*u*al*es* mas o q*u*al*es* menos
generosos venturosos

¶pues asy rrey y varon
por mano de dios vngido
de perfecta discriçion
de gran seso y bue*n* se*n*tido
pues se muestra fauorido
q*ue* fustes y soys de dios
bue*n* rrey no*n* tarded*es* vos
en pagar bie*n* lo deuido

¶deuen los electos rreyes
a dios p*ue*s los eligio
q*ue* guarden sus *san*tas leyes
pues gelas encome*n*do
amarlo pues los amo
sobre todas otras cosas
obrar obras v*i*rtuosas
tales q*u*al*es* el mando

¶deue*n* los rreyes prude*n*tes
ser fuertes y justiçieros
te*n*prados doctos çientes
caritatiuos no*n* fieros
ser ch*ri*stianos v*er*daderos
brauos a los ynfieles
a los suyos no*n* crueles

en las lydes caualleros

¶deue*n* ser de su consejo
las diuinas esc*ri*turas
testame*n*to nueuo y viejo
y las senblant*es* leturas
biua boz co*n* las escuras
sy pregu*n*tan q*ue* rrespo*n*da
por q*ue* no se les esconda
el çentro de sus clausuras

[fol. 142r]

¶Ca vsso faze maestro
y v*i*rtud es exerçiçio
al siniest*ro* faze diestro
el deleyte del offiçio
natural co*n* artefiçio
q*u*ando son ju*n*tos a vna
sy desastre no*n* rrepuna
ffaze*n* vtil edeffiçio

¶estos nobles rreyes rrey
q*u*al*es* digo tales fuero*n*
obidientes a la ley
paga*n*do lo q*ue* deuiero*n*
ganaro*n* y defendiero*n*
todo lo mas de lo n*uest*ro
co*n* gran p*ar*te de lo v*uest*ro
cuyas ffamas no muriero*n*

¶Al q*ue* paga lo prestado
presta*n*le de buena me*n*te
no es pu*n*to avergon*n*ado
ni en blasmo d*e* la gente
rrey p*ue*s sedvos dilige*n*te
en pagar y rrefferir
p*ue*s vos vemos rreçebir
liberal y francamente

ffin

¶mas q*ue* vmanidad consiente
rrey vos dexe dios beuir
por q*ue* podades seguir
el bien q*ue* de vos sse syente

[fol. 142v]

[ID1767] HH1-35 (142v-143r) (6 × 8,4...)

del ssen*n*or marq*ue*s

¶gentyl duen*n*a tal pareçe
la çibdad do vos p*ar*tisstes
como las co*n*pan*n*as t*ri*sstes
do bue*n* capita*n* ffalleçe
de toda beldad careçe
ca v*uest*ra ffilossomia

el çentro esclareçia
do la lunbre ssaborreçe

¶pareçe como las flores
sobre quien pasa el estio
a quien falleçe el rroçio
y fatigan las calores
perdio todos sus valores
perdiendo vuestra presençia
cuya ymagen y prudençia
vençe buenas y mejores

¶como selua guerreada
del aflato del sitonio
sobre quien pasa el otonio
y su rrobadera elada
finca toda despoblada
tal finca vuestra çibdad
y con tanta soledad
qual syn ector su mesnada

¶sy las puertas sabias fueron
en tal rrobo no callaron
mas fuertemente clamaron
vuestra partida y plannieron
y los sus quiçios rrugieron
muy mas que los de tarpea
quando su fermossa prea
con el metello perdieron

¶de mi loco ynfortunado
por amores tan sandio
que soy vuestro mas que mio
qual dire que soy quedado
no fue tan atribulado
troylus quando partyo
daquella que tanto amo
como yo nin tan penado

¶que del todo ya he perdido
saber ssesso y discriçion
fuerças sentido y rrazon
ya buscan otro partido
plazer de quien fauorido
era en aquella sazon
que vos vi con tal cançion
ya de mi se ha despedido

[fol. 143r]

[ID4301 D 1767] HH1-35 D (143r) (4,...)

ffin

¶coraçon a dios te do
que a do mora pessar
no puedo mucho tardar
pues que su contrario so

[fol. 143v]

[ID0156] HH1-36 (143v-153v) (51×10)

tratado de juan de mena poeta
de la coronaçion del sennor marques

Despues quel pintor del mundo
paro nuestra vida vffana
mostraron rrostro jocundo
fondon del polo ssegundo
las tress caras de diana
y la cuna esclareçiera
donde jupiter naçiera
aquel fijo de latona
en vn chaton de la zona
que çinne toda el esspera

Del qual en forma de toro
eran sus puntos y gonçes
do el copiosso thessoro
crinado de febras doro
do febo moraua estonçes
al tienpo que me fallaua
en vna selua muy braua
de bosques thessalianos
juntos a los humanos
yo que solo caminaua

[fol. 144r]

La causa de mi camino
ffue clamor de la gran fama
de aquel monte diuino
do [   ]
que por muchos sse derrama
o sagro ssanto ssagrado
desseo muy desseado
que desmandas a quien manda
ynefar a la nefanda
ynorançia del culpado

Mi motiuo difinido
cabsador de me partir
mi camino fue seguido
por vn luto envejeçido
do nunca pense salyr
en el qual por todo el dia
andoue por esta via
baxando por vnas calles
a vnos insanos valles
do poca lunbre veya

Rriberas dun fondo rrio
me prisieron las tiniebras
do sin guardar sennorio
degluçian gran gentio
grandes sierpes y culebras

[fol. 144v]
de rreyes y rricos onbres
de los quales los sus nonbres
espressare por esscrito
y su martirio ynffinito
por que tu letor tasonbres

Ende vieras al rrey nino
con el ssu cuerpo sin braços
y atamante sser con yno
y a los nietos de cadino
fazer sus carrnes pedaços
y arder y sser ardido
a jasson con el marido
de la biuda penolope
y al fijo de leriope
pesante por ser naçido

Pudieras ver eso mismo
antheon comer lo canes
con el troyano rrey ssino
en otro mas fondo abismo
y al padre de anastianes
pudieras ver a tereo
a ydas arcas ançeo
colgar dagudas escarpias
y vannarse las tres arpias
en la ssangre de fineo

[fol. 145r]

Pudieras ver a exion
penar en muy braua rrueda
y al peruersso de ssymon
syn ffuzia de rredençion
con los dos fijos de leda
y vieras a menalao
y a las ffijas de danao
y despues destos a çitra
y vieras arder la mitra
del obispo anffinerao

Desque ffuy mas acatando
sus prisiones y cadenas
de los que biuos matando
y muertos biuificando
non fuelgan armando penas
vy a minus rradiante
y a meco aver senblante
de juezes daquel ssyglo
y vi al brauo vestiglo
eclyne sser adelante

Yten vi a las tres fijas
de la notrona deessa
los sus braços sin manijas
y ssus dedos sin sortijas

como fadas sobre fuessa
[fol. 145v]
nunca vy muerte tan muerta
ni gente tanto desspierta
de terrores nin tan ffuerte
nin fueron en dar la muerte
al padre de miliçerta

De otras muchas personas
del lynage ffemenino
que por no spantar las donas
nin les rrobar ssus coronas
sus martirios non assyno
avnque la tal exepçion
te ssaluda en discreçion
exortando que no ffagas
de tal linage de plagas
ligera contenplaçion

Aquestos que aqui proffiero
ni fueron santos nin santas
mas vn linaje grosero
de los que traga çeruero
por aquellas sus gargantas
asy que considerados
sus males mal enpleados
destas gentes que pereçen
quanto al nonbre bien mereçen
seneca ser llamados

[fol. 146r]

Por sseguir la mi carrera
avnque no mucho sseguro
me fengi ser quien no era
fablando por tal manera
como vela sobre muro
o vos rrauias muy rrauiosas
estas gentes congoxossas
queneste syglo tratades
dezid por que las penades
de penas ynominossas

Tesyfone me rrespuso
euas tu que nos preguntas
sabe que fue por mal vsso
del espiritu conffuso
destas gentes ya defuntas
do en lugar dauer vitoria
han de aver pena por gloria
y se[r]an fechos vestiglos
y en el siglo de los siglos
denostada su memoria

Oluidança del bien santo
nauerca de sapiençia
permite cabsar atanto

la sonbra q*ue* co*n* espa*n*to
muestra ser de tal ese*n*çia
[fol. 146v]
por ende me dixo ffuye
deste valle q*ue* desstruye
los q*ue* falla syn destreza
y el viçio de la pereza
de los tus lados escluye

Mas mira q*u*ando te fuere*s*
non rretroçeda tu lu*n*bre
verte as sy lo ffizieres
do nu*n*ca jamas esperes
rredençio*n* ni ce*r*tydu*n*bre
no*n* seas ta*n* yncossta*n*te
q*ue* vençido del talante
muestr*es* seso muy ynope
al fijo de caliope
q*ue*riendo sser ymitante

Apenas ovo çessado
q*u*ando en so*n* muy esq*u*i*u*o
comety lo rrazonado
al q*ue*rer açelerado
con el acto ffugitiuo
y en la rribera q*ue* avia
a tal entre q*u*al venia
en vna varca sin rremos
toma*n*do de dos estremos
peligro por mejoria

[fol. 147r]

Nauega*n*do q*ue*do a q*ue*do
co*n* temor del lago escuro
falaga*n*do mi denuedo
con el ya passado miedo
vençi al da*n*no ffuturo
nu*n*ca me vino q*ue*rella
de due*n*na ni de do*n*zella
ta*n*ta sonbra padeçie*n*do
la muerte menos temie*n*do
q*ue* no la tarda*n*ça della

Las gentes q*ue* me veyan
nauegar a la tal ora
con el mal q*ue* ssossteni*a*n
a grandes bozes dezia*n*
gimie*n*do como q*u*ien llora
o q*ue* tu solo mareas
sobre las aguas leteas
doy mas a ty casstiga
en n*u*est*r*a triste ffatiga
q*ue* en ella nu*n*ca te veas

El esffuerço nauega*n*do
q*u*e*n* los tales casos rresta

con el miedo batallando
a todos les yva dando
el silençio por rrepuesta
[fol. 147v]
mas fuero*n* luego comigo
co*n* muy orrible caligo
siete peligros marinos
q*ue* asy venian caninos
como a rreal de enemigo

Eran çirtos y çicladas
oclocera minarçilla
las rrauias desenfrena*das*
y de fuego ynflamadas
demostraua*n* gra*n* q*u*adrilla
caribides y carina
y cafareo muy ayna
sse mostraro*n* por las rrotas
y los delffines y flotas
co*n* la noturrna pruyna

La mi sangre q*ue* alterara
la vessible turbaçion
desq*ue* frio me dexara
rrobo la flor de mi cara
por prestalla al coraço*n*
tama*n*no fue mi dolor
y el espa*n*to no menor
q*ue* por vençido me tuve
mas el gran miedo q*ue* ove
me fizo ser vençedor

[fol. 148r]

Oystes nu*n*ca naçidos
vn fecho tan faza*n*noso
en puertos ta*n* co*n*batidos
los ossados ser vençidos
co*n* las armas del medroso
mas fablar de tal v*i*rtud
su perdurable salud
no q*u*iero no q*u*iero no
q*ue* syendo tan moço yo
ynjurie la jouentud

Avnq*ue* avia co*n*uolado
allende de la rribera
ni avia el ssseso cobrado
ni sus miedos mitigado
la vida falleçedera
p*er*o con el trabajosso
y *tien*po calisstioso
mis sentidos de peq*ue*nno
turbados d*e*l mucho suenno
ffuero*n* dados al rreposo

Al *tien*po ssurgi pinoso

que cliçie boluio tenprano
la cara contra su esposo
que ssalia muy ffermoso
del misperio jussano
[fol. 148v]
tanto eran espeçiales
las rrayos peremidales
que del basis proçedian
que con sus [   ] ynpedian
la vista de los mortales

Quando yo me leuantara
los mis ojos ver quisieran
las aguas por do pasara
ca ya non se me nenbrara
de la ley que me pusieran
nin de los trinos juezes
como de onrras o prezes
o dafanes syn medida
mas suele ser ofendida
la memoria muchas vezes

Deuedando voluntad
con los passados enojos
non quisse dar lybertad
a larga cabtiuidad
por contentar a los ojos
mas començe mi jornada
contra la selua nonbrada
que tan mucho convaleçe
como onbre que guareçe
de fusta desbartada

[fol. 149r]

A la mas alta disstançia
camine por vna ssenda
con armas de gran costançia
mi ssesso de la ygnorançia
buscando quien me defienda
la qual selua ynviolada
estaua poco ffollada
por gran no vso de gentes
avnque de sabios prudentes
no era dessabitada

Andaua como confuso
por fallar do me rreçiba
fazia los alpes de suso
vnas oras cuestayuso
otras oras cuestarriba
do cobre los mis sentidos
con los gozos ynfinidos
que me fueron rreuelados
y di por bien enpleados
los affanes padeçidos

En las mayores alturas
de la sselua preuenido
de las biuas criaturas
que rrecuente sus figuras
quien sera tan entendido
[fol. 149v]
ca de tamanna estranneza
las cubrio naturaleza
que no sse modo en que fable
su obra tan yneffable
espresando su nobleza

O tu orfeyca lyra
sson de febea viyuela
ven ven venida de vira
y de tus cantos espira
pues que mi seso rreçela
y a los mis sentidos çinco
que te dan tan grand afinco
da tu lunbre cantassea
pues a la fuente pegasea
mis rregistros apropinco

Ved sesos ynteriores
por donde començaremos
las fazannas y loores
de nuestros anteçesores
o que orden les daremos
pues que fueron colocados
por sus fechos estremados
a muy grandes marauillas
en aquel rrengle de sillas
que dan vida a los pasados

[fol. 150r]

Vi los collados monteses
plantados por los rreguardos
de sus faldas y trauesses
altas palmas y çipreses
y çinamomios y ardos
y vi cubiertos los planos
de jaçintos y plantanos
y grandes lynaloeles
y de çedros y laureles
los oteros soberanos

Vi vna muy clara fuente
en medio de la floresta
del trato tan aplazyente
guarnido de rrica gente
en aparato de fiesta
vi la lynfa que manaua
muy linpia ca non estaua
contaminada de frondas
ni fueron tales las ondas
do salmaçis se vannaua

De gra*n*d estrado de rrosas
vi la fue*n*te çircu*n*dada
y de sillas muy fermosas
a menos de otras cossas
en torno bien ordenada
[fol. 150v]
sillas de rricas lauores
vacantes de sus sen*n*ores
vi de fuera esculpidas
syn otras q*ue* vi gu*ar*nidas
de muy prudent*es* actor*es*

Vi al amado vrias
q*ue* conpuso los pro*uer*bios
y al padre viejo en dias
co*n* la fonda q*ue* a golias
domo los br[a]ços sober*u*ios
vi a otros q*ue* ffizieron
por do sillas mereçiero*n*
en co*n*claue tan ylesso
vi aq*ue*l por cuyo sesso
los metauros floreçiero*n*

Vi a homero y a lucano
en aq*ue*llos entremeses
a virgilio y ma*n*tuano
seneca vandalyano
y ot*ros* sabios cordoueses
puesto q*ue* diga*n* de mi
por q*ue*n cordoua naçi
y q*ui*ero suplir sus me*n*guas
calle*n* calle*n* malas le*n*guas
pu*es* q*ue* saben sser assy

[fol. 151r]

Con aq*ue*llos de consuno
y de ot*ros* tales trofeos
vi al rromano tribuno
ditador muy oportuno
del gran metamorfoseos
vi la fama gloriossa
del arte cauallerossa
q*ue* rreconpuso vegeçio
y al co*n*solable boeçio
co*n* los sus metros y p*r*osa

La fuente çircu*n*çigian
los actores pala*n*çianos
qua*n*do ahe vos do venia*n*
nueue donas q*ue* trayan
sendos çebt*ros* e*n* sus manos
en los q*ua*les rreportaua*n*
vn palio do se loaua*n*
bie*n* las manos de*l* platero
y debaxo vn cauallero
a q*ui*en todas acatauan

Los sus vultos *v*irginales
daq*ue*stas do*n*zellas nueue
se mostraua*n* bie*n* atales
como flores de rrossales
mezcladas co*n* bla*n*ca nieue
[fol. 151v]
enrronia q*ue* tenplone
caliope melponone
era*n* sus no*n*bres sin brio
orato polinia y clirio
y comedia de ssirtone

A la q*ue* vy contynente
de mayor actoridad
dema*n*de muy ma*n*samente
q*ui*en eraq*ue*l mereçiente
de ta*n*ta ffeliçidad
rrespo*n*dio co*n* gra*n* falago
a q*ui*en tu vees q*ue* fago
ta*n*ta espensa de onor
es de me*n*doça el sen*n*or
de la vega y de buytrago

Yo dixe nu*n*ca dios q*ui*era
ca yo le dexe bie*n* ssano
capita*n* de la frontera
qua*n*do la vez postrimera
metio a guelma sacomano
mas aved miedo por dios
de dezyr tal cosa vos
ni al presente dios lo ma*n*de
ca serie da*n*no ta*n* grande
q*ua*l no ffue antes de nos

[fol. 152r]

Dixo maguer q*ue* conplida
su alma co*n*ssigo essta
el biue doblada vyda
y tiene silla esscogida
asy alla como aca
por lo qual te co*n*cluymos
el q*ue* a nos sigue y seg*ui*mos
no*n* podra la muerte ta*n*to
q*ue*l despoje daq*ue*l manto
q*ue* nosotras le vestimos

Ssus fablas fuero*n* çesando
ca los ssabios al estrue*n*do
sse yua*n* ya leua*n*tando
so vna boz esclamando
y muy ju*n*tos proponie*n*do
dizie*n*do asy en tropel
bie*n* puede venir aquel
q*ue* q*ui*sso co*n* nos morada
pues trae ta*n* bie*n* ganada
la corona de laurel

En gran cadira de ver
le dieron assentamiento
que ssu gran rressplandeçer
mostraua no fecha sser
por mano donbre avariento
[fol. 152v]
ca nunca del bulto solo
del luzillo mauseolo
se canta tan rrica obra
ni fulgençe mas la sobra
de la essençia de apolo

Dentre las rramas mas bellas
de aquel sseluatyco seno
ssalieron quatro donzellas
mas claras que las estrellas
con el noturrno ssereno
las quales catando enante
el rromançe datalante
çircundaron su persona
y le dieron la corona
sobre todos ylustrante

A las otras exçedia
pues ssin ser luriada
era su fulgeneria
de rramos y valentia
de rrobres rramificada
de la conpanna prudente
que vino con tal presente
quien sus nonbres ver quisiere
vellos ha si bien leyere
esta copla subsiguiente

[fol. 153r]

La prudençia y tenprança
justiçia y ffortaleza
dan por su çierta balança
perdurable bienandança
que vale mas que rriqueza
por ende sed enbidiosos
deste bien los cabtelossos
a las obras ymitando
del que vino perdonando
vuestros viçios odiossos

O deessa giguantea
ten manera como guises
tu fabla trugimenea
segund que a dido penea
con aquel fijo de anchises
y la tu lengua guismera
veremos como sesmera
con aquel viento boreas
pues que te manda[n] que seas
desta fiesta pregonera

Tus alboruolas rresuenen
en los oteros que gozes
por que fallen los que vienen
las nuves que las detienen
rronpidas de las tus bozes
[fol. 153v]
y vn fecho tan profundo
non traspasse vagamu[n]do
la su tanta perfeçion
ynorando los que sson
y fueron en este mundo

ffin

Segund que trago la tierra
al cauallero de marras
asi me soruio la sierra
rramusia boluiendo en guerra
las treguas dadas en arras
por ende si non descriuo
en grado superlatiuo
muchos perdones ynploro
ca non se donde me moro
ni en que mundo me biuo

deo graçias

[fol. 154r]

[ID0100] HH1-37 (154r-162r) (106×8...)

debate fformado por el famoso poeta
juan de mena de la rrazon
contra la voluntad
argumento breue e
ynvocaçion theologica

Canta tu christiana mussa
la mas que çeuil batalla
quentre voluntad se falla
y rrazon que nos acussa
tu graçia de dios ynfusa
rrecuenta de tal vitoria
quien deue leuar la gloria
pues el canpo no sescussa

despide las musas gentiles

Ffuyd o callad serenas
quen la mi edad pasada
tal dulçura enponçon[n]ada
derramastes por mis venas
mis entrannas queran llenas
de peruerso ffundamiento
quiera el diuinal alyento
de malas fazer ya buenas

proemiza

Venid liso*n*jeras canas
q*ue* tardays demasiado
tyrad *pr*esu*n*çiones vanas
al * tien*po ta*n* malgastado
ffaga mi nuevo cuydado
a mi q*ue* biuo entender
ynçierto d*e*l bie*n* fazer
y del mal çertefficado

[fol. 154v]

conpara

Como casa envegeçida
cuyo çimie*n*to sacuesta
q*ue* amenaza y amonesta
co*n* sen*n*ales ssu cayda
bie*n* asy la n*ues*t*r*a vida
es co*n*tynuo amenazada
porq*ue* sera ssalteada
de muerte ta*n* conoçida

continua

Estas can*n*as q*ue* me niegas
y rrugas ta*n* sin virtud
el mal q*ue* co*n* la salud
a menudo ha gra*n*d*es* breg*as*
la vista turuias y çiegas
descarnadas las enzias
joyas so*n* q*ue* nos enbias
tu muerte q*u*ando te lleg*as*

La vida pasada es parte
de la muerte avenidera
es pasado por estarte
q*u*anto por venir sespera
q*u*ien no muere ant*es* q*ue* muera
q*ue* la muerte no es morir
p*ue*s co*n*siste en *e*l beuir
mas es ffin de la carrera

del *tien*po mal gastado

No*n* se gaste mas pauilo
en saber q*u*ie*n* fue pegaso
las dos cu*n*bres de pernaso
los siete braços de nilo
p*ue*s no llegamos al filo
y ssabemos q*ue* de nos
judga*n*do rreçibe dios
mas las obras q*ue*l estilo

rretrata lo bie*n*fecho
ffasta aq*ui*

De fuerte alabo a tydeo
a lucreçia de muy casta
a los biuos no me basta

q*ue* a los muertos lisongeo
digo males de tereo
a egisto rreprehendo
mis gra*n*des viçios defie*n*do
no los agenos affeo

continua

A dido con otras ge*n*t*es*
enfamo muchas vega*das*
digo mal de las pasadas
porq*ue* yerro en las prese*n*t*es*
[fol. 155r]
tiro los ynco*n*uinientes
co*n* enxe*n*plos de maldades
las onestas volu*n*tades
de sanas fago dolientes

pone semeja*n*ças

Amarillo faze el oro
al q*ue* sigue ssu minero
y te*n*blador el tesoro
del azogue al d*e*l venero
p*ue*s si del bie*n* verdadero
tenemos alg*un*a brizna
fuyamos lo q*ue* nos tizna
como la fragua al ferrero

Çesse n*ues*t*r*a fabla falsa
de duçe rrazo*n* cubierta
q*ue*s asy como la salssa
q*ue*l apetito despierta
luxuria no nos co*n*uierta
a bestial ynclinaçion
lo q*ue* guia el affecçion
las menos vezes açierta

rredarguye las poesias

Avnq*ue* muestre yngratitud
a las duçes poessyas
las sus tales nin*n*erias
vayan co*n* la jouentud
rremedio de tal salud
enconada por el viçio
es darnos en sac*r*ifiçio
nos mesmos a la v*i*rtud

limita la poesia

Mas por esto no sentie*n*da
q*ue* no quiero ser vezino
de las cal santo camino
nos guia*n* por justa senda
cu*n*plenos en tal fazie*n*da
vsar de ssabia cautela
a vnas dar del espuela
a otras tener la rrienda

Vsemos de los poemas
tomando dellos lo bueno
mas fuygan de nuestro seno
las sus fabulosas temas
sus ofiçios y poblemas
desechemos como espinas
por aver las cosas dinas
rronpamos todas sus nemas

conpara a la ley vieja

Primero syendo cortadas
las vnnas y los cabellos
podian casar entrellos
sus catiuas ahorradas
los judios y lynpiadas
fazellas yrraelitas
[fol. 155v]
puras linpias y benditas
a la su ley consagradas

aplica a la poesia

De la esclaua poessia
lo superfluo asy tirando
lo dannoso desechando
seguire su conpannia
a la catolica via
rreduziendola por modo
que valga mas que su todo
la parte que fago mia

Pero con sermon onesto
quiere la pura entinçion
el que mira el coraçon
y no juzga por el gesto
sy verdad es todo essto
en ello parando mientes
dexemos los ynçidentes
boluamos a lo propuesto

despidel proemio
da forma a la obra

A qualquier viçio quencline
la voluntad y lo ssigua
la rrazon lo contradiga
la prudençia determine
pues daqui se vos asygne
por vuestro juez prudençia
porque por la su sentençia
nuestra vida sencamine

figura la voluntad

Con muy diforme figura
la voluntad apareçe
a desora mengua y creçe
la su forma y estatura

penetra con catadura
de siete caras y bocas
todas feas si no en pocas
desonesta ffermosura

ssoberuia

Muy altiua y desdennosa
vy la su primera cara
ynflada turuia non clara
syn causa sienpre sannosa
oras tristeza penssossa
con turbio gesto mostrando
a las vezes declarando
postestad presuntuosa

avariçia

Sotil y magra fanbrienta
mostro la cara segunda
menguada de quanto abunda
de bien ageno ssedienta
espia sotil essenta
de la ganançia escondida
lo que a otros da la vida
a esta sola atormenta

[fol. 156r]

luxuria

Mostro la cara siguiente
pintada de fermosura
denponçonnada pintura
como cuero de serpiente
de fuera toda la frente
ynflamada como fuego
los ojos en mal sosiego
la boca por consiguiente

yra

Con los dientes rregannados
demostro su quarto gessto
a todo danno dispuesto
sus sentidos alterados
los sus ojos derramados
procurando la vengança
desechando la tenprança
y sus actos oluidados

gula

Con golosso paladar
y los carrillos rrellenos
nunca se nos quisso menos
la quinta cara mostrar
desque la vy deleytar
en el apetito puro

avnque quisiera epicuro
non la pudiera oluidar

enbidia

Muerta con ajena vida
la sesta cara matiza
de color de la çeniza
traspasada y carcomida
de sus ojos conbatida
de bien ageno doliente
y mal de buen açidente
sana y de dentro podrida

pereza

Ssonnolienta y desgrennada
vi su cara postrimera
nigligente mal granjera
no bronnida ni afeytada
diforme muy maltratada
fecha a si misma enojosa
buscando la vida oçiossa
syn trabajos trabajada

admiraçion del actor

Turbado de la figura
de tan diforme chimera
en mi non touo mesura
la firmeza que quissiera
alterome de manera
la su difforme vision
que mi grand alteraçion
qualquiera la conoçiera

[156v]

conparaçion

Como el vando quebrado
con esfuerço mas sesmera
quando asoma la vandera
del socorro desseado
asy fue yo consolado
quando vy muy derrendon
las ssennas de la rrazon
asomar por el collado

Como el sol claro rrelunbra
quando las nu[u]es desecha
a tal la rrazon acunbra
contra nos aman derecha
voluntad luego sestrecha
vista la su fortaleza
ca do mengua la firmeza
temor creçe y ha sospecha

Ffizo tal alteraçion

con los sus falsos visajes
qual fazen los presonajes
quando les falleçe el sson
la su medrosa entinçion
por sus caras destribuye
quanto mas ella rrefuye
mas se açerta la rrazon

declara mas la propiedad
de la rrazon

La su rrelunblante cara
y su gessto cristalino
rreparte lunbre muy clara
por todo el ayre vezino
tanto que pierde ssu tyno
la voluntad y lo quiebra
como quien de la tiniebra
a nueua lunbre se vino

La rrazon de que llegada
rremirando las fechuras
daquellas syete figuras
fue mucho marauillada
y como viese yndinada
la soberuia en presomir
començole de dezir
en fabla muy sosegada

contra la soberuia

O mayor mal de los males
o enferma vmanidad
o vmana enfermedad
yerro comun de mortales
soberuia que sobresales
con tu presuncion altiua
y vanagloria catiua
dannas mucho y poco vales

Ssoberuia por qual rrazon
tu tienes a los vmanos
con tus apetitos vanos
en tu loca alteraçion
[fol. 157r]
guiaslos a perdiçion
con tus caminos aviesos
pues para tantos eçessos
quien te da la subgesçion

La soberuia

El saber me da ynflaçion
la belleza esquiuidad
la rriqueza altiuidad
el linaje presunçion
pobredad con rreligion
tocada de gloria vana

me faze tocar sin gana
gran desden al afecçion

rresponde la rrazon

A gran locura te cuento
sy por ser tu gran letrado
as dandar todo finchado
comodre lleno de viento
sea el tu fundamiento
en saberte moderar
quel saber non ha de quitar
mas poner muy mejor tiento

Antes el tal desuario
del saber es muy ageno
ca por mostrarte mas lleno
te judgan por mas vazio
pues si sabes doma el brio
por que con tu saber quepas
si no sabes por que sepas
tenplar caliente con frio

la rrazon

Dizes que belleza pueda
dar de ty desden atal
sy piensas queres mortal
desaras luego la rrueda
prouidençia nunca queda
que nos fizo de terrunno
tal que nos funde y da cunno
de nueuo como a moneda

El sujebto a corrubçion
y a casos de fortuna
deue ser sin dubda alguna
muy quito de presunçion
pues la fermosa façion
que por ty tan presto pasa
nunca tu de su vil masa
te fagas mucha minçion

Breue don es fermosura
por poco tienpo prestada
en momento arrebatada
fuye toda su ffigura
non es ora tan ssegura
nin dia tan syn enojo
que non rrobe algun despojo
de la fermossa fechura

[fol. 157v]

Ffue tu forma condenada
porquera tu presomir
do la ora por venir
es peor que la pasada
fazete guerra callada

la mala como la buena
por trabajo ni por pena
no se te descuenta nada

la rrazon a la riqueza

Ssi dizes queres altiuo
por quen rriquezas abundas
digote que tu te ffundas
sobre caso muy catiuo
consientese tal motiuo
que altiuo te ffiziessen
sy en este mundo podiesen
por sienpre fazerte biuo

Bienes puden ser llamados
los que come la carcoma
o los que la muerte toma
todos por descaminados
los bienes muy acabados
de su duenno no los parte
la muerte por ser con arte
de virtudes abraçados

Antes digo que se deuen
llamar cosas mucho vanas
ocupaçiones vmanas
que toda codiçia mueuen
pues por qual rrazon satreuen
a dannar tu voluntad
con su loca altiuidad
por do todos te rreprueuen

la razon al linaje

Dizes queres generosso
que non te ffalta cosstado
y que faze en el esstado
ser altiuo desdennosso
sy tu fueses virtuoso
y de noble fidalguia
tu fundamiento seria
mansedunbre con rreposo

De muy gran tiniebra ofusca
las leyes de gentileza
quien no ffaze la nobleza
y en sus pasados la busca
quien de sangre muy corusca
se corronpe y faze ffalla
como quien vua non falla
anda cogiendo rrebusca

Quieres saber el prouecho
que de nobleza se sigua
es contrato que te obliga
a ser bueno de derecho
sy non rresponde tu fecho

ni tus viçios tu no domas
lo que tu por onrra tomas
se convierte en tu despecho

[fol. 158r]

Ca non solamente bassta
que vengas de noble gente
la bondad de la ssimiente
tu soberuia te la gassta
y la virtud se congassta [sic]
que por el linaje cobras
si non rresponden tus obras
a la tu muy buena casta

Quando tu mas enxalçado
te fallares si te catas
quanto mas llano te tratas
tanto eres mas amado
por casi en grand estado
vmildad da fermosura
como la gentil llanura
en la cunbre del collado

determina y conpara

Soberuia cae syn mina
los mansos tienen la cunbre
derriba la mansedunbre
lo que la soberuia enpina
el omilde que se ynclina
es planta que se traspone
quanto mas fondo sse pone
tanto creçe mas ayna

la rrazon a la causa
de la religion presuntuosa

Dizes que de rreligiosso
te fuelgas con vanagloria
y publicas grand estoria
del tu beuir virtuosso
desdennas lo criminoso
lo mundano menospreçias
y solamente te preçias
de ser santo desdennoso

Non quieras mas estender
que ya esto dentro en tu seno
querrias ser visto bueno
no curando de lo sser
avnque quieras bien fazer
por buenas obras que fagas
a todas ellas esstragas
con tu enssoberueçer

Que las malas obras crezcan
qualquier pecado lo ffaze
mas a la ssoberuia plaze

que las bien fechas perezcan
pues conuiene que padezcan
sy vanagloria quisieron
que lo que aqui mereçieron
aculla non lo merezcan

O vil triste ypocresia
o doble cara dannossa
rred de sonbra rreligiosa
encubierta truhania
del ypocrita diria
ser momo de falsa cara
[fol. 158v]
que la encubre y la declara
so sinple ffilossomia

Deste tal se me figura
lo que del etico ssiento
quando avria buena cura
ha del mal conoçimiento
pues finje por fundamiento
no querer nada no dalle
su rremedio era curalle
con su mesmo rregimiento

O cabtela ssingular
buscada por nueuos modos
por fazer enganno a todos
tu te dexas engannar
ayunas por no ayunar
por sobir alto te omillas
no pidiendo grandes sillas
las demanda tu callar

Avnque con la catadura
manssa tu me contradizes
de falso buey de perdizes
has ypocrita figura
con tu piel y cobertura
y çencerro symulado
al punto de aver caçado
se conuierte en su natura

Qual vanagloria mas çierta
que la que cobro costunbre
de la soberuia cubierta
so velo de mansedunbre
quien finge la seruidunbre
de soberuiosa omildad
no busca la claridad
mas quiere perder la lunbre

rrazon contra auariçia

Avaro que no ssossiegas
buscando sotiles modos
lo que tu rrobas a todos
dime para quien lo llegas

tus rriquezas tanto çiegas
allegadas por mal arte
a quien puedes fazer parte
pues a ty mismo la niegas

rresponde auariçia
alegando çinco fines

Claramente te conffiesso
que allego toda vez
y por ser en mi vejez
logrado mejor por esso
ca este mundo trauiesso
por quien no se faze cura
buelue su buena ventura
muchas vezes del aviesso

[fol. 159r]

Y avn allego por que sso
por lo que tengo preçiado
allego por sser vengado
de los que mal quiero yo
allego porque do essto
soy franco quando conuiene
ca si se que bien me viene
algunas vegadas do

rresponde la rrazon

Locura grande sin falla
sy nauegasses sseria
creçer en la vitualla
ffalleçiendote la via
pues sy desta rrazon mia
rreçibes clara notiçia
como creçes la codiçia
en la tu postremeria

rresponde al ii fin

Allegas tu por que temes
las bueltas del mundo çiego
queriendo fuyr su ffuego
te lanças donde te quemes
non aprietan muchos xemes
lo que la cobdiçia abarca
con mucho lastre tu barca
çiaçia quando rremes

Muchos fechos faze buenos
la fortuna quando aplaza
a lo mas fuerte amenaza
es flaca contra lo menos
tu que de bienes agenos
por no temella te çercas
por fuylla te le açercas
do mas te lançe sus truenos

Seguras del su conbate
sson las casas pobrezillas
los palaçios y las ssillas
de los rricos mas abate
ponelos en tal debate
que no conoçen ssossiego
y el que tiene mejor juego
rreçibe muy mayor mate

rresponde al iii fin

Porque tienes con afan
y eres preçiado me rrezas
son preçiadas tus rriquezas
que de ty no curaran
por ellas todos lo han
y la muerte te rrodean
por ellas te la dessean
y a las vezes te la dan

Y porque tan ynvmanos
tus fechos sienten con ellas
todos dan de ty querellas
asi fijos como ermanos
[fol. 159v]
y tus parientes çercanos
dessean de buena guerra
tener a ty sso la tierra
y lo tuyo entre sus manos

Que faran tus enemigos
y amigos con tus bienes
ni los ffazes nin los tienes
moços viejos nin antiguos
pero dexas por castigos
de ty muy viles yndiçios
dexas mas de los tus viçios
muchos pobres por testigos

rresponde al iiii fin

Cobdiçias mucho tener
por te bengar a la luenga
mucho mas presto se venga
quien no tiene que perder
antes tu catiuo aver
te faze puro couarde
y lo que no fazes tarde
no estouiera por fazer

rresponde al v fin

Con franqueza subrretiçia
non nos çiegues avariento
ca sy das veynte por çiento
ya tu dadiua sse viçia
yncurres con tu maliçia
de vsura sotileza

so espeçia de largueza
la tu cruel avariçia

Que franqueza avnque quisiese
aquella llamar no puedo
que te ffaze dar el miedo
o prestar el ynteresse
ni obra que sse fiziesse
por lisonja o vanagloria
te sseria meritoria
do caridad ffalleçiesse

Tomas de franco figura
pero la fforma no has
pues alquilas lo que das
por boluello con vsura
ca la dadiua muy pura
con su graçia taperçibe
solo a pro del que rreçibe
del tuyo no dando cura

continua y concluye

En verte dar sin aprieto
las cosas que tanto amas
muchos piensan que derramas
y tu sienbras de secreto
pareçe blanco lo prieto
con la color de maliçia
mas largueza y avariçia
non caben en vn sujeto

la razon contra auariçia

Cada poeta en su foja
te da forma de quien rroba
[fol. 160r]
vno darpia otro de loba
tanto tu beuir enoja
y de virtud sse despoja
que de ty triste mendiga
conuiene tanbien que diga
aquello que se mantoja

conparacion

Cocatriz y ssola vna
animalia que te toca
en tener grande la boca
y salida non ninguna
yo por la vista dalguna
me fundo por espirençia
y digo ques la dolençia
tuya y daquessta vna

del gradeçer

Quien bien juega a la pelota
jamas bote lenbaraça

antes mejor la rrechaça
quel que juega gela bota
pues rreçibe desto nota
si bienes as rreçebido
que por el desgradeçido
el grato a vezes escota

Digo porque sy oviste
graçiosos algunos bienes
rrechaçes de los que tienes
muy mejor que rreçebiste
si dizes que biues triste
por no podello fazer
digo que no puede sser
sy virtud en ty consiste

Ca sy te ffue denegada
por pobreza facultad
no niegues tu voluntad
ques por fecho rreputada
pressente por obligada
la tu entinçion pareja
solo el anima apareja
a quien no se asconde nada

rrazon contra luxuria

O luxuria vil ffoguera
de sufre muy fedionda
en todo tienpo cachonda
sin rrazon y syn manera
enemiga lastimera
de la santa casstidad
ofenssa de onesstidad
y de viçios heredera

O largo arrepentimiento
triste muy breue deleyte
fealdad fondon de afeyte
pungitiuo pensamiento
abiltado vençimiento
abto diformescondido
do el vençedor es vençido
y el cobrar es perdimiento

Posponen con tu dolençia
los rreyes su magestad
[fol. 160v]
los grandes su dinidad
y los ssabios ssu çiençia
tyra la tu pesstilençia
virtud a toda presona
a las virgines corona
y a las castas continençia

Tu te brunnes y aluzias
tu fazes con los tus males
que las manos mucho suzias

traten linpios corporales
muchos lechos maritales
de agenas pisadas fuellas
y sienbras grandes querellas
en debdos tan prinçipales

Das a las gentes vltrajes
de muerte non los rreseruas
tu fallas las tristes yeruas
y los crueles potajes
por ty los linpios linajes
son bastardos y no puros
de claros fechos escuros
y de varones saluajes

Tu fazes fijos mezquinos
de casa ajena erederos
pones los adulterinos
en lugar de verdaderos
fazes con tus viles fueros
que por culpa de las madres
muchos fijos a sus padres
saludan por estranjeros

La fuerça tu la destruyes
los dias tu los acortas
quanto mas tu te deportas
tanto mas tu vida ffuyes
los sentidos diminuyes
y los yngenios ofuscas
la beldad que tanto buscas
con tu causa la rreffuyes

Que dire de tus maldades
syno que por ty perdidos
son rreynos y destroydos
somidas grandes çibdades
desechas comunidades
el viçio fecho costunbre
y dadas en seruidunbre
muchas francas libertades

rresponde luxuria

Con tus modos contrafechos
no me des tanto baldon
pues que te llamas rrazon
ten por medio los derechos
fallaras que los mis fechos
sy parar quisieres mientes
por pocos ynconuinientes
se causan grandes prouechos

arguye

Como toda criatura
de muerte tomo siniestro
aquel buen dios y maestro

proueyo de tal figura
[fol. 161r]
que los dannos que natura
de la tal muerte tomase
luxuria los rreparasse
con nueua progenitura

Quando todo lo dispuso
syn aver mengua nin sobra
gran deleyte en la tal obra
a todo lynaje pusso
por que por plazer del vso
de la tal generaçion
durase la suçebssion
desdarriba fastayuso

Por mi cabsa generante
y permision diuinal
todo linaje mortal
dura en el su semejante
muere lo viuificante
la su materia non mas
dexando su fin atras
toma comienço adelante

Por mi sola se rrepara
quanto destruye dolençia
mar y fierro y pestilençia
y daqui quanto desuara
por la mi vida muy cara
rreçibe forma en que dura
y por mi toda fechura
a su fazedor declara

Non fagas mis fechos llenos
de dannos tan crimonosos
sy son algunos dannossos
otros muchos fago buenos
coteja con los agenos
mi pecado y fallaras
quanto es en forma mas
tanto ser en culpa menos

concluye

De cara tan dannadora
la rrazon ya despedida
fatigada y despedida
mas al cabo vençedora
boluiendo como sennora
el su gesto y contenençia
la yra syn rreuerençia
le sobressale a desora

la yra contra la razon

Non fagas de sy tardança
tu rrazon ni grand arenga

ca no quiere fabla luenga
ni dilaçion la vengança
ni disimula esperança
la ynjuria o vituperio
execuçion es missterio
que sin obra no salcança

continua sus propiedades

Nin esspero yo asonadas
de muy dorados pauesses
[fol. 161v]
ni muy polidos arneses
ni crestas mucho pintadas
bibuquetes nin çeladas
con tinbles ni mill enpachos
ni muy luzibles penachos
en cabeças engalladas

Non me fago yo memoria
de quanto ssopo ffallar
el antigua vanagloria
y la nueua acreçentar
pues que para me vengar
de los vltrajes vmanos
solo coraçon y manos
me conuiene demostrar

Nin atiendo la liçençia
del rronco son de la tronpa
nin la batalla que rronpa
porque yndine mi paçençia
nin guardar la diferençia
del sol partido por medio
nin sufro darme rremedio
a tregua nin convenençia

Yrada estando mi mano
tan fuertes armas se falla
como las faze misalla
o las fiziera vulcano
al açidente çercano
de la mi yra ssannossa
armas le son toda cosa
que puede fallar a mano

Dexemos pues tu rrazon
ca segund tu ordenança
ni mi yra avra vengança
ni mi mal satisffaçion
ni la onrra del varon
por rrazon sse ssatisfaze
sy emienda no sse ffaze
del rreçebido baldon

rresponde la razon

Con paçençia muy prudente

la rrazon se rreffreno
ffassta que yra gassto
su palabra y açidente
apartado de pressente
aquel ssu dannosso ffuego
la rrazon comiença luego
a dezir muy mansamente

O quan mucho la tenplança
que te ffalleçe te danna
teniendo dotrie la ssanna
tomas de ty la vengança
non rriges por ordenança
los actos locos que ffazes
a quien te mira desplazes
y plazes a quien talcança

Dexa yra los juezes
dexa los rreyes esstar
dexa los que tienen vezes
de rregir y de mandar
[fol. 162r]
non los quieras alterar
ca el justo coraçon
afecçiones y pasion
todo deue desechar

Tanto que tu yra duras
es tu locura mas breue
es tu seso mucho lieue
son diformes tus figuras
para ver que son locuras
los tus subitos denuedos
nunca estan tus mienbros quedos
nin tus façiones sseguras

Aquella yra se aprueua
que ynvoca el coraçon
non que la lançe mas mueva
a madura execuçion
entiendase essta rrazon
en castigo y rregimiento
quen los otros yo no siento
bien de ssu alteraçion

Quanto mas deues dexar
los que rreligion acatan
y los que siruen o tratan
el misterio del altar
quiere dios familiar
apurado en esta cossa
pues en çelda rreligiosa
paçençia deue morar

Açebtable ssacrifiçio
no es con yra rreçebido
el que pide no es oydo

ni mirado su seruiçio
si dios tiene justofiçio
como puede la presona
que su yra no perdona
ser perdonado su viçio

[ID0101 A 0100] HH1-38 (162r-174v) (157×8, 10)

por fallecimiento del famoso
poeta juan de
mena prosigue
esta obra gomez
manrique y faze vn
breue proemio

Pues este negro morir
que a ninguno non perdona
desde rreyes con corona
dispuestos para beuir
fasta los que de pedir
se sustentan con gran pena
puso fin a juan de mena
yo pensse de proseguir

conpara

Esta obra començada
con aquel mismo temor
que va tras el corredor
el que teme de çelada
[fol. 162v]
que seyendo prinçipiada
por onbre tanto prudente
de otro mas eloquente
deuiera ser acabada

E sy con la gran pobreza
de la mi sabiduria
no podre seguir la via
de su perfeta sabieza
como ninno que sabeza
a mudar tras carreton
conseguire su sermon
pero no ssu polideza

rreprueua las poeticas
invocaçiones & ynplora
la diuina

Para lo qual non ynvoco
çiençias acostunbradas
y las musas ynvocadas
por los poetas rreuoco
tan ssolamente prouoco
la santa graçia diuina
que mi obra faga dina
pues que mi saber es poco

la gula contra la razon

La yra sse rretrayendo
como quien su mal simula
luego pareçe la gula
los beços se rrelamiendo
y dize yo non entiendo
que puedas de mi dezir
pues como para beuir
y biuo sienpre comiendo

El gozo de los vmanos
es comer buenos manjares
y gozen sus paladares
de lo que ganan las manos
orates son los mundanos
que satormentan por fama
buena mesa y mejor cama
conseruan los huesos sanos

Los que loan absstinençia
en el beuer y comer
alaban no despender
ques vna torpe dolençia
pocos veo por conçençia
que dexan de bien manjar
y fartos por no gastar
vil procuran mantenençia

El que non cura de ssy
comiendo pan de çenteno
por mucho que sea bueno
menos curara de ty
y por esto para mi
cuesteme lo que costare
y dure lo que durare
nunca buen comer perdi

Non lo quentra por la boca
segund dize san mateos
faze de los justos rreos
que lo que sale los troca
[fol. 163r]
bien se puede llamar loca
la presona que ayunando
y mintiendo y blasfemando
cuyda que gloria prouoca

El ffijo de dios eterrno
dixo non de ssolo pan
los biuientes beuiran
al tentador del ynfierno
por ende buen canpo tierno
pescado fresco de mar
no lo dexes de conprar
por guardar para tu yerno

concluye la gula

Locura faze quien gasta

en vestir demasiado
mas en comer bien guisado
vaya quanto se desgasta
aqui concluyendo basta
que tu quedaras agora
destos otros vençedora
mas por mi bien se contrasta

rresponde la razon

O tu mortal enemiga
de la noble jouentud
de la torpe ssenetud
en estremidad amiga
yo fallo tanto que diga
de tus males que las sumas
muchas manos con sus plumas
non porrnian syn fatiga

Para comer por beuir
poco ffaze menester
mas tu biues por comer
y comes para morir
nunca vi monje venir
a quien come pan y agua
jamas ardera la fragua
sin carbon ynteruenir

Tu me prueuas no dannar
lo quentra por la garganta
con escritura tan ssanta
que no puedo rreprouar
pero sy le quieres dar
el derecho sseso ssuyo
mucho luenne va del tuyo
al sabor del paladar

Que nunca dios alabo
ni la su santa escritura
al que con la gula pura
poco ni mucho comio
antes leo que peno
al su pueblo dirrael
por vn poquito de miel
que su capitan comio

[fol. 163v]

No mas de por vn bocado
que nuestro primero padre
engannado por la madre
comio del arbol vedado
fue con ella condenado
a tenebrosa prision
donde fue por la pasion
del fijo de dios librado

En el libro fallo yo

de la ley de lot escrito
que siguiendo su apetito
a tarde sse contento
con sus dos fijas peco
de las quales deçendieron
fijos que bien consiguieron
el origen que les dio

Ca sy fueron conçebidos
en ynvmanos errores
asi por muy pecadores
fueron y seran avidos
con sus propios apellidos
de los vnos moabitas
de los otros amonitas
a su dios desconoçidos

Dizes lo que rrespondio
nuestro dios y rredentor
a satanas tentador
que contigo le tento
non cuydes dezirlo no
por beuir de golosinas
mas por palabras diuinas
que con el pan conparo

O sepoltura tenprana
de la hedad jouenil
que tu viçio tanto vil
sigue comiendo sin gana
del qual tanto mal emana
que de los siete nonbrados
los çinco dare contados
proçeder de tu fontana

prueua ser la gula
rayz de soberuia

Pocos onbres vy fanbrientos
altiuos y soberuiossos
ni muy vanagloriossos
con grandes ffalleçimientos
mas despues de bien contentos
y rrellenos de potajes
acreçientan los corajes
y menguan los sentimientos

auariçia

Non te falta que gasstar
en manjares admirables
mas a pobres miserables
sienpre te falta que dar
[fol. 164r]
pues si quieres bien mirar
no menos queda contento
con vn manjar que con çiento
acabado de ffartar

luxuria

Tu maluada glotonia
eres rrayz y çimiento
de luxuria perdimiento
de la gentil mançebia
y de la postremeria
de muchos viejos beodos
que por yliçitos modos
procuran tacanneria

yra

Ssi quiero verdad fablar
muy pocas o no ningunas
vi presonas en ayunas
procurantes el rriffar
pero despues de çenar
quanto venden por las plaças
menudeando las taças
la yra suele rreynar

pereza

De pereza causadora
eres tu segund pareçe
pues do vianda falleçe
a de lieue nunca mora
mas do mucho se deuora
ally vienen los bostezos
y los grandes desperezos
queriendo dormir sin ora

Este tu vellaco viçio
es a dios muy desplazible
y no punto conuenible
con su santo ssacriffiçio
pues el militar offiçio
non rrequiere manjoradas
quenpachan muchas vegadas
el varonil exerçiçio

rresponde la gula

Pues te plaze no comamos
veamos sy beuiremos
y sy fazerlo podremos
yo quiero que te creamos
pues el dios que adoramos
podiendosse ssostener
no quiso syn el comer
nosotros no lo queramos

rreplica la razon

Todos los estremos fueron
por los sabios rreprouados
y los bienaventurados
los medios sienpre touieron

non leo los que quissieron
beuir como çelesstiales
rreprueuo los que costales
de los sus vientres fizieron

[fol. 164v]

concluye y da medio

No te digo que syn rremos
en la fonda mar nauegues
nin que rremando te llegues
a los terrenos estremos
pero digo pues podemos
no con mucha facultad
sostener la vmanidad
que lo superfluo dexemos

rrazon contra enbidia

Enbidioso malfadado
que penas con bien ageno
y sin aver rrato bueno
sienpre biues trabajado
tu sin deleyte pecado
y viçio luçifferal
yo non fallo sobre qual
çimiento sea fundado

Avnque malos en verdad
de los otros viçios todos
sobre plazenteros modos
es fundada su maldad
mas de tu enfermedad
de todo plazer ajena
pues pecando sufre pena
dime tu su facultad

rresponde la enbidia

Plazeme de conffessar
lo que preguntas rrazon
ssabe que mi condiçion
es aver sienpre pesar
y con mi mal singular
y con los ajenos bienes
y pues tu por bien lo tienes
quierote las causas dar

asignia tres

Todos somos duna masa
a la qual nos tornaremos
pues por qual rrazon seremos
desiguales en la tassa
en ver vno que me passa
en los bienes naturales
con muy agudos punnales
la mi anima traspassa

segu*n*da causa

Pues en v*er* mal rrep*ar*tidos
estos bienes de fortuna
mi lecho fago laguna
co*n* lagrimas y gemidos
q*ue* los por mi poseydos
avnq*ue* so*n* fartos o buenos
co*n* rrauia de los agenos
so*n* por ni*n*gunos auidos

[fol. 165r]

ter*ç*era causa

Y dexando los esstados
y los bienes de natura
las onrras q*ue* la ventura
suele dar a los ossados
acreçienta mis cuydados
porq*ue* no*n* a mi las dio
desta guisa sienpre so
el mas de los tribulados

Asy prueua mi pasio*n*
ser de v*ir*tud muy çercana
pu*es* es notorio q*ue* mana
de valiente coraçon
y enbidia del maçedon
en los godos sepultado
dese çessar memorado
fue p*rin*çipal ocasion

Por esta los africanos
avnq*ue* co*n* mucho derecho
sen*n*orearo*n* de ffecho
los canpos ytalianos
concades y los rromanos
sy creyera*n* anibal
conçejo de maharbal
le q*ue*daran sufraganos

Enbidia de los pasados
faze buenos los presen*t*es
enbidia de los valien*t*es
esfuerça los temorados
enbidia de los onrrados
faze procurar honores
enbidia de las lauores
enobleçe los poblados

co*n*cluye

Mi q*ue*rer de lo prouado
no cu*n*ple q*ue* mas se prueue
q*ue* mi viçio claro deue
ser por v*ir*tud rreprutado
pu*es* lo ffallares fu*n*dado
sobre pen*n*a de nobleza

por ende de mi tristeza
no*n* deues fazer cuydado

rreplica la razo*n*

Como letrado ffamosso
a q*uie*n las baxas q*u*istion*es*
sabie*n*do sus co*n*clusion*es*
no sacan de su rreposso
asy co*n* gesto graçiosso
la rrazon su fin oyo
y luego le rrespo*n*dio
co*n* senblante desden*n*oso

Apareja los oydos
enbidioso pu*es* dexiste
las causas porq*ue* ta*n* t*r*iste
co*n* dolores doloridos
as tus dias espe*n*didos
y las noches mal velad*as*
estando muchas vegadas
el mas de los aborridos

[fol. 165v]

Q*ue* por orden ordenada
yo te q*u*iero rresponder
y fazerte claro ver
tu tristeza ser maluada
no*n* digna de ser loada
mas de gran rrepree*n*sio*n*
y tu vellaca passion
de todo bie*n* desuiada

No*n* basta*n* tus p*r*opios mal*es*
y particulares penas
q*ue* co*n* las glorias agenas
syentes torme*n*tos mortal*es*
mira q*ue* todos yguales
en este mu*n*do venimos
y ta*n*bie*n* asy morimos
mas beuimos desig*u*ales

Estos bienes de natura
son rrepartidos por dios
cuyos ssecretos a nos
ynq*ue*rir es gran locura
toda biu*a* criatura
rreçibe don esspeçial
sy vsas del tuyo mal
no culpes a la ventura

Por ser ot*r*o mas famado
en echar bie*n* vna lança
o seguir mejor la dança
no deues beuir penado
ni porq*ue* mas acordado
sepa tocar vn laud

sy es mejor en virtud
deues morir de cuydado

concluyen la i parte

La gran fuerça de ssanson
ni la musica de orffeo
la fermosura que leo
tenida por abssalon
no les dieron perfeçion
ca esta ssola consiste
en virtud sy la touiste
procurando saluaçion

rresponde a la ii

Por estos bienes que son
a fortuna sujuzgados
plannen los onbres menguados
de perfeta disscreçion
mas el discreto varon
ni se goza por avellos
nin sospira por perdellos
sabiendo ssu condiçion

Que fortuna que se llama
nunca los parte por orden
antes con toda dessorden
por el mundo los derrama
que sy miras en la cama
a vnos los da folgando
[fol. 166r]
y a otros trabajando
lieua la flor y la rrama

Mas que nos faga pongamos
tan rricos quanto queremos
y que mientra beuiremos
nunca perdida veamos
dime tu quando partamos
desta carçel vmanal
que faremos del metal
por que tanto sospiramos

concluye en la ii parte

Tres nos lieuan aventajas
essos que tienen thessoros
que con muy mayores lloros
los dexan en las tinajas
y que les dan las mortajas
de lienço mas apurado
y muy mas apresurado
por rrepartir sus alfajas

rresponde a la iii causa

Las onrras segund lo parlas
agenas te dan tormento

en tal enbidia conssiento
sy te faze procurarlas
non vienen por desearlas
ni por rruegos mugeriles
que con actos varoniles
te conuiene de buscarlas

limita los actos

Muchos trabajos pasando
con grandes ffalleçimientos
y fartos desabrimientos
a los suyos conportando
muchas noches trasnochando
los peligros ynquiriendo
que las onrras no durmiendo
se ganan mas trabajando

alega con gayo

Los que seyendo viçiossos
mudando mesas y camas
han enbidia de las famas
que cobran los virtuossos
ellos ssean enbidiossos
de las penas que pasaron
los que las onrras ganaron
con peligros trabajosos

Avnque las glorias mundanas
fablando verdad contigo
mas presto pasan amigo
que flores de las mannanas
todas son cosas liuianas
por tienpo ffalleçederas
pues busca las duraderas
dexando las glorias vanas

[fol. 166v]

autoriza

Bien como ssant agustin
las dexaron y bernardo
cuyas vidas porque tardo
dexare y por dar ffin
asy bien como martyn
noble cauallero santo
que con vn su medio manto
eterno conpro jardin

conpara

Que los triunfos rromanos
y los que los alcançaron
como mieses se secaron
con soles de los veranos
son comidos de gusanos
y sus almas dondestan

para sienpre penaran
syn valerse de las manos

rresponde a lo de çesar

Alegas en tus fauores
las batallas çibdadanas
y las guerras affricanas
de rreos y vençedores
otros testigos mejores
non quiero buscar estrannos
pues son estos de tus dannos
buenos autorizadores

Muchas gentes que murieron
rrecuentan por benefiçios
memorables hedeffiçios
que por fuego pereçieron
tierras que se destruyeron
sin quedar memoria dellas
muchas notables donzellas
que por fuerça non lo fueron

Que por enbidia mato
cayn abel su ermano
y por enbidia la mano
de ozan se transformo
por enbidia sse furto
la bendiçion paternal
por enbidia desigual
ihesu christo sse vendio

Por esta la deuision
fue de çesar y ponpeo
y por esta segund leo
el pueblo de maçedon
fizo la destruyçion
en atenas la nonbrada
por esta mala maluada
los vandos fueron y sson

Por estas son destruydas
magnificas poblaçiones
por esta las disensiones
son en el mundo venidas
[fol. 167r]
por esta son ençendidas
en castilla grandes flamas
po[r] esta que virtud llamas
fueron las guerras naçidas

la razon contra enbidia

Quiero ya tener la rrienda
pues no puedo fallar cabo
a essta que dessalabo
viçio torpe syn contienda
quiera dios que sse defienda

deste pielago de males
lazo de los vmanales
çimiento de ssu contienda

fabla pereza

Dexame rrazon ffolgar
que no quiero debatyr
ca mas me plaze dormir
que fablar nin altercar
non creas por trabajar
onrras bienes tenporales
nin las syllas çelesstiales
se pudiessen alcançar

Por ende sy te ploguiere
durmamos bien y folguemos
pues al diligente vemos
que trabajando sse muere
quien mi consejo syguiere
nunca sse desvelara
mas folgando comera
aquesso que dios le diere

rresponde la razon

De todos bienes essenta
çercada de torpedad
cubierta de ssuziedad
de ty mesma descontenta
desgrennada poluorienta
acostada de cosstado
como velador canssado
dizes con boz sonnolienta

Que non turbe tu beuir
quiera muy ssosegado
ya soy al cabo llegado
de lo que quieres dezir
nunca querrias oyr
por no aver de rreplicar
nin jamas te desnudar
con pereza del vestir

Y desseas non ffablar
por no mouer la boca
tener fazienda no poca
y nunca la trabajar
dilatas el leuantar
por no boluer a la cama
querrias muy clara ffama
syn trabajos alcançar

limita lo que dixo

Es el tu querer primero
contra de toda virtud
[fol. 167v]
y de tu propia salud

enemigo lasstimero
de tu vida carçelero
de vil carçel aborrible
es el segundo posible
a solo dios verdadero

declara mas

El qual puede dar onor
al viçioso holgazan
los silos fenchir de pan
al haragan labrador
y torrnar de pecador
justo sy pro le tiene
mas ayunar te conuiene
para sser rreçebidor

toca en la fama y en la rriqueza

Por ende sy tu desseas
el rrenonbre de fabriçio
conuiene que de tu viçio
amigo punto no sseas
y sy muy rricas preseas
aver quieres sin erençia
oluida la nigligençia
de la qual no son rraleas

toca en la gloria ssoberana

Pues si quieres ser vezino
en la superna morada
por la via no folgada
lieua tu cuerpo mezquino
mas vayan por el camino
por do fue tu saluador
quando por su rredentor
de los pecadores vino

fabla de todas tres y conpara

Que syn dubda ser onrrado
y rrico syn medida
y con holgazana vida
ser en gloria colocado
syn averlo trabajado
es difiçil de ffazer
como syn senbrar coger
y syn letras ser letrado

rresponde pereza

Con tu fablar eloquente
algo me dexas turbada
mas del todo condenada
non me fallo çiertamente
pues en el siglo presente
fartos veres ser onrrados
rricos y muy prosperados

sin orden por açidente

[fol. 168r]

Y otros que van gimiendo
por sus onrras que pereçen
y otros que les falleçen
tras ellas sienpre corriendo
con dolor su pan comiendo
a muchos veo ganallas
a los quales syn buscallas
los buscan ellas durmiendo

actoriza

Lo qual prueuo con trajano
que de sinple labrador
electo ffue por sennor
de grand ynperio rromano
pues en nuestro castellano
rreyno sy bien lo buscasse
creo que tantos ffallasse
que se turbase mi mano

Mas sy con afan se ganan
estas onrras y faziendas
en estas mismas contiendas
fallareys que se desmanan
y puesto que muchos ganan
en esto que tu rrazonas
otros pierden las personas
y quanto tras ellas afanan

rresponde a lo diuino

Pues sy la sacra rraçion
por trabajos se ganase
non creas alla morasse
el santo que ffue ladron
del qual dize la passion
alcançar el rregnum dey
con solo memento mey
que dixo con contriçion

Nin le fueran perdonados
en vn momento de ora
a la muger pecadora
sus grandisimos pecados
ni los rruegos afincados
de presona tanto rrea
como fue la cananea
fueran por dios acabados

Ni otros muchos que fueron
malos y de mala suerte
en la ora de la muerte
porque sus culpas gimieron
la saluaçion mereçieron
los quales muy bien libraron

pues que del mundo gozaron
y la gloria no perdieron

la razon contra la pereza

De los vellacos messon,
aluergue de los tacannos
causa de terribles dannos
y de guerras conffussyon
[fol. 168v]
camino de perdiçion
para muchos rreligiosos
ca non quiere perezosos
la perfeta rreligion

En tus viçios desdennados
el misterio fallo deporte
que tienen en la vil corte
los puercos ençenagados
por tu fin de los pecados
almas onrras y faziendas
se destruyen a sabiendas
faze pies de los costados

conpara

El tienpo todo gastado
en tu deleytable suenno
es como casa syn duenno
y muerto no soterrado
e lecho superlongado
por qualquier persona sana
y sepoltura tenprana
en tenplo no consagrado

Que los onbres nigligentes
y locos de natura
rremiten a la ventura
los sus negoçios presentes
mas las personas prudentes
sienpre fazen ssu deuer
y rremiten el poder
al fazedor de las gentes

Ffablas del enperador
que salio de nuestra tierra
de la segouiana sierra
por fazer en tu fauor
no fue no por dormidor
de los rromanos eleto
mas por diuino secreto
no syendo mereçedor

Que sy las onrras pudieran
desde la cuna ganarsse
non deuieran trabajarse
los que ganallas quisieran
y sy tan façiles fueran

no bastaran coronistas
a rrecontar las conquisstas
que los viçiosos fizieran

autoriza

Anibal nunca pasara
las montannas que paso
ni el paular a do perdio
el vn ojo de la cara
sy en su rreyno folgara
despues que quedo pupilo
[fol. 169r]
ni marco tulio camilo
al capitolio librara

Ssy so la rropa touiera
çeuola ssu braço quedo
no con su sennero miedo
su patria libre fiziera
y si rregulo quisiera
folgar en su cama viejo
por el su mismo consejo
en catiuo no muriera

El gran judas macabeo
los valientes çipiones
y los prudentes catones
jullio çessar ni ponpeo
ni alixandre de quien leo
grandes fechos y nonbrados
non fueran tan memorados
sy siguieran tu desseo

Que los nonbrados varones
presto fueran oluidados
sy biuieran acosstados
en los mollidos colchones
que con grandes afliçiones
alcançan los fuertes onbres
estos conplidos rrenonbres
y no oyendo cançiones

rresponde a las rriquezas

Pocos onbres dormidores
que grandes viçios quissieron
no me rrecuerdo que fueron
de bienes allegadores
saluo sy por ssuçesores
de otros los eredassen
o por caso sy priuasen
con semejantes sennores

Y vi muchos que folgando
digolo demassiado
perdieron lo bien ganado
por sus padres trabajando

que maguer fortuna quando
le plaze de la rriqueza
pocas vezes la pobreza
la fallara de su vando

difine lo susodicho

Avnque son en calidad
mucho conformes amigas
ca nunca sse dan fatigas
de grande prolixidad
que fallaras por verdad
nunca fortuna contiende
saluo con quien se defiende
forçando su voluntad

[fol. 169v]

determina en esto

Pues sy no entiendes priuar
o ser rrico por erençia
deueste con diligençia
disponer a lo ganar
dun enxenplo vulgar
en esto quiero valerme
que qualquier que mucho duerme
no puede mucho medrar

rresponde a la vanagloria

Ssy esta vana memoria
començada por proezas
y las vmanas rriquezas
que son de bienes escoria
es cosa mucho notoria
que se ganan afanando
no se como tu folgando
puedas sobir a la gloria

La carrera de la qual
como quiera que derecha
es syn duda tan estrecha
que sy el dios eterrnal
en el vientre virginal
vmanidad non vistiera
nunca ninguno ssupiera
la verdad çelesstial

Cuya sagrada pasion
por nos miseros tomada
aquella puerta çerrada
ques puerta de saluaçion
sy por nuestra confusyon
nosotros no lo perdemos
corriendo como corremos
tras la bestial affecçion

conpara

A la qual es ynclinada
esta nuestra vesstidura
bien como de su natura
es ser la piedra pesada
y por eso nos fue dada
libertad con aluedrio
que sigue nuestro nauio
en esta vida turbada

autoriza

En que segund lo rrecuenta
el apostol y lo ffunda
por su epistola segunda
que son peligros syn cuenta
y nos faze mas esenta
la vida contenplatiua
que la militar catyua
do sienpre corre tormenta

Pues para salir a puerto
en tierra por esta puerta
[fol. 170r]
que nos fizo ser abierta
el que biue por nos muerto
con ojo sienpre despierto
te conuiene bien velar
y con deuoçion orar
segund lo mando en el huerto

Y seguir lo que siguio
este gran rrey de los rreyes
obseruando aquellas leyes
quel obrando confirmo
por las quales rreprouo
los viçios demasiados
que son causa de pecados
contigo lo prueuo yo

Que sabes lo que rrequiere
la gran sobra de manjares
la cama sin valladares
el sano que la siguiere
pues dexa si te pluguiere
alcançar ffidelidad
de seguir tu voluntad
que no sabe lo que quiere

Ca toda graçia diuina
a onbres mucho perfetos
o por meritos secretos
es dada por medeçina
mas la persona muy dina
con fe y syn trabajar
que se conffia saluar
yo fallo que desatyna

rreplica al ladron

Y sy dimas saluo ffue
por la ley en que creyo
no menos porque siruio
con sant juan lo prouare
que las obras syn la ffe
es como casa syn puerta
y que sea cossa muerta
escrito lo mosstrare

Rresponde al perdon
de la madalena

Sy tu nunca fazes nada
de lo que dios te mando
confiando pues ssaluo
a la muger ya nonbrada
que la tu muerte llegada
llorando te saluaras
por ventura lançaras
la soga tras la ferrada

Quen la ora postrimera
el eterrno dios y vno
a pocos o non ninguno
da contriçion verdadera
sy por alguna manera
el que sienpre mal vsso
[fol. 170v]
ante no lo mereçio
es injusto que bien muera

como apareçe la prudençia

Con claror tan desigual
como la mannana muestra
por la çeleste ffiniestra
de la parte oriental
çesada la ffabla tal
con rreuerenda presençia
se demuestra la prudençia
en forma ffilosoffal

Mas que la luna lunbrosa
la su antigua ffigura
y su discreta messura
no alegre nin ssannossa
con rropa tan suntuossa
y syn duda mas onrrada
que las que no cubren nada
de la parte vergonçosa

Mas tan larga que mostraua
su edad y sapiençia
ser dina de rreuerençia
la obra non lo negaua
lo pasado memoraua
ordenando lo pressente
proueyendo sabiamente

lo que por venir estaua

Desde muy alta cadira
de madero de tenprança
de firmeza sin mudança
y de verdad syn mentira
de fortaleza syn yra
como quien fiestas otea
las partes desta pelea
con mucho rreposo mira

Y como por el sennor
que nos fizo de no nada
aquesta nos fuese dada
para la parte mejor
diçerrnir de la peor
donde viere diferençia
pronunçia por su sentençia
de la qual es el tenor

comiença la sentençia

Vistas por mi las rrazones
por vosotros alegadas
aviendo por espresadas
todas vuestras conclusiones
pospuestas las afeçiones
que suelen no pocas vezes
turbar a muchos juezes
sus perfetas discreçiones

declara las propiedades del juez

Asy mismo posponiendo
toda pasion vmanal
[fol. 171r]
de las quales prinçipal
ynterese ser entiendo
tras el qual fartos corriendo
encargando sus conçençias
injustas dieron sentençias
codiçia saco rronpiendo

determina

Y del todo despojada
de amor y dessamor
de cobdiçia y de temor
de yra demasiada
por mi sentençia fundada
sobre la pura verdad
fallo que la voluntad
deue de ser condenada

muestra las causas

Pues que veo que careçe
de las quatro cardinales
y de las tres teologales

virtudes non se guarneçe
asi que bien me pareçe
que procura lo terrenno
que pasa asi como suenno
y como sonbra ffalleçe

rrepr[u]eua los deleytes
y conpara

Que quien deleytes procura
aquellos cuydando sser
el soberano plazer
faze publica locura
quel deleyte que mas dura
en esta vida mezquina
se podreçe tan ayna
como mançana madura

endereça al onbre
fauoreçiendo la razon

Y pues tu onbre formado
de la terrena materia
a trabajos y misseria
ynfinitos condenado
que quieres ser rreputado
por virtuosso varon
sigue sienpre la rrazon
que te faze sseparado

De los brutos animales
los quales en el beuir
en el comer y ssentir
non te fueron desiguales
mas por non ser rraçionales
todos sujectos te son
pues si sigues afecçion
sser los fazes tus yguales

lo que deue fazer

[fol. 171v]

Y si bueno ser querras
aconpanna con los buenos
avnque destos muchos menos
que de malos ffallaras
por donde fueren los mas
sigue qua[n]do caminares
mas sy verdad procurares
tras los poquitos yras

quel camino de la
gloria es estrecho

Que para sser virtuosso
y de buena fama dino
y cobrar en el diuino
rreyno perpetuo rreposso

non por lugar deleytosso
nin por llanuras y playas
as de yr mas que te vayas
por camino trabajosso

rremedio contra
ssoberuia y vanagloria

Y quando te ffatigare
la tu mortal enemiga
voluntad que te fatiga
y mucho te molestare
y de soberuia tentare
mezclada de vanagloria
homildad de tu memoria
nunca por nunca desuare

la gloria de los omildes
y pena de los ypocritas

Que los vmildes sseran
en los çielos ensalçados
los soberuios derribados
a do ssienpre penaran
los ypocritas avran
trabajos en este mundo
y despues en el profundo
con los malos pagaran

rremedio contra auariçia

Sy te tentare avariçia
prouando ser los estados
por el tener prosperados
annadiendo tu cobdiçia
rruegote que ayas notiçia
de la virtud y ffranqueza
por que con su ffortaleza
consuma la tal maliçia

conseja al auaro

Y lo que as de dexar
avnque te pesse despues
consejote que lo des
en sufiçiente lugar
[fol. 172r]
ca non tienes de leuar
del mundo mas que troxiste
pues por que menguado triste
seras por atessorar

rremedio contra luxuria

Ssy de luxuriosso ffuego
te sintieres enprender
no te dexes ençender
amigo yo te lo rruego
mas luego lo mata luego

con agua de casstidad
no prouando tu bondad
nin de veras ni de juego

amonesta y conseja

Nin fies en tu saber
pues mas touo salamon
y mas que fueron y son
vençidos por la muger
quando pienses el plazer
que te da esste pecado
piensa depues de pasado
quanto dexa desplazer

a las mugeres

Pues si deuen los varones
ffuyr los tales aferes
mas deurian las mugeres
esquiuar las tentaçiones
fuyendo las ocasiones
y los achaques de tramas
por que no sus claras famas
disputen por los rrincones

rremedio contra yra

Quando yra rrebatossa
firiere tu discreçion
cubrete del daragon
de paçiençia virtuossa
que presona ffuriossa
non puede bien castigar
nin justamente judgar
sy primero non rreposa

Pues non fieras con furor
por que ssea tu castigo
no ferida denemigo
mas correçion de sennor
otras vezes con amor
amonestando perdona
porque sea tu presona
dina de perdon mayor

rremedio contra gula

Ssy la vellaca passion
te tyenta de glotonia
ffuye ssu tacanneria
de vilezas ocassion
y toma por defension
la tenprança ques virtud
que conserua la salud
en buena disposiçion

[fol. 172v]

Que los onbres destenprados
menoscaban su beuir
pueden lo diminuyr
con deleytes y pecados
y por breues gasajados
que pasan como saetas
son a las penas secretas
del ynfierrno condenados

rremedio contra enbidia

Ssi enbidia conbatiere
el tu peligrosso muro
no de conbate sseguro
mientra la carne biuiere
quando mas te persiguiere
y con mayor facultad
entolda de caridad
la parte por do firiere

autoriza

Esta te deffendera
de los dardos enbidiosos
esta los viçios viçiossos
lenxos de ty lançara
esta sola te ffara
que sea dios tu morada
y tu seas la possada
en la qual el possara

rremedio contra pereza

Contra la suzia pereza
donde la virtud pereçe
de diligençia guarneçe
amigo tu fortaleza
que la nonbrada vileza
es a dios aborreçible
y nunca fue conuenible
con ninguna gentileza

dannos deste viçio

Esta es de rreligiossos
vna mortal enemiga
y nunca jamas amiga
de los onbres fazannossos
que los mucho perezossos
mueren syn dexar memoria
y no ssuben a la gloria
do moran los virtuossos

que no basta non fazer
mal sin fazer bien

Essta rregla basstara
quanto para defenssarte
mas creo para saluarte

que bastante no sera
de males declinara
el que de penas ffuyere
mas quien la gloria quisiere
el bien ffaga que podra

[fol. 173r]

a todos en general

O vosotros los mundanos
que despendeys vuestra vida
con afan estra medida
por estos onores vanos
pensad que fustes vmanos
naçidos para morir
y que no podeys ffoyr
la muerte con vuestras manos

autoriza

Ssi no ved que se ffizieron
los de troya deffenssores
asy bien los çercadores
despues que la destruyeron
los godos que conquirieron
grandes tierras y rregiones
los valientes mirmidones
que de nuestra patria fueron

Los rromanos senadores
los valientes consulares
los famosos doze pares
y los destos ssuçessores
los antiguos sabidores
de las cosas muy secretas
los eloquentes poetas
los discretos oradores

Los que perdieron las tierras
donde tenemos los pies
y los otros que desspues
contynuando las guerras
con batallas y desferras
las espannas delibraron
y los moros ençerraron
en esas neuadas sierras

proeua con los memorales

Non de tan lexos ffablando
los vuestros nobles avuelos
que poblaron vuestros suelos
palaçios hedifficando
y mas çerca me llegando
quiero saber vuestros padres
vuestros parientes y madres
donde son ydos y quando

declara que se fizieron

Todos sson ya ffalleçidos
por dolençias o por guerra
o gastados sso la tyerra
o por fuego consomidos
sus thesoros despendidos
oluidadas las fazannas
pues sy no soys alimannas
con todos vuestros ssentidos

[fol. 173v]

Trabajad por bien beuir
que la ora postrimera
avnque algo se defiera
non se puede rreffoyr
y pues la vedes venir
saltearos nos dexes
que en el punto que naçes
comiença vuestro morir

Pues deueys menospreçiar
estos mouibles estados
y thesoros mal ganados
ca no los podeys leuar
bien los podeys rreçebtar
si justamente vinieren
mas sy por caso se fueren
no vos deueys contrastar

da forma de beuir a los oradores

Los que fustes diputados
para seruiçio del tenplo
sed en el beuir enxenplo
a los otros doss estados
de guisa que sus pecados
rrepreender bien podays
sin que vosotros seays
de los senblantes tocados

Curad de vuestros ofiçios
los que teneys perlazias
pospuestas ypocresias
y los deleytes y viçios
contratad los sacrifiçios
con manos linpias y puras
en las santas escrituras
sean vuestros exerçiçios

Los ypocritas dexando
y las dulçes poesias
las caças y monterias
por neçesidad tomando
sin nigligençia curando
cada vno de ssu grey
los preçebtos de la ley

con diligençia guardando

Rreligiosos que quesystes
fuyr a la soledad
obidençia y castidad
pobreza que prometistes
a las ponpas que vos distes
dexando los monesterios
yo fallo que los lazerios
tan solamente ffuystes

El mundo pues que dexastes
con presupuestos deuotos
obseruad aquellos votos
que de voluntad votastes
[fol. 174r]
ssi no gloria que buscastes
en pena sse tornara
y tal que mayor ssera
quanto mas premia tomastes

a los defensores

Y vos rreyes que rreynays
o magnos enperadores
duques condes y ssennores
que las tierras sujuzgays
pues los tributos leuays
no con pequenna cobdiçia
tened en paz y justiçia
los pueblos que despechays

Amad vuestros caualleros
onrrad mucho a los perlados
en tienpos acosstunbrados
tened francos los porteros
apartad los lisongeros
rremunerad los seruiçios
nunca dedes los offiçios
de justiçia por dineros

Oyd con vuestros oydos
de los pobres sus querellas
y mostrando pesar dellas
consolad los afligidos
sean los malos punidos
los buenos rremunerados
asi seres bien amados
de los vuestros y temidos

a los caualleros y esscuderos

O vosotros deffensores
que sseguis caualleria
no vsseys de tyrania
como lobos rrobadores
mas como lindos açores
que ninguno de la vanda

jamas come con quien anda
antes son sus guardadores

Pues guardad con diligençia
los vassallos y amigos
a los jusstos enemigos
perseguid sin nigligençia
obseruad la preminençia
de los vuestros soberanos
dandoles consejos sanos
pospuesta beniuolençia

Y conplid sus mandamientos
digo los que fueren justos
y poned a los ynjustos
onestos defendimientos
nunca fagays juramentos
que viene gran danno dellos
do pusierdes vuestros sellos
jamas ayan mudamientos

a los labradores

[fol. 174v]

Vosotros cultiuadores
ffuyd rrentas y maliçias
pagad diezmos y premiçias
de crianças y lauores
beuid por vuestros sudores
curando de vuestros bueyes
dexad las armas y leyes
a fidalgos y doctores

vniuersal consejo

A todos en general
en fin de mi prosupuesto
amenazo y amonesto
con el dia judiçial
en quel juez diuinal
vos llamara con su tronpa
donde mostrara su ponpa
lo que fizo cada qual

temores del juyzio

Ally rresuçitareys
quantos la muerte leuo
en la hedad que murio
al juez ally vereys
alli cuenta le dareys
desdel dia en que naçistes
y quantos males fezistes
escritos los leuareys

pone ffin y conclussion
a la obra

Amigos conssiderad
en esta ta*n* cruda cue*n*ta
y la carne poluorie*n*ta
q*ue* de nada sse contenta
de los viçios desuiad
de sinçera voluntad
amares vn solo dios
asy como q*ue*res vos
ser amados de verdad
a los prosimos amad

deo graçias

[fol. 175r]

[ID0305] HH1-39 (175r-178r) (21 × 8,4) Año 1434.

del sen*n*or marq*ue*s sobre la muerte
de do*n* enriq*ue* de villena el astrologo

Rrobadas auian el austro y borea
a prados y seluas sus fro*n*das y flores
vençiendo los fuegos y grand*es* calor*es*
y admitigada la flama apolea
al tie*n*po q*ue* sale la gentil ydea
esfuerça co*n* rrayos el ayre noturrno
y los antypedes an calor diurrno
segu*n*d testifica la gesta manea

Algunos actores en sus conocados
pidiero*n* fauores subsidio vale*n*çia
al fulgente apolo dador de çie*n*çia
a cupido y venus los enamorados
al ioue tro*n*ante en otros tratados
en belicos actos al feroçe mares
a las nueue musas en muchos lugar*es*
a ynsignes poetas vi rrecome*n*dados

Mas yo a ty sola me plaze llamar
o çitara dulçe mas q*ue* la dorffeo
ca sola tu ayuda no dudo mas creo
mi rrustica mano podra ministrar
o biblioteca del moral cantar
o fuente meliflua do mana eloq*ue*nçia
[fol. 175v]
ynfu*n*de tu graçia y sacra prude*n*çia
en mi por q*ue* pueda tu ca*n*to espresar

Al tienpo de suso conmemorado
asi como al nin*n*o q*ue* saca*n* de cuna
no se fatalmente o sy por fortuna
me vy todo solo al pie du*n* collado
seluatico espeso lexano a poblado
agro desierto y tan espa*n*table
q*ue* temo vergue*n*ça no syendo culpable
qua*n*do por ystenso lo avre rreco*n*tado

Yo no vy carrera de gentes cursada
ni rrastro exerçido por do me guiase

ni presona vmana a q*ui*en dema*n*dase
co*n*sejo a mi cuyta ta*n* desmoderada
mas sola vna senda muy poco vsitada
al medio daq*ue*lla ta*n* grand espesura
bie*n* como darme*n*te subie*n*te all altura
del rrayo diyurno me fue demostrada

Ypolito estuno yo dudo sy vieron
ni chiro*n* en manera tal copia de fieras
de tales ni*n* ta*n*tas diuersas maneras
ni*n* las venadrizes q*ue* al mo*n*te se diero*n*
sy n*ue*st*r*os abtores verdad escriuiero*n*
o por fermosuras escuras ficçiones
en la selua ydea de ta*n*tas facçiones
bestias no fallaro*n* ni jamas las leyero*n*

[fol. 176r]

No vi yo sus cuellos y crines alçadas
ni*n* vi las sus bocas co*n* furia espuma*n*tes
ni*n* batyr los dientes amenazantes
ni*n* dagudas vn*n*as sus manos armadas
mas vy sus cabeças al suelo ynclinadas
gimiendo muy tristes bie*n* como el leon
q*ue* al santo ermitan*n*o mostro su pasion
do fuero*n* sus llagas co*n* temor curadas

Mas admiratiuo q*ue* no orgullosso
de la tal noueza q*ue* tarde acaeçe
asy como el flito q*ue* pena y careçe
de toda figura y bie*n* congoxosso
segui mi camino avnq*ue* pauorosso
do vy çentauros espingor serpines
y vi mas las formas de fe*n*bras marines
nuzientes a vlixes co*n* ca*n*to amoroso

Ffue yo a la ora bie*n* como el troyano
fuyente a çeleno de las estrofadas
y rronpio las ondas y velas ynfladas
y vino al nefano puerto çicoflano
sy mi baxo estilo avn no es ta*n* plano
bie*n* como q*ue*rrian los q*ue* no leyeron
culpe*n* a sy pues nu*n*ca sse dieron
a ver las estorias q*ue* toco y esplano

Quebraua*n* los arcos de hueso encoruados
co*n* la vmana cuerda daq*ue*lla manera
q*ue* fazen la senna o noble vandera
del magno defu*n*to los nobles criados
[fol. 176v]
rronpia*n* las troças y goldr*es* ma*n*chados
del peloso cuero co*n* ta*n*ta fiereza
ca dubdo sy ecuba syntio mas graueza
en sus ynfortunios q*ue* omero ha co*n*tado

Ssus bozes clamosas el ayrespa*n*tauan
y de todas p*ar*tes la turbia creçia
el estremo sueno las nuues rronpia

y los fondos valles del mo*n*te atronaua*n*
co*n* vmidos ojos jamas no çesaua*n*
y co*n* lagrimales el contino lloro
ligurgio no*n* fizo por archimidoro
tal duelo ni todos los q*ue* lo lloraua*n*

Yo no*n* disistiendo de lo comença*n*do
como el q*ue* pasa por do no conoçe
pase por aq*ue*lla co*n*duyta feroçe
no muy argulloso el viso ynclinado
y yendo adela*n*te vi mas v*n* poblado
daq*ue*lla simiente del val damaçe*n*no
fazer mayor planto q*ue* sobre çele*n*no
ni todos los otros de q*ui*en he co*n*tado

Aq*ue*llas caras syn duelo rronpia*n*
y los cosos ju*n*tos en t*ie*rra lançaua*n*
ta*n* despiadados sus fazes rrasgaua*n*
ca bie*n* se mostraua*n* q*ue* no lo fengian
ynfinitos otros a estos sseguian
co*n* bozes cansadas y tristes açentos
[fol. 177r]
blasma*n*do a fortuna y sus mouimie*n*tos
y todos aq*ue*llos q*ue* en ella conffian

La fulgor de acutes se yua lexando
de aq*ue*l emixperio y apenas luzia
la fosca tiniebla el ayre ynpedia
y dobles terrores me fuero*n* çercando
mas el sacro aspecto q*ue* mira acata*n*do
co*n* ojos beninos a los miserables
bie*n* como a la naue q*ue* suelta los cables
y va co*n* bue*n* vie*n*to el mar sseparando

Assy me leuaua por la misma via
o estrecha senda q*ue* yo he narrado
puja*n*do a la cu*n*bre del mo*n*te eleuado
do yo me cuydaua q*ue* rrepossaria
mas bie*n* como q*u*a*n*do de noche y de dia
se fallan co*n*pannas en el jubileo
desde la mo*n*joya fasta el zebedeo
yo no daua paso sin gran co*n*pan*n*ia

Asy conseguimos aq*ue*lla carrera
fasta q*ue* llegamos al seno del mo*n*te
no menos ca*n*sados q*ue* da*n*te a caro*n*te
ally do pasaro*n* la triste rribera
y como yo fuese en la delantera
no menos q*ue* fiesta en la ca*n*delaria
de antorchas y çirios vi tal luminaria
q*ue* la selua toda mostraua qual era

[fol. 177v]

Ffendie*n*do la lu*n*bre fue ya diçernie*n*do
v*n*as rricas andas y lecho guarnido
de filos darabia labrado y texido
y nueue donzellas en torno planie*n*do

los cabellos sueltos sus fazes rro*n*piendo
asy como fijas por padre muy caro
dizie*n*do cuytadas ya n*uest*ro rreparo
del todo a pedaços va desfalleçiendo

Perdimos a omero q*ue* mucho onoraua
este sacro mo*n*te do nos abitamos
perdimos a ouidio el q*u*al coronamos
del arbol laureo q*ue* mucho se amaua
perdimos a oraçio q*ue* nos ynvocaua
en todos exordios de su poessia
asy diminuye la n*uest*ra valia
q*ue* dantiguos t*ie*npos tanto prosperaua

Perdimos a libio y al ma*n*tuano
macobrio valerio salustrio maneo
pues no oluidemos al moral eneo
de q*ui*en se laudaua el pueblo rromano
perdimos a tulio y a salyano
lucano boeçio petrarca fulge*n*çio
perdimos a dante grizedo tere*n*çio
jube*n* esstaçio y q*ui*ntiliano

[fol. 178r]

E bien como tenplo a q*ui*en ffalleçido
an sus colupnas por grand antigor
y v*n*a tan sola le faze ffauor
asy don enrriq*ue* nos ha sostenido
el q*u*al ha por suyo el çielo elegido
y puesto en co*n*pan*n*a del superno coro
cuytadas lloremos ta*n* rrico thesoro
como syn rrecurso avemos perdido

Sabida la muerte daq*ue*l mucho amado
mayor de los ssabios del t*ie*npo presente
de dolor pu*n*gido llore tristemente
y maldixe a tropes co*n* furia yndinado
y la su crueza q*ue* no cata vado
ni cura de ssabio mas q*ue* dinprudente
y faze al me*n*guado ygual del pote*n*te
corta*n*do la tela q*ue* de oro ha filado

ffin

Despues del aurora el suen*n*o pasado
dexome leua*n*do consigo esta gente
y vime en el lecho ta*n* yncontine*n*te
como al pie del mo*n*te por mi rreco*n*tado

deo gra*ç*ias

[fol. 178v]

[ID0291] HH1-40 (178v-179v) (20×8,4)

del dicho ssen*n*or marques

Syguiendo el plazie*n*testilo
de la deessa diana

pasada çerca dun filo
la ora merediana
vi lo que persona vmana
pienso que jamas non vio
nin valerio quescriuio
la grand estoria rromana

Ya pasaua el agradable
mayo mostrante las flores
y venia el ynflamable
junio con grandes calores
ynçesantes los discores
de melediosas aues
oy sones muy suaues
tiples cantos y tenores

Aflegido con gran fiesta
ssegudando los venados
entrando en vna floresta
de frescos y verdes prados
tres coseles arrendados
çerca duna fuentestauan
de los quales non distauan
los pajes bien arreados

Vestian de azeytuni
cotas bastardas bien fechas
y de ffino carmessy
rrraso las mangas estrechas
las medias partes derechas
de biuos fuegos bordadas
y las siniestras senbradas
de goldres llenos de flechas

Quisse saber ssu viaje
y con toda diligençia
abreuie por el boscaje
el paso syn detenençia
con rretorica yloquençia
vinieron de continente
a me saluar sabiamente
denotando su prudençia

Dixeles en rrespondiendo
segund modo cortesano
omillmente proponiendo
el potente ssoberano
vos ynfluya en el mundano
orbe gran ffeliçidad
premio de rrica bondad
ques el gualardon vmano

[fol. 179r]

Pregunte syn dilaçion
sennores do es vuestra via
poniendo grande afeçion
pospuesta toda folia

dixieron syn villania
a nos plaze que sepays
aquesto que preguntays
vsando de cortessia

Ssabed que los triunfantes
en grado superiores
onorables dominantes
cupido y venus sennores
de los nobles amadores
delibraron su pasaje
por este espeso seluaje
con todos sus seruidores

No pude aver conclusion
avnque los vy ser plazientes
de me tornar rresponsion
con alegres continentes
por gran moltitud de gentes
quentraron por la montanna
ya tan fermosa conpanna
no vieron onbres biuientes

No crio naturaleza
rreyes nin enperadores
en la baxa rredondeza
nin duennas dinas de onores
poetas nin sabidores
que yo vi ser agradantes
a estos dos ylustrantes
dios y deesa de amores

Ally vi al magno ponpeo
çipion el africano
menbrod nino y perseo
paris ector el troyano
anibal vpio trajano
ercules pirro jasson
otros quescritos no son
y çesar otauiano

Vy al sabio salamon
vlixes seneca dante
aristotiles platon
virgilio oraçio dante
el astrologo atalante
que los çielos sustento
segund lo rrepresento
naso metaforizante

Vi otros que sobresseo
por la gran prolixidad
avnque manifiesto veo
ser de grand actoridad
vy a la gran deydad
diafana y rradiante
a la qual ser ygualante

non vy otra en dinidad

[fol. 179v]

Cupido el qual se mostraua
ser monarca en los potentes
prinçipes que a sy leuaua
y ssabios muy traçendentes
vile de piedras fulgentes
muy luçifera corona
mas clara que non la zona
de los signos trasperentes

Pareçio luego presente
vn carro triunfal neto
de oro rressplandeçiente
fecho por modo discreto
por ordenança y decreto
de duennas muy arreantes
quatro cauallos andantes
lo tyrauan plano y rreto

En el por admiraçion
me quiso mostrar fortuna
la gran clarifficaçion
muy mas candida que luna
venus a quien sola vna
vi venir asy plaziente
discreta sabia prudente
digna deçelsa tribuna

Vi ançilas ssufraganas
vestidas de la lybrea
daquellas flechas mundanas
quengannaron a medea
vi a la pantasselea
daymira fedra adriana
vi la discreta troyana
breçayda dama penea

Vy a dido y penolope
andromaca y poliçena
vi a felis de rredope
ansiona y filomena
vi cleopatra y elena
similis creusa oenone
vi a simiramis y prone
esifile palas y almena

Por espreso mandamiento
de la deessa onorable
syn otro detenimiento
vna duenna muy notable
enbraço el arco espantable
y firiome tan syn duelo
que luego cay en el ssuelo
de ferida ynrreparable

Asy ferido a muerte
desta flecha ynfecçionada
de colpe terrible y fuerte
que de mi non ssope nada
por lo qual me fue ocultada
de mi la vision que vya
y torrnose mi alegria
en tristeza afortunada

ffin

No podri ser numerada
mi cuyta desdaquel dia
que vy la ssennora mia
contra mi tan yndinada

[fol. 180r]

[ID0299] HH1-41 (180r-185r) (73 × 8,4)

tratado del dicho sennor marques de la
batalla que ovieron venus y diana en
la qual finge que ffue preso y fferido

Oyan oyan los mortales
oyan y prendan espanto
oygan este triste canto
de las batallas canpales
quel amor tan desiguales
ordeno por me prender
oygan sy quieren ssaber
los mis ynfinitos males

Mares tu seas presente
ynflamado y rrobicundo
pagado y no foribundo
por que tu fauor sustente
la mi mano y rrepresente
el mi caso desastrado
de mi coraçon plagado
con espada nuziente

Que vale vmana defensa
a diuino poderio
el que asaya desuario
rreçebir espera ofensa
desque la fama es ystensa
y çircunda los sentidos
sus rremedios son gemidos
y triste dolor ynmenssa

Como yo ledo biuiese
y syn fatiga mundana
y la cruel ynvmana
fortuna lo tal syntiese
ordeno que me siguiese
esta enemiga maluada
amor con tan gran mesnada
a quien yo non rregisstiese

Mas por esto non çesaron
los fados de me mostrar
non a fin de lo euitar
mis dannos que no tardaron
que las tres furias cantaron
y la tronpa de triton
y con tan triste cançion
el mi suenno quebrantaron

En el mi lecho yazia
vna noche a la sazon
que bruto al sabio caton
demando como ffaria
en las guerras que boluia
el suegro contra ponpeo
segund lo cuenta maneo
en su gentil poessia

[fol. 180v]

Al aduerso del fiton
por lo mas alto del çielo
veya fazer su buelo
con estensa operaçion
acataua en escurpion
su luçifera corona
discurriendo por la zona
a la parte de aquilon

En aquel suenno me via
vn dia claro y lunbroso
en vn vergel muy fermoso
rreposar con alegria
el qual jardin me cobria
con sonbra dolientes flores
do çendrauan rruysenores
la perfeta melodia

E via mas que sonaua
en vn graçioso estormente
no cuydoso mas plaziente
muy dulçemente cantaua
en tal guisa me fallaua
yo como quando a thesseo
yncrepaua periteo
porque en siçia rreposaua

Non mucho sse dilato
esta prospera folgura
que la mi triste ventura
en prouiso la troco
y la claridad mudo
en nublosa escuridad
y la tal feliçidad
como la sonbra paso

Escuras nuves turbaron
mis altos comedimientos

eolo solto los vientos
y cruelmente lidiaron
nieblas de ganjes çerraron
el ayre con tal negror
que de su mismo color
el çielo todo enfoscaron

E los arboles sonbrosos
del vergel ya rrecontados
del todo fueron mudados
en troncos ssecos nudosos
y los cantos melediosos
en clamores rredundaron
y las aves sse tornaron
en aspides ponçonnosos

Y la farpa sonorossa
que rrecuento que tannia
en sierpe se convertia
de la gran siria arenosa
y con rrauia vaporosa
mordio mi siniestro lado
asy desperte turbado
y con angustia rraxosa

[fol. 181r]

E mi diestra rrebatosa
ssubitamente ocurrio
al pecho donde ssyntio
la ferida peligrossa
mas falle ser engannosa
la dolor que me penaua
y senty que me ssonnaua
en tal pena congoxosa

Las tinieblas espedidas
y la noche sse partya
quando el suenno se desuia
y fuyen de las manidas
oy de todas partidas
nueuas como aperçebia
amor toda ssu valia
de las gentes fauoridas

Mi coraçon sospechoso
terreçio de aquella fama
y bien como bulle flama
con el ynçendio fogosso
andaua todo quexosso
por sortir de la clausura
do lo puso por mesura
la mano del poderosso

Mi sseso rredarguyendo
al ayrado coraçon
començole tal rrazon
mansamente proponiendo

coraçon tu vas temiendo
los suennos que no son nada
y destruyes tu aluergada
por lo que yo non entiendo

Sesso non me contradigas
que los suennos no son vanos
que a muchos de los vmanos
rreuelan sus enemigas
en egibto las espigas
y las vacas demostraron
y del todo denunçiaron
las sus estrechas fatigas

Coraçon del todo veo
que buscas altercaçiones
y sufisticas ficçiones
con muy sotil acarreo
porque creas y non creo
que los suennos son verdad
pero tal çertenidad
es vesible deuaneo

Seso sy tu bien pensares
el fecho de rrufo arterio
y por maximo valerio
con diligençia pasares
fallaras sy lo buscares
denunçiar la fantasya
lo que por derecha via
avino en muchos lugares

[fol. 181v]

Non me conuiene oluidar
alexandre en esta parte
a vlixes y amulcar
ni de tal rrazon se aparte
por do se puede prouar
como todos tres sonnaron
los dannos por do pasaron
ssyn podellos rreparar

Ya mi ssesso concluydo
falleçido de rrazones
que las biuas conclusiones
perturban todo ssentido
rrazono dessffauorido
diziendo coraçon dy
que del todo plaze a mi
ya seguir el tu partido

Difinida la porffia
de los doss que litigaron
mis sentidos rreposaron
como naue quando çia
y falle que me cunplia
en tal caso bien pensar

y morir o defenssar
libertad que posseya

Asy me parti forçado
syn otro detenimiento
que dolor y sentimiento
non han dia rrepossado
ni puede ser consolado
el coraçon aflegido
ssy temor ha conçebido
fasta sser asegurado

Quien o qual espresaria
quales fueron mis jornadas
por seluas ynvsitadas
y tierras que no ssabia
fasta en el otauo dia
caminando por vn monte
quando el padre de febronte
sus clarores rrecluya

Vn onbre de buen senblante
del qual su barua y cabello
era manifiesto ssello
en hedad sser declinante
a la senetud bolante
que a la noche postrimera
nos guia por la carrera
de trabajos abundante

Y por el monte venia
onestamente arreado
no de perlas nin brocado
nin de neta orfebreria
mas rropa larga traya
a manera de çiente
y la su fabla prudente
al abito consseguia

El qual desque fue llega[n]do
me dixo muy bien vengades
buen sennor y vos fagades
yo le rrespuse abreuiando
[fol. 182r]
tanto que me fue mirando
preguntome do partia
y qual camino ffazia
alegre cara mostrando

Rrespondi de la çibdad
parto do fize morada
la qual es yntitulada
por nonbre tranquilidad
y fuyo la crueldad
dun suenno que me conquiere
y me conbate y me fiere
sin punto dumanidad

Con aquel amor feruiente
que buen medico pregunta
al que padeçe y apunta
el dolor y mal que siente
asi el varon prudente
del todo quisso ssaber
mi fecho por diçerner
del futuro çiertamente

El poetico ffablar
pospuesto le fue narrando
el mi fecho y rrecontando
quanto mas pude abreuiar
y sintiendo de alcançar
el vero signifficado
del suenno que asy fatigado
me pusiera en tal pensar

Del propio color mudado
començo sy las estrellas
no mudan el curso dellas
no podeys ser escusado
de batalla o guerreado
de amor que no asegura
y da por plazer tristura
y penas por gasajado

Pero maguer que seamos
gouernados por fortuna
quedanos tan ssola vna
rrazon en que proueamos
de la qual sy bien vssamos
anulla ssu ssennorio
este es libre aluedrio
por donde nos gouernamos

Asy buscad la deessa
diana de casstidad
y con ella conssultad
el fecho de vuestra priesa
ca ella sola rreuiessa
los dardos que amor enbia
y los amansa y rresfria
asy que su ffuror çessa

Buen sennor de llano en llano
le dixe lo que mandades
fare pues me consejades
consejo sseguro y ssano
[fol. 182v]
mas por el dios soberano
vuestro nonbre ssepa yo
rrespondiome çierto so
teresias el thebano

No con tanta diligençia
los agenores buscaron

la ermana que les rrobaron
por oculta fraudolençia
como yo con gran femençia
me dispuse a trabajar
con deseo de ffallar
la deyfica potençia

Mas como el perseuerado
trabajo con aspereza
sojuzgue toda graueza
y vengal fin desseado
caminando por vn prado
pinto de la primavera
duna plaziente rribera
en torrno todo çercado

Vi graçiossa monteria
de virgines que caçauan
y los alpes atronauan
con la su gran bozeria
y si eco rresspondia
a sus discordantes bozes
presume letor si gozes
que trabajo ssentiria

De candidas vestiduras
eran todas arreadas
en arminnos aforradas
con fermosas bordaduras
charpas y rricas çinturas
sotiles y bien obradas
de gruesas perlas ornadas
las rruvias cabelladuras

E vy mas que nauegauan
otras donzellas en barcos
por la rribera y con arcos
maestramente lançauan
a las bestias que fforçauan
las armadas y ffuyan
por ally do ssentendian
guareçer mas acabauan

Quien los diuersos linajes
que ally vi estar ayuntados
quen los montes eleuados
en los fermosos boscajes
quien los vestiglos saluajes
que alli vy rrecontaria
que omero se ffartaria
sy sopiese mill lenguajes

De la gentil conpannia
vna donzella corrio
al lugar donde me vio
la qual quisso do venia
[fol. 183r]

saber con tal cortessia
que le rrespondi donzella
yo vengo buscar aquella
que lynpia castidad guia

La ninfa non se tardando
me leuo por la floresta
do era la muy onesta
virgen su monte ordenando
y desque mas fuy llegando
rrecordeme danteon
y de senblante ocassion
con temor yva dubdando

Pero desque fuy entrando
por vnas calles fermosas
las quales murtas y rrosas
cobrian odifferando
poco a poco sseparando
se fue la temor de mi
mayormente desque vy
lo que voy metrificando

E fuemonos açercando
donde la deesa estaua
do mi viso ffaçilaua
en su fulgor acatando
concluyo determinando
quel animal bassyleo
y la vista de linçeo
la miraran titubando

Pero despues la pureza
de la su fulgente cara
se me demostro tan clara
como ffuente de belleza
por çierto naturaleza
sy diuinidad çessara
tal obra non acabara
nin de tan gran sotileza

Abreuiando mi tratado
non descriuo sus façiones
que largas difiniçiones
a pocos vienen en grado
a la qual muy ynclinado
rreconte la mi dolor
suplicandole ffauor
por no ser danificado

Rrespuso de continente
mi proçeso rrelatado
amigo perded cuydado
de ningund ynconuiniente
que vos avredes tal gente
y de tales capitanes
que a todos vuestros afanes

se dara buen espidiente

Proffierta tan eleuada
nunca fizo enperador
nin la gente donossor
le deue ser conparada
[fol. 183v]
qual a mi fue demostrada
a batalla conuiniente
de la deesa potente
la fabla determinada

Ya tantas gentes ni tales
pujantes ni tan armadas
en estorias divulgadas
non falle nin sus yguales
por do vi ser esspeçiales
los diuinos mandamientos
y como sus pensamientos
sson efectos causuales

De las huestes he leydo
que sobre troya vinieron
y quales y quantas ffueron
segund lo rrecuenta guido
asy mesmo he ssabido
de dayres sus defensores
y sus fuertes valedores
de [   ] lo he rresumido

Ya ley dagamenon
el que conquisto a turquia
y de la caualleria
que traxo so su pendon
y de ajas talamon
y del fijo de peleo
aquel que fizieron rreo
de la muerte de menon

E del antiguo nestor
ley & de menalao
y del buen protesalao
animoso y feridor
y del sotil narrador
vlixes y palamidas
las sus gestas he leydas
segund las pinto el actor

E ley de serpendon
y del duque monesteus
y de castor y peleus
y del muy fiero chiron
y del valiente varon
pirro que mucho loaron
y de otros que acabaron
al puerto del tenedon

De priamo el virtuoso

de ector y sus ermanos
ya pasaron por mis manos
sus estorias con rreposso
y no miento aqui nin gloso
en el tragico tratado
pero yo non he ffallado
tal tropel ni tan fermoso

Prestamente los collados
y planos de la montanna
fueron llenos de conpanna
enemigos y aliados
[fol. 184r]
los pendones desplegados
las vanderas y estandartes
no tardaron damas partes
de salir fuera llegados

Ya sonauan los clarones
y las tronpetas bastardas
chirimias y bonbardas
pasauan distintos sones
las baladas y cançiones
y rrondeles que fazian
bien atarde las sentian
los turbados coraçones

E las sennas demostradas
se mouieron las planetas
por ordenanças discretas
en batallas ordenadas
por escuadras bien rregladas
ordenaron la batalla
tan cruel qual non se falla
ninguna de las pasadas

La perfeta ffermosura
subitamente ffirio
mi tropel y lo rronpio
con tan gentil catadura
que sin verguença y mesura
luego nos desbaratamos
y nos dimos y entregamos
a su capitan cordura

Cierto non tardo destreza
como muy sabia guerrera
firio por la costanera
con tan ynica ardideza
que la mi rruda pereza
y pesado ynpedimiento
fueron sin detenimiento
perseguidos de nobleza

Buen donayre y jouentud
firieron por otra parte
asy que nuestro estandarte

cayo syn toda virtud
que a bondad y moltitud
de gente que se convenga
no se tal que se detenga
mayormenten solitud

Ya vy leona yndinada
sobre fijos y rrauiossa
y la piedra ynpectuosa
del çafiro congelada
y de la tigre ensannada
en la tebayda ley
y su feroçidad vy
en estorias y pintada

E la fabla de penteo
ley y de thesifone
y de la sannuda yprone
en el crimen de tereo
[fol. 184v]
pero yo non vi nin leo
de tal yra qual ardio
diana quando syntio
la destroça del torrneo

E mouio con la vandera
de su rreguarda delante
como la bestia rranpante
quando se faze mas fiera
maltrayendo la primera
batalla que asy vençida
veya presa y ffuyda
y ffablo de tal manera

O gente desacordada
cuya fama se destruye
y de quien verguença fuye
y virtud es sseparada
ya muerte fuera pasada
o libertad defendida
pues pensad qual es la vida
para sienpre denostada

E sy nos es denegada
de mares la tal vitoria
non queramos ver la gloria
de venus esta vegada
fenezcamos por espada
ques el sepulcro viril
toda terror femenil
escluyda y desechada

De tal sermon prouocados
a batalla y atraydos
bien asy los perseguidos
como presos y llagados
furientes & ynflamados

rretornamos en tal son
q*ual* çesar al rrubicon
todos temores dexados

Ynme*n*sa fue la porfia
y dudosso el vençimie*n*to
de la buelta q*ue* rrecuento
y no sse rreconoçia
destas gent*es* q*u*ien avria
la fortuna fauorable
ca fecho tan espantable
q*u*ien lo determinaria

Pero diana fferia
co*n* ta*n*ta furia y rrigor
q*ue* fazia gran temor
a todonbre q*ue* la vya
y dan*n*aua y no*n* temia
los aduersarios crueles
y buscaua los tropeles
do mas san*n*a sençendia

El ffijo escanio q*ue* a dido
en esta vida rrobo
syn orde*n* sse rretrayo
a la rreguarda ve*n*çido
[fol. 185r]
mas co*n* vn grand alarido
venus jupiter y juno
ssocorriero*n* de consuno
al fraudulento cupido

E las sen*n*as se mouiero*n*
de sus batallas rregidas
de conpan*n*as tan g*u*arnidas
q*ual* mis ojos nu*n*ca v*i*ero*n*
y por tal modo firiero*n*
y co*n* san*n*a tan ardida
q*ue* diana fue vençida
y n*uestr*as hazes rro*n*piero*n*

El poeta ma*n*tuano
ouidio seneca estaçio
pa*n*filo caton oraçio
y omero [   ] rromano
ni virgilio ni*n* lucano
ta*n*ta ssangre derramada
podria ser rrecontada
p*ue*s como podra mi mano

De mortal golpe llagado
y mi pecho mal ferido
en el canpo amorteçido
yo finq*ue* dessanparado
y prestame*n*te rrobado
fuy bie*n* como proserpina
y de cupido y çeptina

a pensamie*n*to entregado

ffin

Del q*ual* soy ap*ri*sionado
en grauissimas cadenas
do padezco tales penas
q*ue* soy muerto y no enterrado

Deo gr*a*çias

[fol. 185v]

[ID0092] HH1-42 (185v-231v) (291×8)

tratado endeçado al sen*n*or
rrey don jua*n* por juan de mena

Al muy prepote*n*te don jua*n* el segu*n*do
aq*ue*l con q*u*ien jupiter touo tal zelo
q*ue* ta*n*ta de p*ar*te le ffizo del mu*n*do
q*u*a*n*ta a sy mesmo se fizo del çielo
al gran rrey despan*n*a al çesar nouelo
al q*ue* con fortuna es bie*n* fortunado
aq*ue*l en q*u*ien cabe virtud y rreynado
a el la rrodilla puesta en el ssuelo

arguye a la fortuna

Tus casos falaçes fortuna ca*n*tamos
estados de gentes q*ue* giras y trocas
tus grandes discordias tus firmezas pocas
a los q*ue*n tu rrueda q*ue*xosos ffallamos
fasta q*ue* al tie*n*po dagora vengamos
de fechos pasados cobdiça mi pluma
y de los presente*s* fazer breue suma
de fin apolo p*ue*s nos come*n*çamos

ynbocaçion

Tu caliope me sey ffauorable
dandome alas de don virtuosso
por q*ue* discurra por donde no*n* osso
co*n*bida mi le*n*gua co*n* algo q*ue* fable
[fol. 186r]
leua*n*te la fama su boz ynefable
por q*ue* los buenos q*ue* son al presente
vayan de gente sabidos en gente
oluido no*n* priue lo q*ue*s memorable

naraçion

Como q*ue* creo q*ue* ffuessen menores
q*ue* del affricano los fechos del çid
ni*n* menos feroçes fuese*n* en la lid
ni entrase*n* los n*uestr*os q*ue* los agenores
las grandes fazan*n*as daq*ue*stos sen*n*ores
la mucha costançia de q*u*ien los mas ama
yaze en tiniebras dormida su fama
escura & doluido por me*n*gua dautores

enxenplifica

La gran bauilonia que ovo çercado
la madre de nino de tierra cozida
sy ya por el suelo nos es destruyda
quanto mas presto lo mal fabricado
y sy los muros que febo ha ganado
argolica çerca pudo subuerter
que fabrica pueden mis manos fazer
que no fagan curso segund lo pasado

ynvoca

Pues derrama ya de tus nueuas fuentes
pierio subsidio ynmortal apolo
ynspira en mi boca con que pueda solo
virtudes y viçios narrar de potentes
[fol. 186v]
a estos mis dichos mostradvos presentes
fijas de thispes en vuestro thessoro
con armonia de aquel dulçe coro
suplid [ ] mis ynconuinientes

disputa con la fortuna

Dame liçençia mudable fortuna
para que blasme de ty como deuo
lo que a los sabios no deue ser nueuo
ynoto a persona podra ser alguna
y pues que tu fecho asi contrapuna
ffaz que tus casos en vno concorden
ca todas las cosas rregidas por orden
son amigables de forma mas vna

enxenplifica

La orden del çielo enxenplo te ssea
guarda la mucha costançia del norte
mira el trion que ha por deporte
ser yncostante que sienpre rrodea
y las siete pleyas que bien las otea
que chicas pareçen en muy chica suma
sienpre se ascondes despues de la bruma
cada qual guarda qualquier ley que ssea

Pues como fortuna rregir todas cosas
con ley absoluta syn orden te plaze
tu no farias lo quel çielo ffaze
y fazen los tienpos las plantas y rrosas
[fol. 187r]
o muestra tus obras ser sienpre dannosas
o prosperas buenas durables eternas
non nos fatigues con vezes alternas
alegres agora agora enojossas

Mas bien acatada tu varia mudança
por ley te gouiernas maguer discrepante
ca es tu firmeza no ser costante
tu tenplamiento es destenperança

tu mas çierta orden es desordenança
es la tu rregla ser muy ynorme
tu conformidad es no ser conforme
tu desesperas a toda esperança

enxenplifica

Como las naues que van en poniente
ffallan en cadiz la mar syn rrepunta
europa por pocas con libia que junta
quando boreas se muestra valiente
pero sy el norte conuiene al terdente
corren en contra de como vinieron
las aguas que nunca ternan ni touieron
alli donde digo rreposso paçiente

aplica

Asy fortunosos fortuna aborrida
tus casos ynçiertos semejan y tales
que corren por ondas de bienes y males
faziendo no çierta ninguna corrida
pues ya por que vea la tu syn medida
la casa me muestra do anda tu rrueda
por que de vista dezir çierto pueda
el modo en que tratas alla nuestra vida

[187v]

admiraçion

No bien formadas mis bozes serian
quando rrobada senty mi perssona
y llena de furia la madre belona
me toma en su carro que dragos trayan
y quando las alas no bien rremeçian
fierelos esta con dulçe fragelo
tanto que fizo fazerles tal buelo
que presto me dexan adonde querian

conpara

Asy me soltaron en medio dun plano
depues que dieron comigo vna buelta
como a las vezes el aguila ssuelta
la presa que bien nol finche la mano
yo de tal caso admirable ynvmano
me falle trasportado en vn g[r]an desierto
do vy moltitud [ ]
en son rreligiosos y modo proffano

descriue el lugar

Y toda la otra vezina planura
estaua çercada de nitido muro
asy trasparente clarifico puro
que marmol de faro pareçen alvura
tanto quel viso de la criatura
por la diafana claror de los cantos

pudiera traer ojebtos atantos
quantos çelaua so sy la clausura

[fol. 188r]

Mas ya por quen otros algunos lugares
mi vista bien ante que yo la demande
me faze gran cuerpo de cuerpo no grande
quando los medios sson especulares
dixe sy formas tan mucho dispares
sy bien no rreguardo jamas sere ledo
sy de mas çerca mirar yo no puedo
sus grandes misterios y muy singulares

conpara

Y como el que tiene el espejo delante
maguer que se mire de derecho en derecho
se parte pagado mas no satisfecho
como sy viese su mesmo senblante
asy me senty por el ssemejante
que nunca asy pude fallarme contento
que non desease mirar mas atento
culpando mi vista por no abastante

fficçion

Estando yo ally con este desseo
abaxa vna nuve muy grande y escura
el ayre fuscado con mucha presura
me çinne y me çiega que nada no veo
ya me temia ffallandome rreo
como me conte con apolifemo
que desque çiego venido en estremo
ovo lugar el enganno vlixeo

continua

[fol. 188v]

Mas como tenga miseria liçençia
de dar mas aguda la contenplaçion
ya mas y mas en aquellos que son
priuados de toda visiua potençia
comienço ya quanto con mas eloquençia
en esta mi cuyta de mas nauegar
al pro y al contra y a cada lugar
sienpre diuina llamando clemençia

Luego rresurgen tamannos clarores
que fieren la nuve dexandola enxuta
en partes pequennas asy rresoluta
que toda la fazen bolar en vapores
y fasta en el medio cubierta de flores
vi vna donzella tan mucho fermosa
que ante su gesto es loco quien ossa
otras beldades loar de mayores

Rrecobra la vista

Luego del todo ya rrestituyda
ouieron mis ojos ssu virtud primera
ca por la venida de tal mensajera
sse cobro la parte questaua perdida
y puesto que fuese asy descogida
mas prouocaua a bueno y onesto
la grauedad del su claro gesto
que non por amores a ser rrequeryda

como le apareçio la prouidençia

[fol. 189r]

Desque sentida la su proporçion
de vmana forma non ser discrepante
el miedo pospuesto prosigo adelante
en omil estilo tal breue oraçion
o mas que serafica clara vission
suplico me digas de donde veniste
y qual es el arte que tu mas seguiste
y como ha nonbre la tu discreçion

rresponde la prouidençia

Rrespuso non vengo a la tu presençia
de nueuo mas antes so en todas partes
ssegund que digo yo ssigo tres partes
de donde depende mi grand eçelençia
las cosas presentes ordeno en esençia
y las por venir dispongo a mi guissa
las fechas rreuelo si esto te avissa
diuina me puedes llamar prouidençia

admiraçion del actor

O gran prinçessa y disponedora
de las [   ] y todos estados
de pazes y guerras y de los poblados
sobre los sennores muy grande sennora
asy que tu eres la gouernadora
y la medianera daqueste gran mundo
y como bastase mi seso ynfacundo
fuyr de coloquio tan alto a desora

[fol. 189v]

ssuplica a la prouidençia

Ya que tamanno plazer se le ofreçe
a esta mi vida no mereçedora
suplico tu seas la mi guiadora
a esta gran casa que nos apareçe
la qual toda creo quen todo obedeçe
a ty cuyo santo nonbre convoco
y non a fortuna que tiene alli poco
vsando del nonbre quel no perteneçe

rresponde la prouidençia

Rrespuso mançebo por camino rrecto

sigue mi via y aquella subçede
mostrarte yo algo daquello que puede
ser apalpado de vmano yntelecto
sabras a lo menos qual es el defecto
viçio y estado de qualquier persona
y con lo que vieres por contento tadona
y mas no demandes al ques mas perfecto

Y contra do vido mostrarse la puerta
se yva leuandome ya por la mano
notar el entrada me manda tenprano
de como era grande y a todos abierta
mas vna cabtela yazia encubierta
dixo que quema muy mas que la brassa
que a todos los quentran en esta gran cassa
han la salida dudosa y no çierta

[fol. 190r]

ssuplicaçion del actor

Angelica ymagen pues tienes poder
dame tal rramo por donde mauisses
qual dio la enea al fijo de anchisses
quando al laberinto tento deçender
le dixe yo y fue a rresponder
quien fuere costante al tienpo aduersario
y mas no buscare de lo neçessario
rramo ninguno no avra menester

prossigue

Asy rrazonando la puerta pasamos
por do concurria tamanno gentio
que alli do el yngreso era mas vazio
vnos a otros estoruo nos damos
que por la cosa que muchos andamos
quanto desseo comun nos esffuerça
poniendo del todo la mas mayor fuerça
y lo que queremos menos alcançamos

Y como ferido daquella ssaeta
que trae consigo la cruel engorra
mientra mas tira por bien que lacorra
mas el rretorno le fiere y le aprieta
asy mi presona estaua sujeta
quando punaua por descabollirme
la priesa de otros me tiene mas firme
syn gouernarme de arte discreta

[fol. 190v]

Mas la sabia mano de quien me guiaua
vyendome triste y asy tan perplexo
ovo por bueno de dar a mi quexo
vn tal rreparo qual yo desseaua
es a saber de priesa tan braua
me toma y dentro me pone tan libre
qual el pinatigerio entrando en el tibre

fue de los griegos de quien rreçelaua

Como se vido en lo alto

Mas ya preguntadme de quan ayna
esto en lo mas alto daquella possada
de donde podia ser bien deuissada
toda la parte terrestre y marina
o febo ynspira en mi tu dotrina
mudala tanto que cante mi versso
de lo que vimos del orbe vniuersso
con toda la otra mundana machina

protesta el actor

Sy coplas o partes o largas diçiones
no bien sonaren daquello que ffablo
miremos al sesso y non al vocablo
sy sobran mis dichos segund mis rrazones
las quales ynclino so las correçiones
de los entendidos a quien solo teman
mas non de groseros que sienpre blasfeman
segund la rrudeza de sus opinnones

[fol. 191r]

las prouinçias que vido

De alli se veya el espiritu çentro
y las çinco zonas con todo el austral
brunal aquilon y la equinoçial
con lo que soltiçia contiene dentro
y vi contra mi venir al encuentro
bestias y gentes destrannas maneras
mostruos y formas fengidos y veras
quanto delante la casa mas entro

La mayor asia en la zona terçera
y tierra de persia vy entre los rrios
tigres y yndia de rreynos vazios
mucho espaçiosa cada qual rribera
alli la prouinçia de sircuçia vi quera
junta con presia y con arissia
y tierra de meda do yo creeria
la magica averse fallado primera

Y çerca deufrates vi los amobitas
y mesopotania como sse tendia
arabia y caldea do el astromonia
primero fallaron gentes amonitas
y los ydumeos y madiamitas
y otras prouinçias de gentes mayores
las quales pasando conçedan lectores
perdonen mi mano sy no son escritas

[fol. 191v]

Vi de eufrates al medioterrano
a palestina fenia la bella

dicha do fenis q*ue* se cria en ella
o q*ua*nta de fenis de cadino ermano
el libano mo*n*te do naçe el jordano
do fue bautizado el fi de maria
y vi co*n* agena a tierra de syria
y los nabateos q*ue* agora no esplano

egibto

De parte de ausito [sic] vi como se falla
la t*ie*rra de egibto el alnubio narreo
de egibto asi dicha padre de linçeo
la q*ua*l çerca nilo q*ue* toda la rriega
do el çielo sereno jamas no*n* se çiega
ni el ayre padeçe miliferas clebas
do vi a mauriçia y al antigua tebas
mas desolada q*ue* estaçio no alega

Vi de la parte do el noto sençiende
el ca*n*caso monte como se leuanta
co*n* altitud y grandeza tanta
q*ue* fasta en europa çercano sestie*n*de
de cuyas faldas conbate y ofende
la gente amazona me*n*guada de tetas
los sarmatos colicos y los masajetas
y avn los yrcanos q*ue* so*n* mas allende

[fol. 192r]

Vi luego los montes ypiboreos
armenia y signia co*n* toda albania
avnq*ue* por q*ua*nto prolixo sseria
dexo los otros rrincones ebreos
de los capadoçes y los amorreos
y de niçea do juntada ffue
al sino do saca q*ue* libro la ffe
de otros peores q*ue* los manicheos

asia la menor

A ty la menor asia mis ojos tornados
vieron aq*ue*lla galaçia do ffueron
las gentes q*ue* al rrey litinio viniero*n*
dando socorros bien galardonados
los ca*n*pos de frigia ta*n*to llorados
ycaria sanria vimos en pronto
lidia panfilia y t*ie*rra de ponto
do naçio clemeynte fuero*n* rreligados

europa

Vimos aq*ue*lla q*ue* europa dixeron
de la q*ue* rrobada en la taurina fusta
lanço los ermanos por causa ta*n* justa
en la dema*n*da q*ue* fin no pusieron
y contra trio*n* luego pareçieron
los montes afeos y lagos macroes
los q*ua*les te rruego letor q*ue* los loes
pues q*ue* bezynos de gotica ffuero*n*

[fol. 192v]

conpara

Y vi la prouinçia muy generosa
q*ue* es dicha gotica segu*n*d n*ue*st*r*o vsso
de alli do*n*de jupiter alto dispuso
q*ua*ndo pr*in*çipio y formo cada cosa
saliese de t*ie*rra ta*n* mucho ffamossa
la gotica gente q*ue*l mu*n*do bastasse
por q*ue* la n*ue*st*r*a espan*n*a gozasse
destirpe de rreyes atan gloriossa

aleman*n*a

Del agua del tanays co*n*t*r*a el mediodia
ffasta danubio vi sichia la baxa
y toda aleman*n*a q*ue*s vna gran caxa
co*n* los pueblos dacos su t*ie*rra muy fria
y fasta los alpes q*ue* ya pareçia
ferturia germania la superior
niçia panonia y para mejor
todas las p*ar*tes del rreyno du*n*gria

greçia

Del medioterrano fasta el gran mar
de parte de austro vimos toda greçia
catonia molesia eladia boeçia
y paro y su fuente muy singular
en la q*ua*l sy fachas q*ue*rie*n*do q*ue*mar
muertas metiere*n* sençiende*n* de fuego
si biuas las mete*n* apaganse luego
ca puede dar fuegos y fuegos rrobar

[fol. 193r]

La gran thesalia nos fue demostrada
y el olinpo monte q*ue* della rreçede
el q*ua*l en altura las nuves eçede
arcadia corintio tenie*n*do abraçada
y desde los alpes vi ser leua*n*tada
fasta las lindes del grande oçeano
ytalia la q*ua*l del pueblo rromano
saturnia fue dicha en la era dorada

ffrançia

Y vy las tres galias co*n*uiene a saber
lardamia y q*ui*tania y la de narbona
q*ue* del pr*i*mer fra*n*co q*ue* touo corona
en frança su no*n*bre las q*ui*so boluer
aq*ue*sta comiença de proçeder
del mo*n*te de ponis y tanto rresalta
q*ue* tiende sus fines fasta la mar alta
q*ue* co*n* los britones tiene q*ue* ffazer

espan*n*a

Vi las prouin*n*çias despan*n*a y poniente

la de tarragona y de çeltiberia
la menor cartago q*ue* fue la desperia
co*n* los rrincones de toda oçidente
mostrose vandalia la bie*n* pareçie*n*te
y toda la t*ie*rra de lussytana
la braua galaçia co*n* la g*u*argitana
donde se cria feroçe la gente

[fol. 193v]

africa

Vimos allende los mas de etiopia
y las prouinçias de africa todas
las sirtes de amo*n* do son las podas
co*n* los q*ue* confina*n* con t*ie*rra de lopia
marmari toda do es la gran copia
de gente feroçe de los trogoditas
los aforos gentes ata*n* ynperitas
q*ue* de casas y ffierro padeçen ynopia

Del ca*n*caso monte fue luego p*r*essente
e la sereneyca rregio*n* de paganos
y toda la t*ie*rra de numidianos
alli do jugurta se fizo valiente
de pentapolin conoçi ssu gente
gotilia visita co*n* mas dotra ta*n*ta
t*ie*rra q*ue* fuella*n* los de garamanta
desq*ue* juba les fue prepotente

El mar eso mismo se nos rrepresenta
co*n* todas las yslas a el descubiertas
ta*n*bie*n* en las aguas biuas como muert*as*
de donde bonança no*n* teme torme*n*ta
las estegadas vi nueue por cue*n*ta
rrodas y creta la centypolea
çiclades las q*u*ales q*u*alq*u*ier q*ue* las vea
seys vera menos del ser de sese*n*ta

[fol. 194r]

Naxon la rredonda se q*u*iso mostrar
colcos ortigia llamada dellios
de la q*u*al dilio se dixo aquel dios
q*ue* los poetas ssuelen ynvocar
y vimos las yslas yolias estar
ycarin a la qual el na*n*fraso dio
de yncuro no*n*bre q*ue* nu*n*ca perdio
el mal gouernado de sabio bolar

Mostrose samos y los babeares
co*n* argauosis y las volumeas
las gorgomes yslas d*e* las maduseas
y otras perdidas q*ue* so*n* por las mares
vimos a tanaq*u*ita co*n* sus tres altares
pelero pachino y mas el edneo
do*n*de los fingos y ssu flatigeo
forma*n*do gemidos y bozes dispares

Ssegu*n*d fazen muchos en rreyno estra*n*jero
si alguno viese lo q*ue* nu*n*ca vido
sy no lo desden*n*a y esta detenido
los otros rretrata*n* del tal co*n*pan*n*ero
ca es rreputado por mucho grosero
qu*i*en faze tal fiesta de lo nueuo a el
q*u*entienda*n* los otros q*ue* son çerca del
q*ue* no ovo dello notiçia primero

Asy rretratado y rredarguydo
de mi guiadora seria yo q*u*ando
el mu*n*do me vido q*ue* andaua mira*n*do
co*n* ojos y sseso asi enbeueçido
[fol. 194v]
ca vi q*ue* me dixo en son aflegido
dexate deso q*ue* no faze al fecho
mas mira veremos al lado derecho
algo daq*u*ello por q*u*eres venido

de tres ruedas q*ue* vido

Boluie*n*do los ojos ado me ma*n*daua
vi mas adentro muy gra*n*des tres rrued*as*
las dos eran firmes ynotas y q*u*edas
mas la den medio voltar no çesaua
y vi q*ue* debaxo de todas estaua
cayda muy mucha gente ynfinita
q*ue* avia en la fre*n*te cada q*u*al esscrita
el no*n*bre y la suerte por do*n*de pasaua

pregu*n*ta a la prouide*n*çia

Avnq*ue* la vna que no*n* sse mouia
la gente q*ue* en ella avia de sser
y la q*ue* debaxo esperaua caer
co*n* turbado velo su mote cobria
yo q*ue* daq*u*esto muy poco sentia
fiz de mi dubda conplida palabra
a mi guiadora rroga*n*do q*ue* abra
esta figura q*ue* no*n* entendia

rrespo*n*de la prouide*n*çia

La q*u*al me rrespuso saber te conuiene
q*ue* de tres hedades te quiero dezir
[fol. 195r]
pasadas presentes y de porvenir
ocupa su rrueda cada q*u*al o tyene
las dos q*ue* son q*u*edas la vna co*n*tiene
la gente pasada y la otra futura
la q*ue* se buelue en el medio procura
los q*ue* en el siglo presentes detiene

Asy q*ue* conoçe tu q*ue* la terçera
co*n*uiene a las formas y las simulacras
de muchas p*er*sonas profanas y sacras
de gente q*ue* al mu*n*do sera venidera
por ende cubierta de tal velo era

su faz avnque forma touiese de onbres
porque sus vidas avn ni sus nonbres
saber por seso mortal no pudiera

Al vmano seso çiega y oprime
en las baxas artes que le da minerua
pues vey que faria en las que rreserua
aquel que los fuegos corruscos esgrime
por ende ninguno non piense ni estime
prestigiando poder ser çiente
de lo conçebido en la diuina mente
por mucho que en ello traçenda nin rrime

amonesta al actor

Mas esto dexando ven ven tu comigo
y fazte a la rrueda propinco ya quanto
si de los pasados quieres ver espanto
mas sey bien atento en lo que te digo
[fol. 195v]
que por amigo nin por enemigo
nin por amor de tierra nin gloria
ni fingas lo falso nin faltes estoria
mas di lo que ouiere cada qual consigo

A la rrueda fechos ya quanto çercanos
de orbes ssetenos vi toda texida
la su rredondeza por orden deuida
mas no por yndustria de mortales manos
y oy que tenia de cuerpos vmanos
cada qual çirculo de aquestos ssyete
tantos y tales que non podra lete
dar en oluido sus nonbres vfanos

Pues vimos al fijo daquel que sobro
por arte mannosa mas que por estinto
los muchos rreueses del gran laberinto
y al minotauro al ffin acabo
la buena ypromesta nos apareçio
con vulto mas pio que toda la greçia
y sobre todas la casta lucreçia
con aquel cochillo que se desculpo

A ty muger vimos del gran manseolo
tu que con lagrimas nos profetizas
las maritales rregando çenizas
vite ser biuda de mas duno solo
y la conpannera del lleno de dolo
a ty penolope la qual en la tela
detardas en tanto que rreçibe vela
los vientos negados a el por eolo

[fol. 196r]

Tanbien en la rrueda vimos sublimada
llena de meritos muchos argia
y vi que la parte derecha tenia
alçides cassy del todo ocupada

a fuer de montero con maça clauada
bien como quando libraua el siglo
a los calidones del brauo vestiglo
y la rreal messa de ser ensuziada

Yo que veya sser offiçiossos
los ya memorados en virtud diuersa
veyendo la rrueda quen vno lo verssa
los mis pensamientos no eran oçiosos
miro prouidençia mis actos dubdosos
no te marauilles atanto rrespuso
sabida la orden que dios les ynpuso
no se te fagan tan marauillosos

De ab iniçio dispuso la mente superna
que çirculo destos aqui non parezca
syn que la rrueda de aquel obedezca
las costelaçiones de quien lo gouierna
pues tu juyzio sy sabe diçierna
que cada qual de las siete planetas
sus operaçiones ynfluye perfetas
a cada qual orbe por gloria eterna

Asy que la luna que es la primera
el primero çerco ynprime su acto
segunda en segundo conserua tal pacto
terçero non menos pues con la terçera
[fol. 196v]
y todos de todas por esta manera
son ynclinados a dispussiçion
de las virtudes y costelaçion
de la materia de cada vna espera

Al çerco por ende que tienes ya visto
llama çirculo tu de la luna
y faz asy nonbre de cada vna
por que non bueluas el caso tan misto
agora do bueluas el caso ynsisto
sy viste las caças con los caçadores
es porque asignan aqui los actores
desta planeta tal grado bien quisto

Ffazte a la rrueda pues de los presentes
por que las veas entramas a doss
y de las dubdas rrequieras a nos
soluertelas emos en versos patentes
y visto el vn çerco de pasadas gentes
veras el otro dessta condiçion
de las personas moderrnas que son
pues abre los ojos y para bien mientes

Atento segund me andaua mirando
vi los tres fados y cloto el primero
lanchises segundo tropes terçero
en vezes alternas la rrueda girando
y vi sobre todos estar ynperando
el primero çerco dicho de diana

vna tal rreyna que toda la humana
virtud pareçia tener a su mando

la reyna de castilla defunta

[fol. 197r]

De candida purpura era su vestidura
que bien denotaua ssu gran ssennorio
no le ponia su fausto mas brio
ni le priuaua su gran ffermosura
vençiase della su rropa en alvura
el rramo de palma su mano sostiene
don que diana por mas rrico tyene
mas mesurada que toda mesura

Vi de la parte del siniestro lado
al serenisimo rrey su marido
la misma librea de blanco vestido
non descontento de tan baxo grado
y vi de la parte del dicho costado
vna tal rreyna muy esclareçida
que de virtudes y de rrica vida
tenia lo blanco del manto bordado

conparaçion

Boluime con ayre de dudosa cara
al ensoluedora de mis ynorançias
como de ninno que de sus ynfançias
la madre benina no triste separa
tal prouidençia se nos demostrara
diziendo tanto conozco yo bien
que tu desseo es saber quien
pueda ser esta gente asy clara

La que la silla mas alta tenia
non la deuieras aver por estranna
era la ynclita rreyna despanna
muy virtuossa donna maria
[fol. 197v]
la qual allende de su gran valia
allende de rreyna de los castellanos
goza de cama tan rrica de ermanos
çesares otros en la monarchia

Goza de mucha prudençia y verdad
goza de don ynmortal de justiçia
ha de virtudes aquella notyçia
quen fenbra rrequiere la honestidad
sy ffuese trocada su vmanidad
segund que sse lee de la de çeneo
a muchos faria segund lo que creo
domar los ssus viçios con su justedad

La reyna de aragon

La otra que vimos a la mano diestra
es la rreyna de aragonesses

la qual mientras sigue su rrey los arneses
rrige su rreyno la rreyna maestra
asi con la mucha justiçia que muestra
quantos mas rreynos conquierel marido
mas ella çela el ya conquerido
mira que gloria despanna la vuestra

Muy pocas rreynas de greçia se falla
que linpias biuiesen guardando los lechos
a sus maridos demientra los fechos
de troya no yvan en fin por batalla
mas sy vna no es otra syn ffalla
nueua penolope aquesta por suerte
pues piensa qu' fama le deue la muerte
quando su gloria la vida non calla

[fol. 198r]

Muy mas baxas vi otras enteras
la muy casta duenna de manos crueles
digna corona de los coroneles
que quiso con fuego vençer sus fogueras
o quirita rroma si desta supieras
quando mandauas el grande uniuerso
que gloria que fama que glosa que verso
que tenplo vestal a la tal fizieras

De otras non fablo mas fago argumento
cuya virtud maguer que rreclama
sus nonbres escuros esconden la ffama
por la baxa sangre de su naçimiento
mas no dexare de dezir lo que siento
es a saber que las baxas pressonas
roban las caras y santas coronas
y han de los viçios menor pensamiento

endereça al rey la estoria

A vos perteneçe tal orden de dar
rrey eçelente muy grande sennor
asi como prinçipe leges lector
la vida politica sienpre zelar
porque pudiçiçia se pueda guardar
y tomen las gentes seguros los suennos
punir a los grandes como a los pequennos
a quien no perdona no le perdonar

conparaçion

[fol. 198v]

Como las telas que dan las arannas
las leyes presentes no ssean atales
que prendan los flacos viles animales
y muestren en ellos sus languidas sannas
las bestias mayores que son mas estrannas
pasan por todo rronpiendo la tela
asy que non obra vigor la cabtela
synon contra pobres y flacas conpannas

Aprended las gent*es* beuir castame*nte*
y ve*n*çer en viçios los brutos saluajes
en vilipendio de muchos linages
viles deleytes no viçie*n* la gente
y los q*ue* presume*n* del mu*n*do presente
fuyan de do*n*de los dan*n*os rrenaçe*n*
sy lindos cobdçian ser fechos alcançe*n*
la vida mas casta co*n* la co*n*tinente

difiniçio*n* de castidad

Es abstine*n*çia de vil llegamiento
la tal castidad depu*es* ya de q*u*ando
sen*n*ala notiçia de viçios dexando
rremoto por obras y mal pe*n*samie*n*to
y no*n* solame*n*te por casto yo cuento
al q*u*entre las flechas de venus sescuda
mas el q*ue* de viçios q*u*alq*u*ier se desnuda
y ha de virtud*es* nouel pensamie*n*to

ffeneçe la orde*n* de diana
comie*n*ça mercurio

[fol. 199r]

Vi los q*ue* sano co*n*sejo toviero*n*
y los q*ue* conpone*n* en g*u*err*a* las pazes
y vi muchos fuera daq*ue*stas hazes
q*ue* justas gana*n*çias co*n*prando q*u*isiero*n*
y otros q*ue* libres sus t*ie*rras fiziero*n*
y los q*ue* por cabsa de euitar mas dan*n*os
han rrebelado los gra*n*des engan*n*os
a muchos librando q*ue* no se perdiero*n*

alega co*n* antigos

Vastor el antiguo se nos demostro
y los oradores mejor rreçebidos
del fijo del fauno q*ue* no despedidos
y el rrey q*ue* ssu fijo ya muerto merco
y capis aq*ue*l q*ue* sye*n*pre temio
los dan*n*os ocultos del paladion
con el sacro varo*n* del acraon
aq*ue*l q*ue* los dragos de palas çin*n*io

dize de los viçios

Debaxo daq*ue*stos yo vi derribados
a los q*ue* las pazes firmad*as* ya rro*n*pe*n*
y los q*ue* por precios v*i*rtud*es* corro*n*pe*n*
metie*n*do alime*n*tos a los rrenegados
alli vi clero*n* de falsos perlados
q*ue* fazen las cosas sagradas venab*les*
o rreligion g*u*arnida de males
q*ue* das tal dotrin*a* a los mal dot*r*inados

[fol. 199v]

los viçiosos q*ue* vido

Pues vimos a pandaro el dardo s*a*ng*r*iento
ermano de aq*ue*l bue*n* archero de rroma
q*ue* por maestria la libre paloma
firio donde yua bolando en el viento
el q*u*al a los neruios asy del amiento
contra las doricas gentes enssan*n*a
q*ue* toda la tregua firmada les dan*n*a
dandoles canpos de pazes esento

Ally te ffallamos de polinistor
como proçidas al bue*n* politoro
co*n* fanbre maldita de su gra*n* tesoro
no*n* te ne*n*bra*n*do de fe ni de amor
yazes açerca tu vil antenor
triste comie*n*ço de los paduanos
ally tu le dauas eneas las manos
avnq*ue* vergilio te de mas honor

Estaua ysifile alli vergonçossa
veyendo la vida de su bue*n* marido
por rricos collares tu seso ve*n*çido
q*ue*siste ser biuda mas no*n* deseossa
o siglo n*ue*st*r*o hedad trabajossa
sy fallara*n* los q*ue* te buscassen
otras ysifiles q*ue* desseassen
dar sus maridos por ta*n* poca cosa

[fol. 200r]

No*n* buenamente puedo callar
orpas maldito y a ty jullian
pues soys el valle mas fo*n*do de afan
q*ue* no*n* se rredime jamas por llorar
q*u*al cruda crueza vos pudo indinar
a vender en vn dia las t*ie*rras y leyes
despan*n*a las q*u*ales puja*n*ça de rreyes
en an*n*os atantos no pudo cobrar

A la moderrna boluie*n*do mi rrueda
fondon del çelenico çerco segundo
de viçios senblantes estaua el p*r*ofu*n*do
ta*n* lleno q*ue* no se fablar q*u*ien lo pueda
ved sy q*ue*res la gente que queda
darme liçe*n*çia q*ue* vos la ssen*n*ale
mas al presente fablar no me cale
verdad lo permite temor lo deuieda

q*ue* por temor no alarga

O miedo mu*n*dano q*ue* tu nos conpeles
grandes plazeres fengir por pesar*es*
q*ue* muchos de*n*teles fagamos ya dar*es*
y muchos de dar*es* fagamos enteles
fazemos de pocos muy gra*n*d*es* tropeles
buenos nos fazes llamar los viçiossos
notar los crueles por muy piadossos
y los piadosos por mucho crueles

conparaçion

[fol. 200v]

Bien como sieruo que por la fe nueua
del su patrono se muestra mas biuo
por que le pueda fuyr de catiuo
dize su boca lo quel non aprueua
senblantes temores la lengua non lleua
a la emendançia del adulaçion
asi que qualquier fara conclusion
que digan lo falso mas no lo que queda

viçios de rreligiosos

Quien asy mesmo dezir osaria
de como las cosas sagradas se venden
y los viles vsos en que se despienden
los diezmos ofertos a santa maria
con buenas colores de la clerezya
disipan los malos los justos sudores
de sinples y pobres y los labradores
çegando la santa catolica via

enxenplifica

Çesarea se lee que con terremoto
fuese su muro por tierra caydo
sus casas y pueblo todo destroydo
que no quedo lienço que no fuesse rroto
mas solo su tenplo fallamos que moto
la clerezia con el su perlado
saluo seguro fue dentro librado
por su onesto beuir y deuoto

[fol. 201r]

aplicaçion

Ssy tal terremoto nos sobreviniese
lo qual la diuina clemençia no quiera
po[r] el contrario presumo que fuera
en qualquiera villa do acaeçiese
quenantes pienso que oy se fundiese
la clerezia con todo su tenplo
y que la villa quedase en enxenplo
salua sin danno ninguno que fuese

endereça al rey

La vuestra sacra rreal magesstad
faga en los tales atal benefiçio
que cada qual vse asy del offiçio
que queden las leyes en su entreguedad
asi que cobdiçia nin rrapazidad
no nos ofenda lo bien ordenado
para que parta de qualquier esstado
la vil avariçia su sagaçidad

difiniçion de auariçia

Es avariçia doquiera que mora
viçio que todos los bienes cohonde
de la ganançia doquier que sesconde
vna soliçita ynquissidora
sirue metales metales adora
de rrobos notorios golosa garganta
que de lo ganado sufre mengua tanta
como daquello quespira avn agora

[fol. 201v]

ffeneçe mercurio y comiença
la orden de venus

Venidos a [   ] vi en grado espeçial
los que en el fuego de su jouentud
ffazen el viçio ser santa virtud
por sacramento matrimonial
debaxo daquestos vi gran general
de muchos linajes caydos en mengua
que no sabe como lo diga mi lengua
de tantas espeçias y formas de mal

argumento desta orden

Eran adulteros y fornicaryos
y otros notados de ynçestuossos
y muchos que tales juntan animossos
y lieuan por ello los viles salarios
y los que enfectos asy voluntarios
y los maculados del crimen nefando
su vida deleytan en vano pecando
de justa rrazon y de todos contrarios

Vimos en vno vilmente abraçados
la conpannera daquel gran atrides
duque de todas las greçianas lydes
tomar con egisto solazes furtados
y vimos a mira con los derribados
ermana ya fecha de quien era madre
y madre del fijo del su mismo padre
en contra de leyes vmanas y grados

[fol. 202r]

Ally era aquel que la virgen amada
fizo por fuerça no ser mas donzella
comiendo su fijo en pago daquella
que por dos maneras del fue desflorada
y vimos en forma muy mas abiltada
ser con macareo la triste canaçe
de los quales amos vn tal fijo naçe
que la vmana vida dexo injuriada

De los çentauros el padre gigante
alli lo fallamos con muy poca graçia
al qual fizo juno con la su ffalaçia
en forma mintrosa fingir su talante
y vimos vn poco mas adelante

plan*n*ir a pasife sus actos yndinos
el q*ua*l antepuso el toro ante mir.os
y fizo a çilla otro semejante

Tanto andouimos el çerco mira*n*do
que nos fallamos co*n* n*uestr*o maçias
y vimos q*ue*staua llora*n*do los dias
co*n* q*ue* su vida tomo fin amando
llegueme mas çerca vn poco ya q*ua*ndo
vi vn tal onbre de n*uest*ra naçion
y vide q*ue*staua co*n* triste cançion
en aligico verso sus cuytas ca*n*tando

cantar de maçias

Amores me diero*n* corona damores
porq*ue* mi no*n*bre por mas bocas ande
esto*n*çe no era mi mal menos grande
q*ua*ndo me daua*n* plazer sus dolores
[fol. 202v]
vençe*n* al seso los dulçes errores
mas no dura*n* sienpre segu[n]d luego aplaze*n*
pues me fiziero*n* del mal q*ue* vos faze*n*
sabed al amor desamar amadores

Ffuyd vn peligro ta*n* apasionado
sabed ser alegres dexad de *ser* tristes
sabed deseruir a q*ui*en ta*n*to seruistes
a otro q*ue* amores dad v*uest*ro cuydado
los q*ua*les sy diesen por ygual grado
sus pocos plazeres segu*n*d su dolor
no se q*ue*xaria ni*n*gu*n*d amador
ni desesperaria ni*n*gu[n]d desamado

conparaçion

Y bie*n* como q*ua*ndo algu*n* malfechor
al *t*ie*n*po q*ue* faze*n* de otro justiçia
temor de la pena le pone*n* cobdiçia
dalli en adelante beuir ya mejor
mas desq*ue* pasado por el el temor
buelue a sus viçios como de p*r*imero
asi me pusiero*n* ado desespero
deseos q*ue* quiere*n* q*ue* muera amador

pregu*n*ta a la prouide*n*çia

Tan gran moltitud turbada veye*n*do
por fuego viçioso de yliçito amor
fable a prouide*n*çia tu dime mejor
aq*ue*sta mi dubda q*ue* yo no*n* entiendo
estos atanto discretos sseye*n*do
porq*ue* se q*ui*siero*n* da*n*nar çiegamente
bullada deuiera*n* tener en la mente
la pena q*ue* anda*n* aq*ui* padeçiendo

[fol. 203r]

rresponde la prouide*n*çia

Rrespuso rrie*n*do la mi co*n*pan*n*era
ni causa*n* amores ni g*ua*rda*n* su tregua
las telas del fijo q*ue* pare la yegua
ni*n* menos agujas finca*das en çera
ni los filos de aranbre ni el agua p*r*imera
del mayo beuida en vasso de yedra
ni fuerça de yeruas ni v*ir*tud de piedra
ni vanas palabras del encantadera

ocho cabsas de amar

Mas otras rrazones mas justas co*n*uoca*n*
los coraçones a las amisstades
virtudes y viçios y co*n*formidades
y sobre todo beldades prouoca*n*
a delectaçiones y a muchos aduoca*n*
y q*ua*ndo los dones sson bie*n* rreçebidos
o por linaje naçer escogidos
o dulçes palabras ally donde toca*n*

Vale asymesmo p*a*ra sser amado
antiçipar p*r*imero en amar
no es ni*n*guno ta*n* duro en el dar
q*ue* algo no de si mucho ha tomado
pues mucho deuiera *ser* mas culpado
aq*ue*l coraço*n* q*ue* syn non querer
q*ui*era q*ue* q*ui*era q*ue*rido no*n* sser
o por ser q*ue*rido biua despagado

Esto*n*çes se puede cobrar discriçio*n*
ssi amor es ficto vanilico pigro
mas el v*er*dadero no*n* teme peligro
ni*n* q*ui*ere castigo de buena rrazon
[fol. 203v]
ni*n* los juyzios de q*ua*ntos ya son
lestorua*n* la bida de como la entie*n*de*n*
antes sus flamas mayores ençie*n*de*n*
q*ua*ndo les pone*n* mayor defensyon

adereça la fabla al rey

Por ende monarca ssen*n*or valeroso
el rrezio çebtro de v*uest*ra potençia
fiera mezclando rrigor co*n* cleme*n*çia
por q*ue* vos tema q*ua*lquier criminosso
y los viles actos del libedolosso
fuego de venus del todo se maten
y los vmanos sobre todo caten
el linpio catolico amor virtuosso

difiniçio*n* del amor

El q*ua*l es tal medio de dos coraçones
q*ue* la voluntad q*ue* estaua no junta
la su dulçedu*n*bre co*n* co*n*cordia sayu*n*ta
faziendoles vna sus dos opin*n*ones
o dando tal parte de sus afiçiones
a los amado*r*es syn gozo cadena

y a los amados deleyte syn pena
a los menos meritos mas gualardones

feneçe la iii orden de venus
y comiença la iiii de sol

[fol. 204r]

Aqui vi gran turba daquestos dotores
y contenplatiuos daquel buen saber
que para sienpre nos puede valer
faziendonos libres de nuestros errores
filosofos grandes y flor de oradores
aqui çitaristas aqui los proffetas
estrologos grandes aqui los poetas
aqui quidrauistas aqui sabidores

Esta sobre todos gran turba conpuesta
de claros maestros dotores muy santos
estaua geronimo alçando los cantos
gregorio agustino velando rrepuesta
y vimos al santo dotor cuya ffiessta
nuestro buen çesar jamas solepniza
y otros dotores a quien canoniza
la silla rromana por vida modesta

Vi los filosofos clato y polemo
el buen ependocles y el todo zenon
aristotiles çerca del padre platon
guiando a los otros con su dulçe rremo
y vimos a socrates tal que lo temo
con la ponçonna mortal que beuia
y vi a pitagoras que defendia
las carnes al mundo comer por estremo

Vi a demostenes y a galiano
y mas vide a tulio con su rrica lengua
casio sereno sufriendo gran mengua
dado en auxilio del pueblo rromano
[fol. 204v]
mostrose domiçio dotor africano
vi mas a puliçio con apolidoro
y vi mas la lunbre del claro tesoro
del nuestro rretorico quintiliano

Mostrose tubal primero ynuentor
de consonas bozes y dulçe armonia
mostrose la harpa que orfeo tannia
quando al ynfierrno lo troxo el amor
mostrose filirio el tannedor
maestro de archiles çentarizar
aquel que por arte fferir y domar
pudo avn archiles tan gran domador

La conpannia virginea profeta
vimos en acto de vidas tranquilas
el deçimo numero de las seuilas
que aquel pudo llamarse preffeta

esta la persica con la dimeta
y la de bauilonia grande eritea
y la frigiana llamada albunea
vimos estar y a la frigineta

Ffemonec por orden era la sesta
questaua la qual en versos sotiles
tan preguntada de graçias ceuiles
de quien ovo apio la triste rrepuesta
vimos a libasa la virgen onessta
estaua betona con el amatea
era la deçima aquella comea
a quien los rromanos fazen oy fiesta

[fol. 205r]

Vimos a homero tener en las manos
la dulçe yliada que con el aduzia
el alto vergilio vi que lo sseguia
euio con otro monton de rromanos
tragicos liricos yligianos
comicos satiros con eroystas
y los estoycos de tantas conquisstas
quantas naçieron entre los vmanos

dize por que non memora los sabios de cordoua

O fflor de saber y de caualleria
o cordoua madre tu fijo perdona
sy en los cantares que agora pregona
non divulgare tu ssabiduria
de sabios valientes loar te podria
que fueron espejo muy marauilloso
por ser de ty mesma sere sospechoso
diran que los pinto mas bien que deuia

ffabla de los pressentes

Vimos el çerco de nuestros parientes
donde fallamos muy pocos de tales
oyd la dotrina mayor es de males
que non de virtudes açerca las gentes
mas entre los otros tan perfluentes
vimos a vno de grande prudençia
del qual preguntada la mi prouidençia
rrespuso ditando los versos siguientes

[fol. 205v]

don enrique de villena

Aquel que tu vees estar contenplando
el mouimiento de tantas estrellas
la fuerça la orden la obra daquellas
que mide los cursos de como y de quando
y ovo notiçia filosoffando
del mouedor y de los comouidos
y lunbres y rrayos y son y tronidos
y supo las cabsas del mundo velando

Aquel claro padre aquel dulçe fuerte
que en el castolo monte rresuena
es don enrrique ssennor de villena
onrra despanna y del siglo presente
ynclito sabio actor muy çiente
otra y avn otra vegada yo lloro
porque castilla perdio tal tesoro
no conoçido de toda la gente

Perdio los tus libros sin ser conoçidos
y como en obsequia te fueron ya luego
los vnos metidos al vido ffuego
los otros syn orden no bien rrepartidos
çierto en athenas los libros fengidos
de pitagoras le rreprouaron
con çirimonia mayor se quemaron
quando al senado le fueron leydos

[fol. 206r]

Ffondon destos çercos vi ser derribados
los quescudrinnaron las artes dannadas
y las sus culpas vy mucho apartadas
de los que las muestran y los demostrados
magos sortilegos mucho dannados
prestigiantes vi luego ssiguiente
y los metematicos que malamente
tientan ojebtos a nos deuedados

Los ojos dolientes al çerco abaxando
vimos la forma del mago titeo
con la de orruto que a sesto ponpeo
dio la rrepuesta su vida fadando
estaua sus ojos despedaçando
medea la ynvtil nigromanteta
ferida de flecha mortal de saeta
que no supo darse rreparos amando

Estauan las fenbras liuia y puliçia
dando en opobrio de los sus linajes
a sus maridos mortales potajes
mezclados con yeruas llenas de maliçia
ca desque se pierde la gran pudiçiçia
virtud neçesaria de ser en la fenbra
tal furia creçe tal odio se sienbra
que han a los maridos enemiçiçia

Por ende vosotros algunos maridos
si sodes feridos daquesta sospecha
nunca vos sientan la vuestra derecha
nin menos entiendan que soys entendidos
[fol. 206v]
sean enante rremedios venidos
que neçesidades vos traygan dolores
a grandes cabtelas cabtelas mayores
mas val preuenir que ser preuenidos

conparaçion

Para quien teme la furia del mar
y las tenpestades rreçela daquella
el mejor consejo es no entrar en ella
perder la cobdiçia del buen nauegar
mas el que dentro presume dentrar
syn que padezca miseria ninguna
a la primera sennal de fortuna
deue los puertos seguros tomar

adereça la fabla al rey

A vos poderoso gran rrey perteneçe
fazer destroyr los falsos saberes
por donde los onbres y malas mugeres
asayan vn danno mayor que pareçe
ca vna gran gente de la que padeçe
feneçe ssecreto por arte maluada
y fingen que fuese su muerte causada
del mal que a los malos pensar non falleçe

Magnifico principe la rrazon no manda
la grande onestad de los vuestros siglos
sofrir que se crien los tales vestiglos
que maten los onbres con poca vianda
[fol. 207r]
la mucha clemençia la ley mucho blanda
del vuestro tienpo no cabsen maliçias
de nueuas medeas o nueuas publiçias
baste la otra miseria que anda

Las liçitas artes con vuestra clemençia
crezcan a bueltas los rretos ofiçios
caygan los dannos fenezcan los viçios
non disimule mas mal la paçençia
por que contenplen en vuestra presençia
los annos quietos de vuestra gran vida
el arte maluada por vos destroyda
y mas rreta vaya la santa prudençia

Es la çiençia prudençia que mata
los torpes deseos de la voluntad
sabia en lo bueno sabida en maldad
mas sienpre las vias mejores acata
destroça los viçios el mal desbarata
a los que la quieren ella se conbida
de buenos fines seyendo ynfinida
y para el yngenio mas neta que plata

ffeneçe la iiii orden del sol
y comiença la v de mares
argumento

Ya rreguardamos el çerco de mares
y vimos los rreyes en la justa guerra
[fol. 207v]
y los que quisieron morir por su tierra
y los enemigos soltaron a pares
y vimos debaxo sufriendo pesares

los belicosos en cabsas indinas
y los que murieron en guerras marinas
y dotros soberuios muy muchos millares

Los fuertes metelos ally se mostrauan
sepulcro rrauioso de los tragineses
alli rrelunbrauan los claros arneses
daquellos camilos que a françia buscauan
los dos conpanneros acordes estauan
petreo y afreneo vedando con ssanna
las gentes del çesar entrar en espanna
segund que de lerida lo porffiauan

Vimos a craso sangrienta el espada
de las batallas que fizo en oriente
aquel de quien vido la rromana gente
su muerte plannida mas nunca vengada
y vimos la mano de nunçio quemada
al qual la salud del fuerte guerrero
mas triste lo dexa que no plazentero
lo faze la vida por el oluidada

ynuocaçion

Beligero mares ssufre que cante
las guerras que vimos de nuestra castilla
los muertos en ella la mucha manzilla
quel tienpo presente nos muestra delante
[fol. 208r]
dame tu palas fauor ministrante
a lo que sigo depara tal orden
por que mis metros al fecho concorden
y goze verdad de memoria durante

como vido al rey don juan el ii

Alli sobre todos ffortuna pusiera
al muy prepotente don juan el segundo
despanna no solo mas de todo el mundo
rrey se mostraua en muy gran manera
de armas fulgentes la su delantera
guarnida la diestra de fulmina espada
en vna silla tan rrica labrada
como sy dedalo muy bien la fiziera

Al qual rreguardaua con ojos damores
como ffazia en espejo notorio
los titulos todos del grande avolorio
de los sus ynclitos progenitores
los quales tenian en rricas lauores
çennida la silla de ymagineria
tal que sobraua su maçoneria
a yris con todas sus biuas colores

Nunca el escudo que fizo vulcano
en [   ] ardientes fornazes
con que fazia temor en las hazes
archiles delante del canpo troyano

se falla touiese pintadas de mano
ni menos ocultas entretalladuras
de obras mayores ni tales figuras
como en la silla yo vi que desplano

[fol. 208v]

Ally vi pintados por orden los fechos
de los alfonsos y todos sus mandos
y lo que ganaron los rreyes fernandos
faziendo mas largos sus rreynos estrechos
alli la justiçia los rretos derechos
la mucha prudençia de nuestros enrriques
y por que los tales su fama publiques
y fagas en otros senblantes prouechos

Escultas las nauas vi alli de tolosa
trihunfo de grande misterio diuino
con la morisma que dafrica vino
sannosa pidiendo la muerte rrauiosa
estan por memoria tanbien gloriosa
pintadas en vno las dos algeziras
estan por espada domadas las yras
de albohaçen que no fue menor cossa

Creçian los titulos frescos a bueltas
daqueste rrey nuestro muy esclareçido
los quales avrian allende creçido
sino rrecreçieran algunas rrebueltas
las quales por pazes eternas disueltas
presto deuengan a puerto tranquilo
por que castilla mantenga en esstilo
toga y oliua en armas apertas

batalla de granada

Con dos quarentenas y mas doze millares
le vimos de gentes armadas a punto
syn otro mas pueblo con el ally junto
entrar por la vega talando oliuares
[fol. 209r]
tomando castillos ganando lugares
faziendo por miedo de tanta mesnada
con toda su tierra tenblar a granada
tenblar las arenas fondon de los mares

Mucha morisma vi descabeçada
[   ] rrecluso detras de su muro
nin que gozase de tienpo sseguro
quiere su muerte por sanna despada
y mucha mas otra por pieças tajada
quieren su muerte tomalla mas tarde
fuyendo no fuyen la muerte couarde
que mas a los viles es sienpre llegada

conparacion

Como en seçilia rresuena tiffeo
y las fferrerias de los milaneses

o como guardaua*n* los sus entremeses
las saçerdotizas del te*n*plo leo
tal vi la buelta daq*ue*ste torrneo
y ta*n*tas de bozes prorronpe*n* la gente
q*ue* no sentendia syno solamente
el no*n*bre del fijo del bue*n* zebedeo

Y vi mas la sonbra de aq*ue*lla figuera
adonde a desora se vido criado
de muertos en pieças vn nueuo collado
ta*n* grande q*ue* sobra rrazo*n* su manera
y como en arena de momia sespera
supito viento leua*n*te gran cu*n*bre
asy del otero de tal muchedu*n*bre
espa*n*ta a q*u*ien a*n*tes ni*n*guno no viera

[fol. 209v]

rrecomie*n*da la guerra
de los moros

O virtuosa magnifica guerra
en ty las q*ue*rellas boluerse deuia*n*
adonde los n*ue*stros muriendo biuian
por gloria en los çielos por fama e*n* la t*i*erra
en ty do la lança cruel nu*n*ca yerra
ni*n* teme la sangre verter de parie*n*tes
aduoca co*n*cordes a ty n*ue*st*r*as gentes
de tales q*u*istiones y tanta desfferra

No*n* convenia por obra ta*n* lue*n*ga
fazer esta guera mas *ser* ella fecha
avnq*ue* q*u*ien viene a la via derecha
no viene tarde por tarde q*ue* venga
pues no*n* se dilate ya mas ni*n* dete*n*ga
aya*n* enbidia de n*ue*st*r*a vitoria
los rreynos vezinos y no tome*n* gl*or*ia
de n*ue*st*r*a discordia maguer q*ue* convenga

Otros entalles no ta*n* brunn*i*dos
co*n* epetafios de titulos çiertos
vi como era*n* delectos y muertos
vnos testados y otros rraydos
en los q*ue* pudiero*n* por mi *ser* leydos
en las q*ue* ovo co*n* arago*n* ffallaran
rreal de hariza y de benamaçan
do no*n* vençedor*es* falle ni vençidos

[fol. 210r]

Vi ally la furia çeuil de medina
y vi los sus muros no bie*n* foradados
vi despojadores y vi despojados
fechos acordes en paz muy ayna
vi q*ue* a su rrey cada q*u*al senclina
yelmo cabeça con el estandarte
y vi dos estremos fechos vna parte
temiendo la justa rreal diçiplina

conparaçion

Bien como q*u*ando rrespusso en *el* huerto
el sumo maestro de n*ue*st*r*as merçedes
aq*ue*l mote santo de a quien q*ue*redes
a los fijos de aquellos q*ue* libro del desierto
y como aq*ue*l pueblo cayo como muerto
asy en medina siguiendo tal ley
vista la cara de n*ue*st*r*o gran rrey
le fue todo llano y alli descubierto

conparaçion

Segu*n*d q*ue* se faze el viso mas fiero
los q*ue*ntran en juego llamado palestra
en q*u*anto no dentro su sann*a* se muestra
mas fuera pareçe como de p*r*imero
asy fazen muchos en lo post*r*imero
los ynclitos rreyes y grand*es* senn*o*res
bellue*n* en gozo sus grand*es* rrigores
y nu*n*ca el enojo les es duradero

[fol. 210v]

Mirad a los fines vosot*r*os por ende
sy soys de diuersas q*u*istiones secaçes
no*n* vos enga*nn*en los vultos minaçes
ca vno a las vezes por otro sentie*n*de
yerra su fabla do se rreprehende
en dichos y en fechos beuid mesurados
ca bellue*n* acordes los desacordados
y q*ue*da ofendido q*u*ien antes offende

Abaxe mis ojos mira*n*do a las gentes
q*ue* vi sublimadas del t*r*ono minorçio
dinas del mucho famoso consorçio
do*n*de fallamos los muy prepote*n*tes
yo q*ue* miraua a los ynoçentes
en vn caual*l*ero tarda*n*ça mas ffiz
del q*u*al pregu*n*tando a la mi tutriz
dispuso dicta*n*do los metros siguie*n*tes

Aq*ue*l q*ue*n la barca pareçe asentado
vestido denga*nn*o de las brauas o*n*das
en aguas crueles ya mas q*ue* no*n* fondas
co*n* vna gran gente en la mar anegado
es el valiente no bie*n* ffortunado
muy v*i*rtuosso ynclito conde
de niebla q*ue* todos sabeys bie*n* adonde
dio fin al dia del curso fadado

Y los q*ue* lo çerca*n* por aderedor
puesto q*ue* fuese*n* manificos o*n*bres
los titulos //todos// de sus rreno*n*bres
el no*n*bre los cubre daq*ue*l su senn*o*r
[fol. 211r]
ca todos los fechos q*ue* son de valor
p*ar*a mostrarse por sy cada vno

quando se ju*n*ta*n* y van de conssuno
pierde*n* su no*n*bre delante el mayor

Conparaçio*n*

Arlança p*i*suerga ta*n*bien carrio*n*
gozan de no*n*bres de rrios enpero
despues de ju*n*tados llamamosles duero
fazemos de muchos vna rrelaçion
oyd por ende pu*e*s la perdiçion
de solo el bue*n* conde sobr*e* gibraltar
su suerte llorada de dino llorar
prouoq*ue*n tus ojos a lame*n*taçion

En la su triste fadada partida
muchas ssen*n*ales q*ue* los marineros
ha*n* por aspiçios y malos agueros
fuero*n* mostradas negar la tal yda
las q*u*a*l*es veyendo co*n* boz dolorida
el cauto maestro de toda su flota
al conde amonesta del mal q*ue* denota
por q*ue* la partida fuese rresistida

Ca dize he visto sen*n*or nueuos yerros
la noche pasada faze*r* las planetas
co*n* crines tendidas arder las cometas
dar nueua lu*n*bre las armas y fierros
cridar sin ferida los canes y perros
t*r*iste palagio*n* fazer de peleas
las aves noturnas y las finereas
por los collados alturas y çerros

[fol. 211v]

Vi q*ue* las gruesas guminas q*ue*braua*n*
q*u*ando las ancoras q*u*isse leua*n*tar
vi las entenas por medio q*ue*brar
avnq*ue* los cables no*n* desplegaua*n*
los masteles fuertes en calma te*n*blaua*n*
los flacos triq*ue*tes con la mesana
y vi leua*n*tarse de no buena gana
q*u*ando los vientos se nos co*n*bidaua*n*

En la partida del rresto troyano
daq*u*ella cartago del briseo muro
el voto prudente del bue*n* palimuro
toda la flota loo de mas ssano
tanto q*ue* q*u*iso el rrey muy vmano
q*u*ando lo vido a orogente
co*n* los pastos çerca de orie*n*te
en el averno tocarle la mano

Ya pues se deue en este gran lago
guiarse la flota por dicho del saje
vos dexaredes aq*ue*ste viaje
fasta ver dia no ta*n* aziago
las deydades leuar por halago
es bie*n* pu*e*s q*ue* vedes sen*n*al de tal plaga

no*n* dedes causa q*ue* gibraltar faga
en sangre de rreyes dos vezes estragro [sic]

El conde q*ue* nu*n*ca de las abusiones
creyera ni menos de tales sen*n*ales
dixo no aprueuo por muy naturales
maestro ni*n*gunas daq*ue*stas rrazones
[fol. 212r]
las q*ue* me dizes ni bie*n* perfeçiones
ni*n* veras pernosticas son de v*e*rdad
ni los yndiçios de la tenpestad
no*n* vemos fuerça de sus opin*n*ones

Avn sy yo viera la mestrua luna
co*n* cuernos obscuros mostrarse obfuscada
muy rrubicu*n*da y muy colorada
temiera q*ue* vientos vos diera*n* fortuna
sy febo dexada la delya cuna
y agueo vieramos o turbulento
temiera yo pluuia mezclada co*n* viento
en otra manera no*n* se q*ue* rrepuna

Ni veo ta*n*poco los vie*n*tos delgados
q*ue* mueua*n* los rramos de n*u*est*r*a montan*n*a
ni*n* fiera*n* las ondas co*n* nueua san*n*a
la playa por golpes mas demasiados
ni veo dolfines de fuera mostrados
ni los merinos bolar a lo seco
ni los caystros fazer nueuo trueco
dexar sus lagunas bola*n*do a lo sseco

Ni bate*n* las alas ya los alçiones
ni tienta*n* jugando de se rroçiar
los q*u*a*l*es amansa*n* la furia del mar
co*n* sus cantares y languidos sones
y da*n* a los fijos contrarias sazo*n*es
[n]ydo en ynvierrno co*n* gra*n*de proyna
do puestos açerca la costa marina
en vn çemilunio les da*n* perfeçiones

[fol. 212v]

Ni la corneja no anda ssen*n*era
por el arena seca paseando
co*n* su cabeça su cuerpo ban*n*a*n*do
por preocupar la pluuia q*ue*spera
ni buela la garça por alta manera
ni sale la fulica de la marina
contra los prados ni va ni declina
como en los tie*n*pos aduersos fiziera

Desplega las velas pu*e*s ya q*ue* ta*r*damos
y los de los vancos leuante*n* los rremos
a bueltas del viento mejor q*ue* p*e*rdemos
no los agueros los fechos sigamos
pu*e*s vn enpresa ta*n* sa*n*ta leuamos
q*ue* mas no podrie ser otra ni*n*guna
presuma de vos y de mi la fortuna

no q*ue* nos fuerça mas q*ue* la forçamos

Tales palabras el conde dezia
q*ue* obedeçiero*n* el su mandamie*n*to
diero*n* las velas ynfladas al vie*n*to
no padeçiendo tarda*n*ça la via
segu*n*d q*ue* ffortuna lo ya disponia
llegaro*n* açerca de la fuerte villa
el conde co*n* toda la rrica familla
q*ue* por el agua su flota sseguia

[fol. 213r]

continua

Con la vandera del conde tendida
ya por la t*ie*rra su fijo viniera
co*n* mucha mas gente q*ue*l co*n*de le diera
bie*n* a cauallo y a pu*n*to guarnida
porq*ue* a la ora q*ue* fuese la grida
supitame*n*te en el mesmo deslate
por çiertos lugares oviese conbate
la villa q*ue*staua desaperçebida

El co*n*de y los suyos tomaro*n* la t*ie*rra
q*ue*ra entrel agua y el borde d*e*l muro
lugar co*n* me*n*gua*n*te muy seco y seguro
mas la creçiente del todo lo çierra
q*ui*en llega mas tarde presume q*ue* yerra
la pauesada ya ju*n*tas sus alas
leua*n*tan los troços creçe*n* las escalas
creçe*n* las artes man*n*osas de g*ue*rra

Los moros veyendo creçer los enga*n*nos
vie*n*dose ta*n*to çercados por artes
y co*n*batidos por ta*n*tas de partes
alli socorria*n* do vya*n* mas da*n*nos
y co*n* neçesarios dolor*es* estra*n*nos
rresiste*n* co*n* san*n*a las fuerças agenas
bota*n* los cantos desde las almenas
y la*n*ça*n* los otr*os* q*ue* no son tama*n*nos

[fol. 213v]

conparaçio*n*

Bien como medico mucho famosso
q*ue* tiene estilo por manos seguido
en cuerpo de golpes diu*er*sos ferido
luego socorre a lo mas peligroso
asy aq*ue*l pueblo maldito furioso
syntie*n*do mas da*n*no de la p*ar*te del conde
alli co*n* todas sus fuerças rrespo*n*de
alli do el peligro mas era da*n*noso

continua

Ally despara*n* lo*n*bardas y truenos
y los trabucos tyraua*n* luego

piedras y dardos y fachas de fuego
co*n* q*ue* fazian los n*ue*str*os* ser menos
alg*un*os moros tenidos por buenos
la*n*çaua*n* tenbla*n*do las azagayas
pasando las lindes palenq*ue*s y rrayas
dobla*n*do sus fuerças co*n* miedos agenos

Mientra moria*n* y mie*n*tra mataua*n*
de parte del agua ya creçe*n* las ondas
y cubre*n* las mares soberuias y fondas
los ca*n*pos q*ue* ante los muros estaua*n*
ta*n*to q*ue* los q*ue* dalli peleaua*n*
a los nauios sy se rretrayan
las creçidas aguas les ya defendia*n*
llegar a las fustas q*ue* dentro dexaua*n*

[fol. 214r]

Con peligrosa y vana ffatiga
pudo vna barca tomar a su co*n*de
la q*ua*l lo leuara seguro ssy donde
estaua bo*n*dad nol fuera enemiga
padeçe tarda*n*ça sy q*ui*eres q*ue* lo diga
q*ue* qua*n*tos quedaua*n* & yr lo veya*n*
de muchos q*ue* yr con el no podia*n*
presume q*ue* boz dolorida sseguia

rrazonamie*n*to de los suyos

Entra*n*do tras el por el agua dezia*n*
magnanimo co*n*de y como nos dexas
n*ue*str*as* finales y vltimas q*ue*xas
en tu prese*n*çia fauor nos seria*n*
las aguas las vidas nos ya desafia*n*
sy tu no nos puedes p*re*star el beuir
danos manera mejor de morir
daremos las manos a mas q*ue* deuia*n*

O bolueremos a ser sometidos
aq*ue*llos adarues maguer no deuamos
porq*ue* los tuyos murie*n*do podamos
ser dichos muertos mas nu*n*ca vençidos
solo podremos ser rredarguydos
de temeraria y loca ossadia
mas tal ynfamia mejor nos sseria
q*ue* no*n* en las aguas morir sepelidos

[fol. 214v]

Fiziero*n* las bozes al conde a desora
boluer la su barca co*n*t*ra* las ssaetas
y contra las armas de los macometas
ca fue de temor piedad vençedora
avia fortuna dispuesto la ora
y como los suyos comie*n*ça*n* a entrar
la barca co*n* todos se vino anegar
de pesso tama*n*no no ssostenedora

Los miseros cuerpos ya no anelaua*n*

mas so las aguas andauan ocultos
dando y trayendo mortales sigultos
de aguas la ora que mas rrespirauan
las vidas de todos asi lytigauan
que aguas entrauan do almas salyan
la perfida entrada las aguas querian
la dura salida las almas negauan

la muerte del conde

O piedad fuera de medida
o ynclito conde quesiste tan fuerte
tomar con los tuyos enantes la muerte
que con tus fijos gozar de la vida
sy fe a mis versos seratribuyda
jamas la tu fama jamas la tu gloria
daran a los siglos eterna memoria
sera muchas vezes tu muerte plannida

prossigue

[fol. 215r]

Despues que yo vi que mi guiadora
avia ya dado su fin al esstoria
yo le suplico me ffaga notoria
la vida de otros que alli son agora
la qual mis plegarias oydas ynplora
al diuino onbre con muy sumo grado
el qual omillmente por ella ynvocado
rrespondeme breue como ssabidora

Las claras virtudes los fechos estremos
la biua vitoria que mares otorga
al conde bendito don juan de mayorga
rrazon no lo sufre que nos lo callemos
alçe fortuna sus perfidos rremos
fama dorada ssus alas leuante
por que la vida daquesste sse cante
jamas por el modo que lo cantaremos

Primero su vida muy leda cantamos
su mano feroçe potente ffamosa
segund la su jouentud virtuossa
terçero su muerte tan presta lloramos
mas con los que tanto sus fechos amamos
vso de clemençia la diuina mano
dexonos en prendas vn tal ermano
con cuya vida su muerte oluidamos

La muerte del adelantado
diego de rribera

[fol. 215v]

Aquel que tu ves con la saetada
que nunca mas faze mudança en el gessto
mas por virtud de morir tan onesto
dexa su sangre tan bien derramada

sobre la villa dalora nonbrada
el adelantado diego de rribera
es el que ffizo la vuestra ffrontera
tender mas sus faldas mas contra granada

Dentro en matia a çeuo non pudo
mostrarase animoso alli donde quisso
sacarse aquellasta den medio del viso
qual diera çetino con fierro muy crudo
ni tanto costante aquel non esstudo
donde aquel triste de aulo creyendo
que la virtud le faltase muriendo
mas lo fallo fferoçe y sannudo

Tu adelantaste virtud con estado
muriendo muy firme por la santa ley
tu adelantaste los rreynos al rrey
seyendo sieruo leal y criado
tu adelantaste tu fama finado
en justa batalla muriendo comonbre
pues quien de tal guisa adelanta su nonbre
ved si deuia ser adelantado

la muerte del adelantado
rrodrigo de perea

[fol. 216r]

Aquel que de dias pareçe mayor
por yra tan justa su gesto sannudo
que preso y ferido demuestra que pudo
enantes matarlo pesar que dolor
aquel que tu vees con tan grande honor
el adelantado es aquel de perea
que ovo vitoria de tanta pelea
que bien lo podemos llamar vençedor

Assy como curio perdio la codiçia
de toda su vida viendo el estrago
çerca los muros rrotos de cartago
que fizo en su gente juba con maliçia
porque con falso color de justsiçia
curio queriendo a juba gran mal
quisiera tyralle la silla rreal
quando lo mandaua le [sic] ley tribuniçia

Pues como curio non pudo sofrir
el anima contra la falsa fortuna
asy el de perea veyendo la puna
muertos los suyos non quiso beuir
mas antes comiença muriendo a dezir
sobre quien fizo sobrar mi virtud
pues la verguença no es buena salud
purgue la falta el honesto morir

pedro de narbaez

El otro mançebo de sangre feruiente
que muestra su cuerpo sin forma ninguna

[fol. 216v]
acuerda en el animo no en la fortuna
con las virtudes del padre valiente
narbaez aquel el qual agramente
muriendo deprende vengar la su muerte
la qual ynfortunio de no buena suerte
salteo con manos de pagana gente

Segund lo que fizo su padre rrodrigo
bien lo podemos fazer semejante
vandaro a su padre el fijo a palante
al qual el comienço fue fin enemigo
mas es otorgada syn esto que digo
a el la corona del çielo y la tierra
que ganan los tales en la santa guerra
do fin semejante les es buen amigo

juan de merlo

Ally juan de merlo te vi con dolor
menor vi tu fin que no vi tu medio
mayor vi tu danno que non el rremedio
que dio tu muerte al tu matador
o porfioso pestiffero error
o fados crueles terribles rrauiossos
que sienpre rrobades los mas virtuosos
y perdonays la gente peor

Bien te creemos que tu non pensasste
senblante finida de todo tu bien
[fol. 217r]
quando al enrrique de rramasten
por armas y trançes en bala sobraste
pues menos farias quando te fallaste
en rras con aquel sennor de charni
donde con tantos onores assy
tu rrey y tus rreynos y manos onrraste

Ya de mas gentes diuersas que viera
tanto fallaua sus letras de fuertes
que fiz que me diese sus nonbres y suertes
aver por escrito la mi conpannera
la qual ynclinada con boz plazentera
a las plegarias del mi sinple voto
con vna armonia de estilo deuoto
rrespuso cantando por esta manera

lorenço de daualos

Aquel que alli vees al çerco trauado
que quiere sobir y se falla en el ayre
su rrostro mostrando rrobado donayre
por dos desonestas feridas llagado
es el valiente no bien fortunado
muy virtuoso mançebo lorenço
que fizo en vn dia su fin y comienço
aquel es el quera de todos amado

El mucho querido del sennor ynfante
que sienpre le fuera sennor como padre
el mucho llorado de la triste madre
que muerto ver pudo tal fijo delante
[fol. 217v]
o dura fortuna cruel tribulante
por ty se pierden al mundo dos cosas
la vida y las lagrimas tan piadosas
que ponen dolores despada tajante

endechas de la madre

Bien se mostraua ser madre en el duelo
que fizo la triste depues que ya vido
el cuerpo en las andas sangriento tendido
aquel que criara con tanto rreçelo
ofende con dichos crueles el çielo
con nueuos dolores su flaca salud
y tantas angustias rrobar su virtud
que cae la triste por fuerça en el suelo

Rrascaua con vnnas crueles su cara
fiere sus pechos con mesura poca
besando a su fijo la su fria boca
maldize las manos de quien lo matara
maldize la guerra do se començara
busca con yra crueles querellas
niega a si mesma rreparo daquellas
y tal como muerta biuiendo se para

Dezia llorando con lengua rrauiosa
o matador de mi ffijo cruel
mataras a mi dexaras a el
que fuera enemiga no tan porfiosa
fuera a la madre muy mas dina cosa
para quien mata mucho menor cargo

[falta un folio]

[fol. 219r]

Endereça al rrey

Muy claro prinçipe rrey escogido
de los que son fuertes por esta manera
la vuestra corona manifica quiera
tener con los tales el rreyno rregido
ca estos mas aman con justo sentido
los rrectos ofiçios que non la ganançia
rrigen y siruen con mucha costançia
y con fortaleza al tienpo deuido

difinicion

Es fortaleza por vn gran denuedo
que sufre las prosperas y las modestas
saluo las cosas que son desonestas
otras ningunas no le fazen miedo
fuyen desdennan departensse çedo

de las que diformes por viçios se fazen
las grandes virtudes ynmenso le plazen
plazen al animo firme sse quedo

ffeneçe la v orden de mares
y comiença la de jupiter

E vy los que rreynan en paz gloriosa
y los muy vmanos a sus naturales
y muchos daquellos que syendo mortales
biuen zelando la publica cossa
[fol. 219v]
y vi çerca destos gran turbia sannosa
de los ynvasolos y grandes tyranos
que por eçelso mortal de sus manos
dexan la fabla cruel mostruossa

Vimos sin armas a octauiano
que ovo los tienpos asy trihunffales
y tanto paçifico el mundo de males
que touo çerradas las puertas de jano
y vimos la gloria del pueblo rromano
guarda fiel de la tarpea torre
aquel que con todas sus fuerças acorre
contra la fanbre del nuevo tyrano

Vimos a codro gozar de la gloria
con los costantes muy claros deçios
los quales touieron en menores preçios
sus vidas delante la noble vitoria
estaua torcato con dina memoria
seyendo del fijo cruel matador
maguer que lo vido venir vençedor
por que pasara la ley ya notoria

Dos vengadores de la seruidunbre
muy animosos estauan los brutos
de sangre tyrana sus gestos polutos
no permitiendo mudar su costunbre
estan los catones ençima la cunbre
el buen viteçense con el çessorino
los quales se dieron martirio muy dino
por no ver la cuyta de tal muchedunbre

[fol. 220r]

Estaua el ymagen del pobre fabriçio
el que non quiso que los senadores
oro nin plata de los oradores
tomasen nin otro ningu[n]d beneffiçio
teniendo que fuese mas abile offiçio
al pueblo rromano querer poseer
los que poseyan el oro y aver
que todo su oro con cargo de viçio

fabla a los sennores

O siglo peruerso cruel engannoso
pues das a sennores tan grandes ofiçios

danos entrellos algunos fabriçios
que fagan al pueblo ser bien prouechoso
y los que presumen con acto graçioso
de mas agudos que nuestros mayores
fiziesense dinos o mereçedores
del nonbre de alguno que fue virtuoso

Alçamos los ojos ya contra la gloria
del çerco costante de nuestros presentes
donde fallamos las ynsignes gentes
de los que no muere jamas su memoria
y vimos la fama vulgar y notoria
olor de los rreyes despanna la clara
con la trabea rreal y triara
que son las ynsignias de noble vitoria

Al nuestro rrey magno bienaventurado
vi sobre todos en muy firme sylla
digno de rreyno mayor que casstilla
velloso leon a sus pies por estrado
[fol. 220v]
vestido de muriçe rropa destado
olorneo çebtro mandaua si diestra
y rrica corona la mano syniestra
mas prepolente quel çielo estrellado

Tal lo fallaron los enbaxadores
en la su villa de fuego çercada
quando le vino la grande enbaxada
de barbaros rreyes y grandes sennores
y tal lo dexaron los que con honores
bueluen alegres de donde onustos
don juan alabado sobre los agustos
por sus facundos ynterpetradores

rrazonamiento contra las baxas gentes

Perded la cobdiçia vos pobres mortales
daqueste triunfo y de todas sus leyes
do vedes los grandes sennores y rreyes
enbidia nos fagan sus grandes cabdales
los quales son vna simiente de males
que deue fuyr qualquier entendido
ya mayormente que bien discutido
las vuestras rriquezas son mas naturales

Enbidia mas triste padeçen aquellos
de bienes diuersos a vosotros dados
que no la cobdiçia que por sus rreynados
todos vosotros podeys aver dellos
[fol. 221r]
ca todos vosotros querriedes ser ellos
solo por vso de la ssu rriqueza
y ellos vosotros do naturaleza
vos fizo conplidos de bienes mas nobles

Hanvos enbidia de la fermosura
quando la suya no bien sse conforma

hanvos enbidia la fermosa forma
y muchas vegadas la desenboltura
hanvos enbidia prudençia y mesura
fuerça y sujebto y mas la salud
pues ved ser en ellos no toda virtud
ni toda en rriquezas la buena ventura

conparaçion

Demas que fortuna con grandes sennores
estado tranquilo los menos escucha
y mas a menudo los tienta de lucha
y anda jugando con los sus honores
y como los rrayos las torres mayores
fieren enantes que no las baxuras
asi dan los fados sus desauenturas
mas a los grandes que no a los menores

O vida segura la mansa pobreza
dadiua ssanta dessagradeçida
rrica se llame no pobre la vida
del ques contento con la su rriqueza
la tremula casa omill en baxeza
de amiclates muy poco temia
la mano del çesar quel mundo rregia
maguer que llamase con gran fortaleza

[fol. 221v]

ffabla de los tyranos

La gran condesa de la tyrania
vimos venidos al ynfino çentro
do muchos sennores estan tan adentro
que no se que lengua los esplicaria
y vimos entrellos syn ver alegria
los tres dionisios siracusanos
con otro linage cruel de tyranos
que dios al mundo por plagas enbia

Minos primero fallo la moneda
y firio de cunno los mistos metales
al qual yo maldigo pues tantos de males
cabso en la simiente que nunca va queda
por esta justiçia se nos dessereda
por esta los rreynos nos escandalizan
por esta los rreyes asy tiranizan
que no ay quien biua seguro ni pueda

Endereça al rrey

Sanad vos los rreynos daqueste rreçelo
o prinçipe bueno y nouel agusto
o lunbre despanna o rrey mucho justo
pues rrey de la tierra vos fizo el del çielo
y los que vos siruen con maluado zelo
con fanbre tyrana no con buena ley
fazed que deprendan temer a su rrey
porque vuestra justiçia no ande por suelo

[fol. 222r]

Justiçia es vn çebtro quel çielo crio
quel grande vniuerso nos faze seguro
abito rrico del animo puro
yntreduzido por publica pro
que por egual pesso jamas conseruo
todos los estados en sus offiçios
es mas açote para los malefiçios
non curiable por sy ni por no

ffeneçe la vi orden de jupiter
y comiença la de saturno

Y vimos al vltimo çerco venidos
las grandes personas en sus monarchias
y los que rrigen ssus sennorias
con moderada justiçia temidos
y vimos debaxo los que non punidos
çufren que pasen males y viçios
y los que pigros en los offiçios
dexan los viçios mal corregidos

pregunta por el conde
estable don aluaro de luna

O tu prouidençia declara de nueuo
quien es aquel cauallero que veo
que mucho en el cuerpo pareçe a tideo
y en el consejo a nastor el [   ]
porque yo fable de aquel lo que deuo
si libre pudiere salir deste valle
y tu no çufras que yo lo tal calle
pues que notorio por ojos lo apruevo

[fol. 222v]

conparaçion

Asy como ffazen los enamorados
quando les fablan de lo que bien quieren
alegran los ojos doquier questouieren
y cobran senblantes muy mas alterados
no fizo menos alegres esstados
la prouidençia a lo quel preguntara
rrespussome luego con alegre cara
pospuestos los otros diuinos cuydados

Este caualga sobre la fortuna
y doma su cuello con asperas rriendas
avnque del tenga tan muchas de prendas
ella nol ossa tocar a ninguna
miralo miralo en platica alguna
con ojos omildes no tanto fferoçes
como yndiscreto y tu no conoçes
al condestable don aluaro de luna

Agora rrespuse conozco mejor
aquel cuyo animo virtud y nonbre

tantas de partes le fazen de onbre
quantas destado le dan de sennor
los quales le fazen ser mereçedor
y fruto de mano de nuestro gran rrey
y clara yspiriençia de su firme ley
y de la fortuna jamas vençedor

Avnque la contra creo que sentian
los que quisieron aver confiança
mas en mal tienpo quen buena esperança
digo de algunos que asy lo ffazyan
[fol. 223r]
quando los rreynos se nos rreboluian
en el comienço daquellas quisstiones
que so color de çiertas rrazones
del condesstable sse despedian

Ffueron mouidos a esto ffazer
segund argumento de lo que presumo
los que çegados del turbado fumo
y fuego quentonçe se pudo ençender
de algunos que mucho quisieran ssaber
por vana palabra de fenbra mostradas
en çercos y suertes de artes vedadas
la parte que avia de preualeçer

Segund la rrepuesta pareçe creyeron
juzgando por menos asy fauorable
el fecho y la vida del su condestable
y quiça por esto se le despidieron
mas sy los fechos segund lo fizieron
vos plaze lectores que vos lo rrelate
ssofrid que mis metros vn poco dilate
por que veamos en lo que vinieron

Por mucho quel sabio prudente discreto
encubre sus fechos por cabo y los çela
mas son las cosas que fama rreuela
que no las que sabe callar el secreto
estos aviendo medroso rrespeto
con vna persona muy encantadera
touieron secreto lugar y manera
como sus suertes oviesen efeto

[fol. 223v]

Pulmon de liçeo ally non falleçe
de yema non meros el nudo mas tuerto
despues que formada despina de muerto
y ojos de loba depues quencaneçe
medula de çieruo que tanto envejeçe
que traga culebra por reinvenir
y daquella piedra que suele adquerir
el aguila quando su nido forrneçe

Ally es mezclada gran parte de tino
el qual avnque sea muy pequenno pez
muchas vegadas y no vna vez

rretiene las fustas que van su camino
pues no menos falta lo que chimerino
sengendra por yerro de naturaleza
y pieças de aras que por grand alteza
son dedicadas al culto diuino

Espuma de canes quel agua rreçelan
menbranas de libica sienpre ser casta
çeniza de fenis aquella que basta
huesos de alas de dragos que buelan
do otras viperas serpientes debelan
dando custodia a las piedras preçiosas
& otros diuersos millares de cossas
quel nonbre no saben avn los que las çelan

Non fue tal mistura con fuego tenplada
segund presunçiones de lo que yo arguyo
mas que las aguas que fieruen de ssuyo
por venas surffeas faziendo pasada
[fol. 224r]
la tal decoçion fue conglutinada
asi que qualquiera cuerpo ya muerto
vngido con ella pudiera despierto
dar a los biuos rrepuesta fadada

Ya començaua la ynvocaçion
con triste mormollo su dizono canto
fingiendo las bozes con aquel espanto
que meten las fieras con su triste son
y otras siluando bien como dragon
o como tygre faziendo estridores
oras aullidos formando mayores
que forman los canes que syn duenno son

Y busca la maga ya fasta que ffalla
vn cuerpo tan malo que por aventura
le fuera negado dauer sepoltura
por no ser muerto en justa batalla
y quando de noche la gente mas calla
ponelo esta en medio dun çerco
y desdalli dentro conjura al huerco
y todas las sonbras vltriçes syn falla

Con rronca garganta ya dize conjuro
pluton a ty triste y a ti proserpina
que me enbiedes entramos ayna
vn tal espiritu sotil y puro
y en este mal cuerpo entre seguro
y de la pregunta que le fuere puesta
me satisfaga de çierta rrepuesta
segund es el caso que tanto procuro

[fol. 224v]

Dale salida vellosso çeruero
por la tu basta trifauiçe garganta
pues ssu tardança no la [   ]
y dale pasaje tu vil marinero

pues que fazedes a quandos espero
guardad no mensanne synon otra vez
fare deçendervos alla por juez
aquel que vos traxo ligado primero

Tornandose contra el cuerpo mezquino
quando su forma vido ser ynota
con biua culebra lo fiere y açota
porquel espiritu le trayga malino
el qual quiça teme dentrar avnque vino
en las entrannas eladas sin vida
o sy viene el alma que del fue partida
quiça sy se tarda mas en el camino

La maga veyendo creçer la tardança
por vna abertura que fizo en la tierra
ecale dixo non te faze guerra
mas la palabra que mi boca lança
sy no obedeçes la mi ordenança
la cara que muestras a los del ynfierno
fare que demuestres al çielo superno
talida lurida y sin alabança

Y sabes tu triste pluton que ffare
abrire las bocas por do te gouiernas
y con mis palabras tus fondas cauernas
de luz senpiterna te las ferire
[fol. 225r]
obedeçedme sy non llamare
a demorgon el qual ynvocado
gime la tierra que tiene tal fado
que a las estigias non mantiene ffe

Los mienbros ya tienblan del cuerpo muy frios
medrosos de oyr el canto segundo
ya forma bozes el pecho yracundo
temiendo la maga y sus poderios
a la qual se llega con bozes pirios
y fizo preguntas por modo callado
al cuerpo no biuo despues de finado
por que sus actos no salgan vazios

Con vna manera de bozes estranna
el cuerpo comiença palabras atales
yrados y mucho son los ynfernales
contra los grandes del rreyno despanna
por que les fazen ynjuria tamanna
dandoles treguas a los ynfieles
ca mientra les fueron mortales crueles
nunca estouieron con ninguna sanna

Animas muchas fazen que no ayan
en fazer pazes con aquella seta
mas ya bueluen por arte secreta
otros lugares de donde les vayan
y porque fizieron las pazes asayan
senbrar tal discordia entre castellanos

que fe no se guardan ermanos a ermanos
por donde los tristes fenezcan y cayan

[fol. 225v]

Quedaran destos tales dinidades
y sobre partillas tales discordanças
que por los punnos rronper muchas lanças
vereys y rrebuelta de muchas çibdades
por ende vo otros [sic] esos que mandades
la yra la sanna bolued en los moros
non se consuman asy los thesoros
en las cabsas no justas como en las edades

Y del condestable juzgando su fecho
asy determino su hado y pregono
que sera rretraydo del sublimo trono
y avn a la fin del todo desfecho
y pues sy se viere en vn tal estrecho
segund lo que fablo forçado conuiene
ffinja color el que no la tiene
y cada qual busque tenprano prouecho

Quantas liçençias y despedimientos
al buen condestable fueron demandadas
quantos dixeron palabras ossadas
con braua soberuia de los mandamientos
fortuna que nunca nos touo contentos
faze ya a muchos partirse dexando
al su sennor propio no bien acatando
que fin avrian sus mereçimientos

Los que se parten con tal nouedad
liçençia por muchas rrazones prenden
vnos alegan y otros estienden
y cubren con falsa color la verdad
[fol. 226r]
pues ya detenedvos siquiera esperad
porquentre buenos rrazon non admite
cabsas que ponga ninguno nin quite
quando el sennor es en neçesydad

conparaçion

Al samilion que en el ayre se cria
son semejantes los tales efectos
y tantos y quantos tocare de ojebtos
de tantas colores se bueluen al dia
o rrica nobleza y gran fidalguia
o ynclita sangre y como sostienes
por vna cobdiçia de mundanos bienes
tocar los fidalgos en tal villania

Ffama vos mueua de justo deseo
pues tanto quel çesar siguio lo no bueno
sienpre le dieron el nonbre de bueno
fasta que tovo por contrario a ponpeo
asy los sennores segund lo que veo

los que a dos partes asy preuarican
menos los preçian sy mas los aplican
danles partido mas no buen arreo

conparaçion

Como los arboles presto se secan
que muy a menudo las gentes rremudan
asy a los que muchos sennores ayudan
en viçio senblante presumo que pecan
como las pennas que de alto derruecan
fasta lo fondo que son detenidas
asy acaeçe a los que ssus vidas
con muchos sennores escogen y truecan

[fol. 226v]

O vil cobdiçia de todos errores
madre y carrera de todos los males
que çiegas los ojos asy a los mortales
y creçes cobdiçias a los seruidores
tu que endereças asi los sennores
tu que los meritos tanto ffatigas
tu vana esperança que a muchos obligas
a tales miserias fazer y mayores

Despues ya del fecho del todo pasado
los ya nueuamente fechos aduersarios
viendo los fines del todo contrarios
al triste juyzio questaua ffadado
bueluen aquella que les avia dado
las execables [sic] y duras rrepuestas
diziendo como no fueron aquesstas
las duras fortunas que avie memorado

Sy las palabras rresponden el vero
sobrel condestable y bien acatastes
y las fortunas venidas mirastes
vereys que ha salido todo verdadero
ca si le fuera fadado primero
que presto desfecho seria del todo
mirad en toledo que por ese modo
lo ya desfizieron con armas dazero

A vn condestable armado que sobre
vn gran bulto doro estaua asentado
con manos dannosas vimos derribado
y todo desfecho como sy fuera cobre
[fol. 227r]
pues como queredes que otra vez obre
fortuna tentando lo ques ynportuno
basta que pudo derribar al vno
que al otro mas duro lo falla que rrobre

Asy como ffazen los brauos leones
quando el ayuno les da grandes fanbres
comen las carrnes eladas fianbres
por que las biuas les dan euasiones

bien asy ffazen las costelaçiones
quando sus obras fallan vn obstante
fartan sus yras en forma senblante
donde asientan las sus enpresiones

Por ende magnifico gran condestable
la çiega fortuna cavie de vos fanbre
farta la dexa la forma de aranbre
de aqui adelante vos es ffauorable
pues todos notemos vn caso admirable
y notenlo quantos vinieren de nos
que de vos y della y della y de vos
nunca sse parte ya paz amigable

discreçion del tienpo

El luçido febo ya nos demosstraua
el don que no pudo negar a staronte
subiendo la falda del nuestro erizonte
que toda la fusca tiniebla priuaua
sus crines doradas asi dilataua
en todas las seluas y sus arboledos
cunbres y montes y altos rroquedos
de mas nueua lunbre los yluminaua

[fol. 227v]

Yo que las sennas vi del claro dia
pense si los fechos de lo rrelatado
oviese dormido o fantasticado
o fuese veroçe la tal conpannia
dispuse comigo que demandaria
por ver mas abierta la ynformaçion
quier fuese vera quier fita vision
a la prouidençia que sienpre me guia

Asy yo propuse en esta manera
o gran profetiza quienquier que tu seas
con ojos yguales suplico que veas
mi dubda y le prestas rrazon verdadera
yo te demando noble conpannera
me digas del nuestro gran rrey & fiel
que se dispuso en el çielo de aquel
y luego con boca fablo plazentera

rrecuenta la genealogia
de los rreyes de castilla

Sera rrey de rreyes y rrey de sennores
sobrando y vençiendo los titulos todos
y las fazannas de los rreyes godos
y rrica memoria de los ssus mayores
y tal y tan alto fauor de loores
sus fechos ylustres al tu rrey daran
quen su claro tienpo del todo seran
con el oluidados sus anteçesores

[fol. 228r]

Sera gerion con los oluidados
sera como muerta la fama de çindo
rrey de los godos manifico lindo
vno primero de los bateados
seran adormidos y no rrecontados
los fechos de banba con nueuo vsso
rrey de castilla primero que pusso
termino justo a los obispados

Seran oluidados los rreyes de antigo
veyendo su fama creçer atan rrica
seran oluidados los fechos de egica
visnieto de çindo el fijo de aurigo
sera vatisimos segund lo que digo
morra su memoria bien como su duenno
y ante lo suyo sera como ssuenno
los fechos mayores del godo rrodrigo

A este los fechos del pobre pelayo
rreconoçeran maguer que feroçe
tanta ventaja quanta rreconoçe
el triste dizienbre al fermoso mayo
este gran miedo porrna y desmayo
a sus enemigos a el capitales
antes mas rrezio verna por los tales
que viene de grima de rrezio vn gran rrayo

Oluidados seran en aquella ora
los fechos del claro alfonso el primero
aquel que a segouia gano como guerrero
bregania flonia ledesma çamora
[fol. 228v]
a salamanca nos dio fastagora
a estorga saldanna leon y simancas
anaya y visseo faziendolas francas
de moros con mano jamas vençedora

Conquiso sepulueda con lo ganado
ermes portogal y poblolas luego
de gente de asturias y mucho gallego
gentio que vino a buelta mezclado
y de vizcaynos fue parte poblado
mas quando tu oyes que fizo aquel rrey
mediante toda la diuina ley
sera con lo deste del todo oluidado

Estonçe fruela por los sus errores
callaran los caçes de su triste muerte
aquel que al ermano fue tanto de fuerte
que ser omeçida lo afirman actores
sy los buenos fechos ante los mejores
se oluidan y callan por grandes los chicos
quanto mas deuen callar los ynicos
ante los fechos de grandes valores

Ante los suyos seran adormidos
los fechos del casto alfonso el segundo

que fizo en oviedo por quien fizo el mundo
tenplo do fuesen sus santos seruidos
ni los fechos buenos seran rrepetidos
de caluo layn y nunno rrassuera
antes daran mas abierta carrera
a los que ser deuen por este conplidos

[fol. 229r]

Callarse an los fechos del magno fernando
de sancho su fijo de alfonso terçero
quel fuerte toledo gano de primero
yran do fueren anteste callando
la fama que fuere aqueste cobrando
aquel alfonso que fue enperador
sera oluidado y por su valor
al segundo sancho no yran memorando

Del quinto alfonso no sera nenbrança
que la de las nauas vençio de tolosa
vna batalla muy fazannossa
fue mas el fecho que non la esperança
misera memoria de la malandança
del primero enrrique quen adoleçençia
la teja o fortuna mato de palençia
o sobre todo diuina ordenança

Y no tan nonbrado sera don ffernando
en quien se fizieron los rreynos mas juntos
rrey & corona de rreyes defuntos
que tanto su mano gano batallando
este conquiso por fuerça ganando
el rreyno de murçia con toda su tierra
este conquiso por fuerça de guerra
allende de quanto dire rrelatando

Ubeda andujar y mas montiel
vilches y vanos gano con baeça
cortando de moros muy mucha cabeça
asy como brauo sennor y ffiel
[fol. 229v]
aznatoraf y martos con el
y con saluatierra gano a medellin
sufriendo muy poco criar el orin
en la su espada tajante cruel

Conquiso las villas de castro y baena
cordoua y eçija palma y estepa
tanto que no se do aya nin quepa
la su fortaleza con dicha tan buena
gano trugillo trebejo y marchena
gano fornachuelos a luque y montoro
por tales maneras gasto su tesoro
no couardando fatiga ni pena

Gano almodouar y a moratilla
gano a çueros y mas aluedin
gano los gasules despues a la fin

gano sobre todo a la noble seuilla
gano a xerez con la su cuadrilla
gano a arcos bejer y lebrixa
y por que no sea mi fabla prolixa
callo fazannas de mas marauilla

Mas segund aquello questa dispuesto
del tu claro rrey y ssu magesstad
ante sus fechos y prosperidad
en poco t[*er]nedes lo mucho daquesto
terrn[*ede]s en poco los fechos del sesto
alfonso persona de tanto missterio
que fue dalemanna llamado al ynperio
segund que leyendo nos es maniffiesto

[fol. 230r]

Maguer que conquiso hellin y chinchilla
las cueuas y pennas con fuerça despada
montanches merida la dessspoblada
badajoz y niebla junto con casstilla
ffizo rrescate de gran marauilla
al enperador de costantinopla
libro de los turcos mejor que mi copla
lo dize trobando por fabla senzilla

Yredes a ssancho terçero oluidando
aquel que la fuerte tariffa conquiso
yra ya dexando de ver vuestro visso
todos los fechos del terçio fernando
aquel que alcaodete gano batallando
del que se dize morir enplazado
de los quen martos ovo despennado
segund que lo dizen algunos cantando

El setimo alfonso su rreuisavuelo
querra ser vençido de su rreuisnieto
y porque mas sea famoso y perfeto
avra mayor gloria de gozo en el çielo
non enbargante que puso por ssuelo
a todos los rreyes de benamarin
gano mas las cueuas y a locouin
con muy animoso manifico zelo

A teba cannete gano conquiriendo
a rrute y a priego y a carcabuey
faziendo fazannas de catolico rrey
a todos peligros rremedios poniendo
[fol. 230v]
prolixa fatiga por gloria sufriendo
conquiso de moros la grande algezyra
conquiso a bençayde tomando con yra
y a benamexi mas a punto seyendo

Estonçe veres escura la flama
del brauo don pedro segund la clemençia
que deste se muestra por fe y espirençia
seyendo costante jamas a quien ama

veredes çesada la muy clara fama
daquel don enrrique su visaguelo
veredes con este callar al avuelo
avnque por nonbre senblante se llama

Tu don enrrique podras ser callado
avnque concordia de toda tu tierra
podiste ser dicho sin punto de tierra
teniendo tu rreyno tan bien sosegado
y maguer que tu fijo mas aventurado
rreynando en la tierra desdel çielo veas
asaz es a ty que por su padre seas
daqueste muy alto don juan pregonado

Asy profetaua la mi guiadora
rrey soberano las vuestras andanças
dandovos alto fauor desperanças
con lengua facundia y boca sennora
y mas abaxando su boz sabidora
rrepresentaua ya como callando
los tienpos futuros de como y de quando
sera vuestra mano jamas vençedora

[fol. 231r]

Yo que quisiera ser çerteficado
destas andanças ya quando serian
y quando los tienpos se nos mudarian
y quando veriamos al rreyno pagado
iten quisiera ser mas ynformado
de toda la rrueda que dixe ffutura
y de los fechos que son de ventura
o que se rrigen por curso fadado

Mas el ymagen de la prouidençia
falle de mis ojos ser euaneçida
y por lo alto su clara sobida
fazer afectando su dina eçelençia
yo deseando con gran rreuerençia
tener abraçados sus mienbros garridos
falle con mis braços mis onbros çennidos
y todo lo visto ffuyo en mi presençia

Como los ninnos y los ynorantes
viendo los atomos yr por la cunbre
tienden las manos por la muchedunbre
mas fuyenles ellos sus tactos negantes
por modos atales o por semejantes
la mi guiadora ffuyo de mis manos
ffuyeron las rruedas y cuerpos vmanos
y fueron ssus causas muy latigantes

[fol. 231v]

Pues sy los dichos de grandes profetas
y lo que demuestran las vuestras sennales
y las entrannas de los animales
y todo misterio sotil de planetas

y vatiçinio de artes secretas
nos profetizan triunfos de vos
fazed verdadero sennor rrey por dios
las profeçias que nos son perfetas

ffin y conclusion

Ffazed verdadera la prouidençia
mi guiadora en este camino
la qual vos ministra por mando diuino
fuerça coraje valor y prudençia
por que la vuestra rreal exelençia
aya de moros pujante vitoria
y de los vuestros asy dulçe gloria
que todos vos fagan sennor rreuerençia

deo graçias

[fol. 232r]

[ID2235 Y 0854] HH1-43 (232r-234v) (8 × 8-11,6)

coplas de juan de mena

El sol clareçia los montes acayos
los valles de creta y torres de baco
por nuestros misperios tendiendo sus rrayos
el visso de venus faziendo mas flaco
el qual rreportaua fondon del sobaco
las rruedas del carro do manso seyendo
por cursos medidos andando corriendo
las doze sennales del gran zodiaco

Quando vy morir mi vida
y vida dar a mis males
cuya vida es despendida
de quien fue desconoçida
a mis penas desyguales
estonçes bien me pense
pense que mi penssamiento
tanto fuerte
no me oviera sobre que
sobre que darme tormento
sobre muerte

Arçipites ni serpientes y brauos vestiglos
çigutas ponçonnas ni tigres muy fieras
del siglo mas fondo de todos los syglos
rrayos nin fuegos flamas ffogueras
[fol. 232v]
çicladas nin sirtes ni ondas caferas
que son los peligros del mar de minoco
todos aquestos touiera yo en poco
segund mis pasiones de muchas maneras

Deseo y beldad agena
que vedes que me leuo
a morir en tal cadena
pudo menos que mi pena

y mucho mas que no yo
sy quien no quisso querer
querer mandar no quisiese
su talante
qual me podri bien fazer
fazer con que me fiziese
bienandante

Mas causan amores mi danno diyurno
que no los de venus muger de lucano
nin de los tres fijos que ovo saturrno
en opus la fija del rrey variano
nin del que saco del abismo jussano
aurediçe fenbra con su dulçe canto
senblantes pasiones me fizo quebranto
rrobar mallograda la vida tenprano

Mis males falla ser buenos
no por mengua de querella
mas pensando en los agenos
la muerte me touo en menos
que yo la tardança della
[fol. 233r]
y quanto basto mi ffe
mi fe la que es notorio
que poseo
tal pensamiento que se
que se sera pulgatorio
del deseo

Mucho en las partes del çentro a caos
fue anfierao en poco momento
segund la rrepuesta de apolo su dios
quel fin de su vida non fue detrimento
qual biua fondon del terreste elemento
el amiga de febo fuera sepelida
a tal biuo yo porque vida perdida
no cuento ser vida mas muerte que siento

Mis cuytas syendo amadores
no seri danno este mio
es mayor de los mayores
dolor de todos dolores
que fuerçan mi poderio
& ya no se que me diga
que me diga ni que faga
ni que piense
ni fallo via que syga
que siga que desta plaga
me defense

Como el clarifico escudo de palas
como el alfange [   ] mercurino
el dardo açefalo de sotiles alas
que dedalo ffizo en la carçel do vino
[fol. 233v]
como el venablo del fuerte cadino

de penas mi pena podra defensar
ca bien tengo yo que naçi por penar
rreynante saturno en el contra mismo

Yo pienso muchas vegadas
y fallo ser muchas mas
mis cuytas demasiadas
que las de todos dobladas
que nunca çesan jamas
mirad quien podra sentir
sentir seguro rremedio
a mal tamanno
pues todo el mundo sofrir
sofrir no puede lo medio
de mi danno

Nunca leartes ni leales nariçio
bias abtorido tanpoco ypoteo
nunca firençio ni ydas y tiçio
acasta y farazo euclide fileo
nunca teneus elan y çiffeo
por fecho damores asi feneçieron
ni vieron pasados ni biuos oyeron
fablar de tal plaga qual sobre mi veo

Mis dannos marauillosos
han sydo tantos y tales
que de algunos deseossos
de lealtad enbidiosos
ove fecho desleales
do cobre tan alto grado
grado de gran lealtad
[fol. 234r]
qual non se ffalla
syno en mi cuerpo llagado
llagado por crueldad
de tal batalla

En asia lucreçia ni en ypromesta
lealtad non se ffalla ser tanto costante
ni en penolope la vida modessta
vlixes del troyano rrapatriante
ni en artemisa muger del puxante
del rreyno de acaya el gran mansseol
ni cubren tyniebras lauores del sol
ni piden amores tan persseuerante

Mi lealtad amadores
vuestras obras non deuidas
faze a poder de dolores
de cobrar mereçedores
con mi muerte vuestras vidas
vsando de tal manera
tal manera en mi beuir
estrannamente
me sera gloria que muera
que muera por rredemir

tanta gente

Non me conuiene la gran diçiplina
de la poessia moderrna abusiua
ni ove beuido la nifa [sic] diuina
fuente de febo muy admiratiua
ni supe el camino por que lugar yua
la lesbia safos en el monte pernaso
mas causa me mueue del danno que paso
que fuerças y seso y bienes me priua

[fol. 234v]

Tiniebras de gran cuydado
no perturbaron mi ffama
avn podria ser venido
el querer de aver querydo
amarme quien me desama
sy sola quisiesse quien
podria fazerme firme
en tal virtud
luego mi turbado bien
bien podrie rrestituyrme
la ssalud

conclusion

Sepa todo el gran gentio
y jouenil varonia
mi pessar
por que viendo el danno mio
desespere quien confia
en esperar

[ID2236 Y 0409] HH1-44 (234v-237v) (20×8,4)

otras de juan de mena

El fijo muy claro de yperion
avia su gesto fulgente oportuno
puesto en la vltima flusti [sic] meson
fondon de la suerte que copo a nebtuno
quando se juntan las sonbras en vno
y cubren de nublo de grand escureza
los orbes jusanos do es la pureza
de muchos dolores y bien no ninguno

[fol. 235r]

Doledvos de mis dolores
que cobren la tal sazon
perdiendo por mis errores
cobrados por perdiçion
asayen fablar ossado
por beuir y rrepararme
rreparo cuydando darme
muero triste de cuydado

Ensayo de osar non fue tan bengado

con la cabeça do vido perseo
basilico vulto de sierpes crinado
por do fue torrnado de piedra fineo
ni tal fue la muerte de archas ançeo
do quiso dar mengua de muchos cabdillos
por do fue muerto con duros colmillos
del brauo vestiglo de tierra de neo

O tu sola rrobadora
de mi vida y de los bienes
que dire males agora
que sostengo y tu non tienes
no perturben mis querellas
tus cruezas para essto
dios no fizo tal tu gesto
por que en el rreposen ellas

Contra loetiçio no son tan vexados
alla en los abismos del brauo pluton
rrastrando sus carrnes por nueve collados
lançados del cuello del gran sisiffon
[fol. 235v]
do anda en la rrueda penando exion
siguiendo a sy mismo fuyendo asy
donde las belidas çercan ally
la tyna flamante del biuo ffaron

Jamas no ffeneçera
la fama cruel que cobras
biua virtud cobrara
testimonio de tus obras
puesto que biua muriendo
tus penas mi bien matando
por que mis males biuiendo
mueran mis ojos llorando

Mis lagrimas trisstes atales no son
quales dizen que fueron las que derramara
el yerrno traçiano del rrey pandion
quando a su fija con fraude rrobara
mas son como aquellas que tisbe mezclara
con sangre de piramo açerca el luzillo
con ojos llorosos y gesto amarillo
la muerte rrobando la flor de su cara

En poco grado mi grado
se ffalla ser en mi ser
quantas me toma cuydado
vezes me dexa plazer
siguiendo tan a menudo
tal pesar qual ynfinida
omildad bastar me pudo
a pena tan dolorida

[fol. 236r]

Nunca las fijas del mal rrey danao
ni estas que ovieron por modo mageo

ençima del alpes del monte hehao
fecho mill pieças el cuerpo de orfeo
maguer que crueza les daua troffeo
muy yntolerable de gran poderio
mas no tovo nada que ver con el mio
mas ynpectuoso quel mar de mireo

Por pesar del desplazer
querria poder fforçar
mi deseo a mal querer
y el tuyo a desear
y sabiendo que por el
biuo vida trabajossa
asaz seris de cruel
sy no fueses piadosa

Por çierto non deue aver la corona
que venus rreparte por fecho damores
diana nin fedra ni menos latona
del gran minotauro maternas sorores
euridiçe ni eco que da en los alcores
diuersas rrespuestas en todos tienpos
nin menos la fija de locarmo de lenpos
ni mas no fizieron por ssus amadores

Pues mi vida morir veo
matad pesares matalde
matad comigo al deseo
que me vende tan debalde
[fol. 236v]
por que no biua penando
matad mi triste beuir
pues que mas vale morir
que beuir desesperando

Negar tu palabra no fue buen enxenplo
del fecho que puedo llamar fabulosso
cadino que ovo rrepuesta en el tenplo
castalio de febo su dios copioso
entre penope y rrio çeffoso
ni menos de edipo alla do rrogara
por ver de que padre se originara
do fizo gran crimen en son batalloso

Pues me mata lealtad
en la qual tu non sosiegas
mate dios tu piedad
que tienes maguer la niegas
por que despues de mi muerte
en ty otro nunca ffalle
piedad por do se calle
tu crueza tanto ffuerte

Sobre los dignos sere muerto dino
de tales cruezas mouer mi deseo
en ty qual ovieron de aquel su sobrino
las tyas y madre del triste ponpeo

o fue del fijo del ffalso tereo
y qual ovo çilla de niso su padre
o de meleagro la rreyna su madre
alla do murieron felifo y toxeo

[fol. 237r]

Quiere tu sabio querer
sobre querer mi tristeza
poder sobre mi poder
& yo non con tu crueza
o sennor que syn rrazones
por tamannas crueldades
trocanos las voluntades
de discordes coraçones

Asy como ffizo la deesa anas
piçis calantios y aquellos gigantes
segund se mudaron en vno y no mas
patroco y salmiçes seyendo dos antes
o tales quales fueron aquellas ynfantes
mineydes mudadas en aves con dientes
asy se mudasen agora tus mientes
por quantos dolores me son yncrepantes

Otro tanto beuiran
mis males en perdimie[n]to
quanto mis bienes morran
so cargo del pensamiento
los quales vida sserin
sy fuesen cabsa que faga
aquesta dannosa plaga
en mi tenprano la ffin

Las fijas crueles del gran muymergen
vengan con yra a mi las yncline
alarguen mis penas acorten mi bien
por que mi vida mas çedo se ffine
[fol. 237v]
aduga venino que sale decline
que crian las aguas del rrio de lete
aduga magera su gran chapirete
venga çennida de sierpes orine

Con la muerte ante venida
mis males seyendo muertos
deseos quedando a vida
dudosos serin los çiertos
dolores y sentimientos
que syento con el pessar
quanto cabssa mi penar
y penan mis penssamientos

ffin

Tristes males ffasta quando
vos plaze de perseguir
mis bienes syn rreçebir

la muerte que vos demando

[fol. 238r]

[ID0159] HH1-45 (238r) (1×8)

pregunta del sennor marques

Dezid juan de mena y mostradme qual
pues se que pregunto a onbre que sabe
y no vos displega porque vos alabe
pues vuestra elegançia es bien espeçial
de los sensitiuos aquel animal
que despues de harto queda mas fanbriento
y no se ffalla que ffuese contento
jamas el su vientre y geno vmanal

[ID0160 R 0159] HH1-46 (238r) (1×8)

rrepuesta de juan de mena

En corte gran febo y en canpo anibal
lo vno y lo otro sabeys a que ssabe
y puesto que vedes en mi lo que cabe
avedes por bueno lo no comunal
actor y maestro ssennor yrial
el tal animal a mi penssamiento
arpia sse dize en todo avariento
cobdiçia llamada por seso moral

[fol. 238v]

[ID0274] HH1-47 (238v) (2×10)

pregunta de juan de mena

Como quien sube trepando
por las cuerdas del nauio
y trepando va tenblando
rreçelando en alto estando
de caer mirando al rrio
yo asy mirando junta
toda çiençia en vos sin par
va tenblando mi pregunta
preguntando syn rrepunta
que cossa es amor amar

Porque yo por mi ventura
ssigo la pressente via
deste dios damor daltura
cuya beldad y figura
sojuzga la vida mia
por ende pues quen lo mas
vos soys primero y despues
maestro sabio y demas
juyzio de tal conpas
dezidme sennor qual es

[ID0275 R 0274] HH1-48 (238v...) (2×10)

rrepuesta del sennor marques

Vuestro saber cotejando
con el flaco entender mio
rrespondo amigo dudando
como duda el ladron quando
vee el rreal poderio
por ende quien bien apunta
mi fabla podra juzgar
que no asuelue mas pregunta
no declara mas barrunta
lo que aveys de declarar

Amor naçe de folgura
y desperança sse cria
es deseo que procura
el deleyte que ffigura
la vista y la fantasia
esperançal va detrass
temor le sale al traues
çelos nol dexan jamas
mira amor que gloria das
a quien se vmilla a tus pies

[fols.239-250, laguna]

[fol. 251r]

[ID0732] HH1-49 (...251r) Acéfalo (...4×10)

Con quexa de mi morir
con rrauia de tal penar
pues ya no basta çofrir
por no acabar mi beuir
tal manera de matar
y con gran dolor llamaua
mi muerte y nunca venia
ya quen esto me ocupaua
vi el esperança questaua
mirando que le daria

Començe dezylle asy
pues desamor non lo quiere
vete sennora de mi
no te sienta estar aqui
quien no consiente quespere
que sus continuas mudanças
su crueza no fingida
han jurado por venganças
da mis firmes esperanças
nunca dexallas a vida

Mas pues mi triste ventura
demas no mas me consiente
vida rremedio cordura
esta rropa de tristura
te rruego que te contente
en la qual lieuas mi ffe

con letras de tal manera
que ni por males quede
yo so el que sienpre sere
el suyo fasta que muera

Depues de ser contentados
sus ofertas feneçiendo
ydos ledos y pagados
mis sospiros no cansados
torrnan a mi mas creçiendo
y con rrauioso llorar
perdida todalegria
conuertida en sospirar
començe de lamentar
mi dolor como solia

[ID0732 F 0732] HH1-50 (251r-v) (4×16)

Pues que no verme contento
me da la muerten la vida
por amaros
la causa por que la syento
es que mi gran pensamiento
ni tormento
no puede veros vençida
de rrogaros
y pues yo que tal sofri
viendo nunca rremediarme
con oluido
yo solo triste de mi
yo solo porque me di
me perdi
yo solo deuo llorarme
con gemido

Yo solo triste amador
de vos que jamas quesistes
que vos quisiese
yo solo con disfauor
deuo llorar ques mayor
mi dolor
[fol. 251v]
que jamas cosa fezistes
cos pidiese
yo mis penas tan estrannas
yo solo deuo planillas
y las quiero
pues que ardidas mis entrannas
no puedo matar las sannas
a tamannas
de mis penas no senzillas
con que muero

Mi pena con tal afruenta
y la mas braua crueza
se cansara
y vos sienpre mas fanbrienta

de mi mal no hendo cuenta
muy contenta
y pense que mi tristeza
os amansara
mas nunca os vençio rrazon
vsando de voluntad
tan syn medio
desterrando el gualardon
çiega de darme pasion
en tal son
que de valerme piedad
no ay rremedio

ffin

Pues vos dama sin debate
ymagen dios hermosura
desigual
por que yo con tal conbate
llorando no me desate
ni me mate
aved aved ya mesura
de mi mal
valed vos mi mal esquiuo
pues poder tenes de dios
y muy çierto
que tan syn rremedio biuo
con el dolor que rreçibo
yo catiuo
que sy no me valeys vos
vedme muerto

[fol. 252r]

[ID0873] HH1-51 (252r-254r) (24 × 12)

conjuro de toscana [sic]

La grandeza de mis males
camor creçe cada dia
peligrosos
a los brutos animales
sy los viesen les faria
piadosos
y tu tan desamorada
tan cruel quanto hermossa
sienpre fuyes
de te dar poco ni nada
desta mi vida rrauiosa
que destruyes

Nin te puede dar pesar
este amor ni su poder
sabe dar medio
para te hazer mirar
ques rrazon ya de querer
mi rremedio
ni mi dolor mi enemigo

con que a muerte y disfauores
me condenas
non tyene poder contigo
que dolor te de dolores
de mis penas

Y pues mi fe ques mi danno
tan grande vltraje rreçiue
padeçiendo
y mi seruir syn enganno
mas te enoja que te sirue
bien siruiendo
o cruel di por que çiegas
ave temor algun dia
puede ser
queste amor que agora niegas
quebrante tu gran porfia
su poder

Comiença el conjuro

Y pues su çerrado sello
asento en el pecho mio
tan sellado
a el solo me querello
con el solo dessaffio
tu desgrado
con el conjuro tus sannas
que te quiera descobrir
pensamientos
por do tus sotiles mannas
se conviertan en sofrir
mill tormentos

Aquella fuerça gigante
con que amor derriba y cansa
al animal
que viene omilde delante
la donzella que le amansa
dessigual
[fol. 252v]
torrne tu fiera esquiueza
que contra mi sienpre vy
ser tan fuerte
en tan omilde tristeza
que tus males ante mi
pidan muerte

Aquel amor con que viene
la triste çierua engannada
bramando
dondel vallestero tiene
su muerte muy conçertada
en llegando
te ponga tal conpasion
que vayas çiega perdida
muy de veras

a quitarme de pasion
tanto que por darme vida
morir quieras

Aquel amor que publica
con su llanto damargura
desmedido
la ya biuda tortolica
quando llora con trisstura
su marido
y busca la soledad
donde su llanto conçierte
muy esquiuo
te haga aver piedad
de la dolorosa muerte
que rreçiuo

Aquel amor tan estrecho
y querençias tan estrannas
syn temor
del aue que rronpel pecho
y da a comer sus entrannas
por amor
en ty mesma lo rreçiuas
y tan poderoso sea
con sus llamas
que rronpas tus carrnes biuas
por que yo solo te crea
que me amas

Aquella pasion de amor
y cantos tan ynfinitos
a porffia
con quel triste rruysennor
se querella dando gritos
noche y dia
asy tu con nueua pena
vinieses por consolarte
do yo fuese
cantando como serena
& yo por mas pena darte
no te oyese

Aquel amor que tomar
suele con bozes trocadas
con que arrende
al tienpo del rreclamar
a las aves no domadas
y las prende
[fol. 253r]
a las bozes del rreclamo
de mi mal que no toluida
de dulçura
tal que vengas do te llamo
enrredada conbatyda
de tristura

Aquella rrauia syn rruego
aquel dolor dell abismo
tan syn viçio
con quel fenis faz el fuego
en que faze de sy missmo
sacrifiçio
sy crueza tal consiente
tal dolor tu sienpre tengas
por quererme
que la misma ansia que siente
syentas tu fasta que vengas
a valerme

Aquel amor que desdenna
la donzella rrequerida
y ençerrada
que desquiua y çaharenna
amor la torrna vençida
y quebrantada
con fuerça de gran poder
te ponga en tal sobrevienta
que me quieras
y te faga obedeçer
muy penada y descontenta
y asy mueras

Aquel amor no fengido
con que la madre no calla
muy cruel
quando su fijo ha perdido
y le busca y nunca halla
rrastro del
y jamas çierra la boca
preguntando por las calles
do estouieron
tal te vea como loca
preguntando a quantos falles
sy me vieron

Aquella çelossa yra
que amor rrebuelue adesora
denemigo
con que la triste daymira
hizo leuar lalcandora
a su amigo
aquellas llamas esquiuas
con que sus fuerças tan fuertes
feneçio
sençiendan en ty mas biuas
por que mueras de mill muertes
como yo

esclamaçion al amor

O amor y donde miras
tu fuerça que no pareçe
dime dola

contra quien obras tus yras
quien mejor te las mereçe
questa sola
[fol. 253v]
buelue tus sannas en ella
muestra tu poder conplido
quanto pueden
por que con muerte daquella
que tus leyes ha rronpido
firmes queden

A este con rrauia pido
que de su mano fferida
tal te veas
qual se vio la rreyna dido
a la muy triste partida
de su eneas
y con el golpe mortal
que dio fin a sus amores
te conjuro
que tu beuir desleal
no jamas de sus dolores
sea seguro

Aquella rrauia secreta
de çelos amor y pena
mal syn medio
con que se quexa ffiometa
buscando piedad agena
por rremedio
despues de auerte vençida
con tanto dolor te dexe
yo partido
y con muy çelossa vida
llorando tu fe se quexe
del oluido

Aquel amor que penaua
a la muy triste medea
con porfia
quando sus fijos mataua
que damor cruel pelea
la vençia
a tu mucha discriçion
ponga tales enbaraços
y tal çisma
que por mostrar tu pasion
ante ty fagas pedaços
a ty misma

Y noluido las querellas
de las penas que comigo
sienpre peno
pues son mas lo poco dellas
que lo mucho que te digo
de lo ageno
con todas conjuro fuerte

queste amor te de pasion
tan en calma
porque al hilo de la muerte
pidiendome conpasion
des el alma

Estonçes veries aquel
tu amador que vençido
nunca quede
ser contra ty mas cruel
quel couarde conbatido
quando puede
[fol. 254r]
por te hazer conoçer
que justa causa de amor
conoçida
al triste quitar penar
y al que muere con dolor
dalle vida

Mas guay de mi que rreçelo
que sy qual digo te ves
a la muerte
las rrodillas en el suelo
me veras ante tus pies
a valerte
porque quando mas quexoso
y quando mas de ty huya
yo catiuo
no quiero serte enojoso
que mi vida esta en la tuya
syendo biuo

Y pues ella ya es tal
que de morir por ty çierto
no ay tardança
no des mas mal a mi mal
que dar muerte al questa muerto
no es vengança
mas esconde la crueza
que del dia en que naçisste
te naçio
para mirar la trissteza
deste tu catiuo triste
que so yo

Nin me juzgues tu enemigo
que mi ffe lo contradize
y lo desfaze
que sy algo aqui te digo
non so yo quien te lo dize
nin me plaze
mas damor que va delante
sy de tal rrazon sentabla
quexa del
quen la boca del amante
el dolor es el que ffabla

q*ue* no el

ffin

Amor q*ue* puede y q*ue*bra*n*ta
ffuerça q*ue* fuerça derriba
muy entera
y al mismo temor espa*n*ta
y lo mas libre catyua
syn q*ue* q*ui*era
a ty muy desconoçida
ta*n* cruelme*n*te catiue
pues q*ue* sabe
q*ue* tal es mi triste vida
q*ue*n conty*n*uo dolor biue
syn q*ue* acabe

[fol. 254v]

[ID1046] HH1-52 (254v...) (4×12...)

coplas de jua*n* aluarez al *cond*e de salda*nn*a

Vengo dalle*n*de la sierra
co*n* nueuas q*ue* ya q*ue*rriedes
vos oyllas
donde vos faze la guerra
la dama de q*ui*en diziedes
marauillas
do venistes vos syn vos
co*n* guerra q*ue* nos oluida
solo vn pu*n*to
donde vistes aq*ue*l dios
q*ue* vos da la mu*er*te y vida
todo ju*n*to

Y vy su gran fermosura
q*ue*ra de la ffe que disstes
fiadora
y vy mas cos asegura
de daros sospiros *t*ristes
toda ora
y vy por donde sereys
su catiuo aherrojado
muy ssyn arte
y la rrazon q*ue* teneys
p*ar*a q*ue* nu*n*ca cuydado
se os aparte

Se ques dulçe v*uest*ro mal
avnq*ue* brauo *t*riste y fu*er*te
muy vfano
y de su belleza tal
dichosa sera la muerte
de su mano
y q*ua*nto mas la miraua
en las graçias estremadas
q*ue* tenie

ta*n*to mas se macordaua
las penas enamoradas
en cos dexe

¶Y ta*n*bie*n* sen*n*or vy mas
lo q*ue* ya se que dezis
y mostrays
pe*n*saua syenpre jamas
y avnq*ue* graue mal sentys
lo causays
y dauame pena a mi
y dezia en la memoria
o q*ui*en ffuese
por el y viniese aqui
y gozasse desta gloria
q*ue* la viese

[fols.255-61, laguna]

[fol. 262r]

[ID1873] HH1-53 (...262r-266r) Acéfalo (...4,29×8,4)

este fuen armas tanto dichosso
q*ue* no lo fue mas el fijo mayor
daq*ue*l rrey troyano ni su matador
por mucho q*ue* omero lo pinte famoso

Estes aq*ue*l mançebo nonbrado
q*ue* no fue troylos en su *t*ie*n*po mas
estes aq*ue*l q*ue* nu*n*ca jamas
fue visto vençido maguer q*ue* sobrado
este syn duda bie*n* ha demostrado
en q*ua*ntos peligros y fechos se vio
venir del lynage daq*ue*l q*ue* passo
co*n* ta*n*to peligro p*r*imero el salado

Aqueste q*ue* vedes aq*ui* muerto ya
por q*ui*en esta gente ta*n* fuerte rreclama
aq*ui* començo la su buena ffama
la q*ua*l mucho tarde o nu*n*ca morra
en este lugar do agora essta
lo armo caual*l*ero en vna gran lyd
don rrod*r*igo ma*n*rriq*ue* el segu*n*do çid
a q*ui*en de su muerte mucho pesara

Este murie*n*do al rrey ffizo pago
pues q*ue* dela*n*te sus ojos fue muerto
su orden gu*ar*dada muy bie*n* por çierto
de *n*ue*st*ro patron sen*n*or santi[a]go
fazyendo en los moros no menos est*r*ago
q*ue* los deçe*n*dientes en sy de cadino
mostrandose bie*n* syn duda sobrino
del noble marq*ue*s sen*n*or de buytrago

[fol. 262v]

No*n* menos turbado q*ue* piramo fue
en ver aq*ue*l manto sangriento rronpido

no menos mas ant*es* muy mas dolorido
de todos sentidos turbado quede
en ver muerto aq*ue*l *que* yo tanto ame
que no mas *que* a mi messmo queria
llora*n*do su muerte la vida plan*n*ia
de su triste madre *que* me rrecorde

Asy nos boluimos mas t*r*istes *que* qu*a*ndo
las troyanas gent*es* syn etor tornaro*n*
asy nos partimos los moros q*u*edaro*n*
tan*n*iendo an*n*afiles alborbolas dando
asy nos boluimos delante leuando
aq*ue*l *que* solia boluer en la çaga
asy nos boluimos co*n* ta*n* fuerte plaga
los vnos gimie*n*do los ot*r*os lllorando

Y asy lo fuemos poner en quesada
no çiertame*n*te como el mereçia
asy lo posimos en santa maria
en vna capilla mas no bie*n* labrada
como mereçia la su bue*n* espada
a sus aduersarios mucho temerosa
maguera q*ue* harta sienpre q*ue*rellosa
de pagana g*e*nte asaz ma*n*syllada

Ally fue llorado su enterramie*n*to
de sus parie*n*tes ta*n*bie*n* de criados
ally fue llorado de los mas onrrados
de toda la corte co*n* gran ssentimie*n*to
[fol. 263r]
dally fue la nueua mas rrezia *que* vie*n*to
syn mucho tardar por toda casstilla
p*er*o mas presto fue dentro en seuilla
do con el avian mas conoçimiento

Ally era çerca ssu naturaleza
ally comarcaua el su noble padre
ally abitaua*n* ermanos y madre
biuda por çie*r*to mas no de nobleza
a la q*u*al llego co*n* poca pereza
vn me*n*sajero cubierto de duelo
el q*u*al demostraua muy gran desco*n*suelo
su gesto lloroso co*n* gra*n*de trissteza

La muy triste madre d*e*l fijo esforçado
a q*u*ien sus pasadas y fue*r*tes pasio*n*es
daua*n* seguro de mas afliçio*n*es
ave*r* pu*es* avia ya ta*n*tas passado
que todo su rrostro estaua gastado
co*n* las avenidas del mucho llorar
vido ante sy con priesa llegar
aqu*e*l que venia no poco turbado

El q*u*al no*n* podia echar por la boca
la muy triste nueua *que* aqu*e*l le traya
aqu*e*lla syn duda creyendo seria
la p*r*inçipal causa de su vida poca

o q*u*ella qu*e*dase del gran pesar loca
en se ver me*n*guada de fijo ta*n* bueno
p*er*o la sen*n*ora su gesto sereno
con vn coraço*n* mas fuerte q*ue* rroca

[fol. 263v]
Avnq*ue* temerosa no mucho tu*r*bada
le ynterrogaua dizie*n*do a q*ue* vienes
dimelo ya por q*ue* te detyenes
y fazes estar a mi tan penada
dimelo ya no pienses que nada
me puede fazer mas t*r*iste syn duda
que lo he seydo despues que biuda
de todos los bienes del mu*n*do me*n*gu*a*da

Con vna boz gruesa d*e*l mucho llorar
como q*u*ien dize su mal por to*r*me*n*to
aquel començo tal rrazonamie*n*to
el q*u*al atajaua su gran ssospirar
y dixo sen*n*ora el v*ue*stro pessar
faze mi lengua asy temerossa
mas pu*es* de discreta soys ta*n*to famossa
aqu*i* v*ue*stro sesso conviene mostrar

De los fue*r*tes rrayos y casos tu*r*bados
los valles y llanos so*n* sienpre seguros
p*er*o no sen*n*ora las torres y muros
que so*n* en las cuestas y altos collados
que los pobrezyllos *que* gu*a*rda*n* ganados
destas afliçiones no syente*n* ni*n*gu*n*a
ni*n* temen los golpes q*ue* da la fortuna
a los *que* sostiene*n* los grand*es* estados

Y pues q*ue* venis de grand*es* varones
los q*u*ales pasaro*n* co*n* gestos yguales
[fol. 264r]
triu*n*fos plazeres angustias y males
y buenas anda*n*ças y tribulaçiones
syn fer difere*n*çia en sus coraçones
cuya fortaleza jamas sse mudaua
avnq*ue* la fortuna vos ha sydo braua
no*n* deue*n* turbaros mis tristes rrazones

Aquel q*ue* vos noble sen*n*ora parisstes
aqu*e*l *que* criastes con ta*n*tos dolores
aqu*e*l sobrador de grandes temores
a q*u*ien garçilaso por no*n*bre posistes
aqu*e*l qu*e*ntre todos los otros quesistes
que se yntitulase de los de la vega
convie*n* q*ue* sepays maguer vos desplega
que nol vereys mas de q*u*anto le vistes

Aqu*e*l v*ue*stro fijo de vos muy amado
querido de q*u*antos le bien conoçian
aqu*e*l v*ue*stro fijo de q*u*ien se temian
aqu*e*llos de q*u*ien era dessamado
aqu*e*l cauallero *que* mas denodado

otro no fue de n*ue*st*r*as esspan*n*as
aq*ue*l fazedor de nobles fazan*n*as
sabed q*ue* lo vy ayer sepultado

Sy por ystenso su fin rreco*n*tase
a vos co*n* pesar y a mi mataria
mas abreuia*n*do dire todavia
como co*n*fesso ant*e*s q*ue* ffinase
a dios suplicando q*ue* le perdonase
p*ue*s a el siruie*n*do delante su rrey
[fol. 264v]
murio peleando segu*n*d n*ue*st*r*a ley
no es de dub*d*ar q*ue* no se saluase

Por ende sen*n*ora p*ue*s p*er*dio la vida
gana*n*do por sienpre la çelestial gloria
dexando de sy p*er*petua memoria
no*n* deue ser ssu mu*er*te plan*n*ida
asy vos muy noble maguer dolorida
tomad su fazie*n*da y bien*e*s amargos
y descargalde de todos sus cargos
por q*ue* rreçiba la gloria conplyda

Assy concluyendo el rreportador
a q*ui*en el esfuerço ya yva me*n*gua*n*do
de lagrimas biuas sus pechos moja*n*do
al q*u*al aflegia*n* mansylla y dolor
p*a*ra leua*n*tarse no*n* touo valor
y asy de rrodillas se q*ue*do en *e*l suelo
dispuesto syn dub*d*a a tomar co*n*suelo
mas q*ue* p*a*ra ser bue*n* consolador

Y bien como q*ue*da la gente callada
q*u*ando despara la gruesa bonbarda
en aq*ue*l espaçio q*ue* la piedra tarda
esta*n* syn aliento el golpespera*n*do
asy las sen*n*oras y las suyas q*u*ando
de lo rrazonado la tal fin oyero*n*
por no poco espaçio silençio touiero*n*
que no pareçia q*ue*staua*n* velando

[fol. 265r]

Estando en aq*ue*l sylençio penado
la triste biuda de poco cassada
ermana del mu*er*to y ta*n* bien amada
salyo con vn grito muy desygualado
rronpiendo las rropas ta*n*bien el tocado
fazyendo en sy mesma crueles fatigas
de sus propias manos seyendo enemigas
a su lyndo rrostro en vltymo grado

Ally començaro*n* las q*ue*ran presentes
vn llanto tan fu*er*te como las rromanas
q*ue* por la batalla fiziero*n* de canas
a do feneçiero*n* grandisimas gentes
dizie*n*do palabras a dios desplazye*n*tes
co*n* sus mesmas vn*n*as sus hazes rro*n*piendo

y de sus cabellos el suelo cubriendo
vertien de sus ojos mas agua q*ue* fuentes

La discreta madre en q*ui*en debatya
la vmanidad con la discriçio*n*
estaua turbada de gran turbaçio*n*
segu*n*d la crueza del casso q*ue* vya
mas desq*ue* co*n* sesso la furia vençia
del entran*n*able dolor materrnal
a ellas poniendo delante ssu mal
q*ue* no llanteasen rrogando dezia

Yo q*ue* deuria ser consolada
conuiene q*ue* sea la conssoladora
o mis amigas o fija sen*n*ora
porq*ue* fazeys ser mi cuyta doblada
[fol. 265v]
yo deuo ser la mas tribulada
y co*n* mas rrazo*n* deuria*n* mis braços
fazer la mi cara y mis pechos pedaços
de lo q*u*al veys q*ue* no fago nada

Segu*n*d aristotil la continuaçio*n*
de los grand*e*s males vn solo bie*n* tyene*n*
fazer aq*ue*llos a q*ui*en sobreviene*n*
al fin no sentyllos co*n* ta*n*ta pasio*n*
q*ue* la costu*n*bre ta*n*bie*n* la rrazon
fazen en poco tener los discretos
los males y bien*e*s q*ue* son ynperfetos
a los abitantes en este messon

En el q*u*al vedes todos possamos
como caminant*e*s por vna pasada
no*n* lo tenie*n*do por propia morada
p*ue*s por lo dexar porq*ue* nos q*ue*xamos
en espeçial segu*n*d lo pasamos
en aq*ue*ste valle de lagrimas lleno
a do ni*n*gu*n*d dia ni vn rrato bueno
syn tres mucho malos av*er* no esperamos

A mi çiertame*n*te q*ue* diga q*ue* no
la vmanidad me ffaze sentyr
de mi noble fijo su triste morir
pero p*ue*s dios asy lo ordeno
rrespo*n*dere yo lo que rrespo*n*dio
el santo varo*n* q*u*ando fue tentado
viendose pobre de rrico torrnado
dominus dedid y el lo quito

[fol. 266r]

Aq*ui* la sen*n*ora callo de canssada
asy bien las otras çesaro*n* su llanto
todas q*ue*dando co*n* mucho q*ue*branto
y fuerte pasion maguer q*ue* callada
luego la ffazyenda fue toda gastada
por aq*ue*llas partes do mas convenia
asy se partio el segundo dia

por el ataud q*ue* estaua en quesada

El q*ua*l ffue leuado a vn gran co*n*ue*n*to
de due*n*nas q*ue* fizo la dicha su madre
y fue sepultado açe*r*ca ssu padre
en vn ta*n* onrrado y buen monume*n*to
como co*n*uenia a su mereçimiento
no poco llorado de sus doss ermanas
con los gritos dellas y co*n* las ca*n*panas
no pude saber yo mas deste cuento

ffin

El q*ua*l escreui con tanto tormento
como tenian las due*n*nas troyanas
en ver a su rrey mesassando [sic] sus canas
aq*ue*l trisste dia de ssu perdimiento

deo graçias

[fol. 266v]

[ID0198 P 1708] HH1-54 (266v-268r) (Prosa) Año 1458.

Al rreuerendo ssen*n*or don p*ed*ro go*n*çalez de me*n*doça,
obisspo de calahorra mi sen*n*or y p*r*imo: Sy despu*e*s de la
defu*n*sion del muy v*i*rtuoso sen*n*or padre v*ue*stro, mi sen*n*or
y mi tyo, segu*n*d se suele acostu*n*brar en los se*n*blantes
casos de dolor entre los q*ue* se ama*n*, yo he dexado de
escreuir a v*ue*st*r*a rreuere*n*çia; bie*n* puede creer v*ue*st*r*a
m*er*çed no auer por ynaduerte*n*çia ni por mengua de amor
quedado, mas çiertamente porq*ue* v*ue*st*r*o sentimie*n*to senty
y v*ue*stro dolor ta*n*to me dolio q*ue* mas p*ar*a ser consolado
q*ue* p*ar*a consolador me falle, dispuesto y no sy*n* causa; ca en
pro*n*to ant*e* mi aflegido esp*i*r*i*tu fue presentada la yn*r*repar*abl*e
perdida q*ue* a este n*uest*ro rreyno venia, q*ue* bie*n* se puede
dezir q*ue* perdio en este mi sen*n*or digno de eterrna memoria,
otro fabio p*ar*a sus consejos, otro çesar p*ar*a sus conq*ui*stas,
otro camilo p*ar*a sus defensas, otro libio p*ar*a sus memorias.
Este seyendo el p*r*imero de se*n*blante prosapia de estado y
grandeza q*ue* en n*uest*ros tie*n*pos congrego la çiença co*n* la
caualleria y la loriga co*n* la toga, q*ue* yo me rrecuerdo aver
pocos y co*n* v*er*dad fablando ningu*n*o de los tales q*ue* a las
letras se diese. E no*n* solamente digo q*ue* las no*n* procuraua*n*
mas q*ue* las aborreçia*n*, rrepreendiendo a algu*n*d cauallero sy
se daua al estudio como sy el ofiçio militar solo en saber bie*n*
encontrar de la lança o ferir co*n* la espada consistiese. La
q*ua*l errada opin*n*on el esq*ui*uo y arranco de n*uest*ra patria,
rreprouandola por teorica y fazye*n*do ynçierta por platica en
asaz prosas y metros de mayor elega*n*çia escriuie*n*do q*ue*
ningu*n*o de los pasados, en las guerras mostrandose vn marco
marçelio en el ordenar, vn castino en el acometer, siguiendo
a sus caualleros como mario. Por sy dezia aconsejador en
los fechos, conpa*n*nero [fol. 267r] en los peligros. Este de
los enemigos vesibles no*n* se vençia ni*n* de los ynvesibles
se sojuzgaua. Finalme*n*te este sen*n*or fue ta*n*to en perfeçio*n*
bueno y prouechoso p*ar*a esta rregion q*ue* bie*n* sy*n* duda ella
puede dezir co*n* geremias q*ue* ella es q*ue*dada sy*n* el como

biuda sen*n*ora de gentes. Pues trass este grandisimo y general
dan*n*o el particular y muy yntolerable mio senty q*ue* yo perdi
en el otro padre de q*ui*en v*er*dadero me rreputaua fijo, segu*n*d
las onrras y acatamie*n*tos y bie*n* puedo dezir m*er*çedes q*ue*
de su m*er*çed rreçebia; perdi sen*n*or y pariente de q*ui*en me
cuydaua ser mas q*ue* de ni*n*guno de los rrestant*e*s amado, cuyo
amor por todas las apare*n*çias en q*ue* manifestar se puede a mi
era manifiesto. Ca en prese*n*çia me allegaua y acataua mas y
mucho mas q*ue* la pobreza de la v*i*rtud y estado mio rrequiria.
Pues en abse*n*çia pregonero era de algu*n*d bie*n* sy en mi lo
avia, publicandolo co*n* grande ynsta*n*çia, acreçe*n*tandolo no
co*n* fengida beniuole*n*çia, actorizandolo co*n* su grandisima
actoridad. Y avn por çierto de alg*un*os de q*ue* careçia v*i*rtudes
sy*n* meritos mios me loaua ta*n*to q*ue* no*n* solamente a los
otros mas a mi mesmo deçebia entre los que acdotiuos me
dio loor*e*s. Por otro el en el co*n*poner en metro me pregono
no en lo tal seyendo yo dino como dixo sant ju*an* de desatar
la correa de su çapato, q*ue* todos los materiales q*ue* la m*er*çed
suya por familiar*e*s tenia, es a saber, biua y pronta discreçio*n*,
graçia gratis data, profu*n*da çiença, grandeza de estado, q*ue*
lo bueno faze mejor, era*n* y so*n* agenas a mi. Mas como
quiera, sen*n*or rreuere*n*do, q*ue* la ynsufiçie*n*çia mia fuese
a mi manifiesta, la actoridad suya me la fazie*n*do dubdosa
en su vida, dando mas ffe a sus grandes loor*e*s q*ue* a mis
muy rrudos sentidos, yo mesfo*r*çe a algunas obras co*n*poner,
las q*ua*les por aq*ue*l muy noble sen*n*or mio ta*n*to fuero*n*
aprouadas q*ue* del todo tyro a mi al velo de la v*er*guença,
sy*n* la q*ua*l, mitigada la furor del ynumerabl*e* pesar q*ue*
por su muerte ove, delibre fazer esta no*n* aquella dexando
[fol. 267v] pasar so sile*n*çio, en el comie*n*ço y medio y ffin
de la q*ua*l, en tantos debates comigo mesmo me vy q*ue* podia
bie*n* dezir q*ue* de todas p*art*es me çercaua*n* angustias. Ca
en el p*r*inçipio el entran*n*able dolor y filial amor a la pesada
pluma era*n* agudos estimulos para come*n*çar. Mas la pereza
& ynora*n*çia mia grand*e*s soffrenadas me daua, trayendo a mi
memoria la me*n*gua del saber, la falta de la graçia, el poco
rrepose, la maluestad de muchos, q*ue* solamente entiende*n*
no en fazer o eme*n*dar, mas en rrepre*n*der lo fecho, lo
q*ua*l avn a los muchos sinpl*e*s es façil maguera vituperoso
[   ]. E lo q*ue* mas me atemoraua era presenta*n*doseme las
ynmensas v*i*rtudes de aq*ue*l ynsigne varon, desmayandome
co*n* su muchedu*n*bre, como faze la fondura del agua a los
nueuos nadador*e*s; y con estos y co*n* otros me amonestaua*n*
temor*e*s q*ue* no en ta*n* difiçil obra ente*n*diese; en la q*ua*l
agonia yo comigo mesmo debatiendo, asaz mal rreposado
tie*n*po despendi. Mas al fin muy noble sen*n*or yo me q*ui*se
antes disponer al trabajo del escreuir y a la publicaçio*n* de
mis synplezas & a la v*er*guença de los rrepree*n*sor*e*s q*ue*
digo q*ue* tenia, q*ue* hazer tenido por haraga*n* o yngrato y
desamorado, q*ue* segu*n*d la posesion en q*ue* aq*ue*l mi sen*n*or y
mi tyo de perpetua rrecordaçio*n* me dexo, yo no*n* buename*n*te
cuydo q*ue* sy*n* cargo escusarme pudiera. Pu*e*s no penseys q*ue*
despu*e*s de començada y mediada muchas vezes la dexe, no
por pocos arrepentimientos q*ue* sobrello me viniero*n*, mas
en v*er*dad, tantos q*ue* desesperado de la ffin desmayaua co*n*

prosupuesto de no mas la proseguir. Ca la longura del camino enflaqueçe a los flacos caminantes. Mas asy por los ya dichos rrespectos, como no perder lo trabajado, no por çierto con pequenna pena le puse fin, en el qual avn me quedo algund debate sobre a quien la presentaria. Y entre muchos que a mi memoria vinieron por tress acatamientos, a vos, egregio sennor, elegi. El primero, porque vos seyendo en eclesiastica dignidad constituydo de[fol. 268r]ueys ser tenido por cabeça de sus suçesores. El segundo, por çierta confiança de vuestro profundo saber y pura virtud; el saber para emendar y corregir hartos errores que fallara, y la virtud para los no rrepreender. El terçero y mas prinçipal, que soy çierto que todos sus viçios seran cubiertos leyendolo vos, sennor, bien asy como a la mal dolada madera cubre la fermosa pintura. Por ende muy rreuerendo sennor, en conclusion suplico a vuestra paterrnidad que rreçibiendola con fraterrnal amor, se faga asy como lo yo cuydo; es a saber emendalla en secreto y leella en publico, por que sea digna de aquel mi sennor a cuya cabsa se ffizo, a quien dios faga tanta parte de la gloria eterrna como le fizo de la mundana, y de vos cuya rreuerenda persona valga y prospere quanto ella mereçe.

[ID1708] HH1-55 (268r-279r) (110×10) Año 1458.

> planto de las virtudes y poessia por
> el magnifico sennor don ynnigo lopez de
> mendoça marques de santillana
> conpuesto por gomez manrrique su sobrino

> Mis sospiros despertad
> esta mi pesada pluma
> y prestadle ffacultad
> para que de la verdad
> diga sy quiera la suma
> y vos mi rrauia rrauiosa
> fazed mi lengua verbosa
> derramando sus terrores
> ca de los rrepreensores
> la fallo muy temerosa

> La grande beniuolençia
> manda que la pluma tienda
> mas la falta de prudençia
> y la mi rruda eloquençia
> me tyran luego la rrienda
> con todo me determino
> proseguir este camino
> para mi pro trabajoso
> en comienço tan dubdoso
> socorra el poder diuino

[fol. 268v]

ynuocaçion

> Non ynvoco las planetas
> que me fagan eloquente
> no las çirras nin cometas

> ni las ermanas discretas
> que moran cabe la fuente
> ni quiero sser socorrido
> de la madre de cupido
> ni de la thessalyana
> mas del nieto de santana
> con su saber ynfinido

discreçion del tienpo

> Quando mas publicamente
> muestra dios su poderio
> en el tienpo mas plaziente
> a toda cosa biuiente
> brutal o con aluedrio
> y quando la seca planta
> por la prouidençia santa
> lança de sy linda flor
> y el triste rruysennor
> a todas las oras canta

> Y quando las otras aves
> a dios loan syn çesar
> con sus cantos muy suaues
> en el tienpo que las naues
> comiençan a nauegar
> no desnudas de pauor
> mas ya con menos temor
> de la natural tormenta
> que quando nos escalyenta
> el diuino rresplandor

> En el tienpo que los frios
> de ser dexan desiguales
> y los cabdalosos rrios
> se torrnan de los baldios
> a los sitios naturales
> y quando todas las tierras
> se cubren de las desferras
> sostenientes la natura
> y su blanca vestidura
> se descobijan las sierras

> Viespera del santo dia
> en que la sacra enbaxada
> que del çielo deçendia
> a la virgen fue maria
> por grauiel rreportada
> yo non sabiendo por que
> a desora me turbe
> de tamanna turbaçion
> como barjona symon
> quando le falto la ffe

Conparaçion

> E luego por mis carrillos
> arroyos corrieron dagua

mis sospiros no sençillos
doblauan como martillos
presurosos en la fragua
como syn cabsa ssenty
tal mudança sobre mi
separeme de la gente
el mas triste çiertamente
que nunca jamas me vy

[fol. 269r]

Conparaçion

Que como el enfermo syente
la del tienpo mutaçion
asy bien por consyguiente
el ynfortunio viniente
sentya mi coraçon
y como con tenpesstad
fuyen a la sequedad
las aves de la marina
procure por melezyna
correr a la soledad

Y pense fazer la via
de vn gentil monesterio
a donde fallar solya
de mi mayor agonia
saludable rrefrigerio
mas la dolor ynvmana
con vna grandescurana
que syn tienpo sobrevino
me fizo perder el tyno
en aquella tierra llana

Conparaçion

Y como çiego syn guia
y fusta syn gouerrnalle
yva por do no sabia
solo y syn alegria
tal entre por vn gran valle
syn camino y syn carrera
por el qual vna rribera
tan espantable corria
que la gran congoxa mia
en temor se convirtiera

Non jazmines con sus flores
avia ni pradrerias
ni por sus altos alcores
rresonauan rruysennores
nin sus dulçes melodias
texos eran sus frutales
y sus prados pederrnales
y buhos los que cantauan
cuyas bozes denotauan
los aduenideros males

Do ninguno vy venado
corços ni ligeros gamos
nin soto bien arbolado
do rreposase cuytado
a la sonbra de sus rramos
mas aspides ponçonnosos
de los sirtes arenosos
visitauan las veredas
sus mejores arboledas
enebros eran nudosos

Y las arpias de fineo
por sus nonbres rresonauan
mas dulçe syn duda creo
ser la musica de orffeo
que las bozes quellos dauan
y muy mayor alegria
erudiçe sentyria
con la farpa sonorosa
que yo con tan dolorosa
y feroçe melodia

[fol. 269v]

E las aguilas cabdales
en los desnudos troncones
gritos dauan dessiguales
y por sus pechos rreales
sacauan los coraçones
o tu discreto lector
piensa con quanto pauor
a la sazon esstaria
el syn ventura que vya
actos de tanto dolor

Y como en tierra tan fiera
yo me viese tanto tarde
çiertamente me pluguiera
vsar luego sy pudiera
de rremedio de couarde
mas como yo triste fuese
traydo para que viesse
lo que sy puedo dire
no pude quando torrne
fallar por donde saliese

Y como toro judio
busca por donde fuyr
andaua del todo frio
desde las cuestas al rrio
mirando por do ssalyr
mas a la fin no fallaua
en esta rribera braua
ningund seguro pasaje
pues la cunbre del boscaje
con las nuves comarcaua

*Qu*e la boca mençionada
deste valle temeroso
prestament*e* fue ju*n*tada
co*n* la rribera no*n*brada
del rrio muy tenebroso
no syn duda mayor pena
el q*ue* trago la vallena
creo syntiese que yo
en me ver ado*n*de no
fallaua salyda buena

Como q*u*ien come mirad
açibar por la salud
fuera de mi volu*n*tad
de la tal neçesidad
delibre fazer v*i*rtud
y la pura couardia
me presto tal osadia
q*ue* como desesperado
q*u*ise fazer de mi grado
lo q*ue* fuerça costren*n*ia

Como nao q*ue* se lança
a lo fondo co*n* fortuna
procura*n*do segurança
entre syn mas demora*n*ça
por aq*u*ella t*i*erra bruna
avie*n*do por mal menor
ver el fin de mi temor
lo mas q*ue* pudiese çedo
q*ue* la dilaçio*n* del miedo
sienpre lo ffaze mayor

[faltan dos folios]

[fol. 272r]

En la q*ua*rta tarja vy
q*u*inze jaq*ue*les pintados
los syete du*n* carmesy
muy mas fino q*ue* rruby
y los rresta*n*tes dorados
la congoxa q*ue* tenia
desconoçer me fazia
estas armas y sus duen*n*os
q*ue* como por entre suen*n*os
me pareçe q*ue* las vya

{marginalia:çisneros.}

Vistas las ta*r*jas pi*n*tad*as*
de tales armas derechas
y por mi consyderadas
sus progenies eleuadas
rredoblaro*n* mis sospechas
y co*n* la gran turbaçio*n*
no basto mi discreçio*n*
a les fazer rreuere*n*çia

y syn procurar liçe*n*çia
fize tal proposiçio*n*

O bultos angelicales
diuinas en los asseos
presonas çelestiales
cuyos ynfinitos males
denunçia*n* v*ue*s*t*ros arreos
o magnif[ic]as donzellas
co*n* q*u*ien fizo las estrellas
vos co*n*juro me digays
de q*u*ien o por q*u*ien clamays
co*n* ta*n* ynme*n*sas q*ue*rellas

Asy bie*n* ssaber deseo
v*ue*s*t*ros nobles apellidos
q*ue* por bie*n* q*ue* vos oteo
ni[n]gunas ssen*n*ales veo
por do ssean conoçidos
avnq*ue* sy las armas netas
q*ue* teneys en las targetas
son v*ue*s*t*ras por ssuçession
bie*n* podre por la rrazo*n*
saber de q*u*ien fuero*n* nietas

Ama*n*sando sus clamor*e*s
todas syete se miraro*n*
y bie*n* como ssenadores
o çientificos doctores
a fablar se co*n*bidaron
p*er*o la mas caboral
co*n* vn tono diuinal
amigo me rrespondio
no*n* se puede dezir no
por yste*n*so n*ue*stro mal

Mas escucha n*ue*stro pla*n*to
q*ue* por tu vissta çeso
y de n*ue*stro gran q*ue*branto
conoçeras algu*n* tanto
pues dios aq*u*i te trayo
y sabras n*ue*stros rreno*n*br*e*s
y si q*u*isieres los no*n*bres
los q*u*ales no conseguimos
desdel dia q*ue* perdimos
el mas bueno de los o*n*bres

[fol. 272v]

Este ffue vn tenplo rrico
de n*ue*st*r*a congregaçion
en este te çertyffico
q*ue* desde moço bie*n* chico
ffezymos abitaçion
por cuyo ffalleçimie*n*to
somos en este conve*n*to
dolorido separadas

de ffallar desesperadas
ssenblante rrecogimie*n*to

Luego todas consiguiero*n*
su pla*n*to mas dolorido
q*ue* las rromanas ffiziero*n*
la t*r*iste noche q*ue* viero*n*
su gran pueblo destroydo
y con sus manos rro*n*pian
sus caras q*ue* rrelozian
y mesaua*n* sus cabeças
sobre las q*u*ales en pieças
las rricas tarjas fran*n*ian

lame*n*taçio*n* de la ffe

Los alaridos çessando
la q*ue* p*r*imero ffablo
a menudo ssospirando
muchas lagrimas traga*n*do
dixo yo cuytada so
la q*ue* deuo syn çessar
toda mi vida llorar
ta*n* ynvmanos pesar*e*s
pues los mas firm*e*s pilar*e*s
mios he visto q*ue*brar

Lloro el pilar p*r*imero
avilense que perdy
el q*u*al bastara sen*n*ero
avn en *el* ti*e*npo de nero
p*ar*a sostener a mi
no*n* creo de theologia
santo agostin mas sabia
pu*e*s la briuia toda entera
ssy por fazer esstouiera
de nueuo la conporrnia

obi*s*po de burgos

En el mi pla*n*to p*r*ofundo
maldigo mi mala suerte
por q*ue* me leuo del mu*n*do
otro san pablo ssegu*n*do
la deuoradora muerte
es a saber el perrlado
de burgos yntytulado
cuyo saber es notorio
q*ue* despu*e*s de san gregorio
nu*n*ca fue su par fallado

el marqu*e*s

Mas ya cuytada biuia
conte*n*ta con el terçero
cuya gran ssabiduria
por çiençia me sostenia
y mas como cauallero

q*ue* sy tal dubda naçiera
no menos la discutyera
q*ue*l vençedor de arriano
pu*e*s con la lança en la mano
por defenderme muriera

[fol. 273r]

En el perdi sabidor
ygual de santo tomas
y p*ar*a fuerça el mejor
y mas firme defensor
q*ue* nu*n*ca toue jamas
o pues ffe desco*n*solada
por q*u*ien sere defensada
en tama*n*na conffusion
de ta*n* costante varon
finca*n*do dessanparada

la esperança

Con gesto mas dolorido
q*ue* no la bibda troyana
al pu*n*to q*ue* ssu marido
por las espaldas ferido
vino por lança greçiana
en calla*n*do la primera
la segu*n*da conpan*n*era
co*n* su boz no mucho clara
rronpie*n*do su linda cara
rrazono desta manera

Yo soy la dessesperada
esperança q*ue* me llamo
y q*ue*do mas tribulada
q*ue* la muger desdichada
ni*n* la fija de periamo
yo perdi mi gran tesoro
muy mas preçiado q*ue* oro
cuyo par no*n* cobrare
por el qual despendere
todo mi beuir en lloro

caridad

Los gemidos atajando
esta ffabla començada
no menos t*r*isste q*ue* q*u*ando
ssalio del tenplo g*r*ita*n*do
la rreyna g*r*iega rrobada
y syn duda mas gentil
avnq*ue* su vesstido vil
algo la disffiguraua
la terçera q*ue* callaua
dixo co*n* boz ffemenil

Ermanas mucho p*e*rdistes
en perder esste por q*u*ien

vuestros nonbres consseguistes
mas yo la mas de las tristes
soy la que perdi mi bien
yo catiua soy aquella
que tengo mayor querella
de la fortuna contraria
que quedo tan solytaria
como syn madre donzella

Mi nonbre se exerçitaua
en este deuoto mio
qualquiera que me buscaua
en el çierto me ffallaua
bien como agua en el rrio
este fue verdad vos digo
de los misseros abrigo
de los fanbrientos fartura
buena fuera mi ventura
sy me leuara consygo

[fol. 273v]

¶ssabiduria

Mas amarga se mostrando
la quarta que ffilomena
quando no pudo fablando
y notiffico labrando
su desygualada pena
con vna gran desmesura
desfaziendo su ffigura
sus ojos torrnados fuentes
dixo las cosas ssiguientes
maldiziendo su ventura

Venga ya la muerte çedo
syn demorança ninguna
pues rremediarme non puedo
venga ya por mi que quedo
como tenplo syn coluna
o quanto mejor me ffuera
sy nunca jamas oviera
conoçido tan bue[n] onbre
syn el qual queda mi nonbre
como yelmo syn çimera

Yo perdi a ssalamon
el mas sabio de los rreyes
aristotiles zenon
otros de gran perfeçion
que justas fizieron leyes
y perdi a quinto ffabio
al rrey don alfonso el ssabio
dexando los estrangeros
el qual fizo nuestros fueros
gouerrnando syn rresabio

Otros perdi çiertamente

que por ffuyr dilaçion
callare por el presente
mas onbre tanto prudente
no perdi desde platon
o muerte descomunal
muy mayor feziste mal
a los rreynos castellanos
que quanto a los rromanos
pudo ffazer anibal

jusstiçia

Mas triste que se mostro
la forçada de tarquino
quando su fuerça conto
y contada sse mato
delante de colatyno
la quinta con fuerte planto
saco debaxo del manto
syn espada la vayna
y llamandose mezquina
a gran boz dixo quebranto

Vsad malos de maliçia
que teneys acostunbrada
exerçed vuestra nequiçia
pues vedes a mi justiçia
como quedo syn espada
no menos tengo manzilla
de ty que de mi casstilla
que pierdes vn cauallero
mas que bruto justiçiero
y no cruel como sylla

[fol. 274r]

Ffrondinodio cuya mano
de si mesmo fue verdugo
y por guardar a lo llano
el estatuto rromano
con su vida le desplugo
no fue tanto syn temor
de mi nonbre zelador
como esste que llanteo
ni ffue tal juez yo creo
el buen lento ssenador

Con rrazon tan perentoria
nuestro rreyno casstellano
por este que dios de gloria
podria fazer memoria
como rroma por trajano
a semejança del qual
porque fue juez ygual
a vna pobre muger
luego fizieron fazer
vn estatua de metal

Pues todos los que nonbre
y los que calla mi lengua
nin quantos despues cobre
yo no creo por mi ffe
que me fagan tanta mengua
ssyn duda mejor librara
sy la muerte me leuara
con esste que me leuo
syn el qual andare yo
como el justador syn vara

tenprança

La sesta non consiguiendo
el su nonbre y apellido
syn orden se condoliendo
mas que corrnelia sabiendo
la muerte de su marido
atajo la fabla dessta
y mostrandose modesta
contra sy mesma dezia
muerte mejor me seria
que vida tan dessonessta

Yo la tenprança llamada
contraria de los estremos
a la ora ssoy quedada
como en la mar alterada
queda la fusta syn rremos
aqui en la mar faze guerra
y con tormenta la tyerra
es cosa poco ssegura
tal menguada de ventura
yo quedo desta dessferra

Tal syn esste quedare
qual syn ector los troyanos
alexandre nunca ffue
tan tenprado por mi ffe
en los deleytes vmanos
nin touo çessar agussto
tanta tenprança en el gusto
ni caton el qual beuia
vinagre de galleria
como rremante rrebusto

[fol. 274v]

A este non le ffazia
tan grande qual se mostraua
las rriquezas que tenia
mas lo mucho que valia
y poco que desseaua
basta que mientra biuiese
yo non fallo que ffiziesse
fecho tan desmoderado
de que depues de pasado

por rrepiso se touiesse

Tal ffue la moderaçion
deste defunto notable
que jamas por anbiçion
por yra ni conpasion
fizo fecho rretratable
pues todas deues callar
& yo sola llantear
que me dexa syn rremedio
en patria do ningund medio
jamas entiendo ffallar

ffortaleza

Non creo que mas turbada
nin tanto ffuera de ssesso
la gentil rrezyen casada
quando se temio forçada
por el gran çenturio neso
se mostro que la setena
cuya syn medida pena
su presençia descobria
y sospirando dezia
con su cara muy serena

Yo la triste fortaleza
ya no quedo nada fuerte
para conportar tristeza
ni para con gran firmeza
atender la cruda muerte
nin los peligros vmanos
pues alegradvos paganos
temerosos de la guerra
que ya fuelga so la tierra
la flor de los castellanos

Plangan comigo que planno
sus verdaderos amigos
y lloren vn mal tamanno
y tan syn medida danno
y fuelgen sus enemigos
pues perdieron aduersario
muy mas valiente que dario
nin que su persseguidor
ector nunca fue mejor
ni archiles su contrario

Este fue tal que fiziera
lo que codro por vençer
y como nunçio metiera
ssu braço en vna foguera
por su patria guareçer
y con grande menospreçio
se dexara como deçio
por el bien comun morir
y mil vezes su beuir

vendiera por este preçio

[fol. 275r]

Çipion el affricano
no naçiera en mejor punto
para el ynperio rromano
que en el rreyno castellano
este notable deffunto
ni en judea mathatyas
pues dexa las alegrias
tu castilla la nonbrada
faziendo por tal espada
el planto de jeremias

En sus fechos me rrefiero
a las gestas castellanas
que sy el lector es vero
deste fuerte cauallero
fartas pueden fenchir planas
pues el tienpo que biuio
en guerra lo desspendio
mostrandose tan ossado
que bien pudo ser sobrado
mas nunca vençido no

actor

Ssus quexas grandes propuestas
alçaron todas los braços
y las sus fazes onesstas
mas fermosas que conpuestas
se leuaron a pedaços
y fueron los alaridos
que dieron tan desauidos
que los çielos foradaron
y de tal guisa turbaron
todos mis çinco sentidos

Que ni pude preguntar
este finado quien era
nin las pude consolar
ni toue para ffablar
el denuedo que quisiera
y como tal me syntiese
por fallar sy ser pudiese
en tan fuerte pena vado
salyme todo turbado
adonde no las oyesse

E yo triste que ssalia
atonito del rroydo
presumiendo quien seria
este por quien se fazia
vn planto tan dolorido
vi venir apresurada
otra donzella cuytada
no menos que virginea

quando por sentençia fea
fue por claudio condenada

Vn manto que rroçegaua
azul y blanco traya
que toda la cobijaua
tal que de gentil sobraua
al que breçayda vestia
de las çeladas bordado
y de letras salteado
en que vos y dios dezia
y en su diestra tenia
vn rrico libro dorado

[fol. 275v]

poessia

En el punto que me vio
con estrema desmesura
aquel libro quebranto
y con sus manos rronpio
ssu polida cobertura
y como ffiera leona
desgarraua su persona
con vna rrauia fferoz
y con dolorida boz
de tal guisa sse rrazona

O castilla llora llora
vna perdida tamanna
y tu rreal alcandora
pues es llegada la ora
con las tus lagrimas banna
y fagan tus naturales
los plantos mas desiguales
que nunca jamas ffizieron
pues que syn duda perdieron
el mejor de los mortales

Lloren los onbres valientes
por tu valiente guerrero
y plangan los eloquentes
y los varones prudentes
lloren por tal conpannero
y los lyndos cortessanos
lloren mas que los tebanos
por su pueblo destroydo
pues han el mejor perdido
de todos los palançianos

E yo triste poessia
perseguida de fortuna
pues que la ventura mia
me dexo syn alegria
plannire mas que ninguna
quen espaçio de dos annos
me son fechos tales dannos

por esta muerte maldita
que non se como rrepita
tantos males y tamannos

Esta muerte que condena
a buenos y comunales
me leuo a juan de mena
cuya pluma fue tan buena
que vi pocas sus yguales
y por mas me lastimar
leuome syn lo tardar
aquel de gran perffeçion
don juan dixar daragon
orador muy singular

Y non con estos contenta
esta maldita de dios
vino con gran sobrevienta
en el anno de çinquanta
y mas quatro vezes doss
& saco por mi gran mal
desta carçel vmanal
domingo por la mannana
al marques de santillana
y gran conde del rreal

[fol. 276r]

Syn el qual yo soy quedada
qual la nao syn patron
o como çibdad poblada
quando finca despoblada
de toda su poblaçion
sy muriera juntamente
con este grand eloquente
non tan cruda te mostraras
o muerte nin me dexaras
como syn agua la fuente

Agora con gran cuydado
triste de mi dolorida
o tu manrrique llamado
fijo del adelantado
en tu busca soy venida
a te fazer sabidor
deste mi nueuo dolor
porque vista mi miseria
sobre tan digna materia
quieras sser començador

Que muy rrazonable cossa
es que sea memorada
o por metros o por prosa
esta perssona ffamossa
nueuamente sepultada
pues de sus grandes loores
por pequennos y mayores

rrepartio vna gran suma
pues toma toma la pluma
y rrecuenta sus valores

Cuenta su genalosia
y non calles su virtud
gentileza y cortesia
otros bienes que tenia
en estrema moltitud
y no pongas en oluido
mi tormento desauido
y mi pena tanto cruda
por me ver asy biuda
de atan noble marido

Nin te quiero dezir al
pues que sse que le tenias
rreuerençia paterrnal
y con amor ffilial
le amauas y temias
que la gran beniuolençia
te dara tal eloquençia
que puedas essto contar
quel dolor faze fablar
los menguados de çiençia

Como sus fuertes gemidos
y tristes proposyçiones
con sospiros aflegidos
firiesen en mis oydos
creçieron mis turbaçiones
y tal fue lo que senty
con el mote que oy
y con la que vy deuissa
que para sienpre la rrisa
he rreçelo que perdy

[fol. 276v]

Y quede tan atordido
por vna muy grande pieça
y tan fuera de sentido
como sy fuera fferido
ençima de la cabeça
edipio no syntio no
al punto que conoçio
ser matador de su padre
y marido de ssu madre
tanto dolor como yo

Al punto que rretorne
asyme de los cabellos
y los vnos arranque
y los otros quebrante
tanto que me cobri dellos
y todo fuera de tyento
llantee con dessatiento

al modo de los gentiles
y con actos femeniles
descobria mi tormento

Pero despues de pasado
el primero mouimiento
syntiendome por menguado
por tanto desmesurado
aver fecho sentimiento
trabaje por me forçar
y por no mas llantear
mas mis ojos porfiosos
como rrios cabdalosos
ffueron malos dacotar

Mas a las oras llorando
vltra de lo rrazonable
otras vezes ssospirando
y los sospiros quebrando
con pesar ynestimable
vista la fabla propuesta
por esta gentil onessta
cuyo dolor me dolia
a lo que dicho tenia
di la siguiente rrepuesta

O seraffica ffigura
que del çielo deçendis
o que nueua damargura
//y de gran desauentura//
es esta que me dezis
esta es la que temia
la triste anima mia
por lo qual se congoxaua
esta es la que lloraua
maguer yo no lo sabia

Con justa causa castilla
fara llantos ynçessantes
pues pierde su rreal silla
el mejor de su cuadrilla
perdonenme los rrestantes
y no con menos rrazon
las ssyete virtudes son
en este lugar venidas
pues perdieron las manidas
do ffazian ssu manssion

[fol. 277r]

Y vos sennora syn duda
bien teneys con que clamar
pues que fincades desnuda
como falcon quando muda
sus plumas al derribar
que las vnas le ffalleçen
y las otras no le creçen

asy vos son ffalleçidos
estos varones sentidos
y otros no rremaneçen

Por todos en general
de plannir causa teneys
pero mas en espeçial
por aqueste syn ygual
discreto sabio marques
syn el qual quedays agora
qual syn marido ssennora
finca la muy bien casada
o como gentil morada
donde ninguno no mora

De fortuna perseguida
segund son los trihunfantes
molestada y conbatida
soys a tal punto venida
que buscays los ynorantes
no poco dessanparada
de prudentes soys quedada
y de poetas dessierta
pues a la mi sinple puerta
a dar venis aldabada

Mandando segund pareçe
lo difiçil a mi lengua
de lo qual tanto careçe
que dezyr lo que ffalleçe
non quiero pues todo mengua
ende mas para loar
persona tan syngular
de cuya magnifiçençya
fablando con rreuerençia
ninguno quedo ssu par

Ssu noble gener[a]çion
muestran sus quatro costados
del saber y discreçion
buenos pregoneros son
sus memorables tratados
por çierto non fue boeçio
nin leonarte de areçio
en prosa tan elegante
pues en los metros el dante
antel se mostrara neçio

Este fue para consejo
el mas de los mas prudentes
pues en las armas espejo
mientra moço y quando viejo
era de los mas valientes
y los dias despendia
en toda caualleria
las noches estudiaua
trabajando procuraua

onrras y sabiduria

[fol. 277v]

Ca non afloxan la çiencia
las fuerças del cauallero
nin la graçiosa prudençia
y la gentil eloquençia
menos que sabio guerrero
para non dudar en essto
a este varon modesto
el saber no le turbo
quando huelma conbatio
y la tomo mucho presto

Nin en otros peligrosos
grandes fechos que se vio
donde sus dichos graçiosos
y actos cauallerosos
no con el saber perdio
pues para loar tal onbre
y de tan dino rrenonbre
buscad buscad otra mano
que non se saber vmano
quen pensallo no se asonbre

Que fara mi gran rrudeza
pues quen trobas de locura
tamanna siente graueza
como faze el que sabeza
a nadar en gran fondura
sin duda muy mejor fuera
quen su tienpo yo muriera
y su pluma me loara
porque mi fama durara
en quanto biuos oviera

Comoquier que non toviera
por çierto las causas tales
mas su prudençia supliera
y poetando boluiera
en grandes bienes mis males
que por el buen escritor
fue torrnado en gran loor
el rreproche mucho ffeo
de que dayres fizo rreo
al amigo de anthenor

Mas por la contra seria
sy yo tal cargo tomase
que la gran sinpleza mia
sus fechos menorgaria
quanto mejor los contasse
por ende catad catad
otro quen profundidad
desta çiençia mayor ssea
que para tan alta prea

non basta mi facultad

Mas para bien rrecontar
la graue congoxa vuestra
deueys sennora buscar
ynquerir y procurar
otra pennola mas diestra
que vuestro muy desastrado
caso es en tanto grado
y vuestro mal tan terrible
que yo he por ynposible
ser por mi mano contado

[fol. 278r]

Porque sy la virgiliana
y la pluma de lucano
y la lengua ytaliana
junta con la terençiana
non prestase el soberano
con largo tienpo despacio
rreleuado de canssaçio
non podria dar finida
a vuestra mayor cayda
que quantas conto bocaçio

Mas quiero vos consejar
pues satisfazer no puedo
y digo que syn tardar
yr vos deueys a catar
en el rreyno de toledo
vn cauallero prudente
tan sabio que ciertamente
yo non fallo que vos queda
otro ninguno que pueda
tomar el cargo presente

E por que mas lo falles
çedo syn mas affan
por aquel preguntares
cuyo nonbre propio es
fernand perez de guzman
y fecha la rrelaçion
de vuestra graue pasion
y deste notable muerto
en el fallaredes çierto
entera ssatisfaçion

A mi dexadme llorar
con los que lloran por el
y gemir y sospirar
pues no puedo aprouechar
con la tynta ni papel
y beuir en esta syerra
y desabitada tierra
de malos onbres y buenos
por que no le falle menos

en la corte ni en la guerra

Que quando sse juntaran
nuestros grandes con sus gentes
en quanto ffazer querran
gran mengua le fallaran
sus amigos y parientes
ca por çierto tan gran tala
para las huestes y gala
y para toda proeza
nunca la naturaleza
pudo fazer ni tan mala

Nuestra naçion castellana
con mas causa vista luto
por este que la troyana
por ector nin la rromana
por çesar que mato bruto
mas otro perdio caton
en virtud y discriçion
leal sieruo de ssu rrey
defensor de nuestra ley
con armas y por rrazon

[fol. 278v]

Tal que yo no fago duelo
por este defunto ya
ni planno mi desconsuelo
mas lloro porque rreçelo
la gran falta que ffara
que quando de las rregiones
lieua dios tales varones
son manifiestas sennales
que çerca de los vnbrales
estan las persecuçiones

Muchas vezes que no vna
lo he visto por enxenplo
que quando la gran colupna
quiebra syn duda ninguna
se quiere caer el tenplo
y quando de los conçejos
falleçen los cuerdos viejos
vezinas son las discordias
que nunca moran concordias
do faltan tales espejos

Vista mi rreplicaçion
por la que digo que vy
syn alguna dilaçion
como fantasma o vision
fue separada de mi
diziendo con tu liçençia
que con toda diligençia
tomando tu buen consejo
voy catar al noble viejo

fuente de grand eloquençia

E tan presto se partio
esta fermosa donzella
que no pude fablar no
nin seguirla maguer yo
me consolaua con ella
& ya triste que quisiera
boluerme por do viniera
las otras en el conflito
vn terrible son o grito
ffablando desta manera

Torna torrna do veniste
dexa nuestra conpannia
y cuenta como nos viste
en esta morada trisste
solas & syn alegria
en la qual nos moraremos
fasta tanto que fallemos
otro varon ta[n] perfeto
do todas en vn sujeto
syn nos partir abitemos

Avnque exçebtos los rreales
que ser deuen eximidos
en las fablas generales
por ser casy diuinales
por nuestro dios elegidos
para sus rreynos rregir
non podemos presomir
nin fallar en toda espanna
onbre de nuestra conpanna
que se deua diuidir

[fol. 279r]

Que los viçios y pecados
o males extra medida
tanto sson apoderados
en todos los tres esstados
que non fallamos cabida
despues de la defunsion
deste en cuyo meson
todas todas ayuntadas
sienpre fuemos ospedadas
syn otra contradiçion

E como los tannedores
discantan con los laudes
asy con grandes clamores
rrecontando ssus loores
discantauan las virtudes
y luego fueron çerradas
las puertas y leuantadas
las puentes con sus cadenas
y mis angustias y penas

a la ssazon rredobladas

De tal guisa q*ue* ssaly
fuera de todo sentydo
y no se como me vy
aq*ue*l lugar do party
supitame*n*te traydo
do falle la nueva cie*r*ta
y toda sola y dessierta
la ti*er*ra destas donzellas
la q*ua*l q*ue*daua syn ellas
q*ua*l syn arboles la hue*r*ta

E tanta me*n*gua ffazia
este sen*n*or de buytrago
en la triste patria mia
q*ue* tal syn el pareçia
como syn pueblo ca*r*tago
q*ue* no*n* por la moltitud
de la loca jouentud
prosperaro*n* los rromanos
mas por senblant*es* ançianos
sujebtos a la virtud

Q*ue* como syn los pat*r*ones
se rronpe*n* çedo las fustas
asy bie*n* syn los varon*es*
de derechas ynte*n*çiones
pereçen las cosas justas
mas el q*ue* nos rredimio
por la pasion q*ue* tomo
sobre nos te*n*ga su mano
por q*ue* no venga tenprano
el gran mal q*ue* temo yo

ffin

El almaze*n* es gastado
de la mi sabiduria
syn q*ue*darme dios loado
este de q*ui*en ha tratado
la gruesa pen*n*ola mia
el q*ua*l syn duda ni*n*guna
en la çeleste tribuna
es por sienpre colocado
a noso*t*ros ha dexado
en el golfo de fortuna

deo graçias

[fol. 279v]

[ID1710] HH1-56 (279v-314r) (229 × 8) Año 1458.

Triu*n*ffo del ssen*n*or marq*ue*s de ssantyllana
ordenado por diego de burgos su secretario

Torrnado era ffebo a ver el thesoro
q*ue* ovo jason en colcos ganado

ssu carro fulgente de fuego y de oro
al duçe equinoçio ya era llegado
la luz rradiante de q*ue*s alu*n*brado
el orbe terreno ta*n*to duraua
en n*ues*t*r*o emixperio q*ua*nto moraua
la madre de alecto por pu*n*to y por g*r*ado

ynvocaçion

O sacras deydades q*ue* distes a todos
poetas sublimes diuinos ffauores
por donde pudiesen en diuersos modos
de cosas muy altas fablar y menores
a mi q*ue* ni fruto guste ni las fflores
del v*ues*t*r*o don santo del dulçe ssaber
tal g*r*açia ynfundid q*ue* muestre su ser
en mi la grandeza de v*ues*t*r*os loores

discriçio*n* del ti*en*po

El sabio maestro de todas las cossas
el mu*n*do pintuaua de nueuos colores
los canpos cobria de yeruas y rrossas
las plantas vestia de fro*n*das y flores
las nieues y los ch*r*istalinos licores
dexando las cu*n*bres los valles buscaua*n*
suaues discores las aves cantauan
leuaua zefiro sus dulçes tenores

[fol. 280r]

la ora de la vision

El velo noturrno de gra*n*d escureza
el vulto terreste cubierto tenia
descanso tomaua la vmana flaq*ue*za
de aq*ue*llos trabajos q*ue* pasa en el dia
al ti*en*po q*ue* aurora mostrarse q*ue*ria
vi como en fastama o propia visio*n*
vn onbre lloroso en mas t*r*iste so*n*
q*ue* hector la noche q*ue* troya se ardia

la forma del nuevo marq*ue*s

La ymage*n* de aq*ue*lla barua creçida
traya y la cara en sy demudada
la t*r*iste congoxa en el ascondida
fuera en su gesto bie*n* era mostrada
estouo gran pieça co*n*sigo turbada
mi vista dubdosa sy era verdad
q*ue* tal cosa viese o q*ua*l vanidad
mostraua en la sonbra esençia formada

Pero la potençia del alma mas nobl*e*
q*ue* mide y ordena lo q*ue*s de presente
faziendo su fuerça senzilla mas doble
torrno sobre sy en aq*ue*l conty*n*ente
abrio los sus ojos miro q*ue*dame*n*te
por dar a la duda q*ue* se presentara

con seso mas çierto notiçia mas clara
rreposo a sy misma del nuevo açidente

[fol. 280v]

Conoçe *ser persona* vmana

E vi la que antes dubdossa tenia
mostrar ya su forma vmana de çierto
la qual vn gran manto de negro traya
qual suele vestirse por gran varon muerto
turbado y medroso bien como despierto
estoue pe[n]sando sy algo diria
queriendo no osaua sy ossase temia
saber algund danno questaua encubierto

Mas el avnque triste no menos prudente
miro quel silençio rronper yo queria
tanbien que temiendo de ynconuiniente
estaua en deseo en miedo y porffia
llegueme mas çerca do ver ya podia
ssu gesto y su acto mas de çercano
y vile escreuir de su propia mano
el titulo noble de quien yo sseruia

esclamaçion

O ssuma sapiençia o buen dios eterrno
quan grandes y escuros son tus secretos
el çielo y la tierra el mar el ynffierrno
estan so la ley de los tus decretos
los çiegos mortales con tantos defetos
saber tus misterios muy altos desean
y tu les permites ssonnando que vean
lo ques proueydo en los tus conçebtos

[fol. 281r]

Rreprehendese el actor

Sy yo de ygnorançia no fuera ofuscado
y contra la fe los suennos creyera
el titulo escrito por mi memorado
del caso futuro asaz ssennal era
mas como sy agua lectea beuiera
asy lo que vy ffuyo mi memoria
vn grand espaçio mas luego notoria
oy ssu palabra en esta manera

fabla el actor al nueuo marques

Tu que avn agora congoxa tenias
y eras del caso peor que ygnoçente
acuerdaste dime del que conoçias
por mas de los onbres discreto y prudente
daquel tan magnanimo daquel tan valiente
de aquel tan amigo de toda virtud
de quien mas conplia la luenga salud
a los moradores del siglo pressente

Conparaçion

Bien como quando alguno rressponde
a cosa que mucho sospecha y rreçela
ssy oye pregunta do no se le asconde
lo quen las palabras en ella se çela
que luego sse aflige y se desconsuela
ffasta la cabssa del todo saber
de aquello que el otro ni quiere asconder
ni manifestallo por çierta nouela

[fol. 281v]

Asy yo con boz rronpida del miedo
rrespusse llorosso con rrostro muy triste
ssennor sy con lagrimas algo yo puedo
ssuplico me digas por que lo pedisste
aquesta demanda que asy me ffezysste
donde proçede que sy de mal es
rreçelo la vida del noble marques
en cuya gran casa ssennor tu me viste

Apenas avia el vltymo açento
de mi rresponsion avn bien espedido
quando pungido del graue tormento
solto de los pechos vn duro gemido
amigo diziendo tu as entendido
en breues palabras lo que quiso dios
y sabe que çierto del mundo y de nos
aquel que nonbraste se es ya partido

lamenta la muerte del noble marques

Dolor no sentido senty syn medida
oyendo la muerte del prinçipe claro
mayor porque pude la mi triste vida
guardar adelante asy como avaro
o buen filocrates o heros quan rraro
quan noble es oy visto el vuestro morir
ssy ffe permitiera podervos sseguir
quan dulçe a mis males me fuera rreparo

{marginalia:filocrates quiso antes
morir que ver matar
a gayo graco su
sennor.
cheros ffue
sieruo de
marco antonio
y matose por no ver morir
a marco
antonio que le mandauan que lo matasse.}

[falta un folio]

[fol. 283r]

Conparaçion

Qual cara mostro al ninno epirota
quando leuado de sus guardadores
glauçia lo vio que dubda rremota
propuso anpararla de persecutores
a tal el varon muy digno de honores
viendome triste tan lleno de males
con gesto sereno propusso las tales
palabras desfuerço a grandes dolores

rresponde el viejo a la ii demanda

No es marauilla pues dios lo consiente
sy el animo en cosas muy sennaladas
primero que venga su bien o mal siente
por mucho temidas o muy deseadas
ca muchas ya fueron asy rreueladas
la cabsa ni el como yo non determino
//mas piens[*o] que en quanto pareçe diui[*no]//
las cosas futuras les son presentadas

Asy por ventura segund yo me pienso
la vision funebre que tu viste ante
maguer que non clara nin muy poco extenso
mostro la verdad el çierto senblante
de mi en tal modo y por semejante
podiste entender en tu conçebto
alguna esperança de muy buen efecto
el qual sy me cres veras adelante

Nin temas ya cosas que pueda traer
fortuna volieble o sus mouimientos
quien pierde lo mas que puede perder
muy bien puede ya sofrir todos vientos
[fol. 283v]
ssosiega tu alma y tus pensamientos
firma en dios solo tu fe y esperança
ca el solo puede en gran tribulança
los tristes aflitos tornar en contentos

rresponde el viejo a la i dema[n]da

Rrespondo al deseo por cuya ynpresion
tu lengua primero mouio su demanda
costrinnesme çierto y dasme ocassion
dezir lo que honesta rrazon no me manda
porque la pasion que muy junta anda
al onbre en sus cosas puede traer
sospecha en mi fabla y asy padeçer
syn culpa manzilla de gloria nefanda

declara el viejo su patria

Aquella prouinçia que rroma co[n]prende
contra la parte del vuestro oçidente
en el gentil valle do arno sestiende
contiene la noble çibdad floreçiente
aquella es la madre de quien nuestra gente
tomo su comienço y fama en el mundo

naçi floreçido fadrique el ssegundo
del gremio çesareo germano potente

declara ser dante

El nonbre por quien yo ffuy conoçido
al tienpo quel ayre guste de la vida
por muchas leturas lo tyenes sabido
por quien la mi fama en mucho es tenida
su propio vocablo a todos conbida
sy del con la obra se toma notiçia
fuyr el pecado de triste avariçia
la qual en buen pecho non ffaze manida

[fol. 284r]

da razon de la causa de su venida

Lleyo el marques con grande atençion
aquellas tres partes en que yo ffable
qual es el estado y la condiçion
quel anima vmana espera por ffe
ally do los malos penando ffalle
en gran pugniçion syn fin de tormentos
y los penitentes en fuego contentos
la gloria esperando que al fin no calle

Por esta afecçion asy sin medida
que ovo a mis obras moui por fablarte
por su gran valor por tu triste vida
piedad me vençio venir consolarte
por permision vengo de la misma parte
do el anima santa esta del marques
sy tu las pisadas ternas de mis pies
podras de su gloria mirar asaz parte

Conparaçion

Como quien onbre delante sy vee
del qual marauilla en sy mesmo prende
que duda ser el despues al fin cree
lo que por sennales ya claro conprende
que su ygnorançia confuso rreprende
homilde y trocado demanda perdon
asy fize yo oydo el sermon
de aquel cuya fama el çielo trasçende

E dixe ynclinado o luz de saber
o fuente magnante melifluos licores
de quien los mas sabios mas quieren beuer
y mas aprender los mas sabidores
[fol. 284v]
tu has consolado asy mis dolores
con tu nueua fabla que poco lo ssiento
pues ve sy te plaze que mas de contento
yre donde fueres dexados temores

El ffin de mi fabla sus pasos siguieron
tomando el camino a vna montanna

a tal o mayor de las q*ue* esscriuieron
ylustres poetas por nueua fazan*n*a
no egual*an* con ella la cu*n*bre taman*n*a
q*ue* tiene a sus cuestas el t*ri*ste tiffeo
parnaso ni olinpio ni*n* atalas yo creo
ni el sa*n*to cotardo de alta aleman*n*a

*de lasp*e*reza de la selua*

Muy lue*n*ga distan*ç*ia segui su viaje
por vna gran playa desierta y escura
adondel comien*ç*o du*n* ffiero boscaje
*ç*erraua el camino por grandestrechura
las rramas co*n*textas en grandespesura
las fojas pendie*n*tes en tal muchedu*n*bre
vedaua*n* el *ç*ielo q*ui*taua*n* la lu*n*bre
tardaua*n* el n*ue*st*r*o ssobir al altura

Despues de trabajos q*ue* dexo syn no*n*bre
despues de mill vezes aver descanssado
venimos en parte do no se tal onbre
q*ue* solo en pe*n*sallo no q*ue*de espantado
la selua de mostruos de sexo trocado
de fieras orribles q*ue* nu*n*ca penssara
mostraua*n* la *ç*ien*ç*ia de q*ui*en los criara
a q*ui*en no touiera el ssesso turbado

[fol. 285r]

prosygue y conpara

En este tal paso lector ymagina
con q*ua*l cora*ç*o*n* esstar yo deuia
sy alguno ya viste q*ue*n sy determina
la enpressa dexar q*ue* antes queria
bie*n* de tal guisa mi alma sentya
y donde q*ue*ria ssobir rre*ç*elaua
lo q*ue* mas temia muy mas deseaua
temor co*n* desseo en mi conbatya

Ven*ç*iero*n* el miedo v*e*rguen*ç*a y desseo
ven*ç*iome la fabla del sabio maestro
el q*ua*l memorando la fabla de orffeo
en parte me fizo perder el syniestro
y como q*ui*en guia al *ç*iego de diestro
esq*ui*ua los pasos q*ue* son mas escuros
asy el buscaua lugares sseguros
por donde al yntento llegasemos n*ue*st*r*o

Asy camina*n*do todo aquel dia
por esta tal selua de pocos vssada
el breue camino me fue luenga via
la noche dio ffin a n*ue*st*r*a jorrnada
el du*ç*e poeta veyendo canssada
mi flaca presona mostrome lugar
debaxo du*n* arbol p*ar*a rrepossar
fasta q*ue*l alua nos ffue demostrada

ynuocacion

Flamigero apolo q*ue* alu*n*bras el mu*n*do
el tie*n*po es llegado q*ue*l tu ffauor pida
en estos desiertos del orbe profu*n*do
do cosa ninguna me es cono*ç*ida
[fol. 285v]
alu*n*bra mi sseso mi pluma conbida
por tal q*ue* esplicar algu*n*d poco pueda
de lo q*ue* flaq*ue*za de yngenio deuieda
esfuer*ç*e tu gra*ç*ia mi mano ven*ç*ida

Llamonos el dia a n*ue*st*r*o camino
q*ue* ya por lo alto se yva mostrando
dante sse mueue yo siguo su tyno
la aspera cuesta asy rrodeando
de pena y cansa*ç*io me yua q*ue*dando
mas bueluese a mi co*n* tales rrazones
q*ue* luego ven*ç*io mis fflacas pasio*n*es
con dul*ç*es palabras mi pena engan*n*ando

disgresion

Subiendo la cuesta mostrome vna boca
q*ue* al *ç*entro profu*n*do por gradas de*ç*iende
labrada por arte en la biua rroca
q*ue* q*ua*ndo mas baxa mas ancha sestie*n*de
ally dixo fijo los malos conprende
la astrea virge*n* por ley diuinal
ally q*ua*nto ellos mas tiene*n* de mal
mas ella en su ofi*ç*io rrelu*n*bra y esplende

{marginalia:[*a]strea esta es [*l]a jussti*ç*ia.}

dante toca algo del ynfierno

Ally baxo yazen los rreynos de pluto
por do me guio el sabio maron
ally son las ondas estigias q*ue* luto
no q*ui*ta*n* aquellos q*ue* mas dentro son
co*ç*ito y lecte ta*n*bie*n* flegeton
rronpen las venas de aq*ue*ste gran monte
y van al abismo buscar a caronte
adonde nauega el viejo caron

{marginalia:pluto es dios del ynfierrno.
rrios del ynfierrno.
caro*n* es marinero
del ynffierrno.}

[fol. 286r]

Ally son en ffuego los t*ri*stes thebanos
q*ue*l rreyno paterno en sy diuidieron
y fuera de ley y ligas de ermanos
los pactos la ffe la sangre vertiero*n*
atreo y tiestes y los q*ue* murieron
*ç*erca del muro q*ue* ffizo anffion
con el fulminado ssoberuio varon
pade*ç*en las penas q*ue* bie*n* mere*ç*iero*n*

{marginalia:etiocles.
poliniços.
canpaneo.}

Padeçen ally q*ui*ron y ffligias
las lapsitas tyene*n* co*n*tynuo temor
ally las sus mesas pobladas verias
mas no gusta*n* dellas por su mas dolor
ally los asirios el lleno de error
por q*ui*en fue co*n*fusa la le*n*gua en babel
el padre de mino el fijo con el
son en torme*n*tos q*ue* pone*n* terror

{marginalia:çentauros.
ne*n*brot.}

Yazen alli las tristes crines
las caras rronpidas sang*ri*entas enormes
çe*n*nidas de sierpes culebras por crines
fazie*n*do senblant*es* rrauiosos diformes
ally los juezes de sillas trifformes
sobran en penas a los q*ue* condena*n*
co*n* otros a q*ui*en los parcas ordena*n*
suertes peores y a estas conformes

{marginalia:furias ynffernales
caco/minos.
rradama*n*te.}

Son en torme*n*tos los mu*er*tos de alçides
antheo con nesso ta*n*bie*n* girion
millares de otros q*ue*l pri*n*çipe atrides
vio cabe troya seguir su pendon
[fol. 286v]
la loca soberuia la gran presunçion
de aq*ue*llos gigantes q*ue* q*ui*sso tentar
a joue la sylla del çielo vsurpar
alli se castiga*n* co*n* gran conffusio*n*

Paga sus yerros el prauo Tereo
y pasife ynfamia de todas naçidas
çilla co*n* mirra no han vn desseo
ni son dunas penas sus culpas punidas
el fiero rromano de obras perdidas
paga mas muertes co*n* la de su madre
la rreyna q*ue* en carro follo a su padre
las griegas ermanas crueles ardidas

{marginalia:[*]ro*n*.
[*fij]as de danao.}

Otros syn cue*n*ta esta*n* ynfinitos
con plagas diuersas sus cuerpos no sanos
de q*ui*en en gran copia por mi so*n* escritos
mas no me bastaro*n* la lengua ni manos
demas de gentiles de rrictos paganos
de la macometica seta ynffiel
ay alli muchos de los de ysrrael

y pie*n*sa esto mismo de n*ue*st*r*os ch*r*istianos

Torna a la materia

Ya eramos alto del todo ssobidos
q*u*a*n*do el maestro asy rrazonaua
y a vna llanura muy gra*n*de venidos
q*ue* toda esmeralda en vista sobraua
y el q*ue* mi pena continuo esforçaua
ally detras yaze me dixo el lugar
adonde las almas se van a purgar
daq*ue*llos pecados q*ue* mas los agraua

[fol. 287r]

Mas no*n* pienses tu q*ue* alla llegaremos
q*ue* ya el marq*ue*s es ffuera de pena
y no solamente aq*ui* lo veremos
libre de ffuego y de toda cadena
mas muchos daq*ue*llos q*ue*n el mu*n*do suena
q*ue*sta*n* en ynfierrno o en purgatorio
veras como ju*n*tos en gran consistorio
çelebran su vida y muerte serena

Conparaçion

Asy como faze aq*ue*l pelegrino
q*ue* va co*n* gran fe a la t*ie*rra ssanta
a q*ui*en las miserias del lue*n*go camino
la larga espera*n*ça aflige y q*ue*bra*n*ta
q*ue* vyendo la çerca gozoso ya canta
de ta*n*tos trabajos el fruto espera*n*do
a tal me falle las cosas mirando
de cuya grandeza mi pluma sespa*n*ta

escusaçio*n* a los lectores

Los baxos ynge*n*nios no pued*en* sofrir
materias muy altas ni*n* darles estilo
ni puede la flama muy mucho lozir
do ay poca çera y mucho pauilo
colgar vn gran peso de muy flaco filo
pareçe a esta obra q*ue* te*n*go entre manos
ta*n* graue a poetas los mas soberanos
y mas q*ue* ju*n*tar los bra*ç*os del nilo

amonesta a los lectores

Aq*ue*llos por ende q*ue*stays escuchando
mirad la materia no ta*n*to la forma
mirad sy se pued*en* en coplas troba*n*do
guiar los conçebtos enteros por norma
[fol. 287v]
el arte del metro me pone tal corma
q*ue* yr no me dexa bien q*u*a*n*to querria
por esto el q*ue*rer desy no conffia
y al flaco poder la mano conforma

inuocaçion

O joues que rriges por ley perdurable
las cosas criadas con çierta ordenança
y tu solo estando jamas no mudable
en todas te plaze que aya mudança
mi rrudo sentido que tanto no alcança
que cosa quentienda bien sepa mosstrar
ynplora tu graçia que faze ffablar
a quien te la pide con çierta esperança

Pues digo quen medio daquella planura
estaua vn gran çerco de palmas texido
desperna forma tendido en anchura
tal que mi vista su todo no vido
en torrno de vn rrio plaziente çennido
de agua muy clara al ver y profunda
la puerta do entramos ornada y jocunda
y dentro mas gentes que oviera creydo

Conparaçion

Segund que ya fueron en el colysseo
quel padre de tito ovo fundado
rrencles de asientos por vtil arreo
asy alli eran en distinto grado
en cada vna sylla vn onbre asentado
quel acto miraua que ally sse ffazia
en medio de todas a todas vençia
aquella del noble marques memorado

[fol. 288r]

Lector no te pienses que fuese labrada
de obra muy rrica de maçoneria
que otra lauor muy mas eleuada
en gran marauilla a mis ojos tenia
el gozo syn par tanbien que sentia
de ver al sennor que tanto la onrraua
mi vista y sentido asy ocupaua
que al sy no a el mirar non podia

las vii virtudes

Tenia el marques a su diestra mano
en rropas diuersas tres claras donzellas
las quales sy sigue el espiritu vmano
ellas leuantan mas alto questrellas
al lado syniestro las quatro çentellas
que ynfunden al onbre calor de la lunbre
por quien se guarneçe de moral costunbre
en gestos dispares estauan muy bellas

{marginalia:tres theologales.
quatro cardinales.}

las ix musas

Estauan con clio las otras ermanas
al grado primero de la rrica sylla
con ellas las artes gozosas vfanas

juntas y solas en vna quadrilla
el rresto del çerco de otra ffamilia
de abito vario y lenguas dispersas
segund lo que vya en partes diuersas
mill ojos me fueran la vista senzilla

{marginalia:las artes liberales.
prinçipes antiguos y
sabios que ally eran
de diuersas n[a]çiones.}

[fol. 288v]

admiraçion del actor

Tenia la mente mirando suspensa
en almas ylustres que non conoçia
faziendo en algunas tan larga dispensa
quel tienpo pasaua y no lo sentya
el ssabio poeta que fuera veya
la sed de saber que yo le callaua
con gesto seguro qual sienpre ffablaua
mouio su rrazon por esta tal via

Aquel que ally vees de gesto pensosso
guarnido de armas de tanta clareza
fue mas valiente que non venturoso
gloria y loor de la ffortaleza
aquel luengos tienpos sostouo el alteza
del grand ilion por sus propias manos
aquel defendio los muros troyanos
mas virilmente quen greçia sse rreza

{marginalia:este es hector.}

El otro que vees que sigue segundo
en todas sus guerras fue bien fortunado
por armas domo gran parte del mundo
y a dario vençio mas rrico que armado
el otro que vees questa laureado
es el que fizo tan alto su buelo
que a rroma sennora debaxo del çielo
dexo con el yuguo tan tan [sic] mal gouernado

{marginalia:alixandre.
jullio çessar.}

[fol. 289r]

Veras la virtud del buen affricano
quan clara pareçe en toda manera
aquel ffue salud del pueblo rromano
despues del conflito que en canas oviera
el otro cornelio so cuya vandera
cayeron las torres del alta cartago
y fizo en numançia el vltimo estrago
con otras mas cosas que liuio escriuiera

{marginalia:çipion el primero.

çipion amiliano.}

Aquel que se muestra de gran rreuerençia
que tiene aquel manto de negro vestido
ponpeo es el grande en quien la potençia
del pueblo de rroma gran tienpo se vido
veras como esta quexoso y ssentydo
del mal tholomeo yngrato traydor
padeçe verguença con sanna y dolor
que pudo vençer despues fue vençido

Mira el que tiene vn ceptro en la mano
en sylla de oro esplendido tersso
aquel çerro puertas al tenplo de jano
y fizo escreuir el grande vniuerso
cabe la su fijo varon tan diuersso
que fizo comienço en su jouentud
de amar la bondad seguir la virtud
despues en vejez salio tan rrençersso

{marginalia:otauiano çessar.
tiberio çessar.}

Veras aquel rrey de la rrica çimera
aquel fue sennor del rreyno de epiro
obro grandes cosas pero mas fiziera
sy en argos nol diera fortuna tal giro
{marginalia:piro rrey de los
epirotas.}
[fol. 289v]
aquel que pareçe ally donde miro
questa desdennoso de gesto tan fiero
beuio sangre vmana muerto en el cuero
fue rrey de persia y llamase çiro

Veras qual esta daquella otra parte
el fi de amulcar rromano enemigo
que supo y que pudo por fuerça y por arte
fazer en ytalia tan crudo casstigo
el otro que vees estar a su abrigo
es asdrubal que tarde socorre
porque al metauro claudio procorre
çerrando a fortuna la puerta y postigo

{marginalia:anibal.}

Quieres ver vno de varia ffortuna
claro a las vezes y a vezes escuro
veras marco antonio quen alta tribuna
estouo gran tienpo mas no bien seguro
el otro mançebo de hedad no maduro
que esta cabel junto es ssesto ponpeo
fuera del mundo sennor ssegun creo
sy no rrecusara fazersse perjuro

Aquel que a sus cuestas la piel del leon
tiene vestida en son tan rrobussto
mato en espanna al rrey gerion

y al fiero çentauro por quien fue conbusto
el otro mançebo de gesto venussto
es el que dio la yngrata lybrea
a ysicfile triste tanbien a medea
varon engannoso y muestrase justo

{marginalia:ercoles.
jasson.}

[fol. 290r]

Miras cabel a vn cauallero
que tyene la lança en su diestra mano
de aquel la yliade pregona de omero
mas cosas que fizo en el çerco troyano
el otro questa a el mas çercano
es el buen fijo del ffuerte tydeo
el otro que viste la toga de arreo
nestor es el viejo de seso tan sano

{marginalia:archiles.
diomedes.}

Llos dos que pareçen ally luego juntos
que tienen las tarjas de armas senblantes
fortuna los fizo en sangre conjuntos
mas en sus mugeres no muy bienandantes
son los atridas sennores puxantes
que a frigia pudieron asy desstroyr
el otro es vlixes que supo ynquerir
maneras sotiles por do fuese antes

{marginalia:agamenon.
menalao.}

Mira el gran fijo del rrey laomedon
de fijos muy claros en torrno çercado
enxenplo tan grande a todo varon
que nunca confie en gran prinçipado
veras qual esta a ellos llegado
el profugo eneas famoso por suerte
mas quen la vida despues de la muerte
y el otro que ovo a padua ffundado

{marginalia:rrey priamo
de troya.
anthenor.}

Mira vna copia fiel de rromanos
que por non sofrir su patria ssujebta
echaron de rroma los rreyes tyranos
y al çesar mataron con arte secreta
{marginalia:bruto consul
primero.}
[fol. 290v]
veras el varon de obra perffeta
rregulo atylio que quisso morir
en africa antes que a rroma beuir
diziendo palabra que no fuese rrecta

Catally silla varon ssanguinosso
catalli mario contrario en façion
veras a camilo que fue vitoriosso
de los que vençieron su misma naçion
veras qual pareçe el fuerte varon
que por no açertar en el çierto prosena
puso su braço en fuego por pena
libro su çibdad con tal pugniçion

{marginalia:nunçio çeuola.}

Ves ally junta la gloria ynperial
que vino despanna al çeptro rromano
alcantara dio almas prinçipal
sy fue de castilla el justo trajano
veras a su fijo helio adriano
prinçipe docto de ver desseosso
el padre de onorio estar glorioso
y el con arcadio asy como ermano

{marginalia:theodosio enperador.}

Veras otra suerte de prinçipes claros
a vaspasiano al pio antonino
a tyto enemigo de todos avaros
famoso en las guerras syn armas benino
a justiniano al gran costantyno
que fue a la yglesia asy liberal
por do tiene agora por mas prinçipal
su dote terreno quel culto diuino

[fol. 291r]

Mira vna flota de los consulares
fabios marçelos girracos catones
patelios los curios y los singulares
deçios camilos con los çipiones
mira vn fabriçio al qual nin rrazones
nin oro ni bienes pudieron trocar
torcato que quisso ssu fijo matar
aviendo vençido contrarias naçiones

Ves ally otro que por las espannas
con muy grand esfuerço y cabtas maneras
obro tales cosas que son por fazannas
a gentes presentes y avn venideras
sertorio sse llama de quien las carreras
sy bien aprendieran los tus castellanos
non sola granada mas los africanos
avrian espanto de ver sus vanderas

Mira el guerrero valiente lisandro
que puso en estrecho al pueblo de atenas
a turno que fizo al fijo de enandro
sentir la mas graue de todas las penas
veras al que dio las tristes esstrenas
al mostruo de creta y a las amazonas
y todo aquel rrencle de otras personas

rreales de argos de tyro y miçenas

{marginalia:palante.
thesseo.
el minotauro.}

Catalli juntos los rreyes ermanos
que por la rrobada ermana murieron
los quales dexados los cuerpos vmanos
en geminis dizen que se convertieron
[fol. 291v]
daquellos se escriue que a rroma vinieron
nunçiando la gran vitoria latina
donde al que no creyo tan ayna
de negra la barua en rruvia boluieron

{marginalia:polus.}

Veras mitridantes el gran rrey de ponto
que dio a rromanos tan grande tormenta
mira el gran xerçes que al mar del esponto
traxo la hueste de onbres syn cuenta
mira leonida que tal sobreuienta
le dio desque ovo su çena dispuesto
pues los que mas pueden conozcan en esto
quen dios esta solo la vitoria essenta

Ves ally çerca epaminunda
que fizo por thebas asi grandes cosas
y ovo fortuna contraria y segunda
que muertas sus gentes dexo vitoriosas
veras gemistodes de obras famosas
al qual su athenas tan mal conoçia
veras alçibiades que mucho podia
con dulçes palabras pendentes graçiosas

Ves aquel prinçipe armado que muestra
con barua prolixa persona tamanna
es el gran carrlos que por la ffe nuestra
llego guerreando fasta en espanna
touo el fastigio que ya en alemanna
es transferido con gran detrimento
mira los pares del dozeno cuento
de quien en las galias ay tanta fazanna

[fol. 292r]

Mira el buen duque que fizo el pasaje
ganando la tierra tan mal conseruada
do el rredentor del vmano linage
mostro la dotrina del padre enbiada
o gente christiana discorde pessada
porque su segundo en ty non se ffalla
jamas los tus ffijos enprenden batalla
sy non por la triste cobdiçia priuada

{marginalia:godofre de bullon.}

Ves aculla artur de bretanna

rrey de gran fama por su vale*n*tia
mira tristan q*ue* por justa ssa*nn*a
murio de su tyo a q*ui*en offendia
veras lança*r*ote q*ue* tanto ffazia
q*u*a*n*do co*n* muchos vino a los tra*n*çes
galaz con los otros de q*ui*en los rroma*n*çes
ffazen pro*c*esso q*ue* aqui no cabria

Catalli vn poco mas adelante
el gran baruarroxa co*n* gesto yndinado
sse*nn*or bellicosso en armas puxante
milan lo syntio q*ue* lo ovo prouado
mira asymesmo vn moro famado
q*ue* fue en bauilonia se*nn*or y ssoldan
ally de su seta algunos esstan
y el gran tamorlan entrellos armado

{marginalia:fadriq*ue* p*r*imero enperador
el ssaladino.}

Veras como estan delante la sylla
del claro marq*ue*s rreyes ffamossos
por cuyas virtudes leon y castilla
ovier*on* trihu*n*fos asaz gloriossos
{marginalia:rreyes de castilla.}
[fol. 292v]
fferna*n*dos alfonsos enrriq*ue*s gozosos
q*ue* tal cauallero espa*nn*a engendrase
de q*ui*en en el mu*n*do jamas sse ffablasse
mas q*ue* de todos los mas valerossos

Alli çerca dellos mire el bue*n* conde
don fera*n*d gonçales q*ue* fue mas valie*n*te
de q*u*a*n*to la ffama el mundo rressponde
por falta de pluma latina eloq*ue*nte
vençio muchas vezes co*n* muy poca gente
y fizo fazannas q*ue* son marauilla
por el ovo gloria y no*n*bre casstilla
mas q*ue* los rreynos de todo occidente

El ynclito çid jamas no vençido
gr[a]nd animo noble do son los mejores
veras q*u*al esta co*n* gozo ynfinido
por ver al marq*ue*s ta*n* digno de ono*r*es
ca viene syn dubda co*n* los sus mayores
del mismo linaje q*ue*l çid deçendia
por esto el marq*ue*s en metro escriuia
ssu estoria muy llena de altos loores

Otro parie*n*te q*ue* agora sse llega
veras al marq*ue*s ardid muy ossado
es el famoso q*ue* onrra la vega
q*ue*l rrio p*r*imero paso del ssalado
mira asymesmo el viejo esforçado
don p*er*o gonçalez su muy bue*n* avuelo
q*ue* fue en su muerte vn paulo nouelo
aq*ue*l triste dia jamas no vengado

{marginalia:g*o*nzal*o* rruyz de la vega
por q*ui*en se ve*n*çio la batalla de
benamari*n* y paso p*r*imero el ssalado.
la batalla de aljubarrota
de portugal.}

[fol. 293r]

Veras garçilaso su noble ssobrino
q*ue* ayer guerreaua la ynfida sseta
de tantos loores varo*n* mucho dino
a q*u*antos no basta mi lengua yndisc*r*eta
murio por desastre de vna ssaeta
delante su rrey ssegu*n*d es notorio
rrenueua la fama del claro avolorio
de q*ui*en deçendia por su lynna rrecta

Callo los otros varones armados
de ynclita ffama q*ue* aq*u*i son presen*te*s
por darte notiçia de aq*ue*llos togados
q*ue* ally se demuestran en son de çientes
ta*n*bien por ffuyr los ynconvinientes
de fabla prolixa q*ue* temo q*ue* enoja
con todo paçiente conporta esta ffoja
q*ue* presto saldremos de los ynçidentes

fabla de los ssabios

Veras qual esta el padre platon
q*ue* alço n*ues*t*r*as almas a ta*n*ta esperança
y vio por la lu*n*bre de vmana rrazon
aver otro siglo de mas bienandança
cabel aristotil q*ue* asy se abalança
sobre la esse*n*çia de cada vna espera
q*ue* supo fallar la causa primera
con muchos secretos de n*ues*t*r*a ensse*nn*ança

Socrates mira el q*u*al deçendio
del çielo a las t*i*erras la filosoffia
y entre la gente morada le dio
q*ue* bie*n* avn p*r*imero la no*n* conoçia
[fol. 293v]
ta*n*bien pitagoras q*ue* contradezia
las carrnes comer de los animantes
y dixo p*r*imero los filosoffantes
ser amadores de la ssabiduria

Zeno*n* q*ue* destoycos ffue p*r*i*n*çipal
aq*ue*l es q*ue* luego sigue en assiento
constan*te* q*ue* vn da*nn*o asy desigual
del crudo tyrano paso en agrage*n*to
mira anaxagoras q*ue* del mouimiento
del çielo y planetas tanto alcanço
estonçes mas rrico q*u*a*n*do ffallo
sus cosas venidas a mas perdimie*n*to

Mira el milessio muy ssabio tales
q*ue* al agua el p*r*i*n*çipio dio de las cossas

los çinco famosos sus colaterales
zolon q*ue*n athenas dio leyes famosas
mira theofrasto q*ue* con ssenten*ç*iossas
palabras la sabia natura acusaua
porq*ue* ta*n* breue la vida nos daua
lue*n*ga a los çieruos y aves ventossas

{marginalia:los siete ssabios
de greçia.}

Ves ally luego el pobre diogenes
libre de toda vmana cobdiçia
q*ue* al gra*n*de alixandre co*n* todos sus bienes
tovo en despreçio mas no la jusstiçia
mira demotrico el q*ua*l beneffiçia
con la ssu rriq*ue*za a sus çibdadanos
sacosse los ojos por conseruar sanos
sus pensami*en*tos de toda maliçia

[fol. 294r]

Cata enpendocles q*ue* ffilosoffando
a dios descriuio por clara ssenten*ç*ia
dizie*n*dolo espera su çentro mostrando
en todo lugar syn çircufferençia
ves ally eraclito q*ue* dixo la esençia
del anima ser de vnas çentellas
de igneo vigor q*ue* han las estrellas
y el fuego comie*n*ço de toda pote*n*çia

Veras senofonte varo*n* mucho fuerte
en obras en forma y le*n*gua fermoso
q*ue* pudo del fijo sabida la muerte
en su sacrifiçio q*ue*darse gozosso
mira epicuro q*ue*l sser virtuosso
q*ui*sso trocar en çeres y baco
veras calistenes en q*ui*en lisimaco
co*n* acto cruel se fizo piadosso

Otros podria muy muchos no*n*brarte
q*ue* alli sson del seno de ffilossoffia
sy no*n* porvenir a los q*ue* en el arte
de orar fuero*n* claros y de poessia
el çiego ffamoso de gran no*n*bradia
veslo ally ju*n*to con el ma*n*tuano
co*n* sus laureolas mano co*n* mano
contienden de gloria co*n* n*ue*s*t*ra porfia

{marginalia:homero.
virgilio.}

Ves ally tulio en q*ui*en nos demuestra
sus frutos y flores la dulçe eloq*ue*nçia
aq*ue*l es la gloria de la lengua n*ue*s*t*ra
del no*n*bre latino eter*r*na esselençia
[fol. 294v]
demostenes mira por cuya prudençia
athenas fue libre de muertes y rrobos

qu*an*do la fabla rrezo de los lobos
trayendola bien a su consequ*en*çia

Mira tanbie*n* ssentado a varron
cuyas lecturas por triste cometa
ffallar no se puede*n* en esta ssazon
fablo de los diosses co*n* pluma discreta
veras la claror del alma perfecta
del justo caton que quiso morir
en vtyca antes q*ue* a jullio seruir
ponpeo le plugo seguir y su seta

Catalli luego a publio nasson
q*ue*l arte y rremedio de amor escr*i*uio
lucano q*ue* dio el alto pregon
de lo q*ue*ntrel suegro & yerno paso
el galico estaçio q*ue*n metro canto
las hazes fraterrnas teobayda ecçele*n*te
ta*n*bie*n* la achilleyda magu*er* breuemente
porq*ue* en el camino co*n* ella cayo

{marginalia:çessar.
ponpeo.}

El padre de ystoria gran paduano
veslo do esta alli ju*n*to luego
crispio ssalustrio a su diestra mano
a la otra grodoto aq*ue*l claro *g*riego
mira valerio el q*ua*l de ssossiego
busco las fazan*n*as y dichos notables
por toda la t*ie*rra mas memorables
ya pocos dire escucha te rruego

[fol. 295r]

Mira el estoyco moral cordoues
seneca ffue*n*te de sabiduria
cuyas dotrinas el noble marq*ue*s
no syn gran fruto co*n*tinuo leya
veras el famoso q*ue* ta*n*to ssabia
en arte oratoria q*ui*ntiliano
el pobre lactançio gran firmiano
q*ue* contra gentiles ta*n* alto escreuia

Doss q*ue* modernos mi t*ie*rra engendro
el vno diçipulo el otro maesstro
fra*n*çisco petrarca q*ue* ta*n*to escriuio
el otro vocaçio veras do los muestro
mirally otro q*ue*n el rreyno v*ue*s*t*ro
fue on*br*e notable mas mal conoçido
dio a villena famosso apellido
es don enrriq*ue* mas ssabio q*ue* diestro

Veras otros doss varon*es* notables
q*ue* ayer sse partiero*n* del siglo mu*n*dano
mitras fulgentes y muy venerables
q*ue* fuero*n* grand onrra del clero c*h*ristiano
pastor fue de burgos aq*ue*l mas ançiano

y en auila el otro paçio la ssu grey
amos dotores en la santa ley
veras jua*n* de mena a su diesstra mano

{marginalia:don *alfonso* obi*s*po de bu*r*gos.
do*n* alo*ns*o obi*s*po de auila.}

Oyendo no*n*brar los claros perrlados
y el otro a q*ui*en toue yo ta*n*to damor
de lagrimas fuero*n* mis pechos mojados
soltoles la rrienda el graue dolor
[fol. 295v]
ca ver de lu*n*breras de tanto valor
en *tien*po ta*n* breue priuada castilla
creçio la *tri*steza doblo la ma*n*zilla
q*ue* ove en la muerte del noble sen*n*or

El triste açidente q*ue* asy me troco
traxo al poeta en admiraçion
co*n* la tal dema*n*da q*ue* luego mouio
ynpuso silençio a su narraçion
la nueua muda*n*ça la alteraçion
dixo q*ue* agora mostro la tu cara
sy yo no me*n*gan*n*o en ty me declara
yntrinsica pena o gran turbaçio*n*

{marginalia:[*ha]bla da*n*te al actor.}

Dixe maestro ffirio mis ssentidos
de gran co*n*pasion la dulçe memoria
de los postrimeros por ty rrepetidos
cuya virtud me fue ta*n* notoria
llore porq*ue*spa*n*na perdio ta*n*ta gloria
demas del marq*ue*s por muer*te*s te*n*pranas
rrespuso dexaro*n* miserias vmanas
por vida q*ue* alca*n*ça de muerte vitoria

Torne yo poeta sy el *tien*po consiente
y en tal petiçio*n* no soy ynportuno
q*ui*ere q*ue* vn poco mi alma contente
q*ue* pueda syq*ui*era fablar con el vno
y no q*ue*de como tantalo ayuno
delante los çibos q*ue* tanto q*ue*ria
plazeme dixo q*ue* bie*n* no sseria
honesta dema*n*da negar a ni*n*guno

[fol. 296r]

Asy co*n* la suya mi mano prendio
guiando por medio de toda la gente
ssiguiendole a paso no mucho tardo
q*ue* vy a jua*n* de mena ya claro patente
en pie leua*n*tado co*n* gesto plaziente
q*ui*so a mi guia dexar ssu lugar
rrespuso no vengo sy no ha te mostrar
a este mi amigo y tu conoçiente

Co[n]paraçion

Bien como q*ua*ndo acasso se ffallan
grandes amigos en *ti*erra estra*n*gera
q*ue* de marauilla se mira*n* y callan
y pierden del gozo la fabla p*ri*mera
assy jua*n* de mena por esta manera
mirome vna pieça fixo callando
despues come*n*ço mi bue*n* diego q*ua*ndo
partiste del mu*n*do por fin postrimera

Rrespondole luego la digna cleme*n*çia
poeta en el mu*n*do avn q*ui*ere q*ue* biua
aq*ui* dondesto contengo la esse*n*çia
q*ue* fasta la muerte jamas no se priua
mas como presona sujebta y catiua
de amor y de ffe del claro marques
dante me trae segu*n*d aqui ves
mas por q*ue* vea q*ue* no por q*ue*scriua

Conty*n*ua

Si dios en el mu*n*do amigo muy caro
por tienpos mas lue*n*gos beuir te dexara
o q*ue* poema ta*n* noble y tan claro
del claro marq*ue*s tu pluma pintara
[fol. 296v]
dixo no*n* pie*n*ses q*ue* a eso bastara
ni yo ni *per*sona del *tien*po presente
su estrema virtud su vida exçelente
yngenios latinos y griegos ca*n*sara

La lengua mouia a çiertas pregu*n*tas
muy deseosso de las ssoluçiones
q*ua*ndo las tronpas acordes y ju*n*tas
el ayre rronpiero*n* con muy nuevos so*n*es
asy mi deseo y n*ue*s*t*ras rrazones
perdiero*n* el *tien*po de yr adelante
dixomesto*n*çes asymismo dante
escucha del noble marq*ue*s los prego*n*es

Çerraro*n* las tronpas sus rroncas garga*n*tas
syguiose el syle*n*çio y todos callaron
y luego dos ninfas de las siete santas
q*ue* cabel marques se nos demostraro*n*
yguales al padre plato*n* sse llegaro*n*
diero*n*le cargo q*ue* el come*n*çase
la fama del alto marq*ue*s çelebrasse
las grandes v*i*rtudes q*ue* en el se ju*n*taro*n*

conparaçio*n*

Como maestro q*ue*ntiende dezir
en dia solepne muy alto sermo*n*
q*ue*l tema propuesto q*ue* ha de seguir
ynplora la v*i*rgen co*n* gran deuoçio*n*
asy por tal modo comie*n*ça plato*n*
humill el fauor diuino ynuocar
ynvoca las causas le q*ui*eran mostrar
p*ri*nçipio a los fechos de tanto varo*n*

[fol. 297r]

Comiença platon

Aquel que ynfinito saber demostro
en todas las cosas de su magisterio
que çielos y tierras y mares crio
y da nueua lunbre por cada emixperio
a todas sus obras da çierto misterio
a vnas eterrnas syn fin terminado
a otras a tienpo por el ordenado
al onbre de aquestas tener el ynperio

El alma de aquel crio ynmortal
a la qual dispuso diuersas mansiones
eterrnas en bien eterrnas en mal
segund lo rrequieren sus operaçiones
a los virtuosos perfectos varones
gloria en el çielo y fama en el mundo
pena a los malos en el çentro profundo
perpetua ygnominia con todos baldones

aplicacion

Pues como el ynsigne muy noble marques
primera diadema de su santillana
fue tan entero qual todos ssabes
en todo linage de virtud vmana
la justa balança de dios soberana
le otorga la vida por sienpre del çielo
que biua su nonbre por famoso buelo
quanto biuiere la gente mundana

exortaçion

[fol. 297v]

Su vida muy clara por ende se cante
en todas hedades de tanta exçelençia
aqui quien mas puede sus bozes leuante
parezca el querer do es la potençia
prinçipio nos ponen las armas çiençia
mas vayan delante el alto entender
el qual da materia do puedan correr
syn ffin ni rreposso saber y eloquençia

Este es aquel veliçes varones
a quien la diuina sabiduria
arte y natura cunplieron de dones
del fruto mas alto de filosoffia
loadle vosotros que yo non podria
asaz es quel canto vos he leuantado
ni ay cosa alguna de antes sobrado
que en sus alabanças fallar me querria

aristotiles

Como del ayre que en torrno se gira
la vista rreçibe clareza de lunbre

o como del acto quel anima tyra
el abito toma que queda en costunbre
asy del marques la gran muchedunbre
de todos los onbres pudo tomar
dotrinas muy claras por donde llegar
del ser mas perfecto ençima la cunbre

Tales milessio

Syntio por alteza de contenplaçion
por graçia del çielo en el ynfundida
grandes secretos que allarriba sson
los quales muy pocos supieron en vida
[fol. 298r]
nin cosa terrena lestouo escondida
de quantas la sabia natura crio
ca ynvestigando las causas ffallo
en todas pasando la vmana medida

ssocrates

Touo el marques guarnida ssu alma
de rrico preçio sso moral orrnamento
el qual de los viçios rreporta la palma
fuyendo de aquellos avn por pensamiento
ally la justiçia fundo ssu çimiento
son todos sus actos queriendo ygualdad
ally la prudençia mostro de verdad
guiar el nauio ssegund cada viento

zolon

En el la tenprança conpuso vn sujebto
que touo en el medio todos sus fechos
juntandolos tantos de blanco y de pryeto
quanto quedasen ni largos ni estrechos
jamas temio cosa sy non los derechos
vençio las pasiones con gran fortaleza
touo en despreçio fortuna y rriqueza
con todos los otros mundanos prouechos

pitagoras

Dan la potençia y la dignidad
a todo deleyte mas larga liçençia
muy pocos guardaron la ssobriedad
aviendo las cosas en grande afluençia
mas el marques noble de grand eçelençia
quanto mas touo poder de pecar
mas cabtamente se supo guardar
vistiendose rropa de gran continençia

[fol. 298v]

oraclito

Ninguno mostro mas clara rrazon
a todas las dudas que le fueron puestas
nin fue mas ssotil a toda quisstion

con determinadas y çiertas rrespuestas
en pocas palabras sentençias muy prestas
tenia el marques doquier que ffablaua
por çiençia y rrazon las cosas fundaua
verdad las fazya en el maniffiestas

demotrico

En todas vsso de beniffiçençia
vsso en sy mismo de yntegridad
nin su grand esstado le puso ynsolençia
ni el oluido la humanidad
vençio con virtud el agena maldad
fizo en ssy mismo vn tan nueuo tenpre
que tal cada vno le pudo ver sienpre
qual demandaua ssu actoridad

diogenes

En tienpo muy breue se pasa la vida
y en muy pocos dias se faze muy larga
el nonbre de vno por muerte se oluida
de otro el beuir la muerte no enbarga
el sabio marques teniendo gran carga
paso tan essento tan bien su carrera
que en todo la fizo y en partes entera
los muertos alegra los biuos encarga

zenon

Amo los que ovieron amor de virtud
por ella bien quiso a sus amadores
mostraron los annos de ssu jouentud
que tales serian despues de mayores
[fol. 299r]
a buenos prinçipios dio fines mejores
creçio con la hedad en el el ssaber
supo del mal el bien disçerner
siguiendo verdad ffuyr los errores

teofrasto

Segund el gran fruto que del se seguia
fuera muy bien en el enpleado
el don que sebilla a ffebo pidia
por do su beuir fue mas prolongado
pero sy su tienpo fue tan limitado
que non traspaso en gran ssenetud
asaz biue aquel que biue en virtud
el fin del saber aviendo alcançado

calistenes

Fue claro espejo de vida modessta
sus fechos dan dello gran conoçimiento
jamas fizo cossa que no fuese onessta
ni que fuese dina de arrepentimiento
yra ni amor ni aborreçimiento
non le pudieron forçar que dixiesse

palabra que liçita non pareçiesse
vençio con gran sesso qualquier mouimiento

anaxagoras

//amo// mas la çiençia que la sennoria
honrro mas que todos a los sabidores
maguer mas que todos en todo ssabia
penso saber menos que los mas menores
sy alguno le daua los dignos loores
segund mereçia su estrema bondad
fuyo de arogançia la gran liuiandad
y no los queriendo los ovo mayores

[fol. 299v]

zenoffonte

Non solamente con dichos muy buenos
dio documentos del muy buen beuir
ni menos por claros enxenplos agenos
mostro las carreras que son de sseguir
mas quanto fue visto fablar y escreuir
jamas por el bien de toda la gente
por su virtud misma lo fizo patente
sy bien en la vida mejor al morir

Enpedocles

Las cosas mas altas son menos sabidas
por esto es difiçil en ellas ffablar
maguer ay algunas que estan escondidas
que por los effectos se pueden judgar
pero sy de alguno se puede pensar
que ovo tal graçia que supo el ssecreto
del conosçimiento del dios mas perffeto
fue nuestro marques no es de dubdar

cleobolo

Todos los onbres han de natura
que quieren por buenos ser estimados
mas muy pocos fazen su vida tan pura
que deuan por tales ser rreputados
el justo marques a todos esstados
presto su virtud assy liberal
que todos le miran y tienen por tal
qual fue ssu desseo de altos cuydados

bias

Jamas cobdiçio cosa ynposible
jamas rrepitio ningun mal ageno
mostro por dotrina y fizo creyble
que solo lo honesto aquello es lo bueno
[fol. 300r]
con animo libre con gesto sereno
sufrio las mudanças de toda fortuna
fue muy mas rrico syn cosa ninguna

que todos los rricos del orbe terreno

periandro

Honrro la vejez do es la prudençia
fue çierto rreffugio de los afligidos
ovo a las leyes tan gran rreuerençia
que fueron por ellas sus pueblos rregidos
ni males dexo syn ser corregidos
nin bienes algunos syn rremunerar
a este pudieron cabdillo llamar
todos los buenos y los entendidos

chilon

Como en fablar fuyo toda mengua
por ser de ygnorançia tan grande aduersario
asy puso freno calla[n]do a su lengua
que nunca fablo syn ser neçesario
este en sus tienpos fue claro enxenplario
en quien como en norte se pudo mirar
quando y por que no es de callar
y quando sse deue fazer lo contrario

pictaco

Aquella virtud mereçe alabança
quen tienpo ninguno jamas se troco
mas firme siguio con perseuerança
los fechos loables que bien començo
pues quien en el mundo jamas se fallo
que asy continuando el bien prosiguiese
por çierto no creo fallar sse pudiese
exçebto el marques que nunca cansso

[fol. 300v]

homero

Beuio de la fuente del santo elicona
gusto la medula del dulçe ssaber
gano por estudio tan alta corona
qual rraros poetas mereçen aver
supo cantando tan bien disçerrner
los generos todos de la poessia
que yo sy biuiese a gloria terrnia
su pluma ymitando del aprender

virgilio

Canto los efectos del lento saturno
del rrutilo febo los cursos dorados
la fria luçina su gesto noturrno
los fechos de mares orribles osados
los fierros de oro y los enplomados
de la dulçe venus con que faze guerra
dexo para sienpre por toda la tierra
de sus claras obras los siglos pintados

tulio

Solos los onbres aquello que quieren
muestran por fabla rrazon y prudençia
a todo animal en esto prefieren
como criaturas de mas exçelençia
pues qual pudo ser mayor preminençia
que aquella quel sabio marques alcanço
que quanto a los brutos por fabla sobro
tanto a los onbres en alta eloquençia

demostenes

Segund fue sotil en sus ynvençiones
asy copioso en las explicar
fallo conuenibles y abtas rrazones
a toda materia que quisso tractar
[fol. 301r]
maestro de quantos sopieron ffablar
fue luz de oradores luz de ssaber
por çierto su lengua avrie menester
quien bien sus virtudes quisiesse loar

Caton

Rrigida alma de gran ffortaleza
virtud ynconcusa do vio grand estrecho
marques que vençio dolor y tristeza
varon en sus obras del todo derecho
del publico bien del comun prouecho
muy gran zelador honor de su tierra
consejo de paz rremedio de guerra
muy çierta salida a todo gran fecho

seneca

Sy es de creer que algunas vegadas
dios fable por bocas de buenos varones
y quiera las cosas que tiene çeladas
fazernos saber con nuestros sermones
no es de dubdar por muchas rrazones
quel sabio marques por mas que varon
segund fue su fabla obtuvo este don
testigos sus obras y sus gualardones

tito libio

Rrio fluente lactea eloquençia
marques cuyo estilo es gran marauilla
por cuyo rrenonbre virtud exçelençia
de muchos estrannos fue vista casstilla
o quan obligada te es la cuadrilla
de tu grand esperia que çerca ocçeano
por ty la clareza del nonbre rromano
rrespecto a la suya es flaca y senzilla

[fol. 301v]

salustrio

Paso los rromanos en toda proeza

los griegos syn falla en toda dotrina
y no fue contento con la ffortaleza
sy non la rriguiese con gran diçiplina
el alto yntelecto que es parte diuina
dio a las cosas del bien disponer
el cuerpo despues a tal exerçer
que fizo su obra mas alta y mas fina

valerio

Sy yo en el tienpo que ove conpuessto
el libro de cossas que son memorables
fallara vn marques alli luego presto
callar a los otros maguer que notables
porque las virtudes muy mas admirables
que en ellos falle estar rrepartidas
mayores las touo y mas conoçidas
mas su muchedunbre las faze ynefables

ouidio

Canto del aligero ffijo de maya
que jupiter tiene por su mensagero
canto del lugar do ninguno vaya
que pluto gouierrna y guarda çeruero
canto de neptuno el gran marinero
tanbien de los doze que son en la zona
canto del cahos bien como presona
que todo lo oviera visto primero

lucano

Las musas que el de ninno ssiguio
siguieron a el despues de varon
los tenplos de çirra y nisa que vio
ornaron su canto de gran perfecçion
[fol. 302r]
pues gozese mucho con justa rrazon
espanna la mia do el ffue naçido
que todo lo bueno del mundo escogido
en el solo fizo perpetua mansion

quintiliano

Con quales palabras marques exçelente
podre yo loar aquella presstançia
de tu claro yngenio que tan biuamente
trato de las cosas y en tanta elegançia
sentençias de oro en tanta abundançia
como los peçes y arenas del mar
non bastaria a bien ygualar
los premios eterrnos de tu vigilançia

estaçio

La çitara dulçe que orffeo tannia
que ya tantos annos estaua oluidada
perdidas sus bozes y su melodia
por culpa muy luenga de muchos guardada

el digno marques la puso encordada
en tenpre suaue qual era primero
con aquella cantaua del buen cauallero
por quien fue valençia de moros ganada

{marginalia:el çid rruy diaz.}

lactançio

Ffue alta materia de los que mas saben
de grandes ystorias luenga carrera
marques de quien todos por mucho que alaben
jamas no diran lo medio que era
de todos vmanos çeleste lunbrera
sy quanto bien del dezir sse podria
alguno dixiese por çierto diria
cossa yncreyble mas muy verdadera

[fol. 302v]

dante

A mi non conviene ffablar del marques
ni menos sus fechos muy altos loar
que tanto le deuo segund lo ssabes
que non se podria por lengua pagar
esto solo no quiero callar
por no pareçer dessagradeçido
que sy tengo fama sy soy conoçido
es por quel quiso mis obras mirar

petrarca

No fueron ssus graçias dumana gente
mas fue su virtud bien como diuina
la dulçe facundia su fabla eloquente
que a pocos el çielo largo desstina
tan clara y suaue y tan peregrina
fue que seyendo vn poco esscuchada
vn alma soberuia rrauiosa yndinada
pudiera placar vençer muy ayna

bocaçio

Por nueva manera polida graçiossa
conpuso el marques qualquier su tratado
maestro del metro sennor de la prossa
de altas virtudes varon coronado
sy a todo biuiente el ser muy letrado
meritamente pareçe muy bien
quanto mas deue a este por quien
el mundo ya queda jamas alunbrado

don enrique de villena

[fol. 303r]

Deuese aver por çierto tesstigo
quien lo que dize affirma por ffe
pues yo del marques aquesto que digo

por çierta notiçia por vista lo sse
en todas las çiençias yo pienso que fue
mas ssabio mas mixto y avn mas entero
poeta orador marques cauallero
luzero de quantos yo vy ni pensse

don alonso obispo de burgos

Las cosas diuinas oyo muy atento
con animo puro deuoto synçero
de la rreligion ffue saldo çimiento
en vida ganando el bien duradero
amigo damigo jamas verdadero
y mas en el tienpo de neçessidad
mas nunca fue visto poner amistad
syno do virtud ffallase primero

don alonso obispo de auila

Quando pensaua del bien ssoberano
o como deuiese a el preuenir
ffuyo los cuydados del siglo mundano
no menos que otros su propio morir
marques eleuado de alto ssentir
armario de toda la sacra escritura
colupna muy firme de nuestra fe pura
la muerte vençio con jussto beuir

juan de mena

Todos los siglos le seran en cargo
por las sus vigilias y gran fruto dellas
fallarlas han sienpre sin ningund enbargo
de mortalidad exentas aquellas
[fol. 303v]
el antiguedad las fara mas bellas
puesto que todas las formas desdora
asientos y sillas terrnan desdagora
eterrnos y fixos segund las estrellas

Otro ssurgia para prosseguir
la fabla daquestos asy començada
mas luego vy juntas de nueuo venir
las ninfas çelestes con otra enbaxada
en boz que de todos fue bien escuchada
dixeron o sabios quered dar lugar
que puedan de armas algunos fablar
maguer ssu çiençia non quede loada

{marginalia:la caridad.
la justiçia.}

Despues que los sabios ovieron callado
los prinçipes nobles ally çircustantes
rrueganse mucho y muy affincado
vnos a otros que fab[l]assen antess
al ffin acordados y no discrepantes
al noble priamides lo rremitieron
ni muchas escusas escusar lo pudieron

que non començase por sus consonantes

començo hector

La bellica gloria del ffuerte marques
sus fechos famosos en caualleria
son asy grandes que todos ssabes
que toda loança pareçe vazia
mas por quel callar mas yerro seria
digo tan solo que sy yo touiera
en troya tal braço jamas no cayera
mas trono de rreyes avn oy duraria

alixandre

[fol. 304r]

Los grandes peligros que son en la guerra
vençio por gran sobra de alto denuedo
marques a quien todo lo mas de la tierra
mudar nunca pudo do quisso estar quedo
a grandes enpresas corage muy ledo
enxenplo muy noble de claras fazannas
por el a su rrey las gentes estrannas
allende ganges mirauan con miedo

jullio çessar

Con animo exçelso de gloria non ssaçio
se fizo ynmortal por muchas maneras
non touo de noche la pluma desspaçio
ni el dia la espada de lides muy fieras
cubiertas de sangre dexo las carreras
doquier quenprendio la cruda batalla
pero ni por esto non menos sse ffalla
sser en clemençia sus obras enteras

çipion

A su gran virtud junto la ffortuna
mezcla que rraro en vno sençierra
y syendo dos partes tornolas en vna
por donde vençio jamas en la guerra
domo los contrarios de su propia tierra
vertiendo su sangre muy muchas vegadas
mas de quantas cosas el ovo ganadas
sola la honrra quedo su desfferra

ponpeo

Los enperadores nin los capitanes
famosos en el militar exerçiçio
nunca sufrieron asy los affanes
nin tanto fuyeron deleyte nin viçio
[fol. 304v]
soliçito y pressto vso de su offiçio
y lo quen vn dia pudo acabar
nunca al siguiente lo quiso dexar
ca muda tardança el gran benefiçio

octauiano

La enbidida vençio de sus enemigos
despues que por armas los ovo sobrado
podiendo dar muerte dexallos mendigos
guardoles la vida tanbien el esstado
fue justo syn armas y mas quando armado
no porque cosa ssupiesse tomar
pero quando touo mayor el poder
tanto a piedad fue mas ynclinado

Trajano

El gran prinçipado demuestra quien es
bien como espejo qualquiera pressona
pues mas fue la obra del justo marques
en su rregimiento que fue ssu corona
siderea justiçia quel mundo ssazona
siguio por vandera de toda virtud
esta en las armas le dio la salud
de muchas vitorias quel mundo pregona

Tito enperador

Marques muy prestante de amigos rreposo
gloria perpetua del geno vmanal
piedad esforçada esfuerco piadosso
varon de quien nunca fue visto su ygual
syn otras virtudes por muy prinçipal
de alegre franqueza notarle podemos
que non paso dia segund lo ssabemos
que no diesse joyas o rrico metal

pirro epirota

[fol. 305r]

Touo las cosas que son neçesarias
a todo esforçado prudente guerrero
y puesto que en algo parezcan contrarias
al ffin salen juntas a vn mismo sendero
fue sabio cabdillo ardid cauallero
supo las huestes muy bien gouernar
despues en las priesas asy pelear
que triste el que a mano le vino primero

anibal

Quien mas cosstante ni tanta ffirmeza
touo en sus grandes y luengas conquistas
en quien tantas mannas nin tanta destreza
ni artes de guerra jamas fueron vistas
a gentes diuersas vnidas y mixtas
con muy pocos suyos osso cometer
supo vençellas y dar que ffazer
por tienpos muy luengos a los coronistas

hercoles

A tienpos siguio las fieras saluajes

y mucho domo con grande ossadia
las seluas espesas los fuertes boscages
con duro trabajo andando vençia
sus armas sus fuerças y su valentia
mill lenguas que fablen loar no podran
nin menos me pienso dezir bastaran
de sus hedefiçios que tantos ffazia

priamo

De alta prossapia muy generossa
deçiendel marques de todo cosstado
y padre destirpe fue tan valerossa
por quien doblemente fue bien fortunado
[fol. 305v]
dexo claros fijos vn ssabio perrlado
dexo caualleros de alto corage
dexo por cabeça de casa y linage
su fijo muy noble en su marquessado

çirro

Con quanto le ffue fortuna sserena
y vio della el gesto alegre y pagado
syenpre la touo por tal y tan buena
que presto podia mostrarle trocado
por esto con alto consejo ordenado
de vna costançia de onbre muy fuerte
estouo guarnido por que ella ni muerte
non le tomassen jamas ssalteado

agamenon

Gran marauilla por çierto es penssar
quanta obidençia le touo ssu gente
como la traxo a todo mandar
amado de todos temido ygualmente
a vnos soberuio a otros paçiente
mostro su dulçura y su pertynaçia
temiendo su sanna queriendo su graçia
toda presona lestaua obidiente

archiles

Como los mansos homildes corderos
del lobo rrapaz estan temerossos
o como los gamos corrientes lygeros
rreçelan los canes que son presurosos
asy los mas fuertes y mas bellicosos
al fiero marques en canpo temian
y no solo en vista del se vençian
que avn de su nonbre estauan cuydossos

[fol. 306r]

quinto ffabio

En pocas palabras muy grandes loores
es cosa difiçil poder bien mostrar

mayormente aquellos que tanto mayores
sson quanto mas los quieren mirar
el cabto marques estremo syn par
demas de las dichas touo otra cossa
que toda cabtela sotil engannossa
del sabio enemigo supo ssobrar

troylo

Quando en el tienpo fue de mançebo
sy quisso su hedad en algo seguir
mostrauase en todo ser otro febo
en justas en gala dançar y vestir
en musica grande donoso en dezir
albergo de nobles y de jouentud
fue calamira de toda virtud
la qual nunca pudo del sse partir

ssertorio

Como los medicos dan melezinas
conformes a todas las enfermedades
asy en la guerra diuersas dotrinas
vsso segund fueron las neçessidades
a tienpos astuçias y sagaçidades
como quien mina que obra y se calla
a vezes rronpiendo por dura batalla
gentes de rreyes y grandes çibdades

camilo

[fol. 306v]

Marques vençedor muy digno de gloria
que contra fortuna por buen rregimiento
muchas vegadas es cossa notoria
obtuuo la palma de gran vençimiento
doblado nos muestra su mereçimiento
porque grandes cosas que como vençidas
yvan a dar ffinales caydas
libro por virtud de ssu perdimiento

leonida

No sespanto por gran moltitud
de hueste contraria que viese delante
do vio mas peligro mostro mas virtud
fizo a la muerte muy ledo senblante
y como al magnanimo onbre costante
ayude fortuna muy muchas vegadas
asy el marques por manos ossadas
de los enemigos quedo triunffante

nunçio ceuola

Puso la fama en muy alto preçio
obro quanto pudo por bien conserualla
touo mill vezes la vida en despreçio
como si muerto pudiera cobralla

corrio deseoso a bien enplealla
adonde vio presta la justa ocasion
mostrando de claro quel ffuerte varon
por muerte loable bien libra en trocalla

Temistodes

[fol. 307r]

Comun es a todos aquessta ssentençia
que quanto mas veen la cosa mas rrara
tanto le dan mayor exçelençia
fallarse mas tarde la faze mas cara
por esto pareçe mayor y mas clara
del alto marques la noble virtud
junto con las armas de su jouentud
la çiençia quel alma de viçios anpara

ffabriçio

En todo negoçio varon muy entero
marques todo libre de triste cobdiçia
el sol de su cursso torçiera primero
que el se ynclinara a torpe auariçia
no quisso en las guerras vsar de maliçia
mas antes de linpia y clara proeza
fue rrico vaso de rrica pobreza
cruel enemigo de toda nequiçia

Epaminuda

No ffizo el marques por odio la guerra
ni porque le plugo a otro ynjuriar
mas solo por bien por paz de su tierra
por malos vezinos daquella lançar
oyd vna cosa en el ssingular
seyendo de todos el mas esforçado
nunca quisiera jamas de su grado
a grandes peligros su gente obligar

[fol. 307v]

actilio rregulo

Plecaro marques perfecta bondad
eroyca virtud jamas no mouida
tenplo escogido de santa verdad
por luenga costunbre en el conuertida
ffe yncorrupta do fue prometida
quien dello quisiere aver los tesstigos
pregunte y demande a sus enemigos
vera como a ellos ffue mantenida

lysandro

Varon de batalla marques exçelente
duro contrario de las ssediçiones
presto rremedio al danno presente
mayor entre todos los fuertes varones
sy algund ynfortunio o persecuçiones

el tienpo le traxo en tan grandes cossas,
ellas fizieron muy mas gloriossas
sus armas y esfuerço su seso y rrazones

belissario

De quanta ssabieza vsso en los assedios
castillos y villas teniendo çercados
con quanto cuydado penso los rremedios
por donde mas presto fuesen tomados
barreras nin torres ni grandes fonsados
nin otras defensas al fin no bastauan
yndustria con arte rremedios le dauan
que nunca entre onbres fueron ffallados

[fol. 308r]

mitridantes

Pues quanto fue vmano a sus caualleros
quanto mas dulçe que otro ninguno
trataualos como a sus conpanneros
y a tal conportaua que era ynportuno
sy vio en la hueste andar de consuno
personas diuersas de varios linages
con todas fablaua sus propios lenguajes
valia por muchos no syendo mas duno

carlo magno

Terror de los barbaros tristes paganos
viril defensor de cosas ssagradas
mano muy dura a duros tiranos
escudo de gentes opresas cuytadas
sy fueran sus obras muy nobles miradas
que fizo ynpugnando o por deffension
quien quiera dira muy jussta rrazon
ovieron sus armas de sser prouocadas

ffadrique barbaroxa

El claro marques valiente guerero [sic]
touo vna cossa que pocos touieron
que mas quisso ser en obras entero
que vana aparençia como otros fizieron
los nobles estrannos que a espanna vinieron
por ver su persona de todos bienquista
mayor lo juzgaron despues de la vista
que antes por ffama pensarlo pudieron

[fol. 308v]

godoffre de bullon

Belligero noble marques essforçado
ponpa muy grande de la chrisstiandad
beldad de las armas a quien lo vio armado
virtud no loada ssegund la verdad
sy este touiera tan gran ffacultad
como algun rrey del tienpo pressente

en iherusalem y en toda oriente
pusiera la cruz en ssu libertad

el rey don fernando de castilla

Yo que primero de los Casstellanos
del noble marques comienço a fablar
mirando sus fechos mayores que vmanos
mayores loores le deuo busscar
mas como bien miro no puedo penssar
rrazones que basten a su gran virtud
y puesto que fuesen en gran moltitud
no son mas gota de agua en la mar

el rey don alfonso

De todos los onbres el mas memorable
marques cuya espada los moros syntieron
y como dire por mucho que ffable
de ty lo que todos dezir no pudieron
en nuestra castilla muy muchos ya fueron
por sus grandes fechos muy dinos de gloria
mas ante los tuyos fuyo su memoria
estrellas delante del sol se ffizieron

[fol. 309r]

El rey don enrique

Marques de gran ffama mayor en la obra
lança primera de las delanteras
que a muchos por armas fizo gran sobra
muro de todas las gentes trasseras
onrro nuestros rreynos por muchas maneras
por cosas bienfechas que son syn emienda
sy mis suçesores le dieran la rrienda
touiera castilla mas anchas fronteras

El rey don fernando daragon

Fiel cauallero marques de valor
firme conçebto de la lealtad
rrazon moderada en todo rrigor
magnifico estado armada bondad
rrazon non permite ni menos verdad
que yo de ty calle que algo no diga
fue la virtud sienpre tu amiga
y tu la su gloria en toda tu hedad

El conde fernan gonzales

Egregio marques a quien sse conoçe
por todos ventaja de gran mejoria
por çierto su mano osada feroçe
por muchas maneras loarse deuria
ardid batallante costante porffia
en nunca dar paz a los ynfieles
rronpio de los moros muy grandes tropeles
siruiendo al gran fijo de ssanta maria

[fol. 309v]

El çid canpeador

Triunfo de toda la caualleria
ynsigne marques a quien mucho deuo
muy bien por pariente loar te podria
mas en otra cossa mas justa matreuo
tus altas prohezas por donde me mueuo
dan a casstilla muy gran rresplandor
quitose contienda de quien ffue mejor
despues que naçiste con todos lo prueuo

gonzalo ruyz de la vega

Muy digno marques de todos amado
corona de todos sus nobles parientes
en tienpos mas ffuertes muy mas sennalado
que nunca vio miedo nin ssus açidentes
en el se juntaron dos cassas potentes
mendoça y la vega por grande onor dellas
por el son en fama y no solo ellas
mas todos avn los sus deçendientes

don pero gonçales de mendoça

Debdo y rrazon me mandan que calle
verdad me conbida me da que fablar
teniendo que diga no quiero alaballe
por tal que sospechas no ayan lugar
asaz es la gloria que siento en pensar
que yo fuy avuelo del noble marques
y no vanamente me piensso que es
tal que no deuo yo mas dessear

[fol. 310r]

garçilaso de la vega

Ylustre marques no fue tu virtud
a todos notoria asy como a mi
sy fize algund bien en mi jouentud
a ty den las graçias de ty lo aprendi
o quantas de vezes sennor yo te vy
en tierra de moros siruiendo a tu rrey
dispuesto syn duda morir por la ley
pues tomen enxenplo los grandes en ty

Tales palabras el buen cauallero
del tyo muy noble aviendo fablado
las santas donzellas por quien de primero
platon la su fabla avie començado
en abito y bozes que ovieras pensado
ser daquel angel que vino a maria
acordes que vna no mas pareçia
fablaron aquessto diyuso contado

{marginalia:la caridad.la justiçia.}

Todos por çierto aveys bien ffablado

mostrado que tal el gran marques era
pagastes gran debda fablando por quien
aquello y avn mas dezir se pudiera
porque sabeys todos y sabe quienquiera
que lo que dios quiso fazer muy perfeto
non puede bastar humano ynteleto
a dar los loores quan grandes quisiera

{marginalia:fablan estas virtudes.}

Pero vuestras fablas de actoridad
por obra muy llena son rreçebidas
las cosas se pagan con la voluntad
por todo las graçias vos son rreferidas
[fol. 310v]
mas pues sus loores no tienen salidas
ni los que no han dicho fallar las podran
pareçe ya como que bien basstaran
por todos las cosas aqui rrepetidas

Que como los baxos pequennos varones
por muchos loores no son mas loados
asy ni por muchas ni biuas rrazones
non pueden loarse los muy acabados
sus fechos ffamossos por mas esmerados
arriba en el çielo avran gualardon
y mas largamente que aqui dichos sson
por sienpre en la tierra canonizados

Pues sy vos plaze luego deuemos
mouer al gran tenplo sin otra tardança
al tienpo las cosas asy conformemos
que vayan camino de rrecta ordenança
y no dilatemos el alta esperança
que tiene el marques de yr al lugar
a do los electos van rrepossar
en vida que dura jamas en folgança

A esta tal fabla todos clamaron
con vn grand estruendo que al çielo subia
clarones y tronpas de nueuo sonaron
el gozo de todos ally pareçia
triunfo tr[i]hunfo todo onbre dezia
gloria y trihunfo al santo marques
trihunfo al varon que muy digno es
de angelica silla de su conpannia

[fol. 311r]

Otros dezian muy gran rrazon ffuera
que todos ffablaran los que rrestauan
por que cada vno en parte pudiera
dezir de sus graçias que muchas quedauan
otros a bozes muy altas nonbrauan
del alto marques el noble apellido
mendoça en los ayres fazien gran sonido
las aves del çielo avn sse alegrauan

Asy se leuantan de sus rricas ssillas
los claros varones questauan sentados
y fechos por orden diuersas cuadrillas
de dos en dos fueron muy presto juntados
mueuense luego a pasos contados
como los frayles en ssu proçession
y van cantando todos a vn son
cantares al noble marques dedicados

conparaçion

Quantos trihunfos la ynclita rroma
ovo en los tienpos que mas prospero
fueran con este qual vana carcoma
delante del oro quel ffuego apuro
todas las cosas quel çielo crio
que son en natura de mas exçelençia
ally las miraras en propia existençia
con otras quel onbre jamas non pensso

En ffin ya de todos yva el marques
debaxo dun rrico gran pauellon
las virgines sacras teologicas tress
çircundan en torrno al justo varon
[fol. 311v]
y las cardinales que fize mençion
van cabel juntas con gesto benigno
todas alternan y cantan en ygno
que gloria yn eçelsis senblaua en el son

Delante del yuan las ssyete artes
con varias maneras de ystrumentes
de tres en tress yuan fechas tres partes
las çiençias baylando alegres plazientes
e yo que a menudo echaua las mientes
en la dulçe vista del noble sennor
a dante me bueluo pospuesto temor
y digole aquestas palabras ssiguientes

ffabla el actor

Grande es el premio que la virtud tiene
maestro gran gloria es esta que veo
mas porque contigo no me conuiene
en mis pensamientos vssar de rrodeo
tu me conpliste sennor el desseo
cal mi sennor claro viniese a mirar
sy modo no das quel pueda ffablar
no curo de cossa de quantas oteo

conparaçion

Asy como ffaze el noble buen ayo
oyendo al mochacho fablar a su guisa
sy algo le pide faze vn ensayo
de luego negar despues da vna rrissa
sy bien la verdad mi pluma deuissa
en esta manera el ffizo comigo

despues dixo anda que yo yre contigo
mas mira que quieres y presto te avisa

Segui con la obra luego al desseo
segui al maestro que ya sse mouia
llego al marques y mirolo y veo
su gesto mas claro de quanto solia
[fol. 312r]
estoue pensoso que cossa diria
abriendo la boca temor menpachaua
al fin tal verguença tardança me daua
que destas palabras ya fize ossadia

ffabla el actor al marques

Sennor mas loable de quanto loado
mejor que pasados mejor que pressentes
en dos profesiones marques sennalado
por donde los onbres son mas exçelentes
o quanto querria que todas las gentes
supiesen tu fiesta que aqui se çelebra
por que pues tu fin nos dio tanta quiebra
dexasen los lloros criados parientes

Que nunca sennor despues que partiste
del mundo en el qual tu tanto valias
onbre en castilla biuio sy no triste
todos consumen llorando sus dias
de mi que dire que oyr no querrias
la vida rrauiosa la cuyta en que biuo
mori con tu muerte mas biuo en catiuo
mis duras congoxas mis tristes porfias

conparaçion

Como al buen ffijo al padre piadosso
mira con ojos de gran piedad
tal el marques con vulto graçiosso
libre y exento de la vmanidad
querido criado muy gran vanidad
dixo es aquessa que todos ffazeys
sy como en la vida bien me quereys
tristezas cuydados de vos dessechad

[fol. 312v]

Ninguno sse duela de mi pasamiento
ni lloren aquellos que bien me quisieron
que yo biuo rrico por sienpre contento
mejor que mis obras jamas mereçieron
pero comoquiera que tales no ffueron
la ynmenssa piedad del ffijo de dios
los rruegos de aquella que rruega por nos
del bien que tu vees tal parte me dieron

Assy rresspondido pasose adelante
quel tienpo y lugar a mi constrastaua
contento y quexosso me quedo con dante
el qual de la mano estonçes me traua

y como la gente ya caminaua
dixome anda con tienpo lleguemos
al tenplo de graçia que çerca tenemos
el qual sus bellezas ya demostraua

conparaçion

Llego la muy noble gran muchedunbre
al tenplo ffamosso de alto hedeffiçio
ffecton quando el carro pidio de la lunbre
al padre dubdado por gran benefiçio
no vio la su cassa de tal arteffiçio
ni en ella lauores de ygual marauilla
su fabrica synple su obra ssenzilla
minerua negara caber en ssu offiçio

conparaçion

Miradas ssus partes de tanta exçelençia
quede como fazel ninno ygnorante
que por su terrneza no tiene espiriençia
de cossa que vea ni tenga delante
[fol. 313r]
que mira espantado en gesto y senblante
y corre a la madre de quien mas sse ffia
asy bolui yo a mi sabia guia
pidiendo el misterio que ffuese causante

rrespuesta de dante

La gran prouidençia quel mundo dispusso
entre las cosas que ovo criadas
fformo esta cassa estonçes rrespusso
a donde las almas despues de purgadas
del ffuego no eterrno fuesen ssacadas
y en ella tomassen primero esscalon
aqui les da graçia por nueua ynfusion
que dignas las ffaze de ver sus moradas

Dentro en el tenplo ya todos esstauan
en sus convenibles y çiertos lugares
los cantos los ygnos los sones çesauan
con sus armonias atan ssyngulares
y vy ssobre quatro muy altos pilares
muy bien fabricada vna cadira
tal que dira quienquier que la mira
que vençe los rrayos diurnos ssolares

conparaçion

Non fue la colupna del pio antonino
nin menos aquella del digno trajano
de tales entalles asy determino
cortarase fidias en verlos la mano
sobrauan en vista al oro yndiano
y en cada vn pilar estaua esculpida
gran parte de cosas que fizo en su vida
el claro marques varon ssoberano

{marginalia:fidias fue vn esculpidor
de los mas famosos del mundo.}

[fol. 313v]

A la gran cadira fue luego sobido
con el las virtudes las musas y artes
ellas le ponen vn nueuo vesstido
del çielo enbiado que no destas partes
y alçan las ssiete sus siete estandartes
a todos mandando sylençio guardar
estonçe el marques comiença a fablar
escuchanle atentos de todas las partes

ffabla el marques

Dador ynfinito de todos los bienes
que partes tus graçias asy largamente
y muchas de vezes con ellas preuienes
a la justa demanda de tu buen siruiente
graçias te fago que no mereçiente
llamarme quesiste a tan alta gloria
y queda mi nonbre por firme memoria
biuo en las bocas de toda la gente

Dadas las graçias a su ffazedor
el santo marques por tales rrazones
alçaron de nuevo mayor vn clamor
no callan las tronpas ni callan clarones
y los ystrumentos fazen sus ssones
dulçe conçebto de gran melodia
tamanno plazer mi alma sentia
que puse en oluido las viejas pasiones

conparaçion

Segund en la cassa do estauan juntados
la madre y diçipulos del buen rredentor
al tienpo que fueron de graçia ynflamados
del ssanto paraclito ffuego de amor
[fol. 314r]
ssupito entro vn gran rresplandor
que toda la ffizo de gran claridad
asy ffue en el tenplo a cuya ygualdad
apolo quedara descura color

conparaçion

E no como el padre que ovo fundado
la querita rroma del qual escriuieron
que ffue de la tierra al çielo lleuado
por donde diuino llamallo quissieron
mas claro y ssereno que todos lo vieron
vy yo al marques ssobir a la gloria
no pude sseguirle mas la memoria
que dante y el ssuenno de mi se partieron

conclusion al nueuo marques

Fijo muy claro del mas noble padre
que al tienpo de oy conoçe la gente
costunbres humana que aya quien ladre
no digo el que ssabe mas quien poco ssiente
ssy al prinçipe ssabio de vida exçelente
no pude ni supe loar en mas grado
quien ffuerça me fizo me ffazescusado
amor y criança tal yerro consiente

deo graçias

[fol. 314v]

[ID0269] HH1-57 (314v-345v) (378 coplas)

Vita christi trobado por ffrey ynnigo
de mendoça a rruego de donna
juana de cartagena su madre

Aclara sol diuinal
la çerrada niebla escura
quen el linage vmanal
por la culpa paternal
desdel comienço nos tura
despierta la voluntad
endereça la memoria
por que syn contrariedad
a tu alta magesstad
se cante deuida gloria

Aquella gran conpassion
aquel amor entrannal
que por nuestra ssaluaçion
fizo sofrir tal passion
al tu ffijo natural
aquella bondad diuina
que lo forço a ser onbre
emiende lo que senclina
en esta carrne mezquina
a ofensar el tu nonbre

Los altos mereçimientos
daquella virgen y madre
y los asperos tormentos
que sufren por ty contentos
los que te tienen por padre
y la vitoria famossa
de tus martirios pasados
malcançen por que la prosa
de tu vida gloriossa
escriua en metros rrimados

Dexemos las poessias
y ssus mussas ynuocadas
porque tales ninnerias
por vmanas ffantasias
sson çierto chimerizadas
y viniendo a la verdad

de quien puede dar ayuda
a la sola eternidad
que mana sienpre bondad
gela pidamos syn duda

No digo que los poetas
los pressentes y pasados
no ffagan obras perfetas
graçiosas y bien discretas
nin sus rrenglones trobados
mas afirmo sser error
perdonen sy bien no fablo
en su obra el trobador
ynvocar al dios de amor
para seruiçio al diablo

[fol. 315r]

San gregorio acusado
por que en çiçero leya
en espiritu arrebatado
fue duramente açotado
pressente dios que dezia
ssi piensas queres christiano
segund la forma deuida
o que pensamiento vano
eres tu çiçeriano
pues ques çiçera tu vida

Con todo non rrefuyamos
lo que la rrazon ordena
mas tal tenplança tengamos
que la cabtela ssygamos
que nos mostro juan de mena
alinpiandola por via
que toda fuera ell escoria
de la dulçe poessia
tomemos lo que nos guia
para llegar a la gloria

Asy que la ynvocaçion
al solo eterrno se faga
que yspira en el coraçon
y le da la discriçion
quanta y quando sse paga
pues do comienço a la obra
en nonbre daqueste ssolo
de quien todo bien se cobra
dexada toda çocobra
de venus mares y apolo

Por la culpa cometida
por el que quisso ofenderte
o bondad tan syn medida
tu diste muerte a tu vida
por darnos vida sin muerte
o justiçiera piedad

o piadossa jusstiçia
fartaste la trinidad
saluaste la vmanidad
sobraste nuestra maliçia

Eternalmente engendrado
tenporalmente naçido
eternalmente ordenado
para sernos enbiado
tenporalmente venido
eternal gouernador
de las cossas eternales
por saluar al pecador
vestiste ynmortal sennor
la carrne de los mortales

O çiega natura vmana
cuan baxos son tus seruiçios
segund que sienpre te mana
desta bondad soberana
la fuente de benefiçios
ca te fizo de no nada
doctada de fermosura
y mas despues de criada
por rreparo de tu errada
sse te ffizo criatura

[fol. 315v]

En la virgen sin manzilla
syn ayuntamiento alguno
o graçiossa marauilla
que lengua podra dezilla
ni de mill cuentos el vno
fforçada de caridad
encarrno el fijo de dios
o quan nueua nouedad
parir con virginidad
y conçebir syn ser doss

De nuestra noche candela
de nuestras cuytas abrigo
de nuestra virtud escuela
de nuestras graçias espuela
freno de nuestro enemigo
muerte de nuestra tristeza
vida de nuestros plazeres
arca de nuestra rriqueza
fuerça de nuestra flaqueza
corona de las mugeres

De los culpados perdon
graçia de los perdonados
de los tristes conpasion
julepe de perfecçion
triaca de los culpados
nuestra torre de omenage

claro sol de nuestro dia
a ty el alto mensage
fue traydo por el page
que te dixo ave maria

Con cuya santa vision
ssaltero toda tu cara
porque forma de varon
jamas en tu abitaçion
de mirar se acostunbrara
o paso cuan de notar
do tal dotrina sensenna
quen todo tienpo y lugar
deue la virgen esstar
sospechosa y çaharenna

Con temor de la maldad
del viçio que aqui no nonbro
en tan flaca vmanidad
sienpre la virginidad
este la barua en el onbro
que las que quieren guardarse
densuziar tan linpio nonbre
asy deuen ençerrarsse
que puedan marauillarse
quando vieren algun onbre

La estopa no esta segura
en fablas con los tizones
la virginidad no tura
en la muger que procura
las fablas con los varones
fuylla que no esperalla
tal guerra de mi consejo
do valen menos sin falla
los arrneses de misalla
que las armas del conejo

[fol. 316r]

La liebre por no encouarse
a vezes pierde la vida
la virgen por demostrarse
avemos visto tornarse
de virgen en corronpida
por salyr de la barrera
muchos mueren locamente
la virgen mucho plaçera
es ynposible que fuera
no quiebre el asa o la frente

Ca dina sy no saliera
a ser de gente mirada
ni de ser virgen perdiera
nin menos por ella fuera
tanta sangre derramada
bersabe sy se lauara

do no la viera dauid
ni el con ella pecara
ni su marido matara
con mano agena en la lid

De la fermosa tamar
su ermana de absalon
leemos por se apartar
a solo dar de yantar
a otro su ermano amon
ser del dicho amon forçada
y con grande abiltamiento
luego presto desechada
causa de la cual errada
ffue su neçio apartamiento

Es vn gr[a]çioso partido
el que traen todas ya
de traer por apellido
y las mas dellas fengido
primo aca primo aculla
pues sy debdo tan çercano
a tamar fizo burrlarse
es vn consejo muy sano
con el mas lexos que hermano
ni con el nunca apartarse

En achaque de nuestra ama
ssegun es nuestra castilla
la muy parentera dama
quen la cama quen la fama
sienpre rreçibe manzilla
ca o çiega o pierdel tiento
fasta dar consigo menguas
o rreçibe detrimento
en la fama o casamiento
con lo que dizen las lenguas

Por lo qual deue esquiuar
con esquiuo continente
la donzella por casar
el parrlar y el cartear
del pariente y no pariente
pero la virgen donzella
en quien tales adamanes
fallan buena cara en ella
desdestonçe ffiad della
vn buen sacro [sic] dalacranes

[fol. 316v]

Pues cunbre de las mejores
del fijo de dios morada
madre de los pecadores
tornemos a los amores
de que fuste rrequestada
quando de rrodillas puesto

el paje que a ty venia
con gran sosiego de gesto
en sson de varon modessto
te saludaua y dezia

Dios te salue virgen llena
de la graçia de dios padre
o virgen por culpa agena
ssabete que dios ordena
de rreçebirte por madre
de cuya parte te digo
estas nueuas plazenteras
nuestro ssennor es contigo
y te rrequiere comigo
pues te quiere que le quieras

Eres bendita muger
entre las mugeres todas
mas mas bendito ha de ser
el fijo que ha de naçer
destas exçelentes bodas
ca este ssera llamado
ffijo del muy alto rrey
segund ffue profetyzado
deseado y esperado
y prometido en la ley

Con tanta nueua a desora
o virgen y no mannera
tu color sse descolora
tu descolor se colora
tu alma toda se altera
y rrebuelue la humildad
en el jussto coraçon
vn temor de yndignidad
por la baxa vmanidad
y la grandeza del don

El mudar de la color
en el rrostro virginal
ha publicado el temor
al discreto enbaxador
de la exençia diuinal
el cual con ynspiraçion
alunbrado desde susso
con vna dulçe rrazon
de propia conparaçion
declara lo que propusso

Tu quedaras tan entera
de la prennez del ynfante
cual queda la vedriera
quando en ella rreberuera
el ssol y pasa delante
que la dexa en aquel sson
que la ffallo quando vino
pues asy syn corrubçion

sseras de la encarnaçion
daqueste verbo diuino

[fol. 317r]

La mata que vio en su vida
syendo pastor moysses
abrasada y ençendida
de biuos ffuegos ardida
mas toda verde despues
la puerta que vio çerrada
ezechiel el profeta
al[c]ançen de tu morada
cualquier rrastro o pisada
de toda dubda secreta

La marauilla mostrada
en la verga de aron
aquella huerta çerrada
aquella fuente ssellada
de que fabla ssalamon
y la dulçe profeçia
de ysayas y ezechias
o santa virgen maria
rreyna de todos y mia
atajen nuestras porfias

En la vitoria canpal
que rreçibio gedeon
despues daquella sennal
de la luuia çelesstial
en la ora y en el vellon
quando en tinajas de tierra
fue la lunbre secrestada
fasta el tienpo de la guerra
o virgen toda ssençierra
la verdad de tu enbaxada

Pero como tu temor
no andaua titubando
sobrel poder del ssennor
mas congoxosa de amor
por saber el como y quando
creydo lo prinçipal
preguntas de lo açessorio
la rrepuesta de lo cual
dexa el paje angelical
al eterrno conssistorio

Y lo que mas entre todo
altercauades los dos
era disputar el modo
como se puede de lodo
fazer ssayo para dios
y tanbien otra quistiòn
difiçil ardua y escura
como puede syn varon

fazersse generaçion
pues no lo sufre natura

Ya las dubdas rremontadas
metidas dentro en el çielo
por aves tan esmeradas
boladas y porffiadas
mas no vençidas de buelo
entramos luego a la par
ffezistes lo que dire
a mas no poder bolar
baxastesvos a ffartar
al ssennuelo de la ffe

[fol. 317v]

Do temiendo creysste
o virgen a la enbaxada
y creyendo rrespondiste
rrepuesta por do saliste
del fijo de dios prennada
o flaco ssseso vmanal
aqui no çiegues despanto
que sy fue carnel metal
las manos del ofiçial
sson del espiritu santo

O marauillosso ssy
que cuajo tal casamiento
ca syendo dicho por ty
o sennor cunplasen mi
ssegund tu prometimiento
encarrno en ese punto
la persona ffilial
el como no lo pregunto
pues no se puede trasunto
ssacar deste original

Tan gran cosa como fue
es locura escodrinnalla
la cossa que çierto sse
basta creella por ffe
sy mas no puedo alcançalla
por ques vna conclusion
que san geronimo nos muestra
que la fe no ha gualardon
a do la vmana rrazon
por sus pasos nos adiestra

Por que la diffiniçion
de la fe lector que crees
dize quel diuino don
sobre toda discreçion
es creer lo que no vees
pues quien busca dentender
cossa que tanto le ssobra
sera tan loco a mi ver

como quien quisso ffazer
la babilonica obra

Ca por lo poco que alcança
nuestro ssesso deleznable
no era justa ordenança
de posseer la folgança
de la gloria perdurable
ni la diuinal essençia
ynfinita puede sser
sy con vmana espiriençia
nuestra finita çiençia
la puede conprehender

Mas abasta ser creyda
en tanto que la misseria
desta miserable vida
nos tiene el alma vestida
daquesta gruesa materia
por aquel don gratuyto
cuyo nonbre fe llamamos
que nos guia el apetito
a dar en medio del fito
syn que su blanco veamos

[fol. 318r]

No curemos dotra arenga
syno que la vissta çiega
sy por algo que conuenga
a mirar lexos se aluenga
estonçes muy menos llega
y queda tan mal librada
daquesta loca porffia
que despues en sy torrnada
apenas puede ver nada
ni lo poco que antes vya

Assy la vista desmaya
deste ssesso natural
quando comete o ensaya
de pasar algo la rraya
de la flaqueza vmanal
con aquel lasso desseo
que erro el sebiliano
y con aquel deuaneo
que se perdio manicheo
y ffue dannado arriano

Pues solamente digamos
lo palpable quentendemos
lo otro que no alcançamos
firmemente lo creamos
pero no lo esscodrinnemos
bien consiento que a las oras
las rrazones naturales
en son de disputadoras

aleguen por valedoras
pero no por prinçipales

Pues con vn justo temor
al pressente me despido
por no venir en error
de buscar cosa mayor
de quanto tengo el sentido
mas es sola mi entençion
en estos groseros rrimos
de contar la saluaçion
que por tu vida y pasion
los vmanos rreçebimos

Sy neçessario es çimiento
para que la obra asyente
para tanto ssacramento
como es tu naçimiento
rrazon esta que çimiente
y no ssiento cual mejor
en ningund metro ni prosa
pueda poner trobador
que çimiento de loor
de tu madre gloriossa

En el mar de tu exçelençia
o virgen nuestra abogada
la mas creçida prudençia
la mas prudente eloquençia
como corcho ençima nada
en espeçial en aquel
fondo pielago syn suelo
do fue tu vientre batel
que nos traxo emanuel
cuando nos vino del çielo

[fol. 318v]

O santo vientre bendito
cuanto de ty yo magino
y todo quanto es escrito
es cuanto lieua vn mosquito
de muy gran cuba de vino
que nunca le ffaze mella
avnque beua cuanto pueda
sy mill vezes entra en ella
el sale borracho della
mas ella llena se queda

Y con todo su beuer
no acaba las espumas
asy contigo a mi ver
es corto nuestro entender
y nuestras lenguas y plumas
espeçial en el ssecreto
de tan alta encarnaçion
que cuando en el mentremeto

sy por la manga lo meto
sale por el cabeçon

O fecho tan ssoberano
o cosa santa diuina
con quien nuestro seso vmano
es asy como aldeano
metido en rreal cortina
que se altera y se demuda
y se turba de verguenna
y avn le toma a vezes duda
y muchas vegadas cuda
sy lo vee o sy lo ssuenna

O muy alto sacramento
de nuestro dios encarnado
en quien nuestro entendimiento
nin sabe do esta el çimiento
ni puede ver el tejado
y con quanta çiençia aprende
y se desuela y trasnocha
quanto mas lexos sestiende
tanto de ty sabe y aprende
quanto el asno ques melcocha

O cabo de nuestra pena
çimiento de nuestra gloria
o tu sola sienpre buena
llaue de nuestra cadena
causa de nuestra vitoria
manzilla de los dannados
del purgatorio consuelo
carrera de los errados
faznos bienaventurados
pues eres rreyna del çielo

Que todo linage deua
loar tu gracia ynfinita
podemos traer por proeua
aquella culpa de eua
que por tu causa se quita
porque sy tu no parieras
al justo fijo ssuaue
ni tan exçelente fueras
ni la puerta nos abrieras
do tu fijo era la llaue

[fol. 319r]

Gozo de los gerarchias
de nuestras tinieblas luz
madre de nuestro mexias
tu que mas parte ssentias
de las penas de la cruz
tu que virtud exçelente
ouiste para ssoffrillas
fazme sennora eloquente

por que las llore la gente
para que ssepa dezillas

De sus entrannas vençido
por nuestro propio ynterese
y de las tuyas ssalido
para ser muerto naçido
por quel muerto rrenaçiese
con ssobra de pobredad
tu fijo ssegund se ley
luego en su natiuidad
ffue puesto por omildad
entre vn asno y vn buey

La muy alta sennoria
daqueste ffijo de dios
que tanto rressplandeçia
en el lugar do yazia
con los animales doss
que si el sol sse cotejara
con este santo luzero
tan diforme se fallara
como la fermosa cara
en el espejo de azero

Que pensauas que dezia
en aquel tienpo y sazon
la madre virgen maria
mi gran seso no podria
rrecontallo al coraçon
la su alma lo adoraua
su discriçion lo temia
su sentido se alteraua
quando ser dios contenplaua
el fijo quella paria

O tan çelestial muger
que en el mundo mereçio
syn dexar de virgen sser
ver de si mesma naçer
al mismo que la crio
cuan dino de sser loado
es el vientre de tal madre
do quiso ser encarnado
el mismo dios engendrado
eterrnalmente del padre

O fijo de dios eterrno
quien piensa tal desuario
que syendo ninno tan tierrno
en lo peor del ynvierrno
no estauas muerto de frio
mas aquel fuego de amor
en el portal de belen
tescalento rredentor
que despues cuando mayor
te mato en gerusalen

[fol. 319v]

Qual estauas quien te viera
çercado de rressplandor
con quien presentesstouiera
para ser sy sser pudiera
pesebre de su sennor
pues llorad fieles varones
en esste duro comienço
la durez de los vigones
la falta de los colchones
y laspereza del lienço

La conpassion de natura
llorad y la de bondad
con que la virgen procura
denpannar ssu criatura
llagada de piedad
y mientra lo esta enboluiendo
llorad a josepe el viejo
que quebrantado muriendo
anda el pecador barriendo
aquel pobre portalejo

O muy alta probedad
de la santa paz ermana
casa de tranquilidad
y arca de ssanidad
aquesta sufre de gana
de la cobdiçia enemiga
de los prodigos cadena
de los omildes amiga
a los viçiosos fatiga
a los buenos mucho buena

O medeçina ssecreta
de muchas enfermedades
o tu fissica tan neta
que con muy poca dieta
sanas mill contrariedades
es tu purga muy amarga
mas presta que nos destienpre
el alma nos dessenbarga
de la peligrossa carga
que nos mata para ssienpre

Eres verdad abiltada
y desechada entre nos
de los angeles amada
despues que ffuste casada
en el pessebre con dios
do el frio ffue padrino
y la hanbre la madrina
las rropas de grueso lino
y los colchones de pino
y de barro la cortyna

Do ffueron los conbidados
a çenar que no a yantar
los benditos nueue grados
de angeles confirmados
que ya non pueden pecar
los cuales con alegria
cantauan en alto grado
la boz y la melodia
y los tenores maria
las contras ssu desposado

[fol. 320r]

Eran todas las cançiones
daqueste ssuaue canto
omildes adoraçiones
muy altas contenplaçiones
de rrezien naçido santo
y la madre del ynffante
con alegre coraçon
antes que ninguno cante
ella començo delante
a cantar esta cançion

Adorote magesstad
en la tierra y en el çielo
porque tu ssola bondad
ha tomado vmanidad
de mi tu sierua en el suelo

Adoren todos agora
la bondad tan soberana
que de la mas seruidora
ha fecho mayor sennora
de toda la carrne vmana
acatando en mi omildad
desde su trono del çielo
que por su sola bondad
rreçibio vmanidad
de mi su sierua en el suelo

otra cançion

Adorote dios y onbre
ffijo del eterrno padre
que sienpre virgen y madre
me diste por sobrenonbre

Que por tu sola clemençia
quantos vinieren de nos
virgen y madre de dios
me diran por exçelençia
loando tu santo nonbre
daran graçias a tu padre
porque soy virgen y madre
de ty fijo dios y onbre

otra cançion

Eua de ffin a su lloro
tu adan sey syn cuydado
porque yo pari el tessoro
con que sseras delibrado
de la pena del pecado

Gozense de tanto bien
los ssantos questan contigo
quen el pesebre esta quien
vençera vuestro enemigo
por luçifer vos lo digo
non cures de aver otro oro
que yo he parido el tesoro
con que seras delibrado
de la pena del pecado

prosygue

Loando lo que dezia
la virgen nuestra sennora
la primera gerarchia
con toda su conpannia
la carrne del ninno adora
y despues de adorado
todos a vna prosiguen
[fol. 320v]
con vn son muy rrepossado
en vn canto bien flautado
las cançiones que se siguen

Esstas son las marauillas
que dios se sabe hazer
que por rreparar las sillas
que trastorno luçiffer
es naçido de muger

El qual ynfante engendrado
con diuinal poderio
poblara lo despoblado
del lugar questa vazio
por el primer desuario
todos puestos de rrodillas
le confessamos dios sser
rreparador de las sillas
que trastorno luçiffer
es naçido de muger

otra cançion

Bendiçion y claridad
honor y gloria y virtud
a la ninna jouentud
y vieja diuinidad

Loores y mill merçedes
a esta virgen donzella
pues nos ha parido ella
aqueste ninno que vedes

que puebla nuestra çibdad
y obra nuestra ssalud
con su ninna jouentud
y vieja diuinidad

otra

Cantad todos los vmanos
con esta torre y consuelo
pues tenes entre las manos
el paraysso del çielo
en vn cuerpo dun moçuelo

Pues tenes la puerta abierta
de la çelestial morada
y tenes la culpa muerta
que ouisstes heredada
por la primera errada
ya soys fechos cortesanos
de nuestra corte y conssuelo
pues tenes entre las manos
el paraysso del çielo
en el cuerpo dun moçuelo

prossigue

Ya callados los cantores
de cantar desta manera
las cançiones de loores
de los ssabios trobadores
de la gerarchia primera
todos ellos juntamente
començaron de adorar
con tal habla y continente
cual acostunbra la gente
cuando alçan al altar

[fol. 321r]

Ffecha la adoraçion
con vna cara jocunda
començo en su oraçion
toda la congregaçion
de la gerarchia segunda
en tal orden rrepartidos
y sus bozes conçertadas
que nunca oyeron oydos
en tan diuersos sonidos
cançiones tan acordadas

Y leuanto ssan miguel
con vna boz soberana
capitan de ysrrael
y agora despues del
de nuestra gloria christiana
las cançiones que tenia
sacadas de cançionero
daquella sabyduria

quen el pesebre yazia
tornado manso cordero

ssan miguel

Tu eres nuestra corona
tu obras nuestra memoria
que tu diuina pressona
subiras a nuestra gloria
los onbres con tu vitoria

Tu as de judgar el mundo
y de los linages doss
lançaras en el profundo
el que cayo dentre nos
porque sygualo con dios
y sera nuestra matrona
esta virgen syn escoria
y tu diuina presona
sobiras a nuestra gloria
los onbres con tu vitoria

otra

Con tu vista açidental
o infante rreçebimos
mayor gozo general
que jamas nunca sentimos
despues que te conoçimos

Y aquel espeçial plazer
que de vida nos guarneçe
ni lo podemos perder
ni jamas nunca falleçe
ni menos mengua ni creçe
mas despues destesençial
en este portal sentimos
mayor gozo açidental
que jamas no rreçebimos
despues que te conoçimos

otra

O miraglosa bondad
o ynfinito poder
quien te puedengrandeçer
segund es tu mereçer

Ca nuestras bozes finitas
tienen ffinito loar
mas merçedes ynfinitas
no se nos dexan tomar
syno ssolo de notar
desta cabssa en la verdad
[fol. 321v]
el mas creçido entender
ha de loar tu bondad
con fabla dengrandeçer
por el tu gran mereçer

prosigue

Quando los cantos çesaron
desta ssegunda conpanna
los terçeros allegaron
quen su gesto semejaron
lindos pajes dalemanna
por la cual hermosa grey
vna tal grita sse faze
biua dios y biua el rrey
quentre vn asno y vn buey
en este pesebre yaze

La cual grita se ssono
fasta dentro a los ynfiernos
y luego que ssacabo
esta gente rrepartio
sus bozes todas en terrnos
y despues que conçertaron
sus cantos y menestriles
primero luego adoraron
y tras esto começaron
estas cançiones gentiles

cançion

Sy tu grandeza despide
el cabo de te loar
esta mesma nos conbide
a jamas nunca çessar
de te seruir y adorar

Lo mesmo que nos arriedra
con freno de no poder
eso mesmo nos ençienda
a muy mas te conoçer
y querer amar y onrrar
pues a todos nos enrride
a cantar y no acabar
lo que mesmo nos despide
de nunca poder ffallar
el cabo de te loar

otra

O primero y postrimero
criatura y criador
dios y onbre verdadero
tu moriras en madero
por saluar al pecador

Tu seras cruçificado
pero despues que murieres
el linbo sera rrobado
el çielo todo poblado
con los que tu rredimieres
mas agora de primero
que tu forçado de amor

dios y onbre verdadero
moriras puesto en madero
por que biua el pecador

prosigue

Los nouenos mas perfetos
y de mas alta rralea
seraffines muy discretos
que los diuinos ssecretos
juegan sienpre de bolea
[fol. 322r]
con onessto continente
acabado el canto todo
cantaron muy dulçemente
este rromançe ssiguiente
en vn muy suaue modo

rromançe

Gozo nuestro en el ssuelo
en el linbo alegria
ffiestas hagan en el çielo
por el parto de maria
todos canten alabanças
de tan miraglosso dia
todos adoren y loen
al ynfante que naçia
fagan todos grandes graçias
a su padre que lo enbia
y tanbien al santo esspiritu
que dellos doss proçedia
y a la virgen donzella
de cuyo vientre ssalia
o marauillas de dios
quien rrecontarvos podria
los diuinales misterios
de alta ssabiduria
el eterno criador
criatura sse ffazia
la tenporal criatura
al fijo de dios vesstia
de palpable carne vmana
la cual nunca dexaria
con la qual puesta en la cruz
al onbre rredimiria
y despues de rredemido
al çielo lo ssobiria
y en el mas exçelso trono
de todos lo asentaria
ado con la trinidad
para sienpre rreynaria

prosigue

Acabadas las cançiones
& ya çesados los cantos

puestas en sus proçesiones
las magnificas legiones
daquestos angeles santos
y despues de despedidos
de la madre y del infante
con alegres alaridos
supito fueron ssobidos
a la gloria do eran ante

Quedaron aca en el suelo
en la cassa pobrezilla
aquella rreyna del çielo
aquella nuestro conssuelo
virgen madre syn manzilla
y el viejo despossado
y aquel ninno diuinal
en aquel portal onrrado
que pudiera ser llamado
paraysso terrenal

Do estauan tan pobremente
y con tan estrecha mengua
que de piedad la gente
les diera de buena mente
cuanto pidiera su lengua
[fol. 322v]
mas el pobre verdadero
rredentor onbre ssegundo
menospreçiando el dinero
por mostrarnos el minero
del menospreçio del mundo

Pues la su cama qual era
en solo pensallo peno
vna dura pesebrera
vigones por cabeçera
y por colchones el heno
y estaua con tal affan
nuestro santo sacro ninno
que syn duda del podran
dezir de aquel rreffran
como galgo en el escrinno

Ay de vos enperadores
de vos rreyes poderosos
ay de vos grandes sennores
que con agenos ssudores
tenes estados ponposos
o grandes cuan de notar
es a vos lo del pesebre
o pobreza singular
quien te puede contenplar
que su ssoberuia non quiebre

Segund esta pobredad
ay de vos enrrique el quarto
avnque con gran libertad

do sentys neçesidad
rrepartis tesoro harto
mas lexos vos fallaran
daquesta suma pobreza
pues hartos no tienen pan
y en segouia mostraran
oçiosa harta rriqueza

Guay de vos nuestro primado
o don alonso carrillo
porquel hazer dell estado
vos haze muy alongado
del pesebre pobrezillo
vuestros costosos manjares
vuestros francos benefiçios
a las presonas seglares
son virtudes singulares
mas en el çielo son viçios

Y a bueltas destos doss
avnque soys del rrey bienquisto
tanbien duque guay de vos
que fazeys rropa de dios
aforrada en ihesu chrissto
no curemos de dubdar
quen el pesebre conporte
no tener que cobijar
el que quiso conportar
que digays vos tal en corte

Y fablando en general
de todos los grandes guay
pues todos andais con mal
[fol. 323r]
y de temor vmanal
quien rreprehenda no ay
o brocados malgastados
en la haldas de las duennas
cuando los descomulgados
van al ynfierrno dannados
por vnas debdas pequennas

Traes truhanes guarnidos
de brocados y de sseda
por vnos locos perdidos
mas quien les da sus vestidos
por çierto mas loco queda
y muchos santos rromeros
por que no dizen donayres
por la mengua de dineros
andan desnudos en cueros
por los canpos y los ayres

O dolor digno de lloro
que a los discretos lastimas
cuan mal gastado tessoro
cobrir las paredes doro

de sseda las cortinas
y los pobres lazerados
muestran las carnes al çielo
perseguidos maltratados
andan los tristes cuytados
syn abrigo nin conssuelo

En galas y conbidar
que se gasten diez mil cuentos
pues al tienpo del jusstar
vayan sastres a cortar
y rrastren los paramentos
y las doblas a montones
que baylen por los tableros
mas las santas rreligiones
que pasen çien mill pasiones
por falta de limosneros

O ssennor y cual bondad
detiene la tu jusstiçia
o sennor cual piedad
detiene la crueldad
que mereçe tal maliçia
mas mucho temo ssennor
que tu sanna mas sannossa
es dexar al pecador
turar mucho en el dulçor
daquesta ponpa engannosa

Avnque parezca en aquesto
del proposito apartarse
daquel ynfante propuesto
quen el pesebre fue puesto
tenblando por calentarsse
pero pues su pobredad
agora me da ocassion
quiero dezir la verdad
del peligro y çeguedad
daquellos que grandes son

[fol. 323v]

Que nunca falta en la tienda
de cualquier estado grande
cobdiçia para que prenda
luxuria para quençienda
soberuia para que mande
desta sola copla mia
pueden claro conoçer
que ponpossa ssennoria
por gran miraglo seria
ffuyr de no sse perder

Concluyo por acortar
que al que rrenta sobrepuja
es muy peor de saluar
que vn camello dentrar

por vn cabo dun aguja
pues non son palabras mias
que las podays rreprouar
mas son de nuestro mexias
que dixo en aquellos dias
cuando nos vino a saluar

Pues lo del viçio carnal
digamos enoramala
no bassta lo natural
que lo contranatural
traen en la boca por gala
o rreyno los que testragan
tu fama con su carcoma
pues que los ayres te dannan
y los angeles senssannan
quemallos como a sodoma

Sy ffuese tynta la mar
y los peçes escriuanos
era miraglo contar
cuantos fizo condenar
la luxuria en los vmanos
aquesto ssolo ssentid
que non basta discriçion
ni coraçon a la lyd
do firieron a dauid
mataron a ssalamon

Y sy ha de ser perdido
este rreyno y destroçado
porque segund es leydo
todo rreyno en si partido
tyene de ser despoblado
a que gente ssendereça
la culpa bien claro es
pues quando el onbre tronpieça
los ojos de la cabeça
han la culpa y no los pies

Y por estas ocassiones
tan presstas para caer
a poderosos varones
mas vale no tener dones
mas vale grandes no ser
mas vale poco tener
porque quando el alma bote
es çierto que ha de sser
cual la costa del comer
tal la paga dell escote

[fol. 324r]

Por aquesto el rredentor
causa de nuestra ssalud
en portal de labrador
de bestias ques lo peor

començo en ssu jouentud
en lo cual mirad que fablo
nos mostro dotrina tal
que para fuyr al diablo
es mas seguro ell establo
que non la cassa rreal

ffabla a los caualleros

Que aprouecha caualleros
este tessoro que ssobra
pues todos vuestros dineros
quedan a los herederos
cuando la tierra vos cobra
o cobre tan engannosso
por que mas seamos çiertos
cuanto eres mentyroso
digalo algund poderosso
de los mas çercanos muertos

{marginalia:don pedro giron.}

pregunta al maestre

Cauallero de gran rrenta
por darnos auisamientos
di sennor quando ell afruenta
que libraste de la cuenta
de los tus catorze cuentos
por que tal cosa podres
contarnos sennor maestre
que tu ermano el marques
asy se emiende que despues
satanas no lencabrestre

Maestre de calatraua
en quien todos adorauan
di la congoxa en que estaua
tu alma quando miraua
a los que talan y cauan
por quel temor nos derrueque
con el gran exenplo tuyo
y al duque de alburquerque
hara quiça que no peque
mas menospreçie lo suyo

E oyendo la sentençia
daquel juyzio derecho
nuestro conde de plazençia
mirara mas su conçençia
que lo ha fastaqui ffecho
& ya de algo syquiera
faga la cuenta con pago
y le tienble la contera
y no piense que es la vera
pasar el onbre aquel trago

Al tienpo que pareçiste

antel justo consistorio
guay de ti maestre *tr*iste
sy de a*qu*el no mereçiste
ser juzgado a purgatorio
q*ue*n los fuegos ynfernal*es*
sy alla estas lo ssabras
tanpoco somos ygual*es*
q*ue* a las almas maestral*es*
pone*n* diez tizon*es* mass

[fol. 324v]

rrespo*n*de el m*aestr*e
de calatraua

El marqu*es* de s*an*tillana
llama bie*n*aventurada
aqu*e*lla vida villana
q*ue* lo q*ue* come lo gana
luchando con *e*l açada
o cossa tan verdadera
q*ue* la pobreza es atajo
por cuya senda sy fuera
en paraysso estouiera
co*n* muy peq*ue*n*n*o trabajo

Es muy peligroso est*r*ado
el q*ue* gouierna fortuna
aca despues de ffinado
mill vezes lo he fablado
co*n* don aluaro de luna
porq*ue* los grand*es* beuir
no pueden syn mil rreçelos
pu*es* al *tien*po del morir
osar vos he yo dezir
q*ue* parte*n* con hartos duelos

Que harto fuy exçelente
en *e*l rreyno de casstilla
sen*n*or de la mejor gente
y rreynaua enterame*n*te
desde toledo a sseuilla
ssen*n*or de harto tesoro
muy viçioso de muger*es*
mas aca do agora moro
soy ssen*n*or de tanto lloro
cua*n*to alla fuy de plazer*es*

Pues e*n* dar los ob*i*spados
era yo ssegu*n*do papa
y por los tal*es* pecados
sson agora los perrlados
ob*i*spos despada y capa
mas a ta*n* pocos perdona
esta muerte vniuerssal
q*ue* cuando me vino en p*er*sona
ni me valio su corona

ni mi cruz maestral

fabla el m*aestr*e co*n* do*n*
aluaro de luna

Estotro ta*n*bie*n* tenia
sobrado ma*n*do y moneda
cua*n*to en el rreyno q*ue*ria
en aq*ue*l sson sse ffazia
q*ue*n escalona y maq*ue*da
mas todos sopist*es* q*uan*do
ese v*uestr*o mu*n*do ffalsso
torno en suen*n*os su ma*n*do
pregonado y degollado
ençima du*n* cadafalsso

Avnq*ue* segu*n*d q*ue* murio
este gra*n*de de q*u*ien fablo
la v*er*guença q*ue* ssufrio
muchos rrenglon*es* rrayo
del escrito del diablo
mas yo q*ue*n prosperidad
rreçebi la cruda muerte
antes de la vegedad
despu*es* de la moçedad
en el peligro mas fuerte

[fol. 325r]

Yo *tr*iste soy de llorar
yo *tr*iste soy de doler
yo *tr*iste soy de mirar
p*ar*a nu*n*ca conffiar
en el mu*n*dano plazer
ay creedme pu*es* q*ue* sso
çirugiano acuchillado
q*ue*n este lugar do esto
el q*ue* alla mejor libro
esta muy peor librado

Segu*n*d la mala conçençia
de tal*es* gra*n*des estados
bie*n* se puede dar se*n*tençia
q*ue* tiene*n* sola aparençia
de ch*r*istianos bautizados
por aq*ue*stos co*n* la g*ue*rra
pestile*n*çia ayu*n*ta dios
pu*es* los frutos *de* la *ti*erra
sino se emie*n*da q*u*ien yerra
ayudara*n* a los doss

Por lo q*u*al daq*u*i os aviso
co*n* entran*n*as de dolor
q*ue* quien quiere el parayso
ha de fazer como fizo
en el pesebre el ssen*n*or
desnudar la voluntad
de las cosas desta vida

y la santa pobredad
la hanbre y desnuydad
amallas muy sin medida

Ca sy yo pobre biuiera
mal gouernado y mal quisto
sy en el pesebre estouiera
sy las pisadas siguiera
daquel pobre ihesu crissto
ni yo tesoros touiera
ni tesoros me touieran
ni syn tesoros muriera
ni mis tesoros perdiera
ni tesoros me perdieran

Y sy con amarga cara
la triste muerte sufriera
y despues que la tragara
sobrella non me quedara
que llorando padeçiera
tormentos ynconparables
tiniebras llamas fatiga
dolores ynumerables
pero si son perdurables
no quiere dios cos lo diga

rresponde el actor al maestre

Segund essto cauallero
tu muerte y la de los tales
bien vos dize quel dinero
deue ponerse al tablero
por los bienes çelestiales
pues ihesu nuestro ssennor
enbuelto en tan pobres pannos
tanbien dize quel mayor
deue tornarsse menor
para fuyr de tus dannos

[fol. 325v]

El actor a los caualleros

Con desdonados rrenglones
no quiero seros prolixo
o poderosos varones
sy mirays bien las rrazones
quel sennor maestre dixo
conoçeres la verdad
de la engannosa locura
de vuestra prosperidad
y conoçida acosstad
a la parte mas segura

{marginalia: [*lo]s caualleros.}

da remedio a la ssoberuia

Y la ssoberuia dexad

pues que naçimos yguales
para alcançar homildad
al pesebre vos atad
entre los dos animales
que daquella perffeçion
diuinal marauillossa
alcançareys algun don
espeçial a petiçion
de la virgen gloriossa

a la luxuria

Si vuestra humanidad
ençiende biua çentella
contenpla la breuiedad
de la su vil suziedad
y la luenga pena della
y la presençia diuina
daquel angel cos aguarda
y con esta melezina
lo podreys matar ayna
por mucho rrezio que arda

a la cobdiçia

La cobdiçia me pareçe
bien ligera de amatar
al que piensa sy adoleçe
y adoleçiendo ffalleçe
que no ha nada de leuar
y que por mandas que ffaga
sy no lo da quando biue
despues que so tierra yaga
las menos vezes se paga
dentro del agua sescriue

Pasemos de los ssennores
quel angel dellos pasado
es ya ydo a los pastores
pobrezyllos pecadores
a do estan con su ganado
andemos ayna andemos
con congoxosso desseo
por que a tal ora lleguemos
que todos juntos cantemos
gloria yn eçelsis deo

[fol. 326r]

Corramos po[r] ver syquiera
aquella gente aldeana
como sespanta y altera
por ver de nueua manera
en el ayre forma vmana
diziendo con gran temor
el vno al otro tenblando
cata cata juan passtor
yo juro a mi pecador

vn onbre viene bola*n*do

rrespo*n*de el ot*r*o

Ya lo veo juro a mi
di q*ue* pueda q*ue*llotrar
q*ue* del dia en que naçi
nu*n*ca yo tal cossa vy
ni pastor deste lugar
daca y vamos mi*n*guillo
antes q*ue* aq*ue*l nos vea
nu*est*ro poco a poquillo
por tras este colladillo
vamos dezillo al aldea

dize el otro

Cata jua*n* bien lo q*ue*rria
mas esto ta*n* pauorido
q*ue* mudar no*n* me podria
segu*n*d es la medrossia
q*ue*n el cuerpo ma metido
y ta*n*bie*n* si mie*n*tra vamos
bola*n*do desapareçe
cata jua*n* dira*n* q*ue*ntramos
o q*ue* borrachos estamos
o q*ue*l sseso nos ffalleçe

Pues amos q*ue* juradiez
bie*n* sera q*ue* no ffuyamos
mas q*ue* ssepamos q*u*ien es
por q*ue* podamos despu*es*
jurar como le fablamos
q*ue* no*n* puedo maginar
agora ffabla*n*do a veras
q*ue* onbre ssepa bolar
sy no es jua*n* esscolar
q*ue* ssabe dencantaderas

Mientra estaua*n* alt*er*ca*n*do
con vn rrudez ynoçente
llego el angel rrelu*n*bra*n*do
y començoles cantando
a dezir muy dulçemente
alegria alegria
gozo plazer syn dolor
q*ue*neste preçiosso dia
q*ue*dando virge*n* maria
ha parido al saluador

Es ya v*uest*ra vmanidad
por esste ffijo de dios
libre de catyuidad
y q*u*ita la enemisstad
dentre nosot*r*os y vos
y v*uest*ra muerte p*r*imera
co*n* su muerte sera muerta
y luego q*ue* aq*ue*ste muera

en el çielo vos esspera
a todos a pue*r*tabierta

[fol. 326v]

Y por q*ue* no lo dubdeis
partid con esta sen*n*al
q*ue* cua*n*do a bellen llegueis
luego al nin*n*o fallareis
en vn pobrezillo portal
[   ]
o varones sin engan*n*os
vereys en carrne vmanal
la pressona ffilial
enpan*n*ada en viles pan*n*os

El angel q*ue*ssto dezia
angelical mchedu*n*bre
sse llego a su conpan*n*ia
y canta*u*an a porffia
co*n* çelestial dulçedu*n*bre
las eternas marauillas
de la bondad ssoberana
el rreparo de sus sillas
el lauar de las ma*n*zillas
de toda la carrne vmana

dizel ot*r*o pastor

Minguillo ea leua*n*ta
no mestes mas en e*n*pacho
q*ue* segu*n*d esste nos canta
alguna cossa muy ss*an*ta
deue ser este mochacho
y veremos a maria
q*ue* jura hago a mi vida
q*u*iça le pregu*n*taria
essto como ser podria
q*ue*dar virge*n* y parida

A buena ffe salua digo
q*ue* puedes asmar de ta*n*to
q*ue* sy no fueses mi amigo
a llano fuesse contigo
segu*n*d q*ue* tengo ell espa*n*to
q*ue* oy a pocas esstaua
de caer mue*r*to en *e*l suelo
cua*n*do ell onbre q*ue* bolaua
viste como nos canta*u*a
q*ue*ra dios este moçuelo

Y no puedo estorçijar
de lo q*ue* tu jua*n* as gana
q*ue* tu bie*n* fuste a baylar
cua*n*do te lo ffuy rrogar
alla a las bodas de juana
mas lieua alla el caramillo
los albogues y el rrabe

con que ffagas al chiquillo
vn huerte ssonagudillo
y quiça yo baylare

Pues luego de mannanilla
tomemos nuestro andelinno
y vaya en esta çesstilla
puesta alguna mantequilla
para la madre del ninno
y sy estan alli garçones
como es dia de domingo
fazme tu juan de los sones
que sabes de ssaltejones
y veras cual anda mingo

[fol. 327r]

Por ende daca vayamos
quede a pascual el ganado
mas cata sy alla llegamos
quentremos juntos entramos
questo muy amedrentado
ca ssegund el enbaraço
y medrosia y pauor
que con aquel ssu collaço
ouimos todo menbaço
de yr delantel ssennor

Andouieron y llegaron
segund les era mandado
y entraron y miraron
y toda verdad fallaron
quanto les era contado
y tanto sse alteraron
de la vista del infante
que despues quando tornaron
palabra no se hablaron
hasta donde estauan dante

Por la pobre conpannia
del santo ninno naçido
o gloriosa maria
por el gozo deste dia
con rreuerençia te pido
que me hagas tal encuenta
daqueste ffijo ssuaue
quen la ora dell afruenta
yo muy pecador le sienta
piadoso y ffauorable

Avnquen estillo grossero
contando como naçiste
contamos sennor cordero
aquel mensaje primero
quen tu tierna hedad sofriste
por conplir la ordenaçion
del rrey que estableçieras

por dalle consolaçion
al buen viejo symeon
que ante le prometieras

Por que de tu homilldad
nos quedase exenplo y modo
que no por neçessidad
pues tu santa vmanidad
estaua linpia del todo
ni por la virgen bendita
de la carrne ynfiçionada
agena librada y quita
por la graçia ynfinita
que la touo rreseruada

Sobre la conçebiçion
por exçelentes dotores
muy disputada quistion
es por nuestra rreligion
entre los predicadores
sobre la cual salamon
en sus cantares por prosa
contrastando ssu opinnon
llamala con gran rrazon
amiga toda hermossa

[fol. 327v]

Pues por pequenna çentella
quel dicho sabio fallara
de algo manzylla en ella
no todo mas algo della
lo quera linpio loara
mas el todo lo escriuio
syn fazer cosa partida
claramente nos mostro
que toda pura naçio
y linpia fue conçebida

Para vençer su porfia
saluo el juyzio mejor
harto bastarles devria
conoçer ssennora mia
queres madre del sennor
tal çeguedad desigual
cual lengua osa dezilla
que presona diuinal
tomase carne vmanal
de la carrne con manzilla

No se sy saben los tales
que los sabios han escrito
que nunca fueron yguales
secretos angelicales
con aquel don gratuyto
y si los dones mayores
siguen sienpre a lo mejor

yo no se como sennores
llaman linpios los menores
y no linpia la mayor

Y puesto que la verdad
asi estouiese escura
mas çercano a la bondad
es esplicar la fealdad
que afear la fermosura
cual jamas no fue pensada
el fijo de dios casado
o gente desuariada
que afeays la enamorada
de que dios fue enamorado

Ca por ella deçendio
a lo mas baxo de nos
pues por ella dire yo
que por ella se subio
a lo mas çerca de dios
pues conoçe pecador
que por mucho que se alaba
aquesta preçiosa flor
la obra de ssu loor
es la que nunca sacaba

Es çierto gran neçedad
el que tyene al rrey ayrado
no ganar la voluntad
mas tomar enemistad
estonçes con el priuado
o freyle predicador
daqui comiença a tenblar
que aquel dia del temor
aquel justo juzgador
ella lo ha damanssar

[fol. 328r]

Para su tienpo y ssazon
desechada esta disputa
veamos en conclusion
aquella çircunçisssion [sic]
en que modo sesycuta
y como quando el cochillo
rronpe la carne diuina
el ninno llora en sofrillo
el viejo tienbla en oyllo
la madre toda se fina

Quando la muger paria
en aquel tienpo pasado
sy ninno varon naçia
en el tenplo lofreçia
para ser çircunçidado
segund el ordenamiento
de la ley & judiysmo

el cual çircunçidamiento
estonçes por sacramento
les valia por bautismo

La bestia mal enfrenada
que no tiene boca buena
para bien ser sojuz[g]ada
es menester la baruada
deslauones de cadena
mas la bestia que se omilla
a lo que su duenno manda
bien abasta corregilla
con muy pequenna varilla
pues tiene la boca blanda

Asi la conpanna cruda
judayca de mala boca
que fue sienpre cabeçuda
en son de la mas sesuda
las mas vegadas mas loca
syn baruada deslauones
con la cual tartaleaua
a vezes de ocupaçiones
otras vezes de quistiones
nunca ssalio enfrenada

Ante sy los dios tratara
con la mano blanda ssola
ni tanto les estrujara
que despues tanto montara
el freno como la cola
mas ssegund la ternezura
destas gentes porfiosas
dauan la sinple ffigura
en la ley de escritura
çirimonias trabajosas

Por la culpa original
daquel pecado de adan
a este pueblo carrnal
mando dios en espeçial
primero por abrahan
por espeçial pugniçion
de la culpa del pecado
quel que naçiesse varon
fuese por çircunçision
de la tal culpa alinpiado

[fol. 328v]

Asigna dos causas por donde nuestro sennor
no era obligado a la çircunçission

Mas tu ssennor obligado
no eras aquesta ley
por no ser enfiçionado
en el tienpo engendrado
y por ser diuino rrey

saliendo de linpia madre
esta materia vmanal
syn la culpa paternal
pues no oviste onbre por padre

Pero tu que deçendisste
a nos ser entero exenplo
avnque no lo mereçisste
como vmano sofrisste
çircunçidarte en el tenplo
por cohonder la maldad
daquellos a quien aplaze
o alta diuinidad
con cuan perfeta bondad
obra las obras que faze

Del varon ançiano en dias
pero muy mas en virtud
conoçiendo que venias
o verdadero mexias
dador de nuestra salud
esforçado en tu ayuda
avnque su vejez lo priue
corriendo sale syn duda
y con el ana biuda
que profetiza y escriue

Salieron hasta el portal
al dicho tenplo los doss
por ver sennor general
la tu carrne vmanal
onbre dios fijo de dios
quien no saliera por ver
onbre dios sin padre onbre
quien no saliera a saber
como parto puede sser
teniendo virginal nonbre

Y entre tantas marauillas
cuales yo no siento quien
pueda saber dezillas
finco el viejo las rrodillas
y la biuda asy tanbien
el viejo ffuera de ssy
con la sobra del conssuelo
los ojos puestos en ty
començo dezir assy
el coraçon en el çielo

nunc dimitis

Agora dexas ssennor
en la tu paz y sosiego
al tu sieruo pecador
agora ya criador
siquiera muerame luego
pues que ya mis ojos vieron

mis sentidos adoraron
a quien nunca mereçieron
al que sienpre te pidieron
al que fastaqui esperaron

[fol. 329r]

El cual delante la cara
de todo el pueblo pareçe
el cual sy no encarnara
la carne no se ssaluara
que tu adan condenesste
mas la boz rresplandeçiente
deste nuestro emanuel
y saluador diligente
alunbra toda la gente
del su pueblo disrrael

ffabla symeon

Y tu su madre esscogida
para tan grandes coronas
cuales son ser conoçida
por parienta no fingida
de las diuinas presonas
ca tu eres thessorera
de todo nuestro rremedio
tu fijo [   ]
y el tu fijo despues era
y madre de la den medio

Para el tienpo que vernia
apareja esfuerço fuerte
porquel ninno que naçia
tu alma traspasaria
con cuchillo de su muerte
en el cual tienpo yo sse
que muerto el onbre segundo
ternas tu sola la ffe
como el arca de noe
los pobladores del mundo

Acabada su rrazon
y leuantado el viejo
aquel ançiano varon
de conplida perffeçion
daquel eterno conssejo
tomo su cultren la mano
para le çircunçidar
o rredentor soberano
qual fuel coraçon vmano
que tal pudo conportar

esclamaçion del autor

Este cultre symeon
vn poco solo deten
que no consiente rrazon

pasar syn esclamaçion
vn tan esmerado bien
o preçiosso rredentor
o diuinad encarrnada
que dire yo pecador
de tan aspero dolor
en carrne tan delicada

Mejor sera que no fable
y llore amargosamente
pues mi culpa abominable
çircunçidada y culpable
çircunçida al ynoçente
o loable curador
nueuo modo de natura
que pasasel criador
sobre sy todo dolor
por saluar la criatura

[fol. 329v]

O viejo de vieja hedad
viejo de viejo rreposso
viejo de vieja homildad
o viejo de actoridad
o viejo tan virtuoso
o viejo cuan viejo eres
esperando aquestos bienes
o viejo pues como quieres
dar ya fin a tus plazeres
con esse cultre que tienes

rresponde

La mas vieja discreçion
mas viejamente lo mira
que mala es la conpasion
por la qual la saluaçion
de todo el mundo se tyra
que la culpa cometida
de nuestro padre primero
no puede ser rredemida
syn ser la carrne ferida
daqueste santo cordero

Con vn tan triste dolor
qual su gran lloro me muestra
el viejo con gran temor
te çircunçido sennor
por la culpa sola nuestra
y la tu madre sagrada
con la sangre que corria
ençendida y ensannada
enbeuida y alterada
al santo viejo dezia

llanto de nuestra sennora

De dolor muy rrazonable
o rrazon muy dolorossa
o viejo muy venerable
buscame lengua que fable
que por metro que por prosa
mi tormento y mi cuydado
mi pasion tan desmedida
cual dolor desordenado
del fijo çircunçidado
quel alma me çircunçida

O llorad amigas mias
la breuiedad de mi gozo
pues a cabo docho dias
ya yo so sin alegrias
y mi gozo es en el pozo
he maqui proffetizada
segund este viejo canta
y atanto ffatigada
perseguida y pasionada
cuantos me tenes por santa

Todos cantan mi plazer
todos mis gozos escriuen
y por mas me enobleçer
la mas bendita muger
me dizen de quantas biuen
mas la que pudo escuchar
lo que tu viejo dexisste
puedese mejor llamar
la mas llena de pesar
la mas de las tristes triste

[fol. 330r]

Mas sy por la trinidad
esta ya ordenado assy
con su grande magesstad
conformo mi voluntad
por ende vamos daqui
y asi juntos vinieron
al portal do en la mannana
a rreçebirte ssalieron
y alli sse despidieron
de ssimeon y de ana

Aquesto todo acabado
ofreçio de su fazienda
aquel josep despossado
mucho viejo y muchonrrado
dos palominos dofrenda
que de pobre no podia
ofreçer aquel cordero
quen la ley sse contenia
lo cual solo sentendia
a los que tienen dinero

conparaçio*n*

Quales son los co*n*batie*n*tes
cuando presos destroçados
q*u*ales va*n* las tristes gentes
q*u*ando dexan los parie*n*tes
en la ygle*s*ia enterrados
co*n* aq*u*el mismo llorar
co*n* aq*u*el dolor y ssan*n*a
vieras partir a yantar
co*n* gemir y ssospirar
aq*u*ella santa conpan*n*a

el actor a los c*h*ri*s*tianos

Conoçed dessconoçidos
abaste ya lo passado
o pecadores naçidos
o onbres adormeçidos
en el suen*n*o del pecado
conoçed la rreuere*n*çia
q*u*en su mesma ley dios muestra
co*n*tenplad la obidie*n*çia
de su venir en presençia
y llorad la poca vuestra

O castellana naçion
llena dabominaçiones
o c*h*ri*ss*tiana rreligion
ya de cassa de oraçion
fecha cueua de ladro*n*es
o mu*n*do todo estragado
co*n* gentes endureçidas
o parayss*o* oluidado
o te*n*plo menospreçiado
o rreligiones perdidas

Venid a çircu*n*çidar
no la carrne q*u*es vedada
mas las obras de maldad
la peruersa volu*n*tad
en tie*n*po no bie*n* gastada
clerigos las symonias
las fuerças los caualle*r*os
los frayles yproq*u*esias
las viejas hechizerias
los rrobos los escuderos

[fol. 330v]

Circu*n*çiden los logreros
las sus vsuras dan*n*osas
y los frutos los dezmeros
çircu*n*çiden los plateros
las alq*u*imias engan*n*osas
lo q*u*e escogen lo q*u*e piden
do neçesidad no sienten
los traperos çircu*n*çiden

no las varas co*n* q*u*e miden
mas las le*n*guas co*n* q*u*e mie*n*te*n*

Çircu*n*çide*n* los ssaluajes
el su vellaco deporte
los galanes y los pajes
no çircu*n*çiden los trajes
q*u*e bien cortos so*n* en corte
ta*n*to q*u*e sy se rronpiessen
las calças canda*n* de fuera
no se co*n* que se cubriessen
sy como ada*n* no pusiese*n*
vna hoja de ffiguera

Çircu*n*çiden las justiçias
aq*u*el su graçiosso trato
los letrados las maliçias
y los viejos las cobdiçias
conformes al ladro*n* gato
los cortesanos sus rrallos
jurame*n*tos y promesas
deue*n* ya çircu*n*çidallos
cua*n*do esta*n* muy fue*r*tes gallos
delante las portoguesas

Çircu*n*çiden las muge*r*es
aq*u*ella llama ençendida
aq*u*ellos locos traeres
aq*u*ellos lieues plaze*r*es
q*u*e a vezes cuesta*n* la vida
çircu*n*çiden las orejas
por tal modo y por tal arte
q*u*e no oyan las conssejas
de las falsas malas viejas
q*u*e viene*n* de mala parte

O mo*n*jas ta*n*bie*n* deuedes
vosotras çircu*n*çidar
aq*u*el parrlar a las rredes
aq*u*el rronper de paredes
aq*u*el negro cartear
aq*u*ellos çumos y azeyt*es*
q*u*e hazen el cuero tierrno
aq*u*ellos vanos afeytes
//aq*u*ellos torpes deleytes//
cuyo ffin es el ynfierrno

Y los viçios de sus greyes
çircu*n*çiden los perlados
y çircu*n*çiden los rreyes
el q*u*ebrantar de las leyes
por amor de los p*r*iuados
y el p*r*iuado verdadero
çircu*n*çide este rresabio
no sea mas lissongero
a su rrey q*u*e ffue co*n* nero
n*u*est*r*o sseneca gran sabio

que faga el rey guardar
iiii coplas de mingo rrevulgo

[fol. 331r]

Y çircunçide Casstilla
el atreuerse del vulgo
contra la perra justilla
que visste en la traylla
del pastor mingo rrevulgo
sy no pues abarruntado
que no esta la perra suelta
veredes como priado
nunca medrara el ganado
ni el pastor a la buelta

Justilla non sale ffuera
ay guay de nuestro hato
por que mala muerte muera
tenerme a la otra ffiera
perra de gil arrebato
o nigligente pastor
çircunçidenle el ssuenno
que en el dia del dolor
fasta el cordero menor
te hara pagar su duenno

Pues la prudente sennora
guay desta nuestra morada
çiega esta la pecadora
enloqueçida a dessora
que ya no tasca ni nada
o cuytado rrabadan
entrete mala semana
que todas las comeran
las ouejas que aqui estan
sy la perra non sana

Aserilla desmayo
guay pastor otra no queda
que dizen que adoleçio
porque del agua beuio
de burgos de la moneda
ques vn agua que enpacha
a qualquiera que la acata
y tiene otra peor tacha
que como vino enborracha
y jamas la sed amata

oraçion en nonbre de la sennora donna juana

Rredentor pues que quesyste
que por mi te atormentasen
en el tienpo que ssofrisste
por mi pecadora trisste
que asy te çircunçidassen
por el dolor que a dessora
sentiste y syntio contigo

la virgen nuestra ssennora
te pido yo pecadora
que sienpre more comigo

ffeneçe la çircunçision

Y todos çircunçidemos
todo cuanto nos alexa
de la gloria que sabemos
al punto que la alcançemos
ser libres de toda quexa
por que los glorificados
nunca sienten perjuyzio
o cuan bienaventurados
los asy çircunçidados
son el dia del juyzio

[fol. 331v]

El ofreçimiento de los rreyes

Dicho tu primer tormento
a nuestro claro mirable
aquel alto adoramiento
aquel ssabio entendimiento
no esta rrazon que se calle
que lo[s] tress rreyes vinieron
de la parte oriental
con la mas fe que pudieron
te adoraron y ofreçieron
como a ssu rrey diuinal

rreprehende a los [   ]

O cuan gran rreprehension
para los tienpos dagora
o cuan poca deuoçion
daquesta nueua naçion
sy el ssennor no la mejora
de tanta tierra paganos
vinieron por le adorar
y los nuestros castellanos
no quieren salyr dufanos
desde su cassa all altar

Pues a su gran confusion
escuchen tales ffieles
con que amor de coraçon
de tan estranna rregion
vinieron los ynfieles
por camino no ssabido
sin poner duda ninguna
o amor tan ençendido
dar tres rreynos en oluido
por ver vn ninno de cuna

Vinieron con sus presentes
con vna santa porfia
a ser entre los biuientes

los tres primeros creyentes
saluo jossep y maria
trayendo por guiadora
fasta llegar a betlem
aquella estrella que agora
se les escondio a desora
çerca de jerusalem

O caridad tan sedienta
con tres rreyes exçelentes
ni estas harta ni contenta
mas andas toda hanbrienta
por tragar los ynoçentes
escureçes a la estrella
con vna auarienta gana
por que fallados syn ella
entienda nueua querella
la enbidia erodiana

Conparacion

Quales con el mar ayrado
sse congoxan los pilotos
sy esta el çielo estrellado
publicando ssu cuydado
lloros promesas y votos
cuales andan los guerreros
quando ell adalid es muerto
syn tyno por los oteros
estos christianos primeros
tales andauan por çierto

[fol. 332r]

Como entraron los reyes en iherusalem

Mas ya negando del çielo
la primera claridad
syendo forçado consuelo
del rremediarse del suelo
entraron en la çibdad
por tan grandes poblaçiones
ni quien sepa los caminos
asy los sabios varones
que declaran las quisstiones
de los saberes diuinos

Conparaçion

Estauan los moradores
boca abierta y alterados
como estan los labradores
cuando en cas de los sennores
miran los pannos brocados
los menudos ssespantauan
los letrados se corrian
los sennores sensannauan
cuando ellos les contauan

el rrey nuevo que tenian

Esta nueua nouedad
de la nueua marauilla
a doss onbres de actoridad
mando la comunidad
que fuesen luego a dezilla
a la presona rreal
en el palaçio do estaua
porque la nueua era tal
que primero y prinçipal
a su alteza tocaua

Cuando a erodes rrecontaron
estos dos enbaxadores
como tres rreyes entraron
y a gran priesa demandaron
aquellos mas ssabidores
sy por ventura ssabian
el lugar do era naçido
vn ynfante a quien venian
queran segund que dezian
el mexias prometido

Conparaçion

El rrey quessta poderoso
leuantarsele rrey nuevo
cuanto les muy doloroso
y quanto le es peligrosso
con nuestro enrrique lo prueuo
que puede ser buen tesstigo
cual es causa de bolliçio
quieres saber lo que digo
que dize ques tu enemigo
el onbre de tu offiçio

Deste tal temor se altera
herodes y sse demuda
y quiere buscar manera
como el dicho ninno muera
por quitar sospecha y duda
y pensando de engannar
a los que yuan a buscalle
enbiolos a llamar
so color de se ynformar
del ninno para adoralle

[fol. 332v]

Los quales luego en entrando
todos tres en general
como discretos mirando
que deue dexarsel mando
al gallo en su muladal
fincaronsse de rrodillas
y las cossas preguntadas
començaron a dezillas

con las nueuas marauillas
que les eran rreueladas

El vno dellos dezia
a los fijos de abrahan
ssegund que se contenia
en aquella proffeçia
del buen profeta balan
ssegund lo profetizo
jacob antes que finase
el estrella avn les mostro
aquel ebrayco ssylo
que su pueblo gouernase

Esta sentençia primera
el segundo confirmara
diziendo que çierto era
que vna virgen pariera
el ninno que ssesperara
en el modo que ysayas
mucho antes escriuiera
de la virgen y ezechias
que pariria al mexias
la virgen quedando entera

El terçero y postrimero
prueualo por daniel
ser ya naçido el cordero
el mexias verdadero
en el pueblo disrrael
el cual sobresta rrazon
profetizo çessaria
la saçerdotal vnçion
cuando el mas santo varon
al dicho pueblo verrnia

Jacob dixo adelante
por mas quitarnos la duda
quen viniendo el ynffante
no avria rrey rreynante
en todo el tribu de juda
y pues todo enteramente
asy sse falla conplido
asaz se muestra patente
a cualquier onbre prudente
quel mexias es venido

despidieronse los rreyes

Ffecha ssu propusiçion
con tan fundada eloquençia
todos tres en conclusion
le fazen ssuplicaçion
que les quiera dar liçençia
el les rrespondio que vayan
pero con tal condiçion
que cuando adorado ayan

ellos de vista le trayan
verdadera ynformaçion

[fol. 333r]

como les apareçio el estrella

La madre quel ffijo llora
cuando le dizen ques muerto
sy le vee biuo a dessora
esta gran pedaço dora
que no cree el ser çierto
y despues de conoçido
luego el materrnal amor
el lloro dando en oluido
fazel gozo tan creçido
cuanto dantes ffuel dolor

Daquesta misma manera
a los rreyes caessçio
cuando la estrella primera
cuya luz escureçiera
muy clara se les mostro
con cuya sseguridad
de non perder el camino
gozandose de verdad
siguieron la claridad
daquel adalid diuino

Con creyentes oraçiones
llegados do desseauan
o en cuan pequennos dones
aquestos santos varones
grandes cosas confesauan
ally tu diuinidad
fue temida y adorada
alli con la vmanidad
fue tu rreal magestad
obedeçida y onrrada

Conparaçion

Como los enbaxadores
con gran rreposo se miden
cuando vnos enperadores
a otros altos ssennores
sus enbaxadas espiden
tal los rreyes se mostraron
delante la ssu presençia
los quales despues quentraron
vn grande rrato callaron
con temor y rreuerençia

Salidos ya del callar
quel tu temor les ponia
començaronsse a rrogar
con vn cortes porfiar
cual primero fablaria

dessatada la quistion
en el pobre portalejo
ffallaron en conclusion
que deuie segund rrazon
de començar el mas viejo

El qual despues de rrogado
loando tu santo nonbre
profundamente ynclinado
començo muy rreposado
adorote dios y onbre
confieso tu eterrnidad
llamote ffin y comienço
y por mas çertenidad
siruo a tu diuinidad
con esta caxa dençienço

[fol. 333v]

esclamaçion del actor al rrey

O tu cuyo entendimiento
todos los nuestros traspasa
non pareçe sser del cuento
tu alto comedimiento
daquesta nuestra vil massa
quen la caxa que ofreçiste
toda nuestra ffe sençierra
o cuanto que mereçisste
o cuanto que tu dexisste
para ser fecho de tierra

La criatura angelical
ques confirmada en luz clara
por vna graçia espeçial
con la çiençia diuinal
se miran cara por cara
yo non se que mas pudiera
confesar con lengua vmana
o lengua tan verdadera
que puede llamar quienquiera
synbulo de fe cristiana

Muy pocos pienso fallasen
sy buscasen entre nos
que si al catinus llegasen
cuando bien los espulgasen
no conoçiendo que ay dios
porque sy lo conoçiessen
a osadas fuesen en pos
donde çierto non pudiesen
y buenamentel siruiesen
pues quel padeçio por nos

Mas por questa verdad rrasa
nos enemista en el mundo
callemos el mal que pasa
y como gato por brasa

pasemos al rrey segundo
pasemos tristes pasemos
quen esta nuestra comarca
los pilotos que tenemos
enbaraçannos los rremos
estando rrota la varca

Ofreçimiento del rey ii

Ofreçido y rreçebido
el primer don exçelente
cuando el rrey segundo vido
leuantado y despedido
al rrey ançiano prudente
començose de ynclinar
con aquel tiento y rreposso
que se suele acosstunbrar
cuando quieren consagrar
cualquier santo rreligioso

Ynclinado por tal via
entre tanto que callaua
espantosse y veya
contenplaua y comedia
quien delante del estaua
y con tal admiraçion
descubrio su caxa el rey
descubrio su discreçion
descubrio la encarrnaçion
encubierta so la ley

[fol. 334r]

Descubrio mas adelante
profetizando su pena
mostrando todo senblante
a manera deleffante
que sensanna a sangre ajena
la tu sangrienta pasion
que avn estaua por venir
y mouido a conpasion
antepone a su oblaçion
y començo luego a dezir

profetiza el rey

Llorad llorad los biuientes
y rronped vuestras entrannas
o vos pecadoras gentes
los ojos torrnad en fuentes
por marauillas tamannas
llorad la muerte primera
queredastes del primero
llorad la muerte quespera
en su carrne verdadera
aqueste dios verdadero

Llorad la diuinidad

que por nosotros sabaxa
a sofrir tal crueldad
llorad la moralidad
de la mirra de mi caxa
que sola gela presento
con piadosa entinçion
para despues del tormento
avnquesten el monumento
guardado de corrubçion

El gemir y sospirar
que non sufre fabla luenga
con vn secreto atajar
fizo al rrey abreuiar
el yntento de su arenga
y viendo que non podia
proseguir a ssu talante
ofreçio el don que traya
y entretanto que ofreçia
boluio la fabla al ynfante

fablo el rey al sennor

Muy omilde y soberano
ninno justo y piadosso
ninno diuino y vmano
padre del pueblo christiano
fijo de dios poderosso
rreçebid aquesta oferta
entre nos mirra llamada
en sennal ques cosa çierta
que la vuestra carrne muerta
ha de sser y ssepultada

planto de nuestra sennora

No se quien sepa deziros
por eloquente que venga
no se quien pueda escreuiros
los entrannables sospiros
por diestra mano que tenga
con que la virgen maria
publicaua ssu dolor
oyendo la proffeçia
quel ssegundo rrey dezia
de la muerte del sennor

[fol. 334v]

Mas la alta perfeçion
quen ella sienpre moraua
con pensada discriçion
sojuzgaua el coraçon
demientra quel rrey fablaua
mas acabada a desora
este rrey su fabla trisste
començo nuestra ssennora
tu sola triste le llora

tu sola que lo pariste

Yo soy la que sola espero
vn dolor tan sin rremedio
yo sola llorarlo quiero
pues no tengo conpannero
que tenga en el fijo el medio
ca yo sola lo conçebi
sin lo que natura ordena
pues sola triste de mi
que sin dolor lo pary
con dolor lloro su pena

Yo so la que fue formada
deste quen mi fue fo[r]mado
yo soy virgen engendrada
de la carrne condenada
por fijo en mi engendrado
yo tan ssola esspeçial
por este ffijo me fallo
sser con parto virginal
sser syn culpa original
yo sola deuo llorallo

O ffijo muy exçelente
dios del çielo y de la tierra
a quien deue çiertamente
adorar toda la gente
y quien notadora yerra
que tal es la caridad
quen tu muerte obraras
cuando con ssu crueldad
es çierto que a la verdad
la tu madre mataras

prossigue

Yo sola fuy conçebida
syn pecado original
la cual graçia en esta vida
jamas non fue rreçebida
por otra muger mortal
pues quien fue tan singular
en la merçed rreçebir
deue serlo en el pesar
deue llorando cantar
tan asperas de sofrir

prossigue

Yo siento dentro vn ferir
de penas muy desiguales
mas no lo puedo dezir
tan asperas de ssofrir
son mis angustias y tales
de dolores tan mortales
que me fuerçan a plannir
y son asy ynfernales

que de mis esquiuos males
es el rremedio morir

[fol. 335r]

La mirra que ffue ofreçida
al ynfante enbuelto en pannos
y su nueua dolorida
fatiga mi triste vida
y faze creçer mis dannos
porque su muerte sabida
beuire yo pocos annos
sufriendo triste afligida
cuytas afan sin medida
dolores llantos estrannos

Sera muerte mi beuir
y mis penas seran tales
pensando en lo porvenir
ssoledad graue gemir
dolores ansias mortales
o rrauias descomunales
cuan bueno es de ssentir
segund mostrays las sennales
que de mis esquiuos males
es el rremedio morir

ffabla a iosep

Y tu viejo tan onrrado
que mereçisten el suelo
ser comigo desposado
ser tanbien padre llamado
del alto sennor del çielo
llora tras mi tu segundo
y demos gritos los doss
con vn dolor muy profundo
ay por el sennor del mundo
ay por el ffijo de dios

Ay de la madre cuytada
de quien es profetizado
que vera la de[s]astrada
muerte cruel desonrrada
del fijo cruçifficado
por quenclauado el sennor
por el pueblo cruel malo
sofrira muy mas dolor
la madren la cruz de amor
que no el fijo en la de palo

Ay de los tristes oydos
por do tal nueua rreçibo
ay de los tristes sentidos
abrasados y ençendidos
ay fuego damor tan bivo
ay dolor del coraçon
o fijo justo y ssuaue

quen esta triste prision
de la tu dura pasion
estare sienpre so llaue

Conparaçion

Como es dulçe en el purgar
tras la purga la mançana
como es dulçe al nauegar
cuando esta braua la mar
tras la noche la mannana
como es dulçe gran tesoro
al quen gran mengua se vey
asi dulçe tras el lloro
fue la nueua enbuelta en oro
cofreçio el terçero rrey

[fol. 335v]

Para ablandar el dolor
en el pecho de la madre
este sabio enbaxador
ha traydo vn lamedor
de la tienda de dios padre
es a saber vna nueua
desdel çielo rreuelada
con la cual porfia y prueua
que la virgen mas non deua
llamarse desconsolada

prosigue y conpara

Y por que pueda mejor
actorizar su enbaxada
con muestras de sabidor
que fazell esgremidor
en comienço vna leuada
con la lengua por espada
con la discriçion por mano
por pintalla muy pintada
loando la muy loada
madre del rrey soberano

Y començo con vn canto
mas de angel que de onbre
o virgen da fin al llanto
por que puedes saber quanto
es de rrenonbre tu nonbre
porque como la serena
adormeçe a quien la escucha
asi con mi nueua buena
fare yo dormir la pena
del mal que contigo lucha

O rreyna delante quien
las rreynas son labradoras
tu las fazes almazen
tu arca de nuestro bien

tu las desdoras y doras
porque cuantas son naçidas
delante ty cotejadas
son las letras conoçidas
mas por tu causa tenidas
deuen ser por muy doradas

Que sy por muger dezimos
aver venido las penas
quen amos mundos sofrimos
de ti muger rreçebimos
la paga con las ssetenas
culpa bienaventurada
por san gregorio dotor
es esta nuestra llamada
por mereçer ser linpiada
por tan alto rredentor

Pues sy mal nonbre padeçen
por el danno que nos dieron
o virgen no lo mereçen
pues contigo nos ofreçen
mayor bien que mal fizieron
asy que por tu rrespecto
por malas que puedan sser
a cualquier onbre discreto
parezca blanco lo prieto
por ty que fuste muger

offreçe el iii rrey

[fol. 336r]

O rreyna pon la memoria
en el bien que rreçebisste
y mira veras que gloria
son los angeles estoria
del fijo que tu parisste
el cual ninno diuinal
que yo de presente adoro
ha de ser rrey eternal
para en sennal de lo cual
le ofrezco esta caxa doro

proeua con ysayas

Ffallaras en yssayas
o santa virgen y madre
quel fijo que paririas
syn ningund cuento de dias
ha de rreynar con su padre
pues por su cruçifficar
nos ha de librar del ynfierno
no deues virgen llorar
pues ha de rresuçitar
para sienpre rrey eterrno

Pues rreyna en la diuinidad

del ynfierrno tierra y çielo
madre segund la verdad
sierua con humildad
no quieras fazer mas duelo
porque no tienes rrazon
de llantear sus dolores
mas llore tu coraçon
la causa de ssu pasion
que somos los pecadores

ffabla el actor

Esta nueua rrecontada
es la su graçiosa oferta
nuestra rreyna fue torrnada
alegre dapasionada
y biua de medio muerta
y de la nueua que oya
creyendo que era en la ley
muy gran muestra dalegria
nuestra preçiossa maria
ffizo asi graçias al rrey

Ayas sienpre gualardon
del dolor que me quitaste
para sienpre saluaçion
por la preçiosa pasion
del ynfante que adoraste
que sy mas sse detardara
la nueva que mas traydo
segund me disfiguraua
ni fuera cara mi cara
ni sentido mi ssentido

Oraçion por donna juana

A buelta daquesta nueua
tan alegre y tan graçiossa
o tu rreparo de eua
yo fallo que agora deua
demandar alguna cossa
pues yo sennora demando
por esta fiesta exçelente
que por doquiera que ando
nunca yo traspasel mando
del tu fijo omipotente

[fol. 336v]

prosigue el estoria

Ya dados y offreçidos
en el dicho portalejo
los dones y rreçebidos
y los rreyes despedidos
de la madre fijo y viejo
y al ynfante diuino
besando sus santos pies

por mejor guardar el tino
por su primero camino
se quieren yr todos tress

Mas aquel gran sabidor
de los secretos engannos
el angel enbaxador
les mostro por do mejor
puedan caminar syn dannos
el cual de parte diuina
en esa noche ssiguiente
do duermen tras su cortina
los auisa y encamina
diziendo muy mansamente

O muy vna trinidad
de tres rreyes con coronas
vna en la voluntad
y vna en la santidad
avnque tres en las personas
despertad por que sepais
lo que manda el vno y trino
al cual plaze que partais
mas manda que no boluays
por el primero camino

La cabsa por quel sennor
vos lo enbia asi mandar
es por quel rrey matador
con vn sangriento rrigor
lo busca para matar
que aquel rrostro amorosso
con que os despidio aquel dia
era traydor engannosso
era de falsso rraposso
que mata y no dessaffia

O cuan propio se conpara
el aranna en aquesto
que muestra blanda la cara
y tiene que non declara
ponçonna que mata presto
sola la lonbriz sseguia
mas alli estaua el anzuelo
tendida la rred tenia
avnque no sse pareçia
synon tan ssolo el mochuelo

prosigue el angel

Los misterios escondidos
de la diuinal essençia
avnque no sean entendidos
han de ser sienpre tenidos
en muy grande rreuerençia
que las obras diuinales
de lo justo nunca exçeden

y segund los naturales
todas las obras son tales
cual la causa do proçeden

[fol. 337r]

Pues si toda cosa buena
produze bueno el efecto
todo quanto dios ordena
sy perdona o si condena
todo va medido y rrecto
esto se dize por tanto
porque rreuelaros quiero
vn gran juyzio despanto
vna crueza dencanto
vn fecho muy carrniçero

Vn fecho muy desabrido
mas no va sin justo peso
porque todo va rregido
muy pesado y muy medido
por aquel diuino ssesso
que los malos preualezcan
de muy sannoso lo ffaze
y que los buenos padezcan
por quen la gloria florezcan
de sobra damor le plaze

que los pecados fazen
al onbre malo

Acordays sy aveys leydo
en el libro de la ley
como vno endureçido
de pura sanna mouido
a faraon el gran rrey
fasta que dentro en la mar
fue somido por miraglo
fue dexado porffiar
porque se fuese a penar
mas presto con el diablo

aplica

Asy de sanna consiente
en erodes el tyrano
que pues que no sarrepiente
su culpa lo descontente
a ser muy mas ensannado
y pensando mal al vno
en los sus crueles modos
le faran tan ynportuno
que matara de conssuno
en belem los ninnos todos

Esta fiera essecuçion
porque dios quiere que aya
vn anno de dilaçion

vuestra sabia discriçion
por otra parte se vaya
quel no ser çerteficado
enfrenara ssu rrigor
entre tanto ques çitado
para que vaya forçado
delantell enperador

Como faze demudado
la conpasion natural
el rrostro que ha mirado
algund onbre muy llagado
del fuego de san marçal
que de asco y piedad
siente dentro vn sentimiento
que cabsa en la voluntad
contra aquella enfermedad
vn triste aborreçimiento

[fol. 337v]

Asi las tristes rrazones
por el angel rreueladas
en los blandos coraçones
de los rreales varones
han sus entrannas llagadas
de llagas de caridad
por los que pierden la vida
de llagas denemisstad
contra la gran crueldad
del cruel rrey omeçida

prosigue la estoria

Y viendo quel angel syua
al çielo do deçendiera
todos tres mirando arriba
con vna boz mucho biba
comiençan desta manera
o maldita tirania
dina de todo tormento
engannosa yproquesia
quien dudara el alegria
de tu buen rreçebimiento

O encubierta tyrania
dina de todo rreproche
o encubierta yproquesia
en el rrostro muestras dia
y en el pecho tienes noche
ca tienes muestras de fuera
con deseo de adoralle
y en el pecho bestia fiera
texes secreta manera
por do pudieses matalle

O cuan propio se conpara
al alacran en aquessto

que muestra blanda la cara
y tiene que non declara
ponçonna que mata presto
so la lonbriz se veya
mas ay estaua el anzuelo
tendida la rred tenia
avnque non sse pareçia
synon tan solo el mochuelo

O mienbro de satanas
o fiera bestia rrauiosa
pues rrauia quanto querras
que jamas nunca podras
enpeçelle alguna cossa
que nuestro ninno bendito
segund es profetizado
el se pasara en egito
y tu tyrano maldito
quedaras enponçonnado

O cuanto mejor fizieras
sy cuando de ty partimos
con nosotros te partieras
y adoraras y ofreçieras
como todos tres fezymos
porque syn duda escaparas
de la muerte del ynfierrno
y cuando deste mundo pasaras
no perdieras mas trocaras
tu rreyno por el eterno

[fol. 338r]

Y fueras luego mudado
de tu cruel condiçion
de bestia en onbre tornado
con virtud dendiablado
a cordero de leon
mas pues asy no quesiste
si obras lo que pensaste
ay de ty tirano triste
que parayso perdiste
y que ynfierrno eredaste

Dando graçias y loores
al sacro ninno diuino
estos tres enbaxadores
dando fin a sus clamores
tomaron otro camino
porque despues can llegado
a su primera rregion
demos fin a su tratado
en el modo acostunbrado
concluyendo en oraçion

oraçion de donna juana

O diuinal ssennoria

en todo lugar presente
saluaçion y gloria mia
tu que quesiste ser guia
a los tres rreyes doriente
alunbra mi çeguedad
con tu guiadora luz
por la sobrada bondad
que fizo tu magestad
tenderse puesto en la cruz

como el buen ihesu
fuyo en egibto

O mundo caduco breue
peligrosa varca rrota
casa que toda se llueue
dulçor que presto se beue
y eternalmente sescota
falso canto de sserena
con quel sentido se oluida
hedefiçio sobre arena
mançana de fuera buena
de dentro toda podrida

Conparaçion

Como rriqueza sonnada
que despiertal sonnador
y fallase con no nada
y toda su gloria pasada
se le convierten dolor
asi son mundo a mi ver
tus bienes en esta vida
como sonnado plazer
pues luego sa de boluer
en ansia muy dolorida

O rrueda sienpre mudable
asi te llama boeçio
es tu bien tan deleznable
en casa tan poco estable
quien quiere sobir es neçio
que tu contino mouer
es tan rrezio que syn duda
ni tu bien es de querer
ni tu mal es de temer
pues que tan presto se muda

[fol. 338v]

A esto vino del çielo
el rredentor y maestro
a mostrarnos quen el suelo
estaua puesto el consuelo
del verdadero bien nuestro
y que las cosas presentes
tienen continua mudança
mas son puestas como fuentes

para que pasen las gentes
a la suma bienandança

Y para mas condenallas
por cosas de çeuil preçio
avnque podia tomallas
quisso luego desechallas
con varonil menospreçio
sabiendo que tan rronçeros
son los vmanos dulçores
quen sus comienços primeros
entran por aventureros
y salen por mantenedores

Y con cara lysongera
como mastin escusero
falagan en la carrera
por que con falsa manera
nos muerdan mas de ligero
mas el que los entendio
por darnos auissaçion
que en el establo naçio
como rromero enbio
y murio como ladron

esclamaçion contra los grandes

O miraglosas tres cosas
quien puede tener el grito
o presonas poderosas
con vuestras glorias ventosas
cuan lexos days deste fito
o borracho entendimiento
o sesso fuera de tyno
o tan çiego dessatiento
los odres llenos de viento
conprar por llenos de vino

Tu que tienes por mejor
el dulçor de grand estado
contenpla çiego sennor
como nuestra tal lauor
en nuestro santo dechado
porque sy tal menoria
tiene tu mando y rriqueza
dime por que nuestra guia
rrezien naçido fuya
con tanto miedo y pobreza

No penseys que su foyda
por mejor nos encamina
la carrera afligida
faziendo su sacra vida
rrey darmas de su dotrina
por que puedan conoçer
los que quieren enssennar
que cuando quieren ffazer

gran torre con el saber
el çimiento es el obrar

[fol. 339r]

prosygue la estoria

Pues felo do va fuyendo
por fieras sierras fragosas
el gran sennor quen queriendo
luego diziendo y faziendo
dio ser a todas las cosas
o vergonçoso holgar
que nuestro ninno bendito
antes que dexe el mamar
ya trabaja en caminar
por las montannas degibto

O sierras que soys folladas
de tales caminadores
o montannas consagradas
con las diurrnales [sic] pisadas
del ssennor de los ssennores
o sierras quien se torrnara
la tierra de vuestro ssuelo
por que tal don alcançara
que con sus pies la follara
el alto ssennor del çielo

Murmura sabio letor
que pareçe cossa dura
el eternal criador
fuyr y mostrar temor
a su misma criatura
que si el diuino poder
sobre todo el vniuerso
es ygual de su querer
quien te podria enpeçer
ni sanna dun rrey peruerso

rrespuesta

Es tu fabla muy aguda
rreboltosa ymaginada
mas la niebla de su duda
con la diuinal ayuda
luego sera desatada
por creer que asy fue
la cosa como se cuenta
la mayor rrazon que se
es que nuestra santa ffe
es ynposible que mienta

Y despues es cosa llana
que mill vezes acaeçe
esta fabla castellana
que con lo que pedro ssana
diz que domingo adoleçe

pues por nuestra sanidad
callan los euangelistas
el por que de la verdad
porque su gran caridad
no aprouecha a todas vistas

Mas es diuino ssaber
que los ssecretos rreuela
que nuestro flaco entender
con nueuo rresplandeçer
todos los cuerpos consuela
mostrara a dessatar
las manos desta tu lucha
y con el tal conffiar
rrespondo a tu procurar
por ende letor escucha

[fol. 339v]

rresponde a la duda

Es vna guerrera manna
para mas enteramente
ffazer fermosa fazanna
por despoblada montanna
meter secreta la gente
porque no syendo sentida
por los contrarios la entrada
al dar de la arremetida
la gente no aperçebida
es luego desbaratada

Asy nuestro rredentor
como muy manso guerrero
para que pueda mejor
llegar y ser vençedor
en el canpo del madero
cuando deçendio a la tierra
por guerrear los diablos
su diuinidad encierra
fuyendo por agra sierra
naçiendo por los establos

Los diablos sy supieran
que ihesu christo era dios
todas sus fuerças pusieran
quen estoruar sy pudieran
que non muriera por nos
mas el rresplandor diuino
nunca le pudieron ver
tan escondido les vino
por vn secreto camino
que se llama padeçer

Quien puede mayor çelada
penssar y mas ynvesible
que traer tan secretada
entre carrne apasionada

diuinidad ynpasible
pues todo su caminar
fuyendo dun rrey mortal
podemos consyderar
que fue por dessatinar
su enemigo prinçipal

conparaçion

Como al bueytre caro cuesta
cuando en la buytrera mira
la carrne que ally esta puesta
sy no siente la vallessta
ni menos a quien la tyra
asy como en la lazada
al gran bueytre del ynfierrno
aquesta carne ssagrada
tras la vida trabajada
escondiendo el verbo eterrno

prueua la fuyda de
egibto con profeçia

Si quieres por otra via
prouar la causa por que
nuestro rredentor ffuya
alega la proffeçia
del santo profeta osse
por la presona del cual
fue mucho antes escrito
que aquel ninno diuinal
su alto padre eternal
le llamarie desde egibto

[fol. 340r]

pone otra profeçia

O magestad soberana
de nuestro santo mexias
por çierto tu carne vmana
crio la nuve liuiana
que profetizo yssayas
quando dixo que verrnia
en vna nuve del çielo
la diuina ssennoria
en egibto do daria
con sus dioses en el suelo

Quen llegando a su rregion
salido ya de la ssierra
syntiendo ssu perdiçion
cayeron sin dilaçion
los sus ydolos en tierra
en sennal que tu venida
era ffin de la ydolatria
y que a ty solo es deuida
o diuinidad vestida

la rreuerençia quella cria

prinçipia de las ydolatrias

Si preguntays donde vino
vsurpar tan syn rreçelo
los dioses nonbre diuino
es de saber que de nino
el que fue ffijo de belo
el qual su padre defunto
para mitigar su lloro
fizo fazer en vn punto
otro patenal [sic] trasunto
en vna estatua de oro

Era del fijo mirado
con tan omill rreuerençia
aquel bulto asy pintado
como syl padre finado
estouiese alli en presençia
y por dar mayor fauor
al padre ya ffalleçido
perdonaua por su amor
a qualquiera malfechor
al dicho bulto ffuydo

Por este tal benefiçio
aquella gente besstial
ordenaronle sseruiçio
de diuinal ssacriffiçio
faziendo dios al mortal
donde las otras naçiones
tomaron rrictos paganos
faziendo de sus facçiones
con neçias ordenaçiones
mill dioses entre las manos

esclamaçio[n] contra
los gentyles

O pagano dessatiento
vergonçoso desuario
o errado entendimiento
sobre tan flaco çimiento
como terrna poderio
mira con ojos abiertos
en quien pones tu esperança
que sy somos todos çiertos
que no han poder los muertos
quanto mas ssu semejança

[fol. 340v]

Sy demas el cominero
es la causa en el efecto
de rrazon al carpentero
pues la faze dun madero
onrraras por mas perfecto

sy colores da abusion
con los finados vmanos
es mas neçia adoraçion
la que pone en su entençion
en los torrnados gusanos

de la adoraçion
de los cristianos

Ni por condenar la sseta
de las paganas locuras
non quiero que sentremeta
alguna duda secreta
de las christianas figuras
que las ymagines tales
segund christiana sentençia
son solos memoriales
de los biuos çelestiales
que tienen alta potençia

Que las pintadas estorias
de los questan en el çielo
ayudan nuestras memorias
a rremenbrar las vitorias
que ganaron en el ssuelo
porque por esta rrazon
se animen a penitençia
nuestro flaco coraçon
contenplando el gualardon
de la su viril potençia

Pero no que sean llamados
nuestros dioses entre nos
mas solamente abogados
para que vuestros pecados
desfagan delante dios
solo de la christiandad
es a christo tal corona
porque con la vmanidad
contiene la diuinidad
en vnidad de presona

esclamaçion contra
los falsos dioses

O deydades fengidas
o lazos de perdimiento
en los ynfierrnos ardidas
presonas muertas podridas
ni miento ni marrepiento
a do estaua el ser diuino
que pregonauades ante
cuando llego de camino
para ser nuestro vezino
el nuestro chiquito ynfante

La falsedad del enganno
de vuestros diuinos modos

ya la muestra vuestro danno
pues vn ninno no dun anno
vos derrueca en tierra a todos
con la qual fuerça nos muestra
su obrar sobre natura
la verdad de la ffe nuestra
y la gran mentira vuestra
la condena ser locura

[fol. 341r]

rreprehende la ydolatria a los christianos

Entre tanto condenar
los que adoran dioses vanos
rrazon es el rreprochar
el contynuo ydolatriar
de nuestros falsos christianos
que casy por vn rrassero
la mayor parte del mundo
con amor muy verdadero
adoran por dios primero
al que llaman dios segundo

Lo que mas temes perder
lo que mas amays fallar
lo que mas te da plazer
en lo aver y poseer
se deue tu dios llamar
lo que mas te manda y vieda
es el mas propio dios tuyo
de la qual sentençia queda
que rreçiben la moneda
muchos onbres por dios suyo

Non se que mas adorar
ni que mayor sacrifiçio
que mentir y trasegar
por jurar y rrenegar
todavia en su seruiçio
nunca beuir syn temor
nunca dormir sin sospecha
puedote dezir lector
cavnque so frayle menor
no es mi rregla tan estrecha

Conportad los omezillos
que todos tienen con ellos
caminar sienpre amarillos
y al pasar de los castillos
erizarse los cabellos
mill peligros en la mar
en la tierra mill cohechos
pues los sufren por ganar
bien podes adeuinar
cual dios tienen en los pechos

Engordar los caualleros

para despues quengordados
sospirar por mas dineros
asy que los leoneros
espanten a sus criados
los que asy han el miedo
de la hanbre de los grandes
adeuina con el dedo
que deue dezir el credo
a los que vienen de flandes

Con temor de ser rrobados
rreçelan mil testimonios
ofreçen los desastrados
mill vezes por dos cornados
sus almas a los demonios
conporta de ser terçero
a las enbidias de todos
me faze creer logrero
que tu dios es el dinero
avnque traes christianos modos

[fol. 341v]

Que fagan las afiçiones
sser tu dios lo que mas amas
bien lo muestran las pasiones
quen sus coplas y cançiones
llaman dioses a las damas
bien lo muestran en seruillas
y contino rrequerillas
y sienpre querer mirarlas
y su rrauia contentarlas
y temellas y ssofrillas

Bien lo muestra el gran plazer
que tienen quando las miran
bien vos da a conoçer
el eternal padeçer
que sufren quando sospiran
bien ofreçe la memoria
la fe de sus coraçones
y punan por la vitoria
su tener por muy gran gloria
el sy de sus petiçiones

Su dançar su festejar
sus gastos justas y galas
su trobar y su cantar
ynquerir por do han dentrar
de noche con las escalas
su morir noches y dias
para ser dellas bien quistos
sy lo vieses jurarias
que por el dios de mexias
venderan mill ihesu christos

Conparaçion

Como el tordo que se cria
en la jaula de chiquito
que dize quando cherria
ihesus y santa maria
y el querrie mas vn mosquito
en aquesto mesmo son
muchas estragadas fillas
fablan christiana rrazon
y su alma y afiçion
traen dentro en las ffaldillas

Como muchas nuezes vanas
sse cubren de caxco vano
como en fermosas mançanas
que muestran color de sanas
y tienen dentro gusano
asy por nuestro dolor
muchas de nuestras espannas
se dan christiana color
que de dentro el dios damor
ha rroydo sus entrannas

Que vale ssu christiandad
ni a la cruz dezir adoro
sy dentro en la voluntad
adoran mas de verdad
las mugeres o el tesoro
que la diuina esentençia
al tienpo de los rremates
non judgara su sentençia
por el nonbre y aparençia
mas por solos los quilates

[fol. 342r]

Asy que no codenemos
la sola pagana gente
que si buscalla queremos
mill christianos fallaremos
paganos secretamente
non que siguen los errores
de los ydolos pasados
mas tienen otros peores
luxurias gulas rrencores
enbidias yras estados

esclamaçion

O verguença y confusion
de nuestro christiano nonbre
pues con tanta sujecçion
en la pagana naçion
fue tenido en dios y onbre
que los dioses de su sseta
en syntiendole vezino
fuyeron como ssaeta
sseyendo ninno de teta

y viniendo pelegrino

Y nosotros ya creyda
su diuina magestad
nosotros por quien su vida
ffue vendida y ofreçida
por conprarnos libertad
nosotros que confessamos
su poder por ynfinito
mas tememos mas amamos
mas onrramos y adoramos
el plazer dun apetito

Por aquesto en su fuyda
quiso dios por nuestro enxenplo
que syntiendo ssu venida
diesen medrosa cayda
cada ydolo en su tenplo
para que con tal ssentençia
o christianos contrafechos
delante de su presençia
derroqueys de rreuerençia
los dioses de vuestros fechos

feneçe la fuyda de egibto

Rreçebido enssennamiento
con el fuyr del ynfante
pongamos fin a su cuento
por proseguir el yntento
del vita cristi adelante
pues dexando en ora buena
en egibto al rredentor
boluamos avnque con pena
la cara mas no serena
al cruel rrey matador

oraçion de donna juana

O diuinal rressplandor
del santo ninno pequenno
delante cuyo dulçor
desdel mayor al menor
todos los otros son suenno
a ty persona diuina
suplico por tu pasion
quieras derrocar ayna
quanto en mi alma senpina
a fuyr tu adoraçion

[fol. 342v]

Comiença la estoria de los ynocentes

O quien podra rrecontar
vn cuento tanto cruel
o quien podra sin llorar
rrecontar el gran pessar
de la llorosa rrachel

que con tan justa rrazon
dio rrauiosos alaridos
lastimo ssu coraçon
fizo gran lamentaçion
sobre sus fijos perdidos

Conparaçion

Mas como cuenta el ferido
ssus golpes ya vençedor
y el enfermo guareçido
rrazona de lo ssofrido
syn que le causse dolor
asy se deuen fablar
tales ansias tales llantos
tal tyrano sentençiar
tal sannudo degollar
pues que los ninnos son santos

Asy deue platicarse
aquessta ssanna tan biua
pues fue causa de poblarse
asymesmo dalegarse
iherusalem la de arriua
a do fuel pueblo ynoçente
con tal grita y corredera
cual suele leuar la gente
quando algund toro valiente
sse sale por la barrera

No que rrezien degollados
al parir de las sus madres
fuesen dentro aposentados
mas fueron depositados
en el linbo con sus padres
fasta que subio del ssuelo
el ninno del rrey mal quisto
el que deçendio del çielo
a darnos gloria y consuelo
el muy dulçe ihesu christo

La rrazon por do se quita
y se contrasta su entrada
es por la culpa ynfinita
en nuestra natura escrita
avn estar syn ser pagada
fasta quel cruçificado
el ynfinito thessoro
en la balança colgado
fue pesado y fue fallado
de buen peso y de buen oro

Dexados estos primores
digamos en que manera
leuo las primeras flores
al sennor de los ssennores
la christiana primavera

quando despues de pasados
çinco mill an*n*os de yuierrno
le floreçiero*n* sus prados
ta*n*tos nin*n*os laureados
en sintie*n*do el sol eterrno

[fol. 343r]

Q*u*ando el diuino claror
omillado de su altura
co*n* nueuos fuegos damor
ynfluyo ssu rrespla*n*dor
en n*uest*ra santa natura
y la fizo floreçer
tales rrosas tales lirios
q*ue* mereçiero*n* de sser
acabando de naçer
traspla*n*tados por ma*r*tirios

Q*u*ando la sierpe maldita
la tragona bestia ffea
el onbre toda visyta
herodes esscalonita
tyrano rrey de judea
co*n* san*n*osa crueldad
mato los s*a*ntos nin*n*itos
o ta*n* fiera volu*n*tad
do no*n* fallo piedad
nin*n*os muger*es* ni gritos

En la q*u*a*l* triste co*n*quista
*p*ara fablar v*er*dadero
ssigamos al coronista
apostol y eua*n*gelista
de todos q*u*atro el *p*rimero
al leuita san mateo
q*ue* rrenu*n*çio por la gl*or*ia
la rrenta de tolomeo
pu*es* en los ot*r*os no veo
esc*r*ita la tal estoria

Es vn viçio acostu*n*brado
mayormente en n*uest*ra ti*er*ra
q*u*alq*u*ier q*ue* tiene rrobado
co*n* mayor ansia y cuydado
te *p*ersigue y te destierra
y la causa deste fecho
es el discreto mirar
vn temor de su derecho
q*ue* fiere sienpre en *e*l pecho
sospecha*n*do el entregar

Asy vista la rrazon
de los tres rreyes dorie*n*te
y el ca*n*tar y adoraçio*n*
y ofreçer de symeon
al sacro nin*n*o ecçele*n*te

erodes çertefficado
del nueuo dios de yrrael
como q*u*ien tiene forçado
el çebtro de su rreynado
le busca muerte cruel

Es su miedo ta*n* sin tie*n*to
ta*n* syn seso su q*u*erella
q*ue* por dar conte*n*tamiento
al couarde pensamiento
los nin*n*os todos deguella
desde dos an*n*os ayuso
no*n* perdona*n*do a ni*n*guno
o cruel q*u*ien tal *p*ropuso
por solo tomar yncluso
entre los otros vno

[fol. 343v]

Rreprehende a erodes

Cua*n* sin causa desenfrenas
erodes tu gran locura
pues el nin*n*o q*ue* co*n*denas
de tus grandes terrenas
se tiene muy poca cura
q*ue* q*u*ien se puede llamar
del vniuerso monarca
es muy claro de mirar
cua*n* poco deuestimar
tu muy chiq*u*ita comarca

Y es mayor desuario
mirado por ot*r*a suerte
q*ue* piensas loco sandio
co*n*denar por poderio
el hijo de dios a muerte
es peligrosa porfia
porq*ue* su poder eterno
tiene ta*n* gran vale*n*tia
q*ue* sy q*u*isiese podria
enpeçerte en *e*l ynfierrno

Mas su diuina cleme*n*çia
con soberana bondad
te detiene la sse*n*tençia
espera*n*do a penite*n*çia
tu tyrana volu*n*tad
*p*ero las entran*n*as llenas
de graueza del eçesso
como se tornaro*n* buenas
alla lo dizen las penas
aca lo cue*n*ta el proçeso

torna a la estoria

La cruel sente*n*çia dada
por el tyrano maluado

con yra desmessurada
fueron metidos a espada
los ynfantes sin pecado
las madres rronpen el çielo
con sus mesas y alaridos
los padres rriegan el suelo
con lagrimas syn consuelo
como padres y maridos

Non saben a quien se quexen
que pueda dalles rremedio
no saben a do ssalexen
que no los maten y aquexen
dolores rrauias syn medio
adereçan llanteando
al çielo todos la vissta
dan alaridos llorando
porque tan tyrano mando
no tyene quien le rresista

Alli vieras porffiar
en aquel grand omezyllo
los vnos por degollar
los otros por apartar
a sus fijos del cochillo
fasta que todos tyrando
por las pierrnas y los braços
los tyranos degollando
los padres los anparando
fazen los ninnos pedaços

[fol. 344r]

Vieras madres delicadas
forçejar con los tyranos
rrauiosas desatentadas
sus caras todas rrasgadas
con las vnnas de sus manos
vieras otras sus feridas
conportar como amazonas
las otras amorteçidas
las otras enloqueçidas
bramando como leonas

Vieras otras rreprochar
a la diuina jusstiçia
su querer disimular
su punir y casstigar
tan endiablada maliçia
alla vieras llanteando
alçar al çielo la vista
dar grandes gritos llorando
con gemidos ssospirando
porque no ay quien tal rresista

No pudiendo rresistir
al cruel tyranizar

comiençan a maldezir
las madres a su parir
los padres a su engendrar
y alçan bozes doloridas
contra el tyrano cruel
procuran muerte a sus vidas
diziendoles omeçidas
mill blasfemias contra el

Conparacion

Porfian por le mouer
con sus llantos a manzilla
mas el tyrano a mi ver
quisso mucho pareçer
en este caso al anguilla
que quanto con mejor gana
aprietan y la detienen
tanto mas es cosa llana
que se delezna y desmana
de las manos que la tienen

Como suele acostunbrar
el can la presa mostrada
que queriendole apartar
quien tyra por el collar
le pone sanna doblada
tal el ffiero coraçon
cuanto mas la gente tyra
por apartar su pasion
tanto mas yndinaçion
les muestra con mayor yra

torna a la crueza derodes

El gran leon de menea
las fieras fierras marinas
la mas sannossa rralea
de la yra que pelea
con las fuerças ercolinas
los çentauros del gigante
el fermoso ladron caco
el gran puerco datalante
dexen pasar delante
la furia deste villano

[fol. 344v]

Las serpientas veninosas
los ponçonnosos dragones
las armenas peligrosas
y en suma todas las cosas
de mortales ynvençiones
todos los dannos y sannas
de los fieros animales
delante de sus entrannas
y de sus soberuias mannas
ya no se llamen mortales

Que despues que fue formado
por dios el rredondo siglo
non podra ser demostrado
fuera del angel dannado
otro tan fiero vestiglo
ni siento lengua que fable
ni estoria que nos demuestre
sanna tan abominable
ser en onbre rrazonable
ni en la madrona siluestre

Y para ver mas notoria
su crueza y descontino
traygamos a la memoria
el fecho dino de gloria
del gran çesar costantino
el primero enperador
que tomo nonbre christiano
y por le dar mas fauor
fizo yglesia del sennor
ssu palaçio laterano

El cual quiso conportar
de quedar leproso antes
que consentir derramar
a causa de el ssanar
la causa de los ynfantes
auiendo ssu enfermedad
por tormento mas liuiano
que perder la piedad
quel cobrar la ssanidad
por modo tan ynumano

Que seruiçio tan açebto
fue su gran beninidad
que por solo su rrespecto
le fue mostrado el ssecreto
de la fiel crisstiandad
y no solo fue alunbrado
en la ffe que nunca miente
mas en syendo bautizado
fue de la lepra curado
supita y perfetamente

En los tales la grandeza
tiene su propio lugar
pues la onrra y la proeza
el estado y la nobleza
todos andan a la par
han de dar de sy esta cura
a la virtud y honor
como el sastre tyene cura
de nos dar tal vestidura
cual le pide nuestro actor

[fol. 345r]

conparaçion

Que la ponposa corona
de la rreal çelsitud
es en qualquiera persona
vna sennal que pregona
como pendon la virtud
mas en el onbre maluado
el estado muy creçido
pareçe muy apropiado
pendon que quedo colgado
y es el vino vendido

Es asy quien aposenta
al viçioso en grand estado
como quien echando cuenta
quiere que valga çinquanta
vn miserable corrnado
mas despues de rrematada
la cuenta del contador
y su ley considerada
queda moneda estimada
en el su jussto valor

aplicaçion

Que pasada breuemente
por los malos sublimados
aquesta vida pressente
a do contando la gente
les puso grandes ditados
la sentençia diuinal
les mide su gualardon
por la ley de su metal
non por el nonbre rreal
de la falsa estimaçion

Segund esto non deuiera
aquel rromano ssenado
sublimar tal bestia fiera
como el rrey erodes era
en la cunbre del rreynado
porque dar çetros rreales
a los crueles tyranos
es fazer los mismos males
que los que ponen punnales
a los locos en sus manos

Deue ser del muy agena
vindicatiua passion
porque asy natura ordena
que se falla en la colmena
ssolo el rrey sin aguijon
por que puedan auisarse
todos los grandes sennores
que no deuen ayudarsse
del poder para vengarse

mas sojuzgar sus furores

O cuan mortal pestilençia
es a la gente menuda
la rreal manifiçençia
sy le falleçe clemençia
al tienpo questa sannuda
la sobrada yndinaçion
en los altos gouerrnalles
es mayor persecuçion
que la ffuria del leon
quando brama por las calles

[fol. 345v]

Que oso tan carniçero
que leon tanto fanbriento
cual dragon ni can çeruero
se tragara vn ninno entero
que no se mostrara contento
mas esta bestia fanbrienta
es de furia tan ssobrada
que no se harta ni contenta
con çinco veynte ni treynta
hasta que no queda nada

En los ninnos la ynoçençia
y los gritos de sus madres
el llorar y rressistençia
con paternal ynpaçiençia
asy los cuytados padres
con que sanna pelearan
que luego no la vençieran
a que entrannas allegaran
que sy rrejalgar fallaran
triaca no la boluieran

fin de los ynoçentes

O muy mas cruel que nero
rrey tirano enponçonnado
entre los fieros mas fiero
tan sangriento carrniçero
quensangrientas mi tratado
queda quedate maldito
que pongo ffin a tu estoria
por torrnarme con mi escrito
para la tierra de egibto
tras el sennor de la gloria

Ofreçer a mi memoria
en ffin del cuento tan triste
quen aquesta tu vitoria
a los rroçines de annoria
mucho erodes pareçiste
que piensan que van derechos
y andan al derredor
asy caminan tus fechos

porque mas tomes a pechos
el degollar del ssennor

oraçion de donna juana

Si por vno de los santos
ante dios son acabados
nuestros ssospiros y llantos
quanto mas seran por tantos
cuantos oy son degollados
pues por su mereçimiento
te pido ninno diuino
que te fallen por çimiento
mis obras mi pensamiento
mi rreposo mi camino

[ID2998] HH1-58 (345v-346v) (7 × 10,5)

lo que ha de tener el frayle

Es la diforme pintura
queste vulto nos presenta
traslado de la ffigura
que terrna la fermosura
de quien fazemos gran cuenta
ascorosa y vil espuma
de los primeros bocados
y mas afirma mi pluma
ques esta toda la ssuma
de los ponposos esstados

[fol. 346r]

Y esta cuya memoria
nos desenganna y despierta
espantable y suzia escoria
a quien la mundana gloria
es fuerça que se convierta
ygualdad que desaffia
los estados diferentes
mire vuestra ssennoria
que dos rrotulos enbia
a dos linages de gentes

A los malos desenganno
del dulçor que los ffalaga
que vna traydora manna
con quien buen mundo aconpanna
derrueca sojuzga y llaga
a los del beuir onessto
amonesta el sofrimiento
pues la dama deste gesto
les ha de trocar muy presto
en gran gloria su tormento

Pues mire la merçed vuestra
el auisso y dessenganno
desta obrezilla nuestra
como quien mira la muestra

p*ar*a ynformarse del pan*n*o
porq*ue* sy bie*n* vos pareçe
la forma de como enpieça
mi pluma sse fauoreçe
en ta*n*to q*ue* vos ofreçe
çien varas daq*ue*sta pieça

la muerte co*n* los estados grand*es*

Poderosos enxalçados
cuyos rreno*n*br*es* floreçen
o burrlador*es* burrlados
la luz de v*ue*stros estados
cua*n* prestamente anocheçen
o fantastica locura
q*ue*l tu ponposo comienço
co*n* mi venida se apura
en diez pies de sepoltura
y siete varas de lienço

co*n*t*r*a luxurias

Y tu gigante pasion
de los carnales depor*tes*
o suzia deleytaçion
çeguedad de la rrazo*n*
q*ue*stablos torrnas las cor*tes*
a q*ui*en tu dulçor agrada
tu agror le descontente
porq*ue* yo siendo llegada
o luxuria tu posada
ha de arder eternalme*n*te

co*n*t*r*a las rriq*ue*zas

Vos doblas encarçeladas
peligro de v*ue*stros duen*n*os
ta*n* buscadas ta*n* gua*r*dadas
al fin por fuerça dexadas
o tesoro visto en suen*n*os
o cua*n* mintroso co*n*suelo
pregonays en este mu*n*do
pues ta*n* desnudos del suelo
los pobr*es* suben al çielo
los otros van al profu*n*do

[fol. 346v]

ffin

Assy q*ue* gente engan*n*ada
por bienanda*n*ça fengida
es el fin de mi enbaxada
q*ue*l gozo de v*ue*stra entrada
sera lloro en la salida

[ID4332] HH1-59 (346v) (3 × 10)

//Q*ue* la muerte//

da esfuerço a la virtud fatigada

Mucho q*ui*ta del pessar
la espera*n*ça del plazer
q*u*ando pie*n*sa en el ganar
los trabajos de la mar
so*n* dulçes al mercader
por beuir el onbre sano
mill xaropes agros traga
y desmayas tu ch*r*istiano
a q*ui*en ta*n* presto mi mano
ha de dar ta*n* rrica paga

Desmayado virtuoso
pon los ojos en el cue*n*to
de san lazaro el leproso
y del rrico poderosso
por ssobreno*n*bre avarie*n*to
porq*ue* sy q*ui*eres mirar
en el fin destos dos onb*res*
del vno podras tomar
enxe*n*plo p*ar*a esforçar
del otro co*n* q*ue* te asonbres

Y por aq*ue*stas dos vidas
en mi mano trabajadas
conte*n*ple en las salidas
de las gra*n*dezas creçidas
y v*ir*tudes trabajadas
por q*ue* por esta manera
ligeram*en*te sse note
cual gloria mas v*er*dadera
es pesar co*n* tal espera
o plazer co*n* tal escote

deo graçias

[fol. 347r]

[ID2908] HH1-60 (347r-349v) (31 × 10)

Coplas fechas por vn ge*n*tilo*n*bre
contra frey yn*n*igo porq*ue* vistas
por vna dama a q*ui*en seruia las coplas
de vita ch*r*isti nu*n*ca mas le fablo

Por las coplas q*ue* enbiast*es*
sy yo las viera pedir
no fuera*n* como ma*n*dast*es*
q*ue* dubdo avnq*ue* las leuast*es*
sy las co*n*sintiera yr
q*ue* avnq*ues* buena y *s*anta obra
es çelada en ca*n*po rrasso
açucar buelto en çoçobra
q*ue* lo q*ue* dello se cobra
no faze mucho a mi caso

Y lo mas q*ue* dello he visto
discord*es* va*n* las rrazones

pues que va rrebuelto y misto
la vida de ihesu crissto
con los que sufren pasiones
bien bastara que siguiera
con el tema su sermon
sin que mas sentremetiera
en cosas que mejor fuera
non fazer dellas mençion

Que los tales que padeçen
lo que yo sufro comigo
avnque yerren y estronpieçen
pues que mueren no mereçen
sobre muerte mas castigo
quel frayle rreboluedor
con lengua muy lastimera
como quien sabe de açor
mucho le fuera mejor
que jamas tal escriuiera

Que yo le quiero prouar
que sus dichos van fundados
dun estremo tan syn par
de que deuen rreclamar
quantos son enamorados
porque dios con gran bondad
todo llegado al examen
mouido con piedad
manda por fe de verdad
que vnos a otros se amen

[fol. 347v]

Que cuando dios ordeno
todas las cosas por orden
a los onbres que crio
les mando y deffendio
lo biuiesen en desorden
mas antes su poderio
nos dio merçed sin pedir
que cualquiera desuario
supiese nuestro aluedrio
libremente rresistir

Avnquen sus diez mandamientos
juezes de nuestras penas
nos puso defendimientos
por obras ni pensamientos
tomar las cosas agenas
y no se sy me condeno
en les dar yntento tal
que no tomemos lo ageno
mas querer y amar lo bueno
pues es nuestro natural

Que como para morir
naçimos que no ay debate

asy bien para seruir
y de amor non rrefuyr
podemos de su conbate
y cualquier que no procura
lo que asy ha procurado
digo ques contra natura
pues en este caso apura
las cosas en tanto grado

Que bien busca tal contienda
como su sentençia toca
en sus dichos no ay emienda
que segund tiene la rrienda
muy pocos se yran de boca
queste senbrador de males
entre rrazones derechas
puso otras criminales
quen los debdos muy carnales
asento malas sospechas

Como fazel confessor
por mostrar ques muy sabido
que pregunta al labrador
pecado darte mayor
que jamas oyo ni vido
el qual por nunca sabello
en tal caso esta diuisso
que despues en conoçello
cayo de rrostros en ello
fue la causa el mal aviso

Que al frayle bien le bastara
consejar que buenas sean
y que desto contratara
sin que espreso defensara
que fuyan que no las vean
do fallo mas ocassion
de las tales ssu fuyr
que sus espantajos sson
dar fuerças al coraçon
para mas las rrequerir

[fol. 348r]

Que la ques mala de suyo
de su onrra no ha rreçelo
por mucho que diga fuyo
tal sera en esto concluyo
avnque la suban al çielo
que su guarda es vn prouecho
de las tales que se prenden
que no pierden ssu derecho
quando estan mas en estrecho
sus fuegos muy mas ençienden

Que la rregla es natural
quel questa bien a su grado

libertad le pone tal
que no rreçibe por mal
destar en pie o asentado
y si por caso se ordena
que ay algund detenimiento
la premia le es tal cadena
que muere trabaja y pena
con rrauia de verse esento

Pues aqui sentiende luego
que se puede bien prouar
ques desuariado rruego
quien por fuerça quierel fuego
con las estopas matar
que los antiguos maestros
que apuraron mas tal yerro
dizen quen los dias nuestros
no sanan tales siniestros
synon con pena de ffierro

Que las buenas estimadas
que virtud faze sseguras
estas pareçen guardadas
no quieren puertas çerradas
de muy fuertes çerraduras
quel que atales pone freno
su bondad conuierten viçios
quen poner sospechal bueno
le fazen con falso ssueno
salir del todo de quiçios

Queste frayle lastimero
dino de justo castigo
faziendo mucho el santero
ha puesto por el rrasero
las cosas como enemigo
y esto presumo yo
puede ser quiça que açierto
quel con rrauia lo escriuio
porque alguna le burrlo
y falto dalgund conçierto

Y como el sennor fulano
queda desto con ssospecha
es el perro el ortelano
que muriendo ladra en vano
por lo que no laprouecha
y por no mostrar querellas
vsa de maluada sseta
no osa como torrellas
pero mas mal dize dellas
buelto con guerra ssecreta

[fol. 348v]

Mirad que linda ynuençion
cosa tan abominable

y puso por deffension
con su maluada entençion
que ermano a ermana non fable
aprouando por estorias
sy tal yerro ffizo vno
ved sy son dulçes memorias
fablar daquestas vitorias
pues no las sabe ninguno

Que sy en los tienpos pasados
amon peco con tamar
no fueron los dos culpados
que al vno amos pecados
le queda que ha de pagar
que tamar sy fue forçada
non fue por su voluntad
pudose llamar rrobada
pero no muger maluada
que consintio en la maldad

Que no es de marauillar
en çien mil millones donbres
dos o tres puedan errar
porque su culpa quedar
les faze con feos nonbres
mas aya desto verguenna
este ynuentor de pecados
que nueuos males ensenna
y tanto entro en la curuenna
que sus tyros van errados

Que ningund biuo que biue
en este caso que fablo
no se arriedre ni sesquiue
por mucho mas que sescriue
saluo si fuere diablo
y desto bien creed vos
sy lo tal vierdes fazer
que podra ser vno o doss
mas no mas pues que ay dios
avnque no lo ha menester

Y este rreligioso santo
metido en vanos plazeres
es lobo con pardo manto
como entiende y sabe tanto
del trato de las mugeres
trae los ojos por suelo
con muy falssa yproquesia
y daquesta faze buelo
quando vee algund sennuelo
de su loca ffantassia

Quel que faze buen seruiçio
a dios por alto misterio
deue apartar el bolliçio
y solo gastar su offiçio

en su çelda y monesterio
y si parrla o cartean
calle y deles buen espaçio
que los que desto se arrean
es neçesario que ssean
lindos frayles del palaçio

[fol. 349r]

Que lo que con rrauia acussa
en el çapato le mata
no puede poner escusa
quel que lo sabe lo vssa
y el que lo quiere lo trata
yo no ando por las rramas
mas antes dentro en el bayle
mirad sus peruersas tramas
en afeytes de las damas
cual diablo puso al frayle

Y pues el toma el contrario
por ofiçio gloriosso
tomelo con el ssalario
sea el frayle boticario
y el que vende rreligiosso
y pues todavia ynsiste
y en maliçias se entabla
enbuelto con vita christe
pues non fabla como viste
vistase segund que fabla

co[n]paraçion

Que como el encantador
faze quando entra en çerco
cal comienço del rrigor
llama a dios nuestro sennor
y despues ynvoca al huerco
asy el frayle que guerrea
enpeço en el bien eterno
y solto de tal rralea
por nos dar buelto en oblea
enxenplos para el ynfierrno

torna a la sennora

Y pues veys por espiriençia
esta obra donde tyra
vos la dama de eselençia
sabed fazer diferençia
de la verdad a mentyra
dexad las coplas malinas
nos enlazen nos ensoguen
y tomad las que son dinas
guardandos de las espinas
que a la buelta nos ahoguen

Y avnque muchas coplas destas

van en danno de mi tejo
sacando las mal propuestas
las otras deuen ser puestas
en nuestra ley por espejo
que la vida y nasçimiento
de nuestro dios que trato
en aquesta no consiento
que se me cuente en el cuento
de aquesto que digo yo

Y de aquella sin manzilla
la virgen nuestra ssennora
mi culpa no esta senzilla
que por yo poco seruilla
mi alma contynuo llora
aquesta santa donzella
pido con lloro perdon
y rruego y suplico a ella
que pierda de mi querella
daquesta dicha rrazon

[fol. 349v]

Y sy vos leer queres
deuotas tienen dulçuras
daquestas muy bien fares
que comays y cos fartes
mas que echeys las mordeduras
que las que fueren erradas
sy bien mirays en ello
las vereys tan sennaladas
todas de su falsso ssello
questan del frayle selladas

Pues soys de bondad el toque
y de las onestas lo onesto
de las fermosas el rroque
porque nadie osar vos toque
se dize y escriue aquessto
por atajar los errores
deste frayle desenbuelto
dolime de mis dolores
que no quiero pescadores
que ganen a rrio buelto

ffin

Y sy mal de mi dixeren
vos sed mi anparo y defensa
y digan cuanto quissieren
los que dessto se dolieren
tome por suya la ofensa
que sy yo ose rresponder
al caso sobre que fundo
es que quiero mas querer
por vos a qualquier muger
cal mejor frayle del mundo

deo graçias

[fol. 350r]

[ID2892] HH1-61 (350r-372r) (266×10)

Pasion trobada por pedro de
ssan pedro a rruego duna dama

El nuevo nauegador
syendo de tierra alongado
el enbaraço y temor
turba y mengua su vigor
vyendose dagua çercado
pues asy mi coraçon
çercado de ynsufiçiençia
tiene la tal conffusion
porque saber y rrazon
huyeron de su presençia

conparaçion

Y temiendo peligrar
aquel quen la mar entro
su propiofiçio es llamar
a los santos y rrogar
le bueluan donde partio
asi suplico que sienta
mi verguença desigual
y me saque destafruenta
la gente que saposenta
en la corte çelestial

prosigue

Los pasados trobadores
para sus obras perfetas
çiegos de tales errores
demandauan sus fauores
a las çiençias y planetas
ved si era çeguedad
de los questo fazien dantes
dexar aquella bondad
de la santa trinidad
por las cosas semejantes

Y pues estos sescusaron
de tomar la çierta via
huyre la que tomaron
tomare la que dexaron
en aquesta obra mia
aquella virgen sagrada
con la familia famossa
que la leuo aconpannada
cuando fue a sser coronada
de la mano gloriossa

Ella me quiera alcançar
del ynmenso dios tal don

que pueda yo bien trobar
y trobandola llorar
el dolor de ssu pasion
con esfuerço de la qual
gloriosso rredentor
con desseo desigual
doluidar por ti mi mal
hago comienço ssennor

prosigue

[fol. 350v]

Grandes cosas nos dixeron
las antiguas profeçias
y muchas se atribuyeron
a la pasion que le dieron
al verdadero mexias
dixeron que sser tenia
preso y mucho maltratado
y dixeron que sseria
de su sierua conpannia
dexado y desanparado

Y que avie de ser atado
y ante pilatos puesto
muy crudamente açotado
y falsamente acusado
con sobra de gran denuesto
dixeron mas que sseria
con espinas coronado
y que de loco terrnia
la rropa que vestiria
y que serie condenado

Y mas cauie de leuar
por rredoblar sus pasiones
y por mas pena le dar
la cruz en que avie destar
en medio de dos ladrones
iten mas que beuerie
vinagre y amarga fiel
y quen la cruz moririe
y que su muerte serie
muy mas dulçe que la miel

Dixeron que su costado
serie de lança ferido
y que serie sepultado
y que por lo ya contado
seriel mundo rredemido
escriuieron que terrnia
enterramiento de canto
en el cual guardas avria
y tres dias estaria
en aquel ssepulcro santo

Ssiyendo ya el tienpo venido

de todo lo rrecontado
para saluar lo perdido
para que fuese conplido
lo quera profetizado
y por que la perdiçion
mas adelante no fuese
de nuestra vmana naçion
llegada ya la ssazon
quel fijo de dios muriese

comiença la estoria

Despues de ser acabada
aquella bendita çena
y despues de ser alçada
aquella mesa ssagrada
de bondad y gloria llena
y despues quel coraçon
del falso judas dannado
puso en obra la trayçion
y depues daquel ssermon
con tanto amor predicado

[fol. 351r]

Sse va nuestro rredentor
con su santa conpannia
con aquel fuego y ardor
de rremediar el error
que catiuos nos tenia
al lugar do el huerto estaua
y do avia de ser prendido
lo qual ya sse rrodeaua
segund la priesa se daua
el traydor desconoçido

Y por el camino yendo
a sus diçiplos fablaua
doble pena padeçiendo
la suya y dellos sintiendo
y mucho los consolaua
no era ally menester
la fuerça quen la batalla
suelel capitan poner
al tienpo ya del rronper
para bien acabdillalla

Que cada cual a porfia
so aquellos braços preçiosos
se metia y enxeria
oyendo sin alegria
sus consejos gloriosos
llegando al huerto notad
con que triste coraçon
aquel rrey de la bondad
les dixo velad y orad
y no entreys en tentaçion

Y aqui mesperareys
cos quiero vn poco dexar
y catad que nos turbeys
que mas sin mi no estareis
de cuanto acabe de orar
y acabada esta rrazon
de do estauan se aparto
donde con gran deuoçion
fizo al padre su oraçion
la cual asy començo

Padre mio piadoso
oye la mi oraçion
y dale sennor rreposo
aquel dolor temeroso
que çerca mi coraçon
fazme sennor consolado
que tengo fatiga fuerte
que me siento muy turbado
y me tiene atribulado
el angustia de la muerte

Por enojo que tomaste
de la ynjuria a nos fecha
en el mundo menbiaste
y mandaste y ordenaste
fuese por mi satisfecha
y vista tu voluntad
obedeçi tu mandado
y en seruir muy de verdad
//a tu alta magestad//
syenpres todo mi cuydado

[fol. 351v]

Ssienpre pobreza guarde
sienpre la omildad segui
sienprel mundo despreçie
y cuanto hable y pense
fue a ty en ty y por ty
y nunca mi pensamiento
estouo ni esta mudado
que para qualquier tormento
sy fuere tu mandamiento
esto muy aparejado

Pero la muerte presente
y las ansias y temor
questa carne triste siente
me aquexa brauamente
que te suplique ssennor
que si hazer se pudiese
por consolar mi tristura
y que si posible fuesse
no gustase ni beuiese
este caliz damargura

Pero sy plaze otra cosa
a tu ynfinita bondad
ves aqui no perezosa
esta mi carrne medrosa
cunplase tu voluntad
que sienpre quisse fazer
lo que tu padre mandaste
y si mas no puede sser
avn caya de padeçer
cunplase lo que ordenaste

Pero mucho me fatigo
en ver aquellos a quien
yo di tanto buen castigo
tratarme como a e[ne]migo
desconoçidos del bien
y viendo su perdiçion
esta mi alma aflegida
tiene muy grand afliçion
con temor de la pasion
que le buscan a mi vida

Ssu oraçion acabada
nuestro dios y rredentor
con vida desconsolada
a do estaua su manada
boluio como buen pastor
la qual de muy quebrantada
adormida la hallo
no con boz apresurada
mas con triste y mesurada
los llamo y los rrecordo

Y con grande ssospirar
estas rrazones que sigo
les començo de hablar
nunca podistes velar
vn ora sola comigo
amigos velad y orad
y no entreys en tentaçion
y con toda voluntad
en la rreal magestad
poned vuestro coraçon

[fol. 352r]

Y a todo lo que veres
estad muy aparejados
y cunple cos esforçes
porquesta noche seres
todos escandalizados
que mi padre dio actor
que ovo profetizado
que heririen al pastor
y a causa de su dolor
seriel hato derramado

Y cuando aquello le oyo
san pedro al sennor hablar
esta rrepuesta le dio
no he miedo sennor yo
que me descandalizar
que avnque todos sean asy
quescandalizados sean
seguro tengo de mi
quen tal yerro contra ty
nunca caydo me vean

rresponde ihesu christo

Non te muestres tan costante
pedro que no lo sseras
que yo te digo que ante
questa nochel gallo cante
tres vezes me negaras
san pedro lo que prosigo
rrespondio con biua ffe
sennor hare lo que digo
sy conuiniere contigo
morir no te negare

Estonçes el saluador
a los diçiplos dexo
y fuese con gran temor
a do con grande dolor
otra vez al padre oro
aquella mesma oraçion
que la otra vez ffazia
y nunca a su petiçion
fecha con tal contriçion
el padre le rrespondia

En la vez ya postrimera
que a la oraçion torrno
con fatiga lastimera
que la muerte le pusiera
lo que se sigue annadio
padre sy has ordenado
que de todo en todo muera
que se cunpla tu mandado
pues ser por mi rremediado
el linage vmano espera

prosigue

Pero con grande afecçion
piadoso ssennor padre
porque se que mi pasion
herira su coraçon
tencomiendo aquella madre
que sy de ty es oluidada
en su cuyta tanto fuerte
de quien sera consolada
cuando sepa la enbaxada

del cuchillo de mi muerte

[fol. 352v]

Y mis diçiplos sennor
de ty sean anparados
que a causa de mi dolor
el ganado syn pastor
andaran descarriados
y avnquellos quieran mirar
por aquella triste madre
no ternan esse vagar
tu solo le puedes dar
consolaçion sennor padre

Pues orando el rredentor
y puesto en tal agonia
del congoxoso temor
por su cuerpo vn gran sudor
de pura sangre corria
o paso tan de notar
para los contenplatiuos
cosa dina de penssar
y pensandola llorar
todos quantos somos biuos

Syente agora pecador
lo que su alma ssentia
daquel dios tu saluador
quando tan fuerte sudor
todo su cuerpo cobria
quien duda que no estouiese
en grande tribulaçion
o quien contriçion tuviesse
que pensandolo pudiese
quebrantar el coraçon

Pues estando el rrey del çielo
su oraçion continuando
cubierto con aquel velo
damargura y desconsuelo
llego el angel rrelunbrando
y vista la perfeçion
de su dios tan syn consuelo
doliendole su pasion
començo asy su rrazon
las rrodillas en el suelo

Sennor tu padre te oyo
desde tu primer rrogar
y nunca te rrespondio
porque medio non hallo
para rremedio te dar
que bien deues tu ssaber
que fue sennor tu venida
para muerte padeçer
y con ella guareçer

toda la gente perdida

Quisso agora rresponderte
por que mas non trabajases
en rrogar por esta muerte
que sobre causa tan fuerte
era fuerça que pasasses
y dize que pues es dada
contra ty la tal sentençia
que non sera rreuocada
y dize que la cuytada
de tu vida aya paçençia

[fol. 353r]

Y pues que el quiso dar
virtudes a tu bondad
todas sin vna dexar
te quieras aprouechar
de la magnanimidad
y que con gran coraçon
esforçado mucho fuerte
con manzilla y conpasion
de la vmana perdiçion
padezcas aquesta muerte

Y te acuerdes que los santos
padres quen el linbo estan
sus tormentos y sus llantos
dolores y males tantos
con tu pasion çesaran
y dizete quel hara
lo que mas lencomendaste
que tu madre mirara
y tus sieruos guardara
como tu gelo rrogaste

Contenpla con que omildad
al enbaxador oyo
aquel rrey de la verdad
y con quanta mansedad
y amor le rrespondio
con boz triste y temerosa
con ojos torrnados fuentes
con cara amarga llorosa
con angustia temerosa
estas palabras siguientes

O mensagero del çielo
cuanto ha que tesperaua
mi penado desconsuelo
pensando que tu consuelo
fuera qual yo deseaua
avnquen saber do saliste
gran consuelo tengo yo
pero aquella nueua triste
quen llegando me dexiste

el coraçon me quebro

Pero pues mi padre ordena
questo asy aya de sser
yo lo he a dicha buena
de sofrir aquesta pena
y morir y padeçer
por las gentes rredemir
y a el fazer seruiçio
y avnque aya de ssofryr
mayor dolor que morir
lo rreçebire por viçio

Pero mucho tencomiendo
que le digas a mi padre
por que mi muerte sabiendo
sera su beuir muriendo
que noluide aquella madre
que pensando su pasion
la muy grande mia oluido
tengo muerta la rrazon
y tengo mi coraçon
en fuego damor ardido

[fol. 353v]

Quando el ssennor acabo
su triste rrazonamiento
el angel se despidio
y antes se //trabajo//
por consolar su tormento
contenpla qual quedaria
tu dios y tu saluador
contenpla que sentiria
cuando solo se veria
syn ningun consolador

Y quando ovo acabado
la oraçion postrimera
todo su cuerpo bannado
en aquel sudor sagrado
a sus sieruos se boluiera
los quales todos ffallo
en suenno muy sosegado
y nunca los rrecordo
fasta que ya çerca vio
a judas aparejado

el actor contra judas

Di traydor quien te mouio
a fazer tan grand error
cual diablo tenganno
quien jamas nunca pensso
de vender a su ssennor
deuieras ser rrefrenado
de yerro tan conoçido
por perder de ser llamado

el mas traydor y maluado
quen el mundo fue naçido

Ssi esto no tescusaua
de fazer tal trayçion
tu seso non memoraua
quel sennor te aseguraua
la perpetua saluaçion
sy no lo queries dexar
por estas dos cosas tales
deuieras traydor pensar
como avies dir a durar
a las penas ynfernales

O yngrato engannador
cabdillo de los maluados
miraras que tu ssennor
con tanta sobra de amor
te perdono tus pecados
por el menor de los quales
eras obligado a estar
alli do rrauias mortales
y alaridos desiguales
non pueden jamas faltar

Mira sy era gran pecado
dalle la muerte a tu padre
pues no era en menos grado
aquel que falso dannado
cometiste con tu madre
pues no te podies quexar
que obras non te ffiziesse
no deuieras oluidar
que te libro de la mar
por que tu vida biuiese

[fol. 354r]

Miraras que te quito
de la rreyna y su poder
miraras que tescogio
con los doze & que te dio
gran parte de su querer
miraras que te mostro
dotrinas de gran valor
miraras quanto te amo
y quen su cassa mando
que fueses procurador

Si estas cosas no mirauas
traydor quando lo vendiste
di por que no tacordauas
de la muerte que le dauas
aquella su madre triste
en la cual fe verdadera
de madre sienpre fallaste
acordarte sse deuiera

quantas vezes te fiziera
la cama en que tacostaste

Quanto buen rreçebimiento
en su casa della oviste
lloro quando pienso y siento
que te puso asentamiento
y la messa en que comiste
como sierua te siruio
y no como tu sennora
cuantas vezes te guiso
de comer y te lo dio
de su mal no sabidora

Estas obras mal varon
bien gelas agradeçiste
por dalle mortal pasion
en sennal de gualardon
al su fijo le vendisste
deuieras considerar
que no mas daquel tenia
y deuieras bien pensar
en lo que avie de gustar
cuando su muerte sabria

Si por dineros lo avies
la contia poca era
por que no gelo dizies
a ella pues que sabies
que muriera o te los diera
caunque mas pobrestouiera
sobrel brial quenpennara
y con rruegos que ffiziera
no faltara quien oviera
manzylla y gelos prestara

buelue a la obra

Quando ya nuestro dios vido
que su muerte saçercaua
y vido el desconoçido
en gran bolliçio metido
y que nunca ssosegaua
con que angustia contenplad
que desperto su manada
sobreste paso notad
diziendoles leuantad
que ya es la ora llegada

[fol. 354v]

Avn despiertos no serian
cuando las bozes sonauan
que los judios trayan
y no tan lexos venian
que juntos con el estauan
y quando los vido ally
aquel nuestro dios tan bueno

dixo a quien buscays dezi
ellos dixeron assy
a ihesu de nazareno

El sennor dixo yo sso
ved ques lo que me queres
luego en el suelo cayo
aquel pueblo quando vio
esto que oydo aves
cuando ya se leuanto
aquella maldita gente
lo que antes les hablo
otra vez les pregunto
por el mismo consiguiente

En pensar en aquel dia
de lastima grande peno
con boz que al çielo sobia
aquel mal pueblo dezia
que a ihesu de nazareno
dixo el sennor ya sabeis
que vos dixe quera yo
pues a mi solo quereys
a estos yr dexareys
a mi vedme aqui do esto

Estonçes aquel traydor
en todas maldades diestro
se puso cabel sennor
diziendole syn temor
que te salue dios maestro
y desto no bien contento
en aquella santa ffaz
con deseo y pensamiento
de ver ya su prendimiento
sse allego y le dio paz

Y mirando el saluador
dixo amigo a que veniste
o judas gran pecador
traes por beso al sennor
a la muerte amarga y triste
contenplagora christiano
en este passo pressente
dexa el pensamiento vano
mira como al soberano
trato aquella mala gente

Quando los judios vieron
cavie judas sennalado
contenpla como le asieron
y los golpes que le dieron
en su cuerpo delicado
contenpla como lecharon
gruesa soga a la garganta
y como della tyraron
y tirando le arrastraron

aquella su carrne santa

[fol. 355r]

Piensa como vnos le dauan
en su rrostro bofetadas
y como le acoçeauan
y como otros le tyrauan
daquellas baruas sagradas
cada vno lescopia
aquella cara preçiossa
contenpla lo que faria
quando su madre sabria
esta nueua dolorosa

Quando aquellas cosas vieron
los sus diçiplos amados
de alli desapareçieron
y se fueron y ffuyeron
mas medrosos quesforçados
çiegos del conoçimiento
como a su sennor dexauan
en tan grande aflegimiento
en tan aspero tormento
donde tan mal lo tratauan

San pedro que ally quedo
como fue sienpresforçado
a vn judio ffirio
y del golpe que le dio
lo fizo desorejado
cuando nuestro rredentor
asi le vido cortar
el oreja aquel traydor
con mucho querer y amor
gela puso en su lugar

Aviendo esto acabado
a san pedro determina
de dezir faz mi mandado
mete pedro muy amado
el cuchillo en tu vayna
furia de ty desbarata
por lo que quiero dezir
y miralo bien acata
que aquel que con fierro mata
ha con fierro de morir

Tu dudas que si quisiese
a mi padre yo rrogar
por gente que no me diese
angeles con que pudiese
todol mundo sujuzgar
mas es fuerça de sofrir
estos males y amarguras
y padeçer y morir
por que se puedan conplir

las antiguas escrituras

Dixoles luego el sennor
aquellos judios tristes
con armas y gran furor
como a ladron malfechor
a la prision me troxistes
cuando yo en el tenplo estaua
entre vosotros me vistes
quando bien vos dotrinaua
quando bien vos ensennaua
como nunca me prendistes

[fol. 355v]

Avn no del todo acabadas
estas rrazones serian
quando con manos osadas
al rrey nuestro atras atadas
las santas suyas tenian
y de la soga tyrando
con estranna crueldad
sus carrnes atormentando
lo leuaron no tardando
desdel huerto a la çibdad

Y leuaronlo primero
a su cassa de anas
el qual fuera consejero
en la muerte del cordero
y era suegro de cayfas
y alli estauan esperando
fariseos y escriuanos
y los prinçipes del mando
todos mucho deseando
ver al justo entre sus manos

Y como conplido vieron
el deseo que tenian
quando ellos lo touieron
mill desonrras le fizieron
mil preguntas le fazian
anas con gran presunçion
en espeçial le dezia
ques de tu pedricaçion
tus dotrinas donde son
dondesta tu conpannia

Dime como aquestas cosas
no te quitan de mis manos
bien pareçen cabtelosas
tus palabras enfintosas
y tus pensamientos vanos
nota con que mansedad
el dios nuestro rrespondio
nunca fize yo maldad
sienpre predique verdad

sienpre bien dotrine yo

Que me preguntas a mi
que yo no sere creydo
esos questan cabe ty
a quien buen consejo di
te diran como he beuido
el rredentor asi dando
su rrepuesta mesurada
vn traydor sanna tomando
en su rrostro omilde y blando
le dio grande bofetada

Diziendo muy enojado
con sobrado blasfemar
como engannador maluado
y tu as de sser ossado
al obispo asy fablar
aquel peruerso syn fe
dio el sennor rrepuesta tal
mira que rrepuesta fue
amigo sy mal fable
da testimonio de mal

[fol. 356r]

Pero si fue mi rrazon
buena por que me feriste
bastarate mi prission
no me dieras mas pasion
con el golpe que me diste
en semejantes dolores
muy gran rrato lo touieron
todos aquellos traydores
canes lobos rrobadores
que nunca del se partieron

Y como ya fue cansada
la mas y prinçipal parte
daquella gente maluada
cada vno a su possada
a rreposar sse rreparte
y dexaron ordenado
que quedase el saluador
a vna colupna atado
en vn palaçio apartado
como a onbre malfechor

Dexaronle guardas tales
y de tanta piedad
que rredoblauan sus males
dandole penas mortales
con estrema crueldad
y si ally no se fallaron
aquellos do le prendieron
a osadas que sentregaron
que sus llagas rrenouaron

y otras tantas le fizieron

Como nego san pedro

San pedro y san juan andauan
sienpre tras el dios eterno
para ver en que parauan
los tormentos que le dauan
aquel cuerpo blando y tierno
y al tienpo que lo metieron
en cas de anas el traydor
con los otros senxirieron
y en la casa sestouieron
dondestaua el rredentor

Quando a san pedro miro
la que la puerta guardaua
dixol conozcote yo
queres del que se prendio
lo qual san pedro negaua
vido estar despues fablando
çiertos que se calentauan
por saber el como y quando
llegosse disimulando
a notar lo que fablauan

Entre aquellos calliestauan
ovo quien lo conoçio
y dizienle y preguntauan
si era daquel que guardauan
el dizie por çierto no
salio estonçe de traues
el que bien lo conoçia
y dixo por çierto es
vosotros no conoçes
al que matar me queria

[fol. 356v]

San pedro le rrespondio
y dixo con juramento
nunca tal onbre vi yo
ni el a mi me mando
ni fize su mandamiento
en esta vez postrimera
que jurando lo nego
en la ora se cunpliera
lo quel sennor le dixera
que luego el gallo canto

Avnquel rredentor pasaua
penas en gran cantidad
al tienpo que lo negaua
miro alli dondestaua
con ojos de piedad
como san pedro miro
el yerro en que avie caydo
luego dalli se partio

y se aparto y lloro
su pecado con gemido

Aviendo esto pasado
como agora rreconte
sienpre aquel rrey nuestro atado
estouo y muy maltratado
fasta que de dia ffue
y luego por la mannana
cuando ya la prima era
aquella gente tyrana
peruersa con grande gana
a casa de cayfas se fuera

Y alli juntos los mayores
grandes acuerdos fazyan
sobrel sennor de sennores
litigando en sus errores
y que muerte le darian
todos estos acordaron
que delantellos viniese
y avn apenas lo mandaron
cuando muchos dispararon
a hazer que sse troxiese

Y como llego el mandado
a las guardas de cayffas
no tardo en ser desatado
ni menos de sser quitado
de la presençia de anas
y quando ya lo sacauan
tratandolo bien aosadas
coçes y palos le dauan
y alli le rredoblauan
todas las penas pasadas

Al estruendo que fazian
las bozinas que tocauan
y como armados veyan
todas las gentes salian
por ver a quien justiçiauan
y algunos que tenian
deuoçion con el sennor
cuando ya lo conoçian
muy gran conpasion avian
y dolor de ssu dolor

[fol. 357r]

Algunas duennas mirauan
que a la virgen conoçian
a la qual mucho llorauan
quando della sacordauan
con amor que le tenian
dezian ved que ffara
que mas deste non tenia
la muerte padeçera

quando tal nueua sabra
que mas que a si lo queria

Dizien para que pario
aquella triste muger
estonçes ella murio
quando naçiendo biuio
pues que tal avie de ver
agora sera menguada
agora sera abatida
agora sera llamada
la mas mal aventurada
quen el mundo fue naçida

Llegado ya el rredentor
a la casa de cayffas
con tormento y desonor
como ladron malfechor
las manos puestas atrass
y como ya lo pusieron
delantel juez traydor
aquellos que lo troxieron
quera todos dixeron
de muerte mereçedor

Dizen este predicaua
cosas contra nuestra ley
fijo de dios se llamaua
y el pueblo escandalizaua
y diziesse nuestro rrey
alli de traues salieron
daquellos peruersos doss
cabe cayfas se pusieron
y a grandes bozes dixeron
ssennor oyenos a nos

Nosotros aqueste dia
rrazon ay por que muriese
le oymos que desaria
el tenplo y lo rreharia
en tress dias si quisiesse
estonçes en pie fue puesto
cayfas y dixo assy
al cordero manso onesto
ques lo que dizes a essto
questos dizen contra ty

Estonçes el saluador
con callar rresspondio
pero con priesa mayor
aquel malino traydor
otra vez le pregunto
y dixo yo te conjuro
por el que cremos nos
que no tengas esto escuro
y me digas sy eres puro
ffijo del ynmenso dios

[fol. 357v]

El sennor le rrespondiera
y dixo tu lo dexisste
y avnque yo te lo dixera
tu sesso non me creyera
por lo qual callar me viste
ni de rresponder curaras
puesto que yo te fablara
nin por esso me soltaras
menos por ello dexaras
tu voluntad començada

Mas digote que verrna
aquel ffijo de la madre
virgen quando ora ssera
en las nuves y estara
a la diestra de dios padre
estonçes cayfas rrasgo
lo que vestido tenia
y dixo ya blasfemo
el mismo se testiguo
que la muerte mereçia

Ally las penas doblaron
aquel cordero sagrado
y de la soga tyraron
y a pilatos lo leuaron
a que fuese ssentençiado
y como judas lo vido
leuar con tal crueldad
el traydor desconoçido
miro que lo avie vendido
con gran maliçia y maldad

Y los dineros tomo
y lançolos en el tenplo
y confesso que peco
y sangre justa vendio
y que dio muy mal exenplo
y como dessesspero
daquella merçed conplida
de vn arbol sse colgo
y alli el maluado perdio
ell alma tanbien la vida

Como ya al sennor pusieron
en el poder de pilatos
con grandes bozes que dieron
lo que se sigue dixeron
aquellos malos yngratos
este onbre adelantado
por rrey nuestro sse nonbraua
contra ley ha predicado
tyenel pueblo alboroçado
ffijo de dios sse llamaua

Dezimoste que le des
muerte por su mal beuir
y da la sentençia pues
segund la ley nuestra es
el deue çierto morir
pilatos les rrespondio
si segund vuestra ley muestra
muerte este mereçio
no gela quiero dar yo
matadlo con mano vuestra

[fol. 358r]

Los judios rrespondieron
no creays que ssolo vno
y a pilatos le dixeron
nuestras leyes no quisieron
que matemos a ninguno
alli pilatos boluio
faz aquel dios ynoçente
y esto le pregunto
dime rruegotelo yo
eres tu rrey desta gente

Rrespondio el verdadero
saluador y dixo asi
dizes eso por ti entero
o vuo algund medianero
que te lo dixo de mi
pilatos le rrespondio
como a mi poder veniste
que tu pueblo tenbio
no syendo judio yo
dime ques lo que feziste

Con sobrado desconsuelo
con dolor desigualado
le rrespondio el rrey del çielo
diziendo no es en el suelo
mi casa nin mi rreynado
que si en este mundo fuese
bien farie tanto por mi
la gente que me siruiese
quen poder dellos no fuese
ni menos en el de ty

Pilatos le rreplico
luego rrey deues tu ser
el sennor le rretorrno
tu dizes que rrey so yo
pero deues de ssaber
que yo naçi para dar
testimonio para obrar
y el que verdad quiere amar
quiere mi boz escuchar
con entera voluntad

Ally pilatos sabres
que arguyo al rredentor
y dixo esto que oyres
di verdad que cossa es
a lo qual callo el ssennor
y luego pilatos boluio
faza aquel pueblo maluado
y dixo no fallo yo
por questonbre mereçio
ser a muerte sentençiado

Luego rrespondido fuera
pilatos con mucho onor
daquesta misma manera
estonbre a ty no viniera
sy no fuera malfechor
dixo pilatos que es
el mal quen esste varon
hallays por que lo acuseys
rrespondieron pues lo quies
ssaber oye la rrazon

[fol. 358v]

Este onbre ha trastornado
con engannos que rrodea
convertido y enbaucado
los pueblos do ha predicado
en galilea y judea
quando pilatos oyo
a galilea nonbrar
estrannamente holgo
porque por alli entendio
sescusar de lo matar

Porque el bien conoçia
la justedad del sennor
y claramente veya
que de enbidia se mouia
aquel mal pueblo traydor
y como fuese enemigo
de su malino desseo
dixo al sennor lo que sigo
di de donderes amigo
como eres galileo

Pilatos quando acabo
al sennor de preguntar
a los judios boluio
diziendo no deuo yo
este onbre sentençiar
erodes lo ha de librar
ques de su juridiçion
yo gelo quiero enbiar
el alla quiera le dar
la muerte o la saluaçion

Yd sy quisieredes alla
acusadlo enorabuena
e la justiçia os terna
de mi sed çiertos aca
que no entiendo dalle pena
pilatos luego escriuio
a erodes vna carta
y al cordero lenbio
el qual yendo padeçio
dolor y fatiga harta

Y mando que con el fuesen
algunos que lo guardassen
y que del no se partiesen
fasta que llegados fuesen
de miedo que lo matasen
pilato y erodes fueron
dalli adelante amigos
y alli su sanna perdieron
estonçes pazes ovieron
los mortales enemigos

Quando al rrey eterno vido
erodes en ssu poder
como avia del oydo
[*y] no lo avie conoçido
ovo dello gran plazer
que grandes dias avia
que lo deseaua ver
porque su fama dezia
questrannas obras fazya
por velle algunas ffazer

[fol. 359r]

Y mando luego callar
las bozes de gente tanta
y mandole desatar
las manos y deslazar
la soga de la garganta
y dixole dime amigo
eres tu a quien busco
mi padre como a enemigo
y a fin de topar contigo
los tantos ninnos mato

Eres tu el que boluio
la vista que avie perdida
aquel que te lo rrogo
eres tu el que torrno
la bibda de muerte a vida
eres tu el que venisste
depues de terçero dia
y a lazaro rresurgiste
y otras cosas feziste
que de ty se nos dezia

Pues agora yo te rruego
que por darme a mi plazer
y no estes de miedo çiego
que tu hagas algo luego
de lo que sueles fazer
y dote seguro desto
que si me quies agradar
y dar plazer en aquesto
de te fazer libre presto
desta gente y su acusar

Y a darte me obligo
de mi rreyno la meytad
y harete mas te digo
partiçionero comigo
en el a tu voluntad
y luego tomo en la mano
su corona tan preçiada
y con coraçon vffano
pusosela al soberano
en su cabeça sagrada

A quanto erodes fablo
ni fizo nuncal ssennor
palabra le rrespondio
a cuya causa tomo
erodes sanna y furor
y con yra que tenia
no poco lo dessonrro
y quera loco dezia
y con gran malenconia
a los otros se boluio

Estera el que malabauades
y el que por santo teniedes
destera de quien fablauades
estera de quien contauades
los miraglos que diziedes
y por le menospreçiar
como a onbre syn cordura
mandole luego quitar
sus rropas y cobijar
vna blanca vestidura

[fol. 359v]

Contenpla con que omildad
aquellas cosas ssofria
aquel dios de la verdad
contenpla que mansedad
y paçençia que tenia
quando erodes se harto
de mucho lescarneçer
despues que asy lo trato
a pilato lo enbio
cual yrie podes bien ver

El qual viendole venido
aquel cordero paçiente
dixo al pueblo descreydo
que alli lo avie traydo
aquesta rrazon siguiente
este onbre me troxistes
a fama de malfechor
preguntele como vistes
y conoçi y conoçistes
ser syn culpa y sin error

Y por del me despachar
a erodes lo enbie
el no lo quisso matar
y tornomelo a enbiar
esto no syn causa fue
asi que pues claro veys
que ninguna rrazon quiere
ni ay por que lo mateys
yo digos que lo solteys
y dexeis yr do quisiere

Quando los falsos oyeron
rrazon a ellos tan fuerte
todos grandes bozes dieron
cruçificalo dixeron
que bien mereçe la muerte
quando pilatos oyo
su maliçiosa porfia
de açotallo acordo
por que por ally penso
que bien los amanssaria

Y creo que bien sserian
del en aquello bengados
y que asy lo ssoltarian
y del todo çessarian
sus pensamientos maluados
que el bien les conoçia
el enganno con que andauan
y sus maldades ssabia
y claramente veya
que de enbidia lo acusauan

Y mandandoles callar
dixoles esta rrazon
yo lo quiero castigar
este onbre y fer dexar
esta su pedricaçion
porque depues daçotado
el rreçebira tal pena
que quedara escarmentado
y despues de castigado
yrse a enorabuena

[fol. 360r]

Y luego por conplazer
aquel pueblo endiablado
syn mas hablas estender
mando al rredentor meter
en vn palaçio apartado
y mandole alli quedar
syn ninguna vestidura
y a vna colupna atar
y mando aparejar
los açotes damargura

Ffizo luego a dos traydores
crueles que lo açotassen
en las fuerças no menores
por que le diesen dolores
quell alma le traspasasen
y asy lo començaron
con tal fuerça y con tal gana
y asy lo atormentaron
quen su cuerpo no dexaron
vna cosa ssola ssana

Contenpla lo que faria
aquella madre sagrada
quando la carrne veria
del fijo que asy queria
en biua sangre torrnada
aquellos falsos dannados
despues ya de grand espaçio
estouieron sosegados
sintiendose quebrantados
del trabajo y del cansaçio

Quando ya pilatos vio
que bien castigado estaua
que lo vistiessen mando
y sacasen acordo
que lo pasado bastaua
pero quando esto mandaua
fue de algunos rrequerido
que pues aquel que açotaua
su rrey dellos se llamaua
ffuese como rrey vestido

Y en diziendolo troxieron
vn panno de tal chapado
el mas rroto que touieron
el mas suzio que pudieron
de purpura colorado
y con aquel cobijaron
al eterno rredentor
y no con esto quedaron
que los ojos le ataparon
con otro panno peor

Y en la mano le pusieron
por burla vna cannavera

ally palmadas le dieron
ally sentar le fizieron
con fatiga lastimera
las rrodillas le fincauan
delante por mas burrlar
y las baruas le mesauan
con cannaveras le dauan
ssyn vn rrato descansar

[fol. 360v]

Dios te salue rrey dezian
del pueblo que te prendio
dizien mas quando veyan
que los palos le dolian
profetiza quien te dio
y estandole asi firiendo
aquel rrostro mesurado
salio vn traydor diziendo
pues rrey eres yo entiendo
que deues ser coronado

Que aquellos rreyes questan
en el trono que tu estas
sin coronas no estaran
pues sin rrazon te faran
si tu te quedas atrass
no grand espaçio se dieron
en la corona buscar
que luego por ella fueron
y despinas la troxieron
por mayor onrra le dar

O madre si tu supieras
destas corona preçiada
con que rrauia te mouieras
y vinieras y quissieras
ser tu antes quel onrrada
y apenas era venida
la corona nin llegada
cuando de muchos asyda
fue rreziamente metida
por su cabeça sagrada

Y aquellos que lo guardauan
con las lanças que tenian
ençima della le dauan
porque sy no layudauan
no creyen que la metian
y tan bien gela sentaron
aquellas falsas conpannas
quel çelebro le pasaron
y los dolores entraron
por medio de sus entrannas

Mira sy dolor sufrio
aquel alto rrey del çielo

que la sangre rrebento
y por su rrostro corrio
no parando fastal suelo
pues pilato ya acabado
de con tanto dessonor
avello asi atormentado
açotado y desonrrado
y dado tanto dolor

De la manera questaua
por mas desonrra le dar
a la gente quesperaua
lo que pilatos mandaua
le acordaron de ssacar
dixo delantellos puesto
ved aqui el onbre de vos
no era vuestro prosupuesto
que se preçiaua daquesto
de dios y fijo de dios

[fol. 361r]

Segund lo quel ha sentido
a mi onbre me pareçe
y pues ques onbre ha sofrido
lo que tenes conoçido
que padeçio y padeçe
pues veyslo aqui açotado
ya veis que biuiendo muere
el esta bien castigado
por hablar lo ca fablado
vayase quando quisiere

Como los judios vieron
que lo mandaua ssoltar
todos grandes bozes dieron
cruçificalo dixieron
quierelo cruçifficar
rrespondioles ya sabes
ques costunbre que guardais
quando dos presos tenes
por la pascua que aves
donrrar el vno soltays

Y pues questo assy es
y paso sienpre jamas
por que a vuestra pascua onrreis
dezid a qual escoges
a christo o a barabas
estonçes los descreidos
de sus mismos males rremos
dieron grandes alaridos
diziendo todos mouidos
a barabas escogemos

Pilato les rrespondio
y dixo desta manera

pues deste que fare yo
luego el pueblo le torno
rrepuesta diziendo muera
dixo pilatos por que
tengo estonbre de matar
que malfechor nunca fue
nunca causa en el falle
para tal sentençia dar

Luego el pueblo rrespondiera
non con mengua de maliçia
sy el malfechor no fuera
nunca a ty se te traxiera
que fizieras del justiçia
pilatos les dixo no
me cures de mas seguir
que no lo matare yo
que nunca el mereçio
por que deua de morir

El sienpre en esta porfia
rrehusando de matallo
los judios todavia
como la enbidia creçia
no çesauan dacusallo
y a pilatos se boluian
diziendo si estonbre dexas
estas nueuas sonarian
y do esta çesar yrian
y noluidarie sus quexas

[fol. 361v]

Cata questonbre dezia
quel tributo que se daua
a çesar no se deuia
dar y que non se daria
muchas vezes porfiaua
sy alguno de nos se llama
rrey a çesar no le plaze
pues este por tal se ynfama
y pues que çesar te ama
mire tu sesso que faze

Que si muerte no le das
pues tan claro la mereçe
sin duda lo enojaras
y su amistad perderas
y esto deste te rrecreçe
quando pilatos oyo
que de çessar le dezian
en gran grado se turbo
y en continente pensso
que con el lo boluerian

Y estando en tal confusion
al sennor boluio a fablar

y dixo dame varon
rrepuesta duna rrazon
que te quiero preguntar
a estas causas y quexas
sobre questa gente puna
pues a ty no son anexas
ques la causa por que dexas
de rresponder a ninguna

A todo el sennor callo
syn palabra le boluer
luego pilatos boluio
diziendo dy por que no
me quieres a mi rresponder
pues que sabes bien questas
a mi querer y mandar
y sy quiero moriras
y sy quiero que te yras
syn penalguna te dar

Muy llagado y quebrantado
rrespondio el sennor asy
sy no te fuese a ty dado
poder del mas alto grado
non lo terrnies sobre mi
pues pilatos asentado
en el juyzio quesstaua
no muy quito de cuydado
vna carta le a llegado
que su muger lenbiaua

Por la qual le rrequeria
diziendo desta manera
pilatos dexa la via
questa gente te porfia
cata quel justo no muera
porquesta nochen vision
grandes cosas he pasado
non juzgues este varon
sy no avras mal gualardon
en pago de tu mandado

[fol. 362r]

Estas cosas que escreuia
esta duenna a su marido
no syn causa las dezia
quel diablo lo ffazia
y gelo avie rrequerido
por que por alli çesase
la rredençion vmanal
y por que a el non faltase
almas para que leuase
aquella pena ynfernal

Y como pilatos vido
aquella carta tan ffuerte

y como avie conoçido
que sin culpa era traydo
el rredentor a la muerte
el se quisiera escusar
daquello que le pedian
mas torrno luego a pensar
sy lo mandase soltar
con çesar lo boluerian

Y como temio perder
aquella vfana potençia
queriendo rrazon torçer
quiso el traydor conçeder
en dar la cruel sentençia
y queriendose quitar
de su culpa conoçida
mando luego sin tardar
al tienpo del ssentençiar
que le fuese agua trayda

Y como el agua llego
lauo sus manos sabres
y dixo sin culpa sso
desta sangre justa yo
vosotros ved que fazes
alli todos rrespondieron
aquellos de fe siniestros
y a bozes grandes que dieron
su sangre cayga dixeron
sobre nos y fijos nuestros

Dixoles pilatos pues
me queres tanto aquexar
por que mas no menojes
fagase lo que queres
mando a barabas soltar
y por mi sentençia ordeno
que muerte le sea dada
a ihesu de nazareno
en cruz y que sea lleno
de crueldad desonrrada

O que tan gran bozeria
toda aquella gente dio
o que alegria tenia
viendo el fin de su porfia
quando la sentençia oyo
contenplanima deuota
la paçençia del ssennor
y como la sangre bota
por aquella carrne rrota
llena de tanto dolor

[fol. 362v]

Pilatos sse leuanto
cuando ovo sentençiado

y vna tabla demando
en que la causa escriuio
por que fuera condenado
en escrito muy sereno
de griego latin ebrayco
aqueste que yo condeno
es gesu de nazareno
rrey del populo judayco

Y mando que la pusiesen
en lo alto del madero
por que todos la leyesen
las gentes que alli viniesen
a la muerte del cordero
los judios que la vieron
mostraron grande tristura
y a pilatos se boluieron
y a grandes bozes dixeron
no pongas tal escritura

No digas ques nuestro rrey
mas que el se lo llamaua
tu sennor de çierto crey
quera contra nuestra ley
y a çessar contrastaua
pilatos rrespondio asi
aquel mal pueblo maldito
seyendo presente ally
lo quescreui esscreui
para sienpre sera escrito

Contenpla y llora christiano
mira por ti que pasaua
aquel nuestro ssoberano
quen todo su cuerpo sano
cosalguna se fallaua
pues no era cual solia
aquella cara sagrada
que como frio hazia
con las llagas que tenia
esta[*ua] toda finchada

Pensaras mas pecador
por que cr[e]zca tu gemido
aquel cuerpo syn error
con el tormento y frior
como estaua denegrido
y quando de ty esparzida
tal contenplaçion ternas
aquel dolor syn medida
de su madre dolorida
a tu memoria trayras

Pues ya la sentençia dada
quel ynoçente muriesse
aquella gente dannada
touo presto aparejada

la cruz en que padeçiese
la qual como lo ssacaron
dalli do fue sentençiado
en los onbros gela echaron
y de nueuo lastimaron
aquel cuerpo delicado

[fol. 363r]

Y como era pesada
muy gran trabajo sentia
que de la pena pasada
tenie la fuerça menguada
y leuar no la podia
y de plazer que leuauan
aquellos falsos dannados
guinchones priesa le dauan
que no creyen ni pensauan
que del se verien vengados

Pues yendo tan aquexado
aquel nuestro rrey del çielo
de cansado y quebrantado
y de mucho atormentado
cayo sin fuerça en el suelo
prouauase a leuantar
y sus mienbros no podian
o cossa tan de llorar
quen quererse menear
todos sus huesos croxian

Quando los judios vieron
al sennor tan quebrantado
con lastima que ovieron
de sus cabellos le asieron
y presto fue leuantado
y teniendole asy en pie
todos a vna boz dezia
quentendien que moririe
y que no se le darie
la muerte quellos querian

Y por ver su coraçon
de todo en todo bengado
por dalle graue pasion
tomaron luego vn varon
simon çirene llamado
y queriendolo forçar
aquella cruz tan pesada
gela fizieron leuar
y poner en el lugar
donde avie de ser fincada

Y mouiendo el rredentor
con la cuyta grande y fuerte
con la mengua del vigor
con la sobra del dolor

yua gustando la muerte
y algunas duennas que avian
fijos amados perdido
con lastima que tenian
por dondel yua sseguian
rrenouando su gemido

Los coraçones quebrauan
de conpasion del sennor
y su manzilla doblauan
quando en la virgen ffablauan
conoçiendo ssu dolor
dizienle muger cuytada
desdichada y dolorida
dizienle desuenturada
en fuerte punto engendrada
y en fuerte punto naçida

[fol. 363v]

Quando esta nueua sabra
dizien su fin es llegado
quien piensa que beuira
quando a su fijo vera
de hermoso tal tornado
dizien en este fablaua
cada noche y cada dia
grandes bienes del contaua
quando su cara miraua
ningund otro bien queria

Y el era para querer
que nunca a nadi enojo
a todos fazie plazer
y sienpre quiso correr
por donde virtud corrio
el cuerpo y rrostro tenia
mas fermoso que las flores
vida de santo ffazia
por çierto no mereçia
el tan amargos dolores

Quando el rredentor oyo
lo questas duennas dizien
su rrostro a ellas boluio
y a dezilles començo
fijas de jerusalem
no querays por mi gemir
mas a vosotras llorad
y a lo que aveys de parir
que dias han de venir
donde diran de verdad

Aquellas que no engendraron
que tan benditas seran
y las tetas que gozaron
que fijos no amamantaron

y despues desto diran
sbore nos montes caed
y cobridnos los collados
de la faz nos essconded
de aquella suma merçed
que rremedio los pecados

Porque a mi asy sse dio
sseyendo verde madero
dolor que asy me ffirio
que haral que sse sseco
vedlo claro por entero
porque sy estas cosas son
fechas a mi syn pecado
ques fara en el varon
que tanta pena y pasion
agora me da y a dado

En todo esto el ssennor
grande tormento sentia
y doblaua ssu dolor
que la sangre y el sudor
su clara vista cobria
y como syn ver sse vio
para su rrostro alinpiar
con angustia que syntio
prestado vn panno pidio
por su vista rrecobrar

[fol. 364r]

Vna duenna que lo vio
mouida con piedad
su misma toca le dio
y con ella se linpio
aquel rrey de la verdad
y quedo asi ssennalada
en aquel pobre tocado
aquella cara sagrada
questarally sennalada
fasta el dia sennalado

Pues llegado ya el sennor
y puesto en aquel lugar
donde por ty pecador
su desonrra y su dolor
la muerte auie dacabar
pues notagora si quieres
cosas de gran deuoçion
y en ellas sy me creyeres
todo el tienpo que pudieres
ocupa tu coraçon

Y como alli lo llegaron
sin piedad ni mesura
mill traydores del trauaron
y en las carnes lo dexaron

sin ninguna vestidura
mira sy pena ssyntio
quando se le fue quitada
mira quien jamas pensso
mira quien jamas oyo
crueldad asy pasada

Que al tienpo que se açoto
la su carrne delicada
como toda se le abrio
con la sangre que ssalio
tenie la rropa pegada
y como gela quitauan
con yra demasiada
y con gran fuerça tyrauan
los pedaços le sacauan
daquella carrne sagrada

Como sant juan conoçio
que la vida sapocaua
daquel dios que tanto amo
y con tanta fe syruio
la muerte biuo gustaua
y luego syn mas tardar
quien cree despaçio fuese
fue a la virgen llamar
por que pudiese llegar
antes quel sennor muriesse

Pues piensagora christiano
en tanto que va san juan
en el tormento ynvmano
que aquel nuestro ssoberano
aquellas gentes le dan
el qual como ya touieron
despojado y mal traydo
en el suelo la pusieron
la cruz y en ella dixeron
que fuese luego tendido

[fol. 364v]

Con muy presta voluntad
aquel cuerpo consagrado
llagado syn piedad
con paçençia y vmildad
fizo luego su mandado
como tendido lo vieron
los que asy gelo mandauan
alli sennales ffizieron
do sus manos estendieron
y donde sus pies llegauan

Y despues que sennalaron
el sennor fue leuantado
y luego la cruz tomaron
y por alli foradaron

por donde avien sennalado
y alli otra vez tendieron
al rrey nuestro do primero
y del vn braço le asieron
y vn grueso clauo metieron
por la mano y agujero

Y tales golpes le dieron
por questouiese bien fuerte
que sus neruios sencogieron
y aquellos dolores ffueron
mas mortales que la muerte
y pasados a enclauar
la mano que desscansaua
queriendo el clauo fincar
no la podien allegar
a do barrenado estaua

Porque como ya contaron
los metros que he proseguido
al tienpo quel otro echaron
que los neruios sapretaron
estaua el braço encogido
y tal ensayo pensaron
afin que mucho penasse
a la munnueca le ataron
sogas de donde tyraron
por que la mano llegase

Pues para bien la llegar
a do estaua el agujero
puedes pecador pensar
lo que podie rredundar
de casso tan lastimero
que como rrezio tyraron
por bengar alli sus sannas
sus pechos descoyuntaron
las terrnillas le sacaron
penetraron sus entrannas

Pues la mano ya lllegada
a su lugar contenplad
con que premia fue clauada
y crudamente llagada
syn ninguna piedad
y aviendo esto acabado
la cruz en alto pusieron
y avien de piedra ordenado
dondel pie fuese fincado
el cual luego alli metieron

[fol. 365r]

Y como en alto touieron
la cruz aquellos maluados
con la fuerça que pudieron
de sus santos pies asieron

y fueron presto clauados
alli el cuerpo sacabo
todo de desscoyuntar
quen las pierrnas no quedo
hueso que no saparto
de su juntura y lugar

Y desto no bien contentos
los falsos que lo penauan
sienpre lannadien tormentos
y nunca sus pensamientos
creyen que del se bengauan
y por mas le desonrrar
y acreçentar sus pasiones
juntos con el a la par
fizieron cruçificar
dos malos onbres ladrones

Pues ya san juan allegado
donde la virgen moraua
enbaraçado y turbado
demudado y muy cansado
ouo dentrar dondestaua
y viola estar apartada
en biua contenplaçion
y alli con boz desmayada
le descubre su enbaxada
y el dolor de ssu pasion

Que mal rrecabdo posistes
en vuestro ffijo sennora
al tienpo que lo parisstes
con el a egibto fuystes
con temor del mal dagora
& oy nunca aveis sabydo
a los judios quitallo
que han su rrostro escopido
acoçeado y fferido
y quieren cruçificallo

Ssan juan no bien acabando
de rrecontalle ssu pena
su rrostro abofeteando
sus carnes despedaçando
entraua la madalena
sacando con rrauia esquiua
sus cabellos a manojos
diziendo madre catiua
andaca sy quies ver biua
a la lunbre de tus ojos

Y deueste priessa dar
la mayor que tu podras
que sy ymos de vagar
segund yo lo videsstar
nunca biuo lo veras
faz tus pies apresurados

corre pues tanto lo amas
por que no halles quebrados
aquellos ojos ssagrados
en quien tu te rremirauas

[fol. 365v]

Quando la tal nueua oyo
aquella rreyna del çielo
la fuerça le ffalleçio
y tan gran dolor syntio
que cayo muerta en el suelo
y despues que ya torno
en sy con gran desatino
madre amarga se llamo
y a san juan le pregunto
que por dondera el camino

Dixole san juan sennora
rrastro claro fallares
por lo qual mi alma llora
que su sangre es guiadora
y por ella os guiares
porque tanta lan ssacado
los que oy le atormentaron
que por doquier que ha pasado
todo el suelo esta bannado
fasta donde lo pararon

Luego a la calle salida
fue la conpanna preçiossa
contenpla en aquella yda
tan cuytada y dolorida
de la virgen gloriossa
la qual yua descubierta
la qual su cara rrasgaua
la qual yua medio muerta
de frio sudor cubierta
del cansaçio que leuaua

Y quando en el rrastro dio
que su fijo avie dexado
como la sangre miro
sobrella rrezio cayo
con coraçon traspasado
alli mill besos le daua
alli gran llanto fazia
alli lagrimas echaua
alli tal pasion pasaua
con que la muerte sentia

Y por a su fijo ver
biuo dalli se leuanta
y sin mas se detener
sse començo de mouer
con su conpannia santa
y con ansia que leuaua

de sus cabellos assia
a menudo desmayaua
y a las duennas que topaua
lo que se sigue dezia

Amigas las que paristes
ved mi cuyta desigual
las que maridos perdistes
las que gran fe les touistes
llorad comigo mi mal
mirad sy mi mal es fuerte
mirad que dicha la mia
mirad mi catiua suerte
que a vn ffijo que tenia
lestan da[n]do cruda muerte

[fol. 366r]

El qual mi consuelo era
el qual era mi salud
el qual syn dolor pariera
el cual amigas pudiera
dar virtud a la virtud
en el tenia marido
fijo ermano y esposo
de todos era querido
nunca onbre fue naçido
nin fallado tan fermoso

Las duennas todas callauan
que palabra le boluian
que tan gran pena pasauan
quando a la virgen mirauan
que avnque querien no podian
mas aquella que presto
el tocado al rrey del çielo
con que su rrostro linpio
aquella le rresspondio
pensando dalle consuelo

Y dixole amiga yo
creo quengannada estays
quel que por aqui paso
no era vuestro ffijo no
segund las sennas vos days
vos dezis quen los mortales
ninguno otro tal avia
pues el doy en sus sennales
y en sus llagas desiguales
lazarino pareçia

Avnque bien podria estar
de hermoso tal tornado
y podria mengannar
que segund le vi tratar
estarie disfigurado
porque digo de verdad

y bien me podeis creer
que sin aver piedad
nunca tanta crueldad
a vn onbre vide hazer

De las baruas le tyrauan
en el rrostro lescopian
palos y coçes le dauan
y los que detras quedauan
con las lanças le ferian
del venian blasfemando
la gente que lo traya
de los cabellos tyrando
lo leuauan arrastrando
sy cansado se syntia

Pero bien presto podres
sy era el certeficaros
porquentre manos tenes
quien puede como veres
su misma cara mostraros
que al tienpo quel passo
por aqui muy aquexado
con angustia que syntio
vn panno me demando
y dile yo mi tocado

[fol. 366v]

El qual de mi lo tomo
con omildad mesurada
y vn gran sudor se linpio
y su cara en el quedo
propiamente ssennalada
y ssy no me lo crees
la misma toca es aquesta
y por ella juzgares
sy vuestro fijo perdes
ved si su façion es esta

Quando la virgen miro
la figura del tocado
luego el rrostro conoçio
luego la muerte syntio
de vello tan lastimado
la qual con graue pasion
con desseo de morir
con angustia y turbaçion
con lastimera rrazon
asy començo a dezir

Esta es amiga mia
la cara de mi amor
esta es la que solia
con fermosura que avia
quitar al sol su claror
mas los judios an dado

en ella tormento tal
que la an qual veys parado
y los golpes lan tornado
daquesta color mortal

Y dexada esta rrazon
esto a la cara hablo
o clarifica vission
de la ynmensa perfeçion
quien asy tescarneçio
o gesto rresplandeçiente
quien asy te atenebro
o cara al sol pareçiente
o ymagen rrefulgente
quien asy te atormento

O façion en que solien
los angeles adorar
o mi muerte agora ven
o mi salud o mi bien
quien te pudo tal parar
o quanto bien te viniera
o que tan bien yo librara
que antes que asy te viera
deste mundo yo saliera
por que tal no te mirara

Luego dalli la mouieron
san juan y la madalena
y mayor priesa le dieron
porque ya el sennor creyeron
avrie pasado su pena
y con mucho trabajar
despues del llanto acabado
ovieron ya de llegar
aquel tan triste lugar
do estaua cruçificado

[fol. 367r]

Como la virgen miro
a su fijo tanto amado
consigo en el suelo dio
y todo el mundo pensso
quera su fin allegado
contenplanima cuytada
en aquesta su venida
daquella virgen sagrada
y despues que fue tornada
lo que padeçio su vida

La cual como rrecobro
la habla cauie perdido
con el dolor que ssyntio
esta rrazon començo
con afincado gemidụ
fijo mio que ffezistes

que yerro fuevos fallado
que pecado cometistes
por que fijo mereçistes
ser a muerte condenado

Vos nunca nadie enojastes
fijo mio mi amor
sienpre la verdad amastes
sienpre fijo predicastes
dotrinas de gran valor
sienpre fijo fue fallada
en vuestra boca verdad
pues por ques asi tratada
vuestra carne delicada
con tan cruda crueldad

Pues aviedes de pasar
fijo la muerte forçado
deuieraos vna bastar
que segund os veo estar
mill muertes aveys tragado
dondesta vuestra figura
fijo mio mi ssennor
o gloriosa mesura
ques de vuestra fermosura
ques de vuestro rresplandor

Las gentes que le oyan
palabras tan dolorosas
muchas dellas se mouian
a conpasion y dezian
rrazones muy consolosas
o muger no te maltrates
avnques grande tu dolor
ni es rrazon que te mates
mas quenteramente acates
que asy le plaze al sennor

La virgen les rrespondia
rretorçiendose las manos
con el dolor que ssentia
omillmente les dezia
doledvos de mi ermanos
que aqueste ssolo pary
engendrado de dios padre
veolo matar assy
ved que dolor para mi
syendo yo triste su madre

[fol. 367v]

Miraua contral madero
que tenie la entera luz
y veya aquel cordero
dios y onbre verdadero
clauado en la vera c[r]uz
y con ella se abraçaua

llamandose perdidossa
y aquella sangre besaua
y de sus ojos lloraua
como madre dolorossa

Quando la virgen miro
el gessto del rredentor
segund la pena le vio
luego en punto conoçio
su muerte de gran dolor
del angel se querellaua
quel dio la mensageria
y con el asy fablaua
todas cosas le contaua
quantas el dicho le avia

O arcangel grauiel
en tu mensaje troxiste
palabras como la miel
hanseme tornado en fiel
todo quanto me dexiste
fallome desconsolada
llena de muy gran dolor
veome muy blasfemada
y destas gentes llamada
madre del engannador

[segunda columna en blanco]

[fol. 368r]

Dexiste quera bendita
entre todas las mugeres
mira esta gente ynfinita
como me dizen maldita
oye sy oyrlo quieres
llamasteme de graçia llena
vesme llena damargura
viendo padeçer tal pena
a la ymagen toda buena
ynoçente criatura

Dexiste dios es contigo
antes es muy alongado
o angel mi buen amigo
como dire ques comigo
pues del todo ma dexado
vee al ffijo padeçer
ay de mi desconsolada
y podiendolo ffazer
no le quiere socorrer
quedo yo desanparada

Quando a la virgen oyeron
los malos de los judios
para ella sse vinieron
y quenjurias le dixeron
mostrando sus grandes brios

y por le dar mas dolor
cada vno le dezia
madre del encantador
ffechizero y burlador
ques fazie nuestro mexia

San juan con mucha omildad
quisieralos rretraer
dixo amigos por bondad
que ganais en ffatigar
aquesta triste muger
amigos no lo fagais
por seruiçio de dios padre
pues al fijo maltratais
y crudamente matays
no querays matar la madre

Los judios ya partidos
de do la virgen estaua
ella con grandes gemidos
y omildes alaridos
con su fijo asy fablaua
o fijo no me hablays
como maves oluidado
ni con los ojos mirais
por que fijo mio estais
cruelmente asy tratado

O fijo sy vos pluguiese
otorgar mi petiçion
que ante que vos muriese
por que morir no vos viese
telas de mi coraçon
quel morir me serie vida
y el beuir me sera muerte
ssere sienpre dolorida
y entre las gentes corrida
syn aver quien me conuerte

[fol. 368v]

Ihesu christo desque oyo
lo que su madre dixese
a san juan la encomendo
y por fijo gelo dio
y el que por madre la ouiese
dixo mas que avie gran sed
que nuestro bien desseaua
esto de çierto sabed
y firmemente creed
que nuestra vida buscaua

Vn judio se leuanto
que avie nonbre gurmel
y vn vaso aparejo
y en el a beuer le dio
vinagre buelto con ffiel

desque lo ovo gustado
y sintio el amargura
dixo todo es acabado
lo quera profetizado
en la sagrada escritura

Iessu nuestro rredentor
enantes quespirase
mostrandonos grand amor
demando con gran clamor
al padre los perdonase
o ynmensa piedad
desqueste caso contenplo
puesto en tanta crueldad
vsar de tal beninidad
por a nos dar tal enxenplo

Los judios fariseos
grandes burlas del fazian
viendo conplir sus deseos
faziendo grandes meneos
las cabeças rremeçian
guay daqueste que dezia
quel tenplo dessataria [sic]
y que tal poder tenia
que dentro de terçer dia
de nueuo lo rreffarie

Todos del escarneçian
syn por que lo denostauan
vnos a otros dezian
quantos males del podian
syn causa lo desamauan
y dizien no oystes vos
queste falso engannador
sse dizie fijo de dios
por eso le dimos nos
muerte como a burrlador

Y el vn ladron de los dos
con el sennor contendia
si eres fijo de dios
salua a ty y salua a nos
por escarrnio lo dezia
el otro le yncrepaua
y dezia que callasse
pues dinamente pasaua
aquella muerten questaua
que de dios non blasfemase

[fol. 369r]

Que nos en çierta verdad
justamente padeçemos
por nuestra propia maldad
este sienpre vso bondad
en sus obras bien lo vemos

mas tu ya en dannaçion eres
y al buen ihesu dixo asy
sennor sy por bien touieres
quando en el tu rreyno fueres
nienbrate ssennor de mi

Ihesu christo dixo amigo
en verdad yo te auiso
sey çierto de lo que digo
oy sseras çierto comigo
en gloria de paraysso
los judios desque oyeron
la rrepuesta del ssennor
muchos escarnios fizieron
y vnos a otros dixeron
ya se haze saluador

Desque la nona llegada
ihesu christo eli clamo
y la cabeça ynclinada
la su anima sagrada
al padre la encomendo
y las piedras se partieron
toda la tierra tenblo
los sepulcros se abrieron
y los muertos rresurgieron
y el ssol ssescureçio

La luna mostro gran duelo
su fermosura perdio
en el tenplo estaua el velo
dende arriba fastal suelo
en doss partes sse rronpio
y todos los elementos
el curso natural mudaron
las estrellas y los vientos
por diuersos mudamientos
gran sentimiento mostraron

O anima pecadora
aqui puedes contenplar
en aquella triste ora
la virgen nuestra sennora
piensa qual podria estar
estaua muy dolorida
viendo a su fijo morir
en aquel suelo cayda
con dolor amorteçida
que no es cosa de dezir

San juan y la madalena
como con ella estouiesen
quando vieron la gran pena
daquella de graçia llena
no sabien que se ffiziesen
llorando amos los doss
suplicauan a dios padre

diziendo muy alto dios
ave piedad de nos
y daquesta triste madre

[fol. 369v]

Quando las sennales viera
çenturio el cauallero
a grandes bozes dixera
çiertamente esste era
fijo de dios verdadero
los que veyen tales fechos
con el temor que tenian
sentianse muy estrechos
y firiendosen los pechos
a la çibdad sse boluian

Desque ya las gentes vieron
quel ihesu aviespirado
todas dally se partieron
y a la çibdad se boluieron
alli solo ffue dexado
la virgen sola quedo
con sus hermanas y san juan
que dalli no se partio
mas alli permaneçio
llorando con grande afan

Los judios desque vieron
fazer tan gran terremoto
grand espanto en si ovieron
y del pueblo se temieron
candaua todo rremoto
antes que mas se yndinase
suplicaron a pilatos
que las pierrnas le quebrase
por que mas presto espirase
y saliesen de rrebatos

Los caualleros vinieron
y a los ladrones llegaron
y desque biuos los vieron
con los maços que troxieron
las pierrnas les quebrantaron
descal rredentor miraron
y vieron cauiespirado
ningund hueso le quebraron
ni en sus piernas tocaron
que asy era profetado

Vn cauallero sobrevino
con vna lança en su mano
que avie nonbre longino
el qual se fingio tan dino
que llego de llano en llano
y con ella le ffirio
al ihesu cruçifficado

y el costado le rronpio
y por medio le partio
el su coraçon sagrado

La ssennora desque vio
a su fijo asy llagar
todo ell esfuerço perdio
y consigo en tierra dio
con sobra de gran pesar
las duennas que alli estauan
muy grande llanto fazian
muchas dellas se mesauan
y sus caras maltratauan
con dolor que della avian

[fol. 370r]

Jossep de abarimatia
a pilatos ssuplico
el cuerpo santo pedia
quel enterrallo queria
pilatos gelo otorgo
touo luego tal manera
para venillo a enterrar
traxo lo que menester era
tenazas martillo escalera
para podello quitar

Y segund que nos leemos
truxo en su conpannia
al onrrado nicodemos
esto creello deuemos
por que solo no verrnia
y desque entramos llegaron
a do el cruçifiçio estaua
en el suelo se lançaron
omillmente le adoraron
cada qual dellos lloraua

Con muy grande rreuerençia
luego dalli se partieron
era grande su creençia
con entera obidiençia
a la virgen sse vinieron
la qual con muy grande llanto
los salio a rreçebir
y lloraron todos tanto
quen pensallo es quebranto
quanto mas en lo sofrir

Desque ya llorado ovieron
todos con grande clamor
para la cruz se vinieron
las escaleras pusieron
para deçir al ssennor
viendo puesta el escalera
la virgen muy dolorosa

quiso sobir delantera
como madre que asy era
de su fijo desseossa

San juan josep nicodemos
a la virgen suplicauan
nos sennora sobiremos
presto lo deçenderemos
omillmente le rrogauan
rrespondioles que asy fuese
como san juan ordenaua
y que presto se ffiziese
por quella conplido viese
lo que tanto desseaua

A la ora vespertina
de la cruz le deçendieron
aquella carrne diuina
a la su madre benina
en sus braços gela dieron
el rrostro le alinpiaua
con vna muy pobre toca
con lagrimas lo lauaua
muchas vezes le besaua
en la su sagrada boca

[fol. 370v]

Abraçado le tenia
que jamas no le dexaua
las palabras que dezia
a qualquier que las oya
el coraçon le quebraua
y con muy grande dolor
con sus ermanas fablaua
ved mi fijo y mi sennor
ved aqui mi grande amor
con quien yo me consolaua

Y la madalena estaua
a los pies del rredentor
con lagrimas los lauaua
con sus cabellos linpiaua
mostrando muy gran dolor
tan de coraçon lloraua
con el dolor que tenia
que por çierto bien mostraua
que de coraçon le amaua
segund el llanto ffazia

Ya la tarde declinaua
el sol se querie çerrar
quando a la virgen rrogaua
san juan y le suplicaua
que lo dexase enterrar
diziele o madre sennora
la noche sera muy presto

y si no sentierra agora
estar despues desta ora
sera mucho desonesto

La virgen le rrespondia
con dolor del coraçon
que pues asi conuenia
por la noche que venia
cunpliese tal petiçion
luego presto le vngieron
con vngento muy preçioso
en vn lienço lenboluieron
y en el sepulcro pusieron
aquel cuerpo gloriosso

A ora de las cunpletas
le dieron la sepoltura
cunplieronse las profetas
y las rrazones secretas
de la sagrada escritura
quando de sobrel quitaron
a su madre dolorossa
asy solo lo dexaron
y el monumento çerraron
con vna muy grande losa

Con lagrimas damargura
ante que dalli partiesse
aquella rreyna daltura
besaua la sepoltura
no sse quien dolor no ouiese
las palabras que dezia
asy eran animossas
a qualquier que las oyan
que luego en puntol trayan
a lagrimas dolorossas

[fol. 371r]

Luego los santos varones
a la sennora tomaron
y con omildes rrazones
y muchas consolaçiones
de sus braços la leuaron
y desque al lugar vinieron
do la santa cruz estaua
de rrodillas se pusieron
todos silençio tuuieron
sola la virgen fablaua

Dios te salue arbol santo
de la santa vera cruz
causa de mi gran quebranto
del ynfierrno grauespanto
para las tiniebras luz
o sennal marauillossa
dina de sser ffabricada

de la sangre muy preçiosa
de la ymagen gloriossa
de dios padrengendrada

Arbol de conssolaçion
que tal fruto sostouiste
que dio entera rredençion
a la vmana generaçion
el paraysso le abriste
el qual estaua çerrado
por culpa del primer padre
porque traspaso el mandado
comio del fruto vedado
el y eua nuestra madre

O santisimo madero
dino de sser adorado
que touiste aquel cordero
dios y onbre todo entero
quen su sangre estas vannado
con omilde acatamiento
te deuen sienpre adorar
yo con grande sentimiento
que fuste a mi fijo tormento
de ty me puedo quexar

Luego dalli se partieron
para yrse a la çibdad
de la cruz sse despidieron
la rreuerençia que fizieron
fue con muy grand omildad
desque a la çibdad llegaron
por las calles que pasauan
muchas duennas y fallaron
que a llorar les ayudaron
y a la virgen consolauan

Desque la virgen llego
a la casa do moraua
a las duennas sse boluio
y muchas graçias les dio
de llorar nunca çessaua
desquentro con triste gesto
a san juan asi fablaua
fijo ques de tu maestro
que se fizo el plazer nuestro
que aqui nos visitaua

[fol. 371v]

A madalena dezia
quando la veye llorar
ques de mi fijo maria
el que tanto te queria
do lo yremos a buscar
sennora en la sepoltura
muy estrecha lo dexamos

por mi gran desauentura
como a estranna criatura
asy lo desanparamos

Lloraua muy atentado
san juan por la consolar
todo su gesto mudado
el rrostro todo finchado
que queria rrebentar
o madre torrnad en vos
y aved consolaçion
pues sabeys quel alto dios
quando lo enbio a vos
ffue con esta condiçion

San juan y la madalena
por rrecrear la vmanidad
aparejan pobre çena
quella no serie muy buena
segund su grande pessar
y omillmente le dezia
a la virgen que comiesse
que segund paso aquel dia
y comido non avia
rreçelauan que muriese

Amarga çena çenaron
con dolor y con tristura
nunca de llorar çesaron
las palabras que fablaron
todas eran damargura
la sennora ssospiraua
auiendo su fijo emientes
que jamas nunca çesaua
tan de coraçon lloraua
que sus ojos eran fuentes

Toda la nochestouieron
como ouejas syn pastor
que jamas nunca dormieron
ni el llanto ffeneçieron
contenplando en el sennor
y desque fue otro dia
sabado ssantifficado
quiso la virgen maria
que guardasen aquel dia
pues de dios era mandado

Los diçiplos sse venian
cada vno de do andaua
con el miedo que tenian
escondidos se metian
donde la virgen estaua
la sennora les dezia
do dexais vuestro sennor
ninguno le rrespondia
con la verguença que avia

mas llorauan con dolor

[fol. 372r]

Pedro dixo vergonçoso
puestos los ojos en tierra
llorando muy amargoso
que se non daua rreposso
como faze aquel que yerra
y las baruas se mesando
llamauase pecador
y consigo en tierra dando
ante todos confesando
yo negue a mi sennor

Andres el buen pescador
dixo con grande gemido
yo con sobra de temor
desanpare mi sennor
y le fuy desconoçido
las rrodillas en el suelo
sus cabellos se mesaua
fazia muy grande duelo
altas las manos al çielo
perdon a dios demandaua

Iacobo el zebedeo
con verguença muy turbado
y los fijos del alffeo
con ellos vinie tadeo
publicando ssu pecado
todos dizien quando vimos
los judios con rremor
con el miedo que sentimos
todos sennora fuymos
y dexamos al ssennor

Luego entro bartolome
toda la barua mesada
diziendo yo sso el querre
pues que la ffe quebrante
cal sennor tenia dada
con rreçelo de morir
y gran miedo que tenia
la verdad quiero dezir
vy a los otros ffuyr
y ffoy en ssu conpannia

Llorando dixo tomas
el gesto disfigurado
con gran tristeza demas
doy para sienpre jamas
llorare mi gran pecado
vy a mi ssennor prender
y a los judios leuar
deuierale ssocorrer
fuyme mesquino esconder

y dexelo maltratar

O tu virgen consagrada
que pasaste los dolores
plegate ser abogada
ante dios muy afincada
por nosotros pecadores
y el que padeçio pasion
por nuestra culpa saluar
por la su rresureçion
ayan de nos conpasion
y nos quiera perdonar

deo graçias

quien esta obra oyere o leyere
diga por caridad vna ave
maria por quien la fizo

[fol. 372v]

[ID3641 V 2893] HH1-62 (372v-380v) (89×10,11)

coplas fechas por fray anbrosio montesino
obseruante de la orden de san francisco
elegicas rimadas en el ilico estilo y en
materia eroyca por las cuales ynduze a la
santa varonica fablar con el ssennor en
la forma ssiguiente

Donde esta tu fermosura
dador de todos los bienes
maestro de la natura
non pareçe tu ffigura
esse rrostro que contienes
o alto rrey que sostienes
los çielos con luz muy clara
dime sennor como vienes
o en que parte lo tienes
el rresplandor de tu cara

Adonde vas ssentençiado
juez de nuestra ssentençia
tus santas manos atado
terriblemente açotado
el cuerpo del ynoçençia
fuente vida de paçencia
tesoro de nuestra vida
la tu ynperial presençia
y tu diuinal essençia
do la tienes escondida

Dondesta tu ffortaleza
fauor de tus çibdadanos
ado estaquella destreza
que sumio tanta grandeza
de tantos egibçianos
la potençia de tus manos
como lata vna ssoga

tus sermones soberanos
como los faze profanos
esta çiega synagoga

Tu presençia rrelunbraua
mas quel sol en siete grados
a los çiegos lunbre daua
las tiniebras rreclaraua
con rrayos clarifficados
los çielos por ty criados
de ty rreçiben la luz
o salud de mis pecados
los tus onbros delicados
donde van con essa cruz

[fol. 373r]

Donde vas apasionado
con tan diuersas feridas
con espinas coronado
con dolor descolorado
con lagrimas tan sentidas
con gentes desconoçidas
con falsas acusaçiones
tus graçias jamas oydas
por ventura son perdidas
que vas entre dos ladrones

La tu lunbre rradiante
se convierten sangre pura
tu sapiençia yluminante
syn temor daqui adelante
la conparan en longura
o gloria y verdad segura
maestro del sacro polo
por darnos buena ventura
rredimes la criatura
y quieres morir tu ssolo

prossigue

Sy te siruen de contino
angelicas legiones
preguntote rrey benino
por quen tan agro camino
te siguen tales varones
a ty bien de las naçiones
adoran tress gerarchias
juez de las entençiones
por que tan viles sayones
te fablan descortessias

affirma

Vnos la cara te fieren
otros te lieuan rrastrando
otros tescupen y quieren
que las gentes que te vieren

vayan de ty blasfemando
otros te van acusando
con testimonio syn proeua
o rrey mio dime quando
diste tu poder y mando
a la gente que te lieua

prosygue

Por la qual pena terrible
el color tienes mudado
o piedad ynfalible
como quieres ser pasible
que no fezisste pecado
a do vas sennor cansado
lloroso con tantas penas
como vas sennor ansiado
a pagar con libre grado
por las maldades agenas

Estos son los gualardones
que te dan tus naturales
injurias falsos pregones
con sus falsas entinçiones
de las penas ynferrnales
o gentes descomunales
o pueblo de triste suerte
por que con ansias mortales
al medico de tus males
le das pregones de muerte

[fol. 373v]

por san juan euangelista

O gloria del paraysso
o sola esperança mia
solo este mançebo quisso
por vn amor yndiuiso
sseguir la su conpannia
y maguer vido la via
ynçierta de ssu ssalud
entre tanta tyrania
ofreçio ssu mançebia
con ssobra de su virtud

Los çielos sennor criasste
el mundo sennor feziste
nuestra muerte catiuaste
y en la cruz sola tomaste
en la qual mueres muy triste
la nuestra carrne vestisste
y date por tantos dones
el pueblo que tu escogiste
juste judes ihesu christe
la muerte con dos ladrones

O ssabio maestro agudo

donde tyenes tu ssaber
como te torrnaste mudo
que a testimonio tan crudo
no curas de rresponder
como quieres ffeneçer
o mi ssennor exçelente
por que quesyste naçer
para aver de padeçer
como cordero ynoçente

prossigue

Por que te desanpararon
aquellos que te ssiguieron
por que solo te dexaron
a que ssennor sse llegaron
cuando ya preso te vieron
como te dessconoçieron
tus continos doze amigos
esta firmeza aprendieron
de quantas cossas te oyeron
dexarte a tus enemigos

como la varonica por lastimarsse
mas miro las armas con que
venia su çelestial esposo armado

Vna corona despinas
vna colupna pesada
vnas fuertes diçiplinas
vnas marrlotas mas finas
vna ssoga ensangrentada
vna cruz mal çepillada
clauos martillo escalera
vna ffiel avinagrada
canna y lança enazerada
sson tus armas y vandera

[fol. 374r]

y por dar a entender quanto son tristes
y discordes de su diuinidad las armas suso dichas
pone cuales eran las que vido el profeta ezechiel
en vna de ssus visiones que dize assy

En las rruedas de cobar
tus armas se nos mostrauan
avnqueran dotro mirar
segund yuan ssin torrnar
los que las rruedas guiauan
en ellas nos presentauan
tu gloria y virtud perfecta
con los vultos que mostrauan
los animales que dauan
grande ynpetu al profeta

pregunta la varonica
por quel sennor dexo

estas tan misteriales
armas diziendo asi

Pues como sennor mudaste
estado tan diferente
y este tan rrico dexasste
y por amor tensayaste
en el menos exçelente
sy ay rrazon que tal consiente
tu sennor me la ynpetra
ques caso tan traçendente
que sy mi sseso lo ssyente
mi alma no lo penetra

nota aqui el actor
la dinidad desstas armas
en que esta el cuerpo
de nuestro sennor
ihesu christo

Pues armas de tal manera
dezid sy vistes ssennores
sola vna cruz de madera
dio vida y paz verdadera
a todo [sic] los pecadores
ved rreyes enperadores
sy ay armas que tanto fuerçen
los rreynos ynferiores
el mundo y sus moradores
y el çielo las obedeçen

A los ynfiernos forçaron
dar los justos que alla fueron
las sillas altas poblaron
las cuales no consseruaron
los tristes que las perdieron
contra estos no pudieron
latynos griegos judios
a estas jamas vençieron
los rromanos que touieron
los rreynos y ssennorios

[fol. 374v]

prosigue

Antes mirad que misterio
estas armas figuraron
que alli ganaron ynperio
donde menos rrefrigerio
sus amados esperaron
alli donde se quedaron
a quantos nonbres no sse
alli tanto prosperaron
que para sienpre quedaron
por cabeça de la ffe

la persecuçion que

causaron los enperadores
de roma a los que
confesauan la fe

Para quitallas del vsso
nero tirano muy crudo
o quantas fuerças que puso
mas asy quedo conffusso
que nunca vençerlas pudo
rreluzen en blanco escudo
estas armas sin rreproche
ques vn cuerpo desnudo
del maestro tan agudo
que fizo el dia y la noche

esta es la forma desste escudo

Es de tanta sotileza
tan rrico y tan bien labrado
que no tiene tal lindeza
ni menos tal fortaleza
el çielo muy estrellado
es muy bien entretallado
con muy diuersas lauores
por golpes nunca es mellado
y quanto mas es tratado
mas rrelunbran sus colores

Con estescudo cubiertos
los doze triunfadores
quedaron asy despiertos
que biuen despues de muertos
laureados vençedores
y sus dardos feridores
sus tormentos y cadenas
estonçes fueron menores
quando sus perseguidores
les dauan mayores penas

la eficaçia destescudo

Es por çierto gran rrazon
que vençan los questescuda
pues vençe sienpre el leon
que muestre este dragon
del rreal tribu de juda
que sy la dicha se muda
no se les mueue la gloria
y sy se tarda el ayuda
do fallan pena mas cruda
alcançan mayor vitoria

[fol. 375r]

despidese de las armas yntroduziendo a la
varonica de la nouedad dellas con otras
tristes ynterogaçiones y dize asy

Pues armas de tal vandera

quien te dio mi enamorado
o mi vida verdadera
yo nunca pensar pudiera
que destas fueras armado
o rrey bienaventurado
escudo de mis enojos
esse rrostro colorado
como lo han obscurado
las lagrimas de tus ojos

prosigue

Pues llore mi entendimiento
rredentor escarneçido
las armas y el vençimiento
que te da y tu contento
con tu pueblo endureçido
oyra el desconoçido
las alas del coraçon
destas joyas lo as vestido
a quien te ouo rredemido
del poder de ffaraon

rreprehende la varonica a esste pueblo

O pueblo de mal conpas
o pueblo de yndiscreçion
tu çierto te perderas
pues con tanta priesa vas
a perder tu essençion
la tierra de promission
te dio este a quien destierras
o pueblo syn discriçion
rremedia tu condiçion
quen los abismos tençierras

O maluados ffarisseos
o pueblo muy enbidioso
ya conpliste tus desseos
en vestir talles arreos
a tu sennor generoso
falso pueblo maliçioso
a quien diste tu grandeza
por que matas a mi esposo
y al rrey todopoderoso
acabas con tal braueza

Pues tu pensamiento çiego
no mira tan gran çeguera
matame sy quieres luego
que si no cunples mi rruego
mejor me sera que muera
porque no tyenes manera
como tapiades del
pilato a escoger te diera
por queste non padeçiera
y no quieres yssrrael

[fol. 375v]

Continua y reprende

O que mal te aconsejasste
cuan locamente escogiste
a tu sennor condenaste
y tan vilmente trocaste
que por vn ladron lo diste
a vn maluado pediste
di quando lo pagaras
pueblo malo que feziste
a tu dios aborreçisste
por dar vida a barabas

El vno saltea puertos
y a muchos mato su espada
estotro sana los muertos
y da frutos a tus huertos
y enrriqueçe tu morada
o rrazon tan mal mirada
o troque de mal enganno
o gente desuariada
diste joya ynconparada
por vn malsin y tacanno

a xxii capitulos del

O pueblo syn cortessia
vestido descuras niebras
donde a ty tanta ossadia
que al sennor de tu alegria
asi lo fieres y quiebras
estas onrras le çelebras
al que sana con su ssangre
la noche de tus tiniebras
y el morder de tus culebras
con el culebro de aranbre

Continua

Ysrrael non talboroçes
contra quien te fizo esento
a tu vida dessconoçes
y con tan crueles coçes
le das aspero tormento
contenple tu pensamiento
quantas gentes enemigas
sometio a tu mandamiento
este que syn mereçimiento
rreçibe tantas ffatigas

en el ysodo y leuitico

Y la magna muy preçiossa
como ya se ta oluidado
y la nuve luminossa
que la noche tenebrossa
del desierto ovo alunbrado

y tan bien te ovo librado
del yugo de bauilonia
pues como lo lieuas atado
a quien tanto bien te ha dado
con tan baxa çirimonia

Conuiertete a tu ssennor
que abrio las aguas creçidas
falso pueblo syn temor
vnta con olio de amor
estas çinco mill feridas
en tan poco son tenidas
las merçedes tan preçiosas
las tierras a ty partidas
echadas de sus guaridas
tantas gentes poderosas

[fol. 376r]

ynvoca a las mugeres de syon para que
lloren las penalidades del sennor

Salid de vuestro rreposso
virgines fijas de sion
y veres a vuestro esposo
de joyas asy fermosso
que se os quiebrel coraçon
llorad con esclamaçion
ante este consistorio
dezilde por cual rrazon
vos da tal consolaçion
en el trisste desposorio

Venid virgines benditas
a mirar el despossado
y veres las margaritas
y las joyas ynfinitas
que los suyos lan prestado
venid donzellas priado
antes quentre en el torneo
por que su ensayo aqui loado
sy desta fuer ençerrado
nos ençierre ssu desseo

Continua

Sus fayçiones rrelunbrantes
y sus ojos deleytables
ya no son segund que antes
mas vnas fuentes manantes
lagrimas yntolerables
o virgines saludables
que buen esposo perdistes
sus amores perdurables
con lastimas miserables
faran vuestros dias trisstes

torna su fabla al

ssen*n*or n*uest*ro ch*rist*o

Sola yo en gerusalen
fare vida en angostura
a q*ui*en llamare yo a q*ui*en
pu*es* ya te lleua*n* mi bien
a darte la ssepoltura
mi gozo sera tristura
o fu*en*te de mis plaz*er*es
yo la t*ri*ste syn ventura
q*ue* fare syn tu ffigura
mezq*ui*na entre las mug*er*es

prosigue

O bie*n* ssolo en q*ui*en co*n*fio
y mi alma rrecreante
ya te lieua*n* sen*n*or mio
las fuerças deste ge*n*tio
q*ue*mado de amor flama*n*te
q*ui*en me diese en vn ysta*n*te
despedirme de beuir
pu*es* a ty mi amor costa*n*te
ya te me q*ui*tan delante
y te lleua*n* a morir

Pu*es* asy me desanpara
tu presona enobleçida
q*ue* fare syn ver tu cara
la cual ssola me sacara
de dondestaua p*er*dida
[fol. 376v]
y es vna çierta medida
q*ue* son los amor*es* buenos
como llaga envejeçida
q*ue* q*ua*nto mas es vngida
estonç*es* se cura menos

continua

Ay q*ue* no ay melezina
en la dolençia de amor
y por esto yo mezq*ui*na
ni mucho tarde ni*n* ayna
sanare deste dolor
y por ta*n*to rredentor
sy este mal no mafloxa
yo q*ui*ero perder temor
y morir antel ssen*n*or
q*ue* beuir co*n* tal congoxa

Si me cura*n* esta llaga
agenas consolaçion*es*
no se triste q*ue* me faga
q*ue* todo es boluer a çaga
segun*d* son tus p*er*feçion*es*
creçera syn mejoria
apartadas sus pasion*es*

de las mis abitaçiones
por chico rrato del dia

como la varonica le
pide su rostro pintado

Tu poder rremedio cobra
a q*ui*en rremedio falleçe
porq*ue*l saber q*ue* te sobra
traçende cualq*ui*era obra
de cua*n*to aca nos pareçe
y pues tal caso sofreçe
en q*ue* muestres marauilla
sana mal q*ue* tanto creçe
y mi vida q*ue* ffeneçe
avie*n*do de ty manzilla

como le dio vn pan*n*o
p*ar*a linpiarse

Mirasme q*ua*ndo te miro
y he lastima de tu vida
qua*n*do te veo ssospiro
y poco menos espiro
fue*n*te de luz ynfinida
o piedad syn medida
a do tu poder diuino
o pobreza ta*n* conplida
q*ue* p*ar*a tanta fferida
te falta vn pan*n*o de lino

O q*ua*nto de ty me duelo
de los rreyes rrey mas dino
q*ue* seyendo tuyo el çielo
no tienes vn pan*n*ezuelo
p*ar*a tu rrostro sanguino
pu*es* a ti sen*n*or me ynclino
toma este lienço delgado
conq*ue*n tu triste camino
como pobre pelegrino
linpies tu rrostro mojado

y disele assy

[fol. 377r]

O sen*n*or de mis merçedes
pues en ty adoro y creo
fabla magora si puedes
q*ue* q*ue*do muerta en las rredes
del amor q*ue*n ty posseo
o q*ui*en fuesel çirineo
p*ar*a ayudarte a sofrir
la cruz q*ue* yo t*ri*ste veo
o fijo del zebedeo
p*ar*a poderte seguir

suplica le respo*n*da

O discriçion medianero
ihesu mio omnipotente
por que yo finar me quiero
rrepondeme rrey primero
que te me lleuesta gente
y por que no me atormente
algund dolor que macabe
dame rrey por el presente
enpresa que me contente
por la qual sienpre talabe

rrepuesta del sennor

Si me dexase judea
bien querria rresponderte
mas ya la çiega desea
queste mi cuerpo posea
la crueza de mi muerte
deseo satysffazerte
segund tus ojos me miran
mas peno mi amiga en verte
porque desta soga ffuerte
estos sayones me tyran

prosigue

Bien me as considerado
varonica triste esposa
y todo quanto as mirado
en tu triste enamorado
es obra marauillossa
mas lastima mas penosa
acreçienta mi pasion
porquesta sangre preçiosa
sera poco prouechosa
en esta generaçion

consuela

Pues no estes entristeçida
por estas mis nouedades
porque syn ellas tu vida
no podria ser ssalida
de fondas concauidades
ni los viçios y maldades
podrian perder su fuero
y las vuestras heredades
seran las escuridades
sy yo no muero primero

declara la causa

El duçe bocado amargo
que eua mordio en la poma
puso el mundo en tal enbargo
que sy yo no lo descargo
no ay quien tire su carcoma
y despues si alguno toma

del fruto por dios vedado
padezco porcaunque coma
ynoçençia de paloma
rreçibe de aquel pecado

[fol. 377v]

prosigue

Y sy tu sentido piensa
quien me fizo a mi debdor
rrespondote que la offensa
que fizieron a la ynmenssa
magestad del criador
y no aviendo ffiador
de debda tan general
las fuerças de mi amor
me fazen ser pagador
con mas çendrado metal

Por muy çendrada moneda
pago sangre colorada
pues del mundo no me queda
cosa cayudar me pueda
a conplir essta jorrnada
sola esta rropa morada
me dio el lazo serpentino
la qual gula enponçonnada
el rreparo de su errada
me dio este palo çedrino

Mi perfeta caridad
piedad muy animossa
mi diuina eternidad
y mi linpia vmanidad
mi potençia poderossa
mi prosarpia generosa
mi virtud muy exçelente
mi vinna la pedregossa
en esta muerte llorossa
me fazen obediente

Y vnos rruegos ençendidos
de biuo amor que me quema
penetraron mis sentidos
traspasados y feridos
con esta mi diadema
por lo qual tome por tema
de mis tormentos estrannos
abrir la çerrada nema
de vuestra mortal postema
que duro çinco mill annos

por otra manera
se pudiera redemir
el mundo y no quisso

Y avnque puedel padre mio

sanalla syn que yo muera
la llaga es de tal natio
que forço ssu poderio
mager puede que no quiera
porque solo dios le diera
al onbre la ynoçençia
y despues que la perdiera
onbre sanar no pudiera
syn ser dios esta dolençia

Asy que yo ssolo curo
aquel comer yndiscreto
porque so ynoçente puro
dios y onbre bien seguro
en vn ser y en vn sujeto
[fol. 378r]
y por solo este rrespecto
me vesti de vmanidad
de varon justo y perfecto
para sanar el defecto
de la tal enfermedad

esfuerça a la varonica

Y pues tanto es neçessario
dios conorte tus gemidos
porque sy fago el contrario
non se poblara el sagrario
que perdieron los perdidos
y pues todos los naçidos
peligran desta mançana
por mis amores creçidos
y no por sus mereçidos
esta mi muerte los sana

Ya no me mudaria
desta justa ordenaçion
porquen esta noche fria
tres vezes con agonia
fize a mi padre oraçion
y en el huerto de çedron
lagrimas biuas llorando
por escusar mi pasion
ffiz esta esclamaçion
gotas de sangre sudando

oraçion primera

Criador de todol mundo
de todos gouernador
rrey de rreynado jocundo
y en el ynfierno profundo
poderoso ordenador
merçed ayas tu sennor
de mi tu solo engendrado
que tengo vn mortal temor
que no me dexa valor

para ser cruçificado

segunda oraçion

O padre muy amoroso
rrey de conplida vitoria
mira como esto lloroso
con vn sudor espantosso
pidiendo misericordia
sea tanto meritoria
la congoxa que padezco
que abra tu ynmensa gloria
y concuerde la discordia
pues la muerte non merezco

terçera oraçion

Padre mio sy es posible
que no beua este tormento
no lo fagas ynposible
mas sy es a ty plazible
cunplase tu mandamiento
bien vees mi ssentimiento
que me causa que non duerma
pero sy no ay mudamiento
mi espiritu es contento
avnque la carrnes enferma

[fol. 378v]

lo quel angel respondio

Al consystorio diuino
entrada mi petiçion
vn arcangel a mi vino
en memento rrepentino
a darme la conclusion
y si esta rresponsion
desseas oyr varonica
no llores de conpassion
en esta consolaçion
que me dexo su coronica

lo quel angel dixo

Piadosso ssaluador
fijo de dios verdadero
o ssolo rreparador
daquel ynfinito error
que fizo el onbre primero
o mas claro quel luzero
oye la rrepuesta triste
que te traygo mensagero
de tu padrel justiçiero
a la merçed que pedisste

El consejo ynperial
ya de todo en todordena
que ese cuerpo mortal

por dar fin a tanto mal
que muera por cruda pena
su juyzio te condena
a sofrir çien mill dolores
por lo cual tu vista buena
de saliuas sera llena
por todos los pecadores

prosigue

Por quel diuinal mandado
como tu sapiença ssabe
ha de sser executado
y nunca menoscabado
por que su nonbre salabe
cuanto mas quen esto cabe
la vida de quantos sson
por tanto sennor suaue
tu muerte sera la llaue
del su çerrado perdon

concluye el sennor

Despues que me ovo mostrado
esta cruz con sus presseas
boluiose con su mandado
a dezir que man tomado
estas gentes farisseas
esto digo por que veas
que mi pasion es forçible
y que si mi vida desseas
no es posible que poseas
mi gloria ynconpreensible

responde la varonica

Todo es este el conorte
que te dio aquel mensagero
nunca vy peor açote
ni mas amargo deporte
ni solaz mas lastimero
ya no se lo que me quiero
ya no siento que te pida
es tu dolor tan entero
o ynoçente cordero
que a la muerte me conbida

[fol. 379r]

pregunta otra vez

Quando ssennor tu agonia
non pudo ser consolada
oyendo mensageria
que te fuerça todavia
morir muerte desonrrada
dime rrey si te fue dada
piedad cordero mansso
que quanto aquesta enbaxada

la pena te da doblada
en lugar dalgun descanso

rrespondel sennor

De las soberanas cortes
dieron por final sentençia
que fuesen los mis conortes
sofrir çinco mill açotes
este cuerpo de ynocençia
y con grande violençia
en vn marmol me ligaron
y con poca rreuerençia
a la mi rreal pressencia
contenpla cual la pararon

del capitulo i de ysayas

Asy que bendita ermana
son tan amargas mis penas
que no tengo cossa ssana
en este cuerpo que mana
ssangre de todas las venas
mas preso yo en las cadenas
del amor que mapasiona
las feridas me son buenas
por que las gentes terenas
puedan cobrar su persona

aqui le dio el panno

Y pues tu alma me pide
deseo tan esperado
mi rrastro se te despide
y por que del no se toluide
reçibelo aqui pintado
contenpla qual man parado
en este mi propio vulto
el cual te do figurado
por que sea memorado
el premio de nuestro culto

despidese con vnas palabras de zacarias

Pues caluario me espera
consuelete dios la vida
esa mi haz verdadera
en tu ansia tan entera
te dara grande alegria
pues quedate esposa mia
que ya se cunplen mis bodas
ya llego la profeçia
que seran saluas vn dia
por vno las gentes todas

rresponde la varonica

Pues te partes mi amigo
sennor bienaventurado

mi alma lieuas contigo
y el cuerpo dexas comigo
de las sus fuerças rrobado
[fol. 379v]
este rrostro que mas dado
aliuiara mis enojos
y sera sienpre mirado
y de continuo adorado
en quanto vieren mis ojos

la varonica a san juan

O mançebo muy amado
el tu amor es permaniente
el tu nonbre es nonbrado
porque no as desanparado
a tu amor exçelente
o primo de tal pariente
virgen justo como palma
sienpresta con el presente
a bueltas de tanta gente
fasta quespire su alma

la varonica al pueblo

O gente syn piedad
o pueblo sy[n] conpasion
mirad esta nouedad
que nunca en la vmanidad
fue fallada tal vision
o trisste conssolaçion
o lastima dolorida
quel rrey de la criaçion
por la nuestra rredençion
la color lieua perdida

Quando paso por aqui
muy cansado y congoxoso
como yo llorar lo vy
vn panno blanco le dy
para su rrostro llorosso
y luego el rrey piadoso
mi desseo conoçido
su rrostro marauilloso
por su poder poderoso
dexo en el panno ynpremido

adoraçion

Salue santa faz preçiossa
del preçio de nuestra vida
salue luz espeçiosa
de la tierra tenebrosa
claridad esclareçida
vista buena dondes yda
tu lunbre muy rradiante
por ventura ya es perdida
questas tan escureçida

con vn amargo senblante

prosigue

Rresplandor de nuestra tierra
justo sol ynflamatiuo
concordia de nuestra guerra
virtud en la qual sençierra
nuestro gozo primitiuo
y maguer de mi dios biuo
su sustançia syn comienço
o rrostro yluminatiuo
yo te adoro asy pasiuo
como estas en este liençọ

O cara que rrepresentas
la vista de mis amores
mis condiçiones esentas
por ty beuiran contentas
atada con tus dolores
[fol. 380r]
o sennor de los sennores
o prinçipe de la paz
pues diste color a las flores
por que con tales colores
me figuraste tu ffaz

O tu que pintastel çielo
de sotil astromonia
dime rrey de justo zelo
en pintar aqueste velo
faltote ssabiduria
syn pinzel la luz del dia
pintaste en el firmamiento
o ihesus vera ssoffia
para tu filosomia
por que falto ystrumento

espresa mas ssu dolor

Con saliuas blanqueada
con bofetadas bronnida
con tu sangre manzillada
con lagrimas barneçida
con sospiros aflegida
con escarrnios denegrida
con semejança terrible
o sujebto de mi vida
o vista descolorida
ya no estas rresplandeçible

prosigue

Las manos que te pintaron
la luna y el ssol fizieron
a los biuientes plasmaron
a los angeles criaron
las estrellas conpusieron

pues por que pintar quisieron
tan escura tu presençia
por ventura no pudieron
o colores ffalleçieron
que tienes tal diferençia

Aquel color rrobicundo
quel çielo en la tarde tiene
aquel azul muy jocundo
quel luzero espiral mundo
de sola tu mano viene
pues sy a ti solo conuiene
fazer colores tan biuas
no ay persona que no pene
en ver tu faz que contiene
estas colores esquiuas

Pues maguer tan diferente
ssegund la tu claridad
asy como estas presente
con amor muy rreuerente
te adora mi voluntad
o rrey de la magestad
yo bendigo tus pasiones
tu boca de la verdad
tus ojos de piedad
adoro con tus façiones

[fol. 380v]

A tus mesados cabellos
a tu color tan escura
a tus carrillos muy bellos
a los cardenales dellos
adoro con gran tristura
a tu nariz y messura
a la tu frente amarilla
al sudor de sangre pura
yo tu sierua criatura
adoro con gran manzilla

la causa por que
nuestro sennor quiso
dexar aca su propia ffaz

Essto digo con dolor
de la mi fuerte ventura
que potençia ni color
no falto a mi rredentor
quando fizo esta pintura
o çiega vmanal natura
contenpla en el rrey de gloria
que te dexa ssu ffigura
con tal vision y presura
por que tengas del memoria

conclusion

O tu rey quenssennoreas
los çielos y el mundo agora
suplicote que posseas
por las tus ynjurias feas
a mi alma pecadora
la qual misera te ynplora
por este rrostro preçioso
pues a ty cree y adora
que ssea mereçedora
de mirarte glorioso

ffin

Vos muy noble rreligiosa
de santo saber y ssano
la demanda virtuossa
no muy sotil ni graçiosa
rreçebilda de mi mano
y sy no es tan soberano
el estilo ni tan dino
como vos
perdonad a vuestro ermano
frey ambrosio montesino
por vn dios

deo graçias

[fol. 381r]

[ID0093 P 0094] HH1-63 (381r-382r) (Prosa)

Tratado de gomez manrique a diego
arias de auila contador mayor del
sennor rrey don enrique y del ssu consejo

Como a la noticia mia las contynuas rrepuestas pos [sic] vos sennor dadas al que mi librança procura ayan llegado, hanme muchos y diuersos pensamientos atraydo. Ca en dezir que me diga yo faga, otras trobas pareçe aver fecho algunas tanto molestas y torpes que vos plazeria las contradixiese, o asi buenas y agradables que vos agradaria les diese conpanneras. Y ffablando la verdad ni para fazer las primeras me rreputo tan ynoto y del todo de graçia y discriçion despojado, ni çiertamente tanto abonado en estas para atreuerme a ordenar las posstrimeras. Que syn dubda yo me fallo asy mal ynstruto en este ofiçio, que sy de aquel solo y de las tierras y merçedes que tengo del muy poderosso rrey nuestro soberano sennor me oviese de mantener, entiendo por çierto seria muy mal mantenido segund yo trobo y vos me librays, pero no curando de ynquerir el fin a que por vos se da la tal rrepuesta, y avn costrennido de aquella misma neçesidad que a las brauas aves faze yr al desacostunbrado sennuelo y satisfazer al efecto de vuestras palabras, me dispusse cunpliendo aquellas esta no fundada obra que a vos sera por el portador pressentada, ordenar, cuyo gruesso estilo vos manifestara la ynorançia de su fazedor en el fundamiento y orden; de la cual vse mas de lo que dezia gayo mario por los nobles de rroma, es a saber que eran onbres rreuestidos, pues antes [fol. 381v] querian ser

maestros que non vsar de los enxenplos que nuestro saluador
nos dio, diziendo que venia a fazer y ensennar. Pues yo
primero que obre ensenno. Mas esto caussa que el dezir a
los que saben por poco que sepan es façil, y el fazer bien a los
que no lo han acostunbrado es difiçile. Por tanto tomadvos
sennor lo que digo sy bueno es y non lo que fago, y sy
mis escripturas o fablas en algo mas agras o menos dulçes
vos pareçen que la calidad del tienpo rrequiere, atribuydlo
estar yo como dize salustrio, en su prolago de luçio caternia
libre de esperança, que segund me ha seydo y es fauorable la
fortuna ni ya espero ganar ni temo perder. Que acabado de me
no librar esso poco que tengo en los libros del muy exçelente
y poderosso rrey nuestro sennor en cuyo seruiçio gaste la
mayor parte de mi ninnez, y si dios lo permitiera y mi ventura
no lo esstoruara, quisiera gastar todas las otras hedades. Non
me rresta que perder sy no la vida, la qual por aplazible
que sea todo bueno deue tener en poco, y como yntroduze
tulio en su libro de senetute, yo non se lo questa misera vida
tyene de prouecho que mas y mucho mas no tenga de trabajo.
Ca en verdad los otros bienes que de fortuna poseo, avnque
mayores quanto a dios que mis meritos, mejores serian de
perder que de fallar y de oy mas sy no vos pluguiere de me
librar, mejor que fastaqui buscad otra rrepuesta que dedes a
mi factor, pues a esta bien o mal como mejor he sabido vos
he satisfecho. Y porque toda fabla o escritura prolixa puesto
que buena sea es enojossa avn a los oçiosos, quanto mas
la no tal a los que de todo oçio como vos careçen, quiero
poner fin a la pressente, pidiendovos por merced que no al
enleuado estilo, no a la gentil eloquençia, no el dulçe y polido
consonar, no las [fol. 382r] adulaçiones desta obra de todas
estas careçientes rreçibays, mas la voluntad y claridad de
animo con que a vuestra rrequessta se fizo, y plegauos sennor
contentar con ella, pues la demandastes a quien mas no ssabia.
Tenga nuestro ssennor vuestra onrrada persona y cassa en su
protecçion.

[ID0094] HH1-64 (382r-385v) (47×9)

ynvocaçion

De los mas el mas perfeto
de los grandes el mayor
ynfinito ssabidor
de mi rrudo trobador
torna sotil y discreto
que syn ty prosa nin rrimo
es fundada
ni se puede fazer nada
iohanes primo

Tu que das lenguas a mudos
fazes los baxos sobir
y los altos deçendir
tu que fazes conuertyr
los muy torpes en agudos
conuierte mi gran rrudeza
& ynorançia

en vna grande abundançia
de sabieza

Por que fable la verdad
con este que fablar quiero
en estilo no grosero
no agro ni lisongero
ni de gran prolixidad
y no sea mi ffablar
desonesto
enojoso ni molesto
descuchar

Y tu buen sennor a quien
el presente va tratado
no polido ni limado
a tu rrequesta enbiado
notalo notalo bien
no considerando no
mis defectos
mas en los consejos rrectos
sy te do

No mires a mis pasiones
y grandes viçios que sigo
tu sennor y grande amigo
mas nota bien lo que digo
pospuestas adulaçiones
[fol. 382v]
por lo cual mis atauios
valen menos
que ni tengo cofres llenos
ni vazios

Por no te ser enojoso
fuyre las dilaçiones
pues que tus negoçiaçiones
y grandes ocupaçiones
te dexan poco rreposso
avn para lo neçessario
al beuir
cuanto mas para seguir
lo voluntario

Poniendo fin al proemio
seguire lo profferido
mas sy fuere desabrido
el quemante fuego pido
sea su deuido premio
o rroto con lo rronpidos
libramientos
desde agora ten atentos
los oydos

prosigue la materia

O tu en amor erman[*o]
naçido para morir

pues no lo puedes fuyr
el tienpo de tu beuir
no lo despiendas en vano
que viçios bienes y onores
que procuras
pasanse como frescuras
de las flores

En esta mar alterada
por do todos nauegamos
los deportes que pasamos
si bien los consideramos
no es mas que rroçiada
o pues tu onbre mortal
mira mira
la rrueda que presto gira
mundanal

Ssi destos quieres enxenplos
mira la gran bauilonia
tebas y laçedemonia
el gran pueblo de sidonia
cuyas murallas y tenplos
son en grandes valladares
trasformados
y sus triunffos torrnados
en solares

Pues sy pasas las estorias
de los varones rromanos
de los griegos y troyanos
de los godos y persianos
dinos de grandes memorias
no fallaras al pressente
syno fama
transitoria como flama
daguardiente

[fol. 383r]

Si quieres que mas açerca
fable de nuestras rregiones
mira las persecuçiones
que fizieron a montones
en la su fermosa çerca
en la qual avn fallaras
grandes mellas
quiera dios çerrando aquellas
no dar mas

Que tu mismo viste muchos
en estos tienpos pasados
de grandisimos estados
façilmente derrocados
con pequennos aguaduchos
quel ventosso poderio
tenporal

es vn muy feble metal
de vedrio

Pues ya no te fies ya
en la mundana priuança
ni en rriquezas ni pujança
que con pequenna mudança
todo te ffalleçera
que los tus grandes amigos
con fauor
te seran con disfauor
enemigos

Que los bienes de fortuna
no son durables de fecho
los amigos de prouecho
falleçen en el estrecho
como agua de laguna
que sy la causa o rrespecto
desfalleçe
en ese punto ffalleçe
el effecto

De los que vas por las calles
en torrno todo çercado
con çirimonias tratado
non seras mas aguardado
de quanto tengas que dalles
que los que por yntereses
te sseguian
en pronto te dexarian
sy cayesses

Bien asy como dexaron
al puxante condestable
en le syendo variable
esta fortuna mudable
muchos le desanpararon
pues fazer deues con mando
tales obras
que no temas las çoçobras
non mandando

E[*l a]l[*c]allde cadannero
atendiendo ser juzgado
despues del anno pasado
en el juzgar es tenprado
ca teme lo venidero
[fol. 383v]
pues sy este tu poder
no es de juro
nunca duermas no seguro
de caer

En el tienpo que prestado
aqueste poder touieres
afana quanto pudieres

en aquello que deuieres
por ser de todos amado
que fallaras ser partido
peligrosso
avn al mucho poderoso
sser temido

El barco que muchos rreman
a muchos ha de traer
asy bien ha de temer
el que con su gran poder
faze que muchos le teman
pues procura ser querido
de los buenos
o por no ser a lo menos
aborrido

Para lo qual los mayores
han de ser muy acatados
los medianos bien trat[*ado]s
de los pobres esscuchados
con paçençia sus clamores
que sy ffatigas te siguen
del ofiçio
los librantes no con viçio
te persiguen

A los que as de librar
libralos de continente
los que no graçiosamente
syn yra ssin açidente
los deues desenpachar
y no fagan los portales
tus porteros
a bestias y caualleros
ser yguales

Que tu seyendo ynorante
de lo tal como lo creo
segund lo que de ty veo
algunos te fazen rreo
y rreputan por culpante
mas yo dudo de tu ssESO
que mandase
que bien y mal sse pesase
con vn pesso

Y castiga los cohechos
que fazen arrendadores
a los tristes labradores
que sabras que son mayores
que sus tributos y pechos
y asy a todas las gentes
te bendiran
a lo menos no diran
que lo consientes

Desta forma cobraras
mundana beniuolençia
mas con mayor diligençia
de la diuinal exençia
aquella procuraras
[fol. 384r]
quen rrespecto del çeleste
consistorio
es vn suenno transitorio
lo terreste

Que los mas mas [sic] sublimados
y temidos son temientes
y los desfuerço valientes
y rriquezas posseyentes
ya fueron dellas menguados
que todas son enprestadas
estas cossas
y no duran mas que rrosas
con eladas

Alixandre fue ssennor
de toda la rredondeza
ercoles de ffortaleza
mida de tanta rriqueza
que no pudo ser mayor
pero todos se murieron
y dexaron
estorias que trabajaron
y corrieron

Pues no gastes tu beuir
en los mundanos seruiçios
ni en deleytes ni viçios
que de tales exerçicios
te podras arrepentyr
y mezcla con estos tales
pensamientos
el temor de los tormentos
ynfernales

En seruir a dios trabaja
echa codiçias atras
que cuando te partyras
del mundo no leuaras
syno sola vna mortaja
pues nunca pierdas el suenno
por cobrar
lo que tiene de fincar
con su duenno

Este duenno que te digo
de los tenporales bienes
tras los quales vas y vienes
es el mundo con que tienes
y tiene guerra contigo
el qual sy ssigues averes

te dara
pero tyrartelos ha
quando partieres

Desta trabajosa vida
de miserias toda llena
en que rreposo syn pena
ni jamas vn ora buena
la puedes aver conplida
no es al syno desseo
sin çimiento
su ffin arrepentimiento
y deuaneo

[fol. 384v]

Pues sy son pereçederos
y tan caducos y vanos
los tales bienes mundanos
procura los soberanos
para sienpre durareros [sic]
que so los grandes estados
y rriquezas
fartas fallaras tristezas
y cuydados

Que las vestiduras netas
y rricamente bordadas
ssabe que sson afforadas
de congoxas estremadas
y de pasiones secretas
y con las taças febridas
de bestiones
amargas tribulaçiones
sson beuidas

Mira los enperadores
los rreyes y padres santos
so los rriquisimos mantos
trabajos tienen y tantos
como los cultiuadores
pues no fies en los onbres
que padeçen
y con sus vidas pereçen
sus rrenonbres

Que cuanto mayores tierras
tienen y mas sennorias
mas ynmensas agonias
sostienen noches y dias
con librantes y con guerras
por lo qual con la corona
altamente
el que dixo lo siguiente
se rrazona

O joya de gran valia
quien te bien considerase

sy a tus trabajos mirase
avnquen tierra te ffallase
nunca te leuantaria
siguese que los ynperios
y rreynados
no son no desaforrados
de lazerios

Pues mira los cardenales
arçobispos y perrlados
no mas bien aventurados
son nin menos angustiados
que los sinples menestrales
que so las sus mantonadas
mucho largas
portan grandisimas cargas
y pesadas

Los varones militantes
duques condes y marqueses
so los febridos arrnesses
mas agros visten enveses
que los pobres mendigantes
y por procurar onores
y ffaziendas
ynmensas tienen contiendas
y temores

[fol. 385r]

Los fauoridos priuados
destos prinçipes potentes
a los quales van las gentes
con seruiçios y presentes
como piedras a tablados
so las sauanas de olanda
mas ssospiran
que los rremantes que tyran
en la vanda

Y los bienes y fauores
que los tales sienpre han
no los lievan syn afan
pues comen el blanco pan
con angustias y dolores
que priuança y ssennoria
no quisieron
ygualdad ni consyntieron
conpannia

Pues los rricos ofiçiales
de las casas de los rreyes
avnque grandes tengan greyes
no sin duda de sus leyes
son menos que parçiales
prouarlo quiero contigo
que seras

sy la verdad me diras
buen testigo

Que fartos te vienen dias
de congoxas tan sobradas
que las tus rricas moradas
a tu pensar bien obradas
con las pobres trocarias
que so los techos polidos
y dorados
se dan los buelcos mezclados
con gemidos

Si miras los mercadores
que rricos tratan brocados
no son menos de cuydados
que de joyas abastados
ellos y sus fazedores
pues no pue[*den] rreposar
noche ninguna
rreçelando la fortuna
de la mar

Basta que ningund esstado
ffallaras tanto seguro
syno como fuerte muro
el cual por conbate duro
finca medio derrocado
de los mundanos entiende
tras los cuales
la vida de los mortales
se despiende

Mientra son nauegadores
por el mar tenpestuosso
deste siglo trabajosso
jamas biuen en rreposso
chicos ni grandes sennores
[fol. 385v]
que con esta son naçidos
condiçion
y ningunos della sson
exsimidos

Pues tu no pongas amor
con las presonas mortales
ni con bienes tenporales
que mas presto que rrosales
pierden la fresca color
y no son sus pensamientos
syno juego
menos durable que fuego
de sarmientos

ffin

Y no fundes tu morada
ssobre tan feble çimiento

mas elige con gran tiento
otro firme fundamiento
de mas eterna posada
quesste mundo falaguero
es syn duda
mucho mas presto se muda
que ffebrero

deo graçias

[fol. 386r]

[ID2909] HH1-65 (386r-387v) (Prosa)

Conposiçion fecha por gomez manrique a los muy altos rey
y rreyna de los //rreynos// de castilla de aragon y de seçilia.

Ecçelentisimos prinçipes y muy esclareçidos rreyes mis
soberanos ssennores; pues natural cossa es a las aves amar sus
nidos y a los animales sus cueuas, mucho mas deue ser a los
onbres rrazonables que a[*m]en las patrias donde naçieron
y sse criaron. Y q[*ues]te amor aya seydo y sea grande,
aprouaronlo bien marco tulio cuando por el pro comun de su
tierra consejo contra su mesma vida; & aquel otro marco
curçio que salto en la torca que se abrio en la plaça de
roma porque aque[*l]la non pereçiese. Y avn la memorable
judit, m[*a]guer muger delicada, non sse ofreçio a menor
pe[*lig]ro por librar ssu pueblo de las crueles man[*o]s de
oloferno. Y desto otros memorables va[*rone]s y fenbras
dieron verdadero testimonio. Y en[*t]re a[*que]llos los
famosos moradores en la vuestra çi[*b]dad de numançia que
agora se llama çamora, los quales non perdonaron mugeres
nin fijos nin a sus mesmas presonas [*por] la defensa y
libertad de su tierra. Pues muy exç[*ele]n[*tes] sennores
sy en general todos los onbres aman naturalmente sus propias
tierras, mucho mayor y mas verdadero amor les deuen aver
a[*que]llos que mas antiguamente naturaleza tienen. Y non
obstante que segund dezia gayo mario, rreprehendiendo a los
nobles, muy mejor seria poderme gloriar de mis virtuosas
costunbres que de la antigua naturaleza de mis pasados.
Como yo, muy poderosos sennores, deçienda de vno de los
mas antiguos linajes destos rreynos, avn[fol. 386v]que no
aya suçedido en los grandes estados de mis anteçesores, no
quede deseredado de algunos de aquellos bienes que ellos non
pudieron dar nin tyrar en sus testamentos y ent[r]e aquellos
del amor natural que mis pasados touieron a esta patria donde
onrradamente biuieron y acabaron y estan sepultados, y que
sy no le pudiere ser tan prouechoso como ellos por falta de
poder, que a lo menos no le aproueche con desearle todos
los bienes que pudiere. E muy exçelentes sennores, como el
mayor bien que a los rreynos dios faze es darl[*e]s buenos
rreyes, y en el libro de la sabiduria auiendo esto por gran
beneficio dize, fablando con dios padre, de rrey inico me
libraste. Juntado con este deseo el verdadero amor que yo
tengo a vuestras rreales personas y al seruiçio de aquellas, sy
el tal vocablo onestamente de[*zi]r se puede entre sieruos y
sennores, crea vuestra ex[*çel]ençia que por el bien general

y por el vuestro particular [*he con] [*g]randisimo deseo
deseado que vosotros muy esclareç[*ido]s [*se]nnores seays
tanto virtuosos, tanto justicieros y tanto [b]uenos que se
oluiden, o a lo menos se callen si oluidar no se pueden,
las buenas gou[*ernaçi]ones, las loables f[*a]zannas de los
rreyes de gloriosa memoria alf[*on]sus & fernando vuestros
predeçesores.   E asy bien lo que ot[*ro]s que despues
suçedieron en su lugar han fecho por el contrario en grande
obprobio y disfamia suya y destruyçion destos rreynos, para
emendar lo cual, exçelentisimos sennores, mayor trabajo
aveys de poner que para conquistallos de nueuo. Ca con
mayor dificultad se emiendan las cosas erradas que se fazen
de prinçipio.   Y como quiera que segund los virtuosos
comienços que la alteza de vosotros tyene para en tan tierrna
hedad, aveys menester pocas ayudas [fol. 387r] vmanas para
proseguir el virtuoso camino que aveys començado.   Tan
estremado es el amor que yo he a la patria y el desseo
que tengo de ver curadas sus crudas llagas y rremediadas
sus grandes vexaçiones, lo cual consiste prinçipalmente en la
perfeçion de vos otros muy ecçelentes sennores, a quien la
subçesion destos rreynos y gouernaçion dellos es justamente
deuida, que todos mis pensamientos comiençan y acaban en lo
que vosotros muy esclareçidos sennores deuriades fazer para
sobrar las virtudes de los vnos y emendar los yerros de los
otros. E asy en esto continuamente pensando, cuando algunas
vezes avadauan las avenidas de las negoçiaçiones en que la
alteza vuestra de mi se ha querido seruir, avnque algunas
dellas agenas de mi ofiçio, delibre escreuir algunos consejos
mas saludables y prouechosos que dulçes ni lisongeros como
onbre despojado desperança y temor de que los verdaderos
consejeros han de careçer. Y estos acorde poner en los metros
diyuso contenidos por que se asientan mejor y duran mas
en la memoria que las prosas, a vuestra e[*c]çe[*l]ençia
suplico que no [*mi]rando a su dulçura, no su elegançia, no
su puliçia, [*quie]ra solamente mirar la muy clara voluntad
de ssu fa[*zed]or y a su verdadero y estremado desseo de
ver [*a vo]s ot[*ro]s, muy soberanos ssennores, mejores
y mayores y m[*as] poderosos que todos los pasados y
presentes, lo cual es y seria difiçile sy de las siguientes
virtudes teologales y cardinales fuesedes desaconpannados.
Que cuantos mas grandes fueron los poderes tyranicos, tanto
mas presto dieron mayores caydas. Ca escrito es no ser
ninguna cosa violenta perpetua.   Y puesto que nuestro
soberano dios aya permitido y permita aver seydo y ser
muchos malos sublimados, nunca permitio nin permitira que
aquellos ayan quedado y queden syn vituperosas caydas y
grandes penas. Asy lo afirma dauid en el salmo diziendo:
vy al malo tan alto como el çedro del [fol. 387v] libano
y dende a poco non fue fallado su lugar. Y desto no ha
menester vuestra alteza actoridades ni enxenplos antiguos,
pues los modernos bastan asaz sy con claros ojos mirarlos
querra vuestra rreal sennoria. E muy poderossos sennores,
en conclusion deste mal dolado proemio, vos quiero declarar
la culpa de mi haragania para que de aquella se me de la
pena. A mi acaeçio en el comienço desta obra lo que a

los onbres no muy cabdalosos que comiençan a hedificar
vna casa en cuadra y antes que se acabe el vn cuarto les
ffalleçe la sustançia y dexando la obra prinçipal fazen algunos
conplimientos neçesarios. Asy yo faziendo la cuenta sin la
facultad de mi saber, de mi graçia, de mi rreposo, delybre de
fazer esta obra para vos, el prinçipe mi sennor, con entençion
de fazer otra por su parte para la prinçesa mi sennora. E
yendo por mi proçeso avn que la materia tenia muy dispuesta,
falleçiome para le dar forma y el tienpo para la seguir. Y
por esto ove de acabar en esta asy rremendada como vuestra
alteza la vera. No podre dezir lo que dizen los que enbian
pres[*en]tes, es a saber que sy bien supiere a vuestra alteza
en[*bie] por mas. Que ni estos mis conssejos seran sabrosos
ni [*mi] persona para sy queda dellos muy abastada. Y
por esto non supl[*ico] a [*vuestra] rreal sennoria que faga
lo que yo fago en esto poquito que [*en car]go tengo, mas
lo que digo, que vuestra alteza deue fazer para que en esta
vida seays prosperados y amados y temidos, y para que
despues de aquesta que ssea tan larga como vuestra exelençia
desea, dexeis tan memorables famas que se pueda dezir como
omero dixo por archiles, que fustes naçidos por trabajo de los
coronistas. Y demas de todo esto podays dar buena cuenta de
los grandes cargos que vos son encomendados aquel poderoso
rrey de los çielos, por el cual rreynays en las tierras; y aqui
digan los oyentes amen.

[fol. 388r]

[ID1872] HH1-66 (388r-393v) (78×9)

Siguese la obra llamada rregimiento de prinçipes

Prinçipe de cuyo nonbre
cuatro rreyes son pasados
justiçieros essforçados
dignos de muy gran rrenonbre
mis rrodillas por el ssuelo
ante vuestra magestad
mal trobando como suelo
quiero fablar syn rreçelo
y dezirvos la verdad

La cual dizen muy poquitos
a sus rreyes y ssennores
ca procurando fauores
corren tras sus apetitos
con consejos lysongeros
no buenos mas voluntarios
a los cuales c[*on]segeros
mas que sieru[*os verda]deros
pueden llamar ad[*ue]rsarios

Gran sennor los que creyeron
estos consegeros tales
de sus culmenes rreales
en lo mas fondo cayeron
sy esto contradiran

algun̄os con anbyçion
testigos se les daran
vno sera rroboan
fijo del rrey ssalamon

Si otro quisierdes yd
al libro de nuestra ley
a do fallareys al rrey
anteçessor de dauid
al qual todos los plebeos
a dios por rrey demandaron
y cunpliendo sus deseos
cometio fechos tan ffeos
quellos mismos lo mataron

Estos do de los judios
a nero de los gentiles
que por consejeros viles
ffizo tantos desuarios
por do mereçio perder
la silla que le fue dada
y morir y padeçer
sy bien la supe leer
muerte muy despiadada

Pues venga sardanapolo
prin[*çipe] afeminado
y [*diga] el desuenturado
que [*su dic]ho basta ssolo
[*pues que su d]esauentura
[*por consejos] femeniles
[*le dio] uida muy escura
y la f[*in] y ss[*e]poltura
la mu[*cho] m[*as de l]as viles

pru[*eu]a [*de christi]anos

Con grande lamentaç[*i]on
presentare por testigo
al godo rrey don rrodrigo
sennor de nuestra naçion
este mal aconsejado
perdio todas las espannas
en este rrey mal ffadado
mostro dios por su pecado
sus marauillas estrannas

[fol. 388v]

Pues sy vierdes que marriedro
de vuestra genalossya
lea vuestra sennoria
la vida del rrey don pedro
y muerte que dios le dio
por ser prinçipe cruel
que sy con ffierro mato
con el mismo padeçio
en la villa de montiel

Por que por la estoria
podeis sennor dudando
quierome venir llegando
a vuestra misma memoria
y daros muy mas çertano
otro testigo moderrno
este sera vuestro ermano
cuyo poder soberano
pareçia sser eterrno

Conpara[*çio]n

De otro xerxes [*persiano]
era el exerç[*ito suyo]
en lo qual sennor con[*cluyo]
no le ser nin[*g]un m[*undano]
ygual [*en el   ] pod[*eri]o
syn nin[*gunos en]bara[*ço]s
mas [*su gr]and[*e senn]orio
qual sy fuera de vedrio
se fizo todo pedaços

Si sus ministros miraran
sus seruiçios solamente
a la prinçesa exçelente
no por tal forma trataran
ni en estre [sic] prinçipado
tal enpacho se pusiera
por donde neçesytado
sse fizo sennor assado
lo que cocho se fiziera

Que sennor muy ensalçado
ya deueys aver leydo
no quedar mal ynpunido
ni bien ynrremunerado
pues la tal pena temiendo
el gualardon procurando
fuyd los viçios fuyendo
de quien aquellos siguiendo
lo sseguira conssejando

Ffartos son ya presentados
para que vos no deuays
creer sennor ni creays
a moços apasionados
mas onb[*re]s de discriçion
y ssab[*er y leal]tad
que con ssa[*no] coraçon
vos consejen la rrazon
y tienplen la voluntad

Que sennor dondesta guia
y le dan el avanguarda
non dudeys que la rreguarda
se perdera toda vya
porque corre tras los viçios

y deleytes mu*n*danales
no procura*n* sus ofiçios
los onrrosos exerçiçios
ni los bienes eterrnales

Basta lo q*ue* ffasta aqui
he q*ue*rido detenerme
[fol. 389r]
ya q*ui*ero sen*n*or boluerme
a lo q*ue* vos profferi
oygalo con diligençia
pr*i*nçipe muy poderoso
v*ue*s*t*ra rreal exelençia
y co*n*serue co*n* prude*n*çia
algo sy va prouechoso

Y sy en grado no viniere
a la jouenil hedad
de v*ue*s*t*ra seueridad
algo de lo q*ue* dixiere
rreçebid sen*n*or rreal
vos mi rrey esclareçido
el coraco*n* muy leal
de do*n*de sale lo tal
bie*n* forjado y malbron*n*ido

ynuocacio*n*

Pero q*ui*en socorrera
a la pluma temerosa
q*ui*en discreta q*ui*en graçiosa
q*ui*en prude*n*te la ffara
q*ue* los dioses ynfernales
no tiene*n* poder ni*n*guno
p*ue*s en estos casos tal*es*
socorra*n* los diuinales
q*ue* son tres y ssolo vno

Mi consejo pr*i*nçipal
es gran sen*n*or q*ue* leays
porq*ue* leyendo ssepais
diçerner el bie*n* del mal
q*ue* sy la sabiduria
es a todos co*n*u[i]niente
mas a la gran sen*n*oria
de los q*ue* han de ser guia
y gouernall*es* de ge*n*te

El comienço del saber
es poderosso ssen*n*or
vn temoroso temor
de dios q*ue* vos fizo ser
ser en espan*n*a naçido
sy*n* otro mayor ni par
entre todos escogido
y no p*a*ra ser rregido
mas solo p*a*ra rreynar

A este cuyo tenie*n*te
fustes sen*n*or e*n* las t*i*erras
de q*ui*en leuays las desferras
sieruo le sed obidie*n*te
no [*fies e]n el poder
e[*n rriqueza]s ni en valor
pu[*es lo] puede desfazer
prueuolo co*n* luçiffer
y nabucodonossor

Temed su cruda sente*n*çia
amad mucho su bondad
creed ser en trinidad
vn solo dios en esençia
por esta su santa ffe
de la q*ua*l fusstes astelo
consejar vos ossare
vinie*n*do casso por que
q*ue* murades sy*n* rreçelo

[fol. 389v]

Q*ue* morir o defensalla
co*n*uiene sen*n*or al rrey
q*ue*s defensor de la ley
a los sabios disputalla
mas g*u*ardaos de presomir
lo q*ue* tienen los maluados
q*ue* no ay en el beuir
syno naçe*r* y morir
como saluages venados

Con esta ley saluagina
q*ue* tiene*n* sen*n*or los tales
faze*n* exçesos bestiales
dinos de gran diçiplina
p*ue*s sy deseais sobir
con los bie*n*aventurados
no*n* solamente ffuyr
mas crudame*n*te punir
deueys los tales pecados

Por ellos las m[*ortand]ad*es*
viene*n* sen*n*or en [*las tierra]s
por ellos fanbr*es* [*y guerras]
fundiçion*es* de çibda[*de]s
q*ue* muchas son destruydas
y fechas ynabit[*abl]es
algun*as* otras fu*n*didas
y en pro*n*to conv*er*tidas
en lagunas espa*n*tables

Los q*ue* cree*n* aver gloria
y cadernos ynfernales
avnq*ue* faga*n* grandes males
no dinos de tal memoria
q*ue* los vnos por sobir

al colegio çelesstial
trabajan por bien beuir
otros por no deçendir
al pozo luçiferal

esperança

Pues crea vuestra merçed
aver gloria con ynfierno
y que tenes dios eterno
cuya sentençia temed
a este deueys amar
con muy firme confiança
pues murio por vos saluar
mas obras deueys juntar
con esta tal esperança

Que muy grande sinrrazon
pareçe que syn seruiçios
los çelestes benefiçios
ell eterno gualardon
los yndinos esperemos
del sennor de los sennores
pues que no lo mereçemos
pero no desesperemos
por [*s]er mucho pecadores

caridad

Con esperança desnuda
de la ffe y caridad
alcançar ffeliçidad
yo sennor fago gran duda
pues a qualquier miserable
deueis ser caritatiuo
a los buenos amigable
a los fuertes espantable
a los peruersos esquiuo

[fol. 390r]

Que segund dize san pablo
la caridad ordenada
desbarata la mesnada
de los lazos del diablo
todas las cosas sostiene
todas las cosas conporta
y si flaqueza nos viene
esta sola nos detiene
esta sola nos conforta

prudencia

Los negoçios tenporales
vuestra rreal exçelençia
los gouierne con prudençia
que tyene tres partes tales
lo pasado memorar
ordenar bien lo presente

en lo questa por llegar
con rreposs[*o sin v]agar
proueer discretamente

Tened en vuestros consejos
onbres justos sabidores
de la virtud zeladores
en las discriçiones viejos
que maguer la luenga hedad
faga los onbres ssesudos
los que sson en moçedad
vn monton de neçedad
cuando viejos son mas rrudos

Los que son en jouentud
discretos cuerdos sentidos
mas netos y mas febridos
los faze la ssenetud
que las cosas que alcançaron
por discriçion o leyeron
biuiendo las platycaron
y por sus manos trataron
y por sus ojos las vieron

Mas fuyd de los vejazos
que moços fueron viçiossos
couardes neçios golosos
amadores de terrazos
que bien como las bondades
van creçiendo con los annos
asy fazen las viltades
los viçios y rruyndades
las mentiras los engannos

Por ende rrey poderosso
vos fazed todas las cosas
espeçial las poderossas
con buen consejo y rreposso
la cosa determinada
con madura discriçion
ssea luego executada
ca se[*nnor] no presta nada
conssejo syn ssecuçion

conparaçion

Que [*s]yn el fuego la fragua
[*el] fierro no enblandeçe
ni la simiente podreçe
con los nublados syn agua
los fechos bien acordados
por maduras discriçiones
son syn duda mas errados
sy no sson aconpannados
de prestas execuçiones

[fol. 390v]

justicia

El çetro de la justiçia
q*ue* vos es encomendado
no lo torrnes en cayado
por amor ni*n* por codiçia
dexando sin puniçion
los yerros y malefiçios
asy bie*n* syn gualardo*n*
y justa satisffaçion
los trabajos y seruiçios

No falle*n* los q*ue*rellantes
en v*ue*st*r*a casa porteros
ni dexedes caualleros
q*ue* corra*n* a los librantes
oyd a los afligidos
y dadles algun co*n*suelo
si q*ue*res q*ue* ssean oydos
v*ue*st*r*os çagueros gemidos
por el alto rrey del çielo

Si los q*ue* rregis p[*or] el
los pueblos m[*al] goue*r*na*r*des
con el peso q*ue* pesaredes
vos pesara san miguel
si la balança torçiss[*te]s
alla vos la torçeran
y no del mal q*ue* fezistes
mas de lo q*ue* permetis*te*s
cue*n*ta vos dema*n*daran

Alcaldias y juzgados
y los senbla*n*tes ofiçios
no los dedes por seruicios
a onbres apasionados
q*ue* sy los corregido*r*es
o juezes q*ue* porrneys
fuere*n* onb*r*es rrobadores
o rremisos ssecutores
ante dios lo pagareys

Las penas y los torme*n*tos
deueis dar sie*n*pre menor*es*
los gualardon*es* mayor*es*
q*ue* son los mereçimientos
vsares en lo p*r*imero
de la virtud de cleme*n*çia
y ssen*n*or en lo postrero
seguires el verdadero
acto de magnifiçençia

Q*ue* rramo de crueldad
es justiçia rrigurosa
el p*er*donar toda cosa
no*n* se lla[*m]a piedad
dar gra*n*des [*do]nes sin tie*n*to

es cosa muy rreprouada
mas mucho menos co*n*siento
q*ue* seades auariento
q*ue* peor es no dar nada

tenprança

E[*ntre] cleme*n*çia y rrigor
entre prodigo y avaro
entre muy rrahez y caro
entre denuedo y temor
nauegad co*n* buenos rremos
en la fusta de tenprança
q*ue* del q*ue* va por estremos
por esc*r*itura tenemos
q*ue* fuye la bienanda*n*ça

[fol. 391r]

Los ofiçios volu*n*tarios
juegos caças monteria
vsse v*ue*st*r*a ssen*n*oria
co*n*plidos los neçesarios
como por rrecreaçion
o por fazer exerçiçio
q*ue* la gran co*n*tinuaçio*n*
los actos q*ue* buenos so*n*
conuierte*n* sen*n*or en viçio

Que los varon*es* tenprados
e*n* los viçios vman[*a]les
como dioses diui[*n]ales
mereçen ser onor[*a]dos
q*ue* tenprar con d[*iscre]çio*n*
los vmanos [*açiden]tes
es vna gran [*perfeçi]on
dina de v[*enera]çion
entre tod[*os los] biuie*n*tes

Bien como lo [*f]ue cato*n*
aq*ue*l prude*n*te rromano
asy bie*n* el africano
muy valiente çipion
los cuales a sy vençiendo
y sus pasiones so[*br]a*n*do
ganaro*n* segu*n*d entie*n*do
mas glorias q*ue* co*n*batiendo
syn duda ni*n* batalla*n*do

ffortaleza

Para la fe deffensar
de la q*u*al soys defensor
y p*ar*a co*n* gran vigor
contra estos batallar
viçios de naturaleza
y de pasio*n* voluntaria
en v*ue*st*r*a rreal alteza

la virtud y fortaleza
es sennor muy neçesaria

Que con esta rregistieron
los justos a los pecados
con esta martirizados
muchos santos onbres fueron
entre los quales asado
fue lorenço en la ffoguera
estauan apedreado
y andres sennor aspado
en el aspa de madera

Con esta descabeçadas
del linaje ffemenil
fuer[*ron] sennor onze mill
don[*ze]llas muy delicadas
[*non tem]iendo los sayones
ni sus grandes crueldades
mas con vnos coraçones
de muy costantes varones
vençiendo sus voluntades

Ca non puede ser notad
rrey ssennor esto que digo
otro mayor enemigo
que la mesma voluntad
esta sienpre nos guerrea
esta sienpre nos conbate
con deseos que dessea
nunca cesa su pelea
nin afloxa su debate

[fol. 391v]

Pues vos rrey y cauallero
muy ecçelente ssennor
sy querres ser vençedor
vençereys a vos primero
que no se mayor vitoria
de todas cuantas ley
ni dina de mayor gloria
para perpetua memoria
que vençer ell onbre a sy

Pues en los fechos mundanos
al que grandes tierras tiene
ya sabeys quanto conuiene
tener coraçon y manos
para ser los malos fechos
por su justiçia punidos
los quexosos satisfechos
y fazer andar derechos
a los que fueren torçidos

conparaçion

Que los rreyes teme[*roso]s

non son buenos j[*usticieros]
por que siguen los corderos
y fuyen de los rraposos
la contra deueys fazer
prinçipe de las espannas
sy quereis rresplandeçer
y sennor non pareçer
a la rred de las arannas

Ca toman los animales
que son flacos y chiquitos
asy como los mosquitos
y destos vestiglos tales
mas sy pasa vn abejon
luego ssennor es rronpida
asy el flaco varon
mata los que flacos sson
a los fuertes da la vida

A las conquistas injustas
no vos quiero prouocar
mas sennor para cobrar
la[*s] cosas que vos son justas
v[*n cor]açon tan costante
es [*sin] duda menester
que d[*e na]da no ssespante
ni [*con el] bien sse leuante
ni con [*el mal] dexe caer

difi[*ni]cion del esfuerço

Quell esf[*uerço ver]dadero
non con[*sis]te en cometer
las cosas y no temer
el peligro temedero
mas en tener y sofrir
el miedo con discriçion
y posponer el beuir
menguado por adquerir
memorable defunssion

Bien como codro murio
por que vençiese su gente
y aquel varon valiente
quen la torca sse lanço
[fol. 392r]
o como nunçio rromano
que con tanta crueldad
teniendo su braço sano
lo quemo fasta la mano
por rredemir su çibdad

En tales cosas por cierto
es glorioso morir
pues con menguado beuir
el biuo se torrna muerto
questa vida trabajada

no tiene bien*es* tamann*os*
q*ue* sy fuese bie*n* mirada
bie*n* medida y conten*plada
no te*n*ga mayor*es* dann*os*

Sennor p*ara* defensar
gra*n*de coraço*n* rreq*uiere*
y mayor esf[*uerço] q*uiere*
q*ue* no p*ara* conq[*uista]r
porq*ue* la defe[*nsa] es
vn afrue*n*ta ne[*çe]saria
q*ue* rrefuyr no*n* [*p]odeis
el conq*uistar al rreues
por ser cosa volu*n*taria

Para fazer los amigos
muy mas firm*es* y mayor*es*
p*ara* doblar sseruidores
y ve*n*çer los enemigos
vna lyberalydad
co*n* buena graçia mezclada
te*n*ga v*uestr*a magestad
fundada sobre v*er*dad
nu*n*ca por nu*n*ca q*ue*brada

Q*ue* los rreyes justiçieros
y v*er*daderos y fra*n*cos
fazen llanos los barra*n*cos
y los castillos rroq*ue*ros
ca justiçia con fra*n*q*ue*za
y con v*er*dad esmaltada
nu*n*ca fue tal fortaleza
tal costa*n*çia tal firmeza
q*ue* no fuese sojuzgada

ynvocacio*n*

De nueuo q*uiero ynuocar
aq*uel socorro diuino
p*ara* poder el camino
trabajoso porrogar
acorra con el poder
el padre q*ue* puede ta*n*to
el fijo con el ssaber
graçia p*ara* co*n*poner
venga del esp*iritu* s*anto*

endereça la fabla
a la muy ecçelente
senn*ora reyna de castilla
donn*a ysabel

[fol. 392v]

Y con esta tal ayuda
boluera la mano mia
de toda lagoteria
muy ap*artada y desnuda

a fablar co*n* vos senn*ora
alta rreyna de seçilia
en arago*n* suçessora
pri*n*çesa gouernadora
de los rreynos de castilla

A q*uien fizo dios fermosa
cuerda discreta sentida
en v*irtud esclareçida
buena ge*n*til y graçiosa
diouos estrema belleza
diouos linda proporçio*n*
diouos ta*n* gra*n*de gra*n*deza
q*uen toda la rredo*n*deza
no vos sse co*n*paraçion

Al dios q*ue* vos adorrno
de beldad mas q*ue* a ningu*n*a
de los bien*es* de fortuna
ta*n* llena p*arte vos dio
por tamann*os benefiçios
por tal graçia dat[*is da]ta
fazelde gra*n*des seruiçios
co*n* plazibles sacrifiçios
vos le mostrad sien*pre grata

No digo ssacrifica*n*do
las saluajes alima*n*nas
ni co*n tornar las entra*n*nas
en fumo ydolatrando
ni co*n muchas oraçion*es
ayunos ni diçiplinas
co*n estremas deuoçion*es
saliendo de los colchon*es
a dormir en las espinas

No q*ue vistades çiliçio
ni*n fagades abstinençia
mas q*ue por v*uestr*a ecçelençia
vsse bie*n de ssu ofiçio
q*ues rregir y gouernar
v*uestr*os rreynos justame*n*te
ca senn*ora este rreynar
no se da p*ara folgar
al v*er*dadero rrigiente

Al mayor de los mayor*es
son sacr*ifiçios plazibl*es
las sa[*ngre]s de los noçibl*es
crueles [*y rro]badores
esto le ssa[*cri]ficad
co*n gran d[*eli]beraçion
p*ero senn*ora guardad
no*n sse mezcle crueldad
co*n la tal execuçion

El rrezar d*e los salterios

el dezir bien de las oras
dexad a las oradoras
questan en los monesterios
vos sennora por rregir
vuestros pueblos y rregiones
por fazelles bien beuir
por los malos corregir
posponed las oraçiones

[fol. 393r]

No digo que las dexeys
sennora por reposar
por vestir ni por tocar
que mal enxenplo dareis
las oras y sacrificios
nunca las deueis dexar
por deleites ni por viçios
nin por los otros ofiçios
agenos del gouernar

Ca no vos demandaran
cuenta de lo que rrezays
ni sy vos diçiplinais
no vos lo preguntaran
de justiçia que ffezistes
despojada de pasion
sy los culpados punistes
o malos enxenplos distes
desto sera la quisstion

co[n]paraçion

Que bien como los dechados
errados en las lauores
son syn duda causadores
de los corrutos traslados
asy bien seres ssennora
siguiendo viçios senzillos
de doblados causadora
quen casa de la pastora
todos tocan caramillos

O prinçesa soberana
mire vuestra ssennoria
pues que dios vos fizo guia
de la naçion casstellana
y del rreyno de aragon
con otra gran cantidad
guialdos con discriçion
por la senda de rrazon
y no de la voluntad

conparaçion

Que maguera este camino
es a muchos deleytosso
no al ostal virtuosso

ni aquel pueblo diuino
salieron sy bien mirades
los caminantes por el
que asy son las bondades
contra de las voluntades
cual lo dulçe de la ffiel

Voluntad quiere folgança
quiere viçios y alegrias
y fazer noches los dias
posponiendo la tenplança
no procura grande fama
menospreçia la ssalud
la rrazon es vna dama
que grandes onores ama
y corre tras la virtud

Quiero juntar a los doss
prinçipes muy exçelentes
pues tantos pueblos y gentes
son sometidas a vos
pensad que tenes ssennores
vn muy poderoso cargo
[fol. 393v]
y mirad questos fauores
rriquezas viçios onores
el dexo tienen amargo

Por esto mientra tenes
este feble poderio
aqueste conssejo mio
vos suplico que [*to]mes
es a saber que temays
prinçipes esclareçidos
aquel dios por quien rreynais
amandolo sy desseays
ser amados y temidos

Pues que mi saber desmaya
y la obra sse defiere
ssy al puerto no pudiere
quiero ssalir en la playa
con esta fusta menguada
de los buenos aparejos
para tan luenga jornada
mas syn duda bien cargada
de verdaderos consejos

fin

Los cuales ssy non plazibles
al menos sson prouechosos
que los consejos sabrossos
muchas vezes son nuzibles
que fartos por ser priuados
daran ssennores de mi
vnos consejos dorados

con açucar confitados
y llenos de çecotry

[393v, col. derecha, 395r en blanco; falta el fol. 394 en la numeración]

[fol. 395v]

[ID0270] HH1-67 (395v-400r) (51×10)

Sermon trobado por fray ynnigo
de mendoça al rey nuestro ssennor

Prinçipe muy soberano
nuestro natural ssennor
contraste de lo tyrano
de lo sano castellano
mucho amado y amador
a quien derecho y rrazon
vistieron rropa destado
de castilla y de leon
bordada con aragon
çeçilia borda el vn lado
y todo bien enpleado

Quanto mas alto senpina
la cunbre destado grande
tanto mas y mas ayna
es neçesaria dotrina
con que rrija y con que mande
que sy no mintio platon
y verdad dixo boeçio
sera prospera naçion
al contrario lo quel neçio
lo mismo dize vejeçio

Por este solo rrespecto
a la rreal ecçelençia
es exerçiçio discreto
en publico y en secreto
contratar de la çiençia
y a los baxos dezidores
oyllos con omildad
mirando que a pescadores
ynspiro dios los primores
de la diuina verdad
cuando tomo vmanidad

Tras este tal pensamiento
que consuela mi rrudeza
tan bien me datreuimiento
de vuestra rreal alteza
cuya benina bondad
me pone tanta osadia
cuanta con su dinidad
vuestra ylustre magestad
por la gran sinpleza mia
me causaua couardia

Conpa[ra]çion

Como en espejo doblado
prinçipe muy poderoso
en vna luna mirado
es el rrostro mesurado
y en otra muy espantoso
asy vuestra potesstad
en su grandeza mirada
me figura esquiuidad
mas en su begninidad
sse muestra tan mesurada
como la questa syn nada

[fol. 396r]

Y pues tan poco rrepuna
mi grand insufiçiençia
mirandos en esta luna
la cunbre que dio fortuna
a vuestra manifiçençia
con osado coraçon
ofrezco de mi exerçiçio
a vuestra dominaçion
vn mal trobado sermon
por ofreçer el seruiçio
que lo demanda [*m]i ofiçio

Comiença el [*s]ermon
diziendo el [*tem]a
es mi yu[*go m]uy
suau[*e a vnos] y
a otros g[*ra]ue

yntroduçion [*au]e maria

Vn angel falso rronçero
con boz y cara fingida
prinçipe muy verd[*ad]ero
nos fue comie[*nço] primero
de toda nuestra cayda
cuando a nuestra madre eua
enganno con la mançana
dando aquesto çierta prueua
los çien mill males quel lieua
a cuestas natura vmana
sin jamas poder ser sana

Mas diuinal conpasion
proueo tan justo medio
que con su mesma ynvençion
el leuo ssu puniçion
nosotros nuestro rremedio
ofreçiendonos delante
enbiandonos darriba
otro angel por que cante
otra virgen que ssespante
y tan gran plazer rreçiba

q*ue* consienta y q*ue* conçiba

Asy q*ue* la rredençion
del vmano perdimie*n*to
es vn*a* dulce cançion
q*ue* llama*n* ssalutaçion
pri[*nçi]pio el su çimie*n*to
por[*que] podie*n*do ofreçer
en p[*e]so jussto ffiel
a muger contra muger
contra el angel luçifer
el arca*n*gel grauiel
fuese todo por niuel

Seyendo asy pri*n*çipiado
pri*n*çipe muy pri*n*çipal
el bie*n* co*n* q*ue* fue saluado
cua*n*to mal fizo el pecado
en e[*l l]inage vmanal
es por çierto gran rrazo*n*
q*ue* por esta mesma via
no solo n*uest*ro ssermon
mas cualq*ui*er operaçio*n*
po*n*ga dela*n*te por guia
la boz del aue maria

[fol. 396v]

Aue maria

Sagrada v*irge*n preçiosa
dios te salue te*n*plo suyo
o virge*n* marauillossa
en cuyo vie*n*tre rrepossa
el fijo de dios y tuyo
o dulçor de los dulços*res*
qual poeta sera dino
de rreco*n*tar tus loores
p*ues* te rrequirio de amores
el sacro v*er*bo diuino
co*n* el angel q*ue* a ty vino

Con rrazo*n* te llama*n* llena
de la graçia de dios padr*e*
p*ues* mereçiste por buena
no*n* solo parir syn pena
mas avn ser v*irge*n y madr*e*
o bendita y ta*n* bendita
entre todas las mugeres
q*ue* por tu causa fue q*ui*ta
n*uest*ra ma*n*zilla ynfinita
y mas sen*n*ora nos eres
causa deternos plazer*es*

Y fue tu fruto iessus
de ta*n* alta perffiçion
q*ue* co*n* su diuinal luz
co*n* su vida y co*n* ssu cruz

a todos dio saluaçion
y tu su madre sagrada
del vniuersso ssen*n*ora
q*ue*daste por abogada
p*ara* q*ue* nos fuese dada
su graçia por q*ui*en agora
te po*n*ga por rrogadora

es mi yugo muy suaue

Rrey temor de los tyranos
a q*ui*en crezca dios los çetros
salud de los castellanos
beso v*uest*ros pies y manos
en comie*n*ço de mis metros
a q*ui*en dios ssea verdugo
contra los ojos dan*n*ados
p*ues* a su [*c]leme*n*çia plugo
daros c[*oy]undas & yugo
co*n* q*ue* [*fuese]n sojuzgados
los [*toro]s nu*n*ca domados

A[*quellos a quien] amor
p[*rinçipe digno] de amar
los [*atan con vo]s ssennor
syn co[*yun]da co*n* dulçor
se deu[*en de] gouernar
y estos asy tratados
los cuales pie*n*so ser pocos
los otros [*de]senfrenados
dan*n*ad[*ore]s y dan*n*ados
atad lo[*s] p*ues* q*ue* son locos
y os anda*n* fazie*n*do cocos

Con n*uest*ro ffalsso metal
fazen cocos y co*n*sta*n*çia
coca*n* vos con portogal
y vos n*uest*ro bien rreal
a todo firme co*n*sta*n*çia
[fol. 397r]
esforç*an*do en la verdad
v*uest*ro linpio coraçon
tenie*n*do en la volu*n*tad
la justiçia y libertad
y toda n*uest*ra naçion
ha co*n* vos gra*n*d afiçion

Si me pregu*n*tays de q*ue*
se fara*n* coyu*n*das buen*as*
rrespo*n*do q*ue* yo lo sse
por ende tened gra*n* ffe
cos v*er*nan a las melenas
de lo mas sano del cuero
podra ssalir tal correa
co*n* q*ue* al nouillo mas fiero
sojuzgueys como a cordero
y despues q*ui*en haronea

contra el aguijon coçea

Con estas coyundas tales
los toros d[*el yugo a]tados
las vuestras m[*anos rreale]s
araran los pe[*nnascales]
tan syn pena co[*mo prad]os
y fareis las cue[*stas ll]anos
los eriales bar[*uec]hos
y los rriscos [*alto]çanos
do senbrau[*an los] vfanos
continuamente [*coh]echos
senbrares vos de derechos

Mas es menester sennor
segund mi flaco conssejo
que seays buen labrador
buena manna buen vigor
te[n]gays y buen aparejo
buena rreja y buen arado
bien vnzidos vuestros bueyes
el haron fosco aguijado
el leal muy bien pensado
y estonçes segund las leyes
atares bien vuestras greyes

Vengamos ya por menudo
a contar pieça por pieça
que coyundas con que nnudo
el toro brauo sannudo
sojuzgara la cabeça
de que madera y manera
vuestros yugos se faran
[*por que] en esta tierra ffiera
[*vos y] vuestra conpannera
[*pue]s vos pones al afan
[*go]zes despues de vuestro pan

Pues los vuestros yugos son
aquella clara verdad
con que syn falsa afiçion
por derecha suçession
os v[*i]no la dinidad
cu[anto] puesto que pesso
a [*cierta]s bestias haronas
e[*l cas]amiento ayunto
c[*uand]o a la rreyna os dio
ju[*nt]adas vuestras coronas
con vuestras rreales presonas

Alguno ssale al traues
a rresponderme de priesa
tomando por su paues
vn juego que ya sabes
que se llama de trauiessa
[fol. 397v]
yo dexo sus vanidades

por que nos materia onesta
pues en otras nouedades
dixeron a las çibdades
lo que les do por rrepuesta
en esta nuestra rrequesta

Este negoçio dexado
por cosa prouada bien
pues que fue tan publicado
predicado y pregonado
de causa de bien se quien
vos sennor rrey don fernando
dino de luenga [*memo]ria
dexadlos andar [*cocan]do
que pues es de vuestro [*v]ando
vna virtud tan notoria
çierta tenes la vitoria

Ally esta dios do solia
con aquel mismo querer
que mandaua que fazia
a quien la verdad [*tr]aya
continuamente [*ven]çer
con cuya mano [*bendi]ta
mato dauid a[*l gi]gante
y la gente yrrae[*lit]a
de catiuerio fue quita
pues asy vos rrey pujante
los vençeres dios delante

Acordaos de faraon
quien vençio su gran poder
quien en tan grande affiçion
dio manos y coraçon
a judit syendo muger
quien a ester y mordocheo
ahora ssu aduersario
quien sojuzgo al amorreo
por que aquel segund yo creo
porna en este calendario
vuestro partido contrario

Esforçad rrey esforçado
tomad la lança en la mano
sojuzgad vuestro rreynado
pues tenes tan bien parado
lo diuino y lo vmano
lo diuino por que vos
avnque puesto en tierna edad
soys vn rrey mucho de dios
lo vmano por los doss
gran ju[*sti]çia y libertad
[*fundada] sobre verdad

[*O vergonço]sa ffealdad
d[*e rren]onbre lastimero
de [*quien j]uro lealtad

con ta[*n g]ran solenidad
cuand[*o se ar]mo cauall*ero*
por q*ue* [*segun*]d q*ue* se ley
en la s[*e*]gu*n*da partida
por su rrey & por su grey
y por dios y por su ley
tenie*n* los gra*n*des su vida
co*n* jurame*n*to ofreçida

[fol. 398r]

Por esto les da*n* los juros
los estados y las rrentas
por q*ue* detras de sus muros
los pueblos biua*n* seguros
y ellos sufra*n* las afrue*n*tas
pu*es* q*u*ie*n* a ta*n*to sse ofreçe
q*ue* me rrespo*n*da le rruego
q*ue* no*n*bre y pena mereçe
q*u*ando a vos solo ffalleçe
en defe*n*der su sosiego
mas a*n*t*es* le pone fuego

Y pu*es* so*n* ta*n*to obligados
por derecho y p[*or*] *v*irtud
a someter sus estados
el yugo ma*n*sos domados
de la rreal çelssytud
a vos someta*n* los cuellos
p*a*ra q*ue* podays arar
o venga*n* por los cabellos
pu*es* es ta*n* amigo dellos
el dicho comu*n* vulgar
cantar mal y porffiar

O rreprochossa porffia
dina de ynfamia pu*es* not*a*
rrespo*n*de malenconia
q*ue* te da boz*es* el dia
q*ue* llam*a*n daljubarrota
los huesos d*e* los pasados
texen en la sepoltura
co*n* ansias de lastimados
por dexar ta*n* eredados
a q*u*ie*n* ta*n* poco sse cura
de su muerte y desue*n*tura

Mas creo q*ue* dios ordena
o me m[*i*]ente*n* los oydos
q*ue* fuyan [*d*]e la melena
aq*u*ellos a q*u*ie*n* condena
la j[*ustiç*]ia por p*er*didos
por q*u*el no poder sofrir
n*uest*ro rreyno mal tama*n*no
le de causa de sortyr
a rremediar y punir
a bueltas daqu*este* da*n*no

lo de oga*n*no y lo danta*n*no

Pues rrey de rreal valer
y a vos rreyna esclareçida
aved p*r*inçip*es* plazer
q*ue* mu[*y*] presto avey*s* de ver
a v*uest*ra [*c*]astilla vnida
so v*uest*ro[*s*] yugos rreal*es*
sin coxq*u*illas ni omezillos
y atares co*n* los leal*es*
y a los rronçeros ni tal*es*
dalles tras los colodrillos
pu*es* ten*es* fartos nouillos

[fol. 398v]

Y pu*es* pena y g*u*alardo*n*
en las *v*irtud*es* y viçios
ffaze*n* en toda naçion
sser sen*n*ora la rrazon
y leal*es* los seruiçios
g*u*ardad bie*n* su difere*n*çia
q*ue*s de v*uest*ro rreynar llaue
por q*ue* co*n* sana co*n*çençia
diga*n* de v*uest*ra ex[*ç*]elençia
q*ue*s v*uest*ro yugo [*s*]uaue
a vnos y a ot*r*os graue

prosigue las melen*a*s

Del yugo ya despedidos
de las melenas se trate
co*n* las q*u*al*es* g*u*arneçidos
son los buey*es* y vnidos
por q*u*el yugo no los mate
do deue*n* co*n*siderar
los q*ue* tiene*n* dinidad
q*u*el yugo del sojuzgar
se deue sie*n*pre fu*n*dar
sobre bla*n*da vmanidad
syn muestras d[*es*]q*u*iuidad

conparaçion

Como la piedra tirada
syn su gana co*n*t*r*a el çielo
en falta*n*do el ser forçada
su co*n*diçio*n* de pesada
la faze catar al suelo
asi çercana cayda
tiene la goue*r*naçio*n*
sy la ge*n*te sometida
so la fuerça la co*n*bida
a tomar la sugebçio*n*
forçeja*n*do el coraço*n*

Daq*u*i biue*n* los tiranos
sie*n*p*r*e con mil sobresaltos

los rreyes que son vmanos
quanto se muestran mas llanos
tanto se fazen mas altos
por quel amor aliuiana
lo que [*par]eçe gran pena
como la dama galana
nos faze sofrir de gana
lo que la gana condena
y esto causa la melena

Teniendo dios soberano
ynfinito el poderio
gouierna el linage vmano
con vna tan dulçe mano
que nos fuerça el aluedrio
pues si dios omipotente
ponel yugo sobre blando
quanto mas de gente a gente
se deue muy blandamente
executar lo del mando
las voluntades ganando

[fol. 399r]

Quando los grandes varones
del grande ynperio rromano
guiauan gouernaçiones
dos singulares rrazones
dizen que dixo trajano
la vna que tal deuia
ser el a los que rrigiesse
tal y con aquellalegria
quen sus negoçios querria
que su rrey a el le fuese
sy rrey sobre sy touiese

La otra dizen que ffue
quando preguntado vn dia
que rrespondiese por que
a todos con tanta ffe
prometie mas que tenia
o dicho tan espeçial
do tal enxenplo consiste
dixo pareçeme mal
que de la cara rreal
do tal grandeza senviste
ninguno se parta triste

Segund de la condiçion
de las abejas se rreza
entre todas quantas son
solo al rrey sin aguijon
crio la naturaleza
do nos quedo tal dotrina
que quien se falla en la cunbre
tanto quanto mas senpina
tanto mas es cosa dina

que syn aguijon rrelunbre
en su rrostro mansedunbre

Estas son rrey a mi ver
las melenas sobre quien
los yugos de gran poder
del rreynar del someter
asientan por çierto bien
con estas vos acabastes
con muchos cayan pesar
no sennor porque rreynastes
mas porque tanto tardastes
de venir a sojuzgar
a rregir y a libertar

M[*as] los bueyes que son traydores
po[*r] yrse a comer los panes
con sus dannados vmores
fallen en vuestros dulçores
vn sabor dagros afanes
la qual dannada postema
pues todol mundo lo sabe
mientra su maliçia rrema
bien dize sennor el tema
ques vuestro yugo suaue
a vnos y a otros graue

Es rrazon de saber quales
y de que cuero y façion
se faran coyundas tales
con que vuestros animales
no salgan de la rrazon
[fol. 399v]
por que si no estan atados
con gentil manera y arte
los bueyes questan folgados
por no se ver sujuzgados
es peligro no se aparte
cada vno por su parte

Mas con la graçia de dios
y con vuestro buen denuedo
muy bien podres faz[*er]vos
gentiles coyundas doss
con queste cada buey quedo
puniçion y benefiçio
y cuerdas con que se annuda
con la puniçion el viçio
y el galardon al seruiçio
faze que no se sacuda
del peligro cuand[*o d]uda

Con estas solas se [*a]tan
los bueyes quier fuertes sean
mas do estas no se tratan
vnos furten otros matan
otros braman y haronean

otros sacuden perrnadas
por no yr a la labor
otros paçen las senbrad*as*
y avn tanbie*n* a las vegad*as*
otros syn ningu[n]d temor
dan del cuerrno a su sen*n*or

Otros bueyes espeçiales
viendo a estos co*n*sentidos
vie*n*do syn pena los males
sin galardo*n* los leales
no q*u*ieren estar vnidos
por q*u*es fue*r*te co*n*clusio*n*
co*n*portar destar atados
los q*u*e vee*n* la trayçion
paçer q*u*a*n*tos pastos so*n*
y ser flacos trasyjados
los q*u*e tyra*n* los arados

Asy q*u*e claro pareçe
q*u*e*n* el rreyno disoluto
por q*u*e justiçia ffalleçe
el t*r*iste del rrey padeçe
y q*u*ien q*u*iere goza el fruto
mas vos de q*u*ien so*n* agen*as*
las causas deste açidente
de las merçed*es* y penas
fazed dos coyu*n*das buenas
co*n* q*u*e ateys muy rreziame*n*te
al yugo toda la gente

Que sy co*n* tal maestria
v*u*est*r*a gente no es atada
por demas es la porfia
q*u*e jamas su poliçia
podra ser bie*n* gouernada
q*u*e ni los onb*r*es ladrones
no pueden aver paçençia
en sofrirse syn q*u*istiones
sy no rreparte*n* sus dones
co*n* aq*u*ella diferençia
q*u*e la justiçia heme*n*çia

Q*u*anto mas n*u*est*r*a castilla
vn rreyno ta*n* espeçial
no vos deue dar manzilla
cua*n*do nos vemos rrenzilla
por esta justiçia tal
[fol. 400r]
o pues rrey vitoriosso
sy q*u*eres bie*n* gouernallos
poned freno al q*u*es rraxoso
espuelas al perezosso
q*u*e sabed q*u*e los vasallos
se rrigen como cauallos

Estonçes fares al menos

q*u*e los v*u*est*r*os nos desden*n*en
por el galardo*n* los buenos
y los malos por los frenos
se tenga*n* q*u*e nos despen*n*en
y con este tal rregir
q*u*en v*u*est*r*a virtud bie*n* cabe
nos fareis q*u*e syn me*n*tyr
podamos todos dezir
q*u*es v*u*est*r*o yugo suaue
a vnos y a [o]tros graue

ffin

Poned en fin d*e*l t*r*atado
alto rrey v*u*est*r*a memoria
q*u*e de lo bie*n* gouernado
vos seres galardonado
co*n* pago deterna gl*or*ia
a la cual gloria sen*n*or
nos llieue por su cleme*n*çia
n*u*est*r*o dulçe rredentor
a gustar el gran dulçor
de ssu corporal cleme*n*çia

deo graçias

[ID0273] HH1-68 (400r-405r) (37 × 13,1 × 6,5 × 13)

dechado fecho a la
reyna don*n*a ysabel
n*u*est*r*a [*sen*n]ora por el dicho
fray yn*n*igo de mendoça

Alta rreyna esclareçida
guarneçida
de gra*n*dezas muy rreales
a rremediar n*u*est*r*os males
desiguales
por graçia de dios venida
como q*u*a*n*do ffue perdida
n*u*est*r*a vida
por culpa duna muger
nos q*u*iere dios guareçer
y rrehazer
por aq*u*el modo y medida
q*u*e leuo n*u*est*r*a cayda

Mas es mucho menester
a mi ver
q*u*e digays al boticario
q*u*e nos faga el letuario
muy contrario
al q*u*e nos fizo perder
por q*u*e sy nos da comer
y beuer
de los guisados da*n*tan*n*o
podrienos fazer tal dan*n*o
q*u*e ogan*n*o

peor ssea el rrecaer
q*ue*l *pri*mero adoleçer

[fol. 400v]

Por esso rreyna eçelente
muy prude*n*te
determina mi [*rr]udeza
de seruir a v*uest*ra a[*l]teza
syn perez[*a]
con este rrudo *pre*sente
en el q*ua*l mi ma[*no] atie*n*te
y se afrue*n*te
a labraros vn dechado
de do pueda ser sacado
y labrado
el modo co*n* q*ue* la g[*en]te
gouernes discretame*n*te

Ffazeme gra*n* rresiste*n*çia
ynsufiçie*n*çia
ca no*n* me fallo ta*n* loco
q*ue* no se q*ue* se ta*n* poco
q*ue* no toco
al pie de v*uest*ra exele*n*çia
p*er*o la rreal prude*n*çia
co*n* paçe*n*çia
co*n*porte mi groseria
toma*n*do en la obra mia
por ssu guia
no la groseapare*n*çia
mas mi gana y su s*en*te*n*çia

comie*n*ça lauor de la justiçia

De sirgo fino de grana
muy de gana
se deue luego labrar
vn espada syngular
de tal cortar
q*ue* faga la t*i*erra llana
q*ue* la gente castellana
es vffana
y ta*n* mal acostu*n*brada
q*ue* nu*n*ca sera curada
sy el espada
de la justiçia no afana
entre la ge*n*te tyrana

Sera de pu*n*to rreal
por q*ue*s tal
cual lo pide la lauor
y sangrienta su color
por dar temor
a todos en general
su pu*n*to muy por egual
no ynteresal

ni errado por ffauor
mas al mayor y menor
por vn tenor
darles la pena del mal
q*ue*s lauor muy espeçial

[fol. 401r]

lauor de la enpu*nn*adura del espada

De seda negra y morada
esmerada
labrara*n* su enpu*nn*adura
q*ue* co*n* amor y tristura
su agrura
deua ser executada
no co*n* gana apasionada
de ver ve*n*gada
afecçio*n* particular
mas co*n* amor y pesar
degollar
la oueja ynfiçionada
por guareçer la manada

No pie*n*se v*uest*ra exele*n*çia
ser cleme*n*çia
p*er*donar la mala gente
a*n*tes de tal açidente
comu*n*mente
se causa la pestile*n*çia
sy no ved la espirie*n*çia
q*ue*n prese*n*çia
vos demuestra v*uest*ra tie*rr*a
q*ue*l no punir a q*u*ien yerra
dio tal guerra
a la rreal preside*n*çia
cual nos muestra su dole*n*çia

Pues rreyna n*uest*ra se*nn*ora
lo q*ue* dora
los rreales gouernalles
es q*ue* ande por las calles
fecha dalles
esta espada matadora
q*ue* sy la gente traydora
rrobadora
anda suelta ssyn castigo
a dios po*n*go por testigo
comos digo
q*ue* veres el mal dagora
como sienpre senpeora

Oyanme los castellanos
los rromanos
por q*ue* causas p*ro*speraron
por çierto porq*ue* labraro*n*
y guardaro*n*

esta lauor por sus manos
q*ue* depue*s* q*ue* los tyranos
ynvmanos
pasaro*n* syn puniçion
cayo ssu gouernaçio*n*
de tal sson
q*ue* sus çetros soberanos
se tornaro*n* muy enanos

Pues sy no q*ue*res p*er*der
y ver caer
mas de cua*n*to esta p*er*dido
v*ue*st*r*o rreyno dolorido
ta*n* partido
q*ue*s gran dolor de lo ver
[fol. 401v]
emplead v*ue*st*r*o poder
en ffazer
justiçias muy co*n*plidas
q*ue* mata*n*do pocas vidas
corronpidas
todo el rreyno a mi creer
saluares de padeçer

la vayna

Labrara*n* vna vayna
mucho ffina
de seda floxa e*n*carnada
p*ar*a en q*ue*ste secrestada
v*ue*st*r*a espada
qua*n*do cleme*n*çia os enclina
q*ue* la rrazo*n* determina
ser cosa dina
q*ue* los q*ue* piden perdon
falle*n* en vos conpasio*n*
co*n* condiçio*n*
q*ue* con esta melezina
se rremedie*n* muy ayna

lauor d*e* la fortale*z*a

De seda mucho torçida
escogida
pardilla por q*ue*s afan
por pu*n*to dalmorafa*n*
os labrara*n*
vna torre muy luzida
en tal son ffortaleçida
y basteçida
q*ue* de dentro v*ue*st*r*alteza
co*n* mucho firme firmeza
y destreza
se ffalle fauoreçida
cua*n*do se viere afligida

En el coraço*n* rreal

nu*n*ca pasion
deue turbar la esperança
su rreal lança y bala*n*ça
syn muda*n*ça
se muestre sie*n*pre e*n* vn so*n*
q*ue* segu*n*d la presu*n*çion
desta naçio*n*
sy le sie*n*te*n* couardia
vos veres la tyrania
cada dia
senbrar mas en t*r*ayçio*n*
en toda v*ue*st*r*a rregio*n*

Por ende rreyn*a* muy buena
por la pena
del tyrano constrastar
nu*n*ca deueys desmayar
q*ue*l porffiar
muy gra*n*des furias e*n*frena
mostrad la cara serena
muy agena
demuestras q*ue* muestre*n* miedo
q*ue* tras el rreal denuedo
v*er*na çedo
obidie*n*çar ta*n*to llena
q*ua*l la justiçia la ordena

[fol. 402r]

El enp*er*ador trajano
castellano
de pedraza de la sierra
al t*ie*npo q*ue* de su tyerra
se destierra
p*ar*a el ynperio rromano
dixo pue*s* alço la mano
de lo llano
p*ar*a sobir a ynperar
nu*n*ca deuo trastorrnar
q*ue*l rreynar
quiere coraço*n* vffano
çahare*n*no y soberano

El gran giga*n*te valie*n*te
con la gente
q*ue* so*n* llamados cabdales
en el temor de los males
ser yguales
la rrazo*n* no lo co*n*siente
pue*s* el rrey ta*n* difere*n*te
y exçelente
sob*r*e todos en estado
no ser en ser esforçado
esmerado
es v*er*guença çiertamente
y dan*n*oso ynconuinie*n*te

A los alanos creçidos
los ladridos
de los pequen*n*os perrillos
no da temor en oyllos
ni sentillos
aderredor ta*n* ardidos
pu*e*s asy los alaridos
desabridos
a los rreyes de sus vasallos
no d[*e]ue*n* nada mudallos
ni [*tur]ballos
pu*e*s se falla*n* ta*n* subidos
q*ue* son de todos temidos

la barera

Labrara*n* vna barrera
por de fuera
de la mesma seda y pu*n*to
por q*ue* no ta*n* en vn pu*n*to
llegue*n* ju*n*to
los de la le*n*gua rronçera
es cosa muy v*er*dadera
q*ue* q*ui*en quiera
sy se ju*n*ta por p*ri*uança
se rronçe mas cotra lança
syn duda*n*ça
fuerça*n* los rreyes por man*er*a
q*ue* consienta*n* q*u*anto q*ui*era

Podemos muy bie*n* p*r*ouar
sin trabajar
la verdad desta rrazon
co*n* la mortal ynfiçion
q*ue* su ynvençio*n*
touo poder de nos dar
q*ui*en vna vez da lugar
al p*ri*uar
a q*ue*n casa se apodere
nu*n*ca mas fasta q*ue* muere
avnq*ue* quiere
se puede bie*n* libertar
p*ar*a libre gouernar

[fol. 402v]

baluarte

Q*ui*en fizo rrey ta*n* catiuo
cua*n*do biuo
algu*n*d rrey de los p[*a]sados
sy no dan*n*osos p*ri*[*uado]s
yncu*n*brados
fasta el çetro ynp*er*atiuo
deue ser el rrey alt[*ivo]
y esq*ui*uo
en g*u*ardar su libertad

y mostrar a la omildad
vmanidad
mas tal condiçio*n* lescr*i*uo
q*ue* nadie no diga p*ri*uo

No pudiera ser asuero
justiçiero
sy co*n* rrostro denodado
syn ser muy afiçionado
al p*ri*uado
no*n* desechara p*ri*mero
mas despu*e*s q*ue* por e*n*tero
del rronçero
liberto su volu*n*tad
fue de ta*n* justa yg*u*aldad
q*ue*n verdad
sera rrey muy v*er*dadero
q*ui*en le fuere co*n*pan*n*ero

Labrara*n* lo post*r*imero
el ca*n*tero
por sotil manera y arte
vn ta*n* fuerte baluarte
q*ue* de parte
faga tenerse al dinero
es oro ta*n*to grosero
y ta*n* fiero
q*ue* q*ui*en a ellas manos llega
en tal modo fuerça y çiega
y sse pega
q*ue*l castillo mas rroquero
sojuzga muy de ligero

Es cosa muy v*er*gonçossa
y peligrossa
a la p*er*sona rreal
tener en nada el metal
de lo cual
su rrenta es ta*n* abu*n*dosa
es muy poco poderosa
y prouechosa
en los rreyes fortaleza
sy cua*n*do tienta escaseza
por rriq*ue*za
comete*n* ni*n*guna cossa
q*ue* les pareçe viçiossa

lauor de la te*n*prança

Labrara*n* mas vna brida
desabrida
contra el carnal mouimiento
por q*ue* no con desatiento
en vn mome*n*to
nos ma*n*zille fama y vida
[fol. 403r]
sy la carne no es rregida

sometida
del freno de la rrazon
las espuelas dafiçion
en tal sson
le dan el arremetida
ques muy çierta su cayda

Sera de blanca color
por onor
ques enemiga damores
y seran de sus lauores
bordadores
esquiuidad y temor
terna en mas el onor
quel dulçor
por guardar el freno sano
y desdennando lo vfano
por punto llano
labraran esta lauor
ques mas segura y mejor

Que las vfanas ffaldillas
y conçillas
con çien mill aguas y azeytes
despiertan con sus afeytes
los deleytes
a que nos fagan cosquillas
rreçebir guantes manillas
mill cosillas
de seuilla y de valençia
muestranos de su prudençia
espiriençia
que de tales çancadillas
muchas caen de costillas

El punto llano por esto
es mas dispuesto
para labrar castidad
que belleza y fealdad
a la humildad
todo se muestra dun gesto
el beuir que sobre onesto
esta puesto
con tan poco sse contenta
que no toma sobre vienta
ni sse afruenta
a tener mal prosupuesto
para estar mejor conpuesto

las cabeçadas

Capuzes seda brocado
no conprado
mas de graçia rreçebido
faze ser fauoreçido
y oydo
el galan enamorado

la que rreçibe de grado
es forçado
que de tan bien de ligero
y sy no tiene dinero
con el cuero
es peligro acostunbrado
de pagar al despojado

[fol. 403v]

Pues rreyna muy soberana
tanto sana
teneys vos vuestra linpieza
de vuestra rreal alteza
non se rreza
otra cosa en esta plana
sy no que con mucha gana
a la llana
fagais que biuan las damas
porque a bueltas de sus famas
y sus tramas
la maliçia castellana
no diga qual es y llana

La brida daqueste freno
sera bueno
que tenga las cabeçadas
contra las manos osadas
mal domadas
su canpo de grises lleno
metidos de miedo ageno
en su seno
sus espinas por de fuera
por ques esta la manera
verdadera
que a ellas libra del fuego
que non su rrostro sereno

O quantos malos rrecados
son pasados
por andar a rrios bueltos
galanes y damas bueltos
y rrebueltos
por rrincones por estrados
como sy fuessen casados
abraçados
syn verguença por la sala
o que mucho en ora mala
con tal gala
estimen por despachados
los rrostros desuergonçados

Mas la que quiere guardarse
y ençerrarsse
deue por beuir syn rraça
pues de vidrio es la taça
por la plaça

a todol mundo grisarsse
mas si quiere demostrarse
y tratarsse
con desonesto denuedo
de la tal taça yo quedo
con gran miedo
que podra presto quebrarse
para nunca rremediarsse

Pues rreyna deues mandar
enfrenar
el vso de vuestra corte
de guisa que su deporte
la deporte
mas no la llegue a ynfamar
[fol. 404r]
no rreprocho yo el dançar
y baylar
en el tienpo de las fiestas
mas con estas ynfiniestras
muy onestas
deuen las damas andar
syn burlar syn apartar

la guarniçion

Ffalsas rriendas y pretal
con lo al
que tiene la guarniçion
bordaran de condiçion
syn conpasyon
contra el amante leal
con enemiga mortal
con el tal
las damas deuen tener
pues les quieren fer perder
por vn plazer
su fama ques ynmortal
y dalles pena eternal

deuisa de la tenprança

El troton lieue colgada
bien labrada
en la frente vn abu [sic] casta
cuyo vocablo contrasta
y desgassta
el nonbre denamorada
de verde toda esmaltada
consolada
con la esperança del çielo
que la gloria deste suelo
en vn pelo
non deue ser estimada
con la suya cotejada

los esmaltes

Por quel verde sin fiçion
ni lission
esmalte pechos espaldas
de muy finas esmeraldas
tanto saldas
que no las quiebre pasion
y en la frente del troton
en tal son
asentada por firmalle
que para mejor en la calle
enfrenalle
bordaran esta rrazon
en torno de la ynuençion

la letra de la deuisa

Delante tu sobrenonbre
en mis ojos gentil ave
no tiene cossa ssuaue
plazer vida mi [sic] gran nonbre
ni otro ningund rrenonbre
saluo sy esta sso tu llaue

[fol. 404v]

comiença la prudençia

Por punto de desechado
en el dechado
mandares labrar dos ojos
tan claros que por enojos
ni antojos
no se cubran de nublado
para mirar lo pasado
sea labrado
el que labrare primero
para ver lo avenidero
el postrimero
que no puede asy mirar
y fecho mal ordenado

Llamo aquel entressacar
de desilar
que con discreta sentençia
suele fazer la prudençia
en la conçençia
al tienpo de su mirar
porque asy como alinpiar
y apartar
suelen la paja del grano
asy desila ssu mano
de lo ssano
los filos que en su labrar
condena para cortar

Quien con esta maestria
asy desuia
lo sano de lo doliente

mereçe pues es prude*n*te
çiertamente
q*ue* te*n*ga rrazon por guia
q*ue* q*u*ien rrige poliçia
yo diria
q*ue*s la prude*n*çia su espejo
por lo q*ua*l los del co*n*ssejo
en ti*en*po viejo
ordeno por co*n*pan*n*ia
a la rreal ssen*n*oria

Mie*n*tra fuero*n* goue*r*nados
por letrados
los del ynperio de rroma
ella sus co*n*trarios doma
y syn carcoma
gouie*r*na los ya domados
mas despues destos pasados
y trocados
por traydora y neçia ge*n*te
torno flaco lo valiente
enco*n*tinente
q*ue* la paz de sus senados
sse torno va*n*dos formados

[fol. 405r]

ffin

A los rromanos dexemos
y busquemos
la causa por q*ue*n castilla
su desorde*n* y rrenzilla
da manzilla
a todos q*u*antos lo vemos
ssy ve*r*dad fablar q*u*eremos
no culpemos
sy no al ser los rregidor*es*
en cohechos y en amor*es*
sabidores
neçios en rrema[*r] los rremos
pueble rroma sus estremos

deo graçias

[fol. 405v]

[ID1711] HH1-69 (405v-406r) Sin título. (Prosa)

Muy caro y dilecto amigo, cuya amistad se me rrepresenta
en aq*ue*l grado q*ue* la vida cara, porq*ue* mouido co*n* animo
de amor entran*n*able, alle*n*de de los estran*n*os q*ue* ynoro,
como rrazon lo consiente, syn mereçimie*n*to mio de mi
no*n* rretrates, dizie*n*do q*ue* fin me mouio poner los versos
penite*n*çiales en metro, como aquellos en n*uest*ra santa fe
toq*u*en, y a los rrusticos o ynçide*n*tes su deuida delaraçio*n*
[sic] denieg*u*en.   Ca seye*n*dote oculto, vsar podrias de
volu*n*tad en algo rrazonable, co*n*dena*n*dome aver errado. E

por me rreseruar de la tu a mi agradable correçio*n* en tal
caso la t[*o]rpe diestra mia de mi liçe*n*çia co*n*çibio rro*n*per
el sile*n*çio a la pluma temerosa, rreuela*n*dote en prossa el
moueder fin mio en dos difere*n*çias plantado.   P*r*imera ya
sabes q*u*anto es oçiosidad a nos los biuie*n*tes co*n*traria, ca
engendra pecado, co*n*çibe maliçia, da torpes dotrinas a la
execuçio*n* de aquella. E como a mi poseedor suyo vigurosa
por antiguedad sojuzgase ocultos delitos del anima perdiçio*n*
cometer me fizo. & yo temorizado de los q*ue* dixe ocultos
venir en ta*n*to publicos q*ue* disfamia, o q*u*iça vil muerte
en agena ti*er*ra me causasen, considere mitigar la furor
suya, y ante las sus fuerças poner p*er*trechos de onestos
exerçiçios en defension mia, lo q*ua*l platica*n*do por mi breue
juyzio y con el vaçilando, en distintas q*u*istiones acorde mi
q*ue*rer seguir.   Segu*n*da q*ue* pues corronpie*n*do el oçio por
viçeral corro*n*pimie*n*to exerçer la t*r*iste mano en algo me
convenia. Ove consideraçio*n* [fol. 406r] cual vso o estilo
mas co*n*uenible y onesto es a los vmanos; y esta*n*do apartado
en la tal conte*n*plaçio*n* vna suaue boz angelical los mis oydos
rrequirio, dizie*n*do en essta fo[r]ma: o turbados sentidos,
tocados en ta*n*to grado de la turuia y enpeçible agua de
lete, como determinaçio*n* de prolixo pensamiento es a esto
neçesario, seye*n*do tan euide*n*te y notorio a los mortales el
curso y exerçiçio en seruiçio y alaba*n*ça de n*uest*ro causador,
ser el mas dino de piedad, q*u*anto al diuino misterio, y de
loor q*u*anto a la vmanidad. Lo q*ua*l de mi breue memoria
co*n*çebido, y vinie*n*do en el su v*er*dadero conoçimiento,
co*n*puse lo ynfra ssiguiente, en lo q*ua*l sy error o viçio
ssentiras por la n*uest*ra plenaria amistad, te co*n*juro lo no*n*
atribuyas a ser enge*n*drado por volu*n*tad, mas por ynora*n*çia.

[ID1712] HH1-70 (406r-v) (11×8)

salmos penite*n*çiales

Sen*n*or oye mis gemidos
y rrogarias
de lagrimas y plegarias
basteçidos
no q*u*ieras q*ue* mis sentidos
tanto dan*n*en
ni te plega q*ue* aco*n*pan*n*en
los perdidos

Tu q*ue* eres el ssen*n*or
de los siglos
de animales y vestiglos
ffazedor
tu de obras causador
ta*n* sobejas
enclina las tus orejas
a mi clamor

Ca tu eres p*er*durable
ynfinito
santo pad*r*e muy be*n*dito
no mudable

tan ynmenso ynefable
piadoso
ylustrante poderosso
muy notable

Tu nos diste ley bendita
de la cruz
tu eres luz de la luz
ynfinita
tu que das la ques escrita
saluaçion
do tu santa correçion
me rremita

[fol. 406v]

Asy como padre a fijo
me perdona
pues mi alma se adona
sy corrijo
la mi vida y me rrijo
por tu via
faz que cobre el alegria
que yo elijo

O potençia que mas vales
santa y rrica
sennor dios tu clarifica
desiguales
mis ojos espirituales
que contenplen
en tus nonbres y se tenplen
por mortales

O pues son sinificantes
syn çoçobras
como a mi tus santas obras
ylustrantes
quien en prosa o consonantes
dara rrazon
de tus fechos como son
admirantes

Ca pues tu sinificasste
sinificaçion
que congela admiraçion
al que criaste
ninguno que tu cabsaste
bastaria
sinificar tu ssennoria
syn contraste

Pues deuemos permitir
non sser causada
tu condiçion limitada
en beuir
quien podria consentir
variable

lo que no es limitable
pressomir

Oyan çielos y cometas
[*mi] oraçion
entiendan mi petiçion
las planetas
los angeles cosas netas
esto açebten
ante ty las rrepresenten
por discretas

Poder querer y saber
en vnidad
dexando tu ynfinidad
en su sser
te quiero por careçer
fuegos mortales
los salmos penitençiales
ofreçer

[fol. 407r]

[ID1713 S 1712] HH1-71 (407r-v) (9 × 8)

primero

Sennor non me rreprehendas
en tu sanna
ni con tu yra tamanna
conprehendas
ca sy yo maluadas sendas
prosegui
ave tu merçed de mi
que nos emiendas

Con gran suma de pecados
soy enfermo
en tus obras quando duermo
sson turbados
mis huesos atormentados
y mi alma
ser non pueden syn [*tu] palma
rreparados

Sennor torrna apresurado
y delibra
la mi triste alma libra
de pecado
pues no biuo asegurado
en discordia
sea por misericordia
perdonado

Ca non se ninguno tal
en la muerte
que se nienbre de ty fuerte
ynmortal
quien sera tan espeçial

como alego
que te alabe en el fuego
ynfernal

Trabaje con gran femençia
como vido
y fize con mi gemido
penitençia
con lagrimas de paçençia
lauare
el mi lecho rregare
por clemençia

Turbada esta la lunbre
de mi espirito
temiendo soy aflito
çertidunbre
de tu sanna en muchedunbre
al juyzio
pues curso mi perjuyzio
por costunbre

En pecado envegeçi
ssyn castigos
entre los mis enemigos
atorçi
partiduos todos de mi
los que obrades
peruersas yniquidades
que ssegui

[fol. 407v]

Ca sabed que bien oyo
el que adoro
la triste voz de mi lloro
y rreçibio
la mi oraçion que vio
sser contrita
en la santa ley bendita
que nos dio

Vengense ya los nonbrados
mis contrarios
y sean mis aduersarios
conturbados
en sus ynicos maluados
coraçones
tornando con oraçiones
a ty ynclinados

[ID1714 S 1712] HH1-72 (407v-408v) (16×8)

ssegundo

Mucho bienauenturados
son aquellos
que son sus pecados dellos
perdonados

y tanbien son rreleuados
de maldades
en que por sus voluntades
son errados

Syn duda sera el varon
aventurado
quel non pidas del pecado
rrelaçion
beuira en contriçion
y syn danno
el de alma syn enganno
y colusion

Porque çese bendezir
y alabar
tu santo nonbre sin par
y te seruir
los mis huesos por beuir
envejeçieron
y mortales conçibieron
de morir

Ca llamauate de boca
ssin coraçon
seyendo la deuoçion
mucho poca
quando tu de quien te troca
te desuias
su vida por muchas vias
se apoca

Por lo qual muy soberano
yo bien siento
ençima de mistrumento
ques vmano
tu bendita santa mano
de piedad
por mis yerros mezquindad
y desmano

[fol. 408r]

Quando ya por violençia
la espina
se me ffinca muy ayna
ssyn clemençia
y me muerde la conçençia
de mis errores
para mi alma liuores
y dolençia

Con penitençia verdadera
quebrantare
esta espina y mostrare
la carrera
de mis yerros y artera
contriçion

escondere mi conffission
y manera

Si en mi contra manifiesto
mi maliçia
a ty ssennor mi justiçia
no conpuesto
pidote por solo aquesto
estos dones
que mis errores perdones
ssyn denuesto

Ca sennor por yo ganar
este perdon
de mi gran continuaçion
en errar
en dos tienpos te rrogar
so mouible
peligroso conuenible
que han lugar

Onde santo causador
marauillosso
en el tienpo muy pluuioso
de dolor
al penitente pecador
no llegara
porque a ty demandara
tu valor

Ca dire sennor tu eres
ffortaleza
acorro de mi tristeza
y afferes
tu desgasta los poderes
y ocassion
de mi gran tribulaçion
como quieres

E non cayre en error
en la carrera
que andouiere verdadera
de tu amor
ffirmare sobrel ssennor
los mis ojos
ya quitados los despojos
de ffuror

[fol. 408v]

No querays ser conparados
en visages
a los muy fieros saluajes
denodados
quen las seluas son criados
y syn tiento
de ningun entendimiento
son fallados

Con cabestro pues conuiene
& ayuno
quebrantad al ynportuno
que mantiene
maliçia y la ssostiene
ynsuaue
penitençia aya graue
porque pene

Ca muchos son de ferir
los tormentos
al pecador sentimientos
de morir
al quen dios syn arguyr
esperara
misericordia lo çercara
syn ffallir

Los justos toda ssazon
vos alegrad
con entera voluntad
y coraçon
que alegria y bendiçion
es con vos
otorgada por mi dios
brauo leon

[ID1715 S 1712] HH1-73 (408v-409v) (17×8)

terçero

En tu sanna no maflijas
mas espira
sobre mi no con tu yra
tu me rrijas
aquel tienpo me elijas
del rrigor
para que por mi error
me corrijas

Ayas tu merçed de mi
ssennor mio
sy en mis obras me desuio
contra ty
que ya sabes conçebi
tus saetas
quen mi coraçon secretas
rreçebi

Tu sennor que nos mostraste
gloria tanta
sobre mi tu mano santa
conffirmaste
pero no aseguraste
sanidad
a mi carne quen verdad
tu criasste

Omildadvos los *t*rauiesos
engreydos
q*ue* sean v*ue*s*t*ros gemidos
mas espressos
no ay paz en los mis huesos
ensuziados
por los mis gra*n*des pecados
y ex*ç*essos

[fol. 409r]

Maldades q*ue* soberuiaro*n*
al q*ue* yerra
mi cabe*ç*a fasta tyerra
enclinaro*n*
sob*r*e mi sse apesgaron
co*n* gran pesso
a locura mi mal sesso
sojuzgaron

Mucho *t*riste sotornado
acatando
los pecados q*ue* obrando
he obrado
beuire desconsolado
co*n* tristura
fasta ser en la clausura
ssepultado

Ca de muchas suziedades
son muy llenos
los mis lomos y no menos
vanidades
no ay q*u*iero q*ue* ssepades
por v*er*dad
en mi carne sanidad
sy notades

Ante ty es mi desseo
y espera*n*ça
en tus obras de alaba*n*ça
me rreueo
ante ty es mi arreo
el gemido
q*ue* te no es escondido
çierto creo

Como sea en tu abrigo
ssalua*ç*ion
mi turbado cora*ç*on
es contigo
y mi fuer*ç*a no es comigo
ca ffalle*ç*e
de la vista me pare*ç*e
q*ue* desdigo

Q*u*antos mal a mi q*u*erian
ya çessaro*n*

ca de mi sse alongaro*n*
y desuian
los q*ue* mi alma pedia*n*
ynvesible
vna fuer*ç*a muy terrible
me ffazian

Ca sen*n*or los q*ue* buscaua*n*
mi cayda
vanidades syn medida
me fablaua*n*
y presumo q*ue* pe*n*sauan
enga*nn*arme
por de ty mucho rredrarme
trabajaua*n*

Do sen*n*or yo me ffazia
sordo y mudo
de guisa q*ue*n mi no pudo
su porffia
oyeme pues todavia
en ty esspero
biuo dios y v*er*dadero
q*ue* nos cria

[fol. 409v]

Ca seria muy entera
ssu alegra*n*ça
de los malos y folga*n*ça
torti*ç*era
se boluiese en tal manera
los mis pies
q*ue* follasen al rreues
de tu carrera

Ca yo soy aparejado
de ssofrir
los torme*n*tos y co*n*plir
tu ma*n*dado
el dolor de mi peca*d*o
sienpre miro
ca mis ojos del no tyro
asegurado

Muchos so*n* fortalizados
mis aduersos
los ynicos y peru*er*sos
y maluados
veo ser multiplicados
q*ue* me fieren
aquellos q*ue* mal me q*u*ieren
yndinados

Los quales porq*ue* ssegui
la bondad
en ellos aduersidad
no perdi

o sennor de cabo my
no te apartes
porque mas me desenartes
cuanto aty

Mas tu dios posedor
de mi ssalud
me ynfluye tal virtud
por seruidor
que rreçiba tu loor
la espantossa
muerte esquiua temerosa
syn temor

[ID1716 S 1712] HH1-74 (409v-410v) (19×8)

quarto

Ssennor ave piedad
de concordia
por la tu misericordia
y caridad
de mi que en çeguedad
he beuido
de tus obras rretraydo
a maldad

Que segund la cantidad
en muchedunbre
do tu mas clara que lunbre
ssantidad
tu puedes con potestad
perdonarme
y de pecados lauarme
y torpedad

Ca jamas no te nege
ni te niego
las maldades en que çiego
me falle
pues que a ty solo peque
mi saluaçion
aty pido yo el perdon
de cuanto erre

[fol. 410r]

Justo eres por jamas
y verdadero
y por sienpre justiçiero
lo seras
quando tu juzgar querras
los quespantas
por las tus palabras santas
vençeras

En maldad fuy conçebido
santo padre
en pecado de mi madre

fue naçido
la verdad mi dios querido
mucho amaste
de tu saber me mostraste
lo escondido

Derrama por conpasion
de mi pena
sobre mi con mano llena
bendiçion
pues de toda confusion
en que topo
es el agua del yssopo
saluaçion

Y sere linpio tan breue
del pecado
que no tema el condenado
que me lieue
tu merçed que me rrelieue
de penar
me fara asy torrnar
como nieue

Mi gozo por mereçer
ssera grande
quando tu merçed me mande
pareçer
ante ty a conoçer
mis pecados
y mis huesos omillados
en plazer

Buelue tu ayrada cara
en otra parte
no apures mi mal arte
mas anpara
la mi alma y rrepara
mis maldades
por que con tus santidades
biua clara

Cria en mi por tu mesura
coraçon
muy linpio syn deuision
nin orrura
faz que su morada escura
la possea
nueuo escrito que te sea
de folgura

Delante de tu presençia
no me partas
pues me quitas y apartas
fraudulençia
que obre syn rresistençia
contra ty

ni quites de sobre mi
tu clemençia

[fol. 410v]

Y dame de tu salud
alegria
prudençia sabiduria
en moltitud
con tu proxima virtud
por que siga
en buena forma y bendiga
ssenetud

Mostrare tu santa via
a los malos
gastando sus entreualos
y porffia
y asy en la monarchia
de crueles
convertir grandes tropeles
cansaria

De la tu salud premiçia
que nos faze
me presenta sy te plaze
gran letiçia
mis pecados desperdiçia
y mi lengua
loare syn otra mengua
tu justiçia

Ca sennor mientra sere
tu que seras
los mis labrios abriras
y gozare
tu justiçia alabare
pues por ella
yo en paz y sin querella
beuire

Sy tu merçed rreçibiera
mi seruiçio
valioso sacrifiçio
te fiziera
a este nonbre lofreçiera
emanuel
mas temime que con el
no te pluguiera

Sacrifiçio sy te plaze
y agrada
es el anima turbada
donde yaze
sy en las obras conplaze
por correçion
del omilde coraçon
que satisfaze

Con piedad sennor ven
sobre sion
y su gran fabricaçion
tu sosten
por que muestres tanto bien
a los duros
que ayan fecho los muros
jerusalen

Estonçes rreçebiras
los seruiçios
oblaçiones sacrifiçios
y demas
angelicos oyras
los cantares
bezerros en los altares
ally veras

[fol. 411r]

[ID1717 S 1712] HH1-75 (411r-412v) (25×8)

quinto

Ynfinito rresplandor
eniterno
por libra[r]me del ynfierno
y su dolor
cuando triste pecador
yo te rruegue
a las tus orejas llegue
mi clamor

Y non quites la tu ffaz
de sobre mi
cuantos yerros comety
tu desfaz
por que tornen en solaz
mis espantos
& yo biua con los santos
en la paz

Como fumo se gastaron
los mis dias
porque de tus santas vias
se rredraron
mis huesos que denegaron
tu morada
como la cosa quemada
se secaron

Pecando syn rresystençia
como peco
so torrnado ya tan seco
syn conçençia
que con mi graue dolençia
y afan
oluide comer el pan

de mantenençia

Mi esperança abundosa
gran thesoro
de la grand boz de mi lloro
temerossa
se llego muy rrebatossa
la mi boca
a mi suzia y poca
engannossa

Mi perdon por el pecado
es ynçierto
pelicano en el desierto
sso torrnado
y lechuza ca poblado
en el cassar
como paxaro vulgar
en el tejado

Todavia mis enemigos
me maltraen
porque guardo me rretraen
tus castigos
aquellos que mis amigos
se mostraron
contra mi vi que juraron
por testigos

Por mi yerro rreprouado
que matiza
como el pan y la çeniza
en vn grado
[fol. 411v]
por el ynico maluado
mi querer
con tristuras mi beuer
es mezclado

Ca mi dios sin mereçer
fue alçado
de ty santo apoderado
en poder
y non quise careçer
mal ofiçio
nin te pude con seruiçio
conoçer

Por lo qual syn mas tardança
se ynclinaron
los mis dias y açebtaron
tribulança
y fincaran syn dudança
por plumaje
de linaje en linaje
tu nenbrança

Prosiguiendo consuetud

tu bendiçion
avras merçed de sion
en moltitud
que fundar tanta virtud
a ty conuiene
pues que ya el tienpo viene
de salud

Pluguiera a tus siruientes
las sus piedras
o ynfinito tu querriedras
inçientes
y torpes ynconuinientes
al que yerra
avras merçed de su tierra
que consientes

Los rreyes abundaran
en dulçes cantos
a ty santo de los santos
alabaran
y al tu nonbre daran
la su oreja
y la tu santa yglesia
temeran

Ca f[*iz]o dios por su tenplo
a sion
mi juyzio y discriçion
ya destenplo
contenplando pues contenplo
tal estoria
ca sera vista su gloria
por enxenplo

Acato el causador
piadosso
el rruego del omildosso
sin rrigor
de la pena de su error
careçio
porque dios non despreçio
su clamor

Estas cosas bien de plano
escritas son
en la otra generaçion
de lo vmano
el pueblo que por tu mano
se criara
a ty solo bendira
por soberano

[fol. 412r]

Acato de su altura
el ssennor
con ojos de rresplandor

la baxura
por oyr boz y tristura
de pecadores
& a fijos de matadores
dar ssoltura

Porque santo criador
anunçio
en sion y pronunçio
syn error
tu nonbre superior
nuestro bien
y sea en jerusalen
tu loor

Todos quantos naçeran
y son naçidos
con seruiçios elegidos
te seruiran
desdel pobre con afan
fasta el rrey
tus mandamientos y ley
aguardaran

Ca rrespondio en la tierra
de salud
y dixo santa virtud
que no yerra
fazme çierto quando çierra
mi partida
pues a mis dias la vida
faze guerra

Las mis obras non acates
tan baldias
quen el medio de mis dias
me rrebates
dame graçia non me mates
que syn danno
en generaçion de tu anno
mas me trates

Quando miro desdel suelo
tu çimiento
de perder tu entendimiento
he rreçelo
muy escuro esta el velo
a los vmanos
pues obra de las tus manos
es el çielo

El cual ha de pereçer
cuando querras
y tu sienpre por jamas
permaneçer
todo ha de caeçer
de su figura

como tienpo y vestidura
envegeçer

Y muy santo tu que eres
y seras
en annos no menguaras
ni en poderes
ni se note que tu esperes
ser mudado
de aquel eterno estado
que rrequieres

[fol. 412v]

Los fijos de tus siruientes
moraran
contigo porque seran
aty plazientes
y seran por ty que sientes
las pisadas
y por sienpre enderçadas
sus symientes

[ID1718 S 1712] HH1-76 (412v) (5×8)

ssesto

De las baxuras que feziste
te llame
y sennor quanto rrogue
tu lo oyste
las tus orejas que diste
a los temientes
sean fechas entendientes
de mi triste

Que sy miras mi codiçia
y mi via
quien o qual conportaria
tal tristiçia
pues acursa tu justiçia
tales dones
espero que me perdones
mi maliçia

La mi alma sse conffia
pues espera
tu palabra verdadera
todo el dia
y por esta misma via
yrrael
espera en solo aquel
que nos cria

Ante ty es abondada
rredençion
tu daras la conclusion
de mi jorrnada
o potençia no causada

da dotrina
en la mi vida mezquina
ques menguada

Rredemiras de maldades
al tu pueblo
& a mi que me despueblo
de bondades
cursando yniquidades
que te piden
la piedad o me despiden
caridades

[ID1719 S 1712] HH1-76bis (412v-413v) (16×8)

sseteno

Sennor oye mi oraçion
y mi rruego
pues obrando no te niego
dileççion
a ty es toda ssazon
la mi endiçia
oyame la tu justiçia
y bendiçion

[fol. 413r]

Y no entres con el tuyo
en juyzio
pues en tanto perjuyzio
me destruyo
sy mi vida que concluyo
fue ynjusta
ante ty no ay cosa justa
bien arguyo

Ca sennor muy perseguida
mas que digo
mi alma del enemigo
es corrida
por estar tan rretrayda
que te yerra
abaxo fasta la tyerra
la mi vida

Asentome muy a[*f]lito
en lo escuro
morada que me procuro
pues me quito
de tus obras dios bendito
y ally
dio gran quexa [*sob]re mi
el mi espirito

Yo pienso sennor quantas
son tus obras
y [*el nonbre que dellas cobras]
por [*ser santos]

tu que los rreyes espantas
y omillas
pensare tus marauillas
que son tantas

Mi alma te deseando
porque peca
asi como tierra seca
esta esperando
pues mi vida va çesando
y senclina
oyeme ssennor ayna
delibrando

No quites sennor eterrno
de sobre mi
tu mano pu[e]s que serui
por eniterno
ca sere si bien diçierno
conparado
a quantos van syn su grado
al ynfierno

O sennor muestrame breue
tu carrera
pues mi vida quen ty espera
sse rremeueue
por que de muerte rrelieue
la mi alma
y sin danno mas en calma
te la lieue

Y pues so tu seruidor
ssey comigo
librame del enemigo
ynduzidor
por que cunpla yo ssennor
tu voluntad
ca tu eres por verdad
mi criador

[fol. 413v]

Tu buen espiritu me traya
a la tierra
derecha por que syn guerra
çierto vaya
en tus obras me rretraya
y abiue
de tales fechos mesquiue
que no caya

Ca de gran tribulaçion
y miseria
mezquindad y gran lazeria
y confusion
mi alma por oraçion
sacaras

del pecado destruyras
la cogniçion

Dan*n*aras a los maluados
pensamie*n*tos
q*ue* me da*n* gra*n*des torme*n*tos
pasionados
pu*es* entre los tus llagados
yo soy tuyo
los siete salmos co*n*cluyo
consagrados

Suplico por cortessia
a doctores
maestros y sabidor*es*
en teologia
los q*ue*l parto de maria
çierto creen
y de tal caso poseen
sabiduria

Q*ue* por ellos diçernido
mi tratado
sy yerro le sera dado
conoçido
q*ue* no ssea at*r*ibuydo
a volu*n*tad
mas a me*n*gua y çeguedad
del sentido

Ca notorio no*n* adq*ui*ere
inçiente
de aq*ue*l modo eloq*ue*nte
cuanto q*ui*ere
mas aq*ue*llo q*ue* profiere
su ssaber
y al su breue ente*n*der
se rreq*ui*ere

ffin

Pues por tie*n*po mi q*ue*rer
çesara
el q*ue* fue ta*n*bien ssera
y ha de sser
me ynfluya tal p[*o]der
q*ue* ssea [*vis]to
en la ffe de ih*es*u ch*risto*
ffeneçer

deo g[*raçi]as

[fol. 414r]

[ID2910] HH1-77 (414r-418r) (49 × 10,5)

Coplas al sen*n*or rrey do*n* enriq*ue*
de anto*n* de mo*n*toro açerca de sus
priuados y del co*n*destable do*n* miguel

lucas

Defensa nota de nos
de los desastrados pu*er*to
ya sabeys muy alto vos
q*ue* apurar q*ue* cosa es dios
es dar dudas a lo çierto
pu*es* q*ue* deue co*n* bue*n* zelo
q*u*alq*ui*er no sabidor onbre
baxar los ojos al suelo
despu*es* las [*manos al] çielo
y loar su san[*to nonbre]

O rrey de n[*oble]s [*]s
q*uien* a sus [*?gasta]
[*rr]ey de fe[*s?] mas
q*u*alq*ui*er q*ue* no [*   ]e mas
sola cont[ra] [*   ] basta
pu*es* q*uien* [*pretend]e loaros
ta*n*to fa[*ll]a q*ue* [*lo]ar
rrey d[*e] odi[*   ] rreparos
toma [*   ] claros
y no s[*u t]uruio trobar

Porq*ue* como las loçanas
van a huertas al aluor
desenbueltas muy vfanas
y falla*n* lindas ma*n*çanas
vna buena otra mejor
y co*n* aq*ue*l dessear
por tomallas vna a vna
y por ni*n*guna dexar
ta*n*tas desse*a*n cortar
ca la fin corta*n* ni*n*guna

Como nao medio rrota
por las mares ho*n*das larg*as*
q*ue* la fortuna la bota
y la vazian gota a gota
y entra en *e*lla por cargas
asy gran rrey domina*n*te
do la nobleza co*n*pieça
ta*n*tos loores delante
fallo q*ue* no sse ynora*n*te
do te*n*go pies ni cabeça

[*Pue]s rrey de canonizar
a q*uien* [*rr]eyes faze*n* salua
q*uien* ha de saber pintar
v*ue*st*r*as noblezas sin par
mas q*ue* las brumas del alua
mas p*ar*a bien ynq*ue*rir
la parte q*ue* se vos dio
del q*ue* da syn çaherir
adoraros y dezir
bendito q*uien* tal crio

[fol. 414v]

Noble rrey de fechos buenos
q*ue* va[*1]eys mas q*ue* teneys
*p*ara v*uest*ros *p*ara agenos
q*ui*ero dezir de [*ty] menos
q*ue* fezistes y fareys
segu*n*d la fe q*ue* nos dan
actores de v*er*dad pura
fizo dios a solo adan
y en los q*ue* son y seran
y fuero*n* santa natura

Y vos rrey en q*ui*en adora
el todo geno vmanal
con esa mano dadora
abierta rreparadora
fazeys en vniu*er*sal
pu*es* rrey do v*ir*tud esta
do la prude*n*çia cabida
q*ue* mas tiene dios alla
q*ue* vos alto rrey aca
saluo matar o dar vida

En las batallas [*no]*n* [*ira]
do braua gent[*e] guerrea
do*n*de muchanima espira
muy mejor ve el q*ue* mira
mill ta*n*to q*ue*l q*ue* pelea
q*ue* por sus o[*nrr]as g*ua*rdar
co*n* ca los onrrados plaze
y sus famas memora*r*
co*n* sabor del batallar
no*n* se nie*n*bra a lo q*ue* faze

Y como rrey de bondad
en q*ui*en so*n* v*ir*tud*es* llenas
vnos con oçiossidad
ot*r*os de neçessidad
miramos obras agenas
y noble rrey de valores
de nobl*es* obras basta*n*tes
a q*ui*en se deue*n* honores
damos fe los mirador*es*
mucho mas q*ue* los obra*n*tes

Porq*ue* rrey de dios vasallo
q*ui*en a los malos espanta
y a buenos galardonallo
sy [*tres ve]zes ca*n*tal gallo
p[*]a q*ua*nto canta
asy [*] rrey de amar
de [*con] dicho y grado
d[* de]zir q*ue* obrar
co*n* la [*ga]na de [*]ar
oluida[*ys] lo caveys dado

Como rr[*y de] bondad llena
de mas [*] q*ue* familla
q*ui*en a [*lo]s malos co*n*dena
po[*]nt[*] buena
rrey [*]en castilla
co*n* rrazon y co*n* derecho
como sen*n*or de ssen*n*ores
mas noble q*ue* satisfecho
vos fazeys y avedes fecho
de buenos mucho mejor*es*

[fol. 415r]

Y noble rrey elegido
venero de perfecçio*n*
de los defectos oluido
de la gran rrazo*n* ve*n*çido
no çiego del afecçion
obrando mas q*ue* diziendo
la presu*n*çio*n* oluida*n*do
de lo v*uest*ro rrepartiendo
v*uest*ros estados creçie*n*do
a ellos multyplicando

Tomast*es* entre las manos
aq*ue*llos nobles varon*es*
espejos de los vmanos
de linpia cama dermanos
de pachecos y girones
de seruiros muy co*n*tentos
no p*r*otesta*n*do merçedes
çerca de fechos atentos
q*ue* sobre rricos çimientos
presto sube*n* las pared*es*

Como muros bie*n* obrados
de cal y canto y arenas
q*ue* q*ue*dan bie*n* acabados
y por *tien*pos fortunados
q*ue*dan por fer las almen*as*
asy a los grand*es* onrrados
de nobles conoçimie*n*tos
a vos s*er*uir ynclinados
les fenchist*es* sus estados
mas no sus mereçimie*n*tos

Y comol marmol valie*n*te
q*ue* sufre al te*n*plo rromano
despu*es* de vos rrey prude*n*te
se tiene sobresta gente
v*uest*ro rreyno castellano
dandos fe q*ue*llos so*n* tales
de geno ta*n* apurado
de cama de ta*n* leales
q*ue* por falta de pu*n*tales
no cayga lo pu*n*talado

Despues desto no sesconde
que la espirençia lo prueua
[*e]l ca nobleza rresponde
fezistes al noble conde
de don beltran de la cueua
que s[*e]gund vos conoçeys
vos guarda comoro en panno
y como veys y vereys
de los bienes quel fazeys
no vos llamares a enganno

Con vn amor entrannable
vos ama con abundançia
de seruidor amigable
y cuando mas mas mudable
mayor vos tiene costançia
con aquella gentileza
daquella mano dadora
con desenbuelta destreza
con desburdada franqueza
vuestras cortes ssobredora

[fol. 415v]

Ffezistes con los nonbrados
con abierto coraçon
entre los otros criados
do bienes son enpleados
a gonçalo de leon
que como madre rrauiosa
que tiene fija querida
bien casada piadosa
quando la mira quexosa
tal tienbla por vuestra vida

Ffezistes despues y antes
con vuestro poder ynmenso
con vuestras manos bastantes
muchos nobles bien andantes
que no pinto por ystensso
a los quales con gemir
yo les demando perdon
que non con rredarguyr
miren mi corto escreuir
mas a mi larga entinçion

Otrosy rrey vençedor
de la seta abominable
començastes con amor
por su merito mayor
vuestro claro condestable
como rrey de perfecçion
fazen los sabios pintores
a la ymagen de oraçion
que debuxan con carbon
y no le dan las colores

Gran perdon vos pido yo
sy mal saben mis ditongos
o sy gran siniestro vo
ya sabeis gran rrey que no
se haze boda de hongos
pues rrey quentiende las aves
y quien es actor o rreo
de los malos penas graues
para que quiere las llaues
el que no tiene el correo

Las fatigas que fatigan
en mi todas sse concluyan
y los santos me maldigan
y turbaçiones me sigan
y las bonanças me fuyan
sy lo digo por vandero
ni por quel soy encargado
ni por que mucho lo quiero
ni por lo que del espero
ni por el tienpo pasado

Mas porque de amor y miedo
con rreuerençia deuida
quando muy triste mas ledo
de tamanno como el dedo
vos amo como a su vida
los seruiçios deseando
de vuestra gran ssennoria
como los que nauegando
de noche dios tenpestando
desean ver claro dia

[fol. 416r]

Con aquellanima clara
como madre querençiosa
que a fijo no desanpara
mirandovos a la cara
sy era leda o sannosa
pues lexano de vos ver
avnque mil leguas esta
tanto vos ama querer
quen su pesar o plazer
conoçen como vos va

Si dize vuestra eselençia
de saber purificado
no con yra ni paçençia
no sabeys vos quel absençia
oluida lo memorado
rrey de muy gran coraçon
quien a rreyes da desden
quando vos piden perdon
ya cantastes la cançion
quien vna vez quiere bien

Que rrey que va prosperando
sobre los quel piden tregua
non se partio desamando
ni diziendo ni pensando
aqui me daras la yegua
mas sennor de los estados
de los perdidos conorte
vidouos tantos criados
que diziedes con cuydados
no se qual dedo me corte

Quel buen padre que sostiene
sus onrras fasta morir
con bien o mal que le viene
quando muchos fijos tyene
querri con todos conplir
con blanda misericordia
a todos en torrno del
alegre con su concordia
y sy los siente en discordia
mill muertes son para el

Porque rrey quien virtud llama
el mejor que vy ni oy
ermanos son duna cama
y el que mas con amor ama
desea mas para ssy
y rrey noble valeroso
de los errores desierto
por daros algund rreposo
su sobir fizo dudoso
y vuestro descanso çierto

Y rrey de mucha valia
quien por nuestro bien rreyno
este que por vos se guia
venido all andaluzia
desnudo como naçio
mas vistiose de bondad
que jamas nunca tronpieça
en ser contra la verdad
vistiosse de lealtad
todo de pies a cabeça

[fol. 416v]

Muy junto con la rrazon
sus obras dan testimonio
con de lo de salamon
apartando presunçion
congrego su matrimonio
a dios amando y [*tem]iendo
como sus obras [*de]claran
derramando y no cogiendo
syn cautela conoçiendo
lo que muy muchos negaran

Porque muchos prosperados
que no tan grandes se vieron
y quando mas esforçados
se fallan en altos grados
despiden lo que pidieron
este despierto galan
que mereçe grande sser
como sy con grande afan
no touiera solo vn pan
tomo su buena muger

Puesto que rrey de saber
do las noblezas saprueuan
bien acatado ssu sser
en grandezas y valer
poca ventaja se lyeuan
mas rrey de fidelidad
desas manos çipion
lleuo de prosimidad
muchas vezes voluntad
puede mas que la rrazon

Traydo su buen deseo
a las fines deseadas
sus bodas con el arreo
pareçen al jubileo
en fiestas canonizadas
todo con paz y sin quiebra
con vna soberania
donde verdad se çelebra
y todo lera tyniebra
tanto que no vos veya

Despues con grand onestad
el graçioso todo entero
de tenplada calydad
fallose en esta çibdad//
tan solo cuan estrangero
tan graçioso se mostraua
con vnos actos prudentes
que cuando mas soberuiaua
con vnos tenporizaua
con otros no mostrar dientes

{marginalia: //jahen//.}

Y como rrey de prudençia
enemigo de auariçia
amigo de la conçençia
muchas vezes la clemençia
sennorea a la justiçia
en alguna rregion
por amor o conpasiones
lo que negando perdon
demanda rrepreension
ha perdon y gualardones

[fol. 417r]

Que como dos jugadores
en el tablero goloso
do no se creçen onores
que sojuzga con fauores
el que gana al perdidoso
asy los tienpos pasados
de nuestros anteçesores
dieron por nuestros pecados
tal orden que los culpados
se boluiesen culpadores

Ya sab[*eis gran] rrey amigo
de la virtud [*am]ador
que por el tienpo enemigo
quien nunca vido castigo
como sabra ques temor
esta tierra mejorada
de buenos syn falleçer
quier a vos muy ynclinada
estaua toda erizada
queriendo ver y creer

Tal que los buenos daqui
queriendo guardar su loa
algunas vezes lo vy
no sabian claro sy
fuesen onnez o ganboa
mas con lealtad no poca
y clariffica ley
por cobrir muy blanca toca
nunca saly por su boca
mas de biua nuestro rrey

Puesto que muy ynclinados
a vuestros mandos que vieron
algunos de muy ossados
dudauan ser sojuzgados
pues pocas vezes lo fueron
asy que rrey soberano
vimos ardido tal fuego
que vuestra prudente mano
nos fuera rremedio sano
para la paz y sossiego

Y rrey bienaventurado
a virtud atribuydo
muy mas noble que loado
este vuestro buen criado
este buen pan conoçido
con buenos con comunales
tan llano como la palma
con vuestros mandos rreales
con sus bienes tenporales
los nublados fizo calma

Ffizose de todos quissto
todos le dizien mandad
mas el vuestro claro visto
como dixo ihesu christo
diçipluos [sic] velad y orad
a los vnos mitigando
a los otros ssu ffe dada
con otros partiendo y dando
vuestra vida conseruando
la ssuya teniendo en nada

[fol. 417v]

Que como contra paganos
oras blanca oras prieta
andan por sierras y llanos
eso les da con christianos
vandejar que con la sseta
los que se dauan quistiones
con soberuia por el çielo
con sus melosas rrazones
vienen pidiendo perdones
las rrodillas por el suelo

Noble rrey mas vos suplico
no por le loar arguyo
qualquiera grande con chico
asy pobre como rrico
son ssennores de lo suyo
syn los grandes ofender
a los chicos por codiçia
basta que bien puede sser
diferentes en poder
mas conformes en justiçia

Otrosi rrey de grandia
con mas seso que bolliçio
fizo de la peonia
muy gentil caualleria
todos a vuestro seruiçio
con lealtanças no pocas
son vuestros claros vasallos
por sierras llanos y rrocas
que lo quitan de sus bocas
y lo dan a sus cauallos

Quier alguno muy confuso
lo rreçibio por graueza
mas el gran sabio lo puso
ques convertido buen vsso
en mejor naturaleza
que quando ffazen alarde
los valientes y guerreros
vn leon el mas couarde
blasfeman porque tan tarde
los fizo ser caualleros

Vna g[*ente t]an ardida
arreada [*des]p[*a]chosa
vençedora y no vençida
de quien la tierra temida
se falla ya temerossa
a vos gran rrey obligada
por lo[*s] llanos y los altos
con su fe que vos an dada
por donde dize granada
ya perdio el rruçio los saltos

Pues rrey que bien satisfaze
al que de malo careçe
y con los buenos le plaze
el siruiente que tal ffaze
dezildo vos que mereçe
rrey de sobrada nobleza
en quien son los bienes llenos
no quiero daros graueza
que nunca vuestra grandeza
leuo trabajos agenos

[fol. 418r]

Pues sennor por franquear
con desseosençendidos
gradeçer limosnear
piden por dios para dar
en los lugares deuidos
ese poco que les dado
a duras penas [*te]nido
por el tienpo ynfortunado
todo lo tiene [*ga]sstado
enantes que rreç[*e]bido

Dize con v[*nos vig]ores
de mas fue[*rça que s]anson
con obras mu[*cho mej]ores
yr por sobir [*los on]ores
a pedir con vn [*   ]on
pues rrey de la [*   ]a buena
quien a los per[*   ]vuia
enbiad sobrel la llena
como dios por buen e[*str]ena
da sobre seca la lluui[*a]

Creçiendol prosperidad
prestamente s[*y]n contraste
que segund es su bondad
yo no siento dignidad
que a su gran merito baste

deo gracias

[fol. 418v]

[ID2911] HH1-78 (418v-421r) (33×10,5)

Al dicho sennor rrey del montoro sobre los

seruiçios de fernando de villafanne

Despierta rrey con prouechos
a tus buenos naturales
guardandoles sus derechos
gradeçe los buenos fechos
y castiga los no tales
porques dicho del actor
que lo vno sabe y al
en este casso mayor
que so temor con amor
esta la vida rreal

Por que gran rrey de valia
quien sus contrarios espanta
y a los suyos onrra y guia
ya sabe tu ssennoria
quel abad de donde canta
otrosi rrey claro tenplo
de virtud quien dios bendiga
por cuya vida contenplo
ya sabes aquel enxenplo
de quien vn solo castiga

Quier que por la mayor parte
mirando tu mereçer
por quererte y por amarte
todos te siruen syn arte
a todo su mas poder
mas lunbre de los vmanos
rreprensor de los males
pestilençia de paganos
no los dedos de las manos
se muestran todos yguales

Mira rrey de perfyçion
fijo de angelica madre
llegate con la rrazon
quanto[*s] dieron turbaçion
a tu santissimo padre
con aquella vista buena
con dulçiss[*i]mas rrazones
con aquella [*m]ano llena
a los ma[*s din]os de pena
castig[*o con g]alardones

Pue[*s por qui]t[*a]r yntreualo
aquel [*rrey de v]irtud lleno
syn sog[*a] fierro ni palo
gualard[*on]aua lo malo
que deue [*?r] a lo bueno
y al gran[*di]simo ssennor
que dio fin syn su plazer
segund le puso dolor
soy seguro que mejor
estouiera por fazer

{marginalia:
el *condestable* do*n* aluar*o* de luna
m*aestre* de santiago q*ue* ma*n*do
degollar.}

Co*n* sobras de benefiçios
deue*n* los rreyes lleneros
medio castigar los viçios
y los valientes seruiçios
rrepagallos por enteros
y pu*es* no puede beuir
la gente sin vanagl*oria*
al q*ue* bien ssabe seruir
alto rrey con profferir
plaçealle ssu vitoria

[fol. 419r]

Gran sen*n*or mira la fe
sin q*ue* ni*n*guno le da*n*ne
pu*es* no ha*n* boca co*n* q*ue*
tu claro vasallo de
fernando de villafa*n*ne
co*n* aq*ue*l animo ledo
en tus *ser*uiçios de onor
valiente q*ua*ndo mas q*ue*do
ta*n* poco sabe q*ue*s miedo
como ve*n*çidos fauor

Por sabios no comedidos
es*cri*tores dol[*ui]dar
enbidiosos [*mal] se*n*tidos
esta*n* sus fe[*chos] dormidos
ydonios de [*esto]riar
pu*es* yo sy*n* [*car]go ni pecho
ni cargo q*ue* [*fa]go del
ni protes[*ta ni p]rouecho
mas por [*tener el] derecho
enbargar q*ui*er[*o] papel

La *per*sona prosperada
amigo claro damigos
q*ue* fizo con fe gu[*ardad]a
estando huelma çercada
de los crudos enemigos
co*n* pocos de sus criados
en defensio*n* de la crisma
como vie*n*tos rrebatados
q*ue* derrama*n* los nublados
ffazie*n*do calma la çisma

Y segu*n*d q*ue* se le daua
el conbate de *ver*dad
sin socorro q*ue* llegaua
muchas vezes peleaua
el temor co*n* lealtad
y sy ta*n* presto no fuera

el valiente cauallero
con el comer y va*n*dera
muy mas p*re*sto se *per*diera
q*ue* se gano de primero

Pues siguie*n*do su bue*n* vso
dobra muy marauillosa
no como varo*n* confuso
q*ue*s el efecto q*ue* pusso
en la cabeça mo*n*tossa
co[*n su]s actos muy ardidos
co[*mo a]y pocos seruidores
y sin ser aperçebidos
a los ch*ri*stianos ve*n*çidos
les [*fi]zo ser ve*n*çedor*es*

Con aq*ue*lla varonia
con v*n* sesudo saber
co*n* aq*ue*lla ffra*n*q*ue*ria
q*ue* [*] dios q*ue* pareçia
q*ue* [*] ni q*ue* perder
asy q*ue* [*] valer
do la [*]es co*n*plida
y p[*]er
p[*] fazer
en cue[*] puso su vida

[fol. 419v]

Otrosi rrey de nobleza
de mayor *vir*tud q*ue* prez
mie*n*brese tu grand alteza
de su seruir sin pereza
en el ganar de belmez
co*n* q*ua*nta ge*n*til yndustria
en el conbate no ma*n*so
a la seta dexo mustia
y las p*ri*esas del a*n*gustia
rreçibie*n*do por desca*n*so

Este q*ue* nu*n*ca te yerra
tu volu*n*tad faze toda
este alarga nu*es*t*r*a tierra
ta*n* buen faz a la g[*uerra]
faze y mejor q*ue* a [*la bo]da
todo fecho a buena ley
dizie*n*do co*n* cor[*a]çon
no te nega*n*do ssu [*g]rey
biual seruiçio del rrey
y despu*es* muera [*s]anso*n*

Pu*es* q*ue* dizes rrey muy alto
deste tu segu*n*d [*]r
en buenos fecho[*]falto
q*ua*nto q*ui*to [*sobr]e[*sa]lto
daq*ue*lla t[*]ecar
con a[*]da

mano de [*   ]
que no las guerra[*s o]lluida
a vnos dando la vida
a otros tyrando muerte

El muy graçioso plaziente
para blanca y para prieta
sy no fuera diligente
la tierra muy prestamente
pudiera ser de la seta
vn varon de tal conpas
jamas vieron tan costante
tan callado para mas
echar los miedos atras
y los esfuerços delante

Pues rrey de grandeselençia
que te[*   ] en comun
destos [*   ]os de hemençia
de la no[*ble] diligençia
que puso [*   ]e alecun
abre senn[*or la]s orejas
pues que t[*   ]a saber
desto [*   ]s nueuas y viejas
oyras vnas consejas
muy du[*do]sas de creer

Mu[*y gra]n rrey dino damar
do [*   ] es prouada
este on[*b]re en lo pular
por su [*bi]u[*o] dessear
sienpre la [*to]uo ganada
mas rrey de nobles dotrinas
arreado syn arreo
en este caso las minas
despues las obras diuinas
se juntan con el desseo

[fol. 420r]

Rrey de muy altos estados
los quales nunca te pierdan
quando los enamorados
por vista son allegados
prestamente se concuerdan
vn varon con su destreza
dixo sennor no couarde
queres vna fortaleza
el dixo con que braueza
para luego sera tarde

Rrey sereno de valer
a quien dios [*me guard]e viejo
en vn tan grand [*m]ereçer
los que tal han [*   ]er
ensanchan ant[*   ]jo
este gran bat[*allado]r

desenbuelto [*   ]
dixo con cara d[*   ]or
do puedo m[*orir] mejor
quen el seru[*iros rr]eal

Basta callando su [*bo]ca
syn que a muy pocos lo mande
no como perssona loca
con la gente mucho poca
y su coraçon muy grande
negando la couardia
conoçiendo lealtança
noble rrey que pareçia
que todol mundo traya
so la punta de su lança

El que la prosperidad
le mostro con claro zelo
dixole vos trasnochad
no por la seguridad
mas para fazer sennuelo
basta rrey de gran valor
amador y muy amado
de mas virtud que grandor
si despierto el mandador
no dormidor el mandado

Por la [*gui]sa deseada
traera [*f]echo mas cierto
la [*guerra] no desmandada
vim[*os yr] para quessada
par[*a faz]er el conçierto
ordenado syn rreçelo
lo syn temor ordenado
que marauillas del çielo
con vn tan sotil anzuelo
sacar tan grande pescado

La co[*s]a ya consultada
por fazer tan rrica toma
en guar de ser [*de] çelada
en f[*o]nda hoya minada
pusola en somera loma
su callar era rreyr
sus estuchas bozinbrero
sin el temor de morir
por el qual pueden dezir
en casa del alboguero

[fol. 420v]

En tal caso quanto buena
es la noche de fortuna
porque secretos ordena
mas estonçes poca pena
les dio la luz de la luna
bien se contaran a dedos

ya por la gente vençida
mas son tantos los denuedos
y tan poquitos los miedos
que no fue cossa temida

La guia no con mudança
ni con temor que t[*e]nia
mas por tener [*ben]turança
rreçelaua la tar[*dan]ça
da socorro ca te[*mi]a
el cauallero syn [*la   ]a
con aquella valentia
en guar de llegar callando
llegose bonzibreando
a guissa de monteria

Pues las velas que guardauan
las fuerças del alto muro
avnque poco rrepossauan
los estruendos que sonauan
les daua mayor seguro
la guia con haramillo
fue con sus obras agudas
syn le mostrar omezillo
al alcayde del casstillo
a quien dio la paz de judas

El alcayde sin pauor
esforçado muy ardido
faziendo dengannador
aguisa de mercador
y despues salio vendido
el entrada se conçierta
por lugar no portillado
mas con rrennida rrefierta
quien mas lexos a la puerta
como piedras a tablado

Rrey onorable valiente
a la virtud ynclinado
que diras de tu asistente
par[eçe mu]y çiertamente
vn le[*on d]escadennado
o[*   ] diziendo biua
lu[*   ] nuestras espannas
le[*   ]no del esquiua
es[*cupiendo]por saliua
la sa[*ngre] de sus entrannas

Dign[*o] rre[*y] de gran memoria
do la grand[*e]za floreçe
do ju[*s]tiçia es ssecutoria
vna tan alta vitoria
a ssolo dios pertenece
alto sennor de ssennores
quien justiçia y verdad ama
muy mejor que los mejores

a dios se den los loores
aquellas onrras y fama

[fol. 421r]

Muchos de grandes rriquezas
los quales no digo aqui
con lealtad y noblezas
han tomado fortalezas
por avellas para ssy
este varon singular
de quien fuyen las cabtelas
estas que pudo ganar
abrelas de par en par
al menor de tus espuelas

Vno de los prinçipales
rrey que guarda bi[*e]n sus leyes
a buenos y c[*omuna]les
a los seruidores [*tale]s
es rrazon fazell[*os rr]eyes
descargan sus deb[*do]s llanos
como a sus onrras conuienen
cobran nonbres [*de r]romanos
despues fazen [*   ]ar manos
algunos que no las tyenen

Este que bien ssatisfaze
a los fidalgos la jura
y con seruir te conplaze
mira ssennor como faze
dormir la tierra segura
que sy de tal entençion
todos siguiesen tu via
syn protestar gualardon
mucho menos turbaçion
que plazer te sseguiria

ffin

[*Es]te que gran mereçer
de bienes le da su braço
con[*tra?]dezir y ffazer
syn miedo puedes poner
tu cabeça en su rregaço

deo graçias

[fol. 421v]

[ID0277] HH1-79 (421v-424v...) (34 × 12...)

Coplas de don jorge manrique a la muerte
del maestre don
rrodrigo manrique su padre

Rrecuerde el alma d[*or]mida
abiuel seso y despierte
contenplando

como se pasa la vida
como se viene la mue*r*te
ta*n* callando
cua*n* presto se va el plaze*r*
como depu*es* dacordado
da dolor
como a n*uest*ro pareçer
q*u*alquiera tie*n*po pasado
fue mejor

Y pues vemos lo p*r*ese*n*te
cua*n* en vn pu*n*to ses ydo
y acabado
si juzgamos sabiame*n*te
daremos lo no venido
por pasado
no senga*n*ne nadie no
pe*n*sando ca de durar
lo q*u*espera
mas q*u*e duro lo q*u*e vyo
pu*es* q*u*e todo ha de pasar
de tal manera

N*uest*ras vidas so*n* los rrios
q*u*e van a dar en la mar
q*u*es el morir
alli va*n* los se*n*norios
derechos a sacabar
y co*n*sumir
ally los rrios cabdales
alli los ot*r*os medianos
y mas chicos
y llegados so*n* ygu*a*les
los [*que viue]*n* por sus manos
y los [*rric]os

Dexo [*la]s ynvocaçiones
de los famosos poetas
y oradores
no curo de sus fiçiones
porq*u*e tra[*en yer]uas secretas
sus sabores
aq*u*el solo me*n*comiendo
aq*u*el solo ynvoco yo
de verdad
q*u*en este mu*n*do viniendo
el mu*n*do no conoçio
ssu deydad

[fol. 422r]

Este mu*n*do es el camino
p*ar*a el ot*r*o q*u*es morada
syn pesar
mas cu*n*ple tener bue*n* tino
p*ar*a andar esta jornada
syn errar

p*ar*timos cua*n*do naçemos
andamos q*u*a*n*to beuimos
y llegamos
al tie*n*po q*u*e feneçemos
asy q*u*e q*u*a*n*do morimos
desca*n*samos

Este mu*n*do bueno fue
si bie*n* vsamos del
como deuemos
porq*u*e segu*n*d n*uest*ra ffe
es p*ar*a ganar aquel
q*u*e atendemos
y avn aq*u*el fijo de dios
p*ar*a sobirnos al çielo
deçendio
a naçer aca entre nos
a beuir en este suelo
do murio

Sy fuese en n*uest*ro poder
torrnar la cara fermosa
corporal
como podemos fazer
ell alma ta*n* gloriossa
angelical
q*u*e diligençia ta*n* biua
touieramos toda ora
y ta*n* pressta
en co*n*poner la catiua
dexa*n*donos la se*n*nora
des[*co]*n*puesta

Ved de cua*n* poco valor
son las cosas tras q*u*e a*n*damos
y corremos
en este mu*n*do traydor
cavn p*r*imero q*u*e muramos
las perdemos
dellas desfaze la edad
dellas casos desastrados
q*u*e acaeçen
del[*la]s por su calidad
en los mas altos estados
desfalleçen

Dezidme la fermosura
la gentil frescura y tez
de la cara
la color y la bla*n*cura
q*u*a*n*do viene la vejez
cual se para
las ma*n*nas y ligereza
y la fuerça corporal
de joue*n*tud
todo se torrna graueza
q*u*a*n*do allegall arraual

de senetud

[fol. 422v]

Pues la sangre de los godos
y el linage y la nobleza
tan creçida
por cuantas vias y modos
se sume su grand alteza
en esta vida
vnos por poco valor
por cuan baxos abatidos
que los tienen
y otros por no tener
con ofiçios no deuidos
se mantienen

Los estados y rriquezas
que nos dexen a desora
quien lo duda
no les pidamos f[*ir]mezas
pues que son duna sennora
que se muda
que bienes son de fortuna
que rrebuelue con su rrueda
presurosa
la qual no puede ser vna
ni estar estable nin queda
en vna cossa

Pero digo caconpannen
y que lleguen a la huesa
con su duenno
mas por eso no sengannen
pues se va la vida apriesa
como ssuenno
que los deleytes daca
son en que nos deleytamos
tenporales
y los tormentos dalla
que por ellos esperamos
eternales

Los plazeres y dulçores
desta vida trabajada
que tenemos
que son syno corredores
y la muerte la çelada
en que caemos
no mirando nuestro danno
corremos a rrienda suelta
syn parar
cuando vemos el enganno
y queremos dar la buelta
no ay lugar

Essos rreyes poderosos

que vedes por escrituras
ya passadas
con casos tristes llorosos
fueron sus buenas venturas
acabadas
asy que no ay cosa ffuerte
a papas ni enperadores
y perlados
que asy los trata la muerte
como a los pobres pastores
de ganados

[fol. 423r]

Dexemos a los troyanos
que sus males no los vimos
ni ssus glorias
dexemos a los rromanos
avnque oymos y leymos
sus vitorias
no curemos de ssaber
lo daquel tienpo pasado
que fue dello
vengamos a lo dayer
que tanbien es oluidado
como aquello

Que se fizo el rrey don juan
los ynfantes daragon
que sse fizieron
que fue de tanto galan
que fue de tanta ynvençion
como traxieron
las justas y los torrneos
paramentos bordaduras
y çimeras
que fueron sus deuaneos
que fueron syno verduras
de las eras

Que se fizieron las damas
sus tocados sus vestidos
sus olores
que se fizieron las llamas
de los fuegos ençendidos
damadores
que se fizo aquel trobar
las musicas acordadas
que tannian
que se fizo aquel dançar
aquellas rropas chapadas
que vestian

Pues el otro su eredero
don enrrique que poderes
alcançaua
cuan blando cuan falaguero

el mu*n*do co*n* sus plazeres
sse le daua
mas veres cua*n* enemigo
cua*n* contrario cua*n* cruel
se le mostro
avie*n*dole sydo amigo
cua*n* poco duro con el
lo q*ue* le dio

Las dadiuas desmedidas
los edefi*ç*ios rreales
llenos doro
las baxillas ta*n* febridas
los enrriq*ue*s y rreales
del tessoro
los jaezes los cauallos
y sus gent*es* y atauios
ta*n* sobrados
ado yremos a buscallos
q*ue* fuero*n* syno rro*ç*ios
de los prados

[fol. 423v]

Pues su h*er*ma*n*o el yno*ç*ente
q[u]en su vida su*ç*esor
se llamo
q*ue* corte ta*n* ec*ç*elente
touo y q*u*anto gran sen*n*or
le siguio
mas como fuese m*or*tal
echole la muerte luego
en su fragua
o juyzio diuinal
q*ue* cua*n*do mas ardia el fuego
echaste agua

Pues aq*ue*l gran co*n*destabl*e*
maestre q*ue* cono*ç*imos
ta*n* p*r*iuado
q*ue* cu*n*ple q*ue* del se fable
saluo solo q*ue* lo vimos
degollado
sus ynfinitos tesoros
sus villas y sus lugar*es*
ssu mandar
q*ue* le fuero*n* syno lloros
q*ue* fuero*n* syno pesares
al dexar

Pues los ot*r*os dos ermanos
maestr*es* ta*n* prosperados
como rreyes
q*ue* a los baxos y medianos
trayero*n* ta*n* sojuzgados
a sus leyes
aq*ue*lla prosperidad

q*ue* ta*n* alto fue sobida
y ensal*ç*ada
q*ue* fue syno claridad
q*ue*sta*n*do mas en*ç*e*n*dida
fue amatada

Tantos duq*ue*s ec*ç*elent*es*
tantos marq*ue*ses y co*n*des
y varones
como vimos ta*n* potent*es*
di muerte do los escondes
y traspones
y las sus claras faza*nn*as
q*ue* luziero*n* en las guerras
y en las pazes
q*u*ando tu cruda tensa*nn*as
co*n* tu fuer*ç*a las atyerras
y desazes

Las huest*es* ynumerables
los pendones y esta*n*dart*es*
y vanderas
los castillos ynpunables
los muros y baluartes
y barreras
la caua ho*n*da chapada
o q*u*alq*u*ier otro rreparo
q*ue* aprouecha
q*ue* sy tu vienes ayrada
todo lo lleuas de claro
co*n* tu flecha

[fol. 424r]

ffabla del maestre do*n* rro*dri*go ma*n*riq*ue*

Aq*ue*l de buenos amigo
amado por v*ir*tuosso
de la gente
el maestre don rrodrigo
ma*n*rriq*ue* q*ue* ta*n* famosso
ta*n* valiente
sus gra*n*des fechos y claros
no cu*n*ple q*ue* los alabe
pues los viero*n*
ni los q*u*iero fazer caros
pues q*ue* todol mu*n*do sabe
cuales ffuero*n*

Q*ue* amigo de amigos
q*ue* sen*n*or p*ar*a criados
y parient*es*
q*ue*nemigo denemigos
q*ue* maestro desfor*ç*ados
y valient*es*
q*ue* seso p*ar*a discretos
q*ue* gra*ç*ia p*ar*a donosos

que rrazon
que benino a los sujectos
y a los brauos y soberuios
vn leon

En ventura otauiano
jullio çesar en vençer
y batallar
en la virtud africano
anibal en el saber
y trabajar
en la bondad vn trajano
tito en liberalidad
con alegria
en la nobleza el troyano
marco autilio en la verdad
que prometya

Antonio pio en clemençia
marco aurelio en ygualdad
y buen senblante
adriano en eloquençia
teodosio en vmanidad
y buen talante
aurelio liandre ffue
en diçiplina y rrigor
de la guerra
vn costantino en la fe
camilo en el grande amor
de su tierra

Pues por su onrra y estado
en otros tienpos pasados
como suvo
quedando desanparado
con ermanos y criados
se sostuvo
despues que fechos famosos
fizo en esta dicha guerra
que fazia
fizo tratos tan onrrosos
que le dieron avn mas tierra
que tenia

[fol. 424v]

No dexo grandes tessoros
ni llego grandes rriquezas
ni baxillas
mas fizo gran guerra a moros
ganando sus fortalezas
y sus villas
y en las lides que vençio
muchos moros y cauallos
se perdieron
y en este ofiçio gano
las rrentas y los vasallos

que le dieron

Estas sus viejas estorias
que con su braço gano
en jouentud
con otras nueuas vitorias
agora las rrenouo
en senetud
por su grande abilidad
por meritos y ançania
bien gastada
alçando la dinidad
de la gran caualleria
del espada

Y sus villas y sus tierras
ocupadas de tiranos
las fallo
mas por çercos y por guerras
y por fuerça de sus manos
las gano
pues nuestro rrey natural
si de las obras que obro
fue seruido
digalo el de portogal
quien en castilla siguio
su partido

Despues que puso la vida
tantas vezes por su ley
al tablero
depues de tan bien seruida
la corona de su rrey
verdadero
depues de tanta hazanna
a que no puede bastar
cuenta çierta
en la su villa de ocanna
vino la muerte a llamar
a su puerta

Diziendo buen cauallero
dexad el mundo engannoso
y su falago
vuestro coraçon de azero
muestre susfuerço famoso
en este trago
y pues de vida y salud
fezistes tan poca cuenta
por la fama
esforçad vuestra virtud
a sofrir aquestafruenta
que vos llama

[falta un folio]

[fol. 426r]

[ID6159] HH1-79bis (...426r) Acéfalo (...4×12,6)

Tu piensas que no soy muerto
por no ser todas de muerte
mis feridas
sabete que podrie çierto
acabar la menos fuerte
muchas vidas
mas esta mi fe en mi vida
y mi festa en el beuir
de quien me pena
asy que de mi ferida
yo nunca puedo morir
syno dagena

Y pues claro visto tienes
que nunca podras comigo
por ferirme
torrnagora a darme bienes
por que tengas por amigo
onbre tan firme
mas no es tal tu calidad
para que hagas mi rruego
ni podras
cay muy gran contrariedad
por que tu te mudas luego
& yo jamas

Que ya las armas proue
para mejor defenderme
y defensarme
y la ffe sola ffalle
que de ty pueda valerme
y anpararme
mas esta sola sabras
que no solo mes defensa
mas vitoria
[*as]y que tu leuaras
deste debate la ofensa
& yo la gloria

Tus engannos no engannan
syno al que amor desigual
tyene y prende
cal mudable nunca dannan
porque toma el bien y el mal
no lo atyende
estos me vengan de ty
pero no es paralegrarme
tal vengança
que pues tu feriste a mi
yo tenia de bengarme
por mi lança

ffin

Mas vengança que no puede

syn la firmeza quebrar
sser tomada
mas contento so que quede
mi ferida por vengar
que no vengada

deo graçias

[fol. 426v]

[ID2912] HH1-80 (426v) (4,2×8)

Coplas y canciones de pedro descauias
syendo paje y harto mochacho

Por mi triste apartamiento
sennora de vuestra vista
gran deseo me conquista
con terrible pensamiento

Y en tal manera maquexa
que presto me matara
pues la pena que me da
nunca afloxa ni me dexa
asy que de mi tormento
es causa por vuestra vista
deseo que me conquista
con terrible pensamiento

Avnque mi gran padeçer
lleno de tanta desgraçia
alguna vez se me saçia
pensando cos he de ver
pero luego el mal que siento
es tanto por vuestra vissta
quel desseo me conquissta
con terrible pensamiento

[ID2913] HH1-81 (426v-427r) (8×8,4) Año 1437.

Coplas que fizo a pedro de guzman
sobre la muerte del conde de mayorga

Vos sennor que tan profundo
por virtudes soys mostrado
cuyos ojos an mirado
vna gran parte del mundo
dezidme la muerte donde
mostro su yra cruel
tan rrauiosa como en el
de mayorga triste conde

La qual con sanna ençendida
syn ninguna piedad
en muy [*pe]ligrosa edad
ha leuado desta vida
este que por sus bondades
sus enemigos loauan
y todos sennor le amauan

de sus propias voluntades

Ya la fama en toda espanna
contaua ser generosso
este conde virtuosso
de quien he manzilla estranna
valiente de la presona
do virtud no ffalleçio
de guissa que mereçio
sobre todos gran corona

[fol. 427r]

Sus virtudes espeçiales
eran por el mundo todo
publicadas en tal modo
quera pasmo a los mortales
no tenie puesto en oluido
de fazer sienpre nobleza
& siguio la gentileza
por do fue mas conoçido

Despues de tanta virtud
como en el sennor avia
tanta fe y amor tenia
que fue fin de su salud
el amo tan verdadero
a su dama y la siruio
quen pensallo agora yo
siento tal dolor que muero

Nuestro gran rrey y sennor
a quien yo vere muy çedo
por temor sin duda y miedo
poderoso enperador
aya pesar con su muerte
del quen virtud y bondad
syn otra contrariedad
tuvo coraçon tan fuerte

Pues las damas del qual eran
tenidas en tanto grado
por su caso desastrado
llorenlo fasta que mueran
que su gloria fue seruir
a todas por quien amaua
finalmente desseaua
por qualquier dellas morir

Dando fin a mi rrazon
vos y todos quantos aman
o suyos de amor se llaman
aved del gran conpasion
faziendo terrible duelo
asimismo larga estoria
por que biua ssu memoria
syn llegar jamas al suelo

ffin

Por sus fechos gran vitoria
le deuemos todos dar
por que se puedalegrar
dondesta y rreçiba gloria

[ID2914] HH1-82 (427r) (4,8)

cançion

Quando viste que party
de ty la ssennora mia
cuydado partio tras mi
que siguio mi conpania

El cual dixo que mandado
le fue por amor seguirme
y asy fuy marauillado
que no supe que dezirme
espantado me bolui
pensando que te veria
y vy venir en pos de mi
cuydado que me seguia

[fol. 427v]

[ID2915] HH1-83 (427v) (4,8)

otra suya

Dios que tanta fermosura
sobre quantas son vos dio
quiso cos amasse yo
mas que a biua criatura

De manera que tenes
mi presona asy vençida
que no puede ser mi vida
mas de quanta vos querres
duenna de gran fermosura
sobre quantas dios crio
quiso cos amasse yo
mas que a biua criatura

[ID2916] HH1-84 (427v) (3×8)

Coplas suyas

A quien daua triste yo
tantos gemidos llorando
a quien daua sospirando
mi salud la qual gassto
a quien daua coluido
mis seruiçios fastaqui
daualos a quien de mi
solo vn dia no curo

A quien daua que no oviera
conpasion de mi algun dia

a q*ui*en daua mi sandia
volu*n*tad tan *ver*dadera
a q*ui*en daua en tal man*er*a
mis seruicios sin me*n*tyr
daualos a q*ui*en morir
ver syn duda me q*ui*siera

ffin

Si pudiese desamar
la q*ue* digo no amaria
avnq*ue* se q*ue* me ffaria
sy q*ui*siese rrecobrar
tal plazer q*ue*n lo pe*n*sar
ta*n*to gozo me seria
q*ue* pesar no me podria
ni*n*gund *tie*npo aconpa*n*nar

[ID2917] HH1-85 (427v) (4,8)

can*ç*io*n* suya

Q*ua*nto mas pena sofrir
me faze v*ues*t*r*a beldad
ta*n*to mas mi volu*n*tad
es dispuesta a vos s*er*uir

Dios q*ue* vos fizo f*er*mosa
mas cotra p*er*sona alguna
creo syn duda ni*n*guna
q*ue* vos fizo piadossa
p*er*o q*ue*reslo encobrir
co*n* sobra de gran bondad
demost*r*a*n*do crueldad
por mas gloria rre*ç*ebir

[fol. 428r]

[ID2918] HH1-86 (428r-v) (8×8,4)

Coplas a vn*a* dam*a*

Mas fermosa q*ue* no dido
ni q*ue* la rreyna jocasta
ni q*ue* aq*ue*lla *vir*gen casta
por q*ui*en fue apolo ofe*n*dido,
de diana cabe ygual
entre tisbe y penolope
y la rreyna de rredope
sen*n*ora soys espe*ç*ial

La del cora*ç*o*n* maldito
medea ni filomena
ni la q*ue* na*ç*io por pena
del troyano *ç*ircuyto
ni la madre de cupido
ni las q*ue* fermosas fuero*n*
mas q*ue* vos ser no pudiero*n*
o te*n*gol seso perdido

La q*ue* fuen sen*n*al de gloria
rrobada por los de gre*ç*ia
ni la rromana lucre*ç*ia
de q*ui*en faze*n* gran memoria
ni la q*ue* por nigligen*ç*ia
de creo*n* ardio en sus bodas
en *vir*tudes estas todas
nos leuaro*n* premine*n*ça

La guerrera muy famosa
q*ue* dizien pantaselea
ni andromaca ni penea
nos pasaro*n* de fermosa
ni la rreyna simiramis
ni la *vir*gen proserpina
vos soys de tal rrobo dina
como fue elena de paris

Eure*ç*i*ç*e la dorffeo
antiopa ni adriana
ni a la otra q*ue* fue ermana
y muger de macareo
no les pudo dar natura
mas beldad ni a yp*r*omestra
ni la rreyna clitimestra
vos paso de fermosura

Nin aq*ue*lla ge*n*til dama
de bre*ç*ayda ni atala*n*te
ni la q*ue* llego delante
de las otras a la fama
mas q*ue* vos no fue smerada
pu*es* co*n* las q*ue* los actor*es*
esc*r*iuiero*n* por mejores
deueys sser canonizada

De *vir*tudes espe*ç*iales
dios vos fizo ta*n* co*n*plida
q*ue* presona desta vida
no na*ç*io con otras tales
[fol. 428v]
las q*ue* son biuas oy dia
y las q*ue* despues *ver*na*n*
q*ue* les pese vos daran
sobre sy gran mejoria

Mi pro*ç*eso abreuia*n*do
pu*es* q*ue* soys ta*n* singular
dexo de mas dilatar
y digo determina*n*do
q*ue* las q*ue*n mayor pote*n*ça
son de tales presumiendo
la *ver*dad no sescondiendo
vos deue*n* gran rreuere*n*ça

fin

Asy q*ue* sen*n*ora aquel

que no tyene ssoberano
vos porrna con la su mano
la corona de laurel

[ID0442] HH1-87 (428v) (4,2×8)

cançion

De poder vos yo jamas
oluidar en ningun dia
no pienso sennora mia
ante sienpre amaros mas

Basta mi bien que creays
esta ser mi voluntad
avnque con gran crueldad
terribles penas me days
rrecordaos que me matays
y sy yo muero por vos
sera porque os ffizo dios
de las fermosas la mas

Essta es la causa por que
gloria rreçibo en penar
vos ser la mas singular
syn duda de quantas se
mi bien desque vos mire
amo vos tan syn medida
no penseys como a mi vida
ssaluo diez mill vezes mas

[ID0425] HH1-88 (428v-429r) (4,7×8)

sserana

Llegando cansado yo
al puerto la peralosa
vna serrana fermosa
al encuentro me salio

No le do mayor loor
solo por no ynjuriar
la que me puede mandar
y tiene por seruidor
mas tan bien me pareçio
y tan desenbuelta y donosa
que mi firmeza dubdosa
y alterada sse paro

Viendome venir asy
mas triste que plazentero
y a vos dixo cauallero
quien vos traxo por aqui
o que senda vos guio
por esta sierra fragosa
por la qual andar no osa
quien en ella sse crio

Cuan cortesmente yo pude

rrespondi de mi venida
otra presona naçida
no es causa sy Dios mayude
[fol 429r]
saluo amor que me prendio
por do mi vidafanosa
despues aca no rreposa
ni jamas no rreposso

Dixo pues amor vos faze
sostener tal pensamiento
de vuestro padeçimiento
sabe dios que me desplaze
mas holgad aqui do no
avres noche trabajosa
avnque mi madres çelosa
la mas conbre nunca vio

Vista su gran cortesia
dixe sennora merçedes
porque asy vos condoledes
de la gran fatiga mia
y pues dios aqui mecho
yo açebto vuestra graçiosa
profierta con vna cossa
de no errar a cuyo sso

Y aquella noche con ella
alverguen cama de heno
do tuve tal tenpre y freno
quella se quedo donzella
qual su madre la pario
pero creo que ssannossa
porque no me dixo cosa
al partir ni me miro

Dixele por dar color
pues sennora a dios seays
ved si algo me mandays
que faga por vuestro amor
nada no me rrespondio
mas con ayre desdennoso
y senblante rrigurosso
las espaldas me boluio

[ID0421] HH1-89 (429r-v) (7×8)

coplas

O triste partida mia
ffin de todos mis enojos
causa de çien mill antojos
llanto de mis tristes ojos
que no çessan noche y dia
de mi muerte mensagera
la qual poco tardara
de guissa questa ssera
segund la pena me da

mi partida post*ri*mera

Por fuerça me p*a*rtire
cu*n*pliendo tu vo[*lu]ntad
co*n* tamann*a* ssoledad
y ta*n* poca piedad
q*ue* por do vaya dare
sospiros muy doloridos
hazie*n*do cosas estrann*a*s
den medio de mis e*n*trann*a*s
por ser mis penas taman*n*as
lança*n*do gra*n*des gemidos

Mas rruegote mi p*a*rtida
q*ue* ally muest[*res d]olor
[*ca] sabes que [*serui]dor
co*n* muy entra[*nnabl]e amor
he sydo toda mi vida
[fol 429v]
ffazie*n*do por mi saber
a q*ui*en ta*n*to me desmaya
q*ue* biuo doq*ui*er q*ue* vaya
avnq*ue* piedad no aya
o muerto suyo he de ser

E ssi co*n*pasio*n* de mi
tristeza tomalgu*n* ta*n*to
y le mueue mi gran lla*n*to
fara gran rrazo*n* por q*u*anto
largos tie*n*pos la sserui
y por ella los pasados
afanes q*ue* aver ssolia
syn pu*n*to de mejoria
sygue*n* y tiene*n* la via
q*ue* lieua*n* mis t*ri*stes fados

La q*u*al yo considera*n*do
el triste tie*n*po pasado
y ta*n* mal galardonado
seguire doy mas forçado
mis cuytas acreçe*n*ta*n*do
fasta q*ue* mi vida acabe
asy q*ue* desta figura
co*n* sobra de gran t*ri*stura
me lieua desaue*n*tura
ta*n* triste como dios sabe

Pero como ya q*ue*rria
s[*er libr]e de mal ta*n* fuerte
a t[*i mi te]nprana muerte
pu*e*s tal ha sydo mi sue*r*te
leuare por conpan*n*ia
la q*u*al yo rreçebire
co*n* gozo muy singular
la vida de bien amar
q*ue*s gemir y ssospirar
hazie*n*do doq*ui*er q*ue* yre

Contigo sere gozosso
dexando penas mortales
contigo mis gra*n*des mal*es*
y angustias ta*n* desigu*a*les
yo siento q*ue* avran rreposo
co*n*tigo muerte q*ue*rida
mis cuytas avran rreparo
tu sola seras anparo
rremedio muy çierto y claro
de vida tan dolorida

[ID0424] HH1-90 (429v) (4,8)

cançion

V*ue*st*r*a crueldad matar
me puede syn mereçer
mas no senn*o*ra fazer
q*ue* vos pueda dessamar

Porq*ue* v*ue*st*r*a hermosura
me tiene tan convençido
q*ue* rrazo*n* ni bue*n* sentido
no me basta ni cordura
y por ta*n*to avnq*ue* penar
me fagays y padeçer
no podreis ta*n*to fazer
q*ue* vos pueda desamar

[fol. 430r]

[ID2919] HH1-91 (430r) (4,8)

cançion

Gentil dama valerosa
mas q*ue* q*u*antas vi ni veo
rrecordadvos q*ue* desseo
es pena muy congoxosa

Rrecordadvos solame*n*te
du*n* seruiçio q*ue* vos fize
q*ue* mi le*n*gua aq*ui* no dize
por estar de vos ausente
y pu*e*s de mi mal gozosa
soys y causa segu*n*d creo
rrecordadvos q*ue* desseo
es pena muy congoxosa

[ID0422] HH1-92 (430r-v) (7×8,4)

coplas suyas

De uos q*ue* puedo llamar
pri*n*çipio de mis amor*es*
q*ue* me dan tales dolores
dolores p*a*ra matar
de vos mi bie*n* singular
rreçibo contra rrazon
terrible muerte y pasio*n*

syn poderme defenssar

Vos de mi pues v*uest*ro sso
sen*n*ora seres seruida
vos sola tenes mi vida
y otra ni*n*guna no
vos soys la q*ue* me pre*n*dio
en *t*ie*n*po q*ue*ra ynoçente
vos soys de q*ui*en soy ause*n*te
y cua*n*do presente esto

Vos soys la q*ue* podes dar
gozosa fin a mi pena
vos soys la q*ue* sie*n*pre ordena
la contra de mi pe*n*sar
vos soys la q*ue* mi penar
de cada dia esforçays
vos sola multiplicays
mi co*n*tinuo ssospirar

Vos soys la por q*ui*en porfio
ssi vos pudiese oluidar
mas q*ui*sos Dios otorgar
ssobre mi tal poderio
q*ue* soy v*uest*ro mas q*ue* mio
por tal manera q*ue* ya
en v*uest*ro poder essta
todo mi fra*n*co aluedrio

De mis males sabidora
vos fago por esc*ri*tura
p*ue*s mi gran desaue*n*tura
q*ue* fue sienpre estoruadora
no me da lugar ssen*n*ora
que por mi os pueda dezir
lo q*ue* me faze ssentir
v*uest*ra beldad matadora

La q*ua*l nu*n*ca piedad
q*ui*so fastaq*ui* mostrarme
antes por mas pena da*r*me
co*n* terrible crueldad
faze mi catiuidad
mas [*g]raue q*ue* ser deuiera
porq*ue* yo ynoç[*e]nte muera
en ta*n* tierna y poca edad

[fol. 430v]

Pero sy sen*n*ora aves
de mi muerte algu*n*a gl*or*ia
tal morir mes gra*n* vitoria
tanto q*ue* vos me mates
por ende sy mas seres
seruida co*n* mi morir
q*ue* con mi triste beuir
dadme cual mu*er*te q*ue*rres

ffin

Asy q*ue* sen*n*ora vos
syn otra duda saluar
me podeis o co*n*denar
p*ue*s v*uest*ro me fizo dios

[ID2920] HH1-93 (430v) (4,8)

Otra

Depues q*ue* party
mi bie*n* de vos ver
pe*n*sad que plazer
jamas no senty

Ni pude ffallar
por bie*n* q*ue* buscase
rrazon q*ue* bastase
mi mal consolar
mas como me vy
de vos lexos sser
pe*n*sad q*ue* plazer
jamas no senty

[ID0445] HH1-94 (430v-431r) (4×10,5)

Coplas suyas

No puedo mi bie*n* pe*n*sar
en q*ue* vos aya enojado
porq*ue* v*uest*ro gesto ayrado
desden*n*oso y alterado
contra mi deuays mostrar
mostra*n*do gran sentimie*n*to
y san*n*a do no ay por q*ue*
q*ue* vos juro por mi ffe
yo jamas nu*n*ca os erre
ni solo por pe*n*samiento

Ni puedo fallar carrera
de yerro que vos fiziesse
porq*ue* padeçer deuiese
tal pena ni mereçiese
castigo de tal manera
ni se q*ue* pena mayor
pueda ser q*ue* los enojos
q*ue* me da*n* v*uest*ros antojos
ni se por q*ue* v*uest*ros ojos
me mira*n* ta*n* syn amor

Ni puedo pe*n*sar sen*n*ora
de como mi volu*n*tad
viendo v*uest*ra crueldad
co*n* ta*n* poca piedad
nos puede oluidar vn ora
ni pie*n*so fallar rremedio
a pena ta*n* desigual
ni puedo pensar en al

ni siento quien de mi mal
vos pueda dezir lo medio

[fol. 431r]

Ni puedo pensar sy yo
vos amo por fermosura
ni se sy por aventura
por creçer mas mi tristura
fue plaga que dios me dio
ni se persona que crea
mis penas que nos [sic] escriuo
ni sy soy libre o catiuo
ni se la vida en que biuo
ni puedo pensar que sea

ffin

Ni quiero mas enojaros
con largo rrazonamiento
saluo que soy muy contento
de padeçer mi tormento
y morir por no cobraros

[fol. 431v]

[ID2921] HH1-95 (431v-434r) (18×8,4) Año 1445.

Coplas fechas sobre las deuisiones
del rreyno por la priuança del condestable
don aluaro de luna con el sennor rrey don
juan el segundo quando la batalla dolmedo

Viniendo camino con mucho cuydado
traspuesto del todo sin cosa sentir
fortuna me fizo por fuerça seguir
vn valle muy hondo sin otro poblado
por do camine asaz esspantado
y vyendome al pie de vna gran sierra
a fin de ssalir de tan triste tierra
me di tanta priesa que fuy muy cansado

Del gran caminar sobrado y vençido
la noche viniendo en medio del valle
al tiempo que vmana natura sse calle
y todo rreposo haya rreçebido
dun pesado ssuenno yo fuy costrennido
el cual fue rreposo de mi pensamiento
fasta la ora daquel partimiento
do faze la lunbre ssu curso deuido

Aquella sazon por toda carrera
vi que salieron de muchas ffaçiones
tigres diuersas y fuertes leones
con otros vestiglos destranna manera
[fol. 432r]
valientes dragones lançando de fuera
flamas terribles de fuego ençendidos
de sus bozes rroncas y grandes aollidos

todonbre desfuerço ssin duda temiera

Y bien como quien sin fuerças ni mannas
solo se falla entre grandes tropeles
asy me vy cuando de bestias crueles
vy tal moltitud de formas estrannas
y vnas a otras rronper las entrannas
faziendo tan braua y cruda pelea
que dubdo sy fue ni es onbre que lea
ni oyga dezir de otras tamannas

Las cuales despues cauien conbatido
çesauan vn poco mirando las muertas
mas luego yndinadas las bocas abiertas
tornauan al fecho con fuerte bramido
lançando de sy tamanno rroydo
quen todo lugar do oyr sse pudiese
no siento presona que miedo no oviese
mirad que faria quien solo lo vido

Enpero despues que casy canssadas
quedauan por causa del gran conbatir
en modo espantable qual no se dezir
mostra[n]do sus caras de furia ynflamadas
juntauanse todas al suelo ynclinadas
fazien tan gran duelo con boz espantosa
cual pienso que nunca se fizo por cossa
ni verlo pudieron las gentes pasadas

[fol. 432v]

Al son del qual llanto vi venir alli
por todas partes ynfinita gente
que avien ya pasado la vida presente
por quanto daquellos los mas conoçi
y de los que agora macuerdo que vy
porrne por escrito aqui en singular
ca no me podria del todo acordar
segund el terrible pauor que senty

Vinie en los primeros el muy ecçelente
rrey don enrrique terçero passado
y luego con el a su diestro lado
la muy virtuosa rreyna potente
al otro siniestro viniel traçendente
y santa presona del rrey don fernando
a par del la rreyna los otros andando
asy cada vno por tal consiguiente

Vinien los parientes del rrey mas çercanos
vinien los tres duques maestres priores
vinien muchos condes y grandes ssennores
asy de castilla como comarcanos
vinien muchos primos parientes hermanos
con gran clerezia vinien arçobispos
vinien asymesmo muy muchos obispos
los ojos llorosos torçiendo las manos

Vinien conpannia daquestos perrlados
el arçobispo don pedro tenorio
vinien los dacunna vinien los dosorio
vinien los mendoças vinien los furtados
[fol. 433r]
Vinien sandouales non mucho alongados
vinien los guzmanes cubiertos de niebla
vinie don enrrique el conde de niebla
y los de velasco en vno ayuntados

Vinien los pachecos y los de gueuara
girones manrriques en son muy notable
vinie don rruy lopez el buen condestable
con otros que fueron ssennores de lara
asi como aquellos a quien dessanpara
la vela en los mares con tienpo ynportuno
vinien los padillas y rrojas en vno
con ojos llorosos y muy triste cara

Vinien los de castro y los de ferrera
con ellos los daça y los daguilar
vinien los de haro y los de touar
vinien arellanos y los de rribera
y luego vn escuadra de gentestranjera
vinie tras aquestos que contado he
la cual comoquier que bien rremire
jamas conoçi ni supe quien era

Vinien pimenteles daquesta figura
sarmientos carrillos de silua y de ayala
vinien los destunniga que asi dios me vala
dolor me tomo por ver su tristura
vinien los quinnones con tal catadura
cual muestran aquellos que sufren tormento
vinien otros muchos que aqui no rrecuento
por quanto seria muy larga escritura

[fol. 433v]

Aquestos de suso por mi rrecontados
no vi que vinieron pasando baladas
con mantos bordados nin rropas chapadas
ni menos vestidos de rricos brocados
mas vy que vinieron muy mal arreados
sus luengos cabellos trayen desconpuestos
los cuerpos coruados con muy tristes gestos
comonbres que son a muerte juzgados

Llegados alli do el llanto ffazian
los brauos vestiglos maguer ynsensibles
del danno presente con bozes terribles
ally todos juntos muy fuerte plannian
los vnos llorauan los otros gemian
asy que los montes de çerca atronauan
despues de diuersas querellas que dauan
en fin de sus llantos asy concluyan

Lloremos vn caso ya tan dessastrado

pues vemos los nuestros enbueltos en guerras
y vnos a otros tomarse las tierras
que nos les dexamos con tanto cuydado
lloremos lloremos pues han acordado
que todo perezca syn otra manzilla
lloremos pues vemos la nuestra castilla
arderse por causa dun ssolo priuado

Lloremos mas rrezio la causa ynportuna
por quien se consume todo quanto ovimos
lloremos los debdos de quien nos sentimos
por vellos metidos en tanta fortuna
[fol. 434r]
lloremos por quanto mirando la luna
el rrey suçediente quiere consentir
por mas sublimalla perder y estroyr
los rreynos que ovo mamado en la cuna

Bien tal como quando jasson conbatia
aquel velloçino que en colcos estaua
y de la serpiente que sienpre velaua
y asy de los toros dubdaua y temia
bien tal me fallaua ca yo no sabia
aquella sazon de mi que fiziese
ni por cual guisa partir me pudiese
dally do fortuna leuado mauia

ffin

Estando espantado del acto que via
comonbre que parte de si non sopiese
yo fuy delibrado dalli syn que viese
presona ninguna que fuese mi guia

deo graçias

[fol. 434v]

[ID2922] HH1-96 (434v-435v) (148vv) Año 1445.

rromançe que fizo al sennor ynfante don enrique
maestre de santiago

Yo me so el ynfante enrrique
daragon y de sseçilia
fijo del rrey don fernando
nieto del rrey de castilla
maestre de Santiago
de la gran caualleria
el gran conde dalburquerque
sennor de huete y gandia
sennor de muchos vasallos
en aragon y castilla
el mayor duque ni conde
quen espanna sse ssabia
dierame dios muger
a la ynfante catalina
ermana del rrey don juan
del rrey don enrrique ffija

q*ue* despues de ser fermosa
muchas v*i*rtudes tenia
de las glorias deste mu*n*do
nada no me ffalle*ç*ia
ta*n*to q*ue* por toda parte
mi gran fama seste*n*dia
boluio con*tra* mi su rrueda
fortuna q*ue* no dormia
rreboluiome co*n* mi p*ri*mo
el rrey do*n* jua*n* de castilla
fizole q*ue* me pre*n*diese
avnq*ue* no*n* lo mere*ç*ia
enbiome preso a mora
vna fortaleza mia
do me touo en gra*n*des fierros
tres an*n*os de dia en dia
el rrey darago*n* mi ermano
como aq*ue*l q*ue* le dolya
ju*n*tara muy gra*n*des gen*tes*
por librarme do yazia
fizole q*ue* me soltasse
avnq*ue* volu*n*tad no avia
no digo q*ue* fue por miedo
saluo fue por cortesia
fuyme luego p*ara* el rrey
donde sus cortes tenia
rre*ç*ibiome alegreme*n*te
dizie*n*do q*ue* me faria
muchas gra*ç*ias y mer*ç*ed*es*
mas q*ue* no fecho mavia
syenpre yo estaua pe*n*sa*n*do
en q*ue* le se[r]uir podria
mas do*n* aluaro de luna
condestable de castilla
q*ue*ra mucho su p*ri*uado
ovo de mi gra*n*de enbidia
por no perder la p*ri*uança
la p*ri*uança que tenia
[fol. 435r]
al rrey mi sen*n*or de mi
sienpre mucho maldezia
el por le fazer plazer
mostro contra mi su yra
desterrome de sus rreynos
corriome fasta se*ç*ilia
tomome todas mis *ti*erras
diolas a q*ui*en mas q*ue*ria
las q*ue* me dexo mi pad*re*
y las q*ue*l dado mauia
doze an*n*os andoue fuera
desterrado de castilla
a vezes tenia mucho
a vezes me falle*ç*ia
pasaro*n* por mi fortunas
q*ua*les contar no sabria

en cabo de los doze an*n*os
el sen*n*or rrey mescreuia
q*ue* me viniese a sus cortes
do*n*de q*ui*er q*ue* las tenia
q*ue* me torrnarie mis *ti*erras
y mucho mas daria
yo como ley sus cartas
vineme p*ara* castilla
desta vez cobre lo mio
q*ua*nto yo perdido avia
desta vez me vy sen*n*or
muy mayor q*ue* ser solia
vyme sen*n*or de toledo
sen*n*or dell andaluzia
yo solo ma*n*daua el rreyno
yo solo me lo rregia
yo solo daua mer*ç*edes
aquellos q*ue* me plazia
en esta sazo*n* el rrey
mando q*ue* fuese a seuilla
a soltar a do*n* alonso
de la p*ri*syon do yazia
leue catorze batallas
de gente mucho gua*rr*nida
fuy *ç*ercar a ca*n*tillana
q*ue*n camino me caya
pusele *ç*iertos engen*n*os
y muy gran vallesteria
en fin de los treynta dias
ya por mia la tenia
saluo q*ue*l conde de niebla
que a seuilla defendia
puso comigo sus tratos
q*ue* la *ç*ibdad me daria
creyme de sus palabras
por la sangre do venia
no pe*n*sando q*ue* tal onb*re*
la verdad q*ue*brantaria
faltome los jurame*n*tos
faltome la pleytessia
faltaro*n*me mis amigos
en q*ui*en mas fuzia tenia
y algu*n*os de mis criados
daq*ue*llos q*ue* mas queria
al*ç*aro*n*se mis lugares
muchos dellos en vn dia
[fol. 435v]
ma*n*do pregonar el rrey
so pena de la ssu yra
q*ue* no me diesen via*n*das
ni macogiesen en villa
q*ue* todos sus caualleros
fuesen con *e*l muy ayna
jura*n*do q*ue* desta vez
seria preso o morria

enbie mis mensageros
a nauarra y por castilla
rrogando que macorriesen
los queran de mi valia
mi hermano el rrey de nauarra
y otros grandes de castilla
de ginetes y onbres darmas
troxieron gran conpannia
miercoles era por mayo
ya despues del mediodia
quando asomo el rrey don juan
con su gente bien rregida
con tronpetas y atabales
dando muy gran bozeria
su pendon rreal tendido
llamando todos castilla
mas comol can que con rrauia
de su sennor traua y tyra
salimos a rreçebillo
a los canpos do venia
ovimos la gran batalla
çerca dolmedo esa villa
do fuemos todos vençidos
por muy gran desdicha mia

deo graçias

[fol. 436r]

[ID2923] HH1-97 (436r-437v...) (4, 8×8...)

coplas dirigidas al condestable don miguel lucas
criado del sennor rrey

Virtuoso condestable
vuestros fechos tanto buenos
que fazeys contragarenos
vos dan fama muy loable

Tanto que por todol mundo
suenan ya vuestras vitorias
en cantares y en estorias
llamanuos el çid segundo
o que fama ynestimable
para quien del se pregona
syn que se falle presona
quel contrario desto fable

virtuoso condestable

Con dolor de los cuytados
de la çibdad de jaen
quen granada padeçien
catiuos aherrojados
çinquanta moros atados
de la yllora troxistes
los cuales les rrepartistes
con amor muy entrannable

Con dolor de los Los desastres y desauenturas talas muertes
y catiuerios que los de jahen de los moros avian rreçebido
antes quel condestable alli viniese de asiento asaz es a todos
notorio, y como despues que alli vino fuese ynformado que
de aquella çibdad algunos catiuos en tierra de moros avia,
los quales en toda desesperaçion de salir y tales que para
rrenegar nuestra santa fe estauan, los vnos por ser muy pobres
y non tener nin alcançar rrehenes con que pudiesen salyr, y
otros porque mayores contias de las que podian aver les eran
demandadas de conpasion y caridad piadosa, mouido a tierra
de moros, entro a correr y de las puertas de aquella villa de
yllora que a quatro leguas es de granada, çinquanta moros
atados trayo syn otros tantos o mas que murieron, los quales
con toda liberalidad por las mugeres padres parientes fijos y
ermanos de aquellos que catiuos estauan cada vno segund era
mando rrepartyr de cuya caussa del catiuerio en que estauan,
fueron rredemidos y en toda libertad rreduzidos.
O caridad muy loada o magnifica liberalidad y franqueza
desque miro al merito destos dos actos non se dezir por cual
dellos es mas de loar, sy por la caridad con que sse mouio o
por la liberalidad y franqueza de que vso en esta parte.

[fol. 436v]

Por la sierra y por lo llano
faziendo talas peleas
a guadix y sus aldeas
posistes a saco mano
do lloro el pueblo pagano
trayendo moras y moros
muchas joyas y tessoros
que fue cosa ynumerable

A guadix Allende de la çibdad de guadix bien quatro leguas
o mas esta vna sierra por los moros llamada el çenet, al
pie de la cual muchas y buenas aldeas bien rricas estan,
las quales en todas las guerras pasadas por estar metidas
en el çentro de su defensa de todo asalimiento de enemigos
estouieron seguras. Y como este sennor de lo tal auisado
fuese, non enbargante que por algunos grandes capitanes que
por mandado del rrey nuestro sennor en aquella frontera
estouiesen, antes de aquesto fuese ensayado denprender este
fecho, el qual aviendolo por muy peligroso, ya del camino
a la çibdad de vbeda se ouiesen torrnado el condestable con
fasta mill y trezientos de cauallo y tres mill onbres de pie,
vn miercoles en la tarde por el mes de jullio de lxxii, de vna
rribera que alhama se llama, donde ese dia avie rreposado
partio, y andando toda la noche a guadix, a la mano derecha
dexando al alua del dia, dio sobre vnos lugares que estan
al pie de la sierra ya dicha, llamados al vno la calahorra
y al otro aldeyra, muy poblados de gentes y bien rricos de
todas cosas, por aventura mas que otros lugares semejantes
de todo el rreyno de granada; los quales non enbargante la
dura rresistençia fecha por los enemigos por animoso conbate
luego fueron entrados por fuerça, donde syn los muertos que
fueron asaz muchos moros y moras e ynumerables rriquezas

de oro y de plata y de seda se sacaro*n* ta*n*to *que* apenas la
ge*n*te y fardaje era basta*n*te de lo poder traer, y co*n* todo ello
y co*n* muchos ganados la tierra toda *que*mando ese dia de
buelta por dela*n*te las puertas de guadix paso, do trezientos
caualle*r*os de la casa de gra*n*ada con *e*l alatar estaua*n* en
gua*r*da, y en ta*n*to *que* toda la caualgada paso la ge*n*te de pie
les fizo gran tala, y despues de muchas escaramuças pasadas,
mouio sus batallas y esa noche vino a rreposar a la torre
de xe*que* que es a vna legua pequen*n*a de ally. Y ot*r*o dia
continuo su camino fasta llegar a la çibdad de jahen, de lo
*qu*al los moros se *que*brantaro*n* mucho por*que* nu*n*ca jamas
en ofensa suya ally llegaro*n* ch*r*istianos, y deste camino con
*e*l mucho trabajo y poco dormir de la ge*n*te y co*n* los gra*n*des
soles y sed *que* pasaro*n* muchos por algu*n*os dias perdiero*n*
el sseso.

> No contenta v*uest*ra espada
> de fechos ta*n* singula*r*es
> boluistes a los lugares
> *que*stan juntos con granada
> do troxistes desa entrada
> fasta los nin*n*os de teta
> syn muchos *que* de la seta
> murieron abominable

No contenta No es duda syno *que*l fecho de guadix suso
rreco*n*tado fue de muy gra*n*de audaçia y ta*n*to caualle*r*oso
que a *qu*al*qui*er sen*n*or gra*n*de bastara *p*ara se rreputar
glorioso y rreposar algu*n*d dia; mas este sen*n*or con vn animo
marauilloso dende en *qu*inze dias co*n* mill y dozie*n*tos de
cauallo y fasta tres mill o*n*bres de pie a la vega de granada
boluio, y vna tarde de alcala la rreal se partie*n*do toda la noche
xenil arriba; andouo fasta *que* amaneçio sob*r*e vnos luga*r*es
que son en somo de aquella tan populosa y cauallerosa çibdad
que son llamados el v*n*o armilla y el ot*r*o aruriena, [fol. 437r]
y ta*n* çerca de aquella *que* las muge*r*es y nin*n*os se van a pie
a librar sus negoçios casy por deporte sin ni*n*guna pena de
la otra *p*arte, tan rricos y ajaezados *que* es cosa marauillosa
poderse creer. Y muy poco antes de salie*n*do el sol dio sobre
los dichos luga*r*es, y como *qui*era *que* los abitadores dellos
vigurosame*n*te a la defensa se dispusiero*n* y ju*n*to co*n* los
ch*r*istianos fasta *qu*inientos caualle*r*os moros en su socorro
allegaro*n* syn ot*r*os asaz caualle*r*os & ynfinita ge*n*te de pie
que a sus espaldas al rrebato venia, sin enbargo de a*qu*ello
luego fuero*n* entrados do*n*de sy*n* muchos que fuero*n* puestos
a cochillo, bie*n* dozientos moros y moras y nin*n*os fuero*n*
catiuos y presos y los luga*r*es rrobados de muchas joyas de
oro y de plata y de seda y puestos a fuego y por çierto
los presos y muertos fuera*n* mas de dos mill sy la noche
de antes de sus gua*r*das ssentidos no fuera*n*. Y da*n*do fin
a la entrada y despojo assy por el clamor de las muge*r*es
y nin*n*os *que* en ta*n*to *que* sus maridos y padres murie*n*
peleando, escaparo*n* fuye*n*do a la çibdad de granada como
por la noueda*d* y graueza del fecho ta*n*to çercano a la dicha
çibdad, el alboroço y rrebato fue ta*n* grande a *que* sobreste
sen*n*or cargo ta*n*ta gente *que* solos los de pie *que* al ca*n*po

era*n* salidos syn los caualle*r*os era*n* mas de *qu*are*n*ta mill,
y el co*n* gra*n*de animosidad rrecogio toda su ge*n*te y en tal
ordena*n*ça se puso a *que* los moros no se treuiero*n* de le
dar la batalla, y asy como vençedor t*r*iunfante toda la tierra
rroba*n*do y *que*ma*n*do co*n* muy grande onrra a la çibdad de
jahen se boluio.

> El rrey çidiça aquel dia
> *que* del alha*n*bra miraua
> cua*n*do la presa pasaua
> y la vega todardya
> su ventura maldezia
> no*n* osando pelear
> por*que* vos veya andar
> como leon espantable

El rrey çidiça Çierto es *que* como *qui*er *que* aquel dia de la
çibda[d] de granada saliero*n* bie*n* mill y *qui*nientos caualle*r*os
y *qu*are*n*ta o çinqua*n*ta mill o*n*bres de pie segu*n*d dicho es, el
rrey çidiça no caualgo ni salio del alha*n*bra, a*n*tes desde alli
mira*n*do como toda la presa pasaua y las llamas y fumos de
muchas alquerias y panes todo el ayre enfuscaua*n*, dolie*n*dose
mucho sospiraua y gemia por*que*ste sen*n*or con ta*n* poca gente
asy le *que*maua y rrobaua la tierra, en espeçial los lugares ya
dichos do nu*n*ca ch*r*istianos sse falla, *que* ally ouiese*n* llegado
ni cua*n*do el sen*n*or rrey don juan de gloriosa memoria co*n*
ta*n* grand exerçito de ge*n*tes, ni el rrey don enri*qu*e n*uest*ro
sen*n*or su fijo sus rreales en la vega asentaro*n*; y teniendo sus
batallas en ta*n*to *que* la caualgada mouia bie*n* çerca de alcaçar
xenil por espaçio de tres o *qu*atro oras, pensa*n*do *que*l rrey de
granada saliese a le dar la batalla, vn caualle*r*o moro que çerca
dellos se llego pregu*n*to *que* caualle*r*o o capita*n* era aquel *que*
ally venia. Y como le fuese rrespo*n*dido *que*l condestable de
castilla dixo: Guala, no yr de a*qu*i sin prouar las coraças, al
*qu*al el dicho sen*n*or *condestabl*e rrespo*n*dio *que* delante sus
batallas estaua: Cauallero, ve a dezir a tu rrey *que* salga a
pelear comigo *que* yo le do mi fe de le esperar a*qu*i *qu*atro
oras o mas, y sy me t*r*oxieres çertenidad dello, yo te prometo
de dar esta cadena de oro *que* al cuello traygo *que* pesa çien
doblas. Y como el caualle*r*o con esto se fuese, dende a poco
boluio y dixo: Andar andar caualleros *que* el rrey de granada
mi sen*n*or no es a tie*n*po de daros batalla, y co*n*tentadvos de
llegar do llegastes y averos salido co*n* ello. Y asy con toda
su presa se boluio a la çibdad de jahen do gloriosame*n*te fue
rreçebido.

> Por creçer mas v*uest*ra fama
> pareçie*n*do al rrey saul
> otra vez fastal padul
> corristes y fastalhama
> *que*ma*n*do de biua llama
> los llanos valles y sie*r*ras
> rreparlie*n*do las desferras
> por v*uest*ra gente amigable

Otra vez Como la fama de sus fechos deste sen*n*or por
[fol. 437v] muchas *p*artes sestendiese, y a los *que* onor

y gloria desean, casy vna virtuosa enbidia los ynçitase y mouiese de algunos caualleros de grandestado de aquella frontera, seyendo asaz y mucho rrogado que de su conpannia le quisiese plazer, avn no bien vn mess del todo pasado con tres mill de cauallo y quatro mill onbres de pie, a la vega de granada boluio, y en ella la meytad de la gente de cauallo con toda la mayor parte del peonaje para fazer rrostro a los moros, dexando con mill y quinientos caualleros a vnos lugares que arriba de granada a la parte de almunnuecar son contra la mar fasta el padul. Y mas adelante corrio conuiene a saber la malaha y balterca y legueles y alconcha y cosbixa y otros que al presente sus nonbres me son ynotos, los quales por fuerça con mano armada entrados y rrobados fueron y ellos con toda la tierra puestos a fuego, de donde con muy gran presa de moros y moras ynfinitas joyas y preseas bien rricas y con muchos ganados de diuersas maneras a vn lugar que bien junto con la çib[d]ad de granada esta llamado alheudin, esa noche vino asentar su rreal. Y otro dia siguiente por espaçio de tres o quatro oras bien çerca de sus oliuares y huertas sus batallas teniendo, talando y quemando todo lo que alcançar se podia, declinando ya el dia como no fallase batalla despues de muchas escaramuças, con toda la presa se boluio, la qual con mano muy liberal por todas sus gentes mando rrepartyr.

No digo dotras entradas
que fezistes muchas vezes
trayendo rricos jaezes
y moros manos atadas
otros muchos a lançadas
matando por alquerias
ni dotras cauallerias
de memoria asaz notable

No digo de otras Como toda oçiosidad a este sennor muy aborreçible le sea, y de su propia condiçion todos los actos otros a la natura rrecreables, desechando su deleyte, sea sienpre ocuparse en liçitos y onestos negoçios, en espeçial en el consejo de lo que toca a este militar exerçiçio, con los que de lo vso y sabiduria de aquel en aquella tierra son mas sufiçientes y dotos pensando, ynquiriendo, & deliberando y marauillosamente essecutando las cosas que ya çerca desto tiene acordadas, y a gran costa suya buscando ardides, muchas otras entradas el y los suyos por su mandado fizieron do assaz moros fueron muertos y presos y muchos despojos y buenas caualgadas troxieron. Pero algunas en suma rreçitare, asy como quando vna vez fue a escalar el castillo de arenas, y porque aquel por furto no ovo lugar de tomarse toda su gente, mando disponerse al conbate, el qual tan denodadamente se dio que en muy poco espaçio de çinco puertas que la fortaleza tiene, vna en pos de otra, las tres fueron quemadas, y por ençima del fuego entradas, fasta llegar a otra puerta que mucho mas alta que las otras estaua; de la otra parte las escalas poniendo con muy gran aquexamiento que los moros sentian las almenas enteras sobrellos derribauan, en tal manera que de la priesa del conbate espantados muchas vezes estouieron en acuerdos de darse o tenerse, pero al fin

asy porque sobrevino la noche, como porque para conbatir de artilleria conuiniente non fue proueydo, y avn porque avia sydo ynformado que la fortaleza no estaua tan proueyda de gente como despues la fallo, la cosa no vino al fin deseado. Asymesmo otra vez çiertos christianos que en la villa de montefrio estauan que serian de numero treynta, mediante vn alhaque que trataron con el de le dar el castillo con vna puerta de la villa, y estando con su gente en lugar encubierto y çercano esperando çiertas sennales que se avian de fazer para les socorrer vn mochacho christiano que con los christianos catiuos en la mazmorra estaua, con poco seso a vn moro sennor suyo lo rreuelo, y como lo tal sabido fue por los moros, los christianos catiuos fueron cruelmente açotados fasta tanto que por tormento ovieron de manifestar la verdad, y asy no ovo efecto aquel trato. Iten otra vez a trato de vn torrnadizo que en el castillo de moclin estaua, fue con muy buena gente, y estando vna noche para echar las escalas vn mastin que nueuamente por caso aquella noche pusieron en el propio lugar por do se avia de furtar muy afincadamente, ladro por manera quel alcayde y los que con el estauan presumieron el fecho, y socorriendo muy presto a lo mas peligroso los escaladores no ovieron lugar. Otra vez caualgo...

Mas dexando lo que toca
a los perros ysmaeles
enemigos ynfieles
contra quien soys como rroca
tornara contar mi boca
lo cual puede dezir bien
cuanto vos deue jaen
ser para sienpre açebtable
. . . .

[El manuscrito acaba aquí.]

Notas paleográficas

[**Hoja de guarda, verso**]

En mano del siglo XVIII: Clase 3er no 1º.L.6e?

[**Frontispicio recto**]

21

Varias Poesias antiguas del tienpo del Rey d. Juan el 2º y don Enrique el 4 de Hernan Perez de Guzman Sr de Batres Aguelo de Garcilaso de la Vega de Albar Garcia de Santa Maria y del Marq' de Santillana y otros; mano posterior.

Regala a su amigo en prueva de su buena amistad su agradecida y constante amiga La Condesa de Castañeda; otra mano posterior.

[**Frontispicio verso**]

en blanco.

[**1r**]

mano decorada.

marginalia

alto: letra 'T'.

entre rúbrica y primera copla, margen izquierdo: de domingo veler; mano posterior.

2c

(aqu)esta; mano posterior.

5f

(profunda) materia; tachado.

[**1v**]

entre 7gh

(cuerpo sin alma es llamado); tachado.

[**2r**]

5c

q*ue* non se(a); *a* tachado.

[**3r**]

mano principal.

[**3v**]

mano decorada.

5c

(ç)oliçitud; ço tachado, 's' insertado.

[4r]
  3c
    discr[e]ta?
  3g
    disercion?

[4v]
    mano principal.
  6b
    (es) gradeçido; *es* tachado.

[5r]
  7e
    ca(u)to; *u* sobrescrito.

[5v]
    mano cursiva.
  6c
    q*ue* ay (muy); *muy* tachado.
  8g
    el verso está señalado con una mano dibujada.

[6r]
  3f
    de (ç); *ç* tachado.

[6v]
  4g
    nundo, con tilde.

[7r]
    coplas 4,5: mano principal.
  8g
    ca(u)sa; *u* tachado.

[8r]
    mano principal de aquí en adelante.

[8v]
  5b
    (son) las vias; *son* tachado.
  8a
    (a?)preçiar; *a?* tachado.

[9r]
  3c
    el (o) q*ue*; *o* tachado.

[10v]

3

la estrofa esta señalada con una mano dibujada.

[11r]

2h

devese (se); *se* tachado.

3d

[s]y [es] mal; mano posterior.

5a

mor[a]; [a], mano posterior?

7h

aya bien? buen?

[11v]

3a

yo (No); *No* tachado.

[12v]

7e

a la izquierda el verso está señalado con una mano dibujada y las letras : ju x *Sa?s*?

[13r]

1c

(&) de ajena; & tachado.

7e

diligençia (&) evitada; & tachado.

[14v]

7e

(de no) corregido a devo?

[15v]

8a-d

tachados por mano posterior, debido a la laguna.

[16-22]

faltan dos folios. Falta el folio 16; está el folio 17; falta otro folio, probablemente el 18; la numeración está cortada entre 18 y 21, pero 21-22 hacen un conjunto con encabalgamiento, mientras dos folios más también muestran encabalgamiento; las he puesto la numeración 19 y 20. El folio que falta puede ser el 18 o el 20, pero el 18 parece más probable, después de ver el manuscrito original, y según un cotejo con la edición de Foulché-Delbosc.

[17v]

2h

torpes & (necios &); *necios* & tachado.

[19r]

　　alto: rúbrica en catalán, mano cursiva del s.XVI tachado: Diumenge a vii de juliol lo
　　　dit Sr Rey stigue tot lo dia en lo dit real de la penya delos enamorados.

[21r]

　　1g

　　　avnq*ue* fea (e) era; *e* tachado.

[23r]

　　4e

　　　el/ ?

marginalia 5, 6

　　　en el margen derecho, mano de la condesa(?), difícil de leer y cortado :
　　　¿Al suso dig? Al suso di? Al suso di? Al suso di? Al suso? conpania.

[24v]

　　4d

　　　tor&pe & rrudo; los dos & sobrescritos.

[25r]

　　3g

　　　fur(a)çion*es*; *a* tachado.

[26v]

　　7a

　　　(sanar y) corregido a sana ni.

[30r]

　　7d

　　　dan (por); *por* tachado.

[31v]

　　4d

　　　los mal*es* (1) q*ue*; *l* tachado.

[33r]

　　rúbrica 7

　　　pertenece al poema siguiente.

[34r]

　　entre 12 y 13

　　　(cal); tachado.

[34v]

　　28a

　　　pro(r)bedad; *r* tachado.

[**35r**]
  13a
    çerrada (& gu); & *gu* tachado.

[**36r**]
  3a
    (sabed) corregido a sabes.

[**38v**]
  1b
    la sacra (se); *se* tachado.

[**39v**]
  entre 3 y 4
    (fe); *fe* tachado.

[**40v**]
  5b
    ser avila(?); tachado.

[**42r**]
  5b
    al{b}a{ba}mos; *b,ba* sobrescritos.

[**43v**]
  1b
    (asi) q*ue*; *asi* tachado.

[**53v**]
  5b
    leocadia(dia); *dia* tachado.

[**54r**]
  8a
    (cuando) corregido a cuanto.

[**57r**]
    página cortada, pie derecho.
  2a
    aunque la abreviatura indica cinq*ua*nta en vez de cinq*ue*nta, el verso no rima.

[**57v**]
    página cortada, pie izquierdo.

[**58r**]
  1a
    alfon*so*(a°); *a°* tachado.

[61v]
  marginalia
    entre 2 y 3, a la derecha, firma 'P'; mano posterior.

[64v]
  1d
    ge[mido]; mano posterior.

[66r]
  8b
    vittoriossa?; *tt* cambiado a *ct*.

[67v]
  9c
    ta*n*to corregido a sa*n*to?

[69r]
  6c
    leua(da); *da* tachado.

[69v]
  6f
    (fue) del Rey; *fue* tachado.

[70v]
  8f
    despojo y (de) la desferra; *de* tachado.

[73r]
  4a
    prudençia(s); *s* tachado. Debe ser prudençio.

[73v]
  4e
    (bien) açebtado; *bien* tachado.

[76v]
  marginalia
    pie de la página, firma 'P' 'P' 'Pero Be?'; mano posterior.

[77r]
  1a
    a ellas çiençia(s); *s* tachado.

[78v]
  rúbrica a
    [Trat]atado; mano posterior?
  rúbrica d

el cual tra[ta]do; [ta] sobrescrito; mano del escribano.

[88]

falta un folio en la numeración, pero no parece ser laguna en el manuscrito.

[92v]

1a

(yo) vi de macobrio; *yo* tachado.

[103v]

3a

mas (toda) de toda; *mas* sobrescrito; corrección de (toda), tachado.

[105v]

pág. 113, 2.53 : MS v.9

t*i*erras? otras?

pág. 114, 1.13 : MS v.24

gallias e (ess); *ess* tachado.

pág. 114, 1.14 : MS v.25

despues (y alpas); *y alpas* tachado.

[106r]

pág. 114, 1.43 : MS v.23

dicho (he) de otros; *he* tachado.

pág. 114, 1.46 : MS v.26

(e) av*er*; *e* tachado.

[106v]

pág. 114, 2.7 : MS vv.12-13

pe(l)meltinas; *l* tachado.

pág. 114, 2.12 : MS v.17

africa (e); *e* tachado.

pág. 114, 2.18 : MS v.25

çessar se (fuese*n*); *fuesen* tachado.

pág. 114, 2.20 : MS v.27

afincado (e)lestilo; *e* tachado.

pág. 114, 2.24 : MS v.31

çiençia de cla; *de cla* repetido en el folio siguiente.

[112v]

marginalia

pie de la página, a la izquierda, calculación; mano posterior:

408

68

8

——

484

[115v]

pág. 123, 1.1 : MS v.1

[Q]uando; *Q* mano posterior.

[117r]

pág. 124, 1.36 : MS vv.23-24

espacio para 'F' en blanco; 'f' insertado en el margen izquierdo, por el escribano.

[118v]

pág. 125, 1.12 : MS v.11

cosa (es) de judgar es (de); *es, de* tachado.

pág. 125, 1.30 : MS v.29

faze (mas) pereçer; *mas* tachado.

[119r]

[ID0148]: hemos añadido [f] y [b] al texto.

[120r]

1e

rriqueza(s); *s* tachado.

[121r]

marginalia

principio de la página cortado, mano posterior; muy difícil de leer.

[126r]

marginalia

alto, a la derecha : Señor dios mio yJo de la v?; mano posterior.

[134r]

marginalia

pie de la página, firma 'P' 'P'.

[135r]

marginalia

pie de la página, firma 'P'.

[136r]

marginalia

pie de la página, firma 'P'.

[137r]

marginalia

pie de la página, firma 'P'.

[139r]

4d

la quarta (de)liberadora; *de* tachado.

[141v]

  1a

    rrey (d); *d* tachado.

[142r]

  1a

    (Ca) El; *Ca* tachado; *El* sobrescrito, mano posterior.

[144r]

  1d

    do [safos lesba pervino]; mano posterior.

[145r]

  2a

    Des(pu*es*) q*ue*; *pues* tachado.

[146r]

  2h

    se[r]an; mano posterior.

[151r]

  marginalia 2

    margen izquierdo: BcdfgH; mano posterior.

[155r]

  marginalia

    pie de la página, manuscrito usado como borrador para las letras: esdrionmosn. Sigue
      la firma 'P'.

[155v]

  5f

    de (las) siete; *de* insertado por el escribano, *las* tachado.

[159r]

  4a

    (faze*n*) f*e*chos faze bueno; *fazen* tachado; *faze* sobrescrito.

[163r]

  2g

    conp*a*rar; hipercorregido por el escribano.

[166r]

  entre 4fg

    (te co*n*uiene de buscarlas); tachado.

[167v]

  1a

    (virtud) salud; *virtud* tachado; *salud* sobrescrito.

[168r]

1h

    (a) los busca*n*; *a* tachado.

[172v]

rúbrica 6

    (f) mal sin fazer bie*n*; *f* tachado.

[177v]

3d

    (le dudaua) corregido a se laudaua.

[182r]

3d

    (y) el dolor; *y* tachado.

[183v]

3h

    de [donde] lo; *donde*, mano posterior.

[185v]

    [ID0092]: ciertos nombres propios clásicos están subrayados; posiblemente se refieran
        a unas glosas no insertadas.

marginalia

    bajo la rúbrica: Se llaman las 300 de Ju*an* de mena; mano posterior.

entre 2ef

    (de fechos pasados ta*n*bie*n* de present*es*); tachado.

[186v]

1d

    suplid [cobdiciando]; mano posterior.

[187v]

2g

    moltitud [en numero çierto]; mano posterior.

[189r]

3b

    de las [gerarchias]; mano posterior.

[189v]

marginalia

    pie de la página, firma 'P', 'P'.

[193v]

marginalia

    pie de la página : firma 'P' 'P' 'P'; margen derecho : firma 'P'.

1h

   (gran) ynopia; *gran* tachado.

[198r]

   marginalia 3c

   leges: palabra subrayada; margen derecho: Legislador; mano posterior.

[200v]

   2a

   dezir (n)osaria; *n* tachado.

[201r]

   2f

   no (no*n*) nos; *non* tachado.

   3d

   (ynquissodara) corregido a ynquissi?dora.

[204r]

   3b

   epe(n)docles, *n* tachado; e[n]pedocles, [n] sobrescrito, mano posterior.

[207v]

   1a

   q*ue* q*ui*siero*n*; q*ue* mano correctiva.

[208r]

   4b

   en [las sus fraguas]; mano posterior.

[209r]

   2b

   [y a su Rey] rrecluso; mano posterior.

[210v]

   marginalia 4c

   en el margen derecho: //todos//; mano del escribano; en el margen izquierdo: todos;
      mano posterior.

[213v]

   entre 2 y 3

   (Con peligrosa); tachado.

[216v]

   3d

   q*ue* (no) dio; *no* tachado.

[217r]

   1c

pues (no) menos; *no* tachado.

[222r]
marginalia 2ab
margen derecho, firma: 'P' 'P'; mano posterior.

[224v]
3h
y sin (y sin); *y sin* tachado.

[225r]
2e
se (le) llega; *le* tachado.

[226r]
3b
(a)quel; *a* tachado.

[227r]
marginalia
alto, margen izquierdo, mano posterior, calculación:

236
200
87
60
——
583

[229r]
1b
de sancho (de alfonso); *de alfonso* tachado.

[231v]
marginalia
pie de la página: faltan 3 coplas de las 300 q*ue* comiençan La flaca barquilla de mis
pensamientos—ya fin leer daua con gesto aplaziente—mas boz de sublime auctoridad
y luego sin estas 300 ay otras 20 q*ue* no estan aqui; mano posterior.

[233r]
2f
amiga (fuer); *fuer* tachado.

[236r]
entre 4bc
(q*ue* me vende tan de balde); tachado.

[236v]

entre 3cd
(en la q*ual* tu no sosiegas); tachado.

[237r]
4b
a mi las ynclinen(n); *n* tachado.

[251-254]
folios dañados en la parte exterior.

[251r]
entre 4hi
(mi dolor como solia); tachado.

[253r]
4j
(yo) como; *yo* tachado.

[262r]
marginalia 1, 2
margen derecho: ygaray(?); 'Para ped?'; mano posterior.

[263v]
1f
me puede(s); *s* tachado.

[266v]
pág. 225, 1.29 : MS v.27
(siguie) a sus; *siguie* tachado.

[267v]
pág. 225, 2.38 : MS v.8
(ordena) eme*n*dar; *ordena* tachado.

[268r]
pág. 226, 1.9 : MS v.2
confiança (q*ue*); *que* tachado.
1 entre b y c
(p*ar*a q*ue* de la verdad); tachado.

[270-273]
solo existen dos folios de los cuatro entre 270-273 sin numeración. Les he puesto los
números 272-273, después de cotejarlo con el texto de Foulché-Delbosc. Faltan los
folios 270-271.

[272r]
antes de 6a
(Los alaridos çessando); tachado.

[272v]
  1d
    de cambiado para leer q*ue*.

[274v]
  3c
    la (rrezie) ge*n*til; *rrezie* tachado.

[275v]
  6d
    aunque la abreviatura indica cinq*u*anta en vez de cinq*u*enta, el verso no rima.

[276r]
  6g
    (sen)oy; *sen* tachado.

[279v]
    [ID1710]: las palabras glosadas están subrayadas en el MS.

[281r]
  rúbrica
    (al) actor (el) corregido a *el* actor *al*.
  3e
    quizas *afilige*.

[290v]
    numeración original cortada; numeración mano posterior: ccxc.

[291r]
  3c
    a turno q*ue* fizo (a turno q*ue* fizo); tachado.

[299r]
  4a
    amo: en el margen; corrección de *No*?

[306r]
  marginalia
    alto, derecha: ncom? y como yo; mano posterior.

[307v]
  1f
    (q*u*isiese) corregido a q*u*isiere.

[312v]
  marginalia 3c
    faeton; mano posterior.

[315r]

1i

çiçer[on]iano; [on] sobrescrito, mano posterior.

[317v]

5i

n*uest*ra finita (espi); *espi* tachado.

[318r]

5i

de (do)loor; *do* tachado.

[323r]

antes de 1

(y fablando en general); tachado.

3e

(vestir) [y] de sseda; *vestir* tachado; [y], mano posterior.

[325r]

4g

(dexara*n*) touiera*n*; *dexaran* tachado, touiera*n* sustituido.

[326v]

marginalia

margen izquierdo: 'P', 'Bale'; mano posterior.

[327r]

marginalia

alto: 'p', 'p', 'para'; mano posterior.

[331r]

5f

por (o?) el dolor que; *o* tachado.

[331v]

3a

Pues (q*ue*); *que* tachado.

[332v]

4h

(q*u*ando) la saçerdotal; *quando* tachado.

[339r]

2d

diurrnales, en vez de *diuinales*.

[340r]

5a

Por este (tal); *tal* tachado; *tal* sobrescrito.

[341v]
  6f

    esentençia; posible corrección de *ssentençia*.

[342r]
  entre 1ab

    (la sola gente pagana); tachado.

[343r]
  4j

    sospechoa(n)do?; corregido por el escribano.

[345r]
  2d

    aunque la abreviatura indica cinq*ua*nta en vez de cinq*ue*nta, el verso no rima.

[353v]
  1d

    (despidio); tachado; *trabajo* sustituido en el margen.
  5i

    alaridos (no*n* puede*n*); *non pueden* tachado.

[354v]
  4g

    aquello o aquella; borroso.

[359v]
  marginalia

    alto: Pedro de ?edma?. 2 firmas 'P'?; mano posterior.

[361r]
  marginalia

    alto: en 20 de sepbre de 1588; mano posterior. alto, margen derecho: 4 firmas 'P'?;
      mano posterior.
  marginalia

    margen izquierdo, firma: 'leydas? m', 'P'; mano posterior.

[362r]
  marginalia

    alto: 'Benttisse'; mano posterior.

[367v]
    segunda columna en blanco, tachado.

[368r]
  marginalia

alto, primera línea cortada: Bendita entre todas las mugeres; segunda línea: llena de gracia dios es contigo; mano posterior.

[369r]
 marginalia
   alto: En?... Pedro Venttissa?; mano posterior.

[370r]
 marginalia
   alto: 'Be[n]dissima?; mano posterior.

[371v]
 marginalia
   alto: ave maria plena, dios es contigo; mano posterior.

[375v]
 1a
   (aconsejad) corregido a aconsejasste.

[377r]
 marginalia
   alto: y senor; mano posterior.

[382v]
 4h
   como (las flores) frescuras; *las flores* tachado.

[383]
   en la numeración del folio, hay un error del escribano: clxxxiii.

[393r]
 6f
   menosprecian?

[394-395r]
   falta el folio 394 en la numeración, aunque no hay laguna textual; el folio 395r está en blanco.

[400r]
 rúbrica 4
   [*señ]ora; sobrescrito, con agujero.

[403r]
 5ef
   //y oydo// el galan enamorado; encabalgamiento errado.

[404r]
 2a

rrie*n*das (rrie*n*das); *rriendas* tachado.

[405v]
  alto: espacio dejado en blanco para la rúbrica.

[410r]
  marginalia 2
  margen izquierdo: 'manicote'?; mano posterior.

[415v]
  1 entre c y d
  (a gonçalo de leon); tachado.

[417r]
  4d
  dudaua*n* (de); *de* tachado.

[419r]
  3h
  como en el margen (*con* corregido?); vie*n*tos (a)rrebatados; *a* tachado.

[420r]
  1 entre h y i
  (p*ar*a luego sera tarde); tachado.

[421v]
  1h
  (y) como; *y* tachado.

[423r]
  3h
  (aq*ue*l)las musicas; *aquel* tachado.

[424r]
  2k
  sobe*r*uios[os]; [os], mano posterior.

[426v]
  rúbrica 2
  syendo paje [de el Rey]; sobrescrito, mano posterior.

[434v]
  marginalia
  margen izquierdo: goxo; mano posterior.

[436r-437v]
  las palabras subrayadas al principio de cada glosa indican la frase glosada de la estrofa
    anterior.

[437r]
   pág. 396, 2.32 : MS 2.40
     Glosa *El rrey çidiça*: no es (*tie*npo) a *tie*npo de; primer *tienpo* tachado.

[Hoja de guarda]
   en blanco.

Índice de Primeros Versos

Fue bias ssegu*n*d plaze a valerio..., Santillana, Marqués de, [ID0147 P 0148], (f.117r-119r), págs. 124-5.

Fijo mio muy amado, Santillana, Marqués de, [ID0050], (f.107r-115r), págs. 114-23.

Gentil dama valerosa, {Escavias, Pedro de}, [ID2919], (f.430r), pág. 390.

Gentyl dueña tal pareçe, Santillana, Marqués de, [ID1767], (f.142v-143r), págs. 149-50.

Gra*ç*ias a santa maria, {Guzmán, Fernán Pérez de}, [ID0078 S 0072], (f.37v-38r), pág. 45.

Hatenas mas glorioso, {Guzmán, Fernán Pérez de}, [ID0080 S 0072], (f.39r-v), págs. 46-7.

La ffortuna q*ue* no*n* çessa, Santillana, Marqués de, [ID0028], (f.78v-82v), págs. 97-102.

La flor q*ue* de eterna lavde, {Guzmán, Fernán Pérez de}, [ID0076 S 0072], (f.36v-37r), pág. 44.

La gra*n*deza de mis males, {Costana}, [ID0873], (f.252r-254r), págs. 219-22.

Llegando ca*n*sado yo, {Escavias, Pedro de}, [ID0425], (f.428v-429r), pág. 389.

Mas fermosa q*ue* no dido, {Escavias, Pedro de}, [ID2918], (f.428r-v), págs. 388-9.

Mis sospiros despertad, Manrique, Gómez, [ID1708], (f.268r-279r), págs. 226-37.

Mucho bie*n*auenturados, {Guillén de Segovia, Pedro}, [ID1714 S 1712], (f.407v-408v), págs. 365-6.

Mucho q*ui*ta del pessar, {Mendoza, Fray Iñigo de}, [ID4332], (f.346v), pág. 298.

Muestrate v*i*rge*n* ser madr*e*, {Guzmán, Fernán Pérez de}, [ID0077 S 0072], (f.37r-v), págs. 44-5.

Muy caro y dilecto amigo..., {Guillén de Segovia, Pedro}, [ID1711], (f.405v-406r), pág. 363.

Muy nobles señoras a vos se dirige, Guzmán, Fernán Pérez de, [ID1938], (f.73v-78r), págs. 91-7.

No puedo mi bie*n* pe*n*sar, Escavias, Pedro de, [ID0445], (f.430v-431r), págs. 391-2.

O maria luz del dia, {Guzmán, Fernán Pérez de}, [ID0104 S 0072], (f.36r), pág. 43.

O secra esposa del esp*iri*tu santo, {Guzmán, Fernán Pérez de}, [ID0075 S 0072], (f.36r-v), pág. 43.

O triste partida mia, {Escavias, Pedro de}, [ID0421], (f.429r-v), págs. 389-90.

Índice Onomástico

{Escavias, Pedro de}, Yo me so el ynfante enrrique, [ID2922], (f.434v-435v), págs. 393-5.

Gentilonbre, un {Vázquez de Palencia?}, Por las coplas que enbiastes, [ID2908], (f.347r-349v), págs. 298-302.

{Guillén de Segovia, Pedro}, De las baxuras que feziste, [ID1718 S 1712], (f.412v), págs. 371-2.

{Guillén de Segovia, Pedro}, En tu saña no maflijas, [ID1715 S 1712], (f.408v-409v), págs. 366-8.

{Guillén de Segovia, Pedro}, Mucho bienauenturados, [ID1714 S 1712], (f.407v-408v), págs. 365-6.

{Guillén de Segovia, Pedro}, Muy caro y dilecto amigo..., [ID1711], (f.405v-406r), pág. 363.

{Guillén de Segovia, Pedro}, Señor non me rreprehendas, [ID1713 S 1712], (f.407r-v), págs. 364-5.

{Guillén de Segovia, Pedro}, Señor oye mi oraçion, [ID1719 S 1712], (f.412v-413v), págs. 372-3.

{Guillén de Segovia, Pedro}, Señor oye mis gemidos, [ID1712], (f.406r-v), págs. 363-4.

{Guillén de Segovia, Pedro}, Sseñor ave piedad, [ID1716 S 1712], (f.409v-410v), págs. 368-9.

{Guillén de Segovia, Pedro}, Ynfinito rresplandor, [ID1717 S 1712], (f.411r-412v), págs. 369-71.

{Guzmán, Fernán Pérez de}, A ti alabamos dios, [ID0085 S 0072], (f.41r-42r), págs. 49-51.

{Guzmán, Fernán Pérez de}, Alma mia, noche y dia, [ID0103 S 0072], (f.33v-35r), págs. 39-42.

Guzmán, Fernán Pérez de, Amigo sabio & discreto, [ID0072], (f.1r-32v), págs. 1-37.

{Guzmán, Fernán Pérez de}, Animal del quall nos canta, [ID0081 S 0072], (f.39v), págs. 47-8.

{Guzmán, Fernán Pérez de}, Ave preçiosa maria, [ID0087 S 0072], (f.42v-43r), págs. 51-2.

{Guzmán, Fernán Pérez de}, Como al prinçipio del dia, [ID4340 Y 0072], (f.30r-31r), págs. 35-6.

{Guzmán, Fernán Pérez de}, Como fizo bonifaçio, [ID0084 S 0072], (f.40v-41r), pág. 49.

Índice de Números de Identidad [Dutton]

[ID0088 S 0072], {Guzmán, Fernán Pérez de}, V*ir*gen pre*ç*iosa cuyo du*ç*e aspecto, (f.43r-v), pág. 52.

[ID0089 S 0072], {Guzmán, Fernán Pérez de}, De la gruesa ynvençio*n* mya, (f.43v), pág. 52.

[ID0090], Guzmán, Fernán Pérez de, Si no mengaña el afeto, (f.44r-48r), págs. 52-8.

[ID0091 P 0050], Santillana, Marqués de, Serenisimo & bienaventurado prínçipe..., (f.104v-107r), págs. 113-14.

[ID0092], Mena, Juan de, Al muy prepote*n*te don jua*n* el segu*n*do, (f.185v-231v), págs. 188-214.

[ID0093 P 0094], Manrique, Gómez, Como a la noticia mia..., (f.381r-382r), págs. 338-9.

[ID0094], {Manrique, Gómez}, De los mas el mas p*er*feto, (f.382r-385v), págs. 339-43.

[ID0100], Mena, Juan de, Canta tu ch*r*istiana mussa, (f.154r-162r), págs. 155-65.

[ID0101 A 0100], Manrique, Gómez, Pues este negro morir, (f.162r-174v), págs. 165-79.

[ID0103 S 0072], {Guzmán, Fernán Pérez de}, Alma mia, noche y dia, (f.33v-35r), págs. 39-42.

[ID0104 S 0072], {Guzmán, Fernán Pérez de}, O maria luz del dia, (f.36r), pág. 43.

[ID0105], Guzmán, Fernán Pérez de, Del poeta es rregla rrecta, (f.48v-73r), págs. 58-91.

[ID0106], Santillana, Marqués de, Vy tesoros ayu*n*tados, (f.132v-136r), págs. 139-44.

[ID0147 P 0148], Santillana, Marqués de, Fue bias ssegu*n*d plaze a valerio..., (f.117r-119r), págs. 124-5.

[ID0148], Santillana, Marqués de, Q*ue*s lo que pie*n*sas ffortuna, (f.119r-132r), págs. 125-39.

[ID0154 P 0148], Santillana, Marqués de, [Q]uando yo dema*n*do a los ferreras..., (f.115v-117r), págs. 123-4.

[ID0156], Mena, Juan de, Despues q*ue*l pintor del mu*n*do, (f.143v-153v), págs. 150-5.

[ID0159], Santillana, Marqués de, Dezid jua*n* de mena y mostradme q*u*al, (f.238r), pág. 217.

[ID0160 R 0159], Mena, Juan de, En corte gran febo y en ca*n*po anibal, (f.238r), pág. 217.

[ID0173], Santillana, Marqués de, Rrey alffo*n*so cuyo no*n*bre, (f.141v-142r), pág. 149.

[ID2908], Gentilonbre, un {Vázquez de Palencia?}, Por las coplas que enbiastes, (f.347r-349v), págs. 298-302.

[ID2909], Manrique, Gómez, Ecçelentisimos prinçipes y muy esclareçidos rreyes..., (f.386r-387v), págs. 343-4.

[ID2910], Montoro, Anton de, Defensa nota de nos, (f.414r-418r), págs. 373-8.

[ID2911], Montoro, Anton de, Despierta rrey con prouechos, (f.418v-421r), págs. 378-81.

[ID2912], Escavias, Pedro de, Por mi triste apartamiento, (f.426v), pág. 386.

[ID2913], Escavias, Pedro de, Vos señor que tan profundo, (f.426v-427r), págs. 386-7.

[ID2914], {Escavias, Pedro de}, Quando viste que party, (f.427r), pág. 387.

[ID2915], Escavias, Pedro de, Dios que tanta fermosura, (f.427v), pág. 387.

[ID2916], Escavias, Pedro de, A quien daua triste yo, (f.427v), págs. 387-8.

[ID2917], Escavias, Pedro de, Quanto mas pena sofrir, (f.427v), pág. 388.

[ID2918], {Escavias, Pedro de}, Mas fermosa que no dido, (f.428r-v), págs. 388-9.

[ID2919], {Escavias, Pedro de}, Gentil dama valerosa, (f.430r), pág. 390.

[ID2920], {Escavias, Pedro de}, Depues que party, (f.430v), pág. 391.

[ID2921], {Escavias, Pedro de}, Viniendo camino con mucho cuydado, (f.431v-434r), págs. 392-3.

[ID2922], {Escavias, Pedro de}, Yo me so el ynfante enrrique, (f.434v-435v), págs. 393-5.

[ID2923], {Escavias, Pedro de}, Virtuoso condestable, (f.436r-437v...), págs. 395-7.

[ID2998], {Mendoza, Fray Iñigo de}, Es la diforme pintura, (f.345v-346v), págs. 297-8.

[ID3641 V 2893], Montesino, Fray Ambrosio, Donde esta tu fermosura, (f.372v-380v), págs. 328-38.

[ID4301 D 1767], {Santillana, Marqués de}, Coraçon a dios te do, (f.143r), pág. 150.

[ID4332], {Mendoza, Fray Iñigo de}, Mucho quita del pessar, (f.346v), pág. 298.

[ID4340 Y 0072], {Guzmán, Fernán Pérez de}, Como al prinçipio del dia, (f.30r-31r), págs. 35-6.

[ID6159], {Manrique, Jorge}, Tu piensas que no soy muerto, (...f.426r), pág. 386.

Ysopete-Zaragoza, 1489

hic liber confectus est
madisoni .mcmxc.